Dictionnaire amoureux des Faits divers

Didier Decoin
de l'académie Goncourt

Dictionnaire amoureux des Faits divers

Dessins d'Alain Bouldouyre

PLON
www.plon.fr

Collection fondée
par Jean-Claude Simoën
et dirigée
par Laurent Boudin

*La liste des ouvrages
du même auteur
figure en fin de volume.*

12, avenue d'Italie
75013 Paris
Tél : 01 44 16 09 00
Fax : 01 44 16 09 01
www.plon.fr

ISBN : 978-2-259-21206-9

« Il n'y a pas de fait divers sans étonnement. »

Roland BARTHES

« Le goût du fait divers, c'est le désir de voir,
et voir c'est deviner dans un pli de visage
tout un monde semblable au nôtre. »

Maurice MERLEAU-PONTY

Avec préméditation…

J'en ai partagé, des choses, avec mon père[1] ! Les œufs au plat, deux pour lui, deux pour moi, qu'on sauçait à même une poêle toute bosselée, au petit matin des jeudis où il m'emmenait aux studios de Boulogne, de Billancourt ou d'Epinay, une même fascination pour le Guide Michelin et sa voie lactée, pour Brassens et son *Auvergnat* (l'avons-nous aimé, celui-là !), pour *Night and Day* de Cole Porter, sans compter que nous étions tous deux gravement addicts à la colle blanche Adhésine (mon père en consommait des quantités phénoménales pour épaissir ses scénarii d'innombrables ajouts, modifications, remords, qu'il collait sur le texte original ; moi, cette colle au goût d'amande amère, j'en faisais mon régal en la tartinant sur d'épaisses tranches de pain grillé – Nutella n'existait pas encore !), pour la fondue suisse et pour New York (papa connaissait, pas moi, alors il me racontait, et qu'est-ce qu'il racontait bien l'Amérique !), pour l'odeur du maquis corse, pour le quadrimoteur Lockheed Constellation,

1. Henri Decoin, 1890-1969, cinéaste-journaliste-romancier-dramaturge-pilote-champion de natation.

pour les chats et pour les ovnis qu'on appelait alors des soucoupes volantes.

Et puis, il y avait les faits divers.

Chez nous, ils étaient chez eux. D'ailleurs, ils étaient partout : dans la cuisine où les journaux de la veille, saturés de crimes, procès et désastres en tout genre, et froissés en boules, servaient à éponger les poêles à frire (aucune cuisinière digne de ce nom n'aurait accepté de dégraisser une poêle avec un produit vaisselle du commerce) ; dans le bureau de mon père où, découpés, annotés et encollés (à l'Adhésine, bien sûr), ils faisaient gonfler des dossiers au bord de l'implosion, et jusque dans le salon où, sous forme de compilations, de recensions thématiques, de morceaux choisis, ils occupaient la bibliothèque qui ceinturait, à hauteur d'enfant, les deux pièces de réception de l'appartement. Les faits divers illustrés (je revois encore des images hallucinatoires de couteaux dégoulinant de sang brandis sur des gorges aussi ravissantes qu'innocentes) avaient été relégués dans la malle-cabine bleu marine à cloutage doré que mon père avait conservée de ses traversées sur les paquebots transatlantiques, et qui, recluse dans une sombre penderie, prenait des allures d'armoire de Barbe-Bleue. Enfin, un certain nombre de journaux ou de livres parfaitement abominables, hypocritement recouverts de protège-cahiers avec table de multiplication au verso, squattaient les profondeurs de mon pupitre d'écolier.

En fait, je le sais aujourd'hui, ni mon père ni moi n'aimions les faits divers. Tout au contraire, nous les avions en horreur, ils nous révoltaient, nous offusquaient, nous révulsaient.

Ce que nous aimions, mais alors là passionnément, c'étaient les personnages qui les hantaient, les victimes, les canailles, les justiciers, les salauds, les duellistes millénaires – monsieur de la Vermine contre mademoiselle Lys sans Tache.

Ce qui nous séduisait, c'était le petit peuple des faits divers.

Je dis « petit peuple » parce que les Grands, les Puissants, se réservent le fait historique. Aux petits, aux modestes, échoit le fait divers. Même si, à terme, la conclusion est la même : des victimes, des tueurs, du sang, une scène de crime insoutenable.

Car au fond, qu'est-ce qui différencie l'image du massacre d'Ekaterinbourg où, le 17 juillet 1918, furent exécutés Nicolas II et les membres de sa famille, du carnage opéré par une autre « famille », celle de Charles Manson, au 10 050 Cielo Drive, Los Angeles, où furent sauvagement assassinés Sharon Tate et l'enfant de huit mois dont elle était enceinte, ainsi que ses amis Jay Sebring, Wojciech Frykowski, Abigail Folger, et Steven Parent, un jeune étudiant qui passait par là et qui se retrouva au mauvais endroit au mauvais moment ?

En vérité, la beauté très émouvante d'Anastasia, de Tatiana, d'Olga et de Maria Nicolaïevitch, n'a rien à envier à celle de Sharon Tate. Seulement voilà : le martyre des grandes-duchesses relève du tribunal de l'Histoire, tandis que le meurtre odieux de Sharon Tate ne relève « que » du tribunal des hommes.

Ce sont donc quelques événements qui ont marqué l'histoire de ce peuple fait-diversier – ou plutôt de ces peuples, car ils sont multiples, et je les ai rencontrés en des lieux fort divers du Temps et de l'Espace – que relate ce *Dictionnaire.* Ce en quoi il peut revendiquer d'être amoureux, puisqu'il liste davantage d'âmes inquiètes, de cœurs battants, de regards humides, de lèvres entrouvertes sur la naissance d'un cri, que de lames froides et de douilles brûlantes, que de fusils à canon scié ou de mixtures létales.

Le lecteur s'étonnera peut-être de me voir délaisser les autoroutes des grandes affaires qui ont défrayé la chronique (en effet, je ne dirai rien, même si je n'en pense pas moins, de la tragédie du petit Grégory, du scandale d'Outreau, du drame poignant des bébés congelés, des mystères du docteur Godard, de l'énigme de Xavier de Ligonnès, etc.) pour emprunter des axes moins fréquentés : c'est que certaines affaires ont été tellement ressassées, bourdonnées, rabâchées, ergotées jusqu'à saturation, que j'aurais l'impression de radoter sans pour autant entrouvrir la moindre nouvelle chatière.

D'ailleurs, en lecteur fanatique, voire frénétique, des Dictionnaires amoureux, il me semble (mais c'est à Jean-Claude Simoën, leur concepteur, géniteur et accoucheur, qu'il appartient de confirmer ou d'infirmer) que voilà une collection qui aime à surprendre, à dérouter, à ébouriffer : pour une fois, *bis repetita* *non* *placent.*

Il m'a fallu cinq ans pour composer cet éventaire – ou, si l'on préfère, cet éventail dont chaque lame est une des entrées, une des historiettes de ce livre –, et ce furent cinq années de curiosité, de découvertes, de rencontres, de frémissements.

Et surtout de plaisirs gourmets.

Car si la justice, dont il sera souvent question au fil de ces pages, développe des attendus, j'ai préféré, quant à moi, proposer au lecteur de piquants et savoureux inattendus...

Didier DECOIN

Abe (Sada)

Le 18 mai 1936, Sada Abe (trente et un ans) tua par strangulation son amant Kichizo Ishida (quarante-deux ans). Il était environ 2 heures du matin. Le meurtre eut lieu dans une auberge de Takanawa, un quartier de Tokyo immortalisé par une des plus belles estampes d'Andô Hiroshige intitulée *Pleine lune sur Takanawa* (1831).

Peut-être la lune brillait-elle en effet lorsque Sada Abe enroula et serra la ceinture de soie de son kimono autour du cou de Kichizo. En mai, le temps à Tokyo est agréable, sans doute est-ce même le mois le plus aimable, juste avant les pluies de juin. Mais j'avoue ne pas connaître les conditions climatiques qui régnaient en cette nuit du 18 mai 1936, et je le regrette : le temps qu'il fait participe de l'atmosphère d'un fait divers, il en est même à mes yeux une des composantes majeures : un meurtre ne me provoque pas la même émotion selon qu'il est perpétré au cœur d'une nuit brumeuse ou dans la lumière de midi d'un mois d'août ; et je suis toujours mal à l'aise quand je dois décrire une scène dont j'ignore dans quelle ambiance climatique elle s'est déroulée. L'habitude du cinéma, sans doute, où il est quasiment impossible de dissocier une séquence tournée en extérieur de son contexte météorologique – car si l'on peut, grâce aux lances à incendie des pompiers, faire pleuvoir à torrents un jour de canicule, il est plus difficile de donner l'illusion du plein soleil alors que nimbus et cumulus se partagent le ciel au-dessus du tournage, ou qu'un épais brouillard stagne sur le plateau. S'agissant de l'affaire Sada Abe, j'en suis réduit à me rapporter aux statistiques de la météo japonaise et à formuler l'hypothèse que le ciel était assez dégagé (la lumière de la lune devait donc éclairer cette chambre de l'auberge de Takanawa) et que la température oscillait probablement entre quatorze et dix-huit degrés.

Supputations, donc. Mais ce dont je suis certain, c'est que la loi martiale décrétée à la suite de la tentative de coup d'Etat du 26 février était toujours en vigueur à Tokyo, ce qui suppose que la ville n'était pas éclairée *a giorno* et qu'il devait y régner un silence plus feutré qu'à l'ordinaire.

Aussi, nul doute qu'on eût entendu Kichizo Ishida se débattre (c'est-à-dire donner des coups de pied dans les cloisons de papier de l'auberge de Takanawa) s'il avait tenté d'échapper à la ceinture de soie de Sada Abe. Mais il ne fit rien de tel, rien pour se soustraire à l'étranglement, bien au contraire : « S'il te prend l'envie de me serrer le cou pendant mon sommeil, avait-il dit à la geisha avant de poser la nuque sur l'oreiller rembourré de graines de sarrasin, ne t'en prive surtout pas car cela me procure des rêves érotiques des plus agréables. Mais si tu commences, surtout ne t'interromps pas et va jusqu'au bout. Je préfère mourir que supporter les douleurs provoquées par les parties du cou écrasées par l'étranglement lorsqu'elles reprennent lentement, si lentement, leur volume original. La dernière fois que nous avons pratiqué ce petit jeu, rappelle-toi, j'ai dû avaler trente comprimés d'un puissant sédatif avant que la souffrance ne consente à céder… »

La geisha avait donc serré le lien de soie jusqu'à ce que le cœur de Kichizo eût cessé de battre.

En fait de geisha, profession qui suppose un long apprentissage des arts traditionnels japonais[1] – une geisha doit savoir jouer de plusieurs instruments de musique, pratiquer la cérémonie du thé, la composition florale, la danse, et pouvoir discuter de poésie et de littérature japonaises –, Sada Abe n'était guère plus qu'une prostituée. Mais il faut admettre qu'elle portait le kimono avec excellence, marchait avec un mélange de grâce et de majesté à rendre jalouses les grues du Japon qui dansent sur les champs de neige de Tsurui-mura. Et surtout, elle connaissait (et appliquait) à peu près toutes les fantaisies sexuelles existantes.

De son côté, Kichizo Ishida avait dirigé un restaurant spécialisé dans la préparation des anguilles d'eau douce, un mets dont les Japonais raffolent (et comme ils ont raison !), puis, fortune faite, il avait passé la main et confié l'établissement à sa femme, se consacrant quant à lui à satisfaire toutes ses pulsions, surtout sensuelles. C'est ainsi qu'il avait rencontré Sada Abe, dont il était tombé d'autant plus amoureux qu'elle avait transformé sa banale existence de quadragénaire en un véritable festival érotique.

1. Littéralement, le mot geisha signifie d'ailleurs « personne qui pratique les arts ».

C'est elle qui, tout récemment, l'avait initié aux plaisirs subtils mais dangereux de la strangulation dont il était devenu un adepte inconditionnel.

Après avoir constaté la mort de son amant, la geisha s'était assise sur les talons et était restée plusieurs heures à le regarder. Kichizo Ishida n'était pas à proprement parler un bel homme, mais il y avait quelque chose d'émouvant dans la générosité avec laquelle il faisait l'amour, ne refusant rien à sa partenaire, ne reculant devant aucune pratique, prêt à toutes les déviances pourvu que ce fût Sada qui lui en fît la proposition – il aimait qu'elle lui explique minutieusement ce qu'ils allaient faire, qu'elle lui décrive avec minutie les règles du nouveau jeu qu'elle venait d'inventer, les limites qu'ils allaient dépasser en se souriant l'un à l'autre sans se quitter des yeux. Et ce sont ces défis remportés, ces extases renouvelées, qui avaient finalement conduit Sada Abe à éprouver pour Kichizo Ishida une passion qui venait d'atteindre son paroxysme.

Ou plutôt qui l'atteindrait dans l'instant qui allait suivre, car elle avait encore un geste à accomplir : se saisir d'un couteau de cuisine, trancher le pénis et les testicules d'Ishida, et les envelopper dans une page en couleurs arrachée à un magazine avant d'enfouir ce trophée dans son sac.

Après quoi elle quitta la chambre, signalant à l'aubergiste que M. Ishida dormait et qu'il ne fallait surtout pas le déranger.

Le jour suivant, 19 mai, avec toujours le pénis et les testicules de son amant dans son sac, elle fit du lèche-vitrines, puis finit la journée en allant voir un film.

Le lendemain, vers 16 heures, on frappa à la porte de la chambre d'hôtel de l'arrondissement de Shinagawa où elle était descendue – sous un faux nom, bien sûr. Elle ouvrit et se trouva face à des policiers qui lui dirent qu'ils recherchaient une certaine Sada Abe soupçonnée d'avoir assassiné et émasculé son amant, et qu'ils avaient été frappés par la ressemblance entre le nom sous lequel elle s'était inscrite et celui de cette meurtrière. Curieusement, ils semblaient espérer qu'elle allait les détromper. Mais elle leur répondit posément que si c'était après Sada Abe qu'ils en avaient, alors ils l'avaient trouvée. Et comme ils continuaient d'hésiter à la croire, elle sortit de son sac les parties génitales de Kichizo Ishida et les leur montra. Elle leur expliqua qu'elle avait tué Ishida par passion, parce qu'elle l'aimait plus que tout au monde et qu'elle ne supportait pas l'idée qu'il puisse un jour serrer une autre femme dans ses bras.

Et elle avait tranché et emporté son pénis parce qu'elle pensait ne pas pouvoir y renoncer. Depuis le meurtre, elle passait de longues heures à le contempler. Elle l'avait embrassé, encore et encore, et elle avait même tenté de l'introduire dans son sexe, mais il n'était pas assez rigide.

Alors, elle avait décidé de se rendre à Osaka, et de gravir le mont Ikoma d'où elle se jetterait dans le vide en serrant contre elle le pénis d'Ishida.

Elle espéra être condamnée à mort, mais les juges crurent à l'authenticité de son amour fou pour Kichizo Ishida, et elle n'écopa que de six ans de prison, dont elle ne fit que cinq. Elle mourut dans une telle discrétion qu'on ignore la date, le lieu et les circonstances de son décès.

En 1976, ce fait divers devint un film prétendument sulfureux, mais pour moi simplement magnifique, du réalisateur Nagisa Oshima. Il s'appelle *L'Empire des sens* (*Ai no korīda* en japonais).

John Wayne Bobbitt eut plus de chance que Kichizo Ishida.

En 1989, il avait épousé une mignonne petite brunette originaire d'Equateur, Lorena Leonor Gallo. Lorsqu'il la souleva de terre et la prit dans ses bras pour lui faire rituellement passer le seuil de leur maison de Manassas (Virginie), elle n'avait que dix-neuf ans, parlait à peine anglais et ressemblait à ces jeunes vierges effarouchées dont les Romains, dit-on, se plaisaient à régaler les lions du Colisée. Or, d'une certaine façon, John Wayne Bobbitt était une sorte de fauve. Du moins en amour. A dire vrai, il ne pensait qu'au sexe. Quatre fois par nuit était pour lui le minimum requis. Peut-être Lorena aurait-elle fini par accepter ses exigences s'il s'était soucié de son plaisir à elle. Mais John Wayne ne la considérait pas mieux qu'une poupée gonflable, et il lui était complètement indifférent qu'elle eût ou non un orgasme – en fait, elle n'en avait pratiquement jamais. Si Lorena se refusait à lui, ou quémandait un peu de tendresse, quelques caresses, il commençait par lui crier dessus, puis il se mettait à la frapper.

Dans la nuit du 23 juin 1993, il était rentré ivre mort, ce qui ne l'avait pas empêché de se vautrer sur sa jeune femme, se montrant particulièrement brutal et obscène. Une fois sa petite affaire terminée, il avait roulé sur le côté et s'était endormi en ronflant. Lorena était demeurée un long moment immobile, méditant sur l'existence pitoyable qui était devenue la sienne, grimaçant de dégoût lorsque l'haleine avinée de son mari caressait son visage. Puis elle s'était levée pour aller boire un verre d'eau à la cuisine. En allumant la lumière, son regard s'était posé sur un couteau dont la lame semblait refléter des centaines d'étoiles – c'était seulement la brillance naturelle d'un couteau propre, mais les larmes qui embuaient les yeux de Lorena donnaient l'impression d'un scintillement presque féerique. La jeune femme s'était alors emparée du couteau et elle était retournée dans la chambre où Bobbitt, débraillé et profondément endormi, cuvait son vin. De la main gauche, elle avait saisi la verge redevenue flasque, tandis que de sa main droite, celle qui tenait le couteau, elle tranchait d'un coup plus de la moitié du pénis de son mari. Bobbitt avait poussé un cri inarticulé et ses jambes s'étaient mises à trembler comme s'il eût été pris de convulsions tandis que les draps s'imprégnaient de sang.

Lorena ne perdit pas de temps à se demander ce qu'il allait advenir de John Wayne. Tenant toujours sa moitié de pénis, elle sauta dans sa voiture, une Mercury Capri décapotable, démarra et fonça droit devant elle. C'est en roulant à grande vitesse, le visage rafraîchi par le vent de la course, qu'elle prit conscience de ce qu'elle venait de faire. Le contact du tronçon de chair dans sa main gauche lui parut soudain abominable. Elle s'en débarrassa dans McLean Way, le jetant sur la pelouse d'un des jardins d'enfants les plus réputés de Manassas. Puis elle composa le 911 et demanda du secours pour son mari.

Pendant ce temps, tout en faisant pression sur la plaie par où son sang fusait comme d'un tuyau d'arrosage, John Wayne Bobbitt avait réussi à appeler un ami. Celui-ci le conduisit à l'hôpital où les urgentistes parvinrent à stopper l'hémorragie, tandis que policiers et pompiers, sur les indications de Lorena, fouillaient le jardin d'enfants Patty Cake à la recherche du pénis.

Ils finirent par le retrouver, le mirent dans la glace et, toutes sirènes hurlantes, le portèrent à l'hôpital où les docteurs James T. Sehn et David Berman décidèrent de tenter de le recoudre. L'opération dura neuf heures et demie et fut un plein succès. John Wayne recouvra ses fonctions sexuelles au point de figurer dans des films porno et, selon ses dires, d'avoir honoré au moins soixante-dix femmes après s'être séparé de Lorena. Laquelle fut simplement condamnée à passer quarante-cinq jours dans un hôpital psychiatrique.

Plus heureuse encore est l'histoire d'Abélard, dont la cruelle castration a fait un mystique, un philosophe et un épistolier, tous les trois premiers en leur temps et hautement réputés jusqu'à nos jours – même si, aujourd'hui, c'est la partie fait divers de sa vie qui semble avoir conféré à Abélard une sorte d'immortalité.

Louis VI dit le Gros, roi obèse qui n'a pas son pareil à table, au lit ou sur le champ de bataille, règne sur la France en ce début du XIIe siècle. C'est le temps des croisades, des châteaux forts et des cathédrales – des démonstrations de force et de foi, donc –, mais aussi celui des goliards, ou « prêtres vagants », qui « dansent dans le chœur habillés comme des femmes [et] chantent des chansons légères. Ils mangent du boudin noir sur l'autel lui-même alors que le célébrant dit la messe. Ils jouent aux dés sur l'autel. Ils encensent avec de la fumée puante provenant de semelles de vieilles chaussures. Ils courent et sautent à travers l'église sans rougir de leur propre honte. Enfin [...] ils soulèvent les éclats de rire de leurs acolytes et des passants grâce à leurs représentations théâtrales infâmes remplies de gestes impudiques et de mots vulgaires et dévoyés ». Pierre Abélard n'est pas de leur coterie : bien que sachant apprécier (et parfois sans modération) l'amour et la ripaille, Abélard n'a pas leur goût de la provocation. A la contestation, il préfère la discussion : petit-fils du seigneur du Pallet dont la châtellenie s'étend des rivages de la Sèvre jusqu'aux confins des Mauges, il a la passion des études, des lettres.

Cet intellectuel qui excelle en philosophie comme en analyse du langage a de surcroît du charisme à revendre. Les auditeurs des cours qu'il prodigue dans son école de la montagne Sainte-Geneviève, à Paris, sont sous son charme.

Surtout quand ces auditeurs sont des auditrices.

Parmi elles, une jeune fille de dix-sept ans, Héloïse, issue d'une famille liée aux Montmorency. Fraîchement émoulue du couvent d'Argenteuil où elle a été éduquée dans sa prime jeunesse, elle habite chez son oncle, le chanoine Fulbert, un des trois sous-diacres attachés à Notre-Dame de Paris[1].

Si Abélard est charmeur, Héloïse, elle, est absolument ravissante. Pour vous en convaincre, arrêtez un instant votre regard sur le tableau d'Edmund Blair Leighton, *Abelard and his Pupil Heloise* (1882). Composée plus de sept cent cinquante ans après les événements, cette œuvre n'est qu'une vision d'artiste ; mais l'amateur de faits divers n'est pas trop regardant dès lors qu'il s'agit de nourrir son imaginaire, ce qu'avaient parfaitement compris les grands illustrateurs de faits divers comme l'époustouflant Angelo Di Marco, le plus génial d'entre tous.

Non contente d'avoir l'air d'un ange, Héloïse est déjà fort érudite, et surtout désireuse d'en apprendre davantage dans un maximum de domaines. Aussi, pour complaire à sa nièce, l'oncle Fulbert offre-t-il à Abélard de venir loger chez lui en contrepartie des leçons privées qu'il voudra bien donner à Héloïse.

Un regard posé sur celle-ci suffit à convaincre Abélard que le marché est de ceux qui ne se refusent pas quand on est un homme. Quant à Héloïse, elle a du mal à dissimuler son émotion à la pensée qu'elle va vivre sous le même toit que ce maître à penser qui fait tourner les têtes de toutes les dames et demoiselles.

Et le lendemain matin, dès le premier petit cours, ce qui devait arriver arrive. Mais aussi, comment résister quand on est assis face à face, séparés par le seul rempart d'un livre, que la tiède haleine d'Héloïse vient caresser

1. Il ne s'agit pas encore de la cathédrale que nous connaissons, mais d'un ensemble composé d'un ancien édifice mérovingien consacré à la Vierge et d'un autre lui faisant face, dédié à saint Etienne (d'après Jean Hubert, *Revue d'histoire de l'Eglise de France*, 1964).

le visage d'Abélard, et que des tourterelles roucoulent, posées sur le rebord de la fenêtre ? Admirez à nouveau le tableau d'Edmund Blair Leighton (soudain, un doute me vient : raffolez-vous autant que moi des peintres préraphaélites ?), et vous admettrez qu'Abélard ait craqué, fondu, se soit désagrégé, dilué, liquéfié, qu'il ait pétillé, éclaté, qu'il soit devenu en son for intérieur (car extérieurement il se devait de continuer à observer la dignité et la retenue liées à son statut de professeur vénéré) l'équivalent du loup fou amoureux du petit chaperon rouge dans le cultissime dessin animé de Tex Avery.

Avant que ne carillonne midi aux clochers de Paris, Abélard et Héloïse se sont étreints, caressés, embrassés, baisotés.

Quelques jours encore et ils seront amants.

Abélard sacrifie à sa jeune élève tout ce qui a jusqu'alors fait sa vie : ses travaux, sa renommée. Le philosophe devient troubadour, il remplace les sophismes par des chansons d'amour dont il improvise les textes et les mélodies. Héloïse ronronne, Héloïse se pâme.

Encore une brassée de mois, et la voici enceinte.

Afin de fuir le scandale qui menace, Abélard, profitant d'une nuit où l'oncle Fulbert n'est pas au logis, déguise sa jeune maîtresse en religieuse et la conduit en Bretagne, au Palet, chez sa sœur Denise où Héloïse donne naissance à un fils qu'elle prénomme Astrolabe.

Puis, un mariage secret ayant été négocié avec l'oncle Fulbert, Abélard et la jeune femme rentrent à Paris recevoir la bénédiction nuptiale.

Mais l'oncle et la famille d'Héloïse gardent une rancune tenace envers Abélard, qu'ils considèrent comme un suborneur, un ensorceleur, un corrupteur de jeunes filles sages. L'oncle engage alors deux écorcheurs qui, avec la complicité d'un serviteur corrompu, s'introduisent dans la chambre retirée où Abélard dort seul. Ils se glissent silencieusement dans la venelle, et, tandis que l'un pèse de tout son poids sur le corps de la victime pour l'immobiliser, l'autre l'émascule à l'aide d'une lame aiguisée.

Malgré une sévère hémorragie, Abélard survit. Héloïse, atterrée, en pleurerait presque des larmes de sang.

Mais les deux amants sauront transformer leur passion charnelle en passion spirituelle : Abélard entre à l'abbaye de Saint-Denis (avant de fonder, plus tard, un ermitage près de Nogent-sur-Seine, l'abbaye du Paraclet), tandis qu'Héloïse rejoint les bénédictines d'Argenteuil.

Cependant, dans les ruelles de la montagne Sainte-Geneviève, le peuple a pris fait et cause pour Abélard. La colère populaire parvient aux oreilles de Louis VI qui fait rechercher, arrêter et châtier les agresseurs d'Abélard en leur infligeant la loi du talion, à laquelle le roi ajoute un raffinement supplémentaire : le bourreau leur brûle les yeux au fer rouge. Quant à l'oncle Fulbert, il est privé de toutes ses ressources liées aux bénéfices de l'église. Certes, la punition n'est que pécuniaire, mais elle le frappe là où il est particulièrement sensible – et pour lui, c'est peut-être la plus douloureuse des castrations.

Adultère

L'adultère a été fréquemment l'origine, le moteur, le *pneuma* d'une multitude de faits divers. Et d'arguties juridiques : car de l'homme volage ou de l'épouse infidèle, lequel était le plus coupable, lequel méritait le châtiment le plus sévère ? Le lecteur aura deviné que, dans l'immense majorité des cas, on attribuait le plus haut degré de faute à la femme. En 1778, dans son *Traité de l'adultère considéré dans l'ordre judiciaire*, Jean-François Fournel, avocat au barreau de Paris et spécialiste de l'histoire gauloise (mais ne voyez là aucun rapport avec l'adultère : il s'était contenté d'écrire un *Etat de la Gaule à l'époque de la conquête des Francs*), rappelle que « le mari qui surprend sa femme en adultère peut la tuer sur-le-champ, il est assuré d'être gracié ». Bien entendu, la réciproque n'était pas vraie : une épouse qui découvrait son mari dans les bras d'une autre femme était invitée à passer son chemin en se bouchant les yeux et les oreilles. « Cette distinction n'est pas particulière à notre siècle, précise maître Fournel, il y a deux mille ans qu'elle est érigée en principe. » Un principe qui perdure aujourd'hui encore dans certains pays soumis à des dictatures religieuses obscurantistes – je pense bien sûr à l'Afghanistan des Talibans, mais il y en a d'autres…

Dans la Rome du IVe siècle, l'adultère était si courant – … « ne faut-il pas, écrit Sénèque, qu'une femme compte les heures de la journée par le nombre de ses adultères, qu'un jour entier ne lui suffise pas pour visiter tous ses favoris ; qu'on la porte chez l'un, qu'on la ramène chez l'autre ? » – qu'on craignait d'attenter gravement à la démographie si l'on avait mis à mort toutes les épouses convaincues de relations extraconjugales. Alors, au nom du pragmatisme, les Romains préféraient enfermer la femme infidèle dans une cabane où elle devait livrer son corps à qui voulait en user. L'acte accompli, la punie agitait une cloche afin de signaler qu'elle était à la disposition du « client » suivant.

En d'autres lieux que Rome, on se contentait de tondre l'infidèle avant de la chasser à coups de fouet. Ou bien on la noyait dans une mare de boue ou de purin, comme pour bien concrétiser la souillure dont elle s'était couverte – je parle d'une vraie noyade, pas d'un simulacre.

Les Babyloniens, eux aussi, recommandaient de noyer la femme adultère. Mais leur fameux code de lois, le code de Hammurabi, stipulait que, pour jeter la coupable à l'eau, il fallait qu'à ses amours illicites elle eût ajouté trois autres fautes : *primo*, celle de traîner dehors (après avoir été embrassée, caressée, lutinée par un amant babylonien dans les fameux jardins suspendus, une des sept merveilles du monde antique, on peut comprendre que la jeune femme soit quelquefois rentrée en retard à la maison…), *secondo*, celle de dilapider l'argent du foyer (là encore, il faut se mettre à la place de notre Bovary mésopotamienne : alimentées, et même gavées, par des caravanes venues des quatre coins de l'univers, les boutiques de Babylone devaient scintiller de marchandises toutes plus irrésistibles les unes que les autres…), et, *tertio*, celle de négliger son mari (mais qui nous prouve que ce balourd savait s'y prendre pour entretenir le désir chez sa femme ?…).

Très rarement infligés, les supplices réservés aux hommes n'en étaient que plus inventifs. Rappelons celui qui consistait à clouer le débauché par ses parties génitales à la porte de son domicile, en laissant à sa portée un rasoir bien affûté dont on l'encourageait à se servir pour se libérer – certes, il se châtrait en se coupant les testicules, mais ainsi avait-on l'assurance qu'il ne céderait plus jamais à la tentation de tromper son épouse.

La palme de l'ingéniosité revient sans conteste aux habitants de l'Attique dont la délicatesse et la finesse du goût étaient légendaires : Lucien de Samosate, prolixe écrivain du IIe siècle, relate que, lorsque quelqu'un était reconnu coupable d'adultère, on commençait par lui épiler le bas-ventre et le pourtour de l'anus à l'aide de cendres brûlantes, après quoi on lui enfonçait dans le rectum une racine de raifort fraîchement pelée afin qu'elle libère au mieux l'agressivité de ses sucs. A supposer qu'on manquât de raifort, on remplaçait celui-ci par un certain petit poisson de l'ordre des Acanthoptérygiens dont les nageoires dorsales étaient hérissées de redoutables rayons épineux.

Paris, 5 juillet 1845, aux petites heures du jour. Une légère rosée annonciatrice de beau temps estival piquetait les pavés du passage Saint-Roch. Le fond de l'air devait sentir le crottin des écuries, l'odeur tiède et acidulée du levain, les épluchures de fruits et légumes, avec une prédominance de choux aigre, parfum emblématique du Paris du XIXe siècle à en croire les récits des visiteurs étrangers.

Sur le côté droit de l'étroite saignée constituant le passage Saint-Roch se dressait un immeuble composé de quelques garçonnières. Ses fenêtres butaient contre le flanc de l'église, ce qui ne présentait pas d'inconvénient majeur puisque lesdites croisées étaient de toute façon aveuglées par des volets qu'on n'ouvrait pour ainsi dire jamais : ceux qui louaient ces meublés – amants venus réfugier là leurs amours clandestines, poètes oubliés avant même d'avoir été découverts, anarchistes fomentant des projets d'attentats qui ne seraient jamais perpétrés – se suffisaient amplement des rêveries que leur procuraient leurs mondes intérieurs.

Ce 5 juillet, donc, un peu avant 6 heures du matin, un attelage s'arrêta à l'angle du passage et de la rue Saint-Honoré. En descendirent un commissaire de police en uniforme, un juge de paix, quelques agents, et un bourgeois à la fois très pâle et très agité qui répétait :

— Avec moi, messieurs, avec moi, vous n'allez pas en croire vos yeux !

Guidée par l'excité, la petite troupe investit le passage, s'engouffra dans l'immeuble aux fenêtres closes, grimpa bruyamment un escalier et se rassembla devant une porte épaisse.

— Ils sont là derrière, frémit le bourgeois. Vautrés dans la luxure et la débauche.

Il n'ajouta pas « dans le stupre et la fornication ». Sans doute avait-il lu maître Fournel, auteur d'un savant *Traité de l'Adultère considéré dans l'ordre judiciaire*, dans lequel cet avocat au Parlement rappelle que le stupre se commet avec une femme libre et la fornication avec une femme publique ; dans le premier cas, la femme n'appartient à personne ; dans le second, elle appartient à tout le monde. Or, dans une affaire d'adultère, la loi considère que la femme n'appartient qu'à un seul homme : celui qu'elle cocufie, autrement dit son mari. Lequel peut donc l'accuser de luxure et de débauche, mais pas de stupre ni de fornication. Le commissaire de police et le juge de paix furent évidemment sensibles à ce respect de la lettre et de l'esprit des lois, d'autant que l'homme qui, ce matin, les avait requis pour un constat d'adultère, n'était pas n'importe qui : Auguste Biard, artiste peintre, pilier de la plupart des Salons, était un des protégés du roi Louis-Philippe.

Le souci, c'était que l'autre homme, celui qui derrière la porte était censé se vautrer dans « la luxure et la débauche », faisait lui aussi partie des protégés de Louis-Philippe. Il en était même une des têtes de liste. Au point que le roi venait de le faire Pair de France.

Le commissaire soupira et frappa à la porte. Respectueusement d'abord, un peu comme un majordome qui vient réveiller son maître ; puis, comme rien ne se passait, il cogna à l'huis avec davantage d'énergie. Une fois, deux fois, trois fois. Enfin l'on entendit quelque chose à l'intérieur de la garçonnière : le cri d'une femme affolée, puis une voix d'homme, une belle voix grave qui faisait sonner les consonnes, demandant qui se permettait de venir importuner le monde à une heure aussi matinale.

— Monsieur, répondit le commissaire, je sais trop bien qui vous êtes, aussi croyez qu'il m'est infiniment pénible de m'immiscer dans… de devoir constater le… enfin, de procéder à…

Il n'eut pas le temps d'achever que Victor Hugo – la voix profonde, c'était la sienne – avait ouvert la porte, laissant sourdre du logis une odeur de tanière, de corps en sueur, de lit chaud.

Sur ce lit se dressait une femme qui en tirait (en « arrachait » serait plus juste) les draps pour les ramener sur elle afin d'en draper sa nudité. C'était Léonie Biard, épouse légitime du peintre renommé.

— Monsieur le commissaire, déclara Victor Hugo en essayant de montrer un semblant de dignité malgré une tenue plutôt négligée (il avait en toute hâte enfilé une chemise bouffante, mais il n'avait eu le temps de passer ni caleçon ni pantalon, ce qui l'obligeait à dissimuler ses attributs virils derrière une veste qu'il laissait flotter devant son ventre comme un rideau de théâtre), je suis Pair de France. Ce qui fait que vous n'avez pas autorité sur ma personne : seuls les autres Pairs pourraient éventuellement décider de mon arrestation, de ma comparution devant eux et de mon jugement.

— Ma foi, monsieur, j'en étais averti et je m'en réjouis : j'aurais eu horreur de devoir vous contraindre. Mais votre immunité ne vaut pas pour cette dame, ajouta le commissaire en désignant Léonie (laquelle, entortillée dans son drap blanc comme dans une tunique antique, s'était agenouillée sur le lit et joignait les mains telle une jeune martyre chrétienne livrée aux lions). Au nom de la loi, je suis obligé de l'arrêter…

Ce à quoi Victor Hugo ne pouvait s'opposer, le code Napoléon stipulant que toute femme reconnue coupable d'adultère serait incarcérée.

Léonie fut écrouée le jour même à la prison Saint-Lazare, maison d'arrêt, de justice et de correction, dépotoir lugubre et malpropre où l'on enfermait des prévenues et des condamnées à de courtes peines, des voleuses, des femmes coupables de dettes envers l'Etat, des prostituées punies ou malades, des fillettes prises en flagrant délit de racolage. Elle y végéta pendant les deux longs mois d'été, asphyxiée par les puanteurs carcérales que la canicule exaspérait (les remugles étaient si pestilentiels que, dans le quartier, on surnommait Saint-Lazare la ménagerie), mais certaine que son cher Victor n'allait pas tarder à surgir pour la délivrer – elle avait lu *Notre-Dame de Paris*, bien sûr, et gardé un souvenir impérissable de la scène où le beau capitaine Phœbus de Châteaupers sauve Esmeralda de la tentative de rapt fomentée contre elle par Frollo.

Et le fait est que Hugo se démenait comme un beau diable.

Sauf que c'était moins pour obtenir l'élargissement de Léonie que pour museler la presse et l'empêcher de transformer l'incident du passage Saint-Roch en un fait divers particulièrement croustillant. Et il y réussit. On fit des gorges chaudes dans les salles de rédaction, mais pas un journal ne cita son nom. C'est à cette aune (aussi) que l'on mesure ce que fut, en son temps, l'aura de Victor Hugo…

Heureusement pour Léonie, le roi Louis-Philippe, fortement contrarié par cette affaire qui dressait face à face un peintre qu'il admirait – avec raison d'ailleurs, car Auguste Biard ne mérite pas l'espèce de purgatoire, voire les oubliettes, où la postérité s'obstine à le confiner – et l'écrivain le plus influent de son règne, persuada Biard d'adoucir la punition de sa femme en permettant qu'elle fût transférée de Saint-Lazare au couvent des Augustines.

Léonie était supposée y purger encore six mois d'enfermement, mais la coalition active de tous ceux qui l'aimaient (au nombre desquels Adèle, l'épouse légitime de Hugo, qui voyait en Léonie une rivale moins dangereuse que Juliette Drouet) obtint sa libération le jour de Noël 1845.

La présence de Léonie Biard, née d'Aunet, dans ce *Dictionnaire amoureux* n'est évidemment pas due au seul fait qu'elle fut la plus jolie de toutes les maîtresses de Hugo, et d'une joliesse sans ostentation, une joliesse que je qualifierais de sage et de retenue, une joliesse de petite fille modèle (elle fut d'ailleurs la contemporaine de la comtesse de Ségur), ce dont vous pourrez vous convaincre en admirant le portrait qu'a fait d'elle son peintre de mari, et qui se trouve au château de Versailles : ce qui justifie la place de Léonie dans ce volume, c'est qu'en plus d'être blonde et lumineuse (Hugo, à juste titre, la surnommait l'Ange), elle fut l'héroïne de quelques faits divers plus insolites, périlleux et mouvementés, que l'incident du passage Saint-Roch.

Elle était encore un bébé que la presse, déjà, parlait d'elle pour relater l'étourderie de sa mère qui avait tout simplement oublié de déclarer sa naissance, ce qui fait que Léonie ne fut jamais très sûre de la date de sa venue au monde ; ni non plus du nom de son vrai père, car sa mère, décidément incorrigible, en avait désigné nommément deux : Claude-Denis-Hippolite Boynest et/ou Auguste-François-Michel Thévenot d'Aunet...

Léonie n'avait que dix-neuf ans lorsque Auguste Biard, qui la présentait comme sa femme alors qu'ils n'étaient pas encore mariés, réunit un soir quelques amis chez lui : « Parmi eux, relate Léonie, était Gaimard, le célèbre voyageur. Ce jour-là il nous raconta le naufrage de l'*Uranie* aux îles Malouines ; il se plaisait à nous retracer dans sa narration toutes les preuves de courage et de sang-froid données dans cette circonstance par Mme Freycinet, qui accompagnait son mari, commandant de l'*Uranie*. Quand il eut fini, quelqu'un dit : "Pauvre femme, elle a dû avoir beaucoup à souffrir ! — Vous la plaignez ? m'écriai-je ; moi, je l'envie !" Gaimard me regarda. "Parlez-vous sérieusement, madame ? — Très sérieusement. — Vous aimeriez faire le tour du monde ? — Ah, monsieur, c'est mon rêve ! — Je pars dans trois semaines, avec une commission scientifique dont je suis président pour explorer l'océan Glacial dans les parages du Spitzberg et du Groenland. — Vous êtes bien heureux ! — Je le serais davantage si cette expédition tentait votre mari [le peintre Biard, donc], et s'il voulait lui prêter le secours de son talent. — Je crois qu'on peut lui faire une proposition dans ce sens. — Vous en chargeriez-vous, madame ? — Oui, à une condition. — Laquelle ? — C'est que je l'accompagnerai." Ce fut un tollé général : "Quelle folie ! me disait-on ; vous êtes trop jeune et trop délicate pour les fatigues d'un tel voyage ; à votre âge on va au bal, et non au pôle. — L'un n'empêche pas l'autre ; si je reviens, j'aurai tout le temps d'aller au bal." »

Epoustouflante blondinette ! Elle partit donc et, comme c'était prévisible, affronta mille périls. Lors d'une escale en Suède, son attelage versa, fit plusieurs tonneaux avant de basculer dans une chute vertigineuse au fond d'un précipice. Léonie s'en tira – les jolies filles attirent le miracle comme l'aimant la limaille de fer.

Puisqu'elle était vivante, elle s'embarqua donc à bord de la corvette *La Recherche.* En la voyant, les marins pensèrent qu'elle était si mince, si délicate, avec des pieds si blancs et si fragiles (*comme des biscuits à la cuiller*, disaient-ils), qu'elle ne survivrait certainement pas à la traversée.

Mais malgré quelques tempêtes musclées et un froid de gueux, elle fit aussi bonne figure que les savants de l'expédition qui passaient le temps à recueillir de l'eau à de grandes profondeurs, à observer les aurores boréales, rapporter des squelettes de baleines, d'élans, de gloutons et d'ours, étudier la cristallisation de la neige et des courants marins, multiplier les observations astronomiques et magnétiques, sans oublier d'enquêter sur la façon dont les peuples du Nord concevaient la détention et administraient leurs prisons. Léonie, elle, n'avait rien d'autre à faire que d'être charmante et de vomir avec grâce. Ce dont elle s'acquitta parfaitement.

Près des îles Lofoten, Léonie affronta le redoutable maelström – certes, aussi furieux fussent-ils, ses tourbillons n'étaient pas capables d'engloutir de gros navires ; mais *La Recherche*, qui n'était longue que d'une cinquantaine de mètres seulement, aurait fort bien pu s'avérer une proie à la portée de son appétit. Et surtout, Léonie fut à deux doigts de devoir subir un hivernage à bord de la corvette prisonnière de la banquise.

A son retour, elle écrivit (avec talent) et publia (avec succès) *Voyage d'une femme au Spitzberg*, relation d'une expédition qu'aucune femme n'avait entreprise avant elle.

A l'automne 1843, elle rencontra Victor Hugo. Il venait tout juste de perdre Léopoldine, noyée à Villequier

– autre et terrible fait divers. L'attendrissante beauté de Léonie lui rappela peut-être celle de sa fille. Ce qui est sûr, c'est que l'allant et le courage de la jeune femme ranimèrent les siens. Ils eurent une liaison de sept ans, interrompue par l'exil de Hugo suite au coup d'Etat du 2 décembre 1851. Dès lors, ils ne se revirent plus, mais ne cessèrent jamais de correspondre.

Jusqu'à la mort de Léonie, Victor lui envoya régulièrement de l'argent. Elle n'en avait pas vraiment besoin, mais peut-être s'obligeait-il ainsi à régler la dette secrète qu'il savait avoir contractée dans sa garçonnière du passage Saint-Roch, ce petit matin où il avait laissé, plutôt lâchement, la maréchaussée emmener en prison la plus adorable femme qui se fût donnée à lui.

Affaires

Par une soirée particulièrement froide du mois de mars 1762, Dominique Audibert faisait route vers Genève.

On présente généralement Audibert comme un marchand marseillais, ce qui suggère aussitôt des images de boutiques pénombreuses fleurant bon le thym et la lavande, d'étals de poissons, de paniers d'oursins, d'églises aux portes entrouvertes sur des blancheurs de cire et de fleurs fraîches, de ruelles montantes aux fumets d'ail, d'anis et de figues, des vitres moites, des peaux embuées, et la mer assoupie comme les chats sur les pierres chaudes – elle et eux tellement évidents qu'on ne les distingue presque plus.

Or Audibert n'était pas simple boutiquier mais homme d'affaires influent. Avec ses oncles Joseph et Georges, il dirigeait une puissante maison de négoce et d'armement place de Noailles. Sans pour autant déserter la Méditerranée, la maison Audibert avait poussé vers l'ouest, commerçant avec les Antilles, puis s'étendant jusqu'au Canada, avant de s'intéresser, à l'Orient cette fois, au trafic des indiennes et des épices. Véritable « pointure » dans le domaine de l'import-export au long cours, Dominique Audibert n'en était pas moins un intellectuel passionné par la philosophie, et un adepte des Lumières – c'est d'ailleurs à ce titre qu'il entretenait une correspondance suivie avec Voltaire, alors en exil (exil doré !) à Ferney, au pied du Mont-Blanc.

Or donc, constatant que les giboulées de mars tournaient à la tempête de neige et menaçaient d'enliser bientôt son coche, Audibert choisit de bifurquer vers Ferney et de prier son cher ami Voltaire de lui accorder l'hospitalité pour la nuit.

L'auteur de *Candide*, qui n'aimait rien tant qu'avoir un auditoire, fût-il composé d'une seule personne, fit à son correspondant marseillais un accueil fastueux : si lui-même ne faisait que grignoter, Voltaire tenait à ce que ses convives gardassent (la tournure est un peu lourde, oui, je sais, mais quand on parle de Voltaire, n'est-ce pas la moindre des politesses que d'employer les imparfaits du subjonctif ?) un souvenir ébloui de leurs agapes à Ferney ; d'autant que lorsque ses hôtes avaient la bouche pleine, il pouvait soliloquer à sa guise sans trop craindre d'être interrompu.

Mais face à un Marseillais, et un Marseillais de surcroît particulièrement loquace, cette méthode avait évidemment ses limites ; et tout en se bâfrant d'une gélinotte joliment grassouillette magnifiée par le parfum de roses en fanaison d'une carafe de romanée (dont le tonnelet n'était pas encore estampillé Conti, car il y avait à peine un an que le prince du même nom avait acquis la Romanée), Audibert se mit à raconter un fait divers si révoltant que Voltaire finit par se taire pour l'entendre.

L'histoire était la suivante : dans la nuit du 13 au 14 octobre 1761, Jean Calas, un protestant exerçant à Toulouse la profession de marchand de tissus, avait découvert, pendu au pied de l'escalier de sa boutique, le cadavre de son fils Marc-Antoine âgé de vingt-neuf ans.

Certains éléments lui avaient donné à penser que le jeune homme s'était suicidé, hypothèse que renforçait le fait que Marc-Antoine, garçon sombre et mélancolique, avait récemment avoué son intention de se convertir au catholicisme. Cette idée avait horrifié son père qui, en bon et fidèle huguenot, avait fortement désavoué ce projet.

Etait-ce parce qu'il s'était alors retrouvé écartelé entre son désir de rejoindre le catholicisme et le profond respect qu'il portait à son père que Marc-Antoine s'était donné la mort ? Pour l'heure, Jean Calas se souciait peu du mobile : le suicide étant à l'époque condamné comme un crime abominable, c'était de toute façon le déshonneur qui s'abattait sur la famille.

Contrairement à de nombreux assassins qui cherchent à faire passer pour suicide l'assassinat qu'ils ont perpétré, le malheureux père décida de déguiser en meurtre le suicide de son fils. Et sans doute s'y prit-il avec habileté, car les enquêteurs n'y virent que du feu… sauf qu'ils en conclurent que le meurtrier de Marc-Antoine ne pouvait être que son propre père qui s'était défait d'un rejeton dont la conversion imminente au catholicisme allait jeter l'opprobre sur sa famille et navrer l'ensemble de la communauté protestante.

Des ragots de quartier, des calomnies engendrées par la jalousie et surtout par une haine virulente de la religion réformée, plus des avocats incapables : il n'en fallut pas davantage pour que Calas, arrêté et jugé, fût condamné, par huit voix contre cinq, à subir la question ordinaire et extraordinaire, puis à être roué vif et son corps brûlé.

Ce qui fut fait le 10 mars 1762, quelques jours seulement avant que l'homme d'affaires marseillais ne fît halte à Ferney.

— Et comment mourut-il ? s'enquit Voltaire en offrant à son visiteur une coupe de marrons glacés admirables dont le confisage avait exigé vingt et un jours.

— En attestant jusqu'au bout qu'il était innocent, monsieur, et en priant Dieu de pardonner à ses tourmenteurs.

En vérité, ce n'est pas tant l'hypothèse d'une erreur judiciaire qui retint d'abord l'intérêt de Voltaire : en anticlérical virulent qu'il était, il vit dans cette affaire la démonstration que les religions étaient toutes plus dévoyées, pernicieuses et viciées les unes que les autres, et plus souvent cause du malheur des hommes que de leur salut. Selon son mot, elles étaient toutes *infâmes*, et il n'allait pas avoir assez de ce qui lui restait de vie pour les dénoncer. Il avait en tout cas la certitude que l'affaire Calas était avant tout une navrante histoire de fétichisme religieux, et que c'étaient ces sornettes qui, bien plus qu'un verdict erroné, avaient conduit le marchand de tissus toulousain sur l'échafaud.

Pourtant, après s'être procuré plusieurs pièces du dossier et les avoir étudiées avec une sagacité que ni l'âge ni les infirmités n'avaient amoindrie, l'écrivain fut frappé – et atterré – par certaines aberrations du jugement rendu contre Jean Calas : « Il paraissait impossible, écrit Voltaire[1], que Jean Calas, vieillard de soixante-huit ans [Voltaire en avait soixante-sept, il savait de quoi il retournait] qui avait depuis longtemps les jambes enflées et faibles, eût seul étranglé et pendu un fils âgé de vingt-huit ans, qui était d'une force au-dessus de l'ordinaire ; il fallait absolument qu'il eût été assisté dans cette exécution par sa femme, par son fils Pierre Calas, par Lavaisse [le meilleur ami de la victime], et par la servante. […] Mais cette supposition était encore aussi absurde que l'autre : car comment une servante zélée catholique aurait-elle pu souffrir que des huguenots assassinassent un jeune homme élevé par elle pour le punir d'aimer la religion de cette servante ? Comment Lavaisse serait-il venu exprès de Bordeaux

1. *Traité sur la tolérance à l'occasion de la mort de Jean Calas* (décembre 1763).

pour étrangler son ami dont il ignorait la conversion prétendue ? Comment une mère tendre aurait-elle mis les mains sur son fils ? Comment tous ensemble auraient-ils pu étrangler un jeune homme aussi robuste qu'eux tous, sans un combat long et violent, sans des cris affreux qui auraient appelé tout le voisinage, sans des coups réitérés, sans des meurtrissures, sans des habits déchirés ? »

Et où, sinon dans la force que confère l'innocence, Jean Calas avait-il puisé assez d'énergie et de détermination pour jurer jusqu'à son dernier souffle, malgré les souffrances innommables qu'on lui infligeait, qu'il n'était pas coupable du crime dont on l'accusait ?

Pour tenter d'y voir plus clair, Voltaire fit venir chez lui deux des cinq enfants de Calas, qui, à la mort de leur père, s'étaient réfugiés en Suisse pour fuir l'ostracisme des papistes.

Certes, l'exilé de Ferney ne pouvait plus rien pour le supplicié dont les cendres avaient été dispersées au vent. Mais si Calas était mort, il restait sa famille et sa mémoire, qui, toutes deux, demandaient réparation.

Mobilisant toutes les caisses de résonance de l'époque, des gazettes aux nouvellistes de bouche (précurseurs des crieurs de journaux), faisant jouer ses plus hautes relations (et il n'en manquait pas), prenant le peuple de France à témoin (*Un arrêt du public,* affirmait-il, *vaut un arrêt du Conseil du roi*), Voltaire interpella les juges : « Vous devez compte aux hommes du sang des hommes ! »

Siècle bâtard, le XVIIIe ne se contente pas de balancer entre trône et république : il se dandine et tangue entre littérature persifleuse et littérature sermonneuse. Voltaire, lui, n'hésite guère : il persifle et sermonne à la fois. Le tout en brocardant, blasonnant, satirisant. Et bien que ce grêle petit vieillard bien souvent m'exaspère, je suis obligé de reconnaître qu'il est probablement le meilleur de son siècle. Et surtout, enfouissant son impertinence dans ses basques, il a eu quelques moments d'humanisme vrai qui rachètent nombre de ses grimaces, postures et gesticulations.

Bien que non écrite – encore qu'il ait échangé de nombreuses lettres concernant le procès et l'exécution du drapier de Toulouse –, l'affaire Calas est à mes yeux la plus importante, la plus émouvante, la plus belle aussi, des œuvres de Voltaire. C'est elle qu'on devrait enseigner aux jeunes avant de leur faire lire *Zadig*, *Candide* ou *L'Ingénu*, qui ne me paraissent mériter leur réputation de chefs-d'œuvre qu'en les rapportant à l'époque de leur création. Tandis que l'affaire Calas, elle, n'en finit pas de faire résonner ce cri insupportable : celui de l'innocence non reconnue, de l'innocence bafouée, de l'innocence condamnée à tort, au nom de l'intolérance.

Grâce à ce petit homme grésillant, grâce à cette façon d'insecte qu'était alors Voltaire, ce qui n'avait été jusque-là qu'un fait divers circonscrit à son aire provinciale prit une dimension nationale, devint une « *affaire* » et entra dans l'Histoire – notons que, du même coup, la peine de mort, hideuse et indéfendable, venait de se faire mordre à la nuque.

Voltaire ne s'en tint pas là ; il s'impliqua en faveur des victimes d'autres faits divers : les Sirven, une famille prise dans les rets d'une manipulation judiciaire présentant de nombreux points communs avec l'affaire Calas, le jeune chevalier de La Barre qui, inculpé d'impiété et d'acte sacrilège, fut condamné à être décapité après avoir eu la langue arrachée (le pauvre garçon protesta si vigoureusement qu'il parvint à garder sa langue, mais il perdit sa tête), le vieux laboureur Martin accusé à tort d'avoir assassiné un voyageur pour lui voler son or, Montbailli, dénoncé comme meurtrier de sa mère par quelques mégères de Saint-Omer et exécuté sans qu'on ait rien pu prouver contre lui, ou encore le comte de Lally-Tollendal, lieutenant général des Etablissements français de l'Inde, condamné à mort pour trahison et lâcheté devant l'ennemi.

L'affaire est le grade supérieur du fait divers. Son bâton de maréchal. Son couronnement. Si l'on devait résumer un fait divers à la piqûre d'une puce, l'affaire serait l'épidémie de peste qui en découle autrefois. En effet, dans la plupart des cas, l'affaire naissante n'a l'air de rien, et puis voilà qu'elle se met à gonfler, à bedonner, à se boursoufler, il lui pousse des excroissances, des tentacules, elle inonde, submerge, pullule, étrangle, infecte tout.

Un fait divers a la vie frémissante mais brève d'un papillon, tandis que certaines affaires, notamment celles qui s'enkystent et demeurent irrésolues, ont une espérance (ou plutôt une désespérance) de vie qui semble infinie. Je pense à la poignante affaire dite du petit Grégory (octobre 1984) ; je pense aussi à l'affaire de Bruay-en-Artois (avril 1972), où l'identité du meurtrier de la jeune Brigitte Dewèvre, quinze ans et demi, est toujours une énigme, et le restera sans doute puisque le crime est prescrit depuis 2005 ; je pense encore à l'affaire du pull-over rouge (juin 1974), qui a abouti à la condamnation à mort et à l'exécution de Christian Ranucci pour le meurtre de Marie-Dolorès Rambla, huit ans, Ranucci sur la culpabilité duquel subsiste ce qu'il est convenu d'appeler « un doute raisonnable » : « Il y a trop d'interrogations qui se lèvent à son sujet, a déclaré Robert Badinter devant l'Assemblée nationale, et ces seules interrogations suffisent, pour toute conscience éprise de justice, à condamner la peine de mort... »

Lorsqu'elles ne relèvent plus du seul domaine criminel mais touchent à la politique et à ses dérives, à la finance et aux manipulations douteuses qui y sont parfois (souvent ?) associées, les affaires deviennent alors des scandales. Elles s'installent dans l'Histoire, occupent des chaires universitaires, inspirent des livres et des films.

On en oublierait presque leur toxicité, et les victimes qu'elles ont faites...

Animaux (Procès d')

Un jour de l'an 1522, Barthélemy Chassanée, avocat, reçut une étrange visite : mandé par le procureur du roi en la ville d'Autun, un clerc lui remit une injonction par laquelle il était commis d'office pour défendre des voleurs et saboteurs opérant en bande organisée – je suppose que c'est à peu près en ces termes que la justice d'aujourd'hui qualifierait le recours collectif (*class action*) porté contre un groupe de maraudeurs, pilleurs de greniers, chapardeurs de grains et de bon lard gras.

La plainte était signée, d'une simple croix dans la plupart des cas, par plus d'une centaine de victimes des rapines.

— A-t-on la moindre idée de qui sont les malfaisants ? s'enquit Chassanée.

— Sans doute, répondit le jeune clerc. Il s'agit des rats.
— Des rats ? sourcilla l'avocat. Quels rats ?
— Ma foi, maître Chassanée, les rats qui commettent des ravages dans la ville d'Autun et ses environs.
— Leurs petites têtes chafouines ne sont-elles pas mises à prix ?
— Si fait, monsieur. Mais outre que cela coûte cher à la ville, c'est prétendre vider l'Arroux, la Celle et le Ternin[1], à la petite louchette. Autunois et Autunoises réclament une action plus définitive. Aussi les magistrats chargés de la police de notre bonne ville ont-ils décidé de traduire lesdits rats en justice, afin qu'un verdict leur enjoignant de déguerpir soit rendu une bonne fois pour toutes. Monsieur le procureur du roi a ordonné que les accusés soient cités devant le tribunal ecclésiastique, et dans le même temps il vous donne d'office pour leur défenseur.
— Et quand cette citation à comparaître prend-elle effet ?
— Dans quinze jours à compter de demain matin. Elle sera affichée dans toute la ville – placardée à hauteur de rat, bien sûr, afin que nul n'en ignore.

Les quinze jours écoulés, maître Barthélemy Chassanée se rendit à la cathédrale d'Autun où devait avoir lieu le procès. Les plaignants se pressaient dans la nef centrale, tandis que les bas-côtés et le narthex avaient été pris d'assaut par les curieux, que les juges siégeaient dans le chœur et qu'on avait réservé le transept aux accusés.

Or plus d'une heure après que l'official eut sommé les rats de paraître devant le tribunal, le transept était toujours

1. Trois des cours d'eau arrosant Autun.

vide, à l'exception d'une petite douzaine de rongeurs, plutôt souris que rats, et qui, à en croire les bedeaux, étaient des habitués de la cathédrale où ils venaient se nourrir des larmes de cire tombées des cierges.

— Or ça, maître Chassanée, grommela le prélat qui présidait les débats, pouvez-vous expliquer à la cour où sont vos clients ?

— Il se peut, monseigneur, dit Barthélemy en se levant respectueusement, il se peut qu'une première assignation à comparaître n'ait pu les toucher tous, car ils sont dispersés dans un grand nombre de maisons et de hameaux. Je demande en conséquence qu'une seconde assignation leur soit délivrée.

— Ne craignez-vous point qu'elle reste aussi ignorée que la première ?

— C'est-à-dire, monseigneur, qu'il faudrait pouvoir prévenir chaque rat en son domicile...

— Allons donc, mon cher maître, c'est impossible !

— Je m'en doute, monseigneur. Et c'est pourquoi je suggère qu'on leur notifie cette assignation par une annonce en bonne et due forme au prône de chaque messe.

— A condition qu'ils y aillent, à la messe !

— Oh, ils y vont, monseigneur, ils y vont : les sacristies de nos églises recèlent des trésors de missels délectables à ronger, de vins liquoreux à souhait, de miettes d'excellent pain bénit. Sans compter tout ce que les paysans qui sont passés par la foire colportent avec eux dans les plis de leurs blouses, et qu'ils sèment sur les dalles par le mouvement qu'ils font de s'agenouiller, de se relever, de s'asseoir, de s'agenouiller à nouveau, de battre leur coulpe. Croyez-moi, monseigneur, nos messes sont la sainte providence des rats et ils n'y manqueraient pour rien au monde.

Après s'être concertés, les juges estimèrent l'analyse judicieuse, et donc la proposition recevable, et ils renvoyèrent l'audience à trois mois.

Mais les quatre-vingt-dix jours écoulés, et après quelque vingt-cinq mille messes hautes et basses, de mariage et d'enterrement, célébrées dans les diverses paroisses du diocèse, et donc autant de citations à comparaître, on ne vit toujours aucun rat, repentant ou non, s'avancer dans le transept.

Les curieux étaient déçus, les plaignants furibonds, les juges ecclésiastiques vexés par le peu de cas que les rats faisaient de leur tribunal.

Seul Barthélemy ne paraissait pas troublé :

— La non-comparution des parties, plaida-t-il, s'explique aisément : pour se présenter devant leurs juges, les rats ont beaucoup de chemin à faire ; or en cette saison, les routes sont particulièrement mauvaises, et de surcroît mes clients ont de toutes petites pattes. De plus, il semble que messieurs les chats aient eu vent de cette affaire, et qu'ils se soient mis un peu partout aux aguets pour tenter de croquer quelques rats si ceux-ci leur trottinaient devant les moustaches. Ce qui a pu inciter nombre de mes clients, sinon tous autant qu'ils sont, à rester chez eux. On ne peut leur en tenir rigueur, car je rappelle au tribunal que c'est un devoir pour la Justice de garantir aux prévenus de comparaître avec l'assurance que personne n'attentera à leur vie tant qu'ils seront dans l'enceinte du tribunal.

L'histoire ne dit pas s'il y eut une troisième audience. Si tel fut le cas, il y a fort à parier qu'elle se déroula sans que les rats l'aient davantage honorée de leur présence.

Ce qui est assuré, c'est que cette affaire contribua pour beaucoup à la notoriété de maître Chassanée qui, quelque temps auparavant, s'était déjà fait remarquer en défendant des hannetons accusés par les vignerons de Beaune de grignoter leurs vignes. Chassanée avait habilement multiplié les demandes de renvoi pour complément d'information (il voulait savoir si les hannetons devaient être assimilés ou non à des bandits de grands chemins, ou encore s'ils étaient catholiques et relevaient donc du tribunal ecclésiastique), tant et si bien que lorsqu'il s'était déclaré enfin prêt à prononcer sa plaidoirie, l'hiver s'était installé, la bise était venue, et tous les hannetons avaient *naturellement* disparu.

Les animaux ne sont pas de mauvais bougres, oh que non ! Ce sont les lois des hommes qui leur sont nébuleuses, hermétiques, inintelligibles.

Comment les abeilles sauraient-elles que les édiles de Kirkland (Illinois) ont voté une loi leur interdisant de survoler la ville ? Qui a songé à informer les pensionnaires à plumes des poulaillers de Quitman (Géorgie) qu'il était illégal pour un poulet de traverser la route ? Les gorilles savent-ils que, dans l'Etat du Massachusetts, il leur est strictement défendu de s'installer sur le siège arrière d'une voiture, même s'ils bouclent leur ceinture de sécurité ?

Pour rigolos qu'ils soient, ces règlements sont tombés en désuétude. Et les grenouilles du Tennessee ne risquent plus d'avoir leur petites cuisses farinées, aillées, persillées et jetées dans le beurre grésillant en punition d'avoir enfreint la loi qui, à Memphis, aujourd'hui encore, leur fait défense de coasser passé 23 heures.

Mais les annales judiciaires ne sont pas si anciennes qui rappellent le cas d'un coq condamné au bûcher pour avoir pondu un œuf, ce qui, disent les attendus, trahissait chez ce volatile une nature transsexuelle incompatible avec la virilité qu'un maître de basse-cour est en droit d'attendre du coq de son poulailler.

Encore plus proche de nous est l'histoire de cette éléphante de dix-huit ans, nommée Mary, qui fut pendue haut et court pour avoir tué son aide-soigneur – la pauvre bête voulait se régaler de melons d'eau repérés près de la mare où on la faisait s'abreuver, et son nouveau soigneur (un employé d'hôtel recruté la veille qui ne connaissait rien aux pachydermes), craignant qu'une éléphante de cinq tonnes ne ravage la plantation de melons, avait très cruellement piqué l'animal derrière l'oreille avec un aiguillon à éléphant. L'adorable Mary, qui n'avait jamais été punie par aucun de ses dresseurs, s'était alors révoltée et avait massacré son soigneur en le piétinant. Deux jours après, condamnée à mort, Mary avait été pendue par le cou à une grue ferroviaire. Mais la chaîne destinée à l'étrangler s'étant brisée, la malheureuse éléphante était tombée sur le sol en se brisant une hanche. On l'avait rependue, et elle avait fini par mourir d'asphyxie après une longue et insupportable agonie. Cette exécution honteuse, écœurante, eut lieu le 13 septembre 1916, à Erwin (Tennessee). Plus de deux mille cinq cents curieux s'étaient rassemblés pour y assister. Il pleuvait fort et dru, gris sur gris, gris de pluie sur gris d'éléphant, et aussi sur les âmes grises, comme dirait Philippe Claudel, de ces gens navrants dont certains, dit-on, après que tout fut terminé, se sentirent surtout navrés, et l'on rapporte qu'ils furent plusieurs dizaines à vomir, même que la puanteur de leurs vomissures masqua celle des excréments que la pauvre Mary avait expulsés en mourant.

Jadis, lorsqu'un animal était soupçonné d'avoir commis un méfait, on saisissait le tribunal criminel ou civil (c'était selon la qualification de la faute), et le délinquant était incarcéré dans la prison de la ville. Une fois le délit établi, l'officier du ministère public requérait la mise en accusation de l'inculpé. Puis le juge, après audition des témoins, réquisitoire et plaidoirie, rendait sa sentence. Celle-ci était alors, avec toute la solennité requise, signifiée à l'animal dans son cachot.

Le bûcher était la peine la plus sévère. C'est ainsi qu'à Fontenay-aux-Roses, en 1226, un pourceau fut brûlé vif pour avoir dévoré un enfant. Mais la plupart du temps, et c'était à peine moins cruel, on se « contentait » de pendre la bête par les pattes arrière et de la laisser en l'état jusqu'à ce que mort s'ensuive.

Il va de soi que l'exécution était publique, et qu'on veillait à l'entourer du même cérémonial que s'il se fût agi du supplice d'un être humain.

De même qu'en Chine où c'est la famille du criminel exécuté d'une balle dans la nuque qui règle le prix de ladite balle, c'était le maître de l'animal qui supportait les frais de la mise à mort. A titre d'exemple, voici ce qu'il en coûta au propriétaire d'une truie condamnée à la peine capitale : « Pour dépense faite pour elle dedans la geôle [sa nourriture, qui était la même que celle des prisonniers humains] six sols parisis ; Item, au maître des hautes œuvres, qui vint de Paris à Meulan faire ladite exécution par le commandement et ordonnance de nôtre dit maître le bailli et du procureur du roi, cinquante-quatre sols parisis ; Item, pour voiture qui la mena [la pauvre truie !] à la justice, six sols parisis ; Item, pour cordes servant à la lier et hâler, deux sols huit deniers parisis ; Item, pour gants [destinés au bourreau afin qu'il ne souillât pas ses mains], deux deniers parisis. »

A quoi pouvaient s'ajouter les frais d'un costume pour peu que le tribunal ait exigé que la bête soit vêtue comme un être humain pour subir son châtiment.

Il va de soi que la peine de mort frappait aussi tout animal ayant servi à des actes de zoophilie. Il n'était pas nécessaire d'aller jusqu'à la copulation elle-même : de simples attouchements suffisaient à entraîner condamnation, et de l'être humain qui s'était livré à une pareille abomination, et de l'animal qui lui avait servi de complice.

D'après le quotidien suisse *Le Matin*, un Italien a récemment traîné en justice son propre chat, au prétexte que le petit animal, assis au bout du lit, posait sur lui un regard particulièrement scrutateur et pénétrant chaque fois que son maître tentait d'avoir une relation sexuelle avec son épouse. Or notre homme ayant des problèmes d'érection, le simple fait de se sentir observé par son chat achevait de lui faire perdre tous ses moyens. Sans doute aurait-il pu enfermer le matou dans une autre pièce. Sauf que le regard de sa femme le paralysait tout autant que celui de son chat, dans la mesure où il était persuadé que son épouse s'était mise d'accord avec le chat pour le faire douter, lui le bel étalon italien, de sa puissance virile.

J'aime passionnément les chats. Grâce au journal gratuit *20 Minutes*, j'ai eu récemment connaissance d'un fait divers qui ne cesse de faire ma joie.

Un matin, en dépouillant leur courrier, Guy et Anna Esposito, habitants de Boston, eurent leur attention attirée par une enveloppe émanant du tribunal criminel. Ce qui ne manqua pas de les déconcerter, car ils étaient (et sont toujours) l'un et l'autre d'une honnêteté scrupuleuse. Mais il y avait plus étonnant encore : l'enveloppe contenait une convocation afin d'intégrer le jury appelé à se prononcer dans je ne sais quelle affaire. Troisième motif de stupéfaction : la convocation était adressée à Sal Esposito. Et alors, me direz-vous, qu'y a-t-il là d'extravagant ? Sal (ajouterez-vous) est probablement le diminutif du prénom d'un des enfants Esposito : Salomon, Sally, Salvatore, Salena, Saladin, Salvy ou Salomé... Eh bien, non : Sal, c'est le nom du chat de Guy et Anna, que cette dernière, à l'occasion d'un recensement, avait inscrit à la rubrique animaux de compagnie. Mais une opératrice avait dû se tromper lors de la saisie de la fiche, ou bien l'ordinateur avait buggé, toujours est-il que Sal Esposito était passé officiellement du stade félin au stade humain.

Guy et Anna n'eurent rien de plus pressé que de tenter de faire radier Sal Esposito de la liste des jurés du tribunal criminel en précisant qu'étant un chat, il ne parlait ni ne comprenait l'anglais – enfin si, il comprenait bien certaines choses comme « *Be a good boy, Sal, and catch that fucking mouse*[1] *!* » ou bien « *Come on, Sal, your cat food is served*[2] *!* » ou encore « *This is a new sofa, Sal, not a scratching post*[3] *!* », mais il ne saisirait jamais les subtilités du langage judiciaire, même si, comme Guy Esposito l'avait précisé à WHDH (la chaîne de télévision locale), Sal semblait suivre avec un certain intérêt les séries policières.

Mais au prétexte que les ordinateurs sont infaillibles, le tribunal de Boston rejeta froidement les arguments présentés par Guy et Anna Esposito, et au jour et à l'heure où j'écris ces lignes, Sal Esposito est toujours inscrit sur la liste des jurés.

En théorie, Sal devra donc être conduit au tribunal par Guy et/ou Anna pour y subir l'épreuve dite du *jury impaneling*, c'est-à-dire une première sélection des jurés faite par la défense et l'accusation à partir d'un interminable questionnaire écrit, avant d'être soumis, en séance publique du tribunal, à un interrogatoire destiné à ne garder que douze jurés et un remplaçant. Tout cela étant extrêmement professionnel, car 85 % des procès sont gagnés ou perdus lors de la sélection du jury.

Guy et Anna Esposito ont donc quelque raison d'espérer que leur chat finira par être récusé. Sinon, il leur restera la possibilité d'arguer du fait que Sal est avocat, ou médecin, professeur ou policier, haut fonctionnaire, prêtre ou pompier – bref, une de ces professions pouvant bénéficier d'une exemption…

1. « Sois un bon garçon, Sal, et attrape cette p… de souris ! »
2. « Amène-toi, Sal, tes croquettes sont servies ! »
3. « Ceci est un nouveau canapé, Sal, pas un grattoir pour tes griffes ! »

Aokigahara

Azusa Hayano est géologue. Son principal sujet d'études est le mont Fuji, ce volcan emblématique du Japon, dont la dernière éruption remonte à décembre 1707, quatrième année de l'ère Hōei. Entre ce 16 décembre 1707 et le 1er janvier 1708, la colère du Fuji projeta huit cents millions de débris volcaniques jusqu'à cent kilomètres de distance – c'est-à-dire jusqu'à Edo, l'ancien nom de Tokyo. La catastrophe fit des milliers de morts (en plus des cinq mille personnes décédées lors du tremblement de terre qui s'était produit quarante-neuf jours plus tôt), principalement à cause de la famine provoquée par la pluie de cendres et de mâchefer.

Depuis, le mont Fuji dort. Ou plutôt, il somnole. Et, semble-t-il, d'un seul œil : les chercheurs de l'*Institut national japonais sur la prévention des catastrophes* ont en effet constaté que la pression dans la chambre magmatique du volcan atteignait depuis peu 1,6 mégapascal. Or une pression de 0,1 mégapascal suffit à provoquer une éruption. Mais encore faut-il, pour qu'il y ait véritablement péril en la demeure, que la quantité de magma présente dans la chambre soit importante, or celle-ci semble à ce jour encore insuffisante pour causer une éruption.

Ce dont se réjouit Azusa Hayano, qui peut dès lors se consacrer à son autre passion : la protection des espèces végétales du mont Fuji, et en priorité la forêt d'Aokigahara qui occupe 35 kilomètres carrés à la base du volcan. Pour les 320 000 randonneurs qui chaque année les dominent depuis les pentes du Fuji, ces arbres aux ramures d'un vert sombre, aux franges desquelles oscillent des friselis de lianes blanches et ourlées comme l'écume, évoquent irrésistiblement des vagues – et d'ailleurs, l'autre nom d'Aokigahara est Mer des Arbres.

La forêt a poussé sur une longue coulée de lave froide. A première vue, le sol paraît stable, mais en réalité la surface solide se trouve souvent trente ou quarante centimètres plus bas, dissimulée sous un amas de racines, de feuilles mortes, de lichens ou de mousses, au point qu'à certains endroits il faut compter une heure pour progresser de trois cents mètres. Sans compter les profondes crevasses – on en a recensé plus de deux cents, et il en reste à découvrir ! – qui s'ouvrent et sinuent dans la lave sous le tapis trompeur de la végétation rampante. Certaines sont de véritables oubliettes où le marcheur chute et disparaît comme à travers une trappe ouverte soudain sous ses pieds ; et si par chance il ne s'est brisé aucun membre en tombant dans une fosse parfois profonde d'une dizaine de mètres, il n'est pas assuré pour autant de s'extirper du piège au fond duquel blanchit déjà le squelette d'un autre promeneur malchanceux. Car appeler à l'aide est inutile : l'épaisseur et la densité de la végétation sont telles (même à midi, dans certains secteurs, il semble qu'il fasse nuit) qu'aucun cri n'a la moindre chance d'en franchir jamais la barrière.

Tous les ans, une centaine de corps sont retrouvés par les gardes forestiers. Mais la plupart n'ont pas été victimes d'accidents. Car on ne se rend pas seulement à Aokigahara pour arpenter une forêt à l'atmosphère mystérieuse : on s'y enfonce bien souvent avec l'intention de ne pas en ressortir vivant. Au Japon, pays qui détient le record du monde des suicides, cette forêt est en effet le lieu de prédilection des désespérés.

Leur engouement pour Aokigahara est lié à un roman : *Kuroi Jukai* (*La Mer noire des arbres*) de Seicho Matsumoto, un écrivain de romans policiers que certains critiques considèrent comme le Georges Simenon japonais (pas seulement pour la prolixité de son œuvre – il réussissait à écrire cinq romans à la fois ! –, mais parce qu'il donnait plus d'importance à la psychologie des personnages qu'à l'énigme policière). Dans *Kuroi Jukai*, Matsumoto raconte l'histoire de deux jeunes amoureux qui se donnent la mort ensemble à Aokigahara. Le livre a été publié en 1960, or c'est à partir de cette date que le taux de suicides est monté en flèche dans la forêt au pied du mont Fuji.

Avec ses jumelles en bandoulière pour scruter l'envers des cimes et les gants blancs qu'il enfile par respect pour les morts qu'il pourrait être amené à toucher, Azusa Hayano a déjà trouvé plus de cent cadavres.

Et donc plus de cent faits divers. Dont il a connu l'oméga, mais rarement l'alpha : les suicidés d'Aokigahara sont peu diserts. Rares sont ceux qui laissent un message cloué à un arbre – une lettre de suicide, c'est le terme convenu – pour justifier leur geste. Et s'ils le font, le texte est souvent étrangement sibyllin.

La plupart des suicidés se pendent. C'est plus sûr et surtout plus rapide que d'avaler des médicaments, apprécie Hayano. Avec des somnifères, il faut parfois plus d'une journée pour mourir. Et les bêtes de la forêt n'attendent pas toujours que le cœur ait cessé de battre pour commencer leur festin. « Ça me fait mal de voir comment les êtres humains se décomposent, dit Azusa Hayano de sa voix rauque. Ça pourrit et ça pue… »

Quand il ne déniche pas de cadavre, Hayano relève des tentes improvisées, parfois faites d'une simple bâche en plastique et de ficelles attachées aux arbres. Les suicidaires sont assez nombreux à passer ainsi quelques jours sous un abri de fortune : ils se demandent s'ils veulent vraiment mourir.

Un peu partout dans la forêt, les autorités ont disposé des pancartes qui supplient les gens de réfléchir avant de commettre l'irréparable : *Votre vie est précieuse, vos parents vous l'ont donnée comme un cadeau, songez à vos enfants, à vos proches, à ceux qui vous aiment… Pensez-y encore une fois et, s'il vous plaît, cherchez de l'aide… Contactez les urgences avant de décider de mourir. S'il vous plaît, reconsidérez votre geste…*

Lorsque des gardes forestiers tombent sur des cadavres, même en état de décomposition avancée ou partiellement dévorés par les animaux, ils ont le devoir de les ramener au refuge principal d'Aokigahara. Les corps sont entreposés dans une pièce spéciale réservée à cet usage. Ce n'est pas une chambre froide, non, c'est une petite pièce à température ambiante. Elle comporte deux lits : un pour le cadavre, l'autre pour le garde forestier. Car si le cadavre était laissé tout seul, son fantôme (*yurei*) pourrait provoquer de grands désordres dans le refuge et ses environs. Il s'agit en effet du *yurei* d'une personne qui, au moment de son décès, était la proie d'émotions intenses (le désespoir, l'amour), et morte d'une façon violente, et sur le corps de laquelle on n'a pas encore accompli les rites funéraires ; or dans ces cas-là, l'âme (*reikon*) du défunt continue de hanter le monde des vivants sous la forme d'un *yurei*.

Nombreux sont les Japonais qui préfèrent ne jamais prononcer le nom de la forêt maudite. Azusa Hayano n'est pas de ceux-là. Il aime Aokigahara. Beaucoup, passionnément. A la folie, disent certains.

Apaches

« Ras sur la nuque, les cheveux sont longs sur l'occiput, formant un paquet oint d'huile au patchouli, et ressemblant à un lot de varech jaune ; plus d'accroche-cœur ou de rouflaquettes, mais tous la « botte de mouron ». Leurs cheveux coupés en « boule » derrière ou « en paquet de tabac », laissant luire – encore avant la guerre – des éclairs de peau grise qui allaient d'une oreille à l'autre, évoquaient avec cynisme des impressions de guillotine après la toilette du condamné. Leurs nuques rasées bombaient entre le col et la casquette. Elles étaient le signe distinctif des « aminches », des « potes » ou des « gonzes poilus » que l'idée de la mort emplissait d'une gouaille sinistre et redoutable. »

Dans ces quelques lignes tirées de *Panam*, Francis Carco, surnommé le « poète de la pluie » parce qu'il n'avait pas son pareil pour utiliser la palette des nébulosités, des mille et un gris des averses et des brumes, pour peindre le gros temps que traversaient ses personnages, tire un portrait parfait des apaches, ces premiers rôles (je n'ose écrire ces « héros » !) du fait divers, ces grands voyous qui, à la Belle Epoque, hantaient les nuits de Belleville et de Ménilmontant. Ils volaient (c'était le moindre de leurs méfaits), jouaient du couteau, quelquefois du revolver, régnaient sur la prostitution et les rackets en tout genre.

Ils portaient, serré au genou puis descendant en s'élargissant jusqu'à couvrir le dessus du pied, un pantalon inventé en 1876 par Auguste Bénard, tailleur dans le faubourg Saint-Antoine. Au-delà des mauvais garçons qui s'en étaient entichés au point d'en faire la pièce maîtresse de leur uniforme, ce pantalon avait séduit une clientèle de plus en plus large, de plus en plus bourgeoise, et le succès de ces « pattes d'éléphant » avait été tel que le pantalon à la Bénard était devenu le bénard tout court, le pantalon tel qu'on le nomme en argot parisien.

Mais le comble de la coquetterie apache, c'étaient les bottines jaunes à bouts pointus, cirées de frais et ornées de boutons dorés. Un apache était capable de tuer pour se procurer la divine paire de chaussures qui ferait de lui un caïd incontesté aux yeux de sa bande et de ses mômes enamourées. Mais il suffisait de la moindre griffure infligée au cuir par la pierraille du terrain vague, ou le tesson de bouteille roulant dans un caniveau, pour que les bottines soient aussitôt dévaluées. Alors l'apache préférait les abandonner là, « dans la sinistre ruelle [où] un unique bec de gaz jetait sur le sol mouillé sa lumière crue », au bonheur des va-nu-pieds, tandis qu'il continuait sa chaloupée en se tordant les orteils sur les pavés disjoints, seigneur (le mot saigneur conviendrait aussi bien) très provisoirement déchaussé au nom de la fierté, du prestige, de l'honneur et du panache.

Les femmes aussi – les femmes « apaches » s'entend – étaient prêtes à tout pour se procurer des bottines, ainsi qu'en témoigne ce fait divers rapporté par *Le Tigre*, magazine curieux : un homme de trente-cinq ans « se disposait vers minuit à regagner la gare de l'Est, lorsque boulevard de la Chapelle, sous le viaduc du métropolitain, il fut accosté par cinq femmes, qui, avec un ensemble parfait, l'entourèrent et lui firent le coup du Père François. Leur victime à terre, les cinq furies avec des trépignements hystériques s'acharnèrent sur lui et lui labourèrent la figure et le corps à coups de pied et à coups de poing. Le pauvre homme aveuglé par les coups, impuissant sous le nombre, se mit à appeler au secours. Sans souci de ses cris, les femmes apaches lui enlevèrent [...] ses bottines ».

Tant qu'elles y étaient, ajoute le rédacteur, elles lui prirent aussi son bénard...

Assassins (Amoureuses des)

Dans son ouvrage consacré aux *Détraquées de Paris, Etude de mœurs contemporaines*, René Schwaeblé (1873-1938), auteur très versé dans l'alchimie, la magie, l'occultisme, raconte ses pérégrinations dans tous les lieux politiquement incorrects de la capitale où il se rendait pour y étudier les comportements déviants de ses contemporaines.

Plongée(s) dans les eaux troubles des adeptes des Messes noires, des Ethéromanes, des Tatouées, des Vampires, des Maîtresses du diable, des Sanguinaires, des

Amatrices de Bains de Lait (qu'elles prenaient dans des baignoires en argent massif, en forme de gondoles vénitiennes incrustées d'ivoire et de nacre ; après ses ablutions, une certaine Léonide Leblanc, *alias* Mademoiselle Maximum parce que avec elle tout était extrême, obligeait ses admirateurs, dont son amant attitré, le duc d'Aumale, à boire le lait dans lequel elle avait fait longuement trempette et, surtout, abondamment pipi !)...

Mais l'une des plus détraquées, à moins que ce ne soit au contraire l'une des plus sages, le lecteur appréciera, était une ravissante jeune femme, proche parente d'un riche banquier, qui écrivit cette lettre :

> A Monsieur le Directeur du Service pénitentiaire
>
> Monsieur le Directeur,
>
> J'ai l'honneur de vous demander de bien vouloir me faciliter une entrevue avec le détenu B... qui va être prochainement déporté en Nouvelle-Calédonie.
>
> Car je voudrais épouser B...
>
> B... est, assurément, moins crapule que mes deux maris et me rendra toujours plus heureuse qu'eux ! Mon premier mari, mort heureusement, a mangé ma dot, cinq cent mille francs environ, et m'a abandonnée. Il a fallu, pour me séparer de mon second qui buvait abominablement et était en train de perdre au jeu la fortune que m'avaient laissée mes parents [...], que je le trompasse si fréquemment et si scandaleusement que, bafoué et ridiculisé partout, il fut forcé de demander le divorce.
>
> Je suis trop jeune pour demeurer veuve, je veux encore tâter du mariage. Mais, j'en ai assez des gens de mon monde, et, décidée à employer l'homéopathie, à guérir ma spécialité de crapules par une crapule, je vous demande de bien vouloir parler de moi à B...

Dites-lui que c'est à l'assassin que je m'adresse ; que la franchise, la loyauté (si l'on peut employer de tels mots au sujet d'une telle chose) avec lesquelles il a commis son effroyable crime me plaisent, m'attirent, que j'aime son mépris du qu'en-dira-t-on, sa brutalité cynique, sa bestialité qu'il n'a jamais essayé de masquer hypocritement ; qu'en le prenant pour mari je serai sûre, au moins, de n'être pas trompée sur son caractère, de n'avoir pas de désillusion, que la seule chose qui puisse m'arriver est de rencontrer un homme moins bas que je le pensais.

Recevez, Monsieur le Directeur… etc.

Assises (Cour d')

La cour d'assises est au fait divers ce que le point d'exclamation est à la phrase : elle souligne un fait remarquable, inouï, elle marque la stupéfaction, l'exaspération, la colère de la société, elle en augmente l'emphase, et laisse enfin tomber un ordre qui fut longtemps un couperet : « La Cour et le Jury, après en avoir délibéré en chambre du conseil et voté conformément à la loi et à la majorité absolue, condamnent X à la peine de mort. Ordonnent que l'exécution aura lieu dans la maison d'arrêt, de justice et de correction de P… conformément à l'article 1er de l'arrêté ministériel du 6 juillet 1939… »

Au-delà du point d'exclamation (qui a d'ailleurs l'aspect symbolique d'une tête séparée de son corps), la cour d'assises est tout un roman, et même toute une bibliothèque, sauf que les drames qui s'y déroulent, aimait à préciser Me Pollak, le célèbre avocat marseillais, « ne sont pas sortis de l'imagination d'un auteur mais tirés de la réalité de la vie quotidienne des hommes ».

Comme un best-seller, « comme un grand écran où l'image s'arrête sur un instantané sanglant » (c'est toujours Me Pollak qui parle), la cour d'assises, selon qu'elle est sujet ou qu'on en est le sujet, peut être le plus alléchant et le plus captivant des spectacles, ou le plus sinistre, le plus tragique, le plus terrifiant des cauchemars.

Vue de l'intérieur, c'est-à-dire considérée par ses acteurs, et en premier lieu par l'accusé dont elle va décider du destin, elle est effrayante.

Dans *L'Exécution*, le livre qui raconte la marche vers l'échafaud et le guillotinage de Claude Buffet et de Roger Bontems, Robert Badinter rappelle que « le procureur siège à côté des jurés, à la même hauteur que la cour, et domine la défense qui est en contrebas. Cette différence de niveau entre l'accusation et la défense est bien le signe de la condition suppliante de celle-ci dans notre justice. Une telle disposition et mise en scène n'est pas l'effet du hasard, elle exprime matériellement aux yeux des jurés que le procureur est bien du côté des honnêtes gens, alors que l'avocat, lui, est placé dans une situation intermédiaire entre l'accusé et eux mêmes ».

Et d'ajouter : « Il n'y a rien, dans ma vie professionnelle, que j'ai autant aimé qu'un grand procès d'assises. Parce qu'on connaît les rites, les personnages, la matière du drame, mais qu'on ignore l'essentiel : le dénouement. Parce qu'à travers ces procédures minutieusement réglées, l'imprévisible peut à tout moment surgir. Un témoin dont on attend le pire procure une défense, en livrant un détail jusque-là ignoré, une ouverture inespérée. Un autre, au contraire, dont on espérait qu'il saurait émouvoir les jurés, paralysé par le trac, récite d'un ton monocorde [...] Pour l'avocat d'assises, l'audience c'est la mer : toujours imprévisible, parfois périlleuse. Ne demandez pas au marin pourquoi il aime l'océan. Il l'aime, voilà tout, c'est sa passion, son élément, sa vie. De même, l'avocat aime l'audience pour les bonheurs qu'elle lui dispense, les épreuves qu'elle lui réserve, et même l'angoisse qu'il ressent quand la fortune judiciaire l'abandonne. L'audience criminelle est pour lui comme le champ clos des tournois, le carré éblouissant du ring, le lieu magique de la souffrance, de la gloire et parfois aussi de la défaite. »

Vue de l'extérieur, notamment à travers le crible de la fiction, la cour d'assises aimante, nourrit l'imaginaire. Le monde judiciaire avec ses enjeux, son rituel, et surtout ses possibles errements, a toujours été pour les écrivains, qu'ils soient romanciers ou scénaristes, un sujet privilégié : « Il est certain, écrit Jacques Vergès, qu'il y a entre la justice et la littérature un rapport très grand. La tragédie est le sujet du roman, mais aussi celui du procès. »

Rares sont les auteurs à n'avoir jamais cédé à la mise en mots des prétoires, à leur odeur d'encaustique et de paperasse, de carton, de poussière, aux émanations de naphtaline des vêtements dont on ne sait trop s'ils sont les reliquats d'un mariage ou d'un enterrement, à la lourdeur des haleines affadies par le chagrin ou la colère, et puis, quand tout est fini, quand l'audience est levée, à ce qui subsiste d'impalpable, ce qui émane de toutes ces vies qui se sont frottées, usées, repoussées de façon aussi irréconciliable que deux pôles magnétiques identiques – et que dire des personnages qui ont habité la cour, de ces entités poussées au paroxysme, cela vaut bien les jeux du cirque, à cette différence près que si la mise à mort est ici différée elle n'en est pas moins réelle.

On peut en sourire – pour mieux la critiquer. Déjà, en 422 avant J.-C., Aristophane, dans *Les Guêpes*, mettait en scène un vieillard atteint de tribunalite aiguë dont on réussissait à calmer l'addiction en lui donnant à juger un chien.

« De tout temps, reconnaît André Gide dans *Souvenirs de la cour d'assises* (1913), les tribunaux ont exercé sur moi une fascination irrésistible. En voyage, quatre choses surtout m'attirent dans une ville : le jardin public, le marché, le cimetière et le palais de justice. Mais à présent je sais par expérience [il avait été tiré au sort pour siéger comme juré à la cour d'assises de Rouen] que c'est une tout autre chose d'écouter rendre la justice, ou d'aider à la rendre soi-même. Quand on est parmi le public, on peut y croire encore. Assis sur le banc des jurés, on se redit la parole du Christ : Ne jugez point. Et certes je ne me persuade point qu'une société puisse se passer de tribunaux et de juges ; mais à quel point la justice humaine est chose douteuse et précaire, c'est ce que, durant douze jours, j'ai pu sentir jusqu'à l'angoisse. »

Le cinéma, lui aussi, et peut-être lui surtout, offre d'innombrables exemples de « films de prétoire » (*courtroom thrillers* en langue hollywoodienne). D'après l'*American Film Institute*, les meilleurs films de prétoire de tous les temps seraient : *To Kill a Mockingbird* (distribué en France sous le titre *Du silence et des ombres*, 1963), *Twelve Angry Men* (*Douze hommes en colère*, 1957), *Kramer vs. Kramer* (1979), *The Verdict* (1982), *A Few Good Men* (*Des hommes d'honneur*, 1992), *Witness for the Prosecution* (*Témoin à charge*, 1957), *Anatomy of a Murder* (*Autopsie d'un meurtre*, 1959), *In Cold Blood* (*De sang-froid*, 1967), *A Cry in the Dark* (*Un cri dans la nuit*, 1988) et *Judgment at Nuremberg* (1961).

Je m'autorise à glisser dans cette liste quelques films français comme *Nous sommes tous des assassins* de Cayatte (1952), *La Vie, l'Amour, la Mort* de Claude Lelouch (1969), *La Vérité* de Clouzot (1960) (le procès n'occupe qu'une partie du film... mais quelle partie !) et *Les Inconnus dans la maison* d'Henri Decoin (1942) (ben oui !) pour la plaidoirie de Raimu.

Les Français du XIXe siècle se sont passionnés pour les procès jugés en cour d'assises, juridiction départementale instituée en 1810.

Dès 1825, deux journaux, *Le Droit* et *La Gazette des tribunaux*, se spécialisent dans la chronique judiciaire, et, à partir de la monarchie de Juillet, ce sont tous les quotidiens, nationaux comme régionaux, qui relatent les audiences les plus dramatiques. Dans les librairies, on s'arrache *Les Chefs-d'œuvre de l'éloquence judiciaire* et autres recueils de *Causes célèbres*. Durant les sessions d'assises, le prétoire est un théâtre où les ténors du barreau rivalisent de célébrité avec les acteurs de la Comédie-Française. Selon les témoins, dès que Pierre-Antoine Berryer, Gustave Chaix d'Est-Ange ou Charles Lachaud se dressaient pour leur plaidoirie, le moindre effet de manche emportait l'enthousiasme – ô combien bruyant – d'un public de fins connaisseurs (voyez à cet égard, voyez-le absolument, le tableau d'Honoré Daumier intitulé *Le Défenseur*).

On surnommait d'ailleurs les avocats d'assises les « techniciens du sanglot » : ils avaient en effet découvert que le larmoiement était aussi contagieux que le fou rire, et qu'un des plus sûrs moyens d'arracher des pleurs à des jurés était encore de commencer par pleurer eux-mêmes – le journal *La Lune*, dans sa livraison du 23 décembre 1866, a ainsi publié une extraordinaire caricature de Me Lachaud par Gill, agrémentée d'un autographe du grand avocat, spécifiant : *Je vous autorise, monsieur, puisque vous le désirez, à faire de mon physique tout ce qu'il vous plaira.*

La plupart usaient d'une panoplie de ruses que le public guettait et admirait comme les aficionados ovationnent une *suerte* ou une *faena de muleta*. Aux assises, Lachaud avait ainsi un « truc » qui faisait rugir de joie ses fanatiques : durant le réquisitoire du procureur, il faisait semblant de dormir comme si l'innocence du client qu'il défendait était si évidente qu'il ne voyait décidément pas l'utilité d'écouter pérorer son adversaire.

Dans *Psychologie des foules*, ouvrage paru en 1895 et qui démontre que des individus en groupe ne réagissent pas comme un des individus de ce même groupe pris isolément, l'anthropologue et sociologue Gustave Le Bon rappelle que « pendant toute la durée des plaidoiries qu'il prononçait aux assises, Lachaud ne perdait pas de vue deux ou trois jurés qu'il savait, ou sentait, influents, mais revêches. Généralement, il parvenait à réduire ces récalcitrants. Pourtant, une fois, en province, il en trouva un qu'il dardait vainement de son argumentation la plus tenace depuis trois quarts d'heure : le premier du deuxième banc, le septième juré. C'était désespérant ! Tout à coup, au milieu d'une démonstration passionnante, Lachaud s'arrête, et s'adressant au président de la cour d'assises : “Monsieur le président, dit-il, ne pourriez-vous pas faire tirer le rideau, là, en face ? Monsieur le septième juré est aveuglé par le soleil...” Le septième juré rougit, sourit, remercia. Il était acquis à la défense... »

Le burlesque – je n'oserais dire le comique – peut y côtoyer le tragique.

Juste avant qu'il ne déclare ouverte l'une des dernières audiences du procès du terroriste Ilich Ramírez Sánchez, *alias* Carlos, devant la cour d'assises spéciale de Paris (cour d'assises sans jurés populaires, composée « spécialement » – d'où son nom – de sept magistrats en première instance et de neuf en appel, appelée à statuer notamment en matière de terrorisme), le président est alerté par l'employé chargé de remonter les pendules et les horloges du palais de justice :

— La pendule, monsieur le président ! La pendule !...

— Eh bien, quoi, la pendule ?

— Elle a disparu.

— Disparu ?

— C'est comme je vous le dis, monsieur le président : il y avait une pendule, et maintenant il n'y en a plus. C'est inouï. C'est insensé.

— Mais enfin, mon ami, de quelle pendule parlez-vous ?

— De votre pendule, monsieur le président, celle qui trône – enfin, qui trônait – sur la cheminée de votre bureau. Une pendule du XIXe siècle, classée au mobilier national. Pfft, envolée !

Envolée, c'est-à-dire volée. Et le malfaiteur qui l'avait dérobée ne manquait pas de sang-froid : d'abord pour s'introduire dans le bureau du président, puis pour s'emparer d'une pendule plutôt encombrante (elle faisait tout de même soixante-dix centimètres de haut sur trente de large), peu maniable, et de caractère assez susceptible pour se mettre à carillonner de façon intempestive pour peu qu'on la traite sans les ménagements dus à son grand âge.

Bref, ce n'était pas le genre d'objet qu'on pouvait enfouir négligemment au fond d'une poche avec son mouchoir par-dessus.

Au sein du Palais de justice, l'émoi est considérable. Sans doute moins à cause de la valeur de la pendule que du fait que le bureau du président, considéré comme un sanctuaire, comme une sorte de saint des saints, a été violé.

Une enquête est aussitôt diligentée par la police. Les enquêteurs relèvent des empreintes sur le marbre de la cheminée, mais rien ne prouve que ce soient celles du voleur : pour oser un chapardage aussi audacieux, il avait dû tout prévoir, et donc enfiler des gants.

En attendant, la justice doit poursuivre sa marche inexorable, et le procès du terroriste Carlos continue comme si de rien n'était.

Mais un après-midi, coup de théâtre ! A l'occasion d'une suspension d'audience, le président apprend qu'un des juges assesseurs vient de retrouver sa pendule : elle tictaquait gentiment au fond d'un sac de toile abandonné dans un coin de la salle des pas perdus.

Allons, tout est bien qui finit bien ! Enfin... presque. Parce que les policiers sont intrigués par les explications pour le moins embrouillées du juge qui a retrouvé la pendule.

Du coup, ils décident de visionner les bandes enregistrées par les caméras de surveillance. Et ces vidéos les laissent abasourdis : elles montrent ce même juge en train de quitter discrètement le palais de justice en emportant la pendule sous son bras ; puis, quelques jours plus tard, on le voit déposer un sac de toile dans la salle des pas perdus, disparaître avant de revenir un peu plus tard pour ouvrir le sac et paraître stupéfait en découvrant ce qu'il contient – et qui n'est autre que la fameuse pendule.

— Je ne sais pas ce qui m'a pris, dira le juge voleur, j'ai eu un moment d'égarement. J'avais absorbé pas mal de médicaments, je n'étais pas dans mon état normal...

Il a été condamné à six mois de prison avec sursis et deux mille euros d'amende. Agé de soixante-trois ans, il a fait valoir ses droits à la retraite. Au terme d'une carrière exemplaire, a conclu son avocat en réussissant à ne pas pouffer...

Bal(s) tragique(s)

Je me méfie des bals. D'abord parce que je ne sais pas danser. Je crois avoir su, pourtant, mais c'était à une époque reculée, ô combien lointaine – l'année de mes dix-sept ans. J'avais été invité à une soirée d'anniversaire. Il y avait dans la pénombre de l'appartement – oh, je l'ai remarquée tout de suite, je n'ai même vu qu'elle – une fille adorable, elle portait une jupe kilt grise et bleue fermée par une grosse épingle à nourrice dorée, et un chemisier blanc avec des manches ballon. Les manches ballon m'ont toujours fait un effet prodigieux. Et puis, cette jeune fille avait un autre atout : elle était la seule à ne pas fumer. Or donc, s'échappant de ses lèvres roses, son haleine sentait l'haleine, et seulement l'haleine – entendez par là un parfum très doux, léger, miellé, un parfum de jardin blanc (seringat virginal, oranger du Mexique, clématite *armandii*, jasmin étoilé), un peu cireux, un parfum en somme indescriptible mais qui épousait de façon exquise les manches ballon, la jupe grise et bleue, les lèvres roses. Je l'ai invitée à danser, elle a dit oui. La musique était un air américain, un air de rock. J'ai fait virevolter la petite personne autour de moi, une fois, deux fois, et puis elle a cessé de danser, comme ça, brusquement, comme un film qui casse, elle m'a dévisagé et elle a dit : « Si tu veux bien, on va en rester là. Apparemment, la danse, c'est pas vraiment ton truc... » Avais-je été si pataud, si nul ? Je ne sais pas. En tout cas, j'ai décidé de ne plus jamais danser. Et ce fut mon dernier bal.

Mon autre raison de me méfier des bals, c'est qu'ils sont hantés. Ils ont l'air joyeux, mais dans la plupart des bals il y a un drame qui s'est invité au milieu des danseurs, qui tourbillonne avec eux.

Le fait divers qui justifie cette entrée, et qui eut lieu dans la nuit du dimanche 1er novembre 1970, est si atroce qu'il vaut peut-être d'être « surclassé », de quitter la rubrique des faits divers pour entrer dans celle des catastrophes. Non seulement parce qu'il a provoqué la mort de cent quarante-six personnes, mais parce que celles-ci, pour la plupart très jeunes, ont connu une mort particulièrement effroyable.

Cette nuit-là, dans la frénésie multicolore des lumières psychédéliques qui illuminent l'espèce de grotte géante à quoi ressemble le dancing le 5-7, à Saint-Laurent-du-Pont (Isère), quelque deux cents danseurs vibrent au rythme des Storm, un groupe de rock parisien.

A 1 h 45, avec cette soudaineté des tragédies, la fête bascule. Un incendie vient d'éclater dans le dancing. Le feu se propage à une vitesse inouïe aux décors en polyuréthane qui dégagent un gaz asphyxiant. Les gouttelettes de plastique en fusion enflamment vêtements et corsages en fibres synthétiques.

Pris de panique, les danseurs se ruent vers les sorties de secours. Mais elles sont fermées, condamnées pour faire échec aux resquilleurs.

Alors on se rabat sur l'entrée principale. Mais celle-ci comporte des tourniquets qui ne tournent que dans le sens des entrées. Les jeunes gens butent contre ces tourniquets, s'y accumulent, s'y écrasent, s'y étouffent – et finalement y meurent asphyxiés, brûlés, enchevêtrés.

Dès leur arrivée, les pompiers de Saint-Laurent-du-Pont comprennent tout de suite qu'ils ne pourront quasiment rien faire. « On a établi deux lances sur le camion, se souvient l'un d'eux. J'ai commencé à arroser le tourniquet. Je ne pouvais pas m'imaginer que c'étaient des gosses en train de brûler là. »

Après s'être assurés qu'il n'y a plus de survivants, les secours décident d'attendre le lever du soleil, jour de la Toussaint, pour dégager les corps carbonisés des jeunes victimes.

« Tous ces corps entrelacés, c'était insoutenable, rapporte un témoin. On les mettait dans des draps blancs avant de les porter dans une ambulance. Il fallait s'y mettre à deux, car ils étaient complètement calcinés. Ça prenait à la gorge. » Un autre ajoute : « On enlevait tout ce qu'ils avaient sur eux. Les bagues, les colliers, pour permettre de les identifier. Les trois quarts des corps étaient méconnaissables. »

Il fallait ensuite les allonger dans les cercueils. « J'ai passé tout un après-midi à en visser les couvercles vernis », conclut un des pompiers, les larmes aux yeux.

La salle des fêtes est convertie en chapelle ardente. Débute alors le difficile travail d'identification. Les techniques de reconnaissance par l'ADN n'existent pas encore.

On compte sur une montre, une broche, des clefs pour identifier un corps. Neuf victimes ne le furent jamais. Elles reposent aujourd'hui dans une fosse commune au cimetière de Saint-Laurent-du-Pont.

Un autre bal tragique eut lieu dans un lieu où résonnent rarement, pour ne pas dire jamais, les flonflons de la fête : la prison de la Santé.

Ce bal de la Santé est à mes yeux le plus surréaliste, le plus décalé, un bal sublime dans sa dérision, infernal dans sa conclusion, fellinien par les images décadentes qu'il suggère, pasolinien par le désespoir qui rôde dans son sillage.

Juillet 1944. La prison de la Santé, dont le directeur est alors un certain Jean Farge, considéré comme un parfait honnête homme, affiche complet : on y recense 4 634 prisonniers, dont 464 sont détenus pour des raisons politiques – des Juifs, des résistants, des communistes.

« La discipline était très relâchée, se souvient l'un des détenus, du fait de la surpopulation, du manque de personnel, et de la présence à l'établissement de tous ces "politiques" qui bénéficiaient d'un régime de faveur, de tolérance, qui prenait de plus en plus d'ampleur au fur et à mesure qu'on sentait venir la Libération. »

A l'approche du 14 Juillet, les gardiens notent une certaine agitation chez les détenus, agitation évidemment nourrie par la nouvelle du débarquement des Alliés en Normandie et l'espoir que la présence des Allemands dans Paris n'est plus qu'une question de jours, voire d'heures.

Le surveillant chef Delpont, qui bénéficie à l'intérieur de la prison d'un réseau d'informateurs assez fiable, prévient ses supérieurs qu'à l'occasion de la fête nationale des manifestations risquent d'éclater chez les droit-commun, principalement chez les jeunes ; ça fera du désordre, Delpont en est sûr, mais il n'a pas réussi à savoir sous quelle forme.

Dans le même temps, Jean Farge reçoit dans son bureau des représentants des détenus politiques. Ceux-ci l'informent de leur intention de célébrer le 14 Juillet – le dernier 14 Juillet qu'ils passeront en prison. Farge donne son accord sans hésiter, non seulement parce qu'il est un patriote convaincu, mais aussi parce qu'il pense qu'une célébration conduite et organisée dans la discipline et la dignité (ce à quoi, bien sûr, se sont engagés les politiques) pourra faire office de pare-feu et limiter l'ampleur et la propagation des désordres fomentés par les droit-commun.

Le 14 Juillet à 16 heures, raconte Christian Carlier[1], « des guirlandes de fleurs tricolores, des croix de Lorraine, des bonnets phrygiens, des drapeaux bleu blanc rouge, confectionnés avec les moyens du bord, vêtements et vieux papiers, ainsi qu'avec des matériaux introduits clandestinement par des surveillants acquis à la cause, sont agités aux fenêtres, mêlés à des slogans... »

« ... et soudain, enchaîne Georges Altman[2], journaliste et résistant, incarcéré quatre jours auparavant, de toutes nos bouches collées aux barreaux des cellules, lentement, sourdement, comme couvée depuis des mois,

1. *Bal tragique à la Santé : 34 morts*, par Christian Carlier, rédacteur en chef de la revue *Histoire Pénitentiaire, Criminocorpus*, revue hypermédia, 2012.

2. *Le Bal des casseurs*, récit inédit cité par Christian Carlier, et Pierre Montagnon, *42, rue de la Santé : Une prison politique*, Pygmalion, Paris, 1996.

sort la “Marseillaise”, une “Marseillaise” aussi sûre, aussi calme, aussi pure que le ciel d’été vers lequel elle s’envole, que cette seule liberté visible pour notre peuple prisonnier, la liberté bleue du ciel où crient des oiseaux étonnés. »

Soixante minutes de liesse, d’espérance, de joie encore contenue, et les politiques remisent leurs drapeaux.

Jean Farge et son état-major pourraient pousser un soupir de soulagement s’il n’y avait ce billet qu’un surveillant a saisi sur un droit-commun d’une vingtaine d’années, et qui appelle tous les détenus à célébrer le 14 Juillet en enfonçant les portes de leurs cellules et en forçant le portail de la Santé pour se répandre dans Paris.

Jean Farge essaie de se rassurer : les droit-commun sont peut-être des hommes violents, mais ils sont aussi des hâbleurs, des crâneurs, des fabulateurs. Si ça se trouve, ils ne tenteront rien du tout – juste quelques vociférations, peut-être deux ou trois matelas incendiés.

Et comme pour donner raison à l’optimisme du directeur, les heures s’écoulent dans le silence et le calme.

Brusquement, à 22 h 10, une sonnerie d’alarme retentit. Ce n’est pas une fausse alerte : descellées par les châlits dont les prisonniers se servent comme de béliers, les portes des cellules sautent les unes après les autres tandis que les détenus envahissent les coursives en hurlant et en lançant sur les surveillants tout ce qui leur tombe sous la main.

Georges Altman raconte encore : « Un hurlement monstrueux emplit les galeries, la cour, fait vibrer l’immense cage sonore de la prison ; une foule furieuse galope autour de nous, un fracas de vitres brisées coupe parfois le hurlement sauvage. Par tout le quartier politique, on s'appelle aux fenêtres, on frappe les murs à coups de poing, on se passe la consigne : "Que personne ne bouge ! Que personne ne sorte ! Que personne ne crie ! Attention, camarades, provocation, attention, attention, ne bougez pas !" [...] L'enfer ? Si l'on y croit, ce doit être ça. »

Et soudain, improbable, incongrue, surréaliste, presque absurde, en tout cas dominant l'assourdissant tumulte, voici que monte une musique.

Elle vient de la cour. Les détenus politiques s'accrochent aux barreaux de leurs lucarnes pour mieux voir. Et ils découvrent un spectacle hallucinant : au cours de leur ruée sauvage à travers la prison, les droit-commun se sont heurtés à des portes menant aux sous-sols de la Santé. Pensant peut-être accéder à des caves pleines de bonnes bouteilles, ils ont démantibulé ces portes et se sont engouffrés dans les souterrains obscurs. En fait de grands crus, les alvéoles abritent les accessoires de fêtes, des quantités formidables de cotillons, des parures en papier de toutes les couleurs, des casquettes de jockey tricolores, des hennins roses ou bleus, semés d'étoiles d'or, des couronnes d'opérette, des diadèmes en papier d'argent, des tutus de danseuse en papier crépon, des perruques en ficelle, des masques en carton, des langues de belle-mère, des serpentins et des confettis, tout un bric-à-brac carnavalesque que les détenus fabriquaient avant-guerre pour des entreprises qui fournissaient du travail à la prison, et qui était resté là à s'empoussiérer parce que ça ne se vendait plus, parce que Paris ne faisait plus la fête depuis que les Allemands étaient là.

« Alors, continue Georges Altman, comme ces primitifs qui s'arrêtent à tout ce qui amuse ou brille, comme des sauvages détournés de leur fureur par une scintillante futilité, comme des brutes-enfants qu'ils sont aussi, les voilà qui se ruent sur ce grotesque attirail et s'en affublent. Ils ont trouvé aussi des mirlitons. Un millier d'entre eux descendent dans la cour ; cent mirlitons jouent avec force, et au son de l'orchestre, par grappe ou par couples, ils dansent, oui, ils dansent ! Les nuages ont libéré la lune qui éclaire pour nous la grande émeute qui donne son bal... Ils guinchent, comme on guinchait aux faubourgs. Ils se sont pris deux par deux et se balancent exprès lourdement, pour rire, pour faire drôle, en leur déguisement sordide, au son des mirlitons et des harmonicas. Ils guinchent, les assassins, les maquereaux, les voleurs, les épaves, les misérables et les malchanceux... »

Et brusquement, les chants tournent aux hurlements. Parce que, comme dans tous les contes de fées, la fête s'arrête à minuit. Et à minuit, la police et la Milice sont entrées. Et elles tirent.

Les Allemands annoncent au directeur de la Santé qu'ils vont noyer l'émeute dans le sang. Ils réclament deux ou trois cents condamnations à mort. Ils en obtiendront vingt-huit. « Les mutins étaient fusillés par groupes de sept hommes, témoignera le commissaire de police du 14e arrondissement. Chaque groupe assistait à l'exécution du précédent. Les gardes étaient si écœurés qu'ils tiraient à côté, si bien qu'il fallait recommencer plusieurs fois. »

Le 15 juillet, vers 20 heures, les corps des suppliciés sont conduits au cimetière d'Ivry. Malgré le sang qui les poisse et les alourdit, quelques cotillons abandonnés continuent de palpiter dans la cour de la Santé.

Bath (Massacre de)

Il faisait très beau à Bath, petite ville rurale de l'Etat du Michigan, en ce mercredi 18 mai 1927. Mais Nellie Kehoe ne voyait pas – ne verrait plus jamais – les grands maïs blonds onduler au gré du vent, ni les cerisiers en fleurs : elle gisait recroquevillée dans une brouette, le crâne fracassé. Atteinte de tuberculose au stade terminal, il ne lui restait de toute façon plus très longtemps à vivre. Ce pourquoi Andrew Philip Kehoe, son mari, l'avait tuée. Mais d'un seul coup, sans la faire souffrir. Une euthanasie, en somme. Kehoe aimait sa femme, mais il allait disparaître et il ne voulait rien laisser derrière lui. Surtout pas sa pauvre Nellie. Ni leur maison. Alors, après avoir tassé le cadavre de sa femme dans la brouette, il avait bourré sa ferme et ses poulaillers d'engins incendiaires.

Avant d'assassiner Nellie et de saboter la propriété, Andrew Philip Kehoe avait dissimulé dans le sous-sol de l'école élémentaire de Bath un réseau de fils électriques reliés à une quantité énorme de dynamite. Ça lui avait pris des semaines, mais c'était du travail bien fait.

A 8 h 30, ce mercredi matin, la cloche appela les deux cent cinquante enfants scolarisés à la *Bath Consolidated School*. Ils s'engouffrèrent en piaillant dans le bâtiment et se répartirent dans les salles de classe situées aux deux étages du bâtiment.

A 9 h 45, une minuterie électrique commandant un système d'allumage mit à feu la charge explosive de plus de mille livres de dynamite.

Les portes furent soufflées et toute une partie du plafond explosa. « Je ne me rappelle pas avoir entendu une explosion, dit plus tard Ada Belle McGonigal [onze ans au moment des faits], mais je me souviens de m'être envolée dans les airs, et d'avoir vu voler tout un tas de choses entre moi et le soleil magnifique qui montait dans le ciel. Après, j'ai beau fouiller dans ma mémoire, je ne me revois pas redescendre sur terre... » D'autres enfants eurent moins de chance qu'Ada Belle : les poutres de soutènement s'effondrèrent sur eux, cisaillant leurs membres, leur fracassant la tête, les décapitant. Des lambeaux de leur chair furent projetés à l'extérieur et restèrent à pendouiller aux fils du téléphone comme du linge rose qu'on aurait mis à sécher. Sur ces mêmes fils vinrent se poser des oiseaux noirs qui donnèrent des coups de bec dans cette provende inattendue.

L'une des bizarreries fut que certaines fenêtres de l'école demeurèrent intactes tandis qu'on relevait d'importants dégâts à plusieurs miles de distance du centre de l'explosion.

« J'ai vu des corps d'enfants soufflés avec une telle violence qu'ils s'étaient littéralement incrustés dans les murs, tandis que d'autres, précipités à travers les vitres, n'étaient plus que plaies sanguinolentes », témoigna un des enseignants, tandis qu'un fermier, qui se trouvait pourtant à deux miles de l'explosion, avouait qu'il avait cru que la fin du monde venait d'arriver.

Des parents effondrés, ravagés, étaient accourus aussitôt. Ils fouillaient déjà frénétiquement les décombres en hurlant les prénoms de leurs enfants lorsque Kehoe surgit au volant de son pick-up. Avec un sourire gourmand, il descendit de son véhicule, s'en écarta de quelques pas, puis exhiba une carabine et tira à un endroit précis du pick-up.

Une nouvelle et monstrueuse explosion effaça Kehoe.

A un mile de là, un éclat de métal creva les yeux d'une mère portant son enfant. Cleo Clayton, huit ans, qui errait sur la route après avoir survécu à la première déflagration, eut les intestins perforés par un boulon chauffé à blanc.

Au final, quarante-quatre personnes moururent et cinquante-huit furent gravement blessées. Et ç'aurait pu être pire : en fouillant les ruines de l'école, la police découvrit une seconde bombe qui, par miracle, n'avait pas explosé – et pas n'importe quelle bombe : Kehoe avait associé ses bâtons de dynamite à un explosif datant de la Première Guerre mondiale, le pyrotol, qui ajoutait des propriétés incendiaires au pouvoir destructif de la dynamite. Si toutes les charges mises en place par Kehoe avaient explosé, il ne serait resté de l'école qu'un tas de poussière, et c'est toute la ville de Bath qui aurait subi des dommages considérables.

Andrew Philip Kehoe avait joint à sa bombe tout ce qu'il possédait de précieux – quelques objets en argent et tous les billets de banque en sa possession. Il ne laissait derrière lui, accroché à un de ses poulaillers, qu'un ultime message : « *Ce sont les circonstances qui font les criminels, pas leur naissance...* »

Ces mots ne manquèrent pas d'intriguer les enquêteurs : quelles étaient donc ces circonstances qui avaient transformé un paisible éleveur de volailles en massacreur d'enfants ?

Certains étaient persuadés qu'il s'était vengé parce qu'il n'avait pas été réélu comme membre du conseil municipal.

D'autres pensaient que c'était le geste d'un anarchiste qui protestait contre les impôts. Le fait est que, peu de temps avant la tragédie, Kehoe s'était rendu au bureau de poste pour expédier un document remettant en cause le montant des taxes que sa femme et lui devaient acquitter, et qui avaient été notablement augmentées du fait des dépenses municipales entraînées par le financement de l'école. Du coup, Andrew Kehoe n'arrivait plus à régler les emprunts qu'il avait contractés pour son exploitation (il avait d'ailleurs dû se résoudre à l'hypothéquer), et il racontait partout que ses difficultés financières étaient dues à l'augmentation inconsidérée des impôts, augmentation dont il rendait évidemment responsable « cette foutue école » dont, pourtant, il avait été un temps le trésorier.

La *Bath Consolidated School* fut reconstruite grâce à des dons. Parmi ceux qui apportèrent leur obole, il y eut d'innombrables écoliers de l'Etat du Michigan qui offrirent les piécettes qu'ils avaient économisées, lesquelles furent fondues par le sculpteur Carleton W. Angell (1887-1962) qui en fit une statue de cuivre représentant une adorable fillette tenant contre elle un non moins adorable chaton.

La robe et les cheveux de la petite fille sont retroussés par un coup de vent qui doit être le souffle, à jamais figé dans les mémoires, de la terrible explosion.

Andrew Philip Kehoe ne fut pas seulement le premier tueur en milieu scolaire : avec à son sanglant palmarès 44 morts et 58 blessés graves, il détient le record du plus grand nombre de victimes pour ce genre de massacre – je mets à part la prise d'otages de Beslan (Russie), fomentée par des séparatistes tchétchènes, qui fit 344 morts dont 186 enfants : avec l'intervention de tanks, d'hélicoptères et de lance-flammes, et la mobilisation du conseil de sécurité des Nations unies, il s'agissait davantage d'une séquence politico-guerrière que du délire cauchemardesque d'un psychopathe.

Comme le démontre Roland Barthes dans « Structure du fait divers », *Essais critiques* (1964) : « Voici un assassinat : s'il est politique [comme à Beslan], c'est une information, s'il ne l'est pas [comme à Bath], c'est un fait divers. [...] Le fait divers (le mot semble du moins l'indiquer) procéderait d'un classement de l'inclassable, il serait le rebut inorganisé des nouvelles informes ; son essence serait privative, il ne commencerait d'exister que là où le monde cesse d'être nommé, soumis à un catalogue connu (politique, économie, guerres, spectacles, sciences, etc.) ; en un mot, [le fait divers] serait une information monstrueuse. »

Bazar de la Charité

Mardi 4 mai 1897. La crème de la société parisienne se presse pour entrer dans un immense hangar en sapin de Norvège, long de quatre-vingts mètres et large de treize, qui occupe un terrain vague de la rue Jean-Goujon, non loin des Champs-Elysées.

A l'intérieur, un décor impressionnant représente une rue de Paris au Moyen Age, avec ses échoppes et ses maisons de carton-pâte et de bois blanc, enrichies d'oriflammes, de tentures et de rideaux. Un velum jaune de cinq cents mètres carrés masque le toit.

Au bout d'une allée, le clou de l'édition 1897 du Grand Bazar de la Charité : un cinématographe où, pour cinquante centimes, on peut s'esbaudir devant les images animées des frères Lumière : une sortie d'usine, un train qui entre en gare et un désopilant arroseur… arrosé !

Le cinéma a deux ans. Le Bazar de la Charité en a douze.

Le Bazar de la Charité était une organisation de bienfaisance qui venait en aide aux plus démunis grâce à la vente d'une multitude d'objets divers, vente assurée par des dames patronnesses issues de la haute société. L'originalité du Bazar était de permettre à plusieurs œuvres caritatives ayant des objectifs différents de se regrouper en une sorte de consortium pour louer, à une adresse généralement prestigieuse (rue du Faubourg-Saint-Honoré, place Vendôme, rue La Boétie…), un local assez vaste pour accueillir des milliers de visiteurs-acheteurs qui vaquaient de stand en stand, chaque œuvre ayant son comptoir propre. Autre spécificité : au lieu de ne fonctionner qu'un ou deux jours, le Bazar restait ouvert pendant plusieurs semaines de suite, parfois jusqu'à un mois. Depuis sa création par le banquier Henry Blount, c'était devenu une institution, un des moments forts de la vie sociale parisienne, l'endroit où il fallait être vu – au point que d'aucuns l'avaient surnommé le Bazar de la Vanité.

Environ six semaines avant l'édition 1897 du Bazar, la comtesse de Maillé avait convié chez elle un aréopage d'aristocrates de ses amis afin de les sensibiliser à l'œuvre à laquelle elle se dévouait plus particulièrement : les Cercles catholiques d'ouvriers. Afin de rendre sa réunion plus attractive, elle avait invité une jeune voyante à faire la démonstration de ses talents divinatoires. Drapée dans une toge grecque, Henriette Couëdon, qui officiait rue de Paradis et se disait directement inspirée par l'archange Gabriel, s'était pris la tête entre les mains, avait levé les yeux au ciel et s'était écriée (en vers rimés, s'il vous plaît !) : « Près des Champs-Elysées / Je vois un endroit pas élevé / Qui n'est pas pour la pitié / Mais qui en est approché / Dans un but de charité / Qui n'est pas la vérité / Je vois le feu s'élever / Et les gens hurler / Des chairs grillées / Des corps calcinés / J'en vois comme par pelletées… »

Sur l'instant, évidemment, ça avait jeté un froid.

Mais un mois et demi plus tard, le 4 mai, au deuxième jour de l'ouverture du Grand Bazar, vers 16 heures, alors que douze cents personnes se pressent déjà dans la fameuse rue médiévale, et que de nouveaux visiteurs continuent d'arriver, plus personne ne songe à la sinistre vision de la demoiselle Couëdon.

Personne non plus ne relève la petite phrase de Mme Belin, l'épouse d'un célèbre chirurgien, à qui la duchesse d'Alençon vient de murmurer qu'elle mourait de chaud, et qui a répondu : « Oui, et si un incendie éclatait, ce serait terrible… »

Dix minutes plus tard, dans la cabine du cinématographe, l'opérateur (il s'appelle Bellac) veut remplir la lampe de projection qui fonctionne à l'éther et qui, semble-t-il, est sur le point de se trouver à sec. Mais la cabine étant plongée dans l'obscurité pour ne pas gêner la projection, Bellac ne voit pas ce qu'il fait. Il demande alors à son jeune assistant de gratter une allumette.

C'est l'ordre à ne pas donner, le geste à ne pas faire…

A peine une petite flamme a-t-elle couronné l'extrémité soufrée de l'allumette que les vapeurs d'éther qui s'étaient concentrées dans la cabine s'embrasent.

Un rideau de toile goudronnée prend feu, ses flammes se communiquent aussitôt à la paroi en pin, puis attaquent le velum.

Deux ou trois minutes après le grattage de l'allumette, la situation est déjà désespérée.

Tous les matériaux constituant le décor, aussi bien que les froufroutantes toilettes des dames, sont hautement inflammables, comme l'est aussi le velum dont les cinq cents mètres carrés, devenus la proie d'un feu dévorant, s'abattent en rugissant sur la foule paniquée.

« C'est un spectacle inoubliable, devait écrire un journaliste, que cet immense cadre de feu formé par l'ensemble du bazar, où tout brûle à la fois, boutiques, cloisons, planchers et façades, des hommes, des femmes, des enfants se tordent, poussant des hurlements de damnés, essayant en vain de trouver une issue, puis flambent à leur tour et retombent sur le monceau toujours grossissant de cadavres calcinés. »

A 16 h 30, soit seulement vingt minutes après le commencement de l'incendie, il ne subsiste déjà plus du Bazar de la Charité que des poutres noircies, certaines grésillant encore, qui pointent vers le ciel obscurci par la fumée – et l'odeur intolérable de la chair brûlée.

Les attelages de voitures-pompes sont arrivés très rapidement, mais, face à un incendie aussi violent, les pompiers sont impuissants. Ils réussissent tout de même, à force d'audace et d'abnégation, à arracher trois cents survivants au brasier. Mais ce sont les corps calcinés, souvent méconnaissables, de cent quinze femmes et de cinq hommes qu'il leur faudra, ensuite, retirer des décombres.

Notons ce chiffre : cinq hommes *seulement*. Soit trois vieillards plus ou moins impotents, un petit groom trop affolé pour trouver une issue et un médecin qui a choisi de servir jusqu'au bout. Les autres représentants du sexe fort, pourtant très nombreux au moment où s'est déclenché le sinistre, n'ont apparemment songé qu'à se sauver à tout prix – un prix consistant trop souvent à bousculer, voire à piétiner des personnes plus faibles qu'eux. On a même vu des jeunes gens issus de grandes familles frapper et assommer à coups de canne des femmes qui gênaient leur fuite.

Parmi les victimes se trouve la duchesse d'Alençon, née Sophie-Charlotte en Bavière, jeune (et très ravissante) sœur de Sissi, l'impératrice d'Autriche. Assistée d'un bouquet de jolies jeunes femmes vêtues de dentelle, de mousseline, coiffées de larges chapeaux à voilette de tulle – tout cela éminemment inflammable – Sophie-Charlotte est la « présidente » d'un des vingt-deux stands du Bazar, l'un des plus fréquentés.

Aux premiers ronflements de l'incendie, aux premiers cris de panique, la petite cour qui se presse autour de la duchesse veut lui frayer un chemin vers la sortie. Mais Sophie-Charlotte a tout de suite pris la mesure de l'événement et elle comprend que ça ne peut que tourner au pire des désastres. Or elle a toujours vécu dans l'idée que si la place d'une altesse royale est au premier rang, cela vaut dans tous les cas de figure, y compris, et peut-être surtout, dans les tragédies. Alors elle repousse doucement l'insistance de « ses » dames, notamment celle de la toute jeune comtesse Mathilde d'Andlau à qui elle dit : « Partez vite, mon enfant, ne vous occupez pas de moi. J'ai encore des gens à aider, je m'en irai la dernière. »

Elle mourra en prenant dans ses bras la vicomtesse de Beauchamp et en la serrant contre elle pour lui dissimuler l'avancée fulgurante du rideau de flammes.

Son cadavre recroquevillé, carbonisé, ne pourra être identifié que grâce à sa dentition – au contraire de sa sœur Sissi, Sophie-Charlotte, à cinquante ans, avait de jolies dents très blanches et bien rangées.

Elle fut inhumée dans la Chapelle royale de Dreux (partie sud du déambulatoire), sous un gisant du sculpteur Louis-Ernest Barrias.

Le plus souvent, parce qu'ils évoquent les défunts endormis pour l'éternité, les gisants présentent une image du disparu qui se veut apaisée, consolatrice. Mais Barrias, sans doute parce qu'il avait été bouleversé par le martyre de la duchesse d'Alençon et qu'il voulait qu'on s'en souvînt, choisit de montrer Sophie-Charlotte étendue près d'une poutre calcinée, sa longue natte défaite, ses mains contractées, son corps convulsé sous les effets de la douleur et de l'agonie.

En 1910, cette sculpture ayant été jugée tout de même un peu trop tragique, on la descendit dans les sous-sols de la Chapelle royale pour la remplacer par une autre, plus consensuelle, plus passe-partout.

Le sublime gisant de la duchesse suppliciée par le feu resta ainsi caché pendant cent deux ans.

Et puis, quelqu'un se rappela son existence. Un peu comme les geôliers du temps jadis visitaient épisodiquement les oubliettes pour s'assurer que leurs reclus étaient encore en vie, une ambassade d'experts alla voir comment la statue avait supporté la longue (et injuste) pénitence à laquelle on l'avait soumise.

En mars 2012, le gisant fut enfin, avec mille précautions, arraché à deux siècles d'obscurité, d'indifférence et de solitude. Conduit au musée d'Art et d'Histoire de la ville de Dreux, il en est devenu un des joyaux.

De quoi faire à nouveau briller dans un sourire, par-delà la tombe, les jolies dents blanches de l'héroïque duchesse d'Alençon.

Bell (Mary Flora)

En 1968, le diable – enfin, un avatar du diable – sévissait dans les quartiers pauvres de Newcastle upon Tyne, capitale du nord-est de l'Angleterre.

Oh, c'était un tout petit diable de onze ans, une miniature de diable au ravissant visage en forme de cœur, éclairé par deux yeux d'un bleu si pur, si intense, que si d'aventure vous les croisiez, vous ne pouviez faire autrement que de baisser vos propres yeux pour éviter d'être ébloui.

Mary Flora Bell, c'était le nom de ce démon, était égoïste, injuste, colérique et violente. « Moi, disait-elle, ce que je veux et ce que j'aime, c'est faire du mal. »

Née de père inconnu, elle avait une mère prénommée Betty, mais il semble que celle-ci, mentalement instable, ait été atteinte du « syndrome de Münchhausen par procuration » (qu'on ne devait découvrir et décrire qu'en 1977, mais il n'avait pas attendu ça pour exister), et qui conduit les femmes qui en sont victimes à infliger des maltraitances à leur enfant ou à lui attribuer des maladies fictives dans le but de capter l'intérêt et la compassion d'autrui, et principalement du corps médical.

C'est ainsi que Betty Bell, en larmes, avait raconté à sa sœur que sa chère petite Mary adorée avait été écrasée par un camion, alors que la fillette se trouvait simplement chez des amis qui l'hébergeaient pour quelques jours. Betty Bell ne se contentait pas toujours de raconter des histoires à propos de la disparition de sa fille : à quatre ou cinq reprises, elle avait *vraiment* tenté de se débarrasser physiquement de « la chère petite Mary adorée », notamment en la donnant à des femmes qui cherchaient désespérément un enfant à adopter. Une fois, Isa, la sœur de Betty, avait couru comme une folle derrière une femme qui s'enfuyait déjà en serrant contre elle la petite Mary, et elle avait dû arracher la fillette des bras de cette femme qui glapissait : « Mais puisque je vous dis que c'est Betty qui me l'a donnée !... »

De toute façon, Betty Bell était une mère absente.

Vivant de la prostitution, elle n'hésitait pas à faire souvent, pour élargir sa clientèle, les deux cent cinquante kilomètres la séparant de Glasgow, de son *Govan Hill Bar* et de ses trottoirs mouillés de pluie près du *Palace Theatre.*

Si Newcastle ne comptait que 336 000 habitants qui ne roulaient pas sur l'or, il y en avait à Glasgow plus d'un million, dont la plupart s'étaient enrichis grâce aux chantiers navals et aux aciéries.

La pauvreté, surtout celle touchant les familles nombreuses et les jeunes enfants, était à Newcastle plus prégnante qu'ailleurs ; l'espérance de vie y était d'ailleurs sensiblement moins élevée, l'alimentation moins bonne, on y consommait davantage de tabac et d'alcool, et la ville avait été labellisée « Cité la plus bruyante du Royaume-Uni » – mais peut-être cela venait-il du fait que Newcastle était aussi, malgré les fumées industrielles qui continuaient de l'empuantir et de noircir ses façades, une des villes anglaises offrant le meilleur des distractions nocturnes.

Enfin, à condition de n'être pas trop exigeant sur le raffinement desdites distractions.

Le 25 mai 1968, Mary Bell, qui allait avoir onze ans le lendemain, étrangla Martin Brown, un petit garçon de quatre ans qui jouait tout seul dans une maison abandonnée.

Le corps fut découvert très peu de temps après le meurtre par trois hommes venus là pour se procurer des morceaux de bois. Quand la police arriva sur les lieux, elle constata que du sang et de la bave avaient coulé sur le menton de Martin, mais elle ne releva aucune trace d'agression sur le petit cadavre, et en tout cas aucun signe de strangulation bien qu'il fut démontré plus tard que c'était la cause de sa mort. Comme il y avait à proximité du corps un flacon vide ayant contenu de l'aspirine, les enquêteurs en conclurent que Martin Brown avait ingéré les comprimés et qu'il était décédé d'un empoisonnement médicamenteux.

Quatre jours après avoir tué Martin, Mary alla sonner chez les Brown et, avec un sourire angélique, demanda à voir Martin. La maman de la petite victime dit à Mary que ce n'était pas possible parce que le pauvre Martin était mort. « Oh, je sais bien, répliqua Mary sans se départir de son sourire, mais je voudrais le voir dans son cercueil… »

Un peu plus tard, Mary et Norma, sa meilleure amie, vandalisèrent une garderie d'enfants. Elles y firent autant de dégâts et de saletés qu'elles purent. Elles laissèrent en évidence plusieurs bouts de papier où toutes deux revendiquaient la mort de Martin Brown. La police de Newcastle crut à une stupide farce de gosses et ne donna pas suite.

Le 31 juillet, Mary récidiva. Assistée cette fois par Norma. La victime était un autre petit garçon. Brian Howe n'avait que trois ans, il mourut étranglé de la même façon que Martin Brown. Mais contrairement au premier meurtre, Mary et Norma « présentèrent » le corps en le recouvrant d'herbes et de fleurs sauvages – la scène de crime était un terrain vague avec des broussailles. Sans doute à l'aide d'une lame de rasoir, elles scarifièrent légèrement la peau de Brian, gravant sur son abdomen un N (comme Norma) ou un M (comme Mary), les deux hypothèses étaient possibles, et elles coupèrent des mèches de ses cheveux. La police trouva le cadavre aux environs de minuit. « C'était très étrange, déclara l'inspecteur James Dobson qui dirigeait l'enquête, cette mise en scène avait quelque chose d'enfantin, de cocasse, et en même temps d'absolument terrifiant. »

Le jour où l'on avait inhumé Martin Brown, sa première victime, Mary avait regardé les employés des pompes funèbres sortir le cercueil et le placer dans un corbillard qui croulait sous les fleurs. Elle riait et se frottait les mains.

L'inspecteur Dobson avait acquis la conviction que Mary – et probablement aussi Norma – avaient quelque chose à voir avec les deux meurtres. Il interrogea les deux petites filles, d'abord ensemble, puis isolément.

Norma finit par passer des aveux complets lors d'un de ces interrogatoires, chargeant impitoyablement son amie Mary.

Alors, un soir du mois d'août 1968, Dobson prit le parti d'accuser officiellement Mary Flora Bell du meurtre de Brian Howe. Pour ce qui regardait la mort de Martin Brown, il manquait encore d'éléments probants, mais il ne doutait pas que Mary finirait par craquer. Elle n'était après tout qu'une petite fille de onze ans tout juste.

Quand l'inspecteur l'arrêta, Mary posa sur lui ses yeux d'un bleu intense. Ils étaient noyés de larmes. Mais elle garda un parfait contrôle d'elle-même : « Je n'ai rien fait à Martin ni à Brian. Je ne pourrais seulement pas tuer un oiseau en lui tordant le cou, c'est trop horrible ! »

Ce soir-là, Norma et elle furent enfermées dans des cellules séparées. C'était leur première nuit derrière des barreaux. Des heures durant, Norma hurla des insultes à l'adresse de Mary. Enfin, épuisée, elle sombra dans le sommeil. Mary, elle, n'osait pas s'allonger et fermer les yeux : elle avait très peur de faire pipi au lit, ce qui lui arrivait fréquemment, et qui continuerait à lui arriver pratiquement jusqu'à sa majorité. Sa mère la punissait en lui frottant le visage avec ses draps trempés d'urine. Il faut savoir que la spécialité de Betty Bell, quand elle se prostituait, était la domination. Elle attachait, fouettait, humiliait les hommes qui faisaient appel à elle. Elle traitait pareillement sa fille, pressant l'étoffe pisseuse sur ses narines, sur ses lèvres. Mary retenait sa respiration, serrait les dents. Mais à la fin, c'était toujours l'urine qui gagnait.

Le lendemain, ce que l'inspecteur Dobson avait prévu arriva.

> Moi, Mary Flora Bell, je désire faire une déposition.
>
> J'autorise que quelqu'un transcrive ce que j'ai à dire. Il m'a été notifié que je ne dois déclarer que ce que je désire confier, et que tout ce que je dirai pourra être retenu contre moi.
>
> Brian se trouvait dans la rue en face de chez lui. Moi et Norma, nous marchions ensemble. Nous avons croisé Brian et Norma lui a dit : « Tu veux qu'on aille acheter des trucs à la boutique, Brian ? » J'ai dit à Norma : « Eh ! tu n'as pas d'argent, comment peux-tu parler d'acheter des choses ? » Elle m'a dit : « Mouche ton nez, toi, et laisse-moi faire. » Moi, je voulais que Brian rentre chez lui, mais Norma lui a dit de marcher devant nous. [...] On a dépassé la boutique et on s'est faufilés à travers une ouverture dans la palissade le long des voies du chemin de fer. Alors j'ai dit à Norma : « Mais où tu vas, Norma ? » Elle m'a répondu : « Tu connais cette petite

mare où il y a des têtards ? » Quand on a été où elle disait, il y avait une grosse et longue citerne avec un trou pour se glisser dedans. Norma a dit à Brian : « Si tu comptes jusqu'à quatre-vingt-deux, tu verras arriver une dame qui donne des bonbons. » On s'est faufilés à l'intérieur de la citerne, mais alors Brian s'est mis à pleurer. Norma lui a demandé s'il avait mal à la gorge, et elle a commencé à serrer son cou. Puis elle l'a lâché et elle lui a dit : « C'est pas là que la dame vient, c'est là-bas, près des gros blocs en ciment. » On est allés près des blocs. [...] Alors Norma a attrapé Brian par le cou et elle s'est mise à lui secouer la tête. Elle le serrait fort, ses doigts étaient tout blancs. Brian étouffait. Je tirais Norma par les épaules, mais elle était devenue folle. J'ai essayé de l'attraper par le menton, mais elle m'a crié dessus. A un moment, elle a claqué la tête de Brian sur le coin d'un morceau de bois, et Brian s'est évanoui. Sa tête était toute blanche et bleue, et ses yeux étaient ouverts. Ses lèvres étaient violettes et il y avait comme de la salive partout dessus, et on aurait dit que ça se changeait en quelque chose qui faisait comme du coton. J'ai dit : « Norma, je n'ai rien à voir avec ça, je devrais te dénoncer, mais je ne le ferai pas. » Lassie, ma chienne, était avec nous, elle nous avait suivis et elle pleurait. Norma lui a dit : « Arrête ton cirque, Lassie, ou je te fais la même chose. » [...] Nous sommes rentrées, Norma agissait de façon assez bizarre, elle avait des tics sur son visage et elle étirait ses doigts. Elle a dit : « C'est la première fois, mais ce ne sera pas la dernière. » Elle était vraiment effrayante. Norma a été chez elle et elle est revenue avec une paire de ciseaux qu'elle a mis dans son pantalon. [...] Elle avait des lames de rasoir. Nous sommes retournées aux blocs et Norma a coupé des cheveux de Brian. Elle a aussi essayé de lui entailler ses jambes et ses oreilles avec une lame. [...] Elle est sortie des blocs avant moi.

Je ne pouvais pas courir sur l'herbe parce que je n'avais que mes pantoufles noires aux pieds. Quand nous nous sommes retrouvées, Norma m'a dit : « Mary, tu n'aurais pas dû faire ça, tu vas avoir des problèmes. » [...]

J'ai relu la déclaration ci-dessus, on m'a dit que je pouvais la corriger, ou ajouter tout ce que je souhaitais. Cette déposition est vraie. Je l'ai faite de ma propre volonté et en toute liberté.

Mary Flora Bell, Newcastle upon Tyne, ce 7 août 1968, à 6 : 30 pm.

Le 5 décembre 1968, sous la présidence du juge Mr Justice Ralph Cusack, s'ouvrit le procès de Mary et de Norma. Le bâtiment à colonnes abritant la cour d'assises de Newcastle était plein à craquer. Mais dès le lendemain et les jours suivants, la foule déserta la salle d'audience. Les gens de Newcastle n'avaient pas vraiment envie de se plonger dans un fait divers aussi abominable, car ils devinaient que c'était là le genre de tragédie dont on ne sortait pas intact, même en n'étant qu'un simple spectateur. La presse britannique elle-même, du moins les journaux dits « de qualité », avait décidé, par pudeur, de ne rendre compte que de l'ouverture du procès et de sa conclusion.

Quant à la BBC, elle avait banni toute image du procès dans ses journaux de 18 heures qui étaient regardés par de très nombreux jeunes téléspectateurs.

De toute façon, personne ne s'attendait à des révélations inouïes. Le procès ne serait qu'une accumulation de témoignages tous plus désespérants les uns que les autres.

Car la cause était entendue : les actes terribles dont il serait fait état au fil des audiences étaient l'œuvre de jeunes démons, de véritables monstres, et il n'y avait pas à épiloguer là-dessus.

« Pourtant, relate Gitta Sereny[1], comme tout cela parut peu crédible quand les deux petites filles furent amenées dans le box, encadrées par des policières en uniforme ! Norma portait une jupe et un chemisier jaune avec un col à jabot, Mary une robe rouge toute simple. Toutes deux avaient les cheveux shampouinés de frais, le teint rose, l'air reposé, elles étaient jolies et semblaient plutôt excitées. Au cours du procès, Norma n'arrêta pas de se trémousser, regardant à droite, regardant à gauche, cherchant à capter l'attention de ses proches, du jury, du juge, souriant aussi souvent qu'elle fondait en larmes. Mais la plupart du temps, elle avait les yeux écarquillés, paraissant stupéfaite et terrorisée, le visage horrifié par ce qu'elle entendait, se blottissant contre les policières qui lui passaient alors gentiment un bras autour des épaules. Il était impossible de ne pas se sentir désolé pour elle, elle était si visiblement atterrée, si triste, et si tendrement aimée par ses parents et ses dix frères et sœurs. »

1. Historienne et journaliste britannique, elle assista au procès et écrivit deux livres admirables : *The Case of Mary Bell : A Portrait of a Child Who Murdered*, et *Cries Unheard. Why Children Kill : The Story of Mary Bell*, Macmillan, NY, 1999.

Anthony Smith, l'avocat de Norma, avait obtenu que sa jeune cliente ne soit pas incarcérée en attendant son procès, mais placée en observation dans une unité de soins psychiatriques, ce qui devait fortement contribuer à lui gagner la sympathie de la cour.

Il n'en allait pas de même pour Mary. Au lieu d'avoir autour d'elle une famille aimante et prête à la soutenir quoi qu'il arrive, la petite fille n'avait que sa mère que trois assistantes sociales avaient dû arracher presque de force à un pub de Glasgow. Coiffée d'une perruque blonde tout emmêlée, Betty Bell assénait des tapes exaspérées sur la tête de sa fille dès que celle-ci faisait mine de remuer. Sans doute pensait-elle accomplir son devoir de mère en obligeant sa gamine à rester immobile. Alors Mary se rabattait sur ses doigts, elle les pliait et les dépliait, les écartait. Elle en avait toujours un fourré dans sa bouche, elle le suçait comme s'il se fût agi d'une tétine pour bébé. A plusieurs reprises, la policière chargée de la surveiller lui avait sorti ce doigt de la bouche, mais Mary se dépêchait de l'y remettre ; et alors, l'espace d'une fraction de seconde, elle fermait ses yeux bleus et une onde de satisfaction envahissait son petit minois, puis elle reprenait son air buté, glacé. Il n'était pas besoin d'être un psychologue averti pour en déduire qu'elle était en pleine détresse. « Elle pleura peu, juste deux ou trois fois, rapporte Gitta Sereny, des pleurs de fatigue ou de colère. »

Le défenseur de Mary, David Bryson, un jeune avocat qui vécut ce procès comme un supplice et ne s'en guérit jamais tout à fait, aurait voulu dire au jury que la petite Mary n'était pas le monstre froid qu'on croyait, qu'elle n'avait pas tué par cruauté, par sadisme, mais que les circonstances dans lesquelles elle avait vécu son enfance, et notamment ce désamour dont sa mère avait constamment fait preuve à son égard au lieu de lui donner un peu de cette tendresse dont un enfant a un besoin vital pour se construire, expliquaient peut-être ses gestes de mort – à défaut, bien sûr, de les excuser.

Mais David Bryson dut rester muet sur ce point. Car, comme me l'apprit Gitta Sereny, qui en était d'ailleurs profondément choquée, le droit pénal britannique, lorsque des mineurs sont accusés de crimes capitaux, ne requiert pas que la cour soit informée du parcours familial et social de l'accusé, mais seulement de sa capacité à distinguer ce qui est bien de ce qui est mal.

Au terme de huit jours d'audience, Mary Flora Bell fut reconnue coupable d'homicide involontaire plutôt que de meurtre, les jurés lui ayant accordé des circonstances atténuantes. Elle fut condamnée à être détenue *at Her Majesty's Pleasure* (au bon plaisir de Sa Majesté), c'est-à-dire, dans les faits, à la prison pour une durée illimitée. Mais avec l'espoir de sortir un jour. Enfin, peut-être. Le cerveau embrumé de Mary eut beaucoup de mal à saisir et à interpréter ces nuances. La fillette n'avait compris qu'une chose : on allait la mettre en prison et elle y resterait jusqu'à sa mort.

Norma fut acquittée. Lucide, parfaitement consciente de tout ce qui s'était passé, de tout ce qu'elle avait fait, et aussi de tout ce qu'elle aurait dû faire et qu'elle n'avait pas fait, elle n'accepta jamais vraiment ce verdict : elle aurait voulu être punie.

Je découvris cette histoire un soir d'hiver 1969 à l'écoute de mon auto-radio, alors que j'étais arrêté sous la neige à un feu rouge avenue Georges-Mandel. J'en fus bouleversé.

Dans les jours qui suivirent, ayant réussi à me procurer l'adresse de l'établissement où était détenue Mary, je lui envoyai une boîte de chocolats et un ours en peluche. Il me semblait déterminant que quelqu'un se décide enfin à la traiter comme l'enfant qu'elle était, qu'elle n'avait jamais cessé d'être. Le surintendant chargé de la surveillance de Mary – il s'appelait Heart, ça veut dire cœur, j'y ai vu comme un présage – m'accusa réception de mon envoi, précisant qu'il avait donné les chocolats à Mary, mais pas l'ours en peluche : « J'ai craint, voyez-vous, qu'elle ne répète sur lui les gestes d'étranglement qu'elle avait infligés à Martin Brown et à Brian Howe… »

Après ses deux premières années de détention – elle avait donc à présent treize ans –, Mary écrivit un poème à sa mère :

> Je t'en prie, maman, accorde du repos à ma pauvre petite âme,
> Agenouille-toi pour dire au juge et aux jurés
> Qui entendront tes cris de supplication
> Que la coupable c'est toi – et pas moi…

Gitta Sereny estime que ce poème fut le premier pas accompli par Mary pour devenir une adulte responsable – ce qu'elle est désormais. Elle a commencé une nouvelle vie sous un nouveau nom, en 1980, après douze années passées en prison.

En 1984, elle mit au monde une petite fille. Mary s'était juré que son enfant ne saurait jamais rien de ce qu'avait vécu sa mère. Mais elle fut traquée par des journalistes. On dit qu'elle dut fuir sa maison, tenant sa petite fille serrée dans ses bras, toutes deux recouvertes d'un grand drap pour ne pas être photographiées.

Mary Flora Bell introduisit un recours en justice pour obtenir que soient garantis à vie son anonymat et celui de sa fille. Le 21 mai 2003, elle apprit qu'elle avait gagné.

Bertrand (Affaire Philippe)

Pour moi, l'abolition de la peine de mort est inséparable d'un grand avocat et d'un petit garçon. Quand je pense au visage de l'un, je vois aussi le visage de l'autre.

Le grand avocat, c'est Robert Badinter. Le petit garçon, c'est Philippe Bertrand, huit ans, écolier à l'institution catholique de Pont-Sainte-Marie, localité voisine de Troyes, département de l'Aube.

Le vendredi 30 janvier 1976, à midi, Philippe quitte son école pour rejoindre son petit frère, Christophe, qui est en maternelle à la Visitation. Les deux enfants sont supposés se rendre chez un fleuriste où leur père a l'habitude de les récupérer pour les ramener à la maison. Mais ce jour-là, quand Gérald Bertrand se présente chez le fleuriste, Philippe ne s'y trouve pas. Pourtant, un de ses camarades de classe, le jeune Dominique, assure avoir accompagné Philippe jusqu'à la porte de la Visitation, après quoi ils se sont séparés. Dominique se souvient de s'être retourné une ou deux fois pour dire au revoir de la main.

Mais après Dominique, plus personne n'a revu Philippe. Le personnel de la Visitation est formel : le garçonnet est peut-être parvenu jusqu'au seuil de l'école, mais il n'y est pas entré.

Pendant que le père, au comble de l'inquiétude, refait le trajet qu'a forcément dû emprunter Philippe, le téléphone sonne chez les Bertrand. Marie-Françoise, la mère, décroche.

— Si vous voulez revoir votre enfant vivant, scande sèchement une voix d'homme, réunissez d'urgence une rançon d'un million de francs. On vous dira où et comment la verser. Et surtout, ne prévenez pas la police.

Mme Bertrand a l'impression que son cœur va cesser de battre. Au ton de cette voix à la fois sûre d'elle et légèrement crispée, elle comprend qu'il ne s'agit pas d'une mauvaise plaisanterie. Elle pousse un interminable cri silencieux, ses poumons se vident de tout l'air qu'ils contenaient. Le combiné du téléphone lui échappe des mains et danse au-dessus du parquet comme un balancier, scandant le compte à rebours mortel qui vient de commencer. Car Marie-Françoise Bertrand le sait : si dans le cas de fugues la quasi-totalité des mineurs sont retrouvés, la plupart des rapts d'enfants connaissent une fin tragique.

L'idée ne lui est pas venue de demander qui, de Philippe ou de Christophe, on lui avait pris. Dans sa détresse, ils se sont confondus, ils sont devenus L'Enfant.

Comme le plus souvent en pareil cas, les parents ne tiennent pas compte des avertissements du (ou des) ravisseur(s) : Gérald et Marie-Françoise n'ont rien de plus pressé que d'appeler la police. Celle-ci, d'emblée, croit à la gravité de l'affaire, et c'est la PJ de Reims qui prend les choses en main.

Les enquêteurs commencent bien entendu par piéger le téléphone des Bertrand : quand les ravisseurs rappelleront pour fixer les modalités de remise de la rançon, un dispositif permettra de repérer le lieu d'où ils téléphonent – à condition toutefois que le père de Philippe se débrouille pour faire durer la vacation assez longtemps afin que les techniciens aient le temps de localiser l'appel. Parallèlement, le grand-père maternel de Philippe, un entrepreneur dont les affaires sont florissantes, s'entend avec sa banque pour réunir le million exigé par les ravisseurs.

A 18 h 16, le téléphone sonne. C'est la même sonnerie que toujours, un peu grelottante, mais le père de Philippe et les policiers présents dans le salon de la villa des Bertrand devinent que l'appel, cette fois, vient du (ou des) ravisseurs(s).

— Vous avez l'argent ? questionne brutalement l'inconnu.

Gérald Bertrand marmonne quelque chose d'indistinct – il s'agit maintenant pour lui de faire durer l'entretien afin de permettre à un technicien d'utiliser le détecteur installé sur la ligne et de router le signal audio de l'appel.

Avec une habileté et un sang-froid qui forcent l'admiration des policiers, le malheureux père, qui n'a pourtant qu'une envie : hurler sa détresse, réussit à « balader » son interlocuteur comme un pêcheur fatigue un poisson.

Enfin, au bout de neuf minutes – une éternité ! –, un policier lui passe un message écrit : « *Ça y est, il est logé. Il appelle d'une cabine publique, à Bréviandes, banlieue de Troyes. Essayez de le garder en ligne jusqu'à ce qu'on lui tombe dessus.* »

Une patrouille fonce à Bréviandes. Dans la cabine signalée par les techniciens, les policiers distinguent en effet la silhouette d'un homme qui semble téléphoner. Les vitres sont embuées, ce qui donne à penser qu'il doit être là depuis un certain temps. Il écoute davantage qu'il ne parle. Et tout en écoutant, il surveille l'avenue, les trottoirs luisants de pluie. Quand une voiture passe et que ses phares accrochent la cabine, l'homme détourne le visage, rentre la tête dans les épaules.

— A tous les coups c'est lui, chuchote un des policiers de la patrouille dont la voiture, tous feux éteints, a pris position à bonne distance pour ne pas effaroucher le suspect. Allons-y, on va le cueillir…

Mais les policiers n'ont pas le temps de gicler hors de leur voiture qu'une Estafette de la gendarmerie surgit des profondeurs de la nuit. Sans doute employés à une surveillance de routine, ses occupants ignorent tout du piège tendu par la PJ de Reims. Comme s'ils voulaient s'assurer que tout va bien pour l'usager de la cabine téléphonique, ils ralentissent en parvenant à sa hauteur.

Malgré la buée qui transforme les vitres de la cabine en véritables plaques de verre dépoli, l'homme qui téléphone a dû apercevoir et identifier l'Estafette bleu marine. Il n'hésite pas une seconde, il lâche le combiné, se jette hors de la cabine et détale à toutes jambes.

Quelques sommations retentissent, mais il est déjà trop tard : l'inconnu s'est évanoui derrière le rideau de la pluie.

Cette involontaire bévue des forces de l'ordre va avoir des conséquences dramatiques – mais on n'en mesurera les effets que dix-neuf jours plus tard, quand on interpellera enfin le ravisseur.

Effrayé à l'idée d'avoir failli être arrêté, l'homme de la cabine regagne l'hôtel des Charmilles, une très modeste pension de famille où il a loué une chambre.

Le petit Philippe, retenu prisonnier dans la chambre, exige de voir ses parents. Son ravisseur le lui avait promis, et Philippe l'avait cru : l'homme qui l'a enlevé n'est pas un inconnu pour lui, il s'appelle Patrick Henry, il fréquente un peu la famille Bertrand, c'est même la raison pour laquelle l'enfant l'a suivi sans méfiance.

Mais il se fait tard, la nuit est tombée, et Philippe se sent trahi. Il s'agite, fait un raffut de tous les diables, pousse des cris. Patrick Henry a beau essayer de le calmer en allumant la télévision, rien n'y fait.

Ce soir-là, vendredi, c'est *Apostrophes*. Bernard Pivot et ses invités parlent du pouvoir et des malfaisances de l'argent. Bernard Oudin, journaliste et historien, présente son livre, *Le Crime et l'Argent*, qui traite du « développement d'un comportement criminel qui, à l'image même de notre société, fait de l'argent sa valeur suprême... ». Entre deux pleurnicheries de Philippe, Patrick Henry tend l'oreille. Ça l'intéresse, forcément, lui qui a réclamé une rançon d'un million de francs aux Bertrand. « Tais-toi et écoute ! » enjoint-il à l'enfant. Mais ces histoires de gros sous et de grandes personnes, le petit Philippe n'y comprend rien. Il continue à couiner. Et il y met du cœur. Quelqu'un va finir par l'entendre, pense son ravisseur, les enfants ont des voix qui percent les murs.

Alors Patrick Henry se dépêche de préparer un mélange de barbituriques et d'alcool qu'il réussit à faire avaler à Philippe. Le cocktail n'est pas létal, mais tout de même assez fortement dosé pour plonger l'enfant dans un profond sommeil.

A peine s'est-il effondré que Patrick Henry se penche sur lui et l'étrangle.

Le ravisseur – désormais le meurtrier – n'a pas besoin de s'acharner : c'est si fragile, un cou d'enfant ! Il lui suffit d'appuyer ses deux pouces à l'endroit idoine pour interrompre la respiration.

Le petit garçon meurt presque aussitôt, si vite qu'on peut espérer qu'il ne s'est rendu compte de rien.

L'assassin doit maintenant se débarrasser du cadavre. Il pare au plus pressé, se contente de l'enfouir dans un sac de couchage qu'il pousse sous le lit, comme un bagage encombrant. Puis il quitte Les Charmilles.

L'enfant éliminé, Patrick Henry n'a plus qu'une préoccupation : toucher la rançon.

Gérald Bertrand s'est mis au volant de sa voiture, aux ordres du ravisseur. Celui-ci a semé à travers la ville et ses faubourgs des accessoires vestimentaires appartenant à Philippe. Dans chacun il a glissé un morceau de papier indiquant la destination suivante – effroyable jeu de l'oie ! Il conduit ainsi le malheureux père au lieu choisi pour la remise de la rançon.

La nuit est froide. Deux heures durant, le ravisseur va ainsi « balader » Gérald Bertrand dans la banlieue de Troyes, ainsi que les policiers qui frétillent autour de lui comme des poissons pilotes en essayant de ne pas se faire remarquer. Car contrairement à ce qu'a exigé Patrick Henry, le véhicule de Gérald Bertrand est discrètement suivi par des voitures banalisées des hommes du commissaire Charles Pellegrini.

Les flics n'ont pas le moral : ils savent que les enlèvements qui s'éternisent, et en ce domaine l'éternité commence au terme des premières trente-six heures, finissent souvent en tragédie. Dès lors, ils considèrent que leurs chances de retrouver l'enfant vivant sont devenues faibles. Mais à défaut de sauver Philippe, ils sont déterminés à capturer son ravisseur. C'est pourquoi ils jouent le jeu – son jeu, jusqu'au moment où la chance tournera et où ils reprendront la main.

A Montieramey, à une vingtaine de kilomètres de Troyes, la voiture de Gérald Bertrand ralentit en approchant d'un hôtel situé au bord de la route. L'établissement, au fronton duquel brillent aujourd'hui trois étoiles, avait alors un cachet un peu vieillot qui n'aurait pas déparé un film des années 1960, un Maigret bien province, bien mélancolique, mais bien sensuel aussi, avec un Gabin se régalant d'une tête de veau ravigote ou d'un gratin d'andouillette à la moutarde dans la salle de restaurant qui s'appelait « La Mangeoire ».

Le père de Philippe dépose docilement la rançon à l'endroit que lui a désigné Henry et, sans s'attarder davantage, reprend la route de Troyes.

Stationnés à proximité, les policiers ne bronchent pas. Ils appliquent scrupuleusement le protocole : aucune lumière, aucun bruit, interdiction de fumer, entrouvrir légèrement les vitres des véhicules pour éviter que les respirations, en les embuant, ne signalent une présence.

D'une manière ou d'une autre, les flics en sont sûrs, le ravisseur va devoir prendre le risque de se montrer pour récupérer l'argent. Les enlèvements d'enfants ont parfois pour mobile une haine familiale, ou une perversion sexuelle, ou une crise de folie, mais, dans le cas du petit Philippe, vu la façon dont son kidnappeur a agi jusqu'à maintenant et le montant « relativement raisonnable » de la rançon demandée (un million de francs, c'est beaucoup d'argent, mais ça n'est pas absolument impossible à rassembler dans un court délai – la preuve en est que les Bertrand l'ont fait), la police a la certitude que l'argent est le seul vrai mobile du rapt.

Les enquêteurs ont donc les yeux rivés sur la cachette indiquée par le ravisseur et où le père de Philippe a déposé le sac de billets de banque.

Mais le temps passe, et aucun véhicule suspect ne ralentit devant le sac contenant la rançon.

Les policiers interrogent alors les propriétaires de La Mangeoire, car ce n'est évidemment pas un hasard si le ravisseur a choisi leur établissement pour lieu de l'échange – la police continuant de privilégier l'hypothèse d'un homme qui ne laisse rien au hasard. On peut donc supposer qu'il fréquente l'hôtel restaurant de Montieramey depuis déjà un certain temps, qu'il en connaît tous les tours et détours, qu'il en a repéré tous les avantages aussi bien que les dangers potentiels.

Le patron de La Mangeoire réfléchit, hésite. Finalement, il évoque un client – oh, ce n'est pas à proprement parler un habitué, non, mais il est déjà venu à plusieurs reprises, et c'est vrai qu'il dégage quelque chose de froid, de bizarre, un sentiment de malaise. « Mais attention, hein ! dit le patron, moi, je ne l'accuse de rien ! » Juste à cet instant, une Citroën DS blanche passe devant La Mangeoire. « Tenez, ajoute le patron, quand on parle du loup : c'est justement lui… »

Les enquêteurs se précipitent. Trop tard, la DS fonce, se perd dans la nuit froide et pluvieuse. Pourquoi a-t-elle accéléré ? Son conducteur a-t-il « reniflé » les véhicules banalisés de la police ? Et si oui, est-ce le signe qu'il a quelque chose à se reprocher ?

La voiture est aussitôt signalée – un des policiers a eu le bon réflexe de noter son numéro : 880 JA 10 –, aussitôt prise en chasse. Mais pilotée par un conducteur déterminé, cette Citroën est un vrai lièvre. Elle laisse sur place les véhicules de la police. N'importe : grâce au relevé de sa plaque minéralogique, on aura vite fait d'apprendre qu'elle appartient à un certain Patrick Henry, vingt-trois ans, qui habite 5, rue de la République, à Troyes.

Le lendemain, à 6 heures du matin, il est interpellé à son domicile.

Durant sa garde à vue, le suspect jure qu'il n'a rien à voir avec cette affaire. D'ailleurs il est un ami des Bertrand, il connaît bien le petit Philippe, il serait la dernière personne au monde à lui vouloir du mal. Mais il a beau protester de son innocence, les policiers de l'OCRB (Office central pour la répression du banditisme) sont persuadés qu'il est bel et bien le ravisseur de Philippe : certes, la mémoire humaine est faillible, mais il y a tout de même trop de confusion et de contradictions dans son emploi du temps. Et puis, quand ils sondent le réservoir de la DS blanche, ils constatent qu'il manque très exactement le nombre de litres d'essence dont le ravisseur aurait eu besoin pour accomplir ses différents trajets.

Ils n'ont dès lors qu'un seul objectif : obtenir les aveux du ravisseur pour qu'il leur révèle au plus vite la cachette où il retient l'enfant.

Mais Patrick Henry, imperturbable, s'enferme dans le déni. Le commissaire Charles Pellegrini tente alors un coup de poker : il entraîne Henry dans une forêt, sort son arme de service et la pointe sur le jeune homme : « Fini de rire. Tu me dis immédiatement où tu caches le gamin, ou je te loge une balle dans la tête. Tu sais qui je suis, je n'hésiterai pas. » Et pour appuyer ses dires, le commissaire Pellegrini tire quelques balles en visant le sol, à proximité des pieds de Patrick Henry. Celui-ci n'esquisse même pas un mouvement de recul : il sait que Pellegrini bluffe, qu'il ne peut pas être à la fois un ardent défenseur du droit et un exécuteur à la sauvette. « Si vous me tuez, dit en souriant Henry, vous tuez un innocent. »

Phrase terrible, dont le commissaire Pellegrini comprend le sens caché : l'innocent, ce n'est pas forcément Patrick Henry, c'est aussi, c'est d'abord Philippe Bertrand – car en effet, si son ravisseur meurt sans avoir dit où se trouve l'enfant, alors le petit garçon, à supposer qu'il soit encore en vie, risque fort de mourir lui aussi, faute de soins.

Il n'y a pas d'autre alternative que de remettre Henry en liberté. En le surveillant de très près, bien sûr, avec l'espoir qu'il conduira les enquêteurs jusqu'à Philippe Bertrand.

En attendant, le ravisseur multiplie les déclarations à la presse : « Interrogez ceux qui me connaissent, ils vous diront que je suis incapable d'un tel meurtre ! », il passe à la télévision où il se compose un visage particulièrement grave pour déclarer : « Ceux qui ont fait ça, ils méritent la peine de mort… »

Pendant qu'il plastronne, les policiers ne le lâchent pas d'une semelle. L'enquête se poursuit avec plus d'intensité que jamais. L'espoir de retrouver Philippe vivant est à présent presque nul, mais Pellegrini et ses hommes sont décidés à se battre jusqu'au bout.

Ils ont raison de ne pas baisser les bras. Car voici qu'un témoin (qui demande à garder l'anonymat) leur révèle que Patrick Henry se rend fréquemment dans une modeste pension de famille de Troyes, l'hôtel des Charmilles. Pourquoi cette location ? Pourquoi Patrick Henry, qui a déjà un domicile au 5, rue de la République, aurait-il besoin en plus d'une chambre d'hôtel ?

Avec en main une photo du suspect, les policiers interrogent les commerçants proches de l'hôtel : ont-ils vu cet homme rôder dans les parages ? Ils sont nombreux à assurer que oui, mais peut-être ont-ils été influencés par les passages d'Henry à la télé ou ses portraits parus dans la presse.

La réponse du patron de l'hôtel des Charmilles est plus intéressante : il confirme que l'individu dont on lui présente la photo a bel et bien loué une chambre. C'était le 23 janvier. Le fait qu'Henry se soit inscrit sous un autre nom que le sien renforce la suspicion des enquêteurs. « Et cet individu, demandent-ils au patron des Charmilles, il y a longtemps que vous l'avez vu ? — Ma foi non, répond l'hôtelier, il vient d'ailleurs de rentrer dans sa chambre. — Vous avez un double de sa clef ? — J'avais. Mais il a fait changer le verrou – à ses frais, bien sûr ! »

Les policiers grimpent quatre à quatre l'escalier étroit qui mène à la chambre de Patrick Henry. Ils tambourinent contre la porte. Ils entendent alors le bruit sec d'un volet qu'on ouvre et qu'on claque contre le mur : loin d'obtempérer à leurs ordres, Henry tente de leur échapper en passant par la fenêtre.

Il aurait dû se souvenir que le propre de la police est de tout prévoir : une partie des hommes de Pellegrini est restée à l'extérieur pour sécuriser les alentours de l'hôtel. Et à peine le ravisseur se laisse-t-il choir dans la rue qu'il est aussitôt appréhendé.

On le ramène dans la chambre qu'il vient de quitter et qui est si remplie de policiers que les carreaux de la fenêtre se couvrent de buée.

Au propre comme au figuré, Patrick Henry est à présent dos au mur. Il est en cet instant tueur et victime – victime, oui, car il a compris que l'hallali a sonné pour lui et qu'il ne lui reste plus qu'à attendre le coup de dague.

Il a encore une dernière formalité à accomplir : prononcer la phrase de reddition : « C'est bon, dit-il, vous avez gagné, le corps de l'enfant est sous le lit. »

Il regarde les policiers qui se jettent à plat ventre, palpent le dessous du lit et ramènent à eux un tapis roulé. A peine ont-ils entrepris de le déplier qu'il s'en échappe une odeur grasse, doucereuse, un peu écœurante. Une odeur qu'ils ne connaissent que trop, qui va rester collée à eux, même s'ils se récurent à s'en arracher la peau : le petit Philippe a été enlevé le 30 janvier, étranglé le 31, on est le 17 février, cela fait donc dix-huit jours que son cadavre se décompose dans les plis de ce tapis.

La France de 1976 était déjà en majorité partisane de la peine de mort. Lorsqu'elle découvre l'horreur du crime de Patrick Henry, cette majorité n'est pas loin de devenir une unanimité. A la télévision, le propre père du ravisseur reconnaît que son fils mérite la mort.

Comme tout accusé, Patrick Henry a le droit d'être défendu. Mais aucun avocat ne veut se charger de son dossier – non pas parce que la cause semble entendue d'avance, mais parce que le crime est si abominable que les avocats sollicités éprouvent des nausées à la seule idée de devoir s'y plonger et vivre de longs mois dans la compagnie d'un meurtrier aussi abject.

Il en est un, pourtant, qui accepte : Me Robert Bocquillon… qui s'empresse de contacter Robert Badinter, alors avocat à Paris et ardent opposant à la peine de mort, afin de lui proposer de défendre l'accusé en sa compagnie.

Les deux avocats conviennent de se rencontrer dans un restaurant entre Troyes et Paris.

Me Bocquillon présente le dossier de Patrick Henry à Me Badinter. Et tout de suite les deux hommes devinent que rien ne peut faire que Patrick Henry bénéficie de la moindre circonstance atténuante : le jeune homme est tout simplement indéfendable.

Robert Badinter décide alors de transformer le procès de Patrick Henry en procès de la peine capitale.

Dans la même salle d'assises de Troyes où furent condamnés à mort Buffet et Bontems, condamnation dont ne s'est jamais remis Badinter car Bontems n'avait pas de sang sur les mains, s'ouvre le procès Patrick Henry.

Me Bocquillon plaidera pour Henry, Robert Badinter se fera procureur et prononcera le réquisitoire contre la peine de mort.

C'est Robert Bocquillon qui ouvre le feu. Il s'adresse aux jurés d'une voix grave : « Nous avons, Robert et moi-même, une responsabilité affreuse mais aussi un devoir absolu : être la défense. Ce devoir, il est tout simple, tout bête, tout clair : il est de vous dire : ne faites pas cela. Vous êtes les derniers dépositaires de l'immense intérêt que peut représenter une vie humaine. Alors, si vous le voulez, le procès de Troyes entrera dans l'Histoire... »

Et puis, c'est au tour de Robert Badinter. Il se lance, non pas à corps mais à cœur perdu, dans ce qui restera la plaidoirie de sa vie – et l'une des plus belles qu'un avocat ait jamais prononcée.

Il raconte le bruit qu'il a entendu quand Roger Bontems a été exécuté, le bruit que fait la lame qui coupe un homme vivant en deux. « On prend un homme vivant et on le coupe en deux morceaux, c'est ça guillotiner... Si vous décidez de tuer Patrick Henry, c'est chacun de vous que je verrai au petit matin, à l'aube. Et je me dirai que c'est vous, et vous seuls, qui avez décidé... Si vous votez comme monsieur l'avocat général vous le demande, je vous le dis, le temps passera, c'en sera fini du tumulte, des encouragements [il fait allusion à la foule, dehors, qui réclame la mort de Patrick Henry], vous demeurerez seul avec votre décision. Un jour, on abolira la peine de mort, et vous resterez seul avec votre verdict, pour toujours. Et vos enfants sauront que vous avez un jour condamné à mort un jeune homme. Et vous verrez leur regard ! Vous avez, vous et vous seuls, à cette minute – et oubliez tout ce qui vous entoure –, vous avez seuls le droit de vie et de mort sur quelqu'un... Ne croyez pas que quand on a liquidé un criminel, on en a fini avec le crime, ce n'est pas vrai. C'est exactement comme jadis, on brûlait ceux qu'on considérait comme des sorciers, parce qu'on se disait qu'on en aurait fini avec le Malin, et évidemment ça recommençait... Dites-vous bien que si vous le coupez en deux, eh bien ça ne dissuadera rien ni personne... »

Trois jurés pleurent. Robert Badinter parle longtemps, sans notes, le visage livide. Dans son livre *L'Abolition*, il raconte – *se* raconte : « Dans la salle de la cour d'assises où je plaidais pour Patrick Henry demeure vivante en moi cette impression singulière que je défendais à nouveau Bontems. Tout ce que je n'avais pas su dire pour lui jaillissait pour cet autre, assis derrière moi ; l'un était devenu l'autre. »

La cour se retire. Revient. A la stupéfaction générale, Patrick Henry est condamné à la réclusion criminelle à perpétuité. Il échappe au couteau qui devait le couper en deux morceaux. Badinter a gagné, la guillotine a perdu.

Le 17 septembre 1981, Robert Badinter s'adresse aux députés : « J'ai l'honneur, au nom du gouvernement de la République, de demander à l'Assemblée nationale l'abolition de la peine de mort en France. »

Il ajoutera plus tard : « *Prononcer cette phrase, dans ma vie, ça a été quelque chose d'immense...* »

Bloody saturday

Bloody Saturday, en français Samedi sanglant, est le titre d'une photo et d'une bande d'actualités en noir et blanc qui, entre septembre et octobre 1937, passèrent sous les yeux de cent trente-six millions de personnes et s'imprimèrent à jamais dans leur mémoire.

Le film et le cliché montrent un très jeune enfant chinois – il ne doit pas avoir beaucoup plus d'un an et demi, c'est encore un bébé – qui pleure, assis tout seul dans les décombres d'une gare de Shanghai, celle d'où partent les trains desservant les provinces du sud de la Chine. Cette gare vient de subir un terrible pilonnage de la part de seize bombardiers de la Marine impériale japonaise, et l'enfant est une des nombreuses victimes de l'attaque – il y eut plus de quinze cents tués ou blessés. Bien que prise avec un excellent appareil, la photo ne permet pas de dire s'il s'agit d'un garçon ou d'une fille. Ce qui est certain, c'est que ce petit Chinois est blessé. Ses vêtements ont été déchiquetés par le souffle des explosions, et il semble souffrir de graves brûlures à la tête et d'une plaie profonde à l'épaule. Sur un autre cliché, on constate que sa main gauche a été arrachée.

Cette image, particulièrement poignante et choquante, allait rapidement devenir un symbole des atrocités commises par les troupes nippones lors du long et meurtrier conflit sino-japonais de 1937-1945. Dans ce cas précis, les avions nippons avaient déversé des chapelets de bombes sur la foule des civils qui, fuyant la bataille de Shanghai, s'étaient massés sur les quais de la gare pour attendre un train spécial à destination du sud. Plus tard, les Japonais affirmèrent que leurs pilotes avaient pris ces réfugiés pour des colonnes de soldats qui se regroupaient, ce qui est difficile à croire, surtout au vu de ce petit enfant qui n'a évidemment rien d'un combattant armé.

L'auteur de la photo s'appelait Hai-Sheng Wong. Propriétaire à Shanghai d'un magasin d'appareils de prises de vues, il travaillait comme photographe (il utilisait pour cela un Leica) et opérateur d'actualités (il s'équipait alors d'une caméra Bell & Howell 35 mm) pour le compte de divers organes de presse, dont le puissant groupe américain *Hearst Corporation.* Wong était de ces photojournalistes qui n'hésitent pas à mettre leur vie en danger pour saisir des images particulièrement fortes. Il avait notamment été exposé aux bombardements et aux mitraillages des avions japonais, et il avait eu beaucoup de chance d'en sortir indemne.

Transportées de Shanghai à Manille par un navire de l'US Navy, puis par avion jusqu'à New York, les images du bébé chinois qui hurlait dans les ruines de la gare de Shanghai avaient propulsé Wong au faîte de la célébrité. Ce dernier racontait volontiers les circonstances dans lesquelles il avait pris cette photo et tourné ce bout de film qui avaient mis le monde en émoi :

> Seule l'obligation de me concentrer sur mon boulot m'aidait à oublier le spectacle d'horreur que j'avais devant les

> yeux. Je m'arrêtai un instant pour recharger ma caméra. Je remarquai alors que mes chaussures étaient inondées de sang. Je me rappelle avoir traversé les rails du chemin de fer et filmé de longues séquences d'un pont qui brûlait en arrière-plan. C'est alors que j'ai vu un homme attraper un bébé qui était sur les rails, et le déposer sur le quai à ciel ouvert. Ensuite, il a fait demi-tour pour aller prendre un autre enfant qui, lui aussi, avait l'air sérieusement blessé. La mère était étendue, morte, en travers des rails. J'étais en train de filmer cette tragédie quand j'ai entendu le bruit des avions qui revenaient. Je me suis dépêché de filmer le bébé avec le peu de pellicule qui me restait. Puis j'ai foncé vers lui avec l'intention de le mettre à l'abri. Et c'est à ce moment-là que le père est revenu…

Wong ne sut jamais si le petit Chinois avait survécu à ses brûlures. Mais il apprit que les Japonais l'accusaient d'avoir falsifié film et photo, et qu'ils mettaient sa tête à prix pour cinquante mille dollars. Un joli pactole à l'époque. Sans cesser pour autant ses activités de reporter de guerre, Wong se réfugia avec sa famille dans la concession britannique de Shanghai. Mais les Japonais ne désarmèrent pas et se mirent à le submerger de lettres les menaçant, lui et les siens, de morts toutes plus abominables les unes que les autres.

La situation devint d'autant plus intenable que, dans son numéro du 21 décembre 1937, le magazine *Look*, un bimensuel américain à très fort tirage, publia d'autres clichés de Hai-Sheng Wong : sous le titre *Horribles photos d'un raid aérien japonais à Shanghai*, on voyait, dans la gare détruite, un homme penché sur un enfant d'environ cinq ans, tous deux se tenant à proximité immédiate du fameux bébé chinois criant sa souffrance.

D'après Wong, cet homme était évidemment le père venu récupérer son bébé et son petit garçon de cinq ans après le raid meurtrier des avions japonais.

Pourtant, tout le monde ne partagea pas ce point de vue : certains accusèrent l'homme sur la photo d'être un certain Taguchi, l'assistant de Wong, pris la main dans le sac en train de positionner les enfants (celui de cinq ans et le pauvre petit bébé chinois) sur les rails de façon que la photo soit la plus bouleversante possible.

Mais dans ce cas, pourquoi Wong aurait-il proposé à *Look* un cliché l'accusant de trucage ? Ses détracteurs répondirent qu'il s'était enivré du succès planétaire que lui avait valu la photo du bébé abandonné sur les rails, et qu'il n'avait pas résisté à l'envie de continuer à décliner ce sujet en envoyant cette nouvelle photo à *Look*, sans imaginer que quelqu'un pourrait reconnaître Taguchi.

D'autres publications, dont le très influent *Japan Times and Mail*, un journal rédigé en anglais qui se donnait pour mission d'aider le Japon à mieux dialoguer avec le reste du monde, affirmèrent que l'homme était en réalité un ouvrier venu prêter main-forte aux sauveteurs, et que Wong lui aurait demandé de faire poser le petit garçon et le bébé.

Quelle est la vérité ? Aujourd'hui, l'opinion la plus largement répandue est que Hai-Sheng Wong n'a pas triché, que ses clichés sont rigoureusement authentiques, qu'il a photographié ce qu'il a vu, ni plus ni moins. D'ailleurs, il était un photo reporter, pas un photographe de création ; et puis il est évident qu'il ne pouvait d'aucune façon prévoir que son cliché du bébé de la gare de Shanghai aurait un impact aussi considérable.

A supposer même qu'on m'apporte la preuve que Wong avait trafiqué cette poignante image du petit Chinois, je resterai convaincu que l'histoire de cette photo a sa place dans un dictionnaire comme celui-ci. Car ce cliché démontre la formidable puissance émotionnelle du fait divers : Wong avait devant son objectif un décor de ruines façon Hollywood, où gisaient plus de quinze cents personnes mortes ou blessées dans le bombardement, mais ce qu'il a privilégié, c'est un bébé anonyme, blessé, abandonné tout seul sur les rails de la gare dévastée.

Ce petit enfant dont nous ne savons rien, qui n'est relié à rien, qui se détache sur une toile de fond sans références (les décombres de la gare visibles à l'arrière-plan évoquent une bataille, mais ils pourraient tout aussi bien être la conséquence d'un tremblement de terre ou d'une catastrophe ferroviaire), ce petit enfant est incontestablement un « héros » de fait divers puisque, d'inclassable qu'il était, il est devenu un fait de l'histoire des hommes.

Ce drame semble annoncer celui qui se déroula trente-neuf ans plus tard, le 8 juin 1972 au Vietnam, sur la route n° 1 près du village de Tran Bang. Ce jour-là, deux appareils sud-vietnamiens larguèrent par erreur des bombes au napalm sur une pagode où s'abritaient des villageois. Aussitôt ce fut l'enfer. Un enfer d'une splendeur aveuglante, un enfer de jaunes safran éblouissants, de rouges hémorragiques qui s'étalèrent, gras, lourds, sur les champs qui s'enflammaient en rugissant. Et soudain, surgissant des fumées noires qui roulaient sur la route n° 1, apparut une petite fille de neuf ans, Phan Thi Kim Phúc. Elle était plus nue que nue car, après que ses vêtements eurent été brûlés par le napalm, c'était à présent sa peau qui se détachait d'elle par longues boucles carbonisées, laissant apparaître sa chair qui avait commencé à griller. Et Kim Phúc répétait inlassablement : Oh ! trop chaud, trop chaud, trop chaud.

Nick Ut, vingt et un ans, travaillait pour *Associated Press*. Posté sur le bord de la route, il avait vu les avions et senti passer sur lui le souffle brûlant du napalm. Lorsque Kim Phúc était sortie de l'enfer en courant, Nick l'avait photographiée. Parce qu'il était là pour ça, et qu'elle était encore trop loin de lui pour qu'il puisse l'aider d'une façon ou d'une autre. Et puis, quand elle était arrivée près de lui, il s'était occupé d'elle, il l'avait enveloppée dans un poncho et conduite à un hôpital sur la route de Saïgon. Il lui avait sauvé la vie.

Il n'avait fallu que quatre jours pour que la photo de Kim Phúc courant toute nue sur la route n° 1 fasse le tour de la planète.

Pourtant, une loi interdisant la publication de clichés d'enfants dénudés, la photo de Kim Phúc avait bien failli ne jamais paraître. Mais *Associated Press* avait pris le risque : ce que le monde entier verrait, ce n'était pas la nudité d'une fillette, mais une petite fille éperdue de douleur, une petite fille icône de tous les enfants victimes de la guerre.

L'image était tombée sous les yeux du président des Etats-Unis : « Je me demande si elle n'a pas été truquée », avait dit Richard Nixon en tapotant avec mauvaise humeur le journal qui publiait le cliché. Son chef de cabinet, Harry Robbins Haldeman, avait hoché la tête et répondu que oui, ça se pouvait bien.

Deux ans plus tard, suite au scandale du Watergate, Richard Nixon dut démissionner. Haldeman, qui avait trempé dans l'affaire, purgea une peine de dix-huit mois de prison pour conspiration, obstruction à la justice et parjure.

Kim Phúc, devenue citoyenne canadienne, mariée et mère de famille, a créé une fondation pour porter assistance à tous les enfants que les guerres blessent dans leur chair ou dans leur âme.

Nick Ut obtint le prix Pulitzer.

Boulevard du crime

Les Parisiens appelaient Haussmann Attila, ou le baron éventreur, parce qu'il rasait, démantelait, sapait et dépeçait Paris. Sous sa férule, raconte l'architecte Pierre Pinon, « on ouvre soixante-dix rues, on exproprie, on démolit à grand fracas et ça dure vingt-cinq ans… ». Et bien sûr au prix fort : la facture pour la mise de Paris aux normes haussmanniennes s'éleva à la bagatelle de 1 500 millions de francs (de l'époque !) au lieu des 500 annoncés.

Certes, pour du grandiose, ce fut du grandiose ! Mais malgré 600 kilomètres d'égouts supplémentaires, en dépit de la construction des Halles confiée à Baltard (330 maisons jetées bas, remplacées par 800 tonnes de fonte et 700 tonnes de fer, par 2 millions de briques et 18 000 mètres cubes de béton, sans parler des tonnes de verre), de la gare de Lyon et de celle du Nord, de l'Opéra Garnier, de l'aménagement de parcs et jardins comme

Montsouris ou le Luxembourg, de la création de la place de l'Etoile et du rayonnement de ses avenues, j'en veux, moi aussi, au baron Haussmann.

A cause de ce qu'il fit subir au boulevard du Temple.

« Parmi les démolitions où il s'acharna, s'insurge Mario Proth, un journaliste, écrivain, critique d'art et contemporain d'Haussmann, une des plus bêtes et des plus irritantes fut celle du boulevard du Temple. Le boulevard du Temple ! qui ne sait ce que ces trois mots évoquent ? Il n'est pas dans Paris un Parisien quelconque, il n'est pas en province ni à l'étranger un être d'intelligence et de sentiment [...] à qui le boulevard du Temple n'ait laissé un charmant et profond souvenir. »

En fait, ce que déplorait Mario Proth n'était pas tant la condamnation sans appel du boulevard séparant le 3e arrondissement du 11e, que la disparition des théâtres qui lui avaient valu son appellation, chaque soir contrôlée, de boulevard du Crime.

L'association du mot plaisir et du mot crime peut paraître un rien choquante, mais ici, de la place de la République à la place Pasdeloup, il fut un temps où elle se justifiait pleinement.

Sur quelque deux cents mètres, luisants et colorés comme les rubans de guimauve du confiseur, s'étiraient en effet tréteaux d'acrobates et de pantomimes, cabinets de curiosités scientifiques, théâtres de chiens savants, de marionnettes, marchands de plaisirs (pas toujours très honnêtes), pâtisseries proposant des processions de religieuses (elles n'avaient pas encore leur silhouette d'aujourd'hui, le gros chou dodu surmonté d'un plus petit, elles étaient alors plutôt carrées, mais déjà fourrées de la délicieuse crème que l'on sait), cabarets et cafés chantants qui restaient ouverts jour et nuit, etc.

« Tout Paris se promenait sous les arbres centenaires, s'enthousiasme notre ami Mario Proth, à travers les badauderies compactes, au bruit de mille boniments », chantant à tue-tête l'hymne du boulevard, contemporain de *La Marseillaise* et du *Ça ira !* : « La seule promenade qu'a du prix, la seule dont je suis épris, la seule où j'm'en donne, où je ris, c'est l' Boulevard du Temple à Paris… »

La fête y était permanente, insolente, un défi à toutes les misères du temps. Même l'épidémie de choléra de 1832 qui fit dans la capitale plus de 18 000 morts en six mois ne réussit pas à vider le boulevard : près de 10 000 personnes s'y bousculaient chaque soir, aguichées par les bonimenteurs et les affiches d'une vingtaine de théâtres – les Funambules, le Théâtre des Associés, le Petit Lazari, l'Ambigu, le Théâtre des Pygmées, les Variétés Amusantes, le Théâtre du Cirque Olympique, les Délassements Comiques, etc.

La particularité de ces théâtres, dont certains n'étaient que des baraques éclairées à la lanterne, ce qui explique qu'ils étaient prompts à partir en fumée – mais sitôt les cendres balayées, ils étaient rafistolés ou reconstruits à l'identique, et rouverts en attendant le prochain incendie –, résidait dans leur programmation qui faisait appel aux faits divers les plus abominables : ce n'étaient que « *drames ruisselants de sang, pleins de coups de couteaux, d'enfants volés, d'orphelins persécutés* ».

D'où le nom de boulevard du Crime.

Ces établissements mettaient en scène un nouveau genre théâtral, le mélodrame, inspiré du roman noir « à l'anglaise ». La ligne dramatique était quasiment invariable :

dans des décors angoissants (sombres châteaux, ruelles tortueuses et mal famées, forêts ténébreuses, etc.), une héroïne pure et méritoire s'éprenait d'un jeune homme plein de grandeur d'âme, mais un traître corrompu, aux mœurs dévoyées, s'interposait. S'ensuivaient des affrontements bien sanglants. Au troisième acte, le méchant était puni et la vertu persécutée triomphait.

C'était rien de moins que la théâtralisation du fait divers, et le public ne s'y trompait pas qui prenait place après avoir replié et glissé dans sa poche l'incontournable *Gazette des tribunaux*...

L'*Almanach des spectacles* de 1860 a recensé tous les meurtres commis, c'est-à-dire représentés, en vingt ans sur le boulevard du Crime. C'est ainsi qu'on apprend que Jean-Baptiste Tautin (l'inoubliable – paraît-il – interprète de *L'Homme à trois visages* ou *Le Proscrit*) a été poignardé 16 302 fois, que son collègue Marty a été empoisonné 11 000 fois, que Fresnoy, leur ami et néanmoins rival, a été trucidé à 27 000 reprises, que la charmante Adèle Dupuis a été 75 000 fois enlevée, ligotée, garrottée, ficelée, enchaînée, bâillonnée, aveuglée, et enfin très souvent noyée, tandis qu'une certaine Mademoiselle Levesque, la pauvre choute, a été exécutée à 6 400 reprises et que Mademoiselle Olivier a dû tremper 16 000 fois ses lèvres roses, humides et pulpeuses, dans une boisson empoisonnée.

Mais le pire des crimes était encore à venir, et ce fut donc Georges Eugène Haussmann qui, en 1862, le perpétra en décrétant la démolition de tous les théâtres du boulevard sous prétexte de modifier la topographie des lieux. Les Parisiens se dressèrent comme un seul homme contre cette décision inique qui allait les priver de leur dose de palpitations, de spasmes et de frissons. Mais rien n'y fit. Et le 15 juillet à minuit (l'heure du crime, il ne pouvait en être autrement...), toutes les cloches de Paris sonnèrent le glas pour annoncer la mort du boulevard du Crime.

Lequel eut tout de même sa revanche : sous l'Occupation, reconstitué aux studios de la Victorine à Nice par le génial décorateur qu'était Alexandre Trauner (en étroite collaboration avec Léon Barsacq car, étant juif, Trauner devait travailler dans la clandestinité), le boulevard du Crime fut l'écrin somptueux du film que la critique, à l'occasion du centenaire de la naissance du cinéma, désigna comme « plus grand film français de tous les temps » : *Les Enfants du paradis*, réalisé par Marcel Carné, écrit par Jacques Prévert.

Bourreau (Mort d'un)

L'Histoire montre peu d'exemples de familles où l'on ait pratiqué l'assassinat de père en fils. Il y eut les Borgia, bien sûr. Ou les Narbonne, père, mère et fils, qui sévirent à Arundel (Québec). Ou encore les Bender (le père, la mère, le fils et la fille) qui, de 1872 à 1873, tinrent un petit hôtel, en fait une minable et crasseuse cabane en bois, sur la route d'Osage (Kansas). Parmi les chaises sur lesquelles prenait place la clientèle à l'heure des repas, il y en avait une dont les quatre pieds reposaient sur une trappe. Les Bender y faisaient asseoir le voyageur qu'ils voulaient dépouiller, ils l'assommaient avec un marteau, puis actionnaient un mécanisme qui ouvrait la trappe et précipitait leur victime dans une cave. D'après les restes qui furent retrouvés, on estime que les Bender assassinèrent environ dix-huit personnes. Lorsque la police commença à s'intéresser à eux, ils s'enfuirent et plus personne n'entendit jamais parler d'eux.

Mais si le crime n'est pas héréditaire, les bourreaux, eux, forment souvent des dynasties : les Jouënne (une famille de Normands), les Desmorest, les Férey, les Sanson qui se succédèrent de père en fils durant deux siècles, les Pierrepoint au Royaume-Uni (dont le célèbre Albert Pierrepoint, à qui il ne fallait que sept secondes pour s'assurer d'un condamné dans sa cellule, lui lier les mains, le conduire jusqu'à la potence – toute proche, il est vrai –, le positionner sur la trappe, lui enfiler une cagoule sur le visage, lui passer la corde au cou en disposant le nœud à l'endroit idoine, et enfin pousser le levier qui ouvrait la trappe), et les Deibler au début du XXe siècle.

Josef Anton Deubler, d'origine allemande, ancien grognard de la Grande Armée, s'était fixé en France après la chute de Napoléon. Il avait alors francisé son nom en Deibler. Après avoir officié comme aide du bourreau de Lyon Claude Chrétien, il avait été l'exécuteur en chef jusqu'en 1863, date à laquelle il avait passé le relais à son fils Louis. Celui-ci, qui en réalité aurait voulu être ébéniste, opérait avec une lenteur qui exaspérait son « public » et lui valait les critiques acerbes des journalistes. En 1897, lors d'une exécution, il reçut un jet de sang en plein visage. Il en conçut une répulsion maladive, une hémophobie chronique qui faisait dangereusement chanceler sa raison – il se croyait couvert de sang, et, comme Lady Macbeth, il était sans cesse à se laver les mains. Conscient d'être devenu incapable d'assumer sa fonction, il démissionna en décembre 1898 et fut remplacé par son fils Anatole.

Le 2 janvier 1899, lorsqu'il reçut la lettre officielle confirmant cette passation de pouvoirs, Louis ne put retenir ses larmes : « Ah, mon fils, s'écria-t-il, que voilà donc de jolies étrennes ! »

Anatole devint vite une « vedette » : il s'acquittait de sa mission avec beaucoup plus de célérité que son père, et il était surtout d'une distinction parfaite. En effet, les spectateurs des guillotinages (qui cessèrent d'être publics en juin 1939, suite à la décapitation d'Eugène Weidmann qui avait donné lieu à des scènes choquantes – des femmes avaient débordé le service d'ordre pour aller tremper leur mouchoir dans le sang du supplicié) détestaient que les exécuteurs se montrent négligés dans leur tenue, usent d'un langage grossier et fassent preuve de désinvolture. Oh, ne nous leurrons pas : ce n'était pas tant par respect pour l'homme qui allait mourir que pour bien différencier le bon grain (tous ceux qui servaient l'appareil de la justice) de l'ivraie (ces rebuts dont la société bien-pensante entendait se débarrasser). Vers la fin de sa vie, comme l'écrivait Paul Allard dans *Le Figaro*, sa barbiche blanche soigneusement taillée et ses vêtements bien coupés sur une bedaine de bon vivant (il se plaisait à faire la cuisine) donnaient à notre bourreau quelque peu l'allure d'un président de la République.

Anatole touchait un traitement annuel équivalant à neuf mille de nos euros, auquel s'ajoutaient ses frais de déplacement, de logement et de repas. Il possédait une berline de couleur tendre (bleu ciel !) que sa fille Marcelle conduisait avec maestria : elle s'y entendait comme personne, raconte le chroniqueur judiciaire François Foucart[1], pour opérer « à l'entrée et à la sortie de la villa familiale [sise au 39, rue Claude-Terrasse, quartier du Point-du-Jour à Boulogne-Billancourt] de savantes manœuvres qui permettent au bourreau d'échapper, comme il en a reçu l'ordre du ministère, aux journalistes et aux photographes ».

Le 1er février 1939, Anatole Deibler reçoit un pli cacheté de cire rouge aux armes de la République : c'est l'ordre « d'avoir à se transporter à Rennes pour l'exécution du nommé Pilorge ». Il s'agit d'un jeune déserteur, cambrioleur, et meurtrier de son amant, un certain Nestor Escudero, égorgé à l'aide d'un rasoir.

1. *Anatole Deibler, profession bourreau*, Plon, Paris, 1992.

Maurice Pilorge, magnifique voyou de vingt-quatre ans, va faire fantasmer un autre voyou, magnifique aussi mais comme écrivain celui-là : Jean Genet qui, dans sa cellule de la prison de Fresnes où il était incarcéré pour vol, composa *Le Condamné à mort* en hommage à Pilorge. On sait aujourd'hui que Genet ne l'avait pas réellement connu, mais que la réputation de beauté physique et de lumineuse jeunesse du criminel l'avait fait rêver :

> Enfant d'honneur si beau couronné de lilas !
> Penche-toi sur mon lit, laisse ma queue qui monte
> Frapper ta joue dorée. Ecoute il te raconte,
> Ton amant l'assassin sa geste en mille éclats.
> Il chante qu'il avait ton corps et ton visage,
> Ton cœur que n'ouvriront jamais les éperons
> D'un cavalier massif. Avoir tes genoux ronds !
> Ton cou frais, ta main douce, ô môme avoir ton âge !
> [...]
> Les matins solennels, le rhum, la cigarette...
> Les ombres du tabac, du bagne et des marins
> Visitent ma cellule où me roule et m'étreint
> Le spectre d'un tueur à la lourde braguette
> [...]
> Ce n'est pas ce matin que l'on me guillotine.
> Je peux dormir tranquille. A l'étage au-dessus
> Mon mignon paresseux, ma perle, mon jésus,
> S'éveille. Il va cogner de sa dure bottine
> A mon crane tondu.

Mais en 1939, Anatole Deibler ne peut évidemment pas connaître un poème que Jean Genet n'écrira qu'en 1942...

D'ailleurs, l'heure n'est pas à la poésie mais au strict respect des horaires : l'exécution de Pilorge est prévue pour le lendemain matin, et, au plus fort de l'hiver, on n'est jamais à l'abri d'une brusque tempête de neige ralentissant ou paralysant la circulation des trains. C'est pourquoi Deibler se montre prévoyant : bien que le train pour Rennes ne parte qu'à 8 h 30 et que vingt minutes de métro suffisent à rejoindre la gare Montparnasse, il est à peine 7 heures du matin lorsqu'il s'engage dans l'escalier qui donne accès aux quais de la station Porte-de-Saint-Cloud.

Enveloppé dans un manteau bien chaud et coiffé de son chapeau gris, n'ayant pour tout bagage qu'une simple mallette de cuir – depuis le temps qu'il court la province, il a appris à voyager léger –, il s'assied sur un banc pour attendre la rame.

S'il n'y a pas trop d'impondérables, le rapide Paris-Rennes arrivera juste à temps pour qu'Anatole puisse partager un déjeuner gourmand avec le commandant militaire de la capitale bretonne.

Avec des mouvement de tête un peu saccadés qui font penser à ceux d'un oiseau sur le qui-vive, ou d'un condamné qui rechigne à placer son cou dans l'échancrure de la lunette (il y a neuf jours, à Lyon, le dernier client d'Anatole, un certain Abdelkader Rakida, s'est tellement tortillé que la lame lui a coupé la tête au niveau du palais, heureusement il faisait encore nuit et personne n'a rien vu !), Monsieur de Paris, comme on l'appelle quelquefois, scrute la foule des travailleurs matinaux qui se pressent sur le quai : il tient à s'assurer que personne ne l'a reconnu. Par précaution, il remonte davantage le col de son manteau et rabaisse un peu plus son chapeau sur son front.

Juste à cet instant, il ressent un élancement violent dans le côté gauche.

Il a déjà éprouvé cette sorte de déchirure à plusieurs reprises, mais ça n'était pas aussi profond, jusque-là c'était une sensation plus angoissante que douloureuse – des petites crises d'angine de poitrine, d'après son médecin.

Mais cette fois, il devine que c'est grave : non seulement la souffrance est plus aiguë que toutes celles qu'il a jamais endurées, mais elle irradie tout le thorax, gagne l'épaule, la mâchoire.

Une suée profuse couvre son visage. Il faut qu'il appelle, qu'on lui vienne en aide, que quelqu'un écarte cette poigne qui s'est abattue sur lui et qui le fouaille comme si elle cherchait à lui écraser le cœur.

— Est-ce que ça va, monsieur ?... monsieur, vous m'entendez ?... comme vous êtes pâle !...

C'est une jeune femme qui s'est penchée sur lui, mais il ne l'entend pas. Elle est plutôt jolie, mais il ne la voit pas. Son haleine a un petit parfum de café au lait et de pastille à la violette, mais il ne la sent pas, il ne respire plus.

Transporté d'urgence à l'hôpital le plus proche, Antoine Deibler décède peu après 8 heures du matin.

Maurice Pilorge ne sera pas sauvé pour autant. A peine le certificat de décès de Deibler est-il signé que la chancellerie, prévenue par téléphone, désigne Jules-Henri Desfourneaux comme remplaçant. Une décision qu'Anatole n'aurait peut-être pas validée : Desfourneaux, c'est l'aide maladroit à cause duquel la tête d'Abdelkader Rakida a été mal engagée dans la lunette.

Tenant compte de l'émotion qu'a dû provoquer parmi les aides la mort de leur patron, et supputant qu'ils ont pu alors rater le départ du train, ces messieurs de la chancellerie reportent de vingt-quatre heures l'exécution de Pilorge.

Desfourneaux, le nouveau « Monsieur de Paris », est un taiseux, un introverti. « Il voyage en solitaire pour se rendre aux exécutions, n'assistant pour ainsi dire jamais au montage des bois de justice, rapporte Frédéric Armand[1]. Il se contente d'actionner le mécanisme, sans un mot, indifférent, et s'en retourne chez lui aussitôt le dernier geste accompli. »

Il est profondément taciturne, surtout depuis la perte de René, son fils unique, qui, après avoir refusé de devenir exécuteur à son tour, s'est suicidé quelques mois après la mort de Deibler. On parle d'une histoire d'amour qui aurait tourné court. Mais Desfourneaux n'est pas dupe : avoir pour seul horizon des années que l'on va passer à couper des hommes en deux, il comprend que ça n'ait pas enthousiasmé le jeune René.

Durant la guerre, on lui livrera pêle-mêle des espions allemands, puis des résistants et des opposants politiques au régime de Vichy. Certains auront été condamnés la veille par un tribunal d'exception, on les conduira à la guillotine sans qu'ils aient pu interjeter appel, ni exercer le moindre recours. Desfourneaux les exécutera sans état d'âme. Il n'est pas du genre à protester. Quand il s'est marié, il portait un tatouage au bras gauche – un poignard entouré d'un serpent. Un symbole dont lui

1. *Les Bourreaux en France : Du Moyen Age à l'abolition de la peine de mort*, Perrin, Paris, 2012.

seul connaissait le sens secret. Mais ça ne plaisait pas à sa femme : « Débrouille-toi pour faire disparaître cette horreur ! » lui a-t-elle dit. Il n'a pas discuté. Il a serré les dents et présenté son bras à une flamme. Le feu a dévoré le tatouage. Et aussi sa peau, sa chair. Lui laissant une cicatrice si laide que, lorsqu'il exécutait un condamné, il enfilait toujours un gant pour la dissimuler.

Bovary (Emma)

— Sois donc trivial, Gustave !

Flaubert a trente et un ans lorsque deux de ses amis, Maxime Du Camp et Louis Bouilhet, le « recadrent » : ses premiers écrits, franchement, ne valent pas toutes les plumes dont il a écrasé le bec pour les écrire. Ses sujets sont trop grandiloquents, emphatiques, boursouflés, trop ambitieux en somme. Et le style, ah ! le style… certes, Gustave écrit bien, mais ne pourrait-il pas être un peu moins ronflant, un peu moins enflé, un peu moins pompeux ?

— Sois trivial, Gustave, lui répètent-ils. Choisis un sujet un peu plus terre à terre que… comment s'appelle-t-il, déjà, ce fameux projet dont tu nous as entretenus ?

— *Smarh*, dit Flaubert. Smarh, c'est le nom d'un homme que Satan conduit dans l'infini, ils s'élèvent tous deux dans les airs à des distances immenses. Alors, en découvrant tant de choses, Smarh est plein d'orgueil. Il croit que tous les mystères de la création et de l'infini vont lui être révélés, mais Satan le conduit encore plus haut !

— Tu parles d'une histoire ! bougonne Du Camp.

— Oh, mais ils redescendent sur terre, le rassure Flaubert. Là, ils rencontrent un personnage qui n'est autre que Yuk...

— Qu'est-ce donc que Yuk ? s'enquiert Bouilhet.

— C'est le dieu du grotesque. Il fait monter Smarh sur des chevaux ailés, et ils volent jusqu'aux bords du Gange. Là, je compte décrire des orgies monstrueuses et fantastiques...

— Prends plutôt un sujet plus commun et surtout plus grivois, l'interrompt Du Camp.

— Oui, appuie Bouilhet, un de ces incidents dont la vie bourgeoise est pleine. Bon sang, Gustave, tu n'as que l'embarras du choix !

— Tu veux dire... une histoire triviale ?

— Triviale et même sordide !

— Un fait divers, en somme ? devine Flaubert.

— Tu y es ! Tiens, pourquoi pas celui qui a défrayé la chronique de Ry ?

Flaubert connaît bien Ry, cette petite ville, ou plutôt ce gros village (près de cinq cents âmes, tout de même) dans la vallée du Crevon, à cinq lieues à l'est de Rouen. Mais il n'a pas souvenir d'un fait divers « trivial et sordide » ayant eu Ry pour décor.

— Ah non ? fait Bouilhet. Et le suicide de Delphine Delamare, l'épouse du docteur ? Tu en as forcément entendu parler, Gustave : Eugène Delamare a été l'élève – on peut même dire le protégé – de ton père quand celui-ci était le chirurgien en chef de l'Hôtel-Dieu de Rouen.

Gustave se rappelle. Cette petite Delphine était née à Blainville, dans une famille de cultivateurs, les Couturier. Des gens aisés, certes, mais qui avaient quand même les pieds dans la gadoue, aussi le chef de famille ambitionnait-il pour sa fille le passage dans une classe sociale plus élevée : il suffisait pour ça qu'elle épouse un noble ou, à tout le moins, un de ces notables de province qui ont à la fois du lustre, du pouvoir et de l'argent – un pharmacien bien achalandé, un notaire, l'éditeur d'un journal régional, voire un militaire (mais rien en dessous du grade de colonel), elle n'aurait que l'embarras du choix.

Car sans être une affolante beauté fatale, elle était toute mignonne avec son visage régulier, harmonieux, encadré de soyeux cheveux sombres, illuminé par deux grands yeux piquetés de points d'or, à la fois pétillants et d'une douceur troublante, avec une bouche petite, ourlée de lèvres pulpeuses que faisait parfois briller la glisse furtive d'une langue rose, fraîche et agile. A dix-sept ans, Delphine était tout simplement ce qu'on appelle adorable.

Et puis, elle était passée par le couvent. Elle n'y avait pas appris grand-chose mais y avait acquis assez de vernis pour briller, fût-ce en sourdine, dans les dîners en ville.

A force de l'entendre rêver tout haut, elle avait fait siens les espoirs que son père formait pour elle. Appuyant son joli front bombé contre le carreau de fenêtre qu'elle avait embué de son haleine, bouclant entre ses doigts ses longs cheveux sombres, elle se jurait bien de ne pas se laisser engluer dans une existence morne et grise comme ces rideaux de pluie qui ondulaient là-bas sur les collines normandes. Elle se savait faite pour la passion.

Cette passion prit les traits d'un jeune médecin de vingt-sept ans qui vint un soir à la ferme soigner le père Couturier. Le vent soufflait en tempête. Les volets battaient. De loin, remontant le chemin creusé d'ornières qui tenait lieu d'allée cavalière, le docteur Delamare, dressé à l'avant de sa charrette anglaise, donnait l'illusion d'être un de ces héros qui fendent les éléments déchaînés pour se précipiter au secours des demoiselles en détresse. De loin, il n'était ni beau ni vilain garçon. De plus près, il paraissait juste un peu courtaud – ce qui d'ailleurs valait pour le corps comme pour l'esprit. Mais enfin, on l'appelait docteur. Et puis, comme c'est souvent le cas des courtauds, il était bon bougre.

Delphine avait dix-sept ans lorsqu'elle épousa Eugène. Le couple s'installa à Ry. La jeune femme et son mari faisaient désormais partie des notables, ils recevaient à dîner le pharmacien, le notaire, l'instituteur. Delphine se faisait aider par une petite bonne qu'elle obligeait à lui parler à la troisième personne.

Les réceptions succédèrent aux réceptions. C'étaient toujours les mêmes têtes, les mêmes parfums un peu surs, les mêmes bottines constellées de projections de boue, d'éclats de crottin, qu'on frottait discrètement sur le tapis, les mêmes menus trop riches, les mêmes alcools ou trop forts ou trop éventés.

Entre les tête à tête avec son bonhomme de mari qui ne savait que lui parler des maladies de ses patients, et ces soirées avec des notables d'une banalité désespérante, Delphine commençait à s'ennuyer ferme. Au point, quelquefois, de courir dans la campagne pour hurler.

C'est alors qu'elle rencontra Louis Campion (dont Flaubert ferait Rodolphe Boulanger). Il était tout ce qu'Eugène ne savait pas être, tout ce dont rêvait Delphine. Elle se jeta dans ses bras, le mordant, le griffant, le léchant. Elle avait une voix grave, très belle, qui émoustillait les hommes, et elle se mit à feuler comme une chatte en chaleur. Chaque jour, elle quittait furtivement sa maison pour le rejoindre chez lui, au manoir de la Huchette. Ils filèrent le parfait amour jusqu'au jour où Delphine offrit à Louis de partir avec lui.

Il disparut aussitôt…

La jeune femme fit alors la connaissance d'un clerc de notaire. Il s'appelait Narcisse Bollet. Bollet, ça fit sourire Delphine, ce nom de champignon s'accordait si bien avec sa Normandie humide, son odeur de mousses et de sous-bois détrempés qui imprégnait tout. Ils devinrent amants. Mais le champignon avait de l'ambition : il s'était mis en tête de devenir un notaire respectable. Or, pour être respectable, il faut être respecté ; et il craignait que Delphine n'attire pas particulièrement le respect de tous ces gens dont il comptait bien devenir le confident, celui à qui l'on dicterait ses dernières volontés, que l'on ferait témoin muet de ses ultimes petites saletés.

Il rompit sèchement…

Délaissée pour la seconde fois, n'ayant pour se consoler qu'un époux balourd, rustaud, godiche, Delphine décida de sortir du jeu.

Un jour que le marché de Ry battait son plein, elle absorba du poison. C'était affreusement amer, à l'image de la vie qu'elle quittait. Elle s'allongea sur son lit, ferma ses yeux très doux, toussa, éternua, et s'efforça de ne penser à rien pour laisser la mort entrer en elle.

Peut-être par suite d'une erreur de dosage, la mort se fit attendre. Tant et si bien que le docteur Delamare eut le temps d'accourir au chevet de Delphine. Mais pour la sauver, le médecin devait impérativement connaître la substance qu'elle avait ingurgitée. Dans *Un pèlerinage au pays de madame Bovary*, Georgette Leblanc, compagne de Maurice Maeterlinck, rapporte des confidences de l'ex-petite servante de Delphine : « Elle était sur son lit toute blanche, les yeux retournés… déjà on ne la reconnaissait plus… ma belle maîtresse !… mon pauvre petit cœur… Elle ne voulait pas dire quel poison elle avait pris… tout le monde pleurait… Alors sa petite fille s'est mise à genoux pour la supplier et elle a dit enfin la vérité ! »

Mais il était trop tard, et Delphine Delamare mourut dans d'atroces souffrances. Elle avait vingt-huit ans.

On raconte que Flaubert trouva le prénom de l'héroïne de la transposition romancée de l'histoire de Delphine Delamare au cours de son fameux voyage en Orient. Un soir qu'il se promenait au bord du Nil avec Maxime Du

Camp, il aurait agrippé le bras de son ami et se serait écrié, un peu à la manière d'Archimède : « J'ai trouvé ! Je l'appellerai Emma ! » Légende ou vérité ? L'inspiration soufflant où elle veut, pourquoi pas aux confins de la Nubie par une soirée étoilée de 1849 ? Et puis, il est amusant de penser que cette petite pharaonne sans divertissement que fut Emma Bovary a, d'une certaine façon, été baptisée dans les eaux du Nil.

J'ai toujours aimé la mélancolique Mme Bovary. Mon père pensait qu'elle était l'héroïne absolue. C'est une Emma Bovary hongroise dont il a raconté l'histoire en tournant *Retour à l'aube* (1938). Mariée au chef de gare de Thaya, village aussi désespérément paisible que Yonville (ou Ry), la jeune Anita, interprétée par Danielle Darrieux, s'ennuie à mourir. Elle rêve d'une autre vie – des rêves exacerbés par les grands express qui passent chaque jour en direction de Budapest, avatars de la diligence l'*Hirondelle* qui fait la liaison entre Yonville, morne bourg de l'ennui, et Rouen, la ville des plaisirs défendus…

Retour à l'aube est un des films de mon père que je préfère. Définitivement.

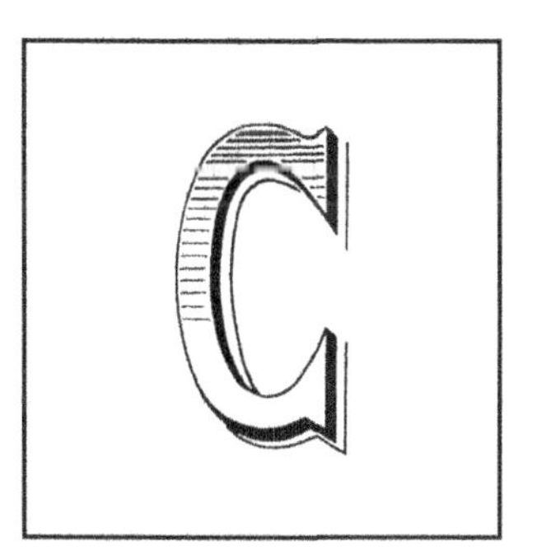
C

Caïn

Caïn est l'auteur du tout premier des faits divers.

Voici cet épisode tel que les musulmans le racontent d'après les récits des anciens : « Eve, disent-ils, accoucha d'abord de Caïn et d'Aclima, sa jumelle, et elle mit ensuite au monde Abel et sa jumelle Lébuda. Lorsque ces enfants furent en âge de puberté, Adam songea à les marier. Il voulut donner à Caïn la jumelle d'Abel, et à Abel celle de Caïn. Mais ce dernier fut mécontent de la disposition d'Adam, parce que sa sœur Aclima était beaucoup plus belle que Lébuda, son autre sœur. Il représenta qu'ayant été tous deux ensemble dans le même ventre, il était naturel qu'ils fussent ensemble dans le même lit [en plus d'être le premier des meurtriers, Caïn ne serait-il pas aussi le premier des dialecticiens ?].

« Adam lui dit que tel était l'ordre du Créateur, et qu'il ne dépendait pas de lui de le changer. Dites plutôt, répondit Caïn, que vous aimez mon frère plus que moi, et que c'est pour cela que vous lui destinez la plus belle femme. Adam, qui vit avec peine cette première semence de jalousie, lui repartit : [Mes fils] si vous voulez [découvrir] par vous-même la volonté de Dieu, présentez-lui l'un et l'autre un sacrifice ; celui dont le sacrifice sera le mieux reçu aura pour femme Aclima. Les deux frères consentirent à la proposition d'Adam, mais avec cette différence qu'Abel était sincèrement résolu à accepter sa propre jumelle pour femme [Lébuda, donc] si Dieu n'avait pas son sacrifice pour agréable ; au lieu que Caïn était déterminé secrètement à ne point céder Aclima quel que dût être [le résultat] du sacrifice.

« Abel était berger, il choisit dans tout son troupeau l'agneau le plus gras et le plus beau, qu'il offrit au Seigneur sur la cime d'une montagne. Caïn, qui s'occupait à cultiver la terre, choisit une gerbe de blé la plus mince et la plus légère qu'il put trouver, et la présenta pareillement à Dieu sur le haut d'une montagne voisine. A peine ces offrandes furent-elles disposées qu'il descendit du ciel un feu clair et sans fumée, qui consuma l'offrande d'Abel sans toucher à celle de Caïn. Ivre de colère et de jalousie, Caïn prit la résolution de tuer son frère. Mais il ne savait comment s'y prendre. Alors le diable [...] prit la figure d'un homme et s'offrit aux yeux de Caïn, tenant à la main un oiseau : il posa cet oiseau sur une pierre et, prenant une autre pierre, il lui écrasa la tête. Cette leçon infernale produisit son effet : Caïn, ayant épié le moment où son frère était endormi, s'arma d'une grosse pierre qu'il laissa tomber de tout son poids sur la tête d'Abel, lui ôtant la vie de cette manière. [Mais] il s'agissait d'en dérober la connaissance à ses père et mère. Comment cacher le corps d'Abel ?... »

Et voilà notre Caïn confronté au problème qu'après lui d'innombrables meurtriers allaient rencontrer à leur tour : comment se débarrasser d'un cadavre ?...

« Caïn enveloppa la dépouille de son frère dans une peau de bête et, pendant quarante jours, il la porta sur ses épaules partout où il allait. A la longue, la puanteur du cadavre l'incommodant extrêmement, il était obligé de s'en décharger de temps en temps ; et alors les oiseaux de proie et les animaux carnassiers s'en approchaient et en emportaient toujours quelque pièce. Mais cette ressource n'étant pas suffisante, il en cherchait une autre dans son esprit, jusqu'au jour où il aperçut deux corbeaux qui se battaient en vol. L'un des deux étant tombé mort, l'autre s'abattit aussitôt à terre, creusa une fosse avec son bec et ses ongles, et y cacha le corps de son ennemi.

« Caïn comprit alors ce qu'il fallait faire d'un cadavre. »

Ce texte est un véritable petit vademecum à l'usage de l'aspirant meurtrier : celui-ci y apprend comment tuer son prochain, il découvre les inconvénients (notamment olfactifs) que présente un cadavre, en même temps que le moyen simple et pratique de s'en débarrasser – la peau de bête dans laquelle Caïn enroule la dépouille de son frère est l'ancêtre des nombreuses « malles sanglantes » qui parsèment l'histoire du crime, et, depuis Caïn, on ne compte plus les tombes clandestines creusées par des milliers de criminels.

Mais faire disparaître l'encombrante preuve à conviction que constitue le cadavre n'assure pas pour autant l'impunité de l'assassin.

Car, cent fois plus collant, mille fois plus crampon que le corps du délit, il y a le remords : « Caïn dit au Seigneur : "Ma faute est trop lourde à porter. Si tu me chasses aujourd'hui de l'étendue de ce sol, je serai caché à ta face, je serai errant et vagabond sur la terre, et quiconque me trouvera me tuera." Le Seigneur lui dit : "Eh bien ! Si l'on tue Caïn, il sera vengé sept fois." »

Voilà qui est parler ! dut se dire Caïn, un peu rasséréné. Toutefois, il demeurait inquiet : et si on ne le reconnaissait pas ?

Légèrement agacé (on le serait à moins : le Dieu des dieux condescend à se faire le protecteur d'un fratricide, et voilà ledit fratricide qui pleurniche comme une femmelette ?), le Seigneur décida alors de mettre « un signe sur Caïn pour que personne, en le rencontrant, ne le frappe » (Gen. 4, 15).

Sans doute le crime de Caïn faisait-il horreur au Seigneur, mais celui-ci considéra qu'il y avait plus important que l'acte abominable d'une de ses créatures : il y avait la vie de cette même créature, et cette vie l'emportait sur toute autre sorte de considération.

Si Caïn avait inventé le crime, Dieu avait, en réponse, inventé le droit de grâce.

Camus (Albert)

« Peu avant la guerre de 14, écrit Albert Camus dans *Réflexions sur la guillotine* (1957), un assassin dont le crime était particulièrement révoltant (il avait massacré une famille de fermiers avec leurs enfants) fut condamné à mort à Alger. [...] On estima généralement que la décapitation était une peine trop douce pour un pareil monstre. Telle fut, m'a-t-on dit, l'opinion de mon père que le meurtre des enfants, en particulier, avait indigné. L'une des rares choses que je sache de lui, en tout cas, c'est qu'il voulut assister à l'exécution, pour la première fois de sa vie. Il se leva dans la nuit pour se rendre sur les lieux du supplice, à l'autre bout de la ville, au milieu d'un grand concours de peuple. Ce qu'il vit ce matin-là, il n'en dit rien à personne. Ma mère raconte seulement qu'il rentra en coup de vent, le visage bouleversé, refusa de parler, s'étendit un moment sur le lit et se mit tout d'un coup à vomir. Il venait de découvrir la réalité qui se cachait sous les grandes formules dont on la masquait. Au lieu de penser aux enfants massacrés, il ne pouvait plus penser qu'à ce corps pantelant qu'on venait de jeter sur une planche pour lui couper le cou. »

Albert Camus n'était pas né lorsque Lucien, le père qu'il ne connut pas car il était mort de ses blessures après avoir pris part à la bataille de la Marne, eut cette terrible crise de dégoût, ces vomissements incoercibles, suite au « spectacle » d'une exécution capitale.

Cette histoire, le petit Albert la reçut de sa mère, Catherine Hélène Sintès. Elle la lui raconta comme d'autres mères endorment leurs enfants avec le conte de la *Belle au Bois Dormant*, de *Blanche-Neige* ou de *Cendrillon*. La maman d'Albert Camus ne connaissait pas ces contes de fées. D'ailleurs, elle ne savait ni lire ni écrire. Alors, dans l'incapacité d'endormir son fils avec des contes, elle l'éveilla au monde réel avec des histoires vraies, des petits faits divers recueillis par elle sous les arcades des rues de Belcourt, quartier d'Alger, et que, de sa voix qui peinait (sourde, Catherine Hélène devait lire sur les lèvres et s'exprimait difficilement), elle lui chuchotait le soir, quand montaient les odeurs emmêlées de bougainvillées et de laine brûlée, de roses et de crottin d'ânes, de suint et de menthe, d'huile de cade et de zlabia.

Ce premier fait divers dans la vie de Camus – le guillotinage atroce auquel avait assisté son père – en annonçait d'autres : le fait divers colle à Camus comme une tunique de Nessus.

Son roman le plus célèbre, *L'Etranger*, est le récit d'un fait divers qui s'achève sur une condamnation à mort et une exécution capitale.

Sa pièce *Le Malentendu* reprend une légende populaire basée sur un fait divers authentique : fortune faite, un fils prodigue revient dans la modeste auberge que tiennent sa mère et sa sœur. Mais vingt ans se sont écoulés, et les deux femmes ne le reconnaissent pas. Elles le dépouillent et le tuent avant qu'il ait pu saisir l'occasion de leur révéler qui il est.

Journaliste à *Alger républicain* (1937-1940), Camus continue de se passionner pour les faits divers. Il ne se contente pas de les relater : il s'y implique, utilisant les moyens d'investigation et la caisse de résonance du journal pour rétablir la vérité, empêcher des erreurs judiciaires – ou en tout cas y contribuer largement.

Dans l'affaire Hodent (du nom du responsable de la Société Indigène de Prévoyance, accusé de vol par un richissime colon), il multiplie les articles pour le moins vigoureux – « D'un côté, des hommes qui ont voulu et veulent accomplir le devoir qu'ils se sont tracé ou qu'ils ont accepté, et de l'autre côté une élite de colons, de caïds et d'administrateurs qui ont décidé de les en empêcher à partir du moment où l'accomplissement de ce devoir supposait la diminution de leurs bénéfices » – jusqu'à ce que le tribunal reconnaisse l'innocence de l'accusé.

Une autre affaire mobilise toute son énergie. Il s'agit cette fois de démontrer l'innocence du cheikh Tayeb El Okbi, grand prédicateur musulman incarcéré suite à l'accusation, montée de toutes pièces par le pouvoir colonial, d'avoir inspiré l'assassinat du mufti d'Alger.

En juillet 39, Camus prend la défense des « incendiaires d'Auribeau », douze ouvriers agricoles du Constantinois, simples journaliers coupables d'avoir voulu mettre le feu à leurs misérables gourbis pour attirer l'attention sur le fait qu'ils n'étaient plus payés depuis des semaines, et qui avaient été condamnés à des peines de travaux forcés.

Enfin, c'est un fait divers qui met un point final aux combats d'Albert Camus.

Le 4 janvier 1960, entre Champigny-sur-Yonne et Villeneuve-la-Guyard, sur une portion de la RN5 toute droite et au revêtement en bon état, une Facel Vega fait une sortie de route. Lancée à plus de 130 km/h, la voiture percute un des platanes qui bordent la chaussée, rebondit, parcourt encore une dizaine de mètres et s'écrase sur un second platane. Sous la violence du choc, son châssis s'enroule autour de l'arbre. Une partie du moteur, ainsi que la calandre et les phares, sont projetés à gauche de la route, à vingt mètres du point d'impact. Des éléments des portières et du tableau de bord labourent les champs en sifflant comme des éclats d'obus.

Le ciel est gris, il pleut, il fait très froid. Effrayés par le bruit de l'accident, des corbeaux s'envolent en croassant. La montre de bord s'est arrêtée à 13 h 55.

Trois des quatre occupants du véhicule, Michel Gallimard, sa femme Janine et sa fille Anne, ont été éjectés.

Michel Gallimard, qui conduisait, est grièvement blessé – il décédera d'ailleurs une semaine plus tard à l'hôpital de Montereau. Les deux femmes, serrées à l'arrière du coupé, ont des blessures plus légères. Il y avait aussi un chien, il s'appelait Floc, on n'a jamais su ce qu'il était devenu.

Le quatrième passager de la Facel Vega est toujours à bord de ce qui reste de la prestigieuse voiture, et qui n'est plus qu'un tas de ferraille. C'est Albert Camus. Il occupait la place du mort, il a été tué sur le coup.

Camus et les Gallimard remontaient sur Paris, en provenance de Lourmarin où ils avaient passé le réveillon du 31. Camus, qui n'aimait pas la route, aurait préféré faire le trajet en train. Il avait même acheté son billet, mais Michel et Janine l'avaient convaincu de rentrer avec eux. On ferait escale à Thoissey, un peu avant Mâcon, au Chapon Fin (deux étoiles au Michelin, spécialité de foies gras, grenouilles et volailles de Bresse), où l'on fêterait les dix-huit ans d'Anne Gallimard qui rêvait de faire carrière au théâtre. Le lendemain, on s'arrêterait à Sens pour un déjeuner rapide à l'hôtel de Paris et de la Poste, puis on filerait sur Paris.

D'après les premiers constats de la gendarmerie, l'accident était dû à l'éclatement d'un pneu. Une automobiliste qui s'apprêtait à quitter une route transversale en avant de la Facel Vega avait vu celle-ci zigzaguer sur la chaussée, comme si son pilote devait lutter pour la maintenir en droite ligne.

Il y a souvent des coïncidences bizarres dans les faits divers : le médecin de Villeneuve-la-Guyard qui fut appelé pour constater le décès du prix Nobel 1957 s'appelait lui aussi Camus, docteur Marcel Camus.

La dépouille d'Albert Camus fut transportée à la mairie de Villeblevin. Celle-ci ne comportait qu'une salle, qu'il fallut entièrement déménager pour la transformer en chapelle ardente. L'écrivain Emmanuel Roblès, un des plus proches amis de Camus, veilla son corps toute la nuit : « Sous la lumière d'une lampe nue, dira Roblès, il avait le visage d'un dormeur très las. »

Canard

Quel rapport entre le (très) sympathique palmipède et un journal ?

Première hypothèse : au début du XIXe siècle, certains articles parus dans la presse britannique étaient accompagnés des initiales N.T. pour *not testified*, c'est-à-dire information non vérifiée. La presse allemande aurait fait de même, attribuant à son tour la mention N.T. aux contributions non contrôlées. Or, dans la langue de Goethe, N.T. se prononce *ente*, ce qui signifie canard. Lequel *ente* n'aurait pas été long à franchir le Rhin et à entrer en France.

Une autre hypothèse, avancée par Jean-Pierre Seguin dans *Cinq Siècles d'imagerie française* (Editions des Musées nationaux, Paris, 1973), est que ce terme de canard serait une allusion à l'aigle impériale figurant sur les *Bulletins de la Grande Armée.*

Enfin, d'aucuns soutiennent que les journaux sont devenus des canards par la grâce (si l'on ose dire) d'une poire avertisseur semblable aux pouët-pouët dont étaient équipés les fiacres, les vélocipèdes et les premières automobiles, et dont se munissaient aussi les crieurs de journaux pour attirer l'attention du chaland. En fait, ces poires ne faisaient pas pouët-pouët mais coin-coin, onomatopée que nous, Français, attribuons au canard, bien qu'en réalité ce volatile ait un langage moins bébéiforme : il caquette, cancane ou nasille.

Quelle que soit la sémantique du canard né de la presse à imprimer, le pouvoir en place a toujours redouté ses cancans, ses sarcasmes parfois ravageurs, son insolence à se gausser des puissants (ou de ceux qui se croient tels), son ton et son esprit de subversion.

Subversion, oui, car il ne fallait pas (et il ne faut toujours pas) se fier aux illustrations aguicheuses, aux titres racoleurs, aux tonitruants effets d'annonce du canard. Ça, c'était de la parade de cirque. En vérité, la bestiole était plus subtile, plus perverse : le canard visait moins la satisfaction morbide de ses lecteurs que leur bulletin de vote :

sous couvert de violence, d'effroi, de sang à la Une (et dans les pages intérieures, donc !), il était un instrument de propagande politique.

Pour dénoncer l'impéritie du Bloc des Gauches en matière de sécurité publique, les canards conservateurs, s'appuyant sur des dessins particulièrement suggestifs, rendaient compte de faits divers tous plus crapuleux les uns que les autres. Et insistaient sur le choix « ahurissant, inique, arbitraire » du président Armand Fallières de faire systématiquement jouer son droit de grâce, ou sur l'idée « irréfléchie, extravagante, complètement toquée » de Clemenceau de soumettre au Parlement un projet de loi sur l'abrogation de la peine de mort.

C'est dans ce contexte que parut, en 1908, le premier numéro de *L'Œil de la police*, un « douze pages » populaire, peu cher (imprimé sur un mauvais papier, ce qui explique qu'il soit devenu aujourd'hui difficile d'en trouver une collection complète), mettant en scène avec habileté les crimes et faits divers les plus sanglants, les plus horrifiques.

Comme ses confrères, ce canard s'arrangeait le plus souvent pour faire l'impasse sur les éventuelles circonstances atténuantes : plus la gratuité de son forfait rendrait le coupable monstrueux, inhumain, plus l'appel du journal à toujours plus d'intransigeance et de sévérité avait de chances d'être entendu.

Certains canards ne craignaient d'ailleurs pas d'inventer de toutes pièces des preuves de préméditation, ou de décrire des réactions physiques (rougeurs, pâleurs, tremblements, voix qui se brise) que l'accusé n'avait pas manifestées, mais dont le journaliste (!) se servait pour souligner la terreur du prévenu à l'approche de son châtiment inéluctable.

Les canards en tant que tels datent du XIXe siècle, mais, grâce à l'introduction en France de l'imprimerie de Gutenberg, on avait vu, dans le mitan du XVe, apparaître et proliférer de petites plaquettes appelées *occasionnels* qui colportaient – au sens propre du mot, car elles faisaient partie de l'éventaire du colporteur – des récits de faits divers déjà plus ou moins « arrangés ».

Cheminant sur les routes de France et de Navarre, le colporteur avait sur le dos sa boutique, comme l'escargot sa coquille, sorte de petite armoire en bois dans laquelle il transbahutait son commerce, ses modestes trésors, fil à coudre, aiguilles à tricoter, boutons, rubans et passementerie, ciseaux et couteaux de poche, lunettes pour tous les degrés de presbytie, foulards et mouchoirs, almanachs et livres mal imprimés – mais qui s'en souciait, qui savait lire ? On les achetait surtout pour les gravures sur bois qui les ornaient et qui illustraient de terribles histoires de bandits comme celle du hors-la-loi Philippe Guillery, le fameux Compère Guilleri de la ritournelle enfantine.

Succédant aux occasionnels, vinrent les canards sous forme de feuilles volantes où étaient imprimées les paroles de complaintes racontant le plus souvent des affaires criminelles, et qu'illustraient des gravures colorisées au pochoir, façon images d'Epinal.

Barbey d'Aurevilly redoutait leur prolifération : « A une époque plus prochaine qu'on ne croit, le journal, qui aura tué le livre, cessera lui-même d'être un journal : le petit fait le rongera, ce sera son insecte, sa vermine. »

Ces canards n'étaient pas seulement proposés à la vente, ils étaient « criés » par des *canardiers*, précurseurs des crieurs de journaux.

Une des dernières complaintes chantées par un canardier et sa *canne* (car il y eut des canardières !) fut sans doute, en 1933, la triste histoire de Violette Nozière. D'une parricide de dix-huit ans, la presse fit un mythe qui passionna la France entière. On s'arrachait les journaux qui surenchérissaient les uns sur les autres, chacun aguichant le lecteur en promettant de dévoiler de nouveaux détails toujours plus croustillants – mais dont l'authenticité était loin d'être prouvée !

Le long cycle né des occasionnels de 1450 s'acheva définitivement sur la « complainte d'Oradour-sur-Glane » dont une certaine naïveté dans l'expression, qui est la marque des complaintes, contraste avec l'horreur, avec l'innommable de la réalité – celle d'un village de Haute-Vienne dont toute la population, six cent quarante-deux personnes, enfermée dans l'église, fut exterminée le 10 juin 1944 par un détachement de la *Panzerdivision Das Reich* de la *Waffen-SS* sous les ordres directs du *Sturmbannführer-SS* Adolf Diekmann (ce dernier sera tué le 29 juin au cours de la bataille de Normandie) :

> Hommes, femmes, enfants tout le monde est rassemblé
> Sur la place du village
> Soi-disant pour vérifier les papiers
> Cartes d'identité
> Mères et petits sont bientôt séparés
> Enfermés dans l'église
> Et les bourreaux mettent le feu sans pitié

En ce lieu sacré
Des cris montent vers les cieux
En implorant Dieu
La scène est atroce
Des mères périssent déjà
Serrant dans leurs bras
Ces pauvres petits gosses
Et ceux qui veulent s'échapper
Sont assassinés
Et, crime infâme,
Leurs cadavres sont jetés dans les flammes
Bientôt les hommes, les vieillards sont poussés
Par les bêtes féroces
Qui les entassent pêle-mêle dans un chai
Pour mieux les mitrailler
Sans prendre la peine de les achever
L'incendie recommence
Devant les yeux des boches assoiffés
De sang, de cruauté…

A l'époque glorieuse des canards, il n'était pas facile d'échapper aux voix éraillées des quelque dix mille crieurs qui s'égosillaient dans Paris, tenant le haut du pavé, se faufilant parmi les fiacres et autres charrois.

Une bonne odeur d'imprimerie, de papier saturé d'encre grasse, envahissait le trottoir, le porche du journal où se pressaient les crieurs comme des abeilles à l'entrée d'une ruche, tous mélangés, enfants, vieillards, il y avait même des aveugles auxquels les manutentionnaires, en leur distribuant les paquets de journaux ficelés, décrivaient les titres à la Une, les agrémentant ici ou là de deux ou trois de ces détails sanguinaires qui attireraient le client.

Dans la lumière filandreuse du petit jour, tous les crieurs rêvaient d'un gros crime bien crapule qui leur ferait vite écouler leur tas de papier.

Les rues de Paris ne résonnent plus des cris psalmodiés des canardiers.

Mais il est encore des endroits de par le monde où les journaux continuent de se vendre « à la voix ».

Des voix qu'on essaie parfois de faire taire, comme à Caicedonia, Valle del Cauca, Colombie. Il est 8 heures du matin, ce 28 septembre 2013, ça sent bon le café, l'écrasée de canne à sucre, tandis que des restaurants s'échappent les premiers effluves de la spécialité locale, le *pollo à la carreta* (le « poulet à la charrette », à base de riz, pommes de terre, manioc, oignons, coriandre, ail, qu'on sert dans une petite brouette tapissée de feuilles de bananiers), et dont les gourmands vous jurent que c'est si bon « que les tigres en deviennent fous, *señor* ! ».

Longeant le trottoir d'une rue au soleil qu'on croirait sortie tout droit d'un roman de Gabriel García Márquez, un homme de trente et un ans, José Darío Arenas, employé au quotidien *Extra del Quindío*, « crie » les nouvelles du jour qui font la manchette du journal, et en premier lieu le scandale secouant l'administration du pénitencier de Caicedonia : des parents et des proches de détenus affirment en effet avoir été sérieusement maltraités par des surveillants de la prison.

L'*Extra del Quindío* a confié l'enquête à l'un de ses reporters les plus mordants, Andrés Mauricio Osorio, auquel José Arenas a servi d'assistant et de photographe. Non seulement le journal a relayé les plaintes contre les gardiens, mais il a dénoncé de graves irrégularités concernant la gestion de la prison.

L'*Instituto Nacional Penitenciario y Carcelario* (Institut national des pénitenciers et des prisons) n'a pas apprécié.

Et en ce début de matinée ensoleillée d'un beau jour de septembre, José Darío Arenas a à peine vendu quelques exemplaires de l'*Extra del Quindío* que des hommes s'approchent de lui et l'abattent presque à bout portant avant de prendre la fuite. Les témoins qui ont assisté au meurtre, effarés, ne peuvent que voiler pudiquement le cadavre de José Arenas en le recouvrant avec les journaux qu'il n'a pas eu le temps de vendre…

Cannibalisme

Le 13 décembre 1972, le vol 571 de la *Fuerza Aérea Uruguaya* s'écrasa sur un glacier de la cordillère des Andes, à 3 600 mètres d'altitude.

Dix-sept des quarante-cinq passagers et membres d'équipage furent tués sur le coup ou moururent des suites de leurs blessures. Les vingt-huit rescapés, des étudiants et des membres d'une équipe de rugby de Montevideo, se réfugièrent dans le fuselage du *Fairchild* FH-227 où ils s'organisèrent de leur mieux pour attendre les secours. Ils avaient froid et pratiquement rien à manger, mais ils étaient confiants : les sauveteurs allaient rapidement les retrouver.

Mais au bout de dix jours ils apprirent par la radio du *Fairchild* (ils avaient réussi à la rafistoler suffisamment pour capter des messages) que les recherches étaient abandonnées : le vice-commander Cantisani et le major Juliá, qui coordonnaient les opérations de sauvetage, estimaient que, même si on parvenait par miracle à localiser l'épave (les chances de repérer un avion tout blanc au milieu d'un éblouissant champ de neige étaient plus que minces), on n'y trouverait vraisemblablement plus que des cadavres.

Puisqu'on avait renoncé à venir vers eux, les survivants du vol 571 décidèrent que deux d'entre eux, parmi les plus robustes et au moral le mieux trempé, équipés des vêtements les plus chauds et emportant le maximum de ce qui restait de nourriture, tenteraient de franchir la cordillère pour rejoindre une vallée habitée où ils organiseraient les secours.

Pendant que leurs deux compagnons, Fernando Parrado (vingt ans) et Roberto Canessa (dix-neuf ans) se lançaient dans une folle équipée qui allait leur faire traverser les trois quarts de la cordillère des Andes, les passagers du *Fairchild* FH-227 encore en vie, confrontés à une température de moins trente-cinq degrés et ayant épuisé jusqu'à la dernière miette de leurs rations, comprirent que leur seule chance de survivre jusqu'à l'arrivée (hypothétique) des sauveteurs était de se nourrir de la chair de leurs compagnons décédés lors du crash ou sous le déferlement d'une avalanche qui avait fait huit nouvelles victimes.

Ils étaient tous croyants, tous catholiques convaincus, et l'idée de recourir à l'anthropophagie les révulsait profondément.

Ils le firent néanmoins. Et soixante-douze jours après l'accident, lorsque les pilotes des hélicoptères de secours arrivèrent enfin sur zone, ils découvrirent quatorze survivants dans ce qui restait du *Fairchild*.

Lorsque ces faits se produisirent, Issei Sagawa avait vingt-trois ans. Couvé (trop) par sa mère, adulé (trop) par son père, il vivait au Japon, très loin des Andes.

Un proverbe nippon dit que *le clou qui dépasse appelle le coup de marteau* : instable, fragile, doté d'un physique déroutant (suite à une naissance prématurée et à un enchaînement de diverses maladies, dont une assez grave encéphalite, sa taille ne dépassait pas un mètre cinquante-deux et il ne pesait que trente-cinq kilos), Issei était incontestablement un clou qui dépassait, mais il n'avait pas reçu de coup de marteau.

Il avait beau être passé de l'enfance à l'adolescence, et de l'adolescence à l'âge adulte, il n'avait jamais cessé d'être aux yeux de ses parents cet « *enfant précieux* » qu'évoque un célèbre poème de Yamanoeno Okura, « *plus recherché que les pierres précieuses, il surpasse infiniment la valeur de l'argent, de l'or et des bijoux...* ».

De toute façon, à supposer qu'il ait eu connaissance de l'extraordinaire histoire des rescapés du vol 571, il n'est pas certain qu'elle l'eût alléché : si, depuis l'âge de sept ans, Sagawa rêvait secrètement de manger de la viande humaine, il n'imaginait pas d'autre régal que la chair d'une fille, de préférence fraîche et pulpeuse. L'idée de croquer de jeunes athlètes ne l'aurait que très modérément émoustillé. Elle l'aurait même plutôt dégoûté.

En 1980, dans les rues de Kamakura, il avait repéré une jeune Allemande dont la jupe un peu trop courte s'arrêtait à la lisière des cuisses. Comme c'est souvent le cas chez les vraies blondes, elle avait une peau très blanche, une poitrine ronde et joliment gonflée, et des lèvres bien ourlées, d'un rose délicat. N'importe quel homme, même sans avoir des fantasmes anthropophages, l'aurait trouvée particulièrement appétissante. Mais pour Sagawa, elle était appétissante au sens propre du mot : tandis qu'il marchait derrière elle, qu'il empruntait le même bus qu'elle et se débrouillait pour s'asseoir à côté d'elle, il sentait monter en lui l'envie irrépressible de la dévorer.

Il avait réussi à localiser l'endroit où elle habitait – c'était justement tout près de chez lui, ce qui lui avait permis de mieux surveiller ses allées et venues. En l'observant à travers sa fenêtre, il avait découvert qu'elle avait l'habitude de dormir nue. Et ainsi avait-il pu fantasmer sur son anatomie, et décidé qu'il commencerait par manger un morceau de ses fesses.

Une nuit, s'étant assuré que la jeune fille dormait, il s'introduisit dans sa chambre en se glissant par la fenêtre. Il avait avec lui un parapluie pour frapper et neutraliser sa victime, et un couteau pour découper des portions de sa chair.

Mais alors qu'il était tout près d'elle, il avait eu un geste maladroit et son genou avait effleuré la jeune Allemande. Elle s'était réveillée en sursaut et, constatant la présence d'un inconnu dans sa chambre, s'était mise à hurler de toutes ses forces. Ç'avait été au tour de Sagawa de paniquer. Il avait voulu rebrousser chemin en passant par la fenêtre, mais la jeune fille l'avait attrapé par un bras. Loin d'être une fragile petite poupée, elle était grande, musclée, presque athlétique. Sagawa avait eu beau se débattre, il était trop malingre, trop chétif pour se dégager de la poigne de la jeune Allemande qui l'avait retenu jusqu'à l'arrivée des voisins alertés par ses cris.

Arrêté pour tentative de viol, Issei Sagawa avait été rapidement relâché grâce à son père. Celui-ci, patron d'une très importante entreprise nippone, avait en effet usé de son influence, notamment en persuadant la jeune fille de retirer sa plainte en échange d'un dédommagement financier des plus conséquents.

Puis, estimant qu'il était urgent d'éloigner leur rejeton (qu'un psychiatre venait de déclarer potentiellement dangereux) du théâtre de son douteux exploit, les parents d'Issei avaient décidé de l'envoyer à Paris faire des études de littérature comparée.

Issei Sagawa se plut à Paris. Et le fait est qu'il adorait la littérature. Lui et moi avons en commun (rassurez-vous, c'est ma seule similitude avec lui) une passion immodérée pour l'écrivain japonais Yasunari Kawabata. Ce n'est pas parce qu'il a reçu le prix Nobel de littérature, mais Kawabata est pour moi l'un des plus grands romanciers. J'ai son portrait dans mon bureau, par-dessus mon épaule il me regarde écrire.

Sagawa avait une connaissance de Kawabata assez profonde pour donner des conférences paraît-il passionnantes sur l'auteur du *Lac*. N'était-il pas lui-même un personnage comparable à Gimpei Momoï, le héros de ce roman d'amour et de mort, affublé de pieds tordus, simiesques, recouverts d'une peau noirâtre, aussi monstrueux en somme que le fantasme cannibale qui faisait trembler Issei Sagawa quand il s'attachait aux pas des jeunes filles exquises ?

A l'université Paris-III, Sagawa croisa une jeune Hollandaise de vingt-cinq ans, Renée Hartevelt. Elle avait ce physique des filles du Nord qui l'attirait tant : un visage un peu enfantin avec un regard candide, une carnation très claire, et une allure générale plutôt sportive, avec de longues jambes aux genoux ronds, des cuisses qu'il devinait bien potelées, un fessier dodu à souhait.

Sagawa tomba amoureux à en perdre la tête. Après être resté des semaines sans oser lui adresser la parole, rougissant chaque fois qu'il la frôlait dans les escaliers, il se décida enfin à lui parler. Renée lui sourit – quelles lèvres adorables elle avait ! –, elle lui répondit gentiment – il voyait palpiter sa langue derrière ses dents très blanches, une langue mouillée, charnue, d'un rose tendre, un merveilleux bonbon dans lequel il aurait tant aimé mordre !

A deux ou trois reprises, elle l'invita à se joindre à sa petite bande de copains. Il était si bien élevé, si discret, ah ! ce n'était pas lui qui se serait permis un geste déplacé, qui aurait profité d'une cohue estudiantine pour lui frôler les seins. Au fond, elle l'aimait bien, ce tout petit Japonais qui, les yeux baissés, lui avait avoué qu'il était si minuscule en naissant que son père avait pu le coucher dans la paume de sa main.

Le 11 juin 1981, alors qu'il faisait très beau, très chaud sur Paris encore en liesse d'avoir élu François Mitterrand,

Renée Hartevelt se rendit chez Sagawa qui l'avait appelée à l'aide : à la demande d'un professeur, il devait enregistrer sur un dictaphone un texte en allemand, un poème de Johannes Becher, mais il avait peur de ne pas y arriver tellement il parlait mal l'allemand ; ayant le néerlandais comme langue maternelle, Renée devait être plus à l'aise que lui – au moins au niveau accent, non ?

Elle avait accepté sans hésiter, en riant, sans soupçon, sans méfiance.

Et la voilà assise devant le bureau où Sagawa avait disposé le livre de Johannes Becher, le dictaphone, un verre de jus de fruits.

Le studio de la rue Erlanger, 16e arrondissement, où habitait le Japonais, était plutôt coquet. On ne devait pas pleurer misère chez les Sagawa, pensait Renée. Ça lui rendait Issei plus sympathique encore : pas une seule fois il n'avait fait étalage de la fortune de sa famille, il était si modeste, si effacé, comme s'il ne trouvait rien en lui qui fût digne d'attirer puis de retenir le regard d'autrui. Il n'était pas beau, c'est vrai, lui-même le disait : *j'ai tout à fait l'air d'un petit singe*, mais la beauté, ça ne se mange pas en salade.

Renée Hartevelt avait commencé à lire : « *L'homme fort qui part pour l'ouest avec le soleil levant, je le loue avec joie. Il chasse une bête sauvage, gorgée de sang, dans le pays, dans la journée…* »

Issei Sagawa était derrière elle. Braquant sur sa nuque un .22 Long Rifle équipé d'un silencieux. Il venait de se saisir de l'arme qu'il avait préparée et dissimulée à portée de main.

Il avait tiré. Ça n'avait fait aucun bruit.

Comme le canard au cou coupé qui continue de courir, Renée, qui ne savait pas qu'elle était morte, avait continué de lire : « … *dévorée, la ville se rassasie de cervelles…* » – et puis, d'un coup, elle avait basculé sur le côté, faisant tomber sa chaise, entraînant avec elle tout ce qu'il y avait sur le bureau.

Sagawa s'était précipité pour glisser un linge sous sa tête. Pour éviter que le sang ne tache la moquette.

Il avait dévisagé la jolie Hollandaise. Il regrettait d'avoir dû la tuer. Mais comment faire autrement ? Il ne pouvait tout de même pas la manger vivante.

Il avait prévu de commencer sa dégustation par la fesse droite. Car l'autre fesse, la gauche, située du même côté que le cœur, devait être gorgée de sang. Enfin, c'est comme ça qu'il voyait les choses. Or Sagawa aimait la chair, pas le sang – le sang le dégoûtait un peu, à vrai dire.

Il remonta la jupe de Renée, lui baissa sa culotte jusqu'aux chevilles, et donna un grand coup de dents dans la fesse droite. Mais il n'arracha aucune parcelle de chair, non, c'était à la fois trop élastique et trop dur, il réussit seulement à se faire mal à la mâchoire.

Il alla à la cuisine chercher un couteau bien affûté. Avec lequel il cisailla la fesse. Et cette fois, il réussit à l'entailler. Mais quand il souleva la peau, il découvrit, à la place de la viande rosée qu'il espérait, une substance huileuse, jaune comme du maïs. La graisse. Il dut enfoncer sa lame plus profondément pour atteindre enfin la chair qu'il convoitait.

Après avoir violé le cadavre de Renée en lui disant je t'aime, je t'aime, des mots qu'il n'avait jamais osé lui balbutier, il s'offrit son premier festin. Trop ému – il tremblait de tous ses membres –, il mangea sa langue et le bout de son nez.

A l'aide d'un couteau électrique, il découpa le corps. Il débita sept kilos de chair, les morceaux qu'il pensait être les plus savoureux, les plaça dans des petits sacs de plastique bleu et les mit au réfrigérateur.

Pendant deux ou trois jours, il ne fit cuire (c'est-à-dire revenir à la poêle, griller, rissoler, il essayait différentes méthodes) pratiquement que ça. Il ajoutait quelquefois des petits pois.

Ce mois de juin étant très chaud, les parties du corps de Renée que, par manque de place, il n'avait pas mises au réfrigérateur, commencèrent à se décomposer. Sagawa craignit que l'odeur ne montât en puissance et n'attirât l'attention des autres locataires de l'immeuble. Alors il acheta deux valises en carton bouilli, les remplit des restes du cadavre et partit les noyer dans le lac du bois de Boulogne – un lac en hommage à Kawabata ?...

Mais il fut surpris par un couple d'amoureux qui profitaient de la tiédeur de la soirée et d'un merveilleux coucher de soleil sur le lac. Il dut prendre la fuite, abandonnant sur place ses sinistres fardeaux.

« Si j'avais eu un congélateur, vous ne m'auriez pas retrouvé », déclara-t-il aux policiers qui ne tardèrent pas à le localiser grâce au témoignage du chauffeur de taxi qui l'avait conduit jusqu'au lac. Il n'avait pas l'air particulièrement troublé quand on le conduisit au quai des Orfèvres. Il resserra lui-même les bracelets de ses menottes qui menaçaient de glisser de ses poignets fluets.

« Est-ce que vous ne dites pas, en France, qu'une femme est à croquer ?... » lança-t-il au juge Bruguière.

Reconnu pénalement irresponsable par des experts, Issei Sagawa passa quelque temps dans un hôpital psychiatrique, dans l'unité pour malades difficiles de Villejuif ; puis il fut extradé vers le Japon où, du fait qu'il avait bénéficié d'un non-lieu en France, il échappa à un nouveau procès dans son pays d'origine.

Il est aujourd'hui libre. Il a écrit plusieurs livres sur son histoire. Joué dans des films porno.

Et fait de la publicité pour des restaurants de viande.

Capote (Truman)

Je me demande quelle bouille il pouvait avoir, le petit Truman (qui ne s'appelait pas encore Capote mais Persons), la nuit où il fugua en compagnie de Martha (qui ne s'appelait pas encore Beck mais Seabrook).

Elle, Martha, c'était une gamine qui, suite à un dérèglement hormonal, approchait déjà les cent kilos. Ce qui n'empêchait pas son frère de lui infliger des viols à répétition, et sa mère de la punir de se faire violer. Lui, Truman, portion congrue et voix de fausset, devait avoir tout du lutin. Plus tard, il se décrirait comme un vaniteux dindon, ce qui semble assez proche de la vérité, d'autant plus qu'il avait tendance à glousser. Sa mère ayant divorcé, Truman avait été exilé à Monroeville (Alabama), chez une tante, Nanny Rumbley Faulk, qu'il appelait familièrement Sook. Timide et renfermée, Sook ne quittait pour ainsi dire jamais la maison de Monroeville – et du coup, Truman étouffait.

Donc, imaginons le couple d'enfants le plus mal assorti du monde, le haricot (huit ou neuf ans) et la citrouille (treize ans), en rupture de leurs familles respectives, filant vers Evergreen où un oncle de Martha gère un petit hôtel. Il n'y a qu'une vingtaine de miles entre Monroeville et Evergreen, deux petites villes pimpantes avec chacune sa longue rue bordée de maisons à bardeaux de bois peints en blanc, et le même air d'attendre qu'il se passe enfin quelque chose, genre un train qui sifflera trois fois.

L'oncle a bien dû leur céder une chambre de son hôtel. Ils ont dormi dans un lit à barreaux de cuivre, un lit haut sur pattes, serrés l'un contre l'autre sous un quilt. Il ne s'est rien passé entre eux, ils étaient trop jeunes, totalement épuisés par leur fuite, et de toute façon Truman n'était pas attiré par les filles, surtout pas par les filles obèses.

Ce qui rend cette fugue extraordinaire – et qu'ignorent évidemment Truman et Martha, mollement et chastement enlacés –, c'est que, dans quelques années, la grosse petite fille qu'est Martha Seabrook va devenir, sous le nom de Martha Beck, une des tueuses en série les plus monstrueuses de l'histoire du crime américain.

Laide et désespérée, repoussée de partout (après avoir travaillé pour un croque-mort où son job consistait à rendre présentables les cadavres féminins, elle vient de se voir refuser un emploi d'infirmière parce que la direction de l'hôpital l'a trouvée vraiment trop grosse et trop moche), Martha est de ces pauvres filles qui cherchent l'âme sœur par petites annonces.

C'est ainsi qu'elle rencontre Raymond Fernandez dont elle tombe éperdument amoureuse.

Grièvement blessé à la tête durant la guerre, Fernandez a manifestement l'esprit dérangé, mais il n'a rien perdu de son charme latino et il sait en jouer. Grâce aux petites annonces dédiées aux *Cœurs solitaires*, il a facilement accès à des femmes seules, cabossées par la vie, prêtes à n'importe quoi pour l'homme qui leur fait les yeux doux – et le regard « andalou » de Raymond Fernandez est une caresse à laquelle elles ne résistent pas. Lorsqu'il les sent à point, Fernandez les persuade de lui céder tout ce qu'elles possèdent, et il n'a plus qu'à prendre la poudre d'escampette pour aller escroquer d'autres malheureuses dans une autre ville.

Toute disgracieuse qu'elle soit, Martha est ce qu'on appelle une bête de sexe : pour son plaisir et pour celui de son partenaire, elle est prête à toutes les audaces, à tous les fantasmes. Ce qui n'est pas pour déplaire à Fernandez qui, à condition de fermer les yeux et de faire en sorte que Martha ne l'écrabouille pas sous son poids, a parfois l'impression d'être au septième ciel.

Raymond et Martha seraient les arnaqueurs les plus heureux du monde si, pour mieux dominer ses victimes, Fernandez ne devait quelquefois faire l'amour avec ces dernières. Et ça, c'est plus que Martha, folle de jalousie, n'en peut supporter. D'où le premier meurtre qu'elle commet, massacrant à coups de marteau une femme de soixante et un ans qu'elle surprend dans le lit de Raymond.

Ce crime sera suivi de dix-neuf autres (au moins !), accomplis en totale complicité par les amants diaboliques, car Fernandez n'a pas tardé à y prendre goût.

Tous deux finiront par être arrêtés, jugés et condamnés à mort. Ils mourront le même jour, 8 mars 1951, sur la chaise électrique du pénitencier de Sing Sing.

Les derniers mots de Raymond Fernandez seront : « Je veux le crier, j'aime Martha ! Qu'est-ce que le public sait de l'amour ?... » Et ceux de Martha : « Mon histoire est une histoire d'amour. Mais seuls ceux torturés par l'amour peuvent comprendre ce que je veux dire. D'être enfermée ici, dans le couloir de la mort, n'a fait que fortifier mon sentiment pour Raymond... »

Si Truman Capote avait pressenti ce qu'allait devenir la drôle de gamine dans les bras de laquelle il avait passé la nuit dans un petit hôtel d'Evergreen, n'est-ce pas à elle qu'il aurait consacré tout son talent et plusieurs années de sa vie, plutôt qu'à Perry Smith et Richard Hancock, auteurs d'un fait divers particulièrement insoutenable, et dont Capote a fait les « héros » de son livre *De sang-froid* ? On ne le saura jamais. De même qu'on ne saura jamais exactement jusqu'où allait l'ambiguïté des sentiments que Capote éprouva pour au moins un des deux massacreurs de la famille Clutter.

A l'ouest du Kansas, les hautes plaines blondes, dont certaines culminent à plus de 1 000 mètres, constituent une contrée solitaire que ses riverains se contentent d'appeler « là-bas ».

Truman a-t-il jamais lu *Là-Bas* de J.K. Huysmans ? C'est peu probable. Mais si oui, il aurait apprécié l'authenticité du livre, son côté documentaire : bien que s'agissant d'une fiction, Huysmans n'avance jamais rien qu'il n'ait validé par quelque dossier, par quelque témoignage. Truman travaille exactement comme lui.

Satan est dans *Là-Bas*, le Mal est dans *De sang-froid*, et c'est bien la même entité noire et rouge, de nuit et de sang, qui rôde au-dessus des champs.

Là-bas, donc, à Holcomb, le blé et le maïs tiennent toute la place, les habitations sont peu nombreuses et isolées. Pour autant, on ne ferme pas les portes à clef quand le soir tombe : tout le monde se connaît, on n'a rien à craindre les uns des autres.

Holcomb se trouve dans la *Bible Belt*, la ceinture de la Bible, un secteur des Etats-Unis qui épouse les contours de la zone céréalière, et où règne le protestantisme le plus rigide. C'est un des bastions du créationnisme, un mouvement dont les adeptes sont convaincus que des textes comme la Genèse ont été littéralement dictés par Dieu, et qu'ils sont donc des vérités indiscutables.

Dans la nuit du 15 au 16 novembre 1959, Perry Smith, trente et un ans, et Dick Hancock, vingt-huit ans, qui s'étaient connus en prison (Perry était incarcéré pour vols, Dick pour chèques sans provision), allaient faire sauter les verrous de cet univers qui se voulait moralement irréprochable.

En prison, Dick avait reçu les confidences d'un codétenu, Floyd Wells, qui avait travaillé pour Herbert Clutter, un riche fermier de Holcomb. D'après Wells, Clutter enfermait son argent dans un coffre-fort qui se trouvait quelque part dans sa ferme – « Je ne sais pas où exactement, avait ajouté Floyd Wells, mais ça ne devrait pas être trop compliqué de lui faire cracher le morceau ; et ce qui est sûr, c'est que ce putain de coffre ne contient jamais moins de dix mille dollars… »

Dick avait tout de suite vu le coup qu'il y avait à faire. Grâce aux descriptions de Floyd Wells, la maison de deux étages (briques blondes et linteaux de bois peints en blanc) lui était devenue presque aussi familière que s'il y avait vécu. Il connaissait par cœur la disposition des cinq chambres, des trois salles de bains, de la cave.

Il avait exposé son plan à Perry Smith, précisant qu'ils ne devraient pas laisser de témoins derrière eux. Perry donna son accord pour participer au vol, mais émit des réserves concernant les meurtres – car c'était bien ce que voulait dire *ne pas laisser de témoins derrière soi*, n'est-ce pas ? Dick l'apaisa : très bien, ne décidons rien à l'avance, on avisera sur place selon la tournure que prendront les choses, l'essentiel est de se faire ouvrir le coffre et de rafler les dix mille dollars.

Dick et Perry attendirent patiemment leur libération. Et une nuit de novembre, ils gagnèrent Holcomb. Tapis derrière un alignement d'arbres fruitiers – pêchers, poiriers, pommiers et cerisiers –, ils observèrent longuement la maison des Clutter.

A travers les fenêtres, ils pouvaient voir les halos dorés de quelques lampes éclairant discrètement des pièces peintes en blanc mat – oh ! rien à voir avec les flaques de cette lumière livide et cruelle qui irradiait la prison.

— Vise un peu la baraque ! avait chuchoté Dick. Et les granges ! Ne me dis pas que ce type n'est pas bourré de fric.

Dick enfila ses gants. Perry, lui aussi, mit les siens. Dick portait le couteau et la lampe de poche, Perry le fusil. Lors de son premier interrogatoire, Perry dit que « la maison avait l'air immense sous le clair de lune ».

Une fois à l'intérieur, ils ne furent pas longs à découvrir qu'il n'y avait aucun coffre-fort. Du moins aucun qui fût visible. Ils ne trouvèrent pas non plus ce minimum de pièces et de billets qu'on garde à portée de la main pour acheter une babiole à un colporteur, donner pour une œuvre, régler au facteur un envoi contre remboursement. Mais Dick n'était pas tombé de la dernière pluie : il savait que des richards comme Clutter avaient plus d'un tour dans leur sac pour dissimuler leur fortune – surtout quand ils habitaient une propriété aussi isolée.

Dick et Perry enfermèrent les quatre membres de la famille Clutter dans des pièces différentes où, après leur avoir attaché les poignets et les chevilles, ils se relayèrent pour les questionner brutalement afin de leur faire dire où était caché l'argent.

Herbert et son fils Kenyon, quinze ans, furent interrogés à la cave. Lorsqu'il fut évident qu'ils ne parleraient pas, Dick, qui avait le couteau, égorgea Herbert ; et Perry, qui avait le fusil, logea une balle dans la tête du garçon.

Bonnie, la mère, et la jeune Nancy, seize ans, avaient été conduites chacune dans leur chambre. Elles non plus ne voulurent rien dire quant à la cachette où était planqué l'argent. Peut-être pour lui éviter d'avoir à regarder la mort en face, Nancy fut tuée d'une balle dans la nuque. Elle fut instantanément foudroyée. Ce fut ensuite au tour de Bonnie.

Et Perry Smith et Dick Hancock s'enfuirent, emportant quarante dollars et un poste de radio.

L'effroyable massacre fut découvert le lendemain matin par deux camarades de classe de Nancy : Susan Kidwell et Nancy Ewalt. Après les autopsies, les Clutter furent inhumés. On enterra Nancy dans la jolie robe de mousseline rouge qu'elle avait cousue elle-même et qu'elle aurait dû porter le lendemain à l'occasion d'un bal.

C'est en lisant le *New York Times* que Truman Capote eut connaissance de ce fait divers. Il était déjà un écrivain célèbre grâce à un amour de roman ironique et tendre, très new-yorkais en somme, *Breakfast at Tiffany's*, qui avait connu un grand succès. Mais le livre ne faisait que cent vingt pages, et Truman rêvait secrètement d'écrire *un vrai bon gros et long roman.*

La tragédie de la famille Clutter l'émut profondément, et son environnement, ce monde rural aux senteurs de terre chaude et de farine, ce monde où les bruits les plus violents devaient être ceux des grains ruisselant dans les silos et les crissements des insectes, ce monde que les hurlements des Clutter – s'ils avaient hurlé – avaient dû transgresser comme un blasphème, ce monde lui semblait pouvoir être celui du grand livre encore inconnu qu'il savait porter en lui comme une femme se devine enceinte avant même le premier symptôme.

Pendant six longues années, Truman fit minutieusement l'autopsie du meurtre. Les jours d'avant, les jours d'après. Toutes les personnes qui, d'une manière ou d'une autre, pouvaient lui apprendre quelque chose. Fût-ce un détail minuscule. Il ne prenait pas de notes, confiant à sa mémoire le soin de retenir ou d'évacuer les faits qu'il recueillait.

Perry et Dick avaient été arrêtés à Las Vegas à bord d'une voiture volée. Ils n'avaient pas fait trop de difficultés pour avouer leur crime.

Truman obtint de pouvoir leur écrire et s'entretenir avec eux autant qu'il le souhaitait. La seule chose qu'il n'avait pas prévue, c'est l'empathie qu'il éprouva à leur égard. Perry Smith, surtout, le fascina. Et même le bouleversa. Il noua avec lui, et avec Dick à un moindre degré, une relation étrange, profonde, morbide et belle.

Un jour, Perry lui avoua que ce qu'il avait désiré le plus fort dans sa vie avait été de créer une œuvre d'art. Et voici qu'à travers le livre que Truman leur consacrait, à Dick et à lui, quelque chose d'une œuvre d'art allait naître du quadruple meurtre qu'ils avaient commis, et pour lequel ils allaient être exécutés. La seule chose que Perry contestait, c'était le titre : Dick et lui n'avaient pas tué ces gens de sang-froid, non, pas de sang-froid.

Truman Capote finança les recours que Smith et Hancock introduisirent pour repousser l'échéance fatale. Il leur promit de payer aussi leurs obsèques et leurs tombes. Ce qu'il fit, après avoir, à leur demande, assisté à leur pendaison.

Juste avant de monter à l'échafaud, Perry Smith embrassa Truman sur la joue et lui murmura, du ton d'un enfant s'adressant à un autre enfant : « *Adios, amigo...* »

De sang-froid fut un triomphe.

Dont Truman Capote ne se remit jamais. Il fut, par la suite, incapable d'écrire autre chose qu'un éparpillement de petits textes au souffle court. « Capote était devenu un grand brûlé de la notoriété », dira très justement Didier Jacob, critique littéraire et lui-même auteur.

De sang-froid est un des dix livres les plus importants de ma vie.

Casque d'or

« Et quand on approchait des portes, écrit Georges Duhamel dans *Vue de la Terre promise*, quand on commençait d'entendre parler, rire et chanter Paris, alors éclatait la Zone, le grand camp de la misère qui, de partout, investit la ville illustre et magnifique… »

C'est là, dans un paysage composite de cabanes, de roulottes, de vieux immeubles que logent à la semaine, parfois seulement à la nuit, un peuple d'ombres d'hommes, de fantômes de femmes, d'illusions d'enfants, accoutumés à survivre par la débrouille, la roublardise, les délits quelquefois, le crime si nécessaire.

C'est là, entre poussière et boue, sanglots et chansons, que règne Amélie Elie, « fille soumise », c'est-à-dire asservie aux règlements de la police des mœurs, soit qu'elle travaille dans une maison close régulièrement (et sévèrement) contrôlée, soit qu'elle figure sur les registres de la préfecture de police, porteuse alors d'une carte numérotée qui lui rappelle l'essentiel de ses obligations – elle doit notamment, à intervalles réguliers et prescrits par la loi, se montrer à un médecin qui traquera la moindre suspicion de maladie vénérienne, avec en première intention la vérole et la syphilis.

La légende, la légende née du cinéma, voudrait qu'elle ait été ravissante, cette pauvre petite reine des fortifs, des palissades branlantes, des bardanes, des orties. Mais non, Amélie Elie, dite Casque d'Or, n'était pas bien belle. Sensuelle, oui, mais pas belle. Oubliez Simone Signoret – bien qu'elle soit inoubliable. La vraie Casque d'Or n'était qu'une jeune prostituée au nez épaté, aux lèvres gonflées qu'elle mouillait à coups de langue large et rose, une des ces langues agiles, musclées, et surtout endurantes, qu'une demoiselle doit avoir en bouche si elle veut briller en société en nouant des queues de cerises et en faisant claquer des jurons – sans compter d'autres talents, évidemment.

D'aucuns rapportent que Casque d'Or, l'authentique, avait mauvaise haleine. Ah oui ? Après tout, c'est possible. Mais quand bien même, elle n'était pas la seule. Et puis, les prostituées n'embrassent pas sur la bouche.

Mais voici que dans la nuit du 5 au 6 janvier 1902, nuit de grande froidure, dans la rue des Haies (que traverse le passage Dieu, pas loin de l'impasse Satan – je n'invente rien), deux bandes rivales ont sorti les couteaux, les eustaches et les surins, tout ça pour la bouche rose et le souffle (donc pas très pur, disions-nous) de Casque d'Or.

Une Casque d'Or qui, aux anges d'être ainsi disputée par Manda (de la Courtille) et Leca (de Charonne), les deux caïds de l'est de Paris, ronronne en jetant de l'huile sur le feu – et pas seulement pour se réchauffer : l'infidélité est aussi indissociable de cette demoiselle que son opulente, plantureuse, luxuriante chevelure blonde ramenée sur le sommet de la tête. « Mes cheveux, dit-elle en y glissant les doigts pour leur donner du volume, sont d'un or mat très apprécié et ma science consiste à savoir leur donner la forme, le galbe extérieur d'un beau casque. »

Manda et Leca, c'est Tony et Chino, les Jets et les Sharks, *West Side Story* dans le 20e arrondissement de Paris, sauf que ça ne sent pas la sublime sauce *sofrito* (poivrons, tomates, oignons, ail, laurier, huile d'olive) de l'*arroz con gandules* portoricain, mais la gratinée aux oignons, les pieds panés, le salpêtre, le vin aigrelet, le jupon pissouilleux – il paraît que les filles des fortifs embaumaient conjointement l'urine et la violette, deux senteurs réputées complices.

Là, il s'agit de la bande des Orteaux et de celle des Popincs qui se livrent une guerre sans merci.

Une guerre dont la fève est Casque d'Or, comme l'enjeu du film de Wise et Robbins est Natalia Nikolaevna Zakharenko, *alias* Natalie Wood.

C'est à l'occasion d'une rixe particulièrement violente que, pour la première fois, des journalistes du *Petit Journal* comparent les jeunes vauriens (des *chiens perdus sans collier*, comme disait Cesbron, qui intégraient une bande à dix ou douze ans, et qui, à quinze, étaient déjà les marlous de filles qui en avaient vingt) aux plus redoutés des guerriers amérindiens : « Ce sont des mœurs d'Apaches, du Far West, indignes de notre civilisation. Pendant une demi-heure, en plein Paris, en plein après-midi, deux bandes rivales se sont battues pour une fille des fortifs, une blonde au haut chignon, coiffée à la chien ! »

Apaches : le mot fait aussitôt florès. Les petits voyous s'en emparent et s'en parent. Leurs chemises froissées, foulards colorés, casquettes à visière brisée, pantalons pattes d'eph et bottines de cuir jaune ne sont rien à côté du nom qui va leur assurer l'immortalité : grâce à la presse, à la littérature, aux chansons populaires, au cinéma, les apaches entreront dans l'Histoire. Beaucoup, qui avaient rompu avec leur famille ou qui n'en avaient tout simplement jamais eue, trouvent là une nouvelle filiation : « L'air buté, le front plongeant, ils se déclarent de la tribu des Apaches dont les hauteurs de Ménilmontant sont les Montagnes Rocheuses » (*Le Matin*, 1900). Ils viennent parfois de loin pour rejoindre les premiers clans, les hordes naissantes. Le patois de Strasbourg, celui de Charloun de Toulouse, de Titin de Marseille – celui-là, en plus de son accent, il a importé un fumet d'ail relevé d'une pointe d'anis qui le suit partout où il passe – se frottent à l'argot.

Amélie Elie, leur future reine, parle « pointu » : elle est née à Orléans, mais elle a vécu son enfance à Paris, impasse des Trois-Sœurs, près du boulevard Voltaire.

Autant Simone Signoret avait de la grandeur, de la prestance, de la majesté, autant mademoiselle Casque d'Or est petite, si petite qu'elle hérite les sobriquets de Fraise des bois et Crotte de bique : « Si les honnêtes et pieuses épouses de Paris s'imaginent que je possède un arrière-train de cheval d'omnibus, elles sont dans la plus complète erreur… »

A treize ans et deux mois, la voilà en ménage avec un jeunissime ouvrier serrurier qui vient à peine de toucher ses quinze ans. On l'appelle « le Matelot » parce qu'il a longtemps, excessivement longtemps, porté la vareuse de marin et le col bleu dont on habillait alors les petits garçons.

Quinze jours plus tard, Amélie perd sa virginité. Un lundi, précisera-t-elle. Le petit garçon de quinze ans est plutôt bien membré, et puis il est doué pour les préliminaires : il la régale. Elle est heureuse quatorze mois d'affilée – ce qui ne lui arrivera plus. Pourtant, c'est elle qui rompt : sentant l'habitude venir, prendre ses aises, s'installer, l'alourdir, elle préfère filer droit devant elle, son drôle de nez épaté résolument retroussé vers le ciel.

Une nuit d'orage, elle rencontre Hélène. Mère maquerelle grande, belle et douce, patiente lécheuse lesbienne dans le privé, putain éclair sur le boulevard (elle monte l'escalier si nécessaire, mais, si le gars est pressé – elle, pressée, elle l'est toujours, parce que pouah ! les hommes, plus vite on s'en débarrasse... – elle est d'accord pour se trousser dans la première encoignure venue), Hélène se fait appeler « de la Courtille », d'après un célèbre lieu de plaisir proche du carrefour de Belleville. Et se garde bien de détromper ceux qui croient avoir affaire à une comtesse qui, à force de se pencher à son donjon, s'est ramassée sur le pavé de Paris.

Avec son ersatz de sang bleu, Amélie Elie découvre deux Amériques : les plaisirs saphiques et les apaches, le miel et le piment.

Le miel, elle adore, s'en goberge – mais quand elle pique du nez entre les cuisses de Mme de la Courtille, quand elles s'endorment dans l'intimité l'une de l'autre, c'est alors que Casque d'Or se prend à rêver de piment : « Ah ! les beaux gars m'ont toujours secouée, les grands criminels [...] font de moi ce qu'ils veulent... »

Elle quitte Hélène pour épouser M. Bouchon. Nom croquignolet, métier de même : il est marchand des quatre-saisons. Avec charrette à bras, balance Roberval, vareuse de toile, crayon sur l'oreille. Tant qu'il fait jour. Parce que dès le mauve du crépuscule, Bouchon devient un autre Bouchon. Il se hâte de remiser sa charrette, d'une chiquenaude envoie voler son crayon sur l'oreille, échange sa vareuse contre une chemise rose, glisse à son annulaire une grosse bague en forme de tête de serpent, enfile les fameuses bottines jaunes sur le cuir desquelles Casque d'Or a craché, recraché et re-recraché pour faire reluire.

Il lui arrive de les lécher, les bottines à Bouchon, ça c'est quand elle est punie, quand elle ne rapporte pas assez – parce que Bouchon l'a mise sur le trottoir, au début il était gentil, compréhensif, les nuits de grand froid il venait passer un moment avec elle sous son réverbère, il lui apportait un petit fond de quelque chose histoire de la réchauffer, mais ça n'a pas duré, Bouchon est devenu hargneux. Il lui a donné des gifles. Une fois, il lui a éclaté la bouche avec sa bague à tête de serpent. Elle n'a rien dit, elle a retroussé sa lèvre, l'a aspirée et l'a tétée jusqu'à ce que le sang cesse de couler.

Le lendemain soir, pendant que Bouchon s'efforce de passer pour un honnête homme en poussant sa charrette rue de Lappe, Amélie se rend au bal des vaches sur l'île de la Jatte. C'est là qu'elle rencontre (qu'elle « allume », diront certains) le dénommé Manda, un apache qui jure de la protéger – et c'est du sérieux : Manda, le chef de la bande des Orteaux, qui se fait craindre et respecter à la Courtille, a déjà planté son couteau entre les deux épaules d'une des terreurs du secteur.

Mais Casque d'Or est une jalouse : exaspérée par les frasques de Manda (de la Courtille), elle le quitte. Et tombe dans les bras de Leca (de Charonne).

Leca, un Corse, a été aux Bat'd'Af, il a vu des meurtres, des batailles, il a peut-être tué des hommes. Sûrement, même. Il ne demande qu'à tuer Manda si ça peut faire plaisir à Casque d'Or. Amélie ne dit ni oui ni non, mais elle sait qu'on ne quitte pas impunément un apache, surtout un grand chef à plumes comme Manda…

Après une violente échauffourée entre leurs deux bandes, Leca et Manda s'affrontent au couteau en combat singulier. Leca est gravement blessé, Manda est arrêté. Casque d'Or détale, son chignon dénoué flottant sur sa nuque, ses épaules, jusqu'au bas de son dos comme la robe de Soleil que le roi incestueux du conte de *Peau d'Ane* avait offerte à sa fifille trop adorée.

Casque d'Or en fuite entre alors au service d'un dompteur de fauves, à la Ménagerie Mondaine de Georges Marck. Mais un jour, à l'issue d'une représentation, un spectateur vient vers elle. Malgré la casquette qu'il s'est enfoncée jusqu'en dessous des yeux et le foulard rouge qui cache sa bouche, Amélie le reconnaît : c'est Rouget, un des lieutenants de Manda.

Sans un mot, l'homme sort un couteau et le plonge dans le corps dodu de Casque d'Or. Elle écarquille les yeux. Elle soupire Oooooh ! Elle vacille. Une bave épaisse lui vient aux lèvres, comme aux taureaux qui meurent. Elle pisse dans sa culotte, ça coule sur ses cuisses. Le Rouget retire son couteau, l'essuie posément. Casque d'Or s'effondre. Excités par l'odeur du sang, les fauves de la Ménagerie Mondaine rugissent. Casque d'Or perd connaissance.

Ça fait mal, le couteau, mais Rouget savait ce qu'il faisait : il venait pour punir, pas pour tuer. Ordre de Manda.

Le 27 janvier 1917, Casque d'Or, redevenue Amélie Hélie, épouse à la mairie du 20e arrondissement un marchand bonnetier.

Elle est encore jeune, la lame de Rouget n'a massacré aucun de ses organes féminins, alors elle donne coup sur coup quatre enfants à son bonnetier de mari. Elle est heureuse, respectée. On lui donne du « madame » sur les marchés de banlieue, à Montreuil, aux Lilas, là où, sous son casque d'or à présent terni, elle vend des étoffes et de la bonneterie jusqu'à sa mort, apaisée, tranquille, en 1933.

Chessman (Caryl)

« *Monsieur Caryl Chessman est mort / Mais le doute subsiste encore / Avait-il raison ou bien tort ?* » chantait Nicolas Peyrac (*Far Away from L.A.*) en 1975.

Je suis comme Peyrac, comme sont (comme furent à l'époque) des millions d'autres : je ne sais toujours pas la vérité sur l'homme qu'on accusa d'être un violeur en série.

Il n'était pas un ange : avant d'être envoyé dans le couloir de la mort, il avait déjà effectué quelques séjours derrière les barreaux pour des vols de voitures, des pillages de drugstores, des attaques à main armée, et il avait la réputation d'être un prisonnier particulièrement cabochard, indiscipliné et récalcitrant – il prit la tête de quelques mutineries (pour des motifs qui, c'est vrai, n'étaient pas toujours infondés), et il fit des séjours au quartier d'isolement en punition de ses bagarres avec d'autres détenus.

Mais ce dont je suis sûr, c'est que Chessman n'avait jamais tué personne, et qu'il avait un réel talent d'écrivain.

Il ne faut pas se limiter à *Cellule 2455 couloir de la mort*, livre bouleversant qui l'a fait connaître dans le monde entier et qui a relancé l'inusable débat contre la peine de mort, mais lire aussi *A travers les barreaux* et *Face à la justice*, sortis clandestinement de la prison de San Quentin parce qu'on avait refusé à Chessman le droit de publier, et *Fils de la haine* mis en vente au jour et à l'heure de son exécution – le marketing ayant atteint là, me semble-t-il, le stade zéro de la décence. Et bien sûr, il faut enrager que l'administration pénitentiaire de l'Etat de Californie ait, selon toute vraisemblance, détruit des inédits de Chessman après sa mort – on parle d'une dizaine de textes et surtout d'un roman de plus de cinq cents pages.

Le 23 janvier 1948, en toute fin de journée, après un rodéo spectaculaire sur les hauteurs d'Hollywood, les voitures du LAPD (*Los Angeles Police Department*), des Plymouth modèle 1947 dont certaines avaient passablement froissé leur carrosserie au cours de la poursuite, réussirent enfin à intercepter la Ford grise qui prenait tous les risques pour essayer de leur échapper.

Signalée comme voiture volée quelques jours auparavant, elle avait été repérée par une patrouille à proximité d'une de ces voies sans issue qui, après avoir ondulé à fleur de colline, s'achèvent sur des surplombs d'où l'on a une vue vertigineuse sur l'immensité de la ville en contrebas.

Les jeunes couples affectionnaient particulièrement ces impasses aériennes qui leur donnaient l'impression d'être encore plus près du septième ciel : comme les *lovers lanes* (sentiers des amoureux) étaient peu fréquentés, surtout la nuit, on pouvait, sans quitter son véhicule, s'y livrer aux étreintes les plus torrides sans trop avoir à craindre d'être surpris et rappelé à l'ordre. Certes, des voitures de police venaient quelquefois y pousser leur museau noir et blanc, mais on les repérait d'assez loin grâce aux éclats de leurs gyrophares qui faisaient palpiter des lueurs rouges et bleues sur les buissons. Et si l'on était pris en flagrant délit, encore fallait-il que l'outrage aux mœurs fût vraiment obscène pour écoper d'une forte amende ; or la crainte de mettre leur partenaire enceinte, conjuguée à l'inconfort relatif des sièges d'un véhicule de troisième ou quatrième main, incitaient les jeunes gens à limiter leurs explorations à la bouche des jeunes filles et au contenu de leurs soutien-gorge.

Dès la fin de l'hiver, les *lovers lanes* devenaient une sorte de salon informel de la voiture décapotable, où rivalisaient les Buick Cabriolet blanches et rouges, les Packard Convertible 301 NJC ou les Mercury Eight. On était si bien, là-haut, tandis que Downtown L.A. étouffait sous les brumes de la pollution qui noyait parfois jusqu'aux silhouettes épaisses des buildings – pas encore de gratte-ciel dans la Cité des Anges où une loi interdisait les immeubles de plus de treize étages, avec pour seule exception la mairie, le Los Angeles City Hall qui, depuis 1928, dominait la ville de ses trente-deux étages et cent trente-huit mètres de haut.

En ce printemps 1948, curieusement, on rencontrait sur les collines presque autant de flics que d'amoureux ; et bien que les nuits fussent tièdes et étoilées, les belles décapotables se faisaient chaque soir moins nombreuses, laissant la place à des conduites intérieures aux vitres remontées à bloc et aux portières verrouillées.

Ces précautions s'expliquaient : depuis peu, un bandit hantait les lieux, profitant de la végétation luxuriante pour approcher ses proies sans révéler sa présence, sinon à la toute dernière seconde – il allumait alors un puissant gyrophare rouge qui imitait ceux qu'arboraient les voitures de police, et, sous la menace d'un revolver de calibre .45, dépouillait ses victimes ; après quoi, pour peu qu'elle fût jolie, il obligeait la fille à monter à bord de la voiture au gyrophare rouge ; il l'obligeait à des rapports sexuels, après quoi il lui ouvrait la portière et la laissait filer, vivante mais souillée et terrorisée.

Le problème du LAPD était que les déplacements à travers le réseau complexe des *lovers lanes* de celui que la presse surnommait le « Bandit à la lumière rouge » n'obéissaient à aucune logique. Pour espérer le capturer, il fallait le prendre sur le fait. Ce qui supposait d'avoir un sérieux coup de chance.

Cette chance leur sourit enfin au soir du 23 janvier 1948.

Après qu'une boutique de fringues de Redondo Beach eut été dévalisée, deux officiers de police prirent en chasse la Ford grise à bord de laquelle s'enfuyaient le voleur et son complice. Les deux véhicules se livrèrent à une course-poursuite comme il n'en existe que dans les films, fonçant à plus de 160 km/h, escaladant les trottoirs, défonçant des palissades, jouant au bowling avec les étals des marchands, faisant voler les poubelles. Enfin, après une heure de folie, l'un des policiers réussit à ajuster la Ford dans sa ligne de mire. Il tira. La balle fracassa une vitre, frôla le crâne du conducteur. Celui-ci écrasa la pédale de frein. La voiture fit un tête-à-queue, s'immobilisa. Les deux flics, l'arme au poing, giclèrent alors de leur véhicule et se ruèrent sur la Ford.

Le conducteur de celle-ci, un certain Caryl Chessman, correspondait trait pour trait au signalement du « Bandit à la lumière rouge » : musclé et de grande taille, il avait un peu plus de vingt ans, des cheveux très noirs, un front soucieux, le nez cassé comme celui d'un boxeur, le regard un peu langoureux et la bouche épaisse d'un Latino. De plus, et en dépit de ses protestations d'innocence, les flics l'avaient vu, au moment où ils le coinçaient, se débarrasser d'un automatique qu'il avait jeté par la vitre ouverte. Une fois récupérée, l'arme s'était révélée être du même calibre que celle dont le Bandit menaçait ses jeunes proies.

Peu de temps après son arrestation, Chessman reconnut être ce « Bandit à la lumière rouge » qui terrorisait les collines. Un aveu qu'il contesta plus tard, disant que les policiers le lui avaient arraché en s'acharnant physiquement sur lui.

Inculpé de dix-sept chefs d'accusation (huit vols simples, quatre enlèvements, deux actes de perversion sexuelle, une tentative de viol, un vol manqué et un vol de voiture), Caryl Chessman refusa l'assistance d'un avocat et tint à assurer lui-même sa défense. Il avait l'air de penser que les avocats l'avaient trop mal défendu lors de ses précédentes comparutions devant la justice, et il n'avait pas l'intention de leur faire confiance cette fois-ci où il risquait sa vie.

En plus de posséder quelques solides connaissances juridiques, Chessman était intelligent, il avait un esprit synthétique et une excellente mémoire. Aussi avait-il compris tout de suite qu'il était dans de très mauvais draps. Certes, il n'était pas coupable d'un crime de sang. Mais il tombait sous le coup d'une loi récemment introduite dans l'Etat de Californie, la loi dite « du petit Lindbergh » en référence à l'enlèvement et à l'assassinat du bébé du célèbre aviateur. Cette loi prévoyait des punitions d'une sévérité extrême à l'encontre des kidnappeurs : la prison à perpétuité sans possibilité de parole (c'est-à-dire sans aucun espoir d'être jamais remis en liberté même conditionnelle) ou la peine de mort.

Même s'il n'avait à proprement parler kidnappé personne, Caryl Chessman avait abusé sexuellement de plusieurs jeunes femmes. Et pour ce faire, il les avait forcées à monter à bord de sa voiture dont il avait ensuite verrouillé les portières. Or, selon la justice californienne, cette contrainte pour les victimes d'avoir dû passer, sous la menace d'une arme, de leur voiture à celle de Chessman, et d'y avoir été séquestrées le temps de donner à leur ravisseur ce qu'il exigeait d'elles, équivalait à un kidnapping.

Chessman ne s'y était d'ailleurs pas trompé : « Je n'ai jamais été un violeur rôdant dans les chemins dérobés pour me jeter sur des amoureux, se défendait-il avec énergie. Non : moi, j'étais un bandit, un vrai. » D'ailleurs, il récusait l'accusation de viol dans la mesure où, à chaque agression, il avait dû se contenter (!) d'une fellation, ses victimes ayant réussi à le convaincre d'épargner leur sexe. Mais les juges n'en démordaient pas : une fellation imposée à une personne non consentante était un viol.

Le procès Etat de Californie *vs* Caryl Chessman vint en juin 1948 devant le tribunal présidé par le juge Charles W. Fricke.

Agé de soixante-six ans, grand et maigre, le visage glabre et sévère, les yeux souvent mi-clos derrière des lunettes à fine monture, Fricke avait la passion des orchidées, des gâteaux au chocolat et des tours de magie (où il excellait). Ce qui aurait pu contribuer à le rendre sympathique s'il n'avait eu parallèlement la réputation d'être le juge à avoir prononcé plus de condamnations à mort qu'aucun de ses collègues, et s'il n'avait disposé sur son estrade au tribunal, de façon ostensible, une sinistre tête de mort en céramique servant de porte-stylo.

Mais Chessman n'était pas du genre à se laisser impressionner, et il conduisit une défense courageuse devant un jury *a priori* peu favorable à un homme accusé de viol puisque, sur les douze jurés, onze étaient des femmes. De plus, le juge Fricke montra qu'il avait en effet des talents de prestidigitateur en se livrant à diverses « manipulations » tant au niveau des témoins que des documents – ce dont se fit écho le *New York Times*.

Condamné à mort, Caryl Chessman fut conduit au cinquième étage de la prison de San Quentin, et enfermé dans la cellule 2455, couloir de la mort. Une « adresse » qu'il allait rendre célèbre dans le monde entier.

Dix ans après, Chessman obtint une révision de ce premier procès. Continuant d'assurer lui-même sa défense, il démontra avec brio que le juge Fricke avait multiplié les irrégularités de procédure. Il prouva notamment que le greffier du premier procès, Ernest Perry, étant mort avant d'avoir pu retranscrire au propre sa sténographie des audiences, on l'avait remplacé par un certain Stanley Fraser, un alcoolique invétéré qui n'avait pas réussi à déchiffrer toutes les notes sténographiques de son collègue décédé. Alors il n'avait rien trouvé de mieux que de s'adresser au procureur et à deux témoins *à charge* pour l'aider à combler les passages manquants. Il s'en était suivi un document de plus de deux mille pages farci de lacunes et de transcriptions complètement erronées – toutes, bien sûr, au détriment de Chessman !

Mais le juge de deuxième instance estima que les minutes du procès étaient très bien comme ça, et il apposa sa signature pour les certifier. Ce juge avait, de son point de vue du moins, des dossiers autrement plus passionnants à traiter que celui d'un banal malfaiteur. Que ce malfaiteur ait été condamné à mourir asphyxié dans une chambre à gaz n'entrait pas en ligne de compte – bon

Dieu, ce gars-là n'était pas le seul dans son cas, ils étaient des milliers à se bousculer dans les couloirs de la mort des prisons américaines...

Caryl Chessman ne se tint pas pour battu. Ce que lui refusaient les institutions judiciaires de son pays, il décida de l'obtenir de l'opinion publique. A laquelle, par le truchement d'un livre, il allait raconter son histoire : qui il était vraiment, ce qui s'était réellement passé, et l'immense injustice qui lui était faite.

Un livre, oui, vous avez bien lu, un livre, un vrai. Caryl Chessman, ce voyou, ce voleur, ce violent, se croyait-il donc capable d'aligner quelques dizaines, quelques centaines de pages ?

Eh bien oui, car il y avait longtemps qu'il rêvait d'écrire ! Et écrire dans le but de sauver sa propre vie, n'était-ce pas la façon la plus exaltante de commencer dans le métier ?

En 1933, l'année où débuta la construction du Golden Gate Bridge dans la baie de San Francisco, où fut abrogée la loi sur la prohibition, et où Albert Einstein, fuyant le nazisme, arriva aux Etats-Unis, cette année-là Caryl Chessman, douze ans, avait annoncé à sa mère que sa décision était prise : plus tard, quand il serait grand, il écrirait des livres. Mrs. Chessman, elle-même poétesse et plutôt douée, l'avait alors serré très fort dans ses bras : « J'ai toujours su que tu serais écrivain, Caryl. Et que ça te rendrait célèbre. »

Cellule 2455 couloir de la mort, son premier livre, sortit en 1954, en même temps qu'Hemingway recevait le Nobel de littérature, Simone de Beauvoir le Goncourt pour *Les Mandarins*, et que Ian Fleming publiait le premier volume de la série des *James Bond*.

Traduit en quatorze langues, ses droits d'adaptation cinématographique achetés par la Columbia, encensé par la critique, présent en tête de quasiment tous les box-offices, le livre de Chessman fut rapidement un best-seller.

Mais ce succès eut aussitôt son revers : l'administration pénitentiaire, exaspérée par la célébrité dont jouissait subitement ce prisonnier par ailleurs difficile à gérer (du fait qu'il assurait lui-même sa défense, Caryl Chessman avait réclamé – et obtenu – des privilèges exorbitants pour un condamné à mort, notamment un « bureau », c'est-à-dire l'accès à volonté à une cellule supplémentaire équipée d'une machine à écrire Underwood et d'une bibliothèque bourrée de livres de droit, avec la possibilité d'utiliser sans limites les services postaux et téléphoniques de la prison), lui dénia *le droit d'écrire une seule ligne ayant pour finalité d'être publiée.*

Qu'à cela ne tienne : pour les faire sortir du pénitencier, Chessman dissimula ses écrits de création parmi les documents juridiques qu'il expédiait aux différentes instances auprès desquelles il plaidait pour obtenir sursis après sursis, parfois sur le fil du rasoir, à la porte même de la chambre à gaz.

C'est ainsi que, après *Cellule 2455 couloir de la mort*, il publia *A travers les barreaux* en 1955, et *Face à la justice* en 1957. Pour le monde entier, Caryl Chessman n'était plus le « Bandit à la lumière rouge », mais un écrivain qui comptait, un auteur qui, à travers son opposition irréductible (et compréhensible !) à la peine de mort, remettait en question la façon dont l'Amérique rendait la justice.

2 mai 1960 : pour la neuvième fois au cours des douze années qu'il avait passées dans le couloir de la mort, Caryl

Chessman apprit qu'il allait devoir s'asseoir sur un des deux fauteuils de la chambre à gaz – une chambre qui n'était en fait qu'une étroite cabine octogonale dont les murs métalliques, percés de grandes vitres blindées, permettaient aux témoins d'observer l'agonie du condamné. Sous le siège où Chessman serait sanglé, on disposerait un bac rempli d'acide sulfurique. Au moment fatal, un mécanisme permettrait d'y plonger un sachet contenant deux « œufs » de cyanure de potassium (chacun ayant à peu près le volume d'une balle de golf) qui, au contact de l'acide, produiraient du cyanure d'hydrogène, un gaz mortel, incolore, qui dégageait une agréable odeur d'amande selon les uns, de fleurs de pêcher selon les autres – appréciations purement théoriques, car il était exclu de le respirer sans en mourir.

Cette fois, il semblait bien que Chessman eût épuisé tous les recours possibles. Les protestations véhémentes de Marlon Brando, de Shirley MacLaine, de Brigitte Bardot (qui n'a donc pas défendu que les bébés phoques), d'écrivains tels que Aldous Huxley ou Ray Bradbury, et de tant d'autres, célèbres ou anonymes, n'avaient aucune chance d'aboutir.

La veille, Chessman avait travaillé jusqu'à près de 2 heures du matin. A quoi ? On ne sait pas. Mais il avait noirci du papier. Dans sa cellule s'entassaient des manuscrits non publiés, dont, je l'ai déjà dit, un roman de cinq cents pages que personne n'avait encore lu – que personne ne lirait jamais.

Il avait aussi regardé la télévision, où des journalistes avaient rappelé que son nouveau livre à paraître, *Fils de la haine*, un vrai roman cette fois, serait mis en vente sur le territoire américain à l'heure de son exécution, soit à

10 heures du matin (19 heures en France). A défaut d'être très décent, voilà un lancement qui devait se révéler plutôt efficace…

Quand on lui avait demandé ce qu'il souhaitait pour son dernier repas, il avait haussé les épaules : « Je mangerai un sandwich, ça n'a pas d'importance… » On lui avait tout de même servi du poulet et des frites, de la salade, une tarte et du café.

Ce qui le préoccupait, c'était qu'on se conforme à sa dernière volonté qui était d'être incinéré, puis que ses cendres soient jetées au vent – il lui avait tellement manqué, le vent, tout au long de ses douze ans de détention. La crémation ne posait pas de problème, lui avait-on dit, mais la loi interdisait de disperser des cendres humaines au vent de la Californie. Encore un obstacle juridique dressé sur ma route, avait pensé Chessman avec agacement. Et celui-là il n'aurait pas le temps de l'abattre. Il lui restait à espérer que George Davis et Rosalie Asher, les avocats qui l'avaient assisté dans ses derniers combats, réussiraient à faire quelque chose.

Et puis on était venu le chercher.

Il avait répété avec force qu'il était innocent, et ajouté qu'il allait mourir avec l'espoir que tout ce qu'il avait représenté aux yeux du monde et de l'Amérique contribuerait à l'abolition de la peine de mort. Il remercia le directeur de San Quentin des bons soins qu'il lui avait prodigués et alla tranquillement s'asseoir dans la chambre à gaz. Un journaliste lui demanda de faire un signe avec la tête si les gaz inhalés le faisaient souffrir – tout le monde parlait d'une mort indolore, mais qu'est-ce qu'on en savait ? Un célèbre vétérinaire n'avait-il pas récemment déclaré qu'il ne voudrait jamais user d'un procédé aussi lent et cruel pour euthanasier des animaux ?

Au même moment, Rosalie Asher et George Davis étaient reçus par le juge Goodman, un des membres de la Cour suprême de Californie, auquel ils venaient présenter un nouveau mémoire susceptible d'innocenter Chessman.

La veille, Davis avait pris la précaution d'en déposer une copie au domicile du juge. Mais, pour une raison ou pour une autre, le juge n'avait pas eu la possibilité de lire le rapport. A présent, il l'avait sous les yeux, mais il restait peu de temps. Une petite poignée de minutes. Tandis que Rosalie Asher tournait les pages (il y en avait une quinzaine) pour que le juge Goodman puisse se concentrer sur sa lecture et sur cela seulement, George Davis surveillait la pendule qui trônait sur la cheminée du bureau du juge.

Le point le plus important du mémoire consistait en une photographie d'un certain Charles Terranova, qui avait été inculpé à treize reprises pour des vols à main armée et des tentatives de viol. Ses traits correspondaient de façon frappante au signalement que les victimes du « Bandit à la lumière rouge » avaient donné de leur agresseur, et le mémoire rappelait que, lors de son arrestation par la police de Los Angeles, Caryl Chessman avait déclaré aux policiers : « Le gars que vous cherchez, il s'appelle Terranova. Le coup de la lumière rouge et les trucs sexuels, tout ça c'est lui... »

Le juge lisait posément, sans sauter une ligne. L'horloge tournait. Une minute avant l'heure fatale, le juge reposa enfin le document : « C'est en effet troublant. Vous avez bien fait de venir. J'accorde un nouveau sursis d'une heure, le temps de regarder cette histoire de plus près. »

George Davis ne prit même pas le temps de remercier le juge Goodman, il se précipita sur le téléphone pour appeler la prison et faire surseoir à l'exécution.

Mais le juge l'arrêta : « Laissez donc, mon cher maître, ma secrétaire va s'en charger, elle a le numéro de la ligne directe. »

La dernière minute était déjà entamée, mais c'était encore jouable.

Davis entendit Celeste Hickey, la secrétaire, faire tourner le cadran du téléphone. Puis il y eut un silence, et la secrétaire passa la tête dans le bureau du juge : « Excusez-moi, Votre Honneur, mais je crains d'avoir fait un faux numéro. Pourriez-vous me le redonner ? » Le juge lui répéta le numéro, mais il dut le chercher dans son répertoire car il ne le connaissait pas par cœur.

George Davis et Rosalie Asher étaient au bord de la crise de nerfs.

On entendit alors Celeste Hickey dire d'un ton précipité : « Ici le bureau du juge Goodman. Le juge vous prie de tout arrêter, il accorde un nouveau sursis et... » Elle s'interrompit. A l'autre bout du fil, quelqu'un lui parlait – quelqu'un qui, apparemment, l'avait interrompue dans son élan. Elle hocha la tête et murmura : « Oh... oui, je vois. » Et elle raccrocha. Elle dit, en se tournant vers le juge : « C'est trop tard, Votre Honneur. Ils viennent de lâcher le cyanure dans le bac d'acide. On ne peut plus ouvrir la porte de la chambre à gaz sans faire courir un péril mortel aux témoins. » Il était 10 heures 03 minutes 25 secondes.

Lorsque l'odeur d'amande amère (ou de fleurs de pêcher) atteignit ses narines, Caryl Chessman prit une profonde inspiration, comme le lui avait conseillé Fred

R. Dickson, le directeur de San Quentin. Paradoxalement, le dernier geste d'un des condamnés les plus combattifs de l'histoire pénitentiaire américaine, de celui qui s'était le plus systématiquement dressé contre les règlements du couloir de la mort, de celui dont les écrits avaient réussi à ébranler les certitudes de la majorité des Américains à propos de la peine capitale – ce dernier geste fut un geste d'obéissance au conseil traditionnellement donné par le staff des exécuteurs : inspirer à fond pour éviter les affres d'une agonie trop longue.

Malgré cette bonne volonté, il mit huit minutes à mourir. Un peu avant la fin, on vit poindre et briller une larme au coin de son œil droit. Et il fit, de la tête, le geste convenu avec les journalistes : oui, il souffrait beaucoup.

Cinéma (Censure au)

Le premier film de l'histoire du cinéma sur la peine de mort fut sans conteste celui de Georges Méliès, *Les Incendiaires* (1906) : accusé d'avoir incendié une ferme, un homme est guillotiné.

C'est encore à Méliès qu'on doit le premier film français à subir les foudres d'une censure : *L'Affaire Dreyfus*.

Bien qu'il disposât de ses propres studios et qu'il fût capable d'y reconstituer n'importe quel décor, Méliès avait tourné des séquences pendant le procès de Rennes (août-septembre 1899) où, après la cassation du premier jugement, s'était tenu un nouveau conseil de guerre dans le lycée transformé pour la circonstance en tribunal. Très engagé en faveur de Dreyfus, le film de Méliès déchaîna les passions. Les gens se battaient – pas seulement à la sortie parce qu'ils n'étaient pas d'accord quant à l'innocence ou à la culpabilité de Dreyfus, mais déjà à l'entrée, parce que tout le monde voulait voir le film et que les séances affichaient toutes complet. Devant l'effervescence qu'il provoquait, certaines municipalités choisirent donc d'in terdire purement et simplement *L'Affaire Dreyfus* dans leur ville.

Mais la vraie censure, dame Anastasie et ses grands ciseaux, était encore à venir.

En 1908, une bande de « chauffeurs » comparut devant les assises de Saint-Omer. Mené par les frères Abel et Auguste Pollet, ce gang avait terrorisé pendant dix ans la région d'Hazebrouck avec à son actif sept assassinats, dix-huit tentatives de meurtre, des actes de torture (les brigands chauffaient, c'est-à-dire brûlaient, les pieds de leurs victimes pour les forcer à révéler l'endroit où elles cachaient leurs économies), et bien sûr d'innombrables vols.

Les frères Pollet et leurs deux lieutenants furent condamnés à mort, tandis que leurs complices écopaient de lourdes peines de prison. La cassation fut rejetée. Et cette fois, contrairement à l'habitude qu'il avait prise de commuer systématiquement toutes les condamnations à mort, le président Fallières choisit de « laisser la justice suivre son cours ».

Il fallut au bourreau moins de cinq minutes pour décapiter les quatre hommes dont les corps furent empilés dans un même panier avec leurs têtes, puis transportés à l'hôpital où l'on procéda à des autopsies.

Aristide Briand était alors ministre de la Justice dans le gouvernement Clemenceau où il tentait d'obtenir l'abolition de la peine de mort. Or il était conscient qu'il n'y parviendrait pas tant que l'opinion publique, au lieu d'éprouver de la répulsion, serait émoustillée par le « spectacle » d'une exécution. Le goût du sang, pensait-il, est entretenu par la représentation à la fois tragique et romantique que le cinéma donne de la guillotine et des suppliciés, ces hommes souvent jeunes, dont la chemise échancrée paraissait plus blanche encore – la blancheur du martyre, sinon de l'innocence – par contraste avec les habits funèbres dont étaient vêtus les officiels, et dont les yeux roulaient et lançaient des éclairs – de terreur le plus souvent, mais où les spectateurs, et surtout les spectatrices, croyaient lire du défi.

C'est pourquoi le ministre avait prescrit au service d'ordre requis pour la quadruple exécution de Béthune de s'opposer absolument à ce qu'il soit fait usage d'appareils ou de procédés quelconques pour la reproduction de la scène de l'exécution.

« Le cinéma des origines, écrit très justement l'historien du cinéma Marcel Oms, a beaucoup fait pour populariser le crime [...] comme les criminels ont beaucoup fait pour enrichir en scénarios le nouvel Art naissant. »

Ce qui se passa à Béthune ce matin-là en fut une première démonstration : bien décidés à séduire une clientèle avide de sensations fortes qui s'était prise de passion pour les exécutions capitales (Pathé dominait ses concurrents avec des films comme l'*Electrocution de Czolgosz*, l'assassin du président américain McKinley, ou *Une pendaison en Angleterre*, ou encore une exécution par garrot en Espagne, etc.), les opérateurs Pathé avaient réussi à tromper le service d'ordre et à filmer l'intégralité des quatre mises à mort.

Briand enragea, Clemenceau aussi. Sous la signature de ce dernier, un télégramme partit le jour même à destination de tous les préfets de France et d'Algérie, leur enjoignant « d'interdire radicalement tous spectacles cinématographiques publics de ce genre susceptibles de provoquer [des] manifestations troublant l'ordre et la tranquillité publics ». Si nécessaire, les préfets ne devaient pas hésiter à employer la force.

Et c'est ainsi que, ce 11 janvier 1909, par quatre têtes coupées et un télégramme, naquit officiellement la censure du cinéma en France.

Clown

Etes-vous coulrophobe ? Si oui, rassurez-vous, vous n'êtes pas tout seul : rien qu'en Europe, des centaines de milliers d'individus sont atteints de coulrophobie, c'est-à-dire de la peur panique des clowns. Une peur qui peut provoquer une accélération du rythme cardiaque, une sensation d'étouffement, des tremblements incoercibles, une émission de sueur profuse, et parfois même une syncope.

Surtout, n'en faites pas un complexe, car ce n'est pas plus risible que d'être salcicophobe (terrorisé par le saucisson) ou nanopabulophobe (effrayé par les nains de jardin). Vous auriez même des raisons d'être fier d'appartenir à la grande famille des coulrophobes, puisqu'un acteur aussi célèbre (et surtout aussi talentueux) que Johnny Depp a reconnu être victime de cette phobie,

Et si l'on cherche à vous culpabiliser en vous agitant sous le nez l'image enluminée du clown gentil, rigolo, qui fait rire les petits enfants, rétablissez la vérité : non, le clown n'est pas nécessairement un personnage sympathique et bienfaisant, ni même un être pétillant de joie et de bonheur de vivre.

Le clown monstre, ça existe aussi. En témoigne Grippe-Sou le clown, le *Ça* de Stephen King, cette entité capable de présenter de multiples apparences, dont certaines parfaitement horrifiques. Mais *Ça* étant un personnage romanesque, d'aucuns vous diront qu'il n'est pas réel, qu'il ne folâtre que dans l'imaginaire de son créateur – et accessoirement dans les cauchemars de ses lecteurs.

En revanche, le clown triste existe *in vivo*. L'Anglais Joseph Grimaldi fut l'un d'eux. Il avait de qui tenir : son père, clown lui-même, était un être sombre, obsédé par l'idée de sa mort. Il affirmait que Satan lui était apparu en rêve pour lui annoncer qu'il mourrait un premier vendredi du mois – mais sans préciser le mois ni l'année, ce qui fait que le malheureux, douze fois l'an, vivait vingt-quatre heures d'angoisse absolue ; une autre de ses terreurs était d'être enterré vivant, aussi avait-il émis comme dernière volonté que ses enfants lui coupent la tête, ce que sa fille consentit à faire, symboliquement du moins – elle garda une main posée sur la scie que manipulait le chirurgien appelé pour effectuer la décollation.

Son fils Joseph prit sa suite. Sous le nom de théâtre de Joey, il forgea et fixa l'image du clown britannique, avec son visage enfariné et les larges à-plats de rouge de son maquillage. Joseph / Joey connut le succès, et même la gloire. Mais dès qu'il sortait de scène, dès que les lumières de la rampe s'éteignaient, il devait affronter les vicissitudes, et parfois les drames, de la vie. Lorsque vint l'heure de la retraite, Joseph Grimaldi n'était plus qu'un pauvre infirme à moitié paralysé, alcoolique, dépressif (il fit une tentative de suicide, mais ne réussit qu'à se délabrer à jamais le système digestif), ruiné, seul au monde depuis qu'il avait enterré son fils unique et la femme qu'il adorait. Il suffit de lire ses *Mémoires*, qui furent édités (en réalité réécrits…) par Charles Dickens, pour constater qu'il fut bien plus souvent malheureux qu'heureux.

Mais si Joseph Grimaldi fut un clown hanté par le malheur, lui, du moins, à l'inverse de Jean-Gaspard Deburau, le célèbre mime qu'incarne Jean-Louis Barrault dans *Les Enfants du paradis* de Marcel Carné, ne frappa personne. Tandis que Debureau, un jour qu'il se promenait en famille, tua net, d'un moulinet de sa lourde canne, un garçon de quinze ans qui l'avait un peu raillé.

Le procès qui s'ensuivit, et à l'issue duquel le tribunal acquitta (!) Deburau, fut l'un des événements les plus courus de la saison parisienne : on allait enfin entendre la voix de celui que la presse qualifiait de *plus grand mime de tous les temps.* On l'entendit en effet, cette voix, et elle déçut : on préférait Deburau en Pierrot lunaire, mélancolique et surtout muet.

Le coup de canne de Deburau n'est (presque) rien à côté des atrocités que John Wayne Gacy, entre 1972 et 1978, fit subir à trente-trois jeunes garçons qu'il enleva, viola, tortura et assassina.

Ce gros bonhomme toujours si dévoué, si altruiste, qui se déguisait en Pogo le clown pour aller dans les hôpitaux distraire les enfants malades, et que tout le monde adorait – Rosalynn, la femme du président Jimmy Carter, avait même posé avec lui pour une photo qu'elle lui avait dédicacée –, était en réalité un des pires tueurs en série de l'histoire du crime aux Etats-Unis, et en tout cas celui qui reçut la sentence la plus lourde : il fut gratifié de vingt et une condamnations à la prison à vie et de douze condamnations à mort.

Son protocole était toujours le même : rôdant la nuit dans les rues de Chicago, il repérait un jeune garçon solitaire, au visage plutôt mignon, et, sous un prétexte ou un autre (Gacy était un commercial, un vendeur irrésistible capable d'embobiner à peu près n'importe qui avec son baratin), l'attirait dans sa voiture et l'emmenait chez lui.

Séparé de sa femme et de ses enfants, il habitait une jolie maison basse, briques claires et larges baies vitrées, située 8213 West Summerdale Avenue, un coin particulièrement tranquille de Norwood Park.

Une fois chez lui, il expliquait au garçon qu'il cherchait quelqu'un pour un petit boulot simple et bien payé, comme de repeindre une pièce ou poser une gouttière. Il lui offrait de la bière, des toasts tartinés de beurre de cacahuète. Quelquefois, s'il sentait son invité tendu, un peu sur le qui-vive, il se déguisait en Pogo le clown et faisait une démonstration de son talent.

Et surtout, il ne manquait jamais de persuader sa future victime de jouer à un jeu, toujours le même : le jeu des menottes. « Rien de plus facile que de se débarrasser de ces bracelets, disait-il. Le tout, c'est de connaître le truc. Je vais te le révéler, mais essaie d'abord de te libérer tout seul, d'accord ? » Le garçon n'avait pas forcément envie de se laisser menotter, même par jeu, mais il pensait au travail proposé par Gacy et au salaire confortable qui irait avec. Alors, il tendait ses poignets. « Non, non, souriait Gacy, mets tes mains derrière le dos, c'est mieux. »

Une fois sa proie entravée, Gacy changeait de ton. Il exigeait une fellation. Si le jeune homme, par peur des représailles, y consentait, Gacy le faisait mettre à genoux et lui enfonçait son sexe dans la bouche. Après avoir joui, il attendait de retrouver la vigueur nécessaire pour sodomiser sa victime.

Puis, pour finir, il l'étranglait.

Si le garçon refusait de pratiquer une fellation, Gacy le frappait pour le punir. Et il l'étranglait pareillement – mais un peu plus lentement peut-être, afin que cet idiot comprenne ce qu'il en coûtait de ne pas se plier aux désirs de John Wayne Gacy. Sa victime morte, il lui arrivait de profiter de sa « docilité » pour la sodomiser.

Venait ensuite la phase la plus délicate : faire disparaître le corps. Dès le premier meurtre, il avait imaginé d'enfouir le cadavre dans le vide sanitaire ménagé sous le plancher de sa maison. Sauf qu'il n'avait trouvé aucun moyen réellement efficace de lutter contre la puanteur des chairs en décomposition. Il avait tout essayé : encens, bougies parfumées, chaux vive, rien n'y faisait. Plus les corps s'accumulaient, plus la puanteur était incommodante. Je ne sais pas s'il vous est déjà arrivé d'être confronté à l'odeur de la mort, mais moi, pour l'avoir déjà respirée – il s'agissait du cadavre d'un noyé en état de putréfaction avancée –, j'affirme qu'elle est choquante, oui, choquante au propre comme au figuré, odieuse, insupportable.

Mais Gacy, lui, à force, il s'y habituait – à dix-sept ans, quand il avait quitté le lycée, n'avait-il pas travaillé dans un salon funéraire où il avait été au contact de cadavres pas toujours très présentables ?

Le problème, c'étaient les autres, les amis et relations qu'il invitait chez lui, et qui avaient le cœur soulevé par ces remugles qui s'infiltraient à travers le plancher. « Il doit y avoir là-dessous tout un tas de rats crevés, s'excusait Gacy. Dès demain, j'achète du désinfectant. » Mais l'ignoble émanation persistait, surtout si Gacy ajoutait un corps à ceux qui étaient déjà en train de se décomposer. « Je me suis trompé, reconnaissait-il, ce n'étaient pas des rats, mais plutôt des infiltrations dues à un tuyau d'égout qui se sera descellé. Une entreprise spécialisée doit prochainement m'arranger ça. » Bien entendu, il se gardait de faire intervenir aucune entreprise. Et malgré son don incontesté pour les grillades, les habitants de Summerdale Avenue hésitaient désormais à venir chez lui partager un barbecue. En cas d'intempéries, quand il était évident qu'on ne pourrait pas manger dehors et qu'il faudrait se réfugier à l'intérieur de la maison, tout le monde se dérobait et Gacy se retrouvait seul devant ses T-bones et ses saucisses.

Il tua ainsi trente-trois jeunes hommes. Il en dissimula vingt-neuf sous sa maison, et quand il n'y eut plus de place, il jeta les quatre autres dans la Des Plaines River.

Mais en décembre 1978, juste avant d'être assassiné, un garçon de quinze ans appelé Robert Piest s'ouvrit à un de ses camarades d'une proposition de job que lui avait faite un certain John Wayne Gacy. Ça lui paraissait fichtrement intéressant, et il prévoyait de revoir ce Mr. Gacy – un homme affable, vraiment sympathique – pour approfondir la question.

Là-dessus, Piest disparut sans laisser de traces. Son copain se rappela alors le nom et l'adresse de Gacy, et les communiqua aux policiers. Ceux-ci se présentèrent au 8 213 W. Summerdale Avenue, où Gacy les reçut très aimablement. Bien sûr, il nia avoir jamais rencontré de garçon du nom de Robert Piest. Mais tandis qu'il parlait, les policiers ne pouvaient s'empêcher de renifler cette effroyable odeur qu'ils ne connaissaient que trop et que semblait exacerber l'atmosphère surchauffée de la maison : l'odeur de la mort.

Le 10 mai 1994, au pénitencier de Stateville (Crest Hill, Illinois), John Wayne Gacy composa le menu de son dernier repas : il opta pour une douzaine de grosses crevettes frites, une belle part de Kentucky Fried Chicken avec des frites, et une livre de fraises.

Après s'être régalé, il se laissa docilement conduire jusqu'à la chambre d'exécution où on lui posa l'intraveineuse par laquelle le cocktail létal allait se répandre dans son corps. Ses derniers mots, adressés au surveillant qui le sanglait, furent : « Embrasse mon cul… »

Colette

Colette n'est pas que Colette. La dame au papier bleu (elle n'a jamais écrit que sur du papier Japon bleu qui lui « râpait moins la rétine que le blanc », qu'elle achetait au poids chez le papetier Gaubert, et dont elle s'était entichée au point d'en juponner la lampe de son bureau, nimbant sa pièce de travail d'une délicate lumière pervenche), une des écrivaines les plus charmantes et les plus charmeuses de notre histoire littéraire – relire la série si *sweet* et si *sour* des *Claudine*, les *Dialogues de bêtes* entre Toby Chien et la chatte Kiki la Doucette, et surtout son livre peut-être le plus colettien : *La Vagabonde* –, la drôle de dame fut aussi l'un des écrivains (au masculin pluriel, cette fois, car messieurs les plumitifs entrent dans la statistique) à avoir consacré le plus de leur temps à la presse : mille trois cents articles pour *Le Matin, Le Figaro, Le Journal, Paris-Soir ou Marie Claire*, etc., tous signés Colette. Et il ne s'agissait pas de répondre à des interviews ni de chroniquer le petit monde de la mode : ce pour quoi s'est passionnée Colette, c'est le fait divers bien cru, les scènes de crime où rôde encore l'odeur cuivrée du sang, et les cours d'assises où comparaissent des monstres qui en ont si peu l'air.

Elle rendra compte pour *Le Matin* du procès Landru :

> A-t-il tué ? S'il a tué, je jurerais que c'est avec ce soin paperassier, un peu maniaque, admirablement lucide, qu'il apporte au classement de ses notes, à la rédaction de ses dossiers. A-t-il tué ? Alors, c'est en sifflotant un petit air, ceint d'un tablier par crainte des taches. Un fou sadique, Landru ? Que non. Il est bien plus impénétrable, du moins pour nous. Nous imaginons à peu près ce que c'est que la fureur lubrique ou non, mais nous demeurons stupides devant le meurtrier tranquille et doux, qui tient un carnet de victimes et qui peut-être se reposa, dans sa besogne, accoudé à la fenêtre en donnant du pain aux oiseaux. Je crois que nous ne comprendrons jamais rien à Landru.

Elle donnera à *L'Intransigeant* sa vision de Violette Nozière, parricide et presque matricide :

> La mère et la fille viennent [...] de l'affreux logement étroit, le logement parisien qui déshonore l'intimité familiale. Elles viennent de la géhenne où l'on déplie, le soir, à côté d'une couche conjugale, un petit lit qu'on replie le matin. [...] C'est dans ces cages que des parents préparent et favorisent [...] les drames où le jeune monstre qui les réalise puise l'illusion de la liberté.

En mars 1939, pour *Paris-Soir*, elle suit le procès d'Eugène Weidmann, surnommé le « tueur au regard de velours », accusé de six assassinats, et qui sera le dernier condamné à être guillotiné en public :

> Des femmes se sont penchées sur ce visage, l'ont aimé à cause d'une nuance instable et claire, de la bouche qui n'a pas oublié de sourire [...] La foule des audiences d'assises [...] n'a pas manqué à soutenir la réputation du flot trouble qui s'obstine autour des hommes tachés de sang, des fillettes torturées, des cadavres en consigne, des pieds coupés veufs de chaussures [...] Une majorité féminine se pressait au tribunal de Versailles. Sustentées d'une banane, d'un petit pain et d'une lame de jambon, les frêles créatures ont passé vendredi huit, neuf heures, sans bouger [...] Elles stationnent debout jusqu'à la syncope. [...] Elles espèrent toujours le pire. Elles disent volontiers : "Quelle horreur..." et se voilent le visage. Mais elles regardent entre leurs doigts.

L'un des reportages les plus saisissants de Colette, c'est celui où elle raconta, en témoin oculaire, le siège de la maison de Choisy-le-Roi où s'étaient réfugiés les membres de la bande à Bonnot.

> J'appris qu'il faut être au premier rang, qu'il faut voir et ne pas inventer, qu'il faut palper et non imaginer, car en regardant on constate que sur des draps ensanglantés le sang frais est d'une couleur qu'on ne saurait inventer, une couleur de fête et de joie, car en touchant on apprend qu'il y a dans le contact d'un mort un secret étrange...

Auteurs de quelques crimes sordides, de casses sanglants et du premier hold-up motorisé de l'histoire du crime (ce qui excita davantage la presse que le fait que les malfaiteurs n'aient pas hésité à tirer sur la foule pour couvrir leur fuite), les tueurs de la bande à Bonnot furent auréolés d'une telle réputation d'audace et d'invincibilité (je n'ose employer le mot gloire) que l'on crut même qu'ils allaient mener un assaut contre la préfecture de police pour libérer quelques-uns de leurs complices que la police avait tout de même réussi à pincer.

Lorsque Colette entre en jeu, l'épopée sanglante touche à sa fin. Après quelques derniers coups de main aussi brutaux qu'audacieux, la présence de Jules Bonnot est signalée dans un garage appartenant à un nommé Joseph Dubois, rue Jules-Vallès à Choisy-le-Roi. Ce garage, qui fait penser à un décor de western, est un hangar en plâtre et mâchefer, donc relativement fragile, flanqué d'un escalier en bois qui conduit à deux pièces en soupente.

Le 28 avril 1912 vers 7 heures du matin, lorsque Colette, dépêchée par le journal *Le Matin*, arrive sur les lieux, un attroupement a déjà pris position devant le garage. Dans moins de deux heures, les curieux seront près de trente mille à s'égosiller *A mort, Bonnot !*, à saucissonner, à trinquer au « gros rouge qui tache », et surtout à compliquer le travail des forces de l'ordre qui doivent se priver de plusieurs escouades de policiers pour contenir la foule et empêcher les plus excités (qui étaient souvent des excité*es*, plutôt jeunes et jolies à en croire Colette) de se retrouver dans la ligne de mire de la maréchaussée.

Xavier Guichard, le chef de la Sûreté, est optimiste : du fait qu'ils n'a plus rien à perdre et qu'il est puissamment armé, Bonnot peut encore livrer un baroud d'honneur. Mais il ne pourra résister longtemps : entre les forces de l'ordre et les voisins venus participer à la curée, ils sont bien cinq cents qui se préparent à lui donner l'assaut.

Pourtant, le siège va durer cinq heures. Vers 10 heures du matin, alors que le garagiste Dubois a été abattu, et bien que plus de quatre cents coups de feu aient été tirés, Bonnot, qui surgit parfois en haut de l'escalier pour canarder furieusement les policiers, tient toujours ceux-ci en respect.

11 h 15. Il flotte comme une odeur d'hallali. Depuis une demi-heure, Bonnot n'a plus tiré une seule balle. Serait-il à court de munitions ? Ou bien blessé ? Voire mort ? En fait, là-haut dans la soupente, il s'est tranquillement assis à une table pour rédiger son testament. Le préfet Lépine n'en sait rien, mais il décide de profiter de ce répit pour faire sauter le garage. Et le bandit avec.

Sauf que c'est plus facile à dire qu'à faire. Plusieurs tentatives seront nécessaires avant de détruire une partie du bâtiment.

Après le fracas, la poussière, les flammes, on s'avance. Très prudemment. On se casse en deux, le front plonge, les fesses rebiquent, on rentre le cou dans les épaules. On crie *Rends-toi, Bonnot, c'est fini mon gars, t'as perdu, allez ! rends-toi et t'auras encore un peu à vivre…*

Bonnot ne se rend pas. Mais Bonnot ne tire pas non plus, occupé à autre chose. C'est que ça prend du temps d'écrire son testament quand on est Jules Bonnot, anarchiste, assassin – enfin, beaucoup plus assassin qu'anarchiste.

Le lieutenant Fontan grimpe l'escalier extérieur qui a résisté au dynamitage et fait irruption dans la soupente. Il tire sans viser. Viser quoi, d'ailleurs ? Fontan a beau regarder de tous côtés, Bonnot est invisible. Mais les quinze feuillets (!) de son testament sont sur la table : « Il me faut vivre ma vie. J'ai le droit de vivre, et puisque votre société imbécile et criminelle prétend me l'interdire, eh bien, tant pis pour elle, tant pis pour vous tous… »

Et lui ? Disparu ? Mais disparu comment ? Par où, disparu ?

La réponse vient d'un matelas. Ou plutôt de deux matelas mis l'un sur l'autre, comme les tranches de pain d'un sandwich. Au milieu, à la place du jambon, il y a Bonnot grièvement blessé par l'explosion. Il allonge le bras, sort une main prolongée d'un revolver, il presse la détente, la balle miaule, rate Fontan, Bonnot insulte les flics, il tourne le canon du revolver vers sa propre tête, il tire, au même instant les inspecteurs qui ont investi la soupente à la suite de Fontan mitraillent son corps de onze balles brûlantes à travers le matelas.

Colette n'a presque rien vu, ni de l'assaut ni de Bonnot qu'on emmène à l'hôpital, troué de partout et pissant le sang : « Mais cette foule nerveuse qui me serre de tous côtés invente, peut-être télépathiquement, tout ce qui se passe là-bas. […] Un arrêt brusque, puis un reflux me renversant à demi. Agenouillée, je me suspends à deux bras solides qui me secouent rageusement d'abord, puis me halent… »

Bonnot meurt avant d'arriver à l'Hôtel-Dieu. Les derniers membres de sa bande seront pris le 14 mai à Nogent-sur-Marne au terme d'un siège aussi spectaculaire que celui de Choisy-le-Roi.

Le 21 avril 1913, au moment de glisser son cou dans la lunette de la guillotine, André Soudy, le plus jeune, tuberculeux et syphilitique, dit simplement : « Il fait froid, au revoir. »

« J'ai souvent rêvé, étonnée, sur les genres divers d'hommes qui ôtent la vie à l'homme, écrira Colette. Nous ne comprenons pas grand-chose à ces gens-là : ils sont trop simples pour nous. »

Corse (Bandit)

Le fait divers en général ne sent pas bon. « Après l'homme le ver, après le ver la puanteur et l'horreur », disait saint Bernard qui, pourtant, croyait à la résurrection de la chair. Sans aller jusqu'aux extrêmes du pourrissement, la seule odeur du sang, cette odeur de métal si caractéristique, si prégnante, peut suffire à mettre très mal à l'aise quelqu'un qui, par ailleurs, supportera sans broncher la vue de blessures pourtant spectaculaires.

Et n'oublions pas le théâtre même du fait divers, qu'on appelle aujourd'hui scène de crime : la ruelle malsaine, le taudis rebutant, le terrain vague charogneux, etc., dont les remugles n'évoquent pas forcément un jardin de roses.

« Le nez fait toujours fonction de sentinelle avancée qui crie : qui va là ? », disait Brillat-Savarin. Une fois « rangée » dans notre mémoire à la façon d'un mot de passe, une odeur devient à peu près inoubliable. A la moindre sollicitation, elle nous fait traverser le temps jusqu'à l'instant précis où, pour la première fois, elle a chatouillé nos narines.

Mais du fait divers corse émane souvent un parfum de surcroît, un envoûtant parfum « en plus » : celui du *palais vert*, surnom que donnèrent les *banditi* au maquis sauvage où ils se mettaient à couvert.

Il n'y avait aucune honte, tout au contraire, à être un bandit. Dans *La Terre des Seigneurs*, ce passionné de la langue corse qu'est Gabriel Xavier Culioli (il a été notamment associé à la traduction de la Bible en langue corse) rapporte cette comptine qu'on chantait aux petits garçons :

> Quand vous serez un jeune homme
> Vous porterez les armes
> Et ne vous feront peur
> Ni gendarmes ni voltigeurs
> Et si vous êtes vaillant
> Vous deviendrez un fier bandit...

Tout homme ayant versé le sang de son ennemi pour laver une grave insulte devenait un bandit d'honneur. Recherché (mollement) par les forces de l'ordre et traqué (beaucoup plus énergiquement) par la famille de son ennemi, il n'avait d'autre ressource que de prendre le maquis.

Alors, raconte l'historien Ralph Schor, « vêtu d'un costume de velours et d'un grand manteau de drap, muni de ses armes, fusil, pistolet, stylet, la gourde et le zaîno ou havresac en bandoulière, le bandit menait une vie errante. L'aide discrète d'amis ou de parents, la familiarité du terrain lui permettaient parfois d'échapper à la justice durant de longues années. [...] Le bandit d'honneur obéissait a un véritable code moral : il attaquait seulement ses ennemis personnels et les policiers attachés à sa poursuite, il protégeait les faibles, il ne volait pas, mais pouvait s'en prendre aux usuriers et aux dénonciateurs. Il se montrait attaché à divers rites : il était souvent religieux, voire superstitieux ; il ne se taillait pas les cheveux avant d'avoir réparé le tort dont il s'estimait victime ; s'il devait venger un mort, il gardait la chemise de ce dernier comme un rappel constant de l'objectif à atteindre »...

Et quand le maquis ne suffisait pas, on en appelait au maquis du maquis (*macchia di macchia*) : un village sarde, situé de l'autre côté du détroit séparant la Sardaigne de la Corse, où se réfugiaient les *banditi* traqués d'un peu trop près, et qui restaient là, à portée de vue des côtes de leur chère île, attendant le moment de pouvoir y revenir pour retourner au maquis !

Qui étaient-ils vraiment, ces fameux bandits ? Des hommes d'honneur ou des canailles ? La figure romanesque du bandit solitaire et altier ne doit pas être l'arbre qui cache l'épaisse forêt des pendards prêts à tout pour se remplir les poches par le racket et l'extorsion de fonds. Les Corses, qui n'étaient pas dupes, appelaient d'ailleurs ces derniers *banditi perceptori* – il s'agissait en vérité de bandes de racketeurs qui invoquaient le sacro-saint statut de bandits d'honneur pour rançonner les villageois en les terrorisant, poussant parfois l'audace jusqu'à mener des raids au cœur de villes comme Ajaccio ou Bastia.

On aurait pu tout aussi bien les qualifier de *banditi omicidi* : pour la seule période comprise entre 1821 et 1846, on dénombre une moyenne de deux cents homicides par an – un net progrès par rapport à la charnière située entre le XVIIe et le XVIIIe siècle, où, sous la domination génoise, on enregistra un taux annuel de mortalité par homicide de 45,3 pour 100 000 habitants, ce qui hissait l'île au tout premier rang des régions les plus criminogènes d'Europe.

Dieu merci, il paraît que, depuis la grande éradication de 1935, il n'y a plus de bandits d'honneur dans le maquis corse.

Car ne sont pas des *banditi* ceux-là qui, à Ajaccio, dans la soirée du 6 février 1998, ont lâchement abattu le préfet Claude Erignac de trois balles de calibre 9 mm, une dans la nuque à bout portant, deux pour l'achever alors qu'il était à terre – ce sont des assassins.

A chacun son bandit corse « idéal ». Pour beaucoup, c'est Nonce Romanetti, dit le roi du maquis ; tout hors-la-loi qu'il était, il donnait de somptueuses réceptions parmi les chênes verts et les phillyreas, recueillant sur son livre d'or les paraphes d'invités aussi célèbres que le cinéaste Abel Gance ou le parfumeur François Coty, un des hommes les plus riches du monde venu demander au bandit la permission (!) de briguer le mandat de sénateur de la Corse. Cinq mille personnes assistèrent aux obsèques de Romanetti.

Pour moi, le plus touchant c'est André Spada, né à Ajaccio le 13 février 1897. Ils étaient neuf enfants chez les Spada. Le père était bûcheron-charbonnier. Tout jeune encore, André travailla avec lui dans la forêt. Faire du charbon de bois n'était pas une mince affaire : avec des branchages, on assemblait d'abord un grand dôme d'environ cinq mètres de diamètre sur deux et demi de haut, avec un puits en son centre pour y mettre le feu. Une fois ce feu allumé, le dôme était entièrement recouvert de terre. On laissait le feu couver à l'intérieur pendant de longs jours – quelquefois jusqu'à trois semaines, sans s'éloigner du dôme qu'il fallait surveiller jour et nuit. Lorsqu'on estimait le bois suffisamment brûlé, on jetait à nouveau de la terre sur le dôme pour étouffer définitivement le feu, et on laissait refroidir.

A défaut de lui apprendre un métier lucratif, ces années de formation initièrent le jeune Spada aux secrets de la forêt et du maquis, qu'il finit par connaître si bien qu'il y était aussi à l'aise dans les ténèbres que par grand soleil.

En 1917, il reçut sa feuille de route et rejoignit un régiment d'artillerie. A la fin de la guerre, il se rengagea pour aller combattre en Syrie. Trois ans plus tard, de retour en France, il postula à un poste de douanier. Mais il dut patienter plusieurs mois dans l'attente d'une réponse, qui d'ailleurs ne vint jamais.

Si l'Administration n'avait pas été si lente, le destin d'André Spada eût peut-être été tout autre. Je dis *peut-être*, car s'il n'avait pas encore lui-même transgressé la loi, du moins avait-il de mauvaises fréquentations. Il s'était notamment lié d'amitié avec un certain Antoine-Dominique Rutili réputé pour avoir le sang chaud. Et un soir d'octobre 1922, à Sari-d'Orcino, joli petit village de la moyenne montagne, ce fut le drame : Rutili, qui s'était battu avec un homme à propos d'une fille et qui avait fini par le tuer, se retrouva cerné par les gendarmes et sur le point d'être arrêté. Spada voulut défendre son ami et, sans trop réfléchir, ouvrit le feu pour permettre à Rutili de s'échapper. Il semble qu'il n'ait pas eu l'intention de tuer, seulement celle de se montrer assez menaçant pour que les gendarmes s'écartent de son ami. Mais, peut-être parce qu'on était en octobre et que la lumière était basse, rendant la visée moins précise, une des balles de Spada blessa mortellement un gendarme.

Le genre de meurtre pour lequel la justice ne montrait aucune indulgence…

Dès lors, il ne restait plus à Spada qu'à oublier son rêve de devenir douanier et à prendre le maquis. Et ce fut le début de sa descente aux enfers.

Des enfers qui, pour l'heure, avaient encore la beauté grandiose de la Cinarca, de ses immenses forêts que le vent faisait chanter, de ses côtes rocheuses découpées comme autant de balcons baroques dominant la mer, de ses hameaux accrochés à la montagne à la manière des minuscules sittelles qui, toujours la tête en bas, escaladent et dévalent les troncs gris des pins laricio.

Mais si le paysage n'était que splendeur, vivre au maquis n'était pas une sinécure. En plus d'une vigilance de tous les instants, de jour comme de nuit, il fallait organiser et entretenir un réseau de ravitailleurs – et aussi d'indicateurs qui devaient connaître le moindre mouvement de l'adversaire. Sans compter que le danger pouvait venir de la trahison d'un familier : entre une grosse somme d'argent et des promesses d'immunité, les autorités ne manquaient pas de séduisantes monnaies d'échange.

C'est retranché dans son royaume de cystes, de bruyères arborescentes, de lentisques et d'arbousiers, ivre du parfum des myrtes, des genévriers et des menthes sauvages, et armé de sa carabine à barillet et canon octogonal bronzé façon brillant (calibre .10,5), qu'André Spada, surnommé le Tigre de la Cinarca ou le Sanglier, est devenu l'un des plus terribles hors-la loi de son époque. Ce qui ne l'a pas empêché de connaître l'amour : la jeune fille s'appelait Marie, elle était jolie, et, cerise sur le gâteau, sœur de François Caviglioli, l'ami d'enfance de Spada.

Mais Marie ne résiste pas longtemps au despotisme, aux colères pour un tout pour un rien, ni surtout à la jalousie maladive de son amant. Elle le quitte – une rupture sans préavis – et va se cacher à Ajaccio où elle devient la maîtresse d'un certain Jacques Giocondi. Ce qui, bien évidemment, revient aux oreilles de Spada. Lequel, fou de rage et d'humiliation, décide de se venger en abattant la jeune fille qui a trahi son amour.

Un soir de novembre, à Poggio-Mezzana, il décharge sa carabine sur deux silhouettes en qui il a cru reconnaître Marie et son amant. Mais l'obscurité l'a trompé : ses victimes sont en réalité la jeune sœur de Giocondi et son vieil oncle.

A compter de cette nuit tragique, Spada sera hanté par les remords. Si ses crises de scrupules ne l'empêchent pas de continuer à accumuler exactions diverses et crimes de sang, il bascule dans une superstition religieuse qui, peu à peu, va tourner au mysticisme. L'habit de curé devient l'un de ses déguisements favoris. Et la bergerie qui lui sert de refuge, située sur un point culminant d'où le regard peut contrôler toutes les routes des alentours, et qu'il a placée sous la protection d'une statue en plâtre de saint Antoine de Padoue, est ornée de Sacrés Cœurs de Jésus et de Saintes Vierges en chromolithographie, de chapelets, de rameaux bénits, etc.

Paradoxalement, Spada ne semble voir aucune contradiction entre ces témoignages de piété et les actes délictueux qu'il commet par ailleurs. Car s'il a fait de sa tanière une sorte de chapelle, il a « élevé son farouche métier de bandit à la hauteur d'une entreprise commerciale ».

Il ne ralentit pas le rythme de ses attaques (lucratives) contre des fourgons postaux, et il terrorise si bien sa région que sa tête est mise à prix. Sans résultat, comme on pouvait s'y attendre : en Corse, la simple idée de dénoncer un compatriote relève de l'aberration.

Mais en 1931, un haut gradé de l'armée française, le général Fournier, reçoit mission de mettre un terme définitif aux agissements du bandit. Il va disposer pour cela d'un véritable corps expéditionnaire : deux chars d'assaut, une dizaine d'automitrailleuses, une vingtaine de camions, un avion de chasse, une meute de chiens policiers, plus trois avisos qui patrouillent le long des côtes pour empêcher par tous les moyens Spada et les quelques autres brigands qui continuent d'infester le maquis de quitter l'île.

Beaucoup d'observateurs trouvent que ce déploiement formidable est rien de moins que disproportionné, d'autant que les forces de l'ordre « ne débusquent que des chats et des lapins ». « Action certainement excessive, je dirais même quelque peu ridicule », critique le député communiste André Berthon, tandis que, dans *L'Œuvre*, Vincent de Moro-Giafferri, l'un des plus grands avocats français, réclame « de la mesure dans les mesures », et que, dans

L'Action française, le royaliste Léon Daudet ricane : « A quand l'envoi d'un corps d'armée ? »

En plus des chats et des lapins dont se gausse la presse, deux bandits sont tout de même éliminés : Caviglioli, l'ami de Spada, et Bartoli. Mais le premier est pris par des gendarmes qui étaient déjà en poste avant l'arrivée des renforts, et le second est maîtrisé par une de ses anciennes victimes.

Spada, lui, court toujours parmi les arbousiers dans les Deux Sorru et le Cruzzini. Comme l'écrit Ponson du Terrail, l'auteur des aventures de *Rocambole*, qui ne cache pas sa sympathie pour les voyous au grand cœur : « Le bandit n'a rien [...] mais la fortune de tous est à son service. Par une nuit d'orage, quand le maquis ruisselle, s'il frappe à la porte d'une hutte de berger, la hutte s'ouvre aussitôt, on le réchauffe, on l'héberge de grand cœur. A-t-il besoin de munitions, il écrit à un habitant aisé qui s'empresse de lui envoyer des cartouches... »

Mais cette opération militaro-policière ayant eu pour effet d'obliger Spada à s'éloigner de ses bases, celui-ci se trouve bientôt à court de ressources, « dormant dans des cavernes, se nourrissant de baies, de racines, d'animaux pris au collet, de poissons pêchés dans les rivières. Il ne s'approchait qu'à la nuit tombée des fermes isolées pour quémander un bout de pain, un reste de soupe. Personne ne voulait reconnaître dans ce squelette couvert de haillons, dans ce fantôme famélique, le bandit [...] qui régnait si peu de temps auparavant sur toute la région. [...] Il avait l'habitude de converser avec la Vierge Marie, d'appeler à l'aide tous les saints du calendrier[1]. »

1. Didier Daeninckx, *Têtes de Maures*, L'Archipel, Paris, 2013.

Le 22 mai 1931, un motocycliste aperçoit, dans une clairière, une sorte d'illuminé à moitié nu, portant une grande croix de bois attachée à son cou, et qui prie à genoux, levant les bras au ciel et battant sa coulpe. Le motocycliste met pied à terre, s'approche, reconnaît Spada. Il retourne à sa machine, l'enfourche et fonce vers la première gendarmerie. Moins d'une heure après, un gradé et deux gendarmes interpellent André Spada qui se laisse arrêter sans opposer de résistance.

D'abord envoyé à Marseille pour examen dans un hôpital psychiatrique, dont les médecins prétendront qu'il est un simulateur (j'en suis personnellement moins convaincu, mais il est vrai que je n'ai « évalué » Spada que sur dossier), Spada est ramené en Corse et incarcéré à la prison Sainte-Claire de Bastia.

Après trois jours d'un procès dont il semble curieusement absent, se contentant de répondre machinalement aux questions qu'on lui pose, il est condamné à mort. Verdict contre lequel il ne se révolte pas : « Dieu en a décidé ainsi », dit-il avec fatalisme.

Anatole Deibler, le bourreau venu de Paris avec ses aides, ne trouvera à Bastia aucune chambre où loger : pas un Corse ne consent à le recevoir sous son toit, et les hôteliers menacent de fermer si on veut les contraindre à héberger ce « maudit » et ses valets.

Le 22 juin 1935, à 3 h 40, les officiels réveillent Spada qui dormait paisiblement. Après avoir refusé la cigarette et le dernier verre du condamné, il déclare : « J'ai été brutal, violent, j'ai tué, pardonnez-moi. Mais un jour, la grâce de Dieu m'a touché et je n'ai plus rien fait de mal. C'est Dieu qui m'a dit de me rendre, et je me suis rendu… »

Au pied de la guillotine, il embrasse à plusieurs reprises, avec ferveur, le crucifix que lui tend l'abbé Beldogère.

Le couteau tombe à 4 h 10.

La journée sera ensoleillée, le vent presque nul, la température oscillera entre 25 et 28 °C. Un beau jour d'été.

Crime (Arme du)

Que serait le célèbre jeu *Cluedo* sans le chandelier, la corde, le tisonnier, le poignard, la clé anglaise – ou le flacon de poison, la hache et la batte de base-ball selon certaines éditions ?

Pas de crime sans une « arme » pour le perpétrer. L'homme est imaginatif, reconnaissons-lui (reconnaissons-*nous*) ça. Il a toujours rivalisé d'astuces pour inventer et affiner des méthodes de plus en plus sûres pour expédier son prochain de vie à trépas. Le but recherché est double : l'arme doit être létale (ne chinoisons pas : tuer est le but du jeu), mais aussi suffisamment subtile pour permettre un crime parfait, c'est-à-dire un crime qui n'ait pas l'air d'en être un.

La plupart des tueurs en série développent des idées machiavéliques, mais ils se contentent souvent d'armes banales : rasoir, pistolet, poison, objet contondant, étranglement.

Pour d'autres, aussi étonnant que cela paraisse, on ne sait tout simplement pas quel moyen ils ont privilégié. Ainsi Henri Désiré Landru : il y a à la fois trop de victimes (il a été « en rapport » avec deux cent quatre-vingt-trois femmes, dont dix qui ont disparu) et trop peu de corps (on n'a pu reconstituer en partie que trois d'entre eux). Du fait que cet homme, dont un journaliste affirme qu'il a « une barbe de préparateur en pharmacie » et un autre que c'est « un monsieur bien convenable, même qu'on jurerait un chef de rayon à la soie », n'a jamais avoué et que les cadavres ont été brûlés, on ne sait toujours pas quelle arme employait Landru : ses mains ou un lacet de cuir ? Ou du poison ? Ou autre chose de plus original ?

Le docteur Petiot, lui, avait vu grand : une chambre à gaz (avec becs de gaz esthétiquement dissimulés dans des boiseries) avait été aménagée dans son hôtel particulier et un judas lui permettait de regarder mourir ses victimes.

Il opérait la nuit, gazant, dépeçant et carbonisant des Juifs qui, traqués par la Gestapo, espéraient que le docteur les aiderait à gagner la zone libre ou l'Argentine. En vérité, Petiot n'était qu'un tueur en série qui profita de la guerre et de la folie des nazis pour exprimer pleinement sa propre démence. Car il était fou. Au prétexte qu'il aurait été vraiment trop bête d'attraper un dangereux virus en arrivant en Argentine, il insistait pour vacciner ses fugitifs contre les fièvres exotiques. Les prétendus vaccins étaient en réalité des solutions létales qu'il injectait aux malheureux trop confiants – non sans avoir au préalable scrupuleusement frotté à l'alcool l'endroit qu'il allait piquer. Après quoi il ne lui restait plus qu'à se saisir des objets idoines pour démembrer, découper, tronçonner ses victimes. Puis venait la phase la plus agréable du protocole : l'inventaire, toujours si lucratif, des bagages des voyageurs...

Landru et Petiot étaient des quasi-professionnels du crime. Peut-être parce qu'ils tuaient pour en tirer profit. Mais reconnaissons que leurs rituels sont un peu monotones. Alors que les assassins amateurs, eux, emploient souvent des méthodes originales pour donner la mort.

Ainsi ce sexagénaire qui, désireux de se débarrasser de sa vieille mère âgée de quatre-vingt-seize ans, n'avait rien trouvé de mieux que de lui enfoncer son dentier jusqu'au fond de la gorge. Après quoi, épuisé par son effort, il était allé s'allonger pour une sieste réparatrice. « C'est que j'ai eu un mal du diable, déclara-t-il aux policiers, à faire progresser à travers la trachée maternelle ce dentier dont les dents s'accrochaient absolument partout. Bon sang ! on aurait dit un chat refusant toutes griffes dehors de se laisser enfourner dans un sac... »

Le poison a été longtemps considéré comme un des moyens les plus efficaces, et surtout les plus discrets, d'envoyer un gêneur *ad patres*. Reste qu'injecter *discrètement* (la recherche de la discrétion étant souvent ce qui justifie l'emploi du poison) une dose létale n'est pas toujours à la portée du premier petit Borgia venu. C'est pourquoi le coup dit du « parapluie bulgare » reste un modèle du genre, surtout comparé à la pratique artisanale du « bouillon de 11 heures ». Il semble que cette sorte de super seringue perfectionnée ait été mise au point conjointement par les services secrets de Todor Jivkov, chef de l'Etat bulgare de 1971 à 1989, et par le KGB, pour supprimer sans faire de vagues le dissident Georgi Markov. Ce dernier, auteur de romans, en avait eu par-dessus la tête de voir nombre de ses ouvrages interdits de publication ou retirés des bibliothèques, et la plupart de ses pièces de théâtre censurées. Il avait donc profité d'un voyage en Italie pour passer à l'Ouest et s'établir en Grande-Bretagne. Ce que Todor Jivkov ne pouvait lui pardonner.

Un jour de septembre 1978, alors qu'il attendait l'autobus près de Waterloo Bridge, Markov fut légèrement heurté à la jambe par un homme portant un parapluie. Sur l'instant, il ne prêta qu'une attention distraite à l'incident. Mais quand il arriva au bureau qu'il occupait à la BBC World Service où il travaillait à une émission de propagande anticommuniste diffusée de l'autre côté du Rideau de fer, il eut l'impression que sa jambe, là où le parapluie de l'inconnu l'avait touchée, présentait un gonflement un peu sensible. Oh, ce n'était encore qu'une enflure sans importance, comme après une piqûre d'insecte. Mais au fil des heures, elle devint carrément douloureuse. Ne se sentant décidément pas bien, Markov préféra rentrer chez lui. Mais à peine de retour, il fut pris d'une forte fièvre tandis que des crampes abdominales lui provoquaient des vomissements incoercibles. Ne comprenant pas ce qui lui arrivait, il appela un médecin. Celui-ci estima que l'état de Markov était assez grave pour justifier une hospitalisation immédiate.

Trois jours après son admission, Georgi Markov décéda sans qu'aucun médecin ait pu dire quelle maladie l'avait si brutalement rayé du monde des vivants.

A Scotland Yard, on déteste les questions sans réponse. Aussi le patron du *Metropolitan Police Service* (nom officiel de Scotland Yard) ordonna-t-il une autopsie. Celle-ci permit de découvrir, incrusté dans le mollet du dissident bulgare, là où l'avait heurté le parapluie, un minuscule projectile métallique. Mais le plus étonnant n'était ni la taille de celui-ci (1,52 millimètre de diamètre), ni sa structure (il était creusé de deux orifices en X), mais ce qu'il avait contenu : de la ricine, l'un des poisons les plus dangereux au monde et auquel, à cette époque, on ne connaissait pas d'antidote.

Si des services secrets comme la *Darjavna Sigurnost* (la sécurité d'Etat bulgare) peuvent aisément transformer la graine de ricin en une toxine six mille fois plus virulente que le cyanure, le simple particulier, lui, doit user d'expédients moins complexes.

Le beurre, par exemple. C'est du moins l'idée géniale que croyait avoir eue un couple de Siciliens qui, après avoir immobilisé leur victime, avaient introduit une motte de beurre dans sa gorge et ses narines, bloquant ainsi sa respiration. Une fois le beurre fondu – une simple formalité au soleil de Sicile –, bien malin qui pourrait deviner la cause de la mort. Voilà du moins ce que pensaient les assassins amateurs. Mais c'était compter sans le médecin légiste qui, à défaut de pouvoir accuser la motte qui avait en effet fondu, découvrit assez de traces de beurre dans les voies respiratoires du défunt pour reconstituer toute l'affaire.

Le samedi 12 janvier 2013, à Everett (Washington), une certaine Donna Lange, cinquante ans et quatre-vingt-sept kilos, assassina son mari. Beaucoup plus fluet qu'elle, il ne mesurait que 1,69 mètre pour soixante-dix kilos tout mouillé. Lorsque la police, alertée par des voisins, pénétra dans le mobil home où vivait le couple, elle ne put que constater la mort du malheureux époux : Donna Lange l'avait asphyxié en lui coinçant le visage entre ses seins.

Mrs Lange n'est pas la première à avoir employé cette arme ô combien naturelle : trois mois auparavant, Tim Schmidt, un avocat allemand, avait accusé sa maîtresse d'avoir tenté de l'étouffer en lui pressant sur le visage sa poitrine XXL de 38 pouces. Pour qu'il se montre coopératif, elle lui avait promis qu'il allait énormément apprécier cet « amusant petit jeu sexuel ». Quand il avait compris qu'elle en voulait à sa vie, Tim Schmidt s'était débattu comme un beau diable et avait réussi à échapper à l'étreinte mortelle. Et quand il avait demandé à son amie pourquoi diable elle avait essayé de le tuer de cette façon, elle lui avait répondu : « Voyons, mon cœur, c'est évident : je voulais que tu meures de la façon la plus agréable qui soit ! »

Tous les maris ne s'en tirent pas aussi heureusement que Tim Schmidt : lasse de subir les fantasmes sodomites de son mari, Mrs. Mijtus lui enfonça un vibromasseur dans l'anus jusqu'à complète « absorption » de l'engin. Agitée de mouvements rotatifs, l'espèce de torpille, longue d'une trentaine de centimètres, provoqua d'importantes lésions organiques, ainsi qu'une hémorragie interne qui causa la mort rapide d'Alex Mijtus.

De l'avis des spécialistes, l'arme du crime idéale est un objet quotidien que l'assassin détourne de ce pourquoi il a été créé. Sachant qu'on peut tuer avec à peu près tout et n'importe quoi.

C'est ainsi qu'un délicieux gigot d'agneau, à condition d'être congelé, constitue un casse-tête des plus efficaces. Dans sa nouvelle *Coup de gigot*[1], Roald Dahl va plus loin : après avoir estourbi sa victime et fait dégeler le gigot, pourquoi l'assassin n'inviterait-il pas le médecin et les policiers venus constater le décès à déguster ladite pièce de viande, faisant ainsi disparaître l'arme du crime ?

Yoon, une ravissante jeune Coréenne de vingt-quatre ans, fut déclarée morte pour s'être étouffée en dégustant un *nakji*. Ce sont des choses qui arrivent, là-bas à Séoul, en Corée du Sud. Mais peut-être ignorez-vous ce qu'est un *nakji* ? C'est tout simplement un bébé poulpe que l'on mange vivant. Bien qu'on vous conseille de débiter ses tentacules en petits tronçons de façon à faciliter leur absorption, ça ne les empêche pas de continuer à gigoter et à se contorsionner jusqu'à deux ou trois heures après l'amputation. Il paraît que l'impression que l'on ressent en bouche est à la fois fourmillante, rare et délicate.

Or donc, un soir de printemps, miss Yoon et son fiancé Kim, en villégiature à Incheon, avaient acheté deux petits poulpes vivants – un pour chacun – dans l'intention de les savourer dans leur chambre d'hôtel. Le concierge de l'établissement leur avait souhaité bon appétit – et surtout bonne nuit, le *nakji* étant réputé pour ses vertus hautement aphrodisiaques.

Mais trente minutes ne s'étaient pas écoulées que le fiancé appelait la réception pour réclamer l'aide urgente d'un médecin : Yoon, s'affolait-il, avait perdu

1. *Lamb to the Slaughter*, 1954 – *Coup de gigot et autres histoires à faire peur*, Gallimard Jeunesse, 2007.

connaissance, et il lui semblait même qu'elle ne respirait plus très bien, sinon plus du tout...

Le médecin était accouru en hâte. Ayant remarqué l'assiette où des morceaux de bébés poulpes continuaient à se trémousser, il avait demandé si Yoon y avait goûté. Le fiancé avait répondu par l'affirmative, ajoutant qu'elle avait trouvé ça délectable. Mais quelques minutes après avoir ingéré la première bouchée, elle s'était mise à tousser et à perdre le souffle, jusqu'au moment où elle avait été terrassée par une syncope. Devinant ce qui s'était passé, le praticien avait fait conduire la jeune fille aux urgences de l'hôpital le plus proche pour procéder à une exploration de sa gorge. Et l'on avait trouvé ce à quoi il s'attendait : un tentacule encore bien vigoureux qui, au lieu de filer dans l'œsophage, avait obstrué les voies aériennes. Le médecin était parvenu à l'expulser, mais il n'avait pas pu empêcher que Yoon décède quelques jours plus tard d'une pneumopathie de déglutition, c'est-à-dire d'une infection due au passage accidentel d'aliments dans les bronches. Sans être si fréquente, une telle issue fatale peut se rencontrer quelquefois, ce qui fait que le médecin avait signé le permis d'inhumer sans sourciller.

La suspicion vint du père de Yoon quand il découvrit que sa fille, la semaine précédant sa mort, avait contracté une assurance-vie de deux cents millions de wons (plus de cent trente mille euros) au profit de son fiancé.

Pour le malheureux père, le tentacule de *nakji* n'avait été qu'une fausse piste pour tromper d'éventuels enquêteurs : Kim l'avait habilement introduit dans la gorge de Yoon alors qu'elle était déjà évanouie suite à la suffocation qu'il lui avait infligée, vraisemblablement en l'étouffant sous un oreiller.

Mais comment le prouver ? Lors du décès de la jeune fille, personne n'avait songé à réclamer une autopsie – et le corps de la pauvre Yoon avait été conduit au crématorium pour être incinéré.

Kim, lui, continue de se régaler de *nakji*. En faisant bien attention à ne pas rire au moment d'en engloutir un : un accident de tentacule est si vite arrivé…

Crime ne paie pas (Le)

C'était immuable : retour du collège vers 18 heures, je commençais par me couper une généreuse portion de tomme de Savoie que j'enfermais voluptueusement entre deux tranches de pain de campagne. Puis je me glissais sous le bureau de mon père – un meuble Régence ornementé de palmettes, suffisamment haut pour que je puisse m'y tenir assis sur les talons comme dans une tente d'Indien –, et là, ignorant superbement les voix m'enjoignant d'aller faire mes devoirs, j'attendais le passage du facteur. Dans les années 1950, la Poste assurait en effet deux tournées, la matinale et la vespérale, cette dernière comportant la livraison des journaux du soir auxquels mon père, qui adorait la presse pour avoir lui-même été journaliste, était abonné.

Celui dont je n'aurais manqué la lecture sous aucun prétexte, c'était *France-Soir* qui tirait alors à plus d'un million d'exemplaires.

Je me rappelle son encre très noire qui tachait les doigts, le bruit de long frisson que faisaient ses grandes pages quand on les tournait, son odeur de machine chaude, de métal – plus tard, quand j'aurais le bonheur d'y faire mes premières armes de journaliste, je me sentirais en pays de connaissance avec les impressionnantes structures métalliques de sa façade au 100 de la rue Réaumur, sur une ancienne emprise de la Cour des Miracles, et avec sa lourde porte « boutonnée » de grosses médailles dorées représentant des symboles du progrès. Je me souviens d'un paquebot à quatre cheminées, d'une locomotive au carénage futuriste, d'une voiture de course, et surtout d'un dirigeable qui ressemblait au Zeppelin *Hindenburg* détruit par un incendie lors de son arrivée à Lakehurst (New Jersey), fait divers qui aurait immanquablement occupé cinq colonnes à la une si *France-Soir* avait existé en 1937.

A peine mon cher journal avait-il atterri sur le bureau paternel que je m'en emparais, l'étalais sur le tapis et me plongeais dans la lecture (le mot *contemplation* serait plus juste) des trois cases quotidiennes de la bande dessinée *13 rue de l'Espoir*, parce que j'étais éperdument amoureux du visage adorable de son héroïne, Françoise Morel, dessinée par Paul Gillon. Après ces quelques minutes de flirt avec une jeune fille en (mauvais) papier journal, j'attaquais mon plat de résistance : *Le Crime ne paie pas*, autre bande dessinée, écrite par Paul Gordeaux et illustrée par divers dessinateurs dont Jean Ache (créateur d'*Arabelle la dernière sirène*), Bellus (*Clémentine Chérie*), Jean Effel, Sennep, Albert Uderzo, etc.

Occupant la colonne de gauche sur toute la hauteur de la dernière page, *Le Crime ne paie pas*, comme *Les Amours célèbres* sur la colonne de droite, était une bande dessinée verticale, l'idée de Paul Gordeaux et de Pierre Lazareff (alors le patron de *France-Soir* – et quel patron !) ayant été de donner l'impression d'une pellicule cinématographique.

Le Crime ne paie pas mettait en images et en mots des affaires criminelles qui avaient vraiment eu lieu. Les trois cents cas racontés par Paul Gordeaux, et qui couvrirent des périodes très diverses de l'Histoire en même temps qu'ils franchissaient les frontières, représentèrent plus de six mille deux cents bandes. Si la plupart ne duraient que quelques jours, d'autres se prolongeaient durant des semaines.

Tant pour le texte que pour les dessins, *Le Crime ne paie pas* s'appuyait sur une documentation irréprochable. Même s'il n'en avait pas vraiment conscience, le lecteur sentait bien que tout ce qu'on lui donnait à voir et à lire était parfaitement authentique. La moindre petite erreur historique mettait d'ailleurs Paul Gordeaux dans tous ses états. Pierre Lazareff aimait à raconter que, passant un jour près du bureau où officiait Gordeaux, il entendit celui-ci pousser des hurlements hystériques. Croyant qu'on égorgeait son collaborateur, Lazareff entrouvrit la porte, découvrant un Paul Gordeaux hors de lui qui vitupérait contre un des dessinateurs de sa série : « Quand on ne sait pas de quel côté se boutonnaient les capotes sous Napoléon, *môssieur*, on se fait peintre en bâtiment ! En tout cas, *môssieur*, on ne prétend pas travailler pour moi[1] ! »

Je n'ai pas été fait-diversier mais, comme dévoreur insatiable de sa page dédiée aux faits divers et de sa série *Le Crime ne paie pas*, je crois devoir à Lazareff et à son *France-Soir*, que d'aucuns surnommaient « le journal des chiens écrasés », une part non négligeable de mon attirance et de mon respect pour les faits divers. Oui, mon respect : Hemingway était entré au *Kansas City Star*, où on l'avait chargé des chiens écrasés, au même âge que moi à *France-Soir* (c'est hélas ! le seul point commun que j'ai avec lui), or on sait aujourd'hui combien son apprentissage du journalisme, et précisément de *ce* journalisme-*là*, a contribué à faire d'Hemingway l'immense romancier qu'il fut et qu'il demeure.

Les faits divers sont tout sauf du bla-bla-bla – tiens, au fait : bla-bla-bla est un mot inventé par l'auteur du *Crime ne paie pas*.

A propos de chiens écrasés, Paul Gordeaux faillit connaître le même sort que ces pauvres bêtes. Et au propre, pas au figuré. En effet, un soir qu'il se rendait au théâtre pour y exercer un de ses nombreux talents, en l'occurrence celui de critique dramatique, il fut fauché par une voiture qui arrivait à une vitesse excessive. L'accident lui occasionna une blessure assez sérieuse à la tête, mais il parvint tout de même à se relever. Bien que tout chancelant, il dévisagea son écraseur : « Et comment faites-vous pour vous arrêter, monsieur, quand il n'y a pas de piéton ? »

1. Raconté par Pierre Lazareff lors de la remise de la rosette de la Légion d'honneur à Paul Gordeaux.

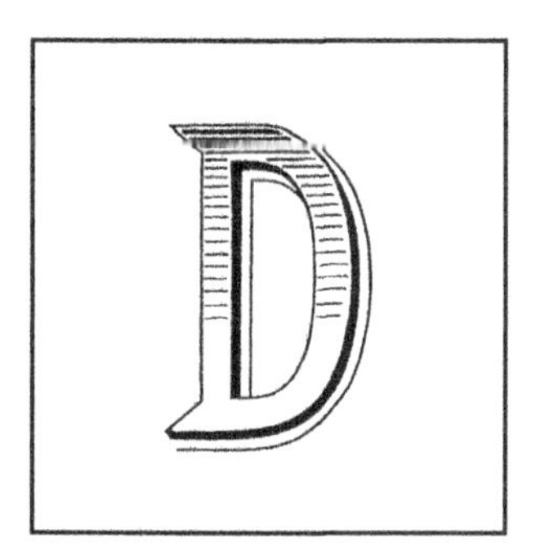
D

Dean (James)

Vendredi 30 septembre 1955. De part et d'autre de la route de Salinas, le désert est un monde toasté – mais mal toasté, il y a des parcelles carbonisées, d'autres aux pâleurs de mie, le tout recouvert d'une peu appétissante confiture de nuages prune, mauves, violets.

Un *roadrunner*, nom commun du *Geococcyx californianus* ou *Grand Géocoucou*, grand amateur de bains de soleil et oiseau coureur (il fonce à 30 km/h sur de longues distances), déchire l'espace bitume, levant dans son sillage une traîne de poussière qui n'en finit pas de retomber. Mais voici qu'à Mettler Station, planqué derrière un rocher, un vil coyote est aux aguets. Il a repéré le *roadrunner*. Il l'attend. Il le laisse passer devant lui, puis s'élance en glapissant.

Contrairement à ce qui arrive dans les dessins animés, le *roadrunner*, respectueux des lois américaines en général et californiennes en particulier, ralentit puis s'arrête sur le bord de la route.

Ce *roadrunner* est en réalité une Porsche 550 Spyder, une des plus rapides machines de son temps, et le vil coyote un policier de la California Highway Patrol.

Otie V. Hunter, c'est le nom du flic, a tout de suite reconnu le pilote de la Porsche : ce beau garçon aux cheveux blonds ébouriffés, vêtu à la diable d'un T-shirt blanc, d'une veste Harrington rouge et d'un Levi's bleu clair, portant des Ray-Ban Wayfarer, « mélange de jeune chien fou, d'enchanteur grisé de vieilles sagesses, de héros baudelairien noyé dans la ville amère et turbulente, d'enfant boudeur et d'aventurier rêvant aux domaines hantés chers à Scott Fitzgerald et Truman Capote » (ainsi le décrit Bertrand Meyer-Stabley, un de ses meilleurs biographes) –, ce beau garçon, c'est James Dean. Déjà une star, et qui flambe de tous ses feux.

Il vient d'enchaîner *A l'est d'Eden*, *La Fureur de vivre* et *Géant*. Bien que jusqu'à présent seul *A l'est d'Eden* ait été projeté, la rumeur court selon laquelle Dean serait encore plus séducteur, plus irrésistible, plus éblouissant, plus ravageur dans les deux autres films. En attendant, où qu'il entre il fait tourner les têtes.

Du coup, le flic le croyait plus grand. La taille demi-dieu. Mais non, James est un (relativement) petit homme, un musculeux petit homme mais un petit homme quand même, qui ne toise que 1,73 mètre. Il s'imaginait aussi que Dean allait le traiter de tous les noms, le menacer de faire intervenir tel ou tel des nababs d'Hollywood. Rien de cela : James Dean présente docilement ses papiers, reconnaît l'excès de vitesse, l'explique par le fait qu'il y a des semaines qu'il attend d'être libéré de la clause de son contrat lui interdisant de conduire une voiture de course tant que le tournage de *Géant* ne serait pas terminé, or ça y est, c'est chose faite depuis le mardi 27 septembre, et Dean n'a pas traîné, il a tout de suite engagé sa Porsche dans une compétition qui doit avoir lieu le dimanche suivant à Salinas.

S'il s'écoutait, Otie V. Hunter laisserait repartir James Dean sans le verbaliser. Après tout, l'excès de vitesse n'est pas si démesuré : 105 km/h sur un secteur où la vitesse est limitée à 90. « Et ça n'était pas pour rigoler, plaide Rolf Wütherich, le mécanicien personnel de Dean qui fait le trajet assis à ses côtés. Pour être fiable en course, la voiture a besoin d'être débridée. Huit cents kilomètres à grande vitesse, c'est un minimum. Or elle n'en a fait jusqu'à maintenant que trois cents. C'est pour ça que, de temps en temps, on lui laisse la bride sur le cou. » Mais l'avantage de délivrer à Dean une amende en flagrant délit, c'est que celui-ci va devoir en signer le PV. Ce qui fera un magnifique autographe pour Otie V. Hunter qui prévoit déjà de ne surtout pas faire suivre la contravention et de la garder précieusement pour lui.

Le brave flic ne sait pas que dans deux heures et quinze minutes, cet autographe, le dernier que l'acteur aura signé, va devenir une pièce historique.

A 17 h 45, aux abords de la petite ville de Cholame, la Porsche de James Dean se prépare à franchir l'intersection en Y des routes 46 et 41. Tout à sa jubilation d'emballer les cent dix chevaux de sa mécanique, le jeune homme a déjà oublié les recommandations de prudence d'Otie V. Hunter. Il roule de nouveau en excès de vitesse, et bien plus largement que lorsqu'il a été verbalisé à Mettler Station.

Sur la route qui va croiser la sienne, il remarque un véhicule Ford noir et blanc. Quelque chose comme une grosse pie. Sa trajectoire converge vers celle de la Porsche. « Eh ! ce type doit s'arrêter ! crie Dean à son mécano [il force la voix pour dominer le feulement du moteur]. Il nous a forcément vus... » Rolf Wütherich acquiesce : impossible que le type – comme dit Jimmy – ne les ait pas repérés : le crépuscule commence à envahir le désert, mais les dernières lueurs du jour ne peuvent que faire scintiller l'aluminium étincelant de la carrosserie de la 550 Spyder.

En fait, c'est tout le contraire : la brillance de la Porsche se confond avec les restes encore éblouissants du soleil.

Le conducteur de la Ford, un étudiant de vingt-trois ans nommé Donald Turnupseed, braque alors à gauche pour tourner dans la départementale 41. Ce faisant, il va couper la route de la Porsche.

L'impact est inévitable.

James Dean sent une nausée lui remplir la bouche. A la vitesse à laquelle il fonce, il comprend qu'il est trop tard pour freiner, c'est tout juste si la courte distance qui sépare les deux véhicules peut éventuellement permettre aux freins de ralentir la Spyder. C'était à l'autre, la grosse pie, de piler sec, voire d'éviter le crash en faisant une sortie de route.

A présent, la seule chance d'esquiver la collision est de tenter une de ces manœuvres extrêmes dont les pilotes de course ont le secret. Mais à 170 km/h, c'est quasiment désespéré. Et James Dean le sait.

Turnupseed, qui a enfin vu la Porsche, enfonce son avertisseur, un beuglement affolé qui se perd dans le fracas du choc. La violence avec laquelle les deux véhicules se heurtent de plein fouet est telle que la Porsche, plus légère que la lourde familiale, s'envole pour retomber dans un bruit d'apocalypse où domine la stridence suraiguë de l'aluminium déchiré.

Lorsque le capitaine Ernie Tripke et le lieutenant Ronald Nelson, de la police routière de Californie, arrivent sur les lieux de l'accident, ils trouvent James Dean prisonnier de l'épave de sa voiture. On dirait que celle-ci l'a happé, sauvagement mastiqué, et qu'elle essaie maintenant de le digérer. Le pied gauche de l'acteur, coincé par les pédales, est complètement écrasé, son thorax a été enfoncé par le volant, son cou est brisé, il a une fracture du crâne. « Dean n'était pas *très* vivant, témoigne sans rire le capitaine Tripke, mais enfin il était encore en vie… »

Rolf Wütherich a été éjecté, il s'est envolé, il a plané comme un ange avant de s'écraser sur le bitume, la mâchoire éclatée, une jambe cassée, des plaies ouvertes. Ses blessures sont sérieuses, mais le pronostic vital n'est pas engagé.

Donald Turnupseed n'a qu'une entaille au front et un écrasement du nez. Il est vrai que, comparée à la Porsche, sa Ford fait figure de char d'assaut. Le regard vide, tremblant de tous ses membres, l'étudiant divague sur la route, répétant comme une litanie : « Je ne l'ai pas vu… je ne l'ai pas vu… »

James Dean et Rolf Wütherich sont transportés à bord d'une même ambulance au Paso Robles War Memorial, un hôpital situé à une quarantaine de kilomètres du lieu de l'accident. Mais lorsque l'acteur arrive au Paso Robles, le docteur Robert Bossert, en charge des urgences, ne peut que prononcer son décès.

Pendant que Wütherich entre au bloc pour être opéré de sa jambe cassée et de sa mâchoire brisée, le corps ensanglanté de James Dean est conduit à la maison funéraire Kuehl-Nicolay où Martin Kuehl lui-même se charge de rendre sa dépouille présentable. Ce qui se révèle particulièrement difficile, car la partie gauche du visage est trop abîmée pour que Kuehl puisse, dans les délais très brefs qui lui sont accordés – le corps de l'acteur doit en effet être rapatrié à Los Angeles dès que possible –, pratiquer une restauration satisfaisante. Martin Kuehl décide alors que James Dean sera placé dans son cercueil avec le visage tourné sur la gauche et enfoui dans le creux de l'oreiller, ne laissant visible que son profil droit demeuré pratiquement intact.

Par une ironie du sort, James Dean, deux semaines plus tôt, avait tourné un spot publicitaire pour la sécurité routière. « Soyez prudent sur la route, disait-il, la vie que vous sauverez sera peut-être la mienne… »

La 550 Spyder que James Dean avait achetée une dizaine de jours avant sa mort, et qu'il avait baptisée *Little bastard* (Petite salope), était un modèle d'exception : il n'existait dans le monde que quatre-vingt-dix Porsche de ce type.

Little bastard allait garder longtemps sa réputation de voiture « différente ».

Déjà, quand Dean l'avait présentée à ses meilleurs amis, ceux-ci avaient paru troublés : George Barris, l'homme qui customisait les voitures du Tout-Hollywood, et qui avait travaillé sur *Little bastard*, avait avoué à Dean que la Porsche dégageait quelque chose de malveillant. Ursula Andress avait eu la même sensation. Quant à Alec Guinness, il s'était montré encore plus catégorique : « Elle est belle, Jimmy, mais en même temps elle est sinistre. Si tu roules avec cette voiture, la semaine prochaine tu es mort... »

C'était juste sept jours avant que Dean ne se tue au volant de *Little bastard.*

L'histoire de James Dean s'arrête ici, mais pas celle de sa Porsche ; et non seulement l'histoire de la 550 Spyder continue, mais elle devient délirante.

George Barris récupéra l'épave. Il s'efforça de nettoyer le plus gros des traces de sang qui la souillaient, et il la mit en vente comme relique. Au premier amateur qui se présenta, il la revendit pour deux mille cinq cents dollars. Livraison comprise au domicile de l'acheteur. Ce fut, pour *Little bastard*, la première occasion de montrer qu'elle n'avait rien perdu de son agressivité qui avait tant séduit James Dean : en hissant la Spyder sur le camion qui devait la conduire chez son nouveau propriétaire, un mécano se cassa méchamment la jambe.

Barris, qui avait démonté le moteur et le train de direction, les céda tous deux à Troy McHenry et William Eschrid, deux médecins fanatiques de compétitions automobiles. Ils greffèrent ces organes sur leurs propres bolides. De toute évidence, ils n'auraient pas dû : à Pomona, lors d'une course à laquelle ils s'étaient inscrits, la voiture de

McHenry se jeta contre un arbre, tuant son pilote sur le coup, tandis que celle d'Eschrid partait en tonneaux dans un virage. Grièvement blessé, le docteur Eschrid déclara que la voiture « avait pris le contrôle sur lui ».

Puis ce fut au tour de deux jeunes malfrats d'avoir maille à partir avec *Little bastard* : le premier eut le bras profondément entamé en tentant de dérober le volant, et le second se blessa sérieusement en voulant s'emparer du siège avant où, malgré les efforts de George Barris, il restait des traces du sang de James Dean.

C'en était trop pour Barris, qui décida de détruire la voiture maudite.

Mais alors qu'il s'apprêtait à la remorquer jusqu'à son lieu d'exécution, la California Highway Patrol (la police californienne de la route) lui demanda de lui prêter l'épave afin de l'exposer comme pièce à conviction des dangers de la vitesse.

A peine la dépouille de la 550 Spyder installée dans le hall d'exposition, un incendie éclata et dévora tous les véhicules présentés. Sauf *Little bastard.*

La voiture eut encore les honneurs d'une exposition, à Sacramento cette fois, à l'occasion d'une commémoration de la mort de James Dean. Mais alors, elle tomba de la plate-forme où on l'avait juchée et, dans sa chute, brisa la hanche d'un jeune étudiant.

Un peu plus tard, un jour que *Little bastard* voyageait en camion sur la route de Salinas – cette même route où James Dean était mort –, le camion qui transportait l'épave eut un accident. Par chance, son chauffeur fut éjecté et atterrit indemne dans un fossé. Mais juste comme il remerciait Dieu de l'avoir épargné, le chauffeur vit une masse sombre qui se précipitait sur lui. Avant d'avoir compris que c'était *Little bastard* qui, elle aussi, avait été projetée hors du camion, le chauffeur mourut écrasé.

George Barris préféra en revenir à sa première intention qui avait été de détruire l'épave maléfique. Mais, méfiant, il préféra ne pas procéder lui-même à l'exécution. Il fit charger l'épave sur un camion qui devait la conduire chez un ferrailleur. Or, quand le semi-remorque arriva à destination, la Porsche 550 Spyder manquait à l'appel : elle avait disparu en cours de route, sans laisser la moindre trace.

Depuis, on la cherche. Une traque longue déjà de plus de cinquante ans. Un musée automobile de l'Illinois a offert un million de dollars à qui lui apporterait *Little bastard*. Les esprits forts diront qu'il existe une explication simple et rationnelle : la voiture aura été volée au cours de son transfert, puis désossée et vendue en pièces détachées.

Le 30 novembre 2013, alors que je mettais la dernière main à cette entrée du *Dictionnaire amoureux*, un autre acteur, Paul Walker qui, avec *Fast and Furious*, avait déclenché un « tsunami de popularité » à la façon de James Dean, trouva lui aussi la mort à bord d'une Porsche ultra puissante, la mythique Carrera GT, une supersportive à ne pas mettre entre toutes les mains, capable de passer de 0 à 100 km/h en 3,9 secondes et d'atteindre les 330 km/h.

« *La route inconnue est devant nous* » : c'était la légende, un peu sibylline alors, mais qui semble étrangement prophétique aujourd'hui, de la première photo de tournage de la septième saison de *Fast and Furious*, la série dont Paul Walker était l'un des héros.

Deauville (Mort à)

Ça ne vaut pas *La Mort à Venise.* D'ailleurs, Jean-Edern Hallier n'a pas grand chose d'un Gustav von Aschenbach. Ni d'un Thomas Mann.

Mais il y a, dans la mort à Deauville d'un écrivain tombé de sa bicyclette, dans cette lumière de plomb froid d'un matin d'hiver, quelque chose de pitoyable et de dérisoire qui paradoxalement fait grandeur, comme il est vrai que, même devenue princesse et titulaire d'une garde-robe mirifique, Cendrillon ne sera jamais aussi ravissamment émouvante qu'auprès de son âtre, vêtue de ses haillons innommables.

Je ne sais pas à quelle fin Jean-Edern Hallier s'attendait, j'imagine qu'il espérait s'en aller centenaire, entouré des siens, juste assez gâteux pour qu'on lui pardonne ses dernières foucades, juste assez lucide pour se rappeler qu'il avait eu du talent, beaucoup de talent (de la même façon qu'on parle d'une conscience politique, il avait une conscience esthétique et romanesque du monde), mais je ne crois pas qu'il aurait apprécié cette mort en forme de chute sur le bitume, une chute brève et sans témoins – mourir en un instant devant une salle vide quand on a fait de sa vie un riche et long spectacle, quelle dérision !

En ce 12 janvier 1997, jour de sa mort, il résidait à l'hôtel Normandy, dans la suite 198 qu'il louait presque tous les week-ends. Il aimait le luxe et avait apparemment de quoi se le payer. En témoignent ses notes d'hôtel faramineuses, sa Ferrari, ses appartements (place des Vosges, avenue de la Grande-Armée...) – et dans le récit qu'il donne de son supposé enlèvement par d'énigmatiques Brigades révolutionnaires françaises, ses ravisseurs ne le nourrissent-ils pas de... bisque de homard ?

Ce matin-là, Jean-Edern s'est levé de bonne heure. Peut-être pour prendre le contrepied de Proust, de son *Longtemps je me suis couché de bonne heure*. Jean-Edern a toujours fait le contraire de tout et de tous. C'était un homme qu'on aurait dû observer seulement dans les miroirs qui donnent une image inversée du monde.

Il n'est pas 7 heures. Il monte sur sa bicyclette. Direction le Cyrano, un café bar où vont souvent se réchauffer les jockeys après les canters du matin. Pourquoi Jean-Edern ne prend-il pas son petit déjeuner dans sa suite du Normandy ? Il les apprécie pourtant, les petits déjeuner du palace, qu'il agrémente de coûteux suppléments. Au Cyrano, il se contente d'un Viandox, et le voilà déjà reparti.

Il roule en longeant la mer. Et soudain, crise cardiaque, embolie cérébrale ? On ne sait pas et on ne saura jamais.

Personne n'a rien vu, sauf les mouettes qui s'approchent en se dandinant.

Un employé du casino qui passait par là découvrira le corps, face contre le sol et baignant dans une flaque de sang, avec sur les mains des ecchymoses montrant que l'écrivain ne s'est pas protégé en tombant, ce qui tendrait à prouver qu'il a été foudroyé alors qu'il roulait paisiblement.

Les tenants de la thèse d'un assassinat (politique, disent-ils, forcément politique) se sont largement appuyés sur le fait que le corps de Jean-Edern n'a pas été autopsié, mais qu'on s'est hâté de lui donner des soins de thanatopraxie afin de rendre présentable son visage qui avait subi un choc plutôt violent contre le bitume. Il convient de rappeler qu'un décès sur la voie publique n'entraîne pas nécessairement une autopsie : celle-ci n'est pratiquée que si la mort est suspecte ou due à un acte criminel. Dans le cas de Jean-Edern, il semble que ce soit l'évidence d'une mort accidentelle qui ait prévalu.

La mort à Deauville de Jean-Edern Hallier, c'est l'exemple même du fait divers qui se dégonfle, qui passe de la conspiration politique avec condamnation à mort et exécution au stupide accident de bicyclette.

Mais avant ça, Jean-Edern avait fait beaucoup mieux que le fait divers qui se dégonfle : il avait pratiqué, et avec quelle maestria ! l'art très particulier, et quelquefois jubilatoire (notamment aux approches du 1er avril), du fait divers qui n'existe pas.

Un soir de 1982, en sortant d'un dîner à La Closerie des Lilas du boulevard Montparnasse, restaurant très prisé du monde littéraire, Jean-Edern Hallier disparut.

Quelques heures plus tard, un mystérieux correspondant appela l'AFP et, au nom des Brigades révolutionnaires françaises (dont personne n'avait jamais ouï parler), revendiqua l'enlèvement de l'écrivain. Le ravisseur fixa un ultimatum, mais sans l'assortir d'aucune menace. Il ne réclama pas non plus la moindre rançon.

Il semble que la famille de Jean-Edern, et en premier lieu son épouse, aient cru à la réalité de l'enlèvement. Mais la police, elle, restait extrêmement dubitative : le supposé kidnappé n'en était pas à sa première frasque ; et puis, ayant écrit un livre, *L'Honneur perdu de Mitterrand*, que dix-sept éditeurs lui avaient refusé, il avait grandement besoin de redorer son blason – or quoi de mieux que de faire la Une de tous les journaux en passant pour la victime d'une dangereuse machination, surtout si on laissait entendre qu'il y avait quelques probabilités pour que le commanditaire de l'enlèvement fût ce même Mitterrand que Jean-Edern Hallier étripait dans son livre ?

Les policiers eurent alors l'idée de piéger l'écrivain. Ils firent annoncer à la télévision que le père de Jean-Edern, le général Hallier, âgé de quatre-vingt-dix ans, était dans un état quasi désespéré. L'écrivain tomba dans le panneau. Il sortit de sa cachette (celle-là même où il se régalait d'excellente bisque de homard, et sans doute plus encore des gros titres concernant son rapt), raconta que ses ravisseurs l'avaient libéré sur le coup de 1 h 30 du matin, qu'il avait couru dans la nuit jusqu'à l'hôtel Concorde-La Fayette, Porte Maillot, où un chauffeur de taxi l'avait reconnu et pris à son bord.

Bien entendu, la police, la presse, le petit landerneau littéraire, tout le monde cria à la supercherie. Ce qui ne troubla pas le libéré de frais : « Oui, j'ai bien été enlevé.

D'ailleurs, qui vous prouve que le Jean-Edern Hallier qui vous parle est bien le vrai ? Qui les ravisseurs vous ont-ils vraiment rendu ?... »

En juillet, un engin explosif détruisit la cage d'escalier de l'appartement de Régis Debray, ami de François Mitterrand et bête noire de Jean-Edern. L'attentat, qui heureusement ne fit pas de victime, fut revendiqué par les fameuses Brigades révolutionnaires françaises – en fait, il avait été commandité par Jean-Edern, lequel se répandit partout en prétendant qu'il savait que ça devait arriver : « Mes ravisseurs m'avaient parlé de ce projet... »

Jean-Edern Hallier attendit quelques années, puis il avoua que son enlèvement avait bel et bien été une mystification qu'il avait ourdie avec la complicité d'un certain Cyril Platov. Comme il y avait prescription, il n'encourut aucune poursuite. Le dénommé Platov non plus.

A Deauville, Jean-Edern Hallier rencontra Natalie Castetz, alors envoyée spéciale de *Libération*. « Je vais mourir, lui confia-t-il. La boucle est bouclée. J'ai fait le tour. »

Détective (journal)

Au quatorzième (au moins) étage d'une haute maison de New York, dans une officine vieillotte où un œil-de-bœuf poussiéreux tamise la lumière du jour, il se balance nonchalamment sur sa chaise, un verre de bourbon à la main, les pieds sur un bureau surdimensionné dont un tiroir contient un gros revolver Smith & Wesson. Il boit par désœuvrement, juste parce qu'il n'a rien d'autre à faire en attendant le client. Lequel sera immanquablement *une* cliente (c'est un des rares avantages de ce métier de crève-la-faim), jeune femme aux lèvres très rouges (même dans une *detective story* en noir et blanc, tout le monde sait ce qui est rouge : les raies horizontales du drapeau américain, le sang, le rouge à lèvres), longue fille à la fois arrogante et désemparée qui, entre deux répliques et deux bouffées de cigarette, fera crisser ses bas en croisant et décroisant ses jambes, aimantant le regard de l'homme vers ses genoux et vers ses cuisses, surtout si le mouvement qu'elle fait dévoile les petites têtes de serpent de son porte-jarretelles.

L'homme, c'est le détective. N'allez pas attraper un torticolis en essayant de déchiffrer son nom peint au revers, et donc à l'envers, de la porte vitrée qui sépare son bureau du couloir : il y a de fortes probabilités qu'il s'appelle Matt Scudder (ancien flic, alcoolique repenti), Philip Marlowe (aussi cynique qu'il est intègre – il est vrai que ça va souvent ensemble), Lew Archer (beau mec, mais très rigide en ce qui concerne le Bien et le Mal), Mike Hammer (c'est une des enquêtes de Mike Hammer que les membres de la famille Clutter suivaient à la télévision juste avant d'être massacrés par Hickcok et Smith, les deux tueurs du chef-d'œuvre de Truman Capote* *De sang-froid*), Nero Wolfe (pas d'œil-de-bœuf poussiéreux pour lui, il habite une luxueuse maison new-yorkaise, West 35th Street, mais c'est une exception), ou Sam Spade (dont les traits sont à jamais ceux d'Humphrey Bogart)...

De la fin des années 1930 au début des sixties, tous ces types-là (*type* étant à prendre ici dans son acception de modèle générique) ont eu leur heure et demie de gloire.

Ils ont formaté les détectives à venir, ceux du nouveau cinéma policier, le « néo-noir », plus pessimiste, plus nihiliste, plus sombre et plus décalé – images contrastées à l'extrême, angles de prises de vues plus ou moins déjantées.

Mais l'un des détectives les plus captivants, et surtout les plus « inoxydables », naquit en 1928. Et celui-là était français. Il fut créé par un certain Henri La Barthe, dit Ashelbé – pseudonyme formé à partir des initiales H L B.

Auteur de romans noirs, Ashelbé travailla un peu, et d'ailleurs plutôt bien, pour le cinéma. Je lui suis reconnaissant d'avoir écrit *Le Bienfaiteur* (interprété par Raimu et réalisé par Henri Decoin – d'où ma gratitude), *Pépé le Moko* (Gabin mis en scène par Duvivier) ou *Dédée d'Anvers* (d'Yves Allégret avec Simone Signoret et Bernard Blier).

Le détective d'Ashelbé s'appelait… *Détective* ! Ce n'était pas un homme mais un journal qui, en sous-titre, se signalait comme étant *L'hebdomadaire des faits divers.*

Il est de bon (?) ton aujourd'hui de prendre un air condescendant pour parler de ce journal. Quand on ne fait pas le geste de se pincer le nez comme s'il s'agissait d'une publication nauséabonde. Avec sa Une volontairement accrocheuse (racoleuse, diront les uns) et malgré des encrages qui furent longtemps un peu ternes, un peu passés (son petit côté vintage, diront les autres), les habitués du mercredi, son jour de sortie, le repèrent au premier coup d'œil sur les présentoirs des Maisons de la Presse. Il est particulièrement inséparable du décorum des gares, ces gares laborieuses où il ne fait ni jour ni nuit, avec leurs hautes verrières où le gris des pigeons a remplacé celui des volutes de fumée. A propos, où voletaient les pigeons des gares au temps des locomotives à vapeur ? Question aussi lancinante que celle que se pose Holden Caulfield, le jeune héros de *L'Attrape-cœurs* de Salinger, sur le devenir des canards de Central Park en hiver, quand les pièces d'eau sont prises par la glace.

Curieusement, que ce soit dans les gares du petit jour où les trains réveillent des odeurs de ferraille, d'ozone, de café amer, d'eaux de toilette bon marché, ou dans les gares de nuit avec leur buffet triste et leur inévitable salade de betteraves au goût d'humus, on ne voit presque jamais personne acheter *Le Nouveau Détective*, encore moins s'asseoir pour l'ouvrir et le lire. La revue tire pourtant chaque semaine à près de quatre cent mille exemplaires. Chiffre plus que respectable, et pas seulement si l'on se réfère au paysage aujourd'hui dévasté de la presse « papier » : quel journal peut se vanter de vendre presque deux fois plus d'exemplaires qu'à l'époque de sa création voici près d'un siècle ?

Et non seulement la quantité, mais aussi la qualité : *Détective* et son successeur *Le Nouveau Détective* ont eu et ont encore des codes d'écriture, marque d'une ligne éditoriale constante qui compte pour beaucoup dans la fidélisation d'un lectorat, les adeptes d'un journal n'appréciant guère d'être bousculés par des changements de ton, de formule.

Dès le départ, *Détective* a choisi d'user d'un langage *vraiment* littéraire pour rendre compte de faits criminels que leur sordidité semble pourtant éloigner des contingences du style. Les rédacteurs des glorieux débuts faisaient d'ailleurs partie de l'élite littéraire de leur temps : *Détective* pouvait s'enorgueillir des signatures de Francis Carco et de Pierre Mac Orlan, de Sim (le futur Georges

Simenon) et de Paul Morand, de Pierre Lazareff et du journaliste judiciaire Marcel Montarron, de Jean Cocteau et d'Albert Londres, de Charles Gombault et de Philippe Djian (*alias* Dan Miller), et bien sûr de celle de Joseph Kessel dont le frère, Georges, dirigeait l'hebdomadaire.

A quoi s'ajoute que les financeurs de *Détective* étaient deux frères surdoués dont les noms défrayaient déjà la chronique du monde de l'édition : Gaston et Raymond Gallimard qui, au moment où ils lancèrent *Détective*, avaient déjà publié Paul Claudel (*L'Otage*, premier volume de la NRF) et obtenu le Goncourt pour l'un des titres les plus ravissants de l'histoire du roman français : *A l'ombre des jeunes filles en fleurs*, de Marcel Proust. Sans oublier que depuis six ans Gallimard faisait vivre un hebdomadaire exigeant, dédié aux livres et à ceux qui les écrivent : *Les Nouvelles littéraires*. Voilà qui prouve assez que, pour les Gallimard, *Détective* ne pouvait pas être une publication bas de gamme. La revue leur rendra d'ailleurs bien ce respect, cette attention, cette affection même, qu'ils lui portaient : c'est en effet « son succès qui permit d'asseoir l'indépendance financière des éditions Gallimard » (Daniel Garcia, *Lire*).

Aujourd'hui, devant la bonne santé du journal, certains imprécateurs (jaloux ?) n'hésitent pas à pratiquer l'insulte, accusant le journal d'être « gore et malsain », de « diffuser une idéologie rednecko-frontiste » et de pratiquer « un sensationnalisme de mauvais goût » dans le but de flatter les bas instincts du peuple en exacerbant ses plus exécrables réflexes sécuritaires, de xénophobie, de racisme.

Certes, *Détective* n'est pas le journal des bons sentiments. Il a choisi de rendre compte des pires atrocités dont est capable la nature humaine : homicides en tout genre, agressions, transgressions, profanations, exactions, cruautés diverses et variées – dans le domaine du mal, l'homme n'est jamais en défaut d'imagination ni de progrès. Ce n'est pas nouveau, ni pour la pauvre humanité ni pour *Détective* qui, dès ses premiers numéros, se vit reprocher de se complaire dans le sordide ; ce à quoi Joseph Kessel rétorquait que « le crime existe, il est une réalité que personne ne peut nier et pour s'en défendre, l'information vaut mieux que le silence ».

Cela posé, il serait faux de croire que *Détective* ne recule jamais devant l'horreur : Jean-Pierre Maire, qui avait quitté ce journal pour devenir chef des informations générales du *Parisien-Aujourd'hui en France*, expliquait que lorsqu'on travaillait sur l'âme humaine, il était indispensable de se fixer des limites, car, disait-il, il y avait certaines choses qui étaient trop insoutenables. Dont la pédophilie. C'est ainsi qu'un autre ancien de *Détective* confie que,

« concernant l'affaire Dutroux, on savait des choses tellement affreuses qu'on a choisi de ne pas les divulguer ».

Quant à l'accusation de mauvais goût, on peut répondre que toutes les appréciations sont dans la nature. Pour ma part, je remarque surtout qu'après avoir pendant plus de quarante ans donné carte blanche à Angelo Di Marco, l'un des plus talentueux dessinateurs de presse en général et de faits divers en particulier, *Le Nouveau Détective* a eu la non moins excellente idée de recourir à Marjolaine Caron et Louis Bachelot, connus pour avoir largement contribué à faire de l'illustration de presse un art de notre temps.

Où donc ai-je lu cette phrase : « *Tant qu'il y aura des passions humaines et des laissés-pour-compte, il faudra un journal comme* Détective... » ?

Détresse (Demoiselle en)

Cette demoiselle est pour beaucoup dans la séduction qu'ont toujours exercée sur moi les faits divers. Personnage récurrent du fait divers romancé, illustré, fantasmé, la demoiselle en détresse (dont le nom vient de l'anglais *damsel in distress*, car la chère petite est très prisée chez les Anglo-Saxons) est une jeune fille attendrissante, souvent ravissante, capturée puis détenue par un odieux personnage (*a priori* humain, mais il peut aussi être une créature dégénérée, innommable) qui la menace des sévices les plus extrêmes. Ayant épuisé tous les plaidoyers possibles et imaginables, mise dans l'impossibilité de résister à son tortionnaire (elle est le plus souvent solidement attachée), la pauvre enfant ne peut plus espérer échapper à son horrible destin que grâce à l'intervention miraculeuse d'un chevalier à l'armure éblouissante – mais à défaut d'armure, elle saura se contenter d'un jeune héros armé d'un simple pistolet.

Pour moi, tout a commencé avec une vignette reproduisant une gravure de Gustave Doré illustrant un passage héroïque du *Roland furieux* de l'Arioste : Angélique, juvénile princesse du royaume de Cathay, amenée en France par Roland qui est fou d'elle, a été enlevée par les Ebudiens. Ceux-ci l'ont attachée nue sur un rocher pour l'offrir en pâture à un orque qui, pour venir chercher sa « friandise », attend que la mer ait suffisamment monté.

Pendant qu'Angélique, terrorisée, grelotte (elle est toute nue sous le crachin breton, avec les pieds dans l'eau) et se contorsionne sous l'effet des crampes (ça, c'est à cause de la façon trop sévère dont on lui a attaché les mains), on remarque, en arrière-plan, surgissant des ténèbres, Roger chevauchant un hippogriffe. Comme chacun sait, l'hippogriffe est un brave destrier ailé qui a la tête d'un aigle et la croupe d'un cheval. C'est impressionnant à voir, mais, au bout d'un mois d'entraînement, on en fait ce qu'on veut.

Or donc, l'hippogriffe et son maître se régalaient de glissades sur l'aile, de piqués, de loopings (enfin, c'est ce que j'imaginais), lorsque Roger aperçut Angélique entravée sur son rocher. Cette jeune princesse « toute nue, tout aussi charmante que la nature l'avait formée, n'avait pas un seule voile qui pût couvrir les lys et les roses vermeilles placées à propos où leur éclat pouvait embellir un si beau corps ». Elle provoqua aussitôt « l'amour et la pitié » dans le cœur de Roger. Or c'est à cet instant que « le monstre démesuré commence à paraître ; une partie de son corps surmonte la surface de l'onde, l'autre partie reste cachée [...] Roger, la lance en arrêt, fondit alors sur le monstre[1]... ».

Etre ce Roger ou rien, voilà ce dont je rêvais à l'époque !

Un ou deux ans plus tard, lors d'une projection du film de Richard Thorpe *Ivanhoé*, je tombai éperdument amoureux d'une autre demoiselle en détresse : Rebecca d'York, fille du patriarche juif Isaac d'York. Accusée à tort et menacée du bûcher, Rebecca est sauvée *in extremis* par Ivanhoé lors d'un jugement de Dieu.

Ah ! être Ivanhoé pour faire à nouveau danser la joie de vivre dans les yeux violets de Rebecca, *alias* Elizabeth Taylor – cet *alias* et ces yeux-là expliquant sans doute mon coup de foudre.

Souvent dévêtues, emprisonnées dans des châteaux délabrés ou de lugubres monastères pour y subir des supplices qu'elles ne méritent évidemment pas, les demoiselles en détresse ont une forte charge érotique – que Sade poussera à l'extrême, d'aucuns diront jusqu'à la pornographie, notamment dans *Justine ou les malheurs de la vertu.*

Leur sensualité à fleur de papier ne confine pas ces charmantes filles dans l'Enfer des bibliothèques. Au contraire, elles sont partout, entre toutes les mains, sous tous les yeux, y compris ceux des plus jeunes lecteurs. Les couvertures de *Weird Tales* (traduction littérale : « Contes

1. Stéphane Guégan et Vincent Pomarède, *Ingres 1780-1867*, catalogue de l'exposition, Gallimard & Louvre, 2006.

bizarres »), magazine créé en 1923, sont le pré carré, l'inépuisable pépinière de demoiselles en détresse virginales, mystérieuses et très dévêtues.

Lors du lancement de *Weird Tales*, le créneau des *pulp magazines* était au faîte de son succès. Il faut dire que la recette était astucieuse : imprimées sur du papier bas de gamme à base de grossière fibre de bois, *woodpulp*, d'où le nom de *pulp magazines*, alimentées en textes souvent excellents par des auteurs encore inconnus qui, pour être publiés, acceptaient d'être payés au lance-pierre (Dashiell Hammett, Ellery Queen, ou encore Raymond Chandler, firent leurs débuts sur *Black Mask*, tandis que *Weird Tales* s'offrait la collaboration de Lovecraft et de Tennessee Williams), ces revues étaient éditées à des coûts défiant toute concurrence.

Pendant des décennies, ce fut une surenchère de couvertures affriolantes montrant de pures – mais pulpeuses – créatures soumises à toutes sortes de périls. Or toutes ne réagissaient pas de la même façon au danger : si *Weird Tales* affichait surtout des héroïnes artistiquement ligotées, le regard affolé et la bouche grande ouverte sur un cri d'effroi (ces lèvres écartées firent, paraît-il, beaucoup pour le succès de la collection), *Black Mask*, revue concurrente, alignait au contraire des jeunes personnes de caractère, souvent équipées d'armes dont, de toute évidence, elles savaient se servir.

On aurait tort de croire que les demoiselles en détresse ne hantent les fantasmes que de quelques auteurs à la libido singulièrement glauque.

Au début des années 1990, lorsque je dirigeais la fiction de France 2, la chaîne avait obtenu de Federico Fellini qu'il écrive et réalise un film pour notre antenne, avec, bien sûr, une totale liberté de création.

Je vous laisse imaginer la fébrilité avec laquelle j'attendais le synopsis qu'il avait promis d'envoyer. Un jour, enfin, atterrit sur mon bureau une enveloppe kraft qui contenait le début du fameux synopsis. Lequel n'était pas écrit mais dessiné – le dessin, qu'il pratiquait à longueur de journée (ah ! les nappes en papier des trattorias, qu'il couvrait de ses petits croquis foisonnants, faisant slalomer son crayon entre les taches de *pasta al pesto* ou *all'arrabbiata*), était pour Fellini un moyen de communication privilégié qu'il préférait quelquefois à l'expression orale.

J'avoue n'avoir pas très bien compris l'intrigue du futur film qu'il mijotait pour France 2 (ce qui n'avait d'ailleurs aucune importance, l'essentiel étant que le maestro, lui, sût dans quel rêve il voulait nous entraîner), mais je me souviens que les dessins du storyboard fellinien insistaient sur ce qui semblait devoir être une scène majeure : une adorable demoiselle en détresse, saucissonnée sur une voie de chemin de fer, sa longue chevelure dramatiquement étalée sur les cailloux du ballast, écoutait siffler le train qui s'apprêtait à la tronçonner.

Les dessins du synopsis ne décrivant que les vingt premières minutes du film, je ne saurais dire si cette demoiselle en détresse allait être sauvée par quelque jeune homme tout dévoué à sa cause, ou si le train allait la couper en deux : le 31 octobre 1993, la mort de Fellini laissa sa demoiselle orpheline et à jamais dans l'incertitude du destin qui l'attendait. Je ne m'en suis jamais vraiment consolé.

La demoiselle en détresse sait vivre avec son temps. Sans rien perdre de son charme ni de ses attraits, elle est passée de l'époque gothique à l'ère industrielle : débarrassée des chaînes inélégantes qui l'emprisonnaient dans des culs-de-basse-fosse, elle a renoué avec le plein air. Comme il fait bon se retrouver à l'air libre, même ligotée sur des rails de chemin de fer, garrottée sur le plateau de coupe d'une scierie à vapeur ou ficelée à un transformateur électrique à haute tension, voire menottée à un pédalo dont les flotteurs ont été percés pour provoquer un lent mais inéluctable naufrage !

Ce n'est évidemment pas sa faute, mais la pauvre chérie use sa jeunesse à échouer au mauvais endroit au mauvais moment et en mauvaise compagnie.

Heureusement, il y a toujours quelqu'un pour la sauver. Enfin, dans les magazines. Parce que dans la réalité, les hippogriffes n'existent pas, Roger n'a que faire d'Angélique (ou plutôt si, mais ce qu'il en fait est bien trop odieux pour être relaté), et à la fin du compte Angélique meurt noyée dans le stupre et le sang.

Dickens (Charles)

Londres, Waterloo Road, juin 1838. Elle était bien jolie, paraît-il, Eliza Grimwood, jeune prostituée de vingt-cinq ans. Malgré sa gorge ouverte d'une oreille à l'autre, malgré les profondes lacérations déchirant sa poitrine. Contrairement à ce qu'on pourrait croire, elle ne baignait pas dans son sang : lorsque la lame du couteau avait sectionné ses veines jugulaires et ses artères carotides, le sang avait giclé avec force, décrivant comme une orbe, comme un pont au-dessus de son corps, pour aller percuter et éclabousser les murs de sa chambre.

Eliza souffrait d'autres blessures à la poitrine. Le tueur l'avait poignardée avec violence, comme en témoignait la profondeur des lésions, mais sans doute était-elle déjà morte à ce moment-là car ces plaies, au contraire de celle de la gorge, n'avaient entraîné qu'une hémorragie modérée, ce qui est le signe de blessures infligées post mortem.

La jeune femme portait aussi la marque d'un commencement d'incision sur la partie arrière de son cou, comme si on avait cherché à lui couper la tête. Soit que le tueur eût été dérangé (un pas dans l'escalier, peut-être – dans les bas-fonds du quartier de Waterloo où vivait Eliza, les gens se levaient tôt), soit que le fil de son couteau fût émoussé, toujours est-il qu'il n'avait pas réussi à sectionner les muscles trapèzes ni le rachis cervical.

La sauvagerie de l'agression frappa les esprits si fortement qu'on continua d'en parler pendant des décennies. D'autant que le meurtrier ne fut jamais identifié.

Nombre des exégètes de Charles Dickens estiment aujourd'hui que l'auteur s'est largement inspiré de ce fait divers pour écrire la scène particulièrement sanglante de l'assassinat de Nancy dans *Oliver Twist*, scène qui reprend en effet la plupart des détails effroyables du crime de Waterloo Road[1].

Est-ce parce que son enfance fut particulièrement rude, qu'il fut arraché à l'école pour aller travailler dans une

1. Le meurtre d'Eliza Grimwood a eu lieu en 1838, or la première parution d'*Oliver Twist* date de 1837. Mais cette première publication se fit sous forme de feuilleton dans la revue *Bentley's Miscellany*, et l'édition revue et corrigée du roman est, elle, postérieure à 1839.

fabrique de cirage, parce qu'il respira les miasmes de Marshalsea, la prison où son père fut écroué pour une dette de quarante livres et dix shillings (!) envers un boulanger, Marshalsea où l'on n'enfermait pas seulement les débiteurs mais aussi les déviants sexuels ? Toujours est-il que Dickens, comme une multitude d'écrivains, se passionna pour les faits divers. Non seulement il les exploita avec le bonheur – avec le génie – que l'on sait, mais il fut lui-même impliqué dans un des faits divers les plus dramatiques qui soient : un accident de chemin de fer.

Le 9 juin 1865, Dickens revient d'un séjour à Paris. Il voyage en compagnie d'Ellen Ternan et de la mère de celle-ci.

Un voyage que l'écrivain souhaite aussi discret que possible : Ellen est une jeune actrice, elle n'avait que dix-huit ans quand il l'a rencontrée et qu'il en est tombé éperdument amoureux ; mais il est marié à Catherine Hogarth, et, pour ne pas blesser sa femme qui lui a donné dix enfants, aussi bien que pour ne pas choquer ses innombrables lecteurs (l'engouement qu'il suscite est tel que lorsqu'il donne une lecture publique d'une de ses œuvres, on s'y bouscule au point que certains auditeurs qui n'ont pas trouvé de place assise paient pour avoir le droit de se percher sur les lustres éclairant la salle !), il est hors de question qu'il officialise sa liaison avec Ellen.

Le South Eastern Railway, le « train de la marée », comme le surnomment les Anglais, quitte Folkestone pour Londres à 2 h 38 de l'après-midi.

Dickens, Ellen et sa mère ont pris place dans un wagon de première classe. Une demi-heure après le départ, en parfait respect de l'horaire prévu, le train passe le bourg de Headcorn, dans le Kent. Tandis que Mrs. Ternan regarde défiler les villages d'où émergent les cornettes blanches des séchoirs à houblon, Dickens contemple amoureusement sa chère petite Ellen qui, les yeux clos pour mieux se concentrer, mémorise à mi-voix les répliques de son prochain rôle.

Le train approche maintenant du viaduc de Staplehurst grâce auquel il va passer à plusieurs mètres au-dessus d'un torrent boueux. Or d'importants travaux de réfection de la voie sont en cours sur ce pont où deux longueurs de rails ont été enlevées pour être remplacées – la compagnie du South Eastern Railway est réputée pour le souci qu'elle a du bon état de son matériel.

Avant de faire procéder à la dépose, le chef d'équipe des cheminots a bien entendu consulté l'horaire que lui a fourni la compagnie ; mais, pour une raison ou pour une autre, il s'est persuadé qu'il restait au moins deux heures avant que le « train de la marée » ne franchisse le viaduc. Il a tout de même envoyé en amont un ouvrier, un certain John Wiles, équipé d'un drapeau rouge et de pétards à placer sur les rails. Mais Wiles s'est posté à cinq cents mètres du pont, distance notoirement insuffisante pour permettre l'arrêt d'un convoi aussi lourd que le train de la marée ; et partant du principe que le soleil brillait et que son drapeau rouge serait donc un signal suffisamment visible pour alerter le mécanicien d'un train en cas de danger sur la voie, John Wiles a omis de disposer les pétards.

Déboulant à 50 miles/h[1], le mécanicien de la locomotive Cudworth, une machine montée sur d'énormes roues de plus de deux mètres de diamètre, voit en effet Wiles qui agite frénétiquement son drapeau rouge. Actionnant

1. 80,47 km/h.

le sifflet de sa machine selon une modulation particulière, il signale à son serre-frein, qui voyage dans un fourgon attelé derrière la locomotive, d'avoir à tourner à bloc le volant qui agit sur les patins de freinage.

Le serre-frein obéit, mais il est trop tard. Dans un hurlement de métal martyrisé, la Cudworth 199 ralentit – sa vitesse va diminuer de moitié – mais elle ne s'arrête pas.

Alors, malgré les rails manquant soudain sous ses roues, le train continue sa course, ses roues labourant le ballast et sciant les traverses. Il se met à gîter d'un bord sur l'autre, comme un navire prêt à se coucher sur le flanc. La locomotive et son tender, ainsi que le fourgon du serre-frein et une première voiture, réussissent à se maintenir en équilibre. Mais le reste du train bascule et, dans un épouvantable fracas, verse dans la rivière en contrebas. Tous les wagons de première classe tombent en se disloquant, blessant ou tuant leurs occupants, excepté celui où se trouvent Dickens, Ellen et Mrs. Ternan, qui reste miraculeusement suspendu entre le tablier du pont et le vide.

Situation passablement inconfortable, mais pas encore désespérée.

Tout en s'efforçant de rassurer Ellen, qui a été sérieusement blessée au bras gauche, et d'empêcher Mrs. Ternan de céder à la panique, Dickens, agrippé au dossier de sa banquette pour ne pas tomber dans le vide, aperçoit deux cheminots qui courent le long du pont.

— Ohé, leur crie-t-il, regardez-moi ! Au nom de Dieu, arrêtez-vous un instant et regardez-moi – est-ce que vous me reconnaissez ?

L'un des cheminots lui dit qu'il a l'air d'être Mr. Dickens, le très célèbre Mr. Dickens.

— En effet, répond Dickens, c'est bien moi. Alors lancez-moi votre clé de service[1], et je me charge de faire évacuer cette voiture.

Lui-même étant d'assez petite taille, il réussit à passer par la fenêtre du compartiment. Une fois à l'extérieur, il déverrouille les portières et aide les voyageurs à quitter le wagon dangereusement suspendu au-dessus du vide.

Certains sont sérieusement blessés, comme cette jeune femme que Dickens parvient à conduire jusqu'à un arbre contre lequel il l'adosse. La voyant sur le point de défaillir, il lui glisse entre les lèvres une flasque de brandy dont il lui fait boire une gorgée.

— J'ai encore quelques personnes à faire sortir du wagon, mais ce ne sera pas long, je vais vite revenir auprès de vous. Courage, ça va aller…

Mais quelques instants plus tard, quand il passe à nouveau devant la jeune femme, il constate qu'elle est morte. Il n'a plus qu'à lui fermer les yeux et à retourner sur le lieu de l'accident.

1. A l'époque, par mesure de sécurité, les portières étaient verrouillées au moment du départ par les chefs de train.

Trois heures durant, Dickens ira ainsi de l'un à l'autre, essayant de réconforter les survivants, leur prodiguant sa petite réserve de brandy et se servant de son chapeau haut de forme pour aller puiser de l'eau dans la rivière Beult (celle-là même qu'enjambe le viaduc) et porter à boire aux blessés.

Lorsque les secours officiels viennent enfin le relayer, il se hâte de faire partir pour Londres Ellen et sa mère. Car médecins et infirmiers sont accompagnés de journalistes, et Dickens veut éviter à tout prix que sa liaison avec Ellen ne s'étale au grand jour. C'est pour la même raison qu'il jouera de son prestige pour faire supprimer le nom des Ternan de la liste des passagers du Folkestone-Londres, et qu'il refusera de se présenter comme témoin lors de l'enquête judiciaire.

La catastrophe de Staplehurst fit dix morts et quarante blessés, dont quatorze grièvement.

Au moment de quitter le viaduc, Dickens se rappela soudain qu'il avait oublié son manteau dans le wagon qui accusait un équilibre de plus en plus précaire. Certes, il était bien assez riche pour s'acheter un autre manteau – mais celui qu'il avait laissé dans le train avait des poches particulièrement profondes, et l'une de ces poches contenait le manuscrit du dernier épisode de son nouveau roman, *L'Ami commun*. Alors, malgré le risque qu'il courait de déstabiliser définitivement le wagon, de précipiter sa chute et d'être écrasé sous lui, il grimpa de nouveau sur le viaduc, se faufila comme un chat à l'intérieur du wagon qui oscillait dangereusement, réussit à retrouver son manteau parmi les parois fracassées, les éclats de verre et les éléments métalliques sur lesquels un faux mouvement pouvait à tout instant l'embrocher, et il récupéra son manuscrit...

Di Marco (Angelo)

J'ai toujours rêvé d'avoir un cinéma. Une petite salle en province, dans une ville au-dessus de la Loire (pour bénéficier du mauvais temps, de la pluie, des frimas, des brouillards bas, car tout ça contribue pour beaucoup à remplir un cinéma) traversée par une rivière un peu molle, traînant de longues algues, ondulant entre deux quais de granit gris. A l'angle de deux rues, mon cinéma aurait eu un fronton encadré de néons, et sur ce fronton une affiche qui aurait changé chaque semaine, une affiche aguicheuse (si, si, une affiche de cinoche, comme d'ailleurs une jaquette de livre, se doit d'être racoleuse, elle doit « sentir bon dans la tête », donner faim comme l'intitulé de certains plats sur un menu d'auberge – ah ! le nombre de macaronis au gratin, de lièvres à la royale, de soupes du pêcheur comme à Marseille, qui m'ont fait entrer dans des bistrots dont je n'avais pourtant pas prévu de pousser la porte), une image qui à elle toute seule, dans la nuit mouillée de mon angle de rues provinciales, aurait en un clin d'œil fait saisir le sujet du film, son atmosphère, son pitch comme on dit aujourd'hui – et comme il m'aurait fallu pour dessiner cette affiche un illustrateur hors pair, un génie, un diable, un envoûteur en somme, j'aurais engagé Angelo Di Marco.

Je n'ai jamais eu ce cinéma, mais, quand j'étais enfant, j'avais une chambre, « ma » chambre, et cette chambre, tout au bout du couloir, tout au nord de l'appartement familial, avait une porte que j'avais déguisée en façade de cinéma.

Cette porte s'ouvrait sur une salle de spectacle qui n'existait pas, sauf pour moi : je l'avais appelée le Royal et Impérial Palace Cinéma, elle comportait un orchestre et deux balcons face à un écran bordé de noir devant lequel s'écartait un lourd et solennel rideau cramoisi.

Sur ma porte-fronton, je punaisais chaque semaine l'affiche d'un nouveau film. Des affiches faites maison, découpées, collées, coloriées au besoin, des affiches réunissant des castings improbables pour des chefs-d'œuvre imaginaires, et dont je puisais les éléments partout où je pouvais trouver des images, depuis les tablettes de chocolat lait-noisettes jusqu'aux journaux auxquels mes parents étaient abonnés. *Cinémonde* constituait une mine inépuisable, mais aussi *Mon Film* (j'ai encore en mémoire la bouche humide et les yeux bleus de l'adorable Jean Peters – que la revue orthographiait Jeanne ! – dans *Capitaine de Castille* ou dans *La Lance brisée*), *L'Ecran Français*, *L'Avant-Scène Cinéma* ou *Ciné-Miroir*.

Mais ma préférence allait aux dessins d'Angelo Di Marco dont les assassins aux longs coutelas et les victimes pantelantes, frissonnantes et hurlantes, désespéraient ma mère : « Mais enfin, Didier, tu n'as rien de moins horrible à coller sur ta porte ? » Je tentais bien d'expliquer qu'il s'agissait de la campagne d'affichage des films que je programmais dans mon-cinéma-dans-la-ville-au-bord-de-la-rivière, mais on ne me croyait pas : là où scintillait dans la nuit brouillée de pluie le fronton illuminé du Royal et Impérial Palace Cinéma, les adultes ne voyaient qu'une porte…

Angelo Di Marco est aux faits divers ce que Fra Angelico est au monde des anges, Toulouse-Lautrec à celui des danseuses de Cancan, et Claude Monet à la nonchalance des nymphéas aux teintes de guimauve.

Illustrateur privilégié de *Détective*, mais aussi de *Radar*, *France-Soir* et *France Dimanche*, il fut donc le maître incontesté des femmes égorgées, des jouvencelles séquestrées, des bébés noyés, brûlés, défenestrés (même si ce fut toujours à contrecœur qu'il peignit le mal fait aux enfants), des vieillards torturés pour leur faire avouer où ils cachaient leur magot.

Il a dessiné, sans omettre un détail, avec une précision quasi chirurgicale, à peu près toutes les abominations que l'homme est capable d'infliger à son semblable. Et surtout à sa semblable, car il faut reconnaître que c'est dans le portrait des jeunes femmes tourmentées qu'il excellait par-dessus tout. Il avait un don particulier pour figurer leur effroi, pour restituer la panique sans nom qui inondait soudain leurs grands yeux écarquillés. Leurs yeux, oui, leur regard, car il cherchait davantage à traduire leur stupéfaction, leur épouvante, leur douleur psychique (*Pourquoi me fait-on ça à moi ? En quoi ai-je mérité d'être ainsi foudroyée, massacrée, exterminée ?*), plutôt qu'à offrir en pâture les blessures qu'elles recevaient.

Bien que considéré comme un hyperréaliste, Angelo Di Marco était d'abord un introspectif qui privilégiait le subjectif sur l'objectif. Ce qui explique son choix de traiter chaque scène en saisissant les microsecondes précédant l'accomplissement du drame, juste avant que la lame du poignard ou la balle du revolver ne pénètrent la chair : « Pour moi, dit-il dans une interview rapportée par *Libération*, la nature même de mes dessins protège la victime puisque j'arrête le geste du meurtrier juste avant qu'il ne se produise. La victime reste ainsi sauve pour la postérité. »

Grâce au choix des angles, aux mimiques, aux expressions des personnages, à la précision de l'atmosphère qu'il restitue, ses dessins remplacent l'instantané impossible à prendre au moment du drame.

C'est grâce à cette minutie, à cette passion du réel, qu'il permit un jour aux policiers d'identifier un meurtrier : « C'était en 1959. Je m'étais rendu à la PJ, au fameux 36, quai des Orfèvres, où la voisine de palier de la victime m'a décrit le type qu'elle avait entrevu. Je dessinais, elle rectifiait, je redessinais, elle rerectifiait – bref, ça a duré trois heures. *Détective* a publié ce portrait-robot à la Une, et peu après, grâce à ça, le gars a été arrêté. Aujourd'hui, on arrive au même résultat en faisant des simulations sur ordinateur. Mais à l'époque, c'était pas mal, non ? »

Chez ce passionné de jazz (c'est un virtuose de la clarinette), cet univers de réalisme où la peur et la douleur côtoient l'insolite n'exclut pas l'humour et la dérision, ni non plus l'érotisme qu'il pratiqua sous le pseudonyme d'Arcor, sans toutefois me paraître très convaincant – mais était-il convaincu lui-même ?

Consécration suprême et méritée : en 2004 fut inauguré à Troyes (Aube) le Musée Di Marco, entièrement consacré à son art – oui, j'ai bien écrit son *art*, et je persiste et signe.

Domestiques

Cuisinières, femmes de ménage, gardiens de propriété, gouvernantes, jardiniers, majordomes, nounous, filles au pair, valets de chambre, chauffeurs, intendants : les domestiques ont très largement contribué à l'élévation du niveau de vie de la société bourgeoise du XIXe siècle, certains s'intégrant si parfaitement, si intimement au foyer qu'ils servaient, qu'ils en sont devenus des membres à part entière – selon l'expression consacrée, « ils faisaient partie de la famille ».

C'est ainsi que mes grands-parents maternels ont été dorlotés pendant près de quarante ans par une cuisinière paloise prénommée Maria, championne tous azimuts de la quenelle de veau (c'est pourtant un truc bête, la quenelle de veau, mais concocté « à la Maria » c'était à trembler de bonheur), de la bouillabaisse blanche (de la lotte, du saint-pierre, de la daurade, du merlu et de la rascasse « nageant » dans un bouillon au fenouil incroyablement délicat et parfumé) et du malakoff, un gâteau constitué d'œufs montés en neige auxquels on incorporait du caramel bouillant – autant dire qu'il fallait un sacré tour de main pour réussir à marier ces deux éléments, le résultat final devant, en cas de succès, ressembler à une sorte de montagne couleur d'or fané dans les ravines de laquelle dégoulinaient des coulées de crème anglaise.

Dois-je ajouter qu'en surcroît de ses talents culinaires, Maria avait aussi un cœur gros comme ça ?

D'autres gens de maison vivaient au contraire de façon satellitaire, orbitant autour (mais à l'écart) des « maîtres » dans des unités de vie en quelque sorte périphériques, telles celles décrites dans le film de Robert Altman *Gosford Park* – et bien entendu dans *La Règle du jeu* de Renoir auquel le film d'Altman fait de nombreuses références –, dans *Les Femmes du sixième étage* de Philippe Le Guay, ou dans *Les Vestiges du jour* de James Ivory. Alors deux mondes se croisent, mais sans s'interpénétrer, sans aller guère plus loin qu'un échange de frôlements, chacun respectant les prérogatives de l'autre. Dont la plus notable est peut-être que les maîtres sont immuables alors que les domestiques semblent interchangeables.

Sauf cas de déviance, je ne crois pas qu'il y ait une quelconque filiation (je dis bien filiation, c'est-à-dire descendance directe, et non pas similitude de destin) entre les esclaves de l'Antiquité, ou, plus près de nous, ceux qui furent soumis au très inique Code Noir de Colbert, et les employés de maison. Leur seul point commun pourrait être l'appréhension qu'ont inspirée les uns et les autres du fait de leur nombre, susceptible de constituer une menace. Comme s'en effrayait Platon, « très proches de leur maître [les esclaves] sont des ennemis toujours possibles ». A Paris, au tournant des XIXe et XXe siècles, les domestiques étaient environ deux cent mille « logés par et chez leurs maîtres », et ayant donc intimement affaire à eux. Or les frictions inévitables du « vivre ensemble » au quotidien faisaient souvent du maître un personnage antipathique et du domestique un être insubordonné et réfractaire.

Les assassinats commis par des domestiques sur la personne de leurs maîtres apparaissaient d'autant plus monstrueux qu'il s'y ajoutait une notion de trahison et de profanation. Et parfois d'insoutenable cruauté, comme dans le cas des sœurs Papin qui traitèrent leurs victimes

(leur patronne, Mme Lancelin, et sa fille Geneviève) exactement comme s'il se fût agi de deux lapins à apprêter pour la cuisson : elles commencèrent par leur arracher les yeux avec leurs doigts, puis les assommèrent à l'aide d'un marteau avant de leur infliger de profondes entailles avec un couteau – des *ciselures*, comme l'indiquaient leur propre livre de cuisine.

La répulsion devant des actes aussi barbares se double d'une fascination pour l'astuce de certaines domestiques, telle cette Hélène Jégado qui exerça dix-huit ans durant le métier de cuisinière dans des presbytères et des maisons bourgeoises, et qui est créditée – notamment par Jean Teulé qui a formidablement raconté son histoire dans *Fleur de tonnerre* – d'au moins soixante empoisonnements à l'arsenic, ou comme cette gouvernante qui tua lentement le vieillard dont elle s'occupait en lui faisant prendre six bains par jour afin de l'affaiblir. Il adorait ça et n'y voyait que du feu !

Un des crimes de domestiques qui fit le plus de bruit à Paris, connu sous le nom de mystère de la rue de la Pépinière, ou affaire Renard, se déroula en juin 1908.

Oublié aujourd'hui, il déchaîna pourtant les passions : « Il n'est pas un Parisien, écrivit alors le journal *La Presse*, qui, depuis quelques semaines, ne se soit cru un rival de Sherlock Holmes. Jamais on n'a tant philosophé sur la psychologie des criminels et expliqué avec plus de perspicacité la méthode d'information. [...] Pour l'heure, nous sommes divisés en deux camps : les Renardistes, qui croient à l'innocence du maître d'hôtel, et les Anti-renardistes, qui le considèrent comme le véritable instigateur de l'assassinat. Avec un peu d'imagination, on se croirait revenu aux beaux jours de l'Affaire... » L'Affaire, bien sûr, c'était l'affaire Dreyfus encore dans toutes les mémoires.

Dans l'affaire Renard, le facteur segmentant n'est pas l'antisémitisme mais l'homophobie.

Ce fait divers met en scène un maître d'hôtel tout empreint de dignité compassée, Pierre Renard, âgé de quarante-huit ans, homosexuel bien que marié et père de deux enfants, et un riche banquier à la retraite, Auguste-Henri-Célestin Rémy, soixante-dix-sept ans, ainsi que le neveu de ce dernier, un blondinet un peu benêt, Léon Raingo, qui n'a que seize ans, sans oublier Georges Courtois, juvénile valet de chambre de dix-sept ans au moment des faits.

Décor : un ravissant petit hôtel particulier sis au 25 de la rue de la Pépinière.

Le 6 juin 1908, veille de la Pentecôte, par une nuit particulièrement chaude, le banquier Rémy est assassiné pendant son sommeil de plusieurs coups de couteau qui lui sont assénés avec une violence extrême. Dans un premier temps, la police conclut à un cambriolage qui a mal tourné. Elle en veut pour preuve les trois verres de vin découverts à l'office, que les malfaiteurs se sont apparemment octroyés pour se donner du courage. Puis ils sont passés à l'action, faisant main basse sur des bijoux et des billets de banque. Ont-ils fait du bruit et réveillé le vieillard qui, alors, aurait tenté de se rebeller ? Il semble en tout cas que les voleurs, devenus des assassins, aient fui précipitamment en empruntant la grande porte donnant sur la rue et qu'on a retrouvée entrebâillée.

Interrogé, Pierre Renard affirme qu'il dormait et qu'il n'a rien entendu. *Idem* pour Mme Rémy (les deux époux faisaient chambre à part), pour les cuisinières, pour le valet Georges Courtois, et pour le jeune Léon Raingo.

L'enquête va piétiner ainsi jusqu'au 26 juin, date à laquelle les policiers découvrent les préférences sexuelles du maître d'hôtel, et, surtout, que celui-ci avait une liaison « contre nature » avec Léon Raingo. Dans le contexte de l'époque, cela suffit pour arrêter Pierre Renard et le placer en détention provisoire. D'autant que d'autres révélations viennent enrichir le dossier : on s'aperçoit en effet que Renard, lors d'un autre placement, a été poursuivi dans une affaire de vol, mais qu'il a bénéficié d'un non-lieu ; quant aux autres domestiques de la rue de la Pépinière, ils n'ont pas de mots assez durs pour accabler le maître d'hôtel qui, paraît-il, leur rendait la vie impossible au point que plusieurs avaient préféré chercher une autre place. « Il était pointilleux, se plaignent les cuisinières, toujours à tout contrôler, comme s'il avait peur qu'on puisse mettre en doute son honnêteté. Et avec ça, fallait voir comme il jouait au monsieur, jamais il ne se serait arrêté à causer ou à boire chez les commerçants du quartier... »

Et comme il était sévère avec ce pauvre Georges Courtois !

C'est justement du « pauvre » Georges Courtois que va venir le coup de grâce. Trois semaines après Renard, c'est à son tour d'être arrêté : on a en effet retrouvé dans un de ses vêtements les bijoux dérobés par les prétendus cambrioleurs.

Courtois n'essaie même pas de nier : ces joyaux, c'est sa récompense pour avoir participé au meurtre d'Auguste Rémy. Un meurtre qui n'était pas son idée, et d'ailleurs ce n'est pas lui qui a donné les coups de couteau : celui qui a tout manigancé, tout régenté, c'est Pierre Renard.

Ce que va révéler Courtois – à condition que ce soit vrai – dénote chez Renard un rare mélange de sang-froid, de cynisme et de perversité.

A entendre les accusations du valet, le maître d'hôtel se serait entiché du jeune Léon Raingo, qu'il attirait fréquemment dans sa chambre pour se livrer sur lui à des attouchements. Raingo n'était pas un homosexuel convaincu, mais Renard l'impressionnait avec son visage toujours rasé de près, ses cheveux blancs bien lissés, son costume impeccablement coupé – « tout cela qui lui donnait, écrira un journaliste de *L'Humanité*, l'air d'un milliardaire américain ».

Or les Rémy se préparaient à partir pour leur maison de campagne où ils comptaient résider jusqu'à l'automne. Bien entendu, leur domesticité les suivait, maître d'hôtel en tête. Ainsi que Léon Raingo qui, tous les ans, était du voyage. Mais cette année, curieusement, le banquier avait décidé que son neveu irait chez sa grand-mère : « Il avait découvert ce qui se passait entre Renard et cet idiot de Léon, expliqua Courtois, et il comptait sur ce déplacement pour les séparer sans que ça fasse de scandale : loin des yeux, loin du cœur, et le tour serait joué ! C'est pour ne pas perdre son cher Léon que Renard a imaginé de tuer le pauvre monsieur. Et il l'a fait. »

Courtois raconta alors comment Pierre Renard, la nuit du 6 juin, était venu le réveiller parce qu'il avait besoin de son aide « pour faire son affaire au vieux ». Le jeune valet prétendit avoir obéi parce que Renard exerçait sur lui un ascendant irrésistible : « Lorsqu'il ne pouvait pas assouvir ses désirs pervers avec Léon, il se rabattait sur moi. Je n'aimais pas ça, mais avec lui on ne discutait pas. Alors ça a été pareil cette nuit-là : je devais l'aider à tuer Monsieur, sinon il m'arriverait des choses horribles. Il était nu comme un ver, et il m'ordonna de me dénuder complètement moi aussi. Ce n'est qu'après que j'ai compris pourquoi : il savait que le sang du banquier allait gicler partout, et il voulait éviter qu'il ne souille nos chemises et nos caleçons. C'est que c'est rudement difficile à faire partir, le sang… »

Cette histoire de nudité totale des deux hommes n'est pas un simple détail d'atmosphère : elle jette un doute sérieux sur l'authenticité des accusations portées par Courtois contre Renard.

En effet, Courtois aurait dû remarquer deux choses qu'*il ne pouvait pas ne pas voir* s'il avait eu des relations sexuelles avec le maître d'hôtel et si, comme il le soutenait, Renard et lui étaient nus pour assassiner leur maître.

La première, c'est que Pierre Renard était atteint d'hypospadias, c'est-à-dire que son urètre était situé sur la face inférieure du pénis au lieu d'être à son extrémité. Or Courtois n'a parlé de cette étrange malformation que tardivement, après avoir eu connaissance du rapport d'un médecin ayant examiné Pierre Renard.

Il n'a pas non plus fait allusion au fait que le maître d'hôtel portait en permanence un bandage herniaire si serré que, même quand il l'ôtait, sa marque restait imprimée dans sa chair, comme en témoigna une expertise médicale.

Signaler ces « détails » – l'hypospadias et la marque profonde du bandage – aurait apporté la preuve que Courtois disait vrai quand il affirmait avoir vu Renard nu au moins dans deux circonstances : quand il faisait l'amour avec lui, et durant la nuit du meurtre. *A contrario*, ne pas le signaler pouvait laisser supposer qu'il mentait sur un point important – et en ce cas, pourquoi n'aurait-il pas menti sur d'autres ?

Malgré la démonstration que le témoignage de Georges Courtois manquait pour le moins de fiabilité, malgré les protestations d'innocence de Pierre Renard, ce dernier fut condamné aux travaux forcés à perpétuité. Déporté au pénitencier de Saint-Laurent-du-Maroni, il y mourut quatorze ans plus tard d'une laryngite tuberculeuse. « Le procès intenté à Renard me rend malade », écrira André Gide.

Quant à Courtois, condamné à vingt ans de travaux forcés pour complicité, il mourut dans l'île de Ré, au dépôt des bagnards, avant son transfert pour la Guyane.

Fait divers sordide, dira-t-on. Peut-être. Mais aussi, fait divers exemplaire. Exemplaire de ces *a priori*, de ces supposés, de ces raccourcis ignobles qui faussent, sinon la justice des tribunaux, du moins celle de la société. C'est parce qu'il était juif que le capitaine Dreyfus fut l'objet de l'accusation infâme – et obstinée – que l'on sait. Et c'est parce qu'il était homosexuel que l'opinion publique fit de Pierre Renard, en première intention, l'assassin nécessaire et incontournable d'Auguste-Henri-Célestin Rémy.

Je ne dis pas que Renard ne fut pas cet assassin, mais que c'est à partir de tels écourtés, de telles réductions, que l'on transforme de vrais innocents en coupables.

Sénèque écrivait que *malo domino, quot servi, tot inimici* (« à un mauvais maître, autant d'esclaves, autant d'ennemis ») mais que *bono domino, quot servi tot amici* (« à un bon maître, autant d'esclaves, autant d'amis »).

Alice Ayres est l'illustration parfaite du *quot servi tot amici.*

Alice était une jeune Anglaise attentionnée, complaisante et effacée. En 1885, elle avait alors vingt-six ans, elle entra comme nounou et employée de maison chez Henry et Mary Ann Chandler. Le couple gérait une boutique de fournitures pour artistes peintres sise au 194 Union Street, Southwark, au sud du London Bridge. Ils habitaient un appartement juste au-dessus du magasin.

Alice veillait sur leurs quatre enfants (Henry, six ans, Edith, cinq ans, Ellen, quatre ans, et Elizabeth, trois ans) et assurait la bonne marche de la maison, s'occupant du ménage et des repas. Elle se dépensait sans compter pour satisfaire les Chandler. Ceux-ci savaient apprécier les services qu'elle leur rendait, mais ils ignoraient encore jusqu'à quel point Alice Ayres allait pousser le dévouement.

Dans la nuit du 24 au 25 avril 1885, le feu prit dans la boutique. C'était bien le dernier endroit où un incendie devait éclater : les matériaux entreposés étaient tous hautement inflammables.

Le QG de la *London Fire Brigade* se trouvant dans ce secteur de Southwark, les secours n'allaient certainement pas tarder à arriver sur les lieux du sinistre. Mais le feu, alimenté par les barils d'huile, de solvants, de vernis diluants, les prit de vitesse. En quelques minutes, d'immenses flammes se mirent à dévorer le magasin et l'appartement tandis que se répandait une épaisse fumée toxique.

Depuis la rue, la foule voyait la silhouette d'Alice, en chemise de nuit, passer et repasser devant les fenêtres dont les carreaux explosaient les uns après les autres.

On lui criait de sauter : certes, la hauteur avait de quoi impressionner une fragile petite personne comme Alice Ayres, mais les femmes avaient noué leurs châles, et les hommes avaient fait de même avec leurs redingotes, de façon à former une sorte de grand filet d'une solidité à toute épreuve.

Alice, pourtant, ne sauta pas.

Ce n'est pas la peur qui la retint de se lancer dans le vide : simplement, avant de songer à sauver sa vie, il lui fallait secourir les enfants qu'on lui avait confiés. Et pour cela, partir à leur recherche à travers la fumée, s'enfoncer dans le brasier.

Elle disparut. Puis, une ou deux minutes plus tard, elle revint à la fenêtre, tenant dans ses bras Edith, l'une des enfants Chandler. Elle la posa sur un matelas de plumes, lui dit de bien s'y agripper, et elle jeta le tout par la fenêtre. La fillette atterrit saine et sauve, et la foule applaudit à tout rompre, enjoignant à Alice de se dépêcher de sauter à son tour : les sinistres craquements de l'incendie s'étaient transformés en un rugissement continu, ponctué par le fracas des planchers qui s'effondraient, le bâtiment était condamné et avec lui tous les êtres vivants qui s'y trouvaient encore.

Mais, pour la deuxième fois, Alice tourna le dos à la fenêtre et plongea dans la fournaise.

Quand elle en ressortit, elle avait un autre enfant dans les bras. C'était Ellen qui, peu enthousiaste à l'idée d'être jetée par la fenêtre, commença par s'arc-bouter contre le bâti carbonisé en poussant des cris de porcelet qu'on égorge. Alice finit par la persuader qu'elle n'avait nullement l'intention de la tuer, bien au contraire, et elle réussit à la propulser pile au cœur du filet improvisé que la foule tendait trois étages plus bas. Mais les précieux instants gaspillés à convaincre Ellen risquaient de coûter la vie à la courageuse petite bonne.

« A vous, à présent ! Vite, vite, sautez, ne tardez pas ! Encore quelques secondes et il sera trop tard ! » Alice Ayres répondit par un sourire de ses lèvres qui, desséchées, brûlées, avaient triplé de volume et s'étaient fendues – et de nouveau elle s'élança dans les flammes.

Des secondes passèrent. Puis des minutes. Les gens massés devant l'immeuble en feu pensèrent que c'était fini, qu'on ne reverrait jamais Alice Ayres autrement que sous l'apparence terrible d'un corps racorni, d'une sorte de pantin raide et carbonisé. Les pompiers eux-mêmes, qui venaient d'arriver, et qui avaient renoncé à pénétrer dans le bâtiment tellement l'incendie était violent – les échelles qu'ils avaient appliquées contre la façade s'étaient enflammées presque instantanément –, dirent qu'il n'y avait plus aucun espoir de retrouver qui que ce soit de vivant.

Et c'est alors qu'on la vit, drapée dans sa chemise de nuit tellement brûlée qu'elle ne cachait plus grand-chose de son corps lacéré, tailladé par les éclats de bois et de verre. Elle serrait contre elle une troisième fillette. Bien que plus sérieusement blessée que ses sœurs, l'enfant n'hésita pas à enjamber la fenêtre. Elle atterrit saine et sauve sur le matelas qu'Alice avait utilisé pour évacuer Edith, et que les gens dans la rue avaient positionné à l'aplomb de la fenêtre.

« *Miss*, hurla le chef des pompiers à l'adresse d'Alice, le feu est le plus fort, je ne peux pas envoyer mes hommes vous chercher. Alors, sautez. C'est un ordre. Et ce n'est pas seulement moi qui vous le donne, cet ordre, mais tous les gens qui sont rassemblés là et qui veulent que vous viviez... »

Alice regarda derrière elle, par-dessus son épaule. Un murmure d'effroi parcourut la foule : elle allait y retourner, elle allait chercher le dernier des enfants Chandler, le petit garçon de six ans !

Mais la jeune fille dirigea de nouveau son visage vers la rue. Elle pleurait. Et la chaleur autour d'elle était elle que ses larmes s'évaporaient avant même de pouvoir rouler jusqu'en bas de ses joues.

On sut plus tard qu'en jetant ce regard par-dessus son épaule elle avait distingué, à travers la fumée, les corps sans vie, déjà partiellement dévorés par le feu, de Mrs. Chandler et de son jeune fils.

N'ayant définitivement plus personne à sauver, Alice franchit enfin l'appui de la fenêtre et bascula dans le vide. Mais à moitié asphyxiée par toute la fumée qu'elle avait inhalée, souffrant de brûlures multiples, elle rata son saut et percuta violemment le fronton du magasin. Du coup, elle manqua le matelas et le filet. Elle s'écrasa sur le trottoir.

Victime d'un grave traumatisme rachidien consécutif à sa chute, Alice fut rapidement conduite au Guy's Hospital. Elle y mourut le lendemain, avec aux lèvres un sourire que les témoins qualifièrent de *tendre, si tendre*. Ses derniers mots furent : « J'ai fait de mon mieux, je n'ai rien pu faire de plus… » Contrairement à l'usage, son corps ne fut pas mis à la morgue mais dans une pièce spéciale que l'hôpital ouvrit pour elle et où les fleuristes de Londres livrèrent pour l'équivalent de quatre-vingt-quinze mille euros de bouquets, de gerbes, de couronnes et de raquettes où dominaient les fleurs blanches de ce début de printemps.

Porté par seize pompiers et escorté par vingt jeunes filles vêtues de blanc, le cercueil d'Alice fut enterré au cimetière d'Isleworth, son village natal. Plus de dix mille personnes assistèrent à ses obsèques. Je m'y rends quelquefois, par la pensée.

Douche

A priori, il n'y a rien de commun entre une douche et un fait divers. Sauf dans *Psychose* d'Alfred Hitchcock, dont la scène où Janet Leigh est poignardée à mort tandis qu'elle prend sa douche est la séquence la plus disséquée par les étudiants en cinéma du monde entier (il est vrai qu'elle comporte près de quatre-vingt-dix plans différents), ou récemment dans la mort tragique, qui n'était pas du cinéma, d'une petite Typhaine de cinq ans, décédée de la douche froide que sa mère l'avait obligée à subir en guise de punition.

Pourtant, l'invention de la douche a tout à voir avec le monde des faits divers.

En 1872, le docteur François Merry Delabost, chirurgien à l'Hôtel-Dieu de Rouen, assure également la fonction de médecin chef de la prison Bonne-Nouvelle. Il est effaré par la crasse corporelle dans laquelle vivent les prisonniers, notamment ceux qui sont employés à la préparation des cornes de bovins destinées à la fabrication des boutons. Ces cornes doivent être aplaties, ce qui s'obtient en les sciant et en les serrant entre deux plaques fortement chauffées. « Les détenus, travaillant nus jusqu'à la ceinture, dans un milieu surchauffé et rempli de poussière, ne tardaient pas à prendre l'aspect de véritables nègres », constate Delabost. Ce n'est pas tant leur apparence qui préoccupe le médecin que les risques de maladie, et donc d'absentéisme, que cette hygiène déplorable fait courir aux pensionnaires de Bonne-Nouvelle. A dire vrai, la prison de Rouen, comme la plupart des autres lieux de détention en France, est un véritable mouroir. Or, poursuit Merry

Delabost, c'est « la santé du détenu [qui] permet d'exiger de lui un travail dont le produit diminue d'autant les frais de l'emprisonnement. L'argent consacré à l'amélioration de l'hygiène constitue donc un capital dont le profit et l'intérêt ne sauraient être contestés ».

Et le brave médecin de réfléchir au moyen d'instaurer un peu de salubrité entre les hauts murs. Bien sûr, il y a les bains. Mais chauffer l'eau des bains pour les neuf cents détenus alors recensés coûterait une fortune en combustibles.

C'est alors que le docteur Delabost se souvint des athlètes de Delphes qui, au ve siècle avant notre ère, se lavaient au sortir du stade en s'ébrouant sous des sortes de gargouilles qui leur déversaient de l'eau sur la tête et les épaules. Certes, l'eau était froide – c'était du reste ce rafraîchissement qu'appréciaient tant les athlètes. Mais après avoir calculé qu'un « bain en pluie » n'exigerait qu'une vingtaine de litres au lieu des deux cents réclamés par un bain « en baignoire », peut-être pourrait-on obtenir assez d'eau chaude sans ruiner la prison ?

Le médecin mit au point une installation simple et efficace qui, associant un réservoir en hauteur (pour obtenir une certaine pression) à un jet de vapeur issu d'une pompe, arrosait les « baigneurs » à travers des pommes d'arrosoir les surplombant. La douche, de l'italien *doccia* signifiant jet d'eau, conduit, tuyau, venait de naître. Elle allait se répandre dans le monde à la vitesse d'une traînée de poudre. Et ce en dépit de ce qu'affirmait le docteur François Merry Delabost : « Mon procédé n'est pas à la portée de tout le monde. Pour en bénéficier, il faut avoir tué ou volé, ou du moins avoir brisé une lanterne de bec de gaz… »

Encre rouge (Mort à l')

Octobre 1930, prison d'Etat de San Quentin. Son avocat ayant épuisé tous les recours juridiques possibles, il ne restait plus à William Kogut qu'à compter les jours le séparant de son exécution.

Kogut avait été condamné à la chambre à gaz pour avoir égorgé une certaine Mayme Guthrie qui tenait une pension de famille (laquelle faisait aussi office de maison de jeu, et très probablement de bordel) à Oroville (Californie).

Kogut reconnaissait sa culpabilité, et, même si cette Mayme Guthrie n'était pas exactement le genre de femme qu'on voudrait avoir pour mère, il convenait qu'il n'aurait pas dû la tuer. Mais s'il acceptait l'idée de devoir payer pour ce qu'il avait fait, il considérait que lui seul avait le droit de se punir en s'ôtant la vie. En d'autres termes, il était d'accord pour se suicider.

Le problème était que les juges, le procureur, le directeur de San Quentin et le gouverneur de l'Etat, et sans doute l'immense majorité des respectables citoyens de Californie, ne l'entendaient pas de cette oreille : la loi stipulait que tout condamné à mort devait être attaché sur un des deux sièges métalliques de la chambre à gaz et respirer un gaz mortel provoqué par la chute d'œufs de cyanure dans un bac d'acide sulfurique, et il n'y avait pas à sortir de là.

William Kogut avait bien essayé de négocier, mais il n'avait réussi qu'à renforcer la méfiance de ses gardiens qui, à chaque requête qu'il leur présentait, se demandaient s'il n'allait pas la détourner pour se donner la mort. C'est ainsi qu'on lui fractionnait ses aliments en morceaux trop petits pour qu'il puisse s'étouffer avec, et qu'il devait rédiger son courrier en présence d'un gardien de peur qu'il n'aiguise la pointe du crayon pour se poignarder – il n'était évidemment pas autorisé à utiliser un stylo à plume, celle-ci pouvant lui servir à se saccager les veines.

Kogut commençait à désespérer de trouver un moyen de se tuer, lorsqu'il découvrit dans une revue scientifique un article à propos d'un produit chimique, la nitrocellulose, qui avait la particularité d'être explosive dans certaines conditions, notamment quand elle était mouillée. Le journal ajoutait que, mine de rien, la nitrocellulose avait envahi notre quotidien – n'en retrouvait-on pas dans la composition du vernis à ongles et des teintures capillaires, dans des produits pour ôter les verrues, dans des pansements hémostatiques, des guitares bon marché et des cartes à jouer ? Concernant ces dernières, précisait l'article, seules les cartes rouges (cœurs et carreaux, donc) contenaient de la nitrocellulose.

Un explosif était évidemment le moyen idéal de se supprimer. Mais le règlement tatillon du couloir de la mort n'autorisait pas les détenus à faire usage de vernis à ongles, à se teindre les cheveux, à se soucier de leurs verrues, ni à jouer de la guitare ; quant aux pansements, il fallait pouvoir justifier d'une sérieuse blessure pour s'en faire délivrer par l'infirmerie.

Restaient les cartes à jouer.

On en trouvait dans la plupart des cellules. Certes, les condamnés à mort étaient seuls vingt-trois heures sur vingt-quatre, mais, généralement le matin, ils avaient droit à une heure de « promenade » dans un enclos grillagé et surveillé par des miradors. Alors certains en profitaient pour jouer aux dames. Ou aux cartes.

William Kogut obtint facilement qu'on lui fournisse quelques jeux de cartes – il en voulait plusieurs car, disait-il, il s'essayait à un tour de prestidigitation qui exigeait que les cartes soient quasiment neuves afin de glisser à la perfection.

Ses gardiens furent heureux de pouvoir, pour une fois, lui donner satisfaction : de quelque façon qu'ils retournent la question, ils ne voyaient vraiment pas comment leur prisonnier pourrait se suicider avec des petites choses aussi anodines que des cartes à jouer.

Kogut, lui, avait pourtant concocté un plan imparable. Il commença par déchiqueter minutieusement ses cartes à jouer (les rouges uniquement, bien sûr !) et par en tasser les fragments dans un des tubes creux qui constituaient les pieds de sa couchette. Il ferma l'une des extrémités du tube avec le manche du balai dont il se servait pour l'entretien de sa cellule, et y versa assez d'eau pour noyer les lambeaux de cartes à jouer.

Puis il appliqua la partie scellée du tube contre son petit radiateur, et appuya son front sur l'autre extrémité, celle qui restait ouverte. Après quoi, il attendit. Il ne savait pas combien de temps il faudrait à la nitrocellulose contenue dans l'encre rouge des cartes à jouer pour exploser, mais il était sûr que ça arriverait.

La température de l'eau monta peu à peu, et Kogut sentit de la vapeur de plus en plus chaude se condenser sur son front. Cette fois, il se dit qu'il n'y en avait plus pour longtemps – et il est probable qu'il esquissa un sourire.

L'explosion fut extrêmement violente, au point de propulser des fragments de carton ornés de carreaux et de cœurs jusque dans la boîte crânienne de Kogut.

Ce dernier agonisa trois jours à l'infirmerie, puis il mourut. Il avait laissé dans sa cellule un mot à l'intention de ses gardiens : « N'imputez ma mort à personne : j'ai tout voulu et organisé moi-même. Aussi longtemps que j'étais vivant et qu'il me restait une chance, je n'ai jamais baissé les bras ; mais là maintenant, c'est la fin... »

Lorsque l'affaire fut connue, un certain nombre de citoyens de Californie, parmi lesquels des partisans pourtant avérés de la peine de mort, soulevèrent la question de savoir si la justice n'aurait pas été mieux inspirée en laissant vivre un individu aussi ingénieux que William Kogut...

Experts (Les)

Qui ne connaît Mac Taylor, Horatio Caine ou Gilbert « Gil » Grissom ? Membres d'élite de la police scientifique, ils opèrent à Manhattan, Miami ou Las Vegas. On les surnomme *Les Experts*, ils sont les héros de la série télévisée la plus regardée dans le monde[1]. Même si des lobbies de parents ont classé celle-ci parmi les programmes à déconseiller aux enfants[2], la presse américaine l'a qualifiée de « série parfaite », et Quentin Tarentino s'en est entiché au point d'en réaliser lui-même un épisode en deux parties (*Grave Danger*, saison 5).

Mais ces *Experts* ne sont pas surgis du néant. Ils ont eu des précurseurs qui, eux, n'étaient pas des héros de feuilleton : ils vivaient dans la vraie vie, celle de la France du début du XXe siècle.

L'un s'appelait Edmond Locard, l'autre Alphonse Bertillon. Bien qu'ils n'aient eu que de rares occasions de se rencontrer, et qu'ils se soient opposés sur bien des questions, on peut se risquer à dire que Bertillon fut le maître et Locard le disciple, et qu'ils partagèrent la même passion pour une discipline qui venait de naître : la preuve par la science.

Sa silhouette longiligne et son nez aquilin, sa passion pour la musique et la peinture, ses connaissances linguistiques – il parlait couramment onze langues –, son diplôme de médecin spécialisé en anatomie et psychologie, son

1. En 2006, 2007, 2009, 2010, 2011, 2012.
2. *Parents Television Council* 2002-2003.

élégance vestimentaire, son talent d'écrivain de romans criminels, et par-dessus tout sa façon de résoudre les énigmes les plus embrouillées grâce à son sens de l'observation des plus infimes détails, tout cela avait valu à Edmond Locard le surnom de Sherlock Holmes français. Grand lecteur de Conan Doyle depuis son plus jeune âge, ce surnom le comblait. Il n'était d'ailleurs pas usurpé : lors d'une expérience contrôlée par huissier, Locard avait réussi l'exploit de déterminer la profession de 92 % des individus qu'on lui présentait en se fondant sur le seul examen des minuscules résidus de la vie de tous les jours qui s'étaient pris dans leurs sourcils…

Sa théorie était que n'importe quel criminel, quelle que soit la nature de son forfait, devait obligatoirement abandonner quelque chose de lui sur la scène du crime : empreintes digitales, traces de pas, cheveux, poils de moustache ou de barbe, échantillons de sang, de salive ou de sperme (les fameux trois « S »), rognures d'ongles, minuscules fragments de peau ou de vêtements ; et parallèlement, il ne pouvait éviter de se charger à son insu d'un certain nombre d'éléments appartenant à l'environnement de son crime : grains de poussière, esquilles, échardes, miettes, parcelles de ceci ou de cela, fluides corporels de sa victime.

C'est en 1912, une année fertile en faits divers puisque ce fut celle, entre autres, du naufrage du *Titanic*, de l'éperonnage mortel du sous-marin *Vendémiaire* par le cuirassé *Saint-Louis* et du coup de grisou qui fit soixante-dix-neuf morts aux mines de La Clarence, que Locard eut l'occasion d'appliquer concrètement sa théorie dite du principe d'échange, à savoir que lorsque deux corps entrent en contact l'un avec l'autre, il y a nécessairement un transfert entre ceux-ci.

Il avait déjà contribué à confondre une bande de faux-monnayeurs grâce aux éclats de métal presque invisibles repérés dans la poussière de leurs fonds de poches, mais cette fois il s'agissait d'un crime de sang. Et le jeune Locard comptait bien se montrer aussi brillant que son cher Holmes.

La victime, jeune et jolie, était une certaine Marie Latelle. On l'avait retrouvée morte au domicile de ses parents, à Lyon. La cause du décès était la strangulation, et le coupable, à en croire la police, ne pouvait être que le dénommé Emile Gourbin, employé de banque et fiancé de Marie Latelle – mais fiancé éconduit, ce qui avait pu constituer un mobile suffisant pour l'amener à tuer la jeune femme qui se refusait à lui.

Pourtant, la conviction des enquêteurs butait sur un problème en apparence insoluble : à l'heure où on l'accusait d'avoir étranglé Marie, le dénommé Gourbin disputait une partie de cartes endiablée avec une bande de camarades. Lesquels avaient tous confirmé son alibi.

Locard demanda à rencontrer Emile Gourbin. Ce dernier avait été placé en détention préventive, mais la police n'ayant rien pu prouver contre lui, il allait être remis en liberté incessamment sous peu.

— On m'a déjà questionné pendant des heures, protesta Gourbin avec véhémence en voyant Locard entrer dans sa cellule. Je ne sais rien de cette affaire, sinon qu'un salaud a tué la femme que j'aimais.

— Rassurez-vous, lui dit Locard, je ne suis pas là pour vous interroger. Je viens juste examiner vos ongles. Avec votre permission, bien sûr.

— Mes ongles ? s'étonna le suspect. Depuis quand les policiers jouent-ils aux manucures ?

— Oh, je ne suis pas policier. Ni non plus manucure. Je ne suis que médecin.

Cet aveu sembla rassurer Gourbin. Il se rappelait avoir entendu dire que l'examen des ongles, comme celui de la langue ou du blanc de l'œil, faisait partie de l'établissement d'un diagnostic. Comme il se sentait épuisé après tout ce qu'il venait d'endurer (l'annonce de la mort de sa chère Marie, la brutalité des policiers lors de leur interrogatoire, puis une détention inique dans cette cellule puante), il se sentit réconforté à l'idée qu'un médecin allait s'occuper de lui, et il tendit volontiers ses mains à Locard. Lequel lui passa un petit bâtonnet sous les ongles, recueillant soigneusement ce qu'il prélevait dans un tube en verre.

De retour à son laboratoire, et à l'aide d'un microscope perfectionné qu'il avait payé de ses propres deniers, Edmond Locard expertisa ses échantillons. Ceux-ci se composaient notamment d'une substance rose qu'il supposa être du maquillage. Si ce mélange de fond de teint et de poudre de riz provenait du cou de Marie Latelle, on ne serait pas loin d'avoir la preuve que Gourbin, alibi ou pas, avait étranglé sa fiancée.

Locard commença par se mettre en quête d'un parfumeur ayant commercialisé un maquillage dont la formule soit identique à celle de la substance rose recueillie sous les ongles du suspect.

Non seulement il trouva le fabricant, mais celui-ci lui apprit qu'il s'agissait d'un maquillage exclusif, élaboré spécialement pour Mlle Latelle.

Lorsque les inspecteurs informèrent Emile Gourbin de ce qu'avait découvert Locard – « Le Sherlock Holmes français, Gourbin, vous n'êtes pas de taille à lutter contre lui !... » –, le meurtrier comprit qu'il avait perdu la partie. Il ne fit plus aucune difficulté pour reconnaître qu'il avait serré le long cou blanc et fragile de Marie Latelle jusqu'à ce que mort s'ensuive. Et tant qu'il y était, il expliqua aussi comment il s'y était pris pour que ses amis confirment, avec la meilleure bonne foi du monde, qu'il était avec eux à l'heure où sa fiancée était assassinée : il avait tout simplement – et en toute discrétion – retardé d'une heure la pendule de la salle où ils jouaient aux cartes. Il était minuit lorsqu'il avait étranglé Marie, puis il avait rejoint ses amis pour qui, à cause de la pendule truquée, il n'était donc encore que 23 heures...

Dix ans plus tard, grâce à sa maîtrise de la graphologie, et en organisant une impressionnante dictée collective, Locard réussit à confondre un « corbeau » qui, depuis cinq années, inondait la ville de Tulle de plus d'une centaine de lettres ordurières signées Œil-de-Tigre et dénonçant de prétendus liaisons secrètes, cocuages, avortements, etc., n'hésitant pas à diffamer les personnes les plus en vue de la petite ville ou celles auxquelles on aurait vraiment donné le bon Dieu sans confession[1].

Dès lors internationalement reconnu comme le créateur du premier laboratoire de police scientifique, Edmond Locard publia un ouvrage en sept volumes, intitulé justement *Le Traité de police scientifique*, qui élargit encore sa réputation. Au point qu'en 1937 John Edgar

1. C'est cette histoire dont s'inspirèrent le scénariste Louis Chavance et le réalisateur Henri-Georges Clouzot pour le film *Le Corbeau*.

Hoover, alors patron du FBI, lui confia la formation de son adjoint.

Locard était parfaitement conscient que si la science est infaillible, il peut arriver que ceux qui la servent se trompent. Il en fit lui-même l'amère expérience : sur la base d'une lettre anonyme dont il lui avait attribué à tort l'écriture, il fit condamner aux travaux forcés à perpétuité une femme accusée d'avoir trahi un maquis de résistance du Gers. L'erreur judiciaire fut reconnue en 1956, et la malheureuse fut remise en liberté. Elle avait tout de même fait onze ans de prison pour rien, ce qui est irréparable.

Il faut croire que des nombreuses disciplines constituant la police scientifique, la graphologie est l'une des plus sujettes à l'erreur. Alphonse Bertillon lui-même, autre grand fondateur de la police scientifique, s'y empêtra sérieusement.

N'est-il pas dit dans *Le Chien des Baskerville* que Sherlock Holmes serait le deuxième plus grand expert européen, le tout premier étant le savant français Bertillon ?

Comme Locard dont il était l'aîné de vingt-quatre ans, Alphonse Bertillon avait lui aussi commencé jeune :

il n'avait que vingt-six ans quand il était entré comme commis à la préfecture de police de Paris où on l'avait employé à établir des fiches signalétiques de malfaiteurs.

L'un des buts de ce fichage était de repérer les récidivistes qui faisaient tout pour éviter d'être condamnés à la « relégation coloniale », une peine qui s'ajoutait en cas de récidive, et qui se traduisait le plus souvent par un internement de sûreté en colonie pénale.

Mais le jeune Bertillon avait vite compris que ce classement alphabétique sur papier avait des limites.

D'abord, faute d'un vocabulaire assez précis, la plupart des éléments de signalement tels que le front, le nez, la bouche, la taille, etc., étaient, sauf à présenter des caractéristiques spectaculaires, le plus fréquemment qualifiés de *n*eutres, moyens ou ordinaires. Puis « l'inflation des fiches – déjà huit millions en 1893 ! – rendait toute recherche lente, longue, difficile, d'autant que ces difficultés étaient aggravées par les homonymies : comment retrouver un Dubois parmi les 50 000 autres[1] ? ». Sans compter que les malfaiteurs les plus retors usaient de plusieurs identités pour se faire condamner sans apparaître comme récidivistes.

Bertillon s'était alors attelé à améliorer le système en préconisant non plus de décrire mais de mesurer les particularités d'un individu, notamment osseuses, sachant que celles-ci ne changent quasiment plus à partir de vingt ans. Par la suite, lorsqu'on pratiquerait un certain nombre de mesures (il en préconisait quatorze : taille, longueur des pieds, des mains, des oreilles, des avant-bras, de l'arête du nez, de l'écartement des yeux, de l'épaisseur des lèvres,

1. Jean-Marc Berlière, « L'affaire Scheffer : une victoire de la science contre le crime ? » Criminocorpus.org/

etc.) sur un individu ayant déjà subi ce protocole d'identification, on saurait avec une quasi-certitude si on avait ou non affaire à un récidiviste, et cela quel que soit le nom sous lequel la personne figurait dans les fiches.

Ce système anthropométrique fut adopté en 1882, non sans que l'autorité policière ait d'abord traîné des pieds – son supérieur, le préfet Andrieux, était persuadé que « ce pauvre Bertillon » serait mieux à sa place dans un asile d'aliénés que dans un bureau de la préfecture de police de Paris.

Trois ans plus tard, Bertillon franchit une étape supplémentaire : il préconisa l'usage intensif de la photographie, prévoyant de munir tous les officiers de police « de petits appareils de photographie instantanée [pour], toutes les fois que la chose pourra se faire, joindre une vue des lieux à leurs procès-verbaux de constatation ».

C'est encore lui qui va définir la manière de photographier les « sujets malsains » (comme on disait alors pour désigner les prévenus) : un cliché de face, un cliché de profil, la tête bien droite, la bouche fermée.

Mais il semble qu'Alphonse Bertillon n'ait pas toujours été aussi rigoureux, aussi objectif que le protocole scientifique et judiciaire – le fameux *bertillonnage*, devenu de réputation mondiale – qu'il ne cessait de perfectionner pour le rendre toujours plus impénétrable à l'erreur de jugement.

Au début, ce n'était encore qu'un procès intenté à un certain capitaine Alfred Dreyfus qui, travaillant à l'état-major de l'armée, était soupçonné, sur la foi d'un bordereau trouvé dans une corbeille à papiers, d'avoir livré des documents secrets français à l'Empire allemand.

Or le capitaine Dreyfus était juif. Et la très influente extrême droite française était violemment antisémite par nationalisme revanchard – au prétexte que l'industrie allemande de l'armement était tout entière aux mains des Juifs. A quoi s'ajoutait le vieil antisémitisme rampant de l'Occident, le feu haineux couvant sous la braise et périodiquement ravivé par des ouvrages comme *Les Protocoles des Sages de Sion* qui annonçait la conquête et l'asservissement du monde par les Juifs, ou *Biarritz*, la nouvelle d'Hermann Goedsche qui décrivait un complot juif visant la maîtrise du monde occidental, ou encore les affiches électorales d'Adolphe (ce prénom, déjà !) Willette qui, lors d'élections législatives, se présentait dans le 9e arrondissement de Paris comme très officiel candidat antisémite : « Les Juifs sont grands parce que nous sommes à genoux, proclamait-il. Ils sont cinquante mille à bénéficier seuls du travail acharné et sans espérance de trente millions de Français devenus leurs esclaves tremblants. Le Judaïsme, voilà l'ennemi… »

Nourrie de ces délires, l'affaire du bordereau s'enfla jusqu'à dépasser, pulvériser, atomiser le cadre du fait divers pour devenir affaire d'Etat.

Il fallait un coupable, et Alfred Dreyfus serait idéal dans ce rôle… à condition que le fameux bout de papier retrouvé dans lequel étaient détaillées les informations que le traître s'apprêtait à fournir à l'Allemagne fût bien de sa main.

Et c'était là que le bât blessait. Car les premiers experts désignés pour examiner le bordereau estimaient que le capitaine Dreyfus n'en était pas l'auteur. Ce qui faisait fulminer l'accusation. Laquelle décida alors d'en appeler à Alphonse Bertillon dont le sérieux, l'autorité et la compétence faisaient que son verdict serait indiscutable.

Cerise sur le gâteau : il se chuchotait que Bertillon ne portait pas les Juifs dans son cœur.

Bertillon assura qu'il s'agissait bien de l'écriture du capitaine Dreyfus ; et comme les autres graphologues maintenaient le contraire, il s'obstina dans son erreur qu'il tenta de justifier en échafaudant une théorie abracadabrantesque selon laquelle l'écriture de l'accusé pouvait ne pas lui être attribuée parce qu'il avait pris la précaution de la maquiller de telle façon qu'elle soit méconnaissable…

Lors du procès en révision qui se tint à Rennes en 1899, Bertillon fut une nouvelle fois cité par l'accusation. Sa déposition, qu'il appuya cette fois en distribuant force graphiques millimétrés, photographies, agrandissements de caractères, etc., dura plus de dix heures réparties en deux journées – journées interminables pour les acteurs du procès qui ne comprenaient à peu près rien aux démonstrations que leur prodiguait un Bertillon gesticulant devant un tableau noir. « Furieux de provoquer l'hilarité générale, l'expert Bertillon proteste qu'après sa mort on jugerait au point de vue historique. Il accuse les avocats de le tourmenter, déclarant éprouver des bouillonnements intérieurs[1]… »

Pour Laurent Rollet, chercheur à l'université de Lorraine, la théorie de Bertillon reposait sur « un vaste système qui mêlait des mesures très fines effectuées sur des reproductions photographiques bricolées, des calculs de probabilités erronés et des analyses psychologiques

1. Jean-Denis Bredin, *L'Affaire*, Fayard / Julliard, Paris, 1993.

puériles. Autodidacte de formation, Bertillon n'avait pas fait d'études supérieures, mais certaines disciplines scientifiques, comme le calcul des probabilités, exerçaient sur lui une sombre attraction ».

Le jugement le plus sévère contre… comment appeler la chose ?… disons « l'amateurisme enthousiaste » d'Alphonse Bertillon, est celui que rapporte Pierre Piazza : « S'il y a eu une affaire Dreyfus, si le pays a été aussi profondément divisé, si la discorde s'est mise dans les familles, si la guerre civile nous a un moment menacés, c'est à M. Bertillon qu'on le doit […] C'est formellement constaté par M. le Procureur général Manau qui dit en propres termes : c'est sa conviction [celle de Bertillon] du premier jour qui a décidé de l'accusation et du sort de Dreyfus[1]. »

Dommage, vraiment, que Bertillon ait eu tout faux à propos de l'Affaire, car pour toutes les autres affaires (avec cette fois un a minuscule, mais un s pluriel qui n'est pas loin de valoir une majuscule), il avait tout bon.

Si ces deux précurseurs de la police scientifique que furent, chacun dans son domaine, les Français Locard et Bertillon, ont inspiré *Les Experts* de la série culte championne du box-office de la télé, c'est aujourd'hui la police de New York qui prend modèle sur les méthodes des *Experts*, notamment sur leur façon de mener des interrogatoires vidéo destinés à impressionner les suspects pour les pousser aux aveux. C'est en tout cas ce qu'a révélé – sur une chaîne de télé, bien sûr – Ray Kelly, un des responsables du *New York City Police Department*.

1. Pierre Piazza, *Aux origines de la police scientifique, Alphonse Bertillon, précurseur de la science du crime*, Karthala, Paris, 2011.

Fait divers (Définition[s] du)

Même s'il est permis, voire recommandé, au lecteur de papillonner, de prendre ses distances, et ses libertés surtout, avec la liste alphabétique des entrées pour les butiner selon sa curiosité, ses affinités électives, ses fantasmes, ou même sa mémoire – car plus d'un être humain sur trois a été (ou sera) témoin ou acteur d'un fait divers –, peut-être est-il temps, en profitant de ce passage par la lettre F, de nous demander ce que c'est, après tout, qu'un fait divers.

Pour Thierry Watine, rédacteur en chef des *Cahiers du journalisme*, « les faits divers sont comme le diesel de la profession : c'est plus économique à produire, on peut rouler longtemps avec, mais c'est moins raffiné et ça ne sent jamais très bon »...

On était plus indulgent au XIXe siècle, âge d'or de la presse en général et des faits divers en particulier. Dans son *Grand dictionnaire universel du XIXe siècle* (onze ans de labeur acharné, 22 700 pages, mon *Dictionnaire amoureux* et moi ne sommes qu'un grain de poussière à côté de ce géant-là !), Pierre Larousse précise que, sous la rubrique des faits divers, « les journaux groupent avec art et publient régulièrement les nouvelles de toutes sortes qui courent le monde : petits scandales, accidents de voitures, crimes épouvantables, suicides d'amour, couvreur tombant d'un cinquième étage, vols à main armée, pluies de sauterelles ou de crapauds, naufrages, incendies, inondations, aventures cocasses, enlèvements mystérieux, exécutions à mort, cas d'hydrophobie, d'anthropophagie, de somnambulisme et de léthargie. Les sauvetages y entrent pour une large part, et les phénomènes de la nature y font merveille, tels que : veaux à deux têtes, crapauds âgés de quatre mille ans, jumeaux soudés par la peau du ventre, enfants à trois yeux, nains extraordinaires. Quelques recettes pour faire le beurre, guérir la rage, détruire les pucerons, conserver les confitures et enlever les taches de graisse sur toutes sortes d'étoffes s'y mêlent volontiers ; elles accompagnent à sa dernière demeure le centenaire qui, bien que n'ayant jamais bu de vin ni mangé de viande, a vécu un siècle et demi, laissant après soi, deux cent soixante-treize enfants, petits-enfants et arrière-petits-enfants ».

Pierre Larousse voyait juste : les faits divers échappent à toute classification et n'obéissent qu'à une règle : celle de n'en avoir point. La seule chose qui les réunit, c'est leur gloutonnerie de toutes sortes d'événements marginaux, avec une prédilection pour ce qui constitue un risque, une menace pour l'homme.

Ils ont été longtemps un art du constat : on n'en finissait pas de décrire les tortures morales et/ou physiques infligées à sa victime par l'auteur d'un meurtre, de décompter les corps remontés de la mine, arrachés à l'inondation, au brasier, au chaos des tremblements de terre ; et quand on ne savait pas trop comment ça s'était passé, le reporter arrivant après le drame, parfois juché sur le marchepied d'un fourgon de police ou d'une ambulance, on présumait, on conjecturait, on supposait – autant de façons élégantes d'avouer qu'on inventait. « L'information ne doit pas être exacte, elle doit être énorme ! » enseignait à ses reporters Emilien Amaury, fondateur du *Parisien libéré*[1].

Aujourd'hui, le journaliste cherche en priorité à dépister les dysfonctionnements, à débusquer un – ou plusieurs, mais point trop n'en faut : la culpabilité est soluble dans la quantité – responsable(s) en amont du drame. Désormais, dans presque tous les cas, y compris lors de catastrophes naturelles, l'erreur humaine remplace la fatalité dans l'attribution des causalités. Ne dites plus *Il n'y a pas de fumée sans feu*, dites *Il n'y a pas de feu sans incendiaire.*

Le sang à la Une a fini par sécher. Cédant la place à l'odeur d'encaustique et de naphtaline des vestiaires d'avocats des palais de justice. En effet, plus ils sont perçus comme une transgression du fonctionnement harmonieux de nos sociétés, plus les faits divers ont une prolongation judiciaire. Dommage, car en se démythifiant pour mieux se judiciariser, le fait divers a perdu beaucoup de son romanesque – il était tout de même plus émouvant de voir une demoiselle en détresse victime

1. Emilien Amaury vint au monde dans un décor de faits divers (un hospice pour indigents) et mourut d'un autre fait divers : une chute de cheval, sur laquelle plana longtemps un parfum de mystère.

d'un arrêt des dieux plutôt que d'un article du code pénal…

Aujourd'hui, le fait divers a ses enseignants, ses exégètes, ses aristarques, ses apologistes, ses boulimiques, ses collectionneurs, ses pédagogues. C'est qu'il a pris du galon, le bougre ! Contes, chansons, mélodrames, poèmes, pièces de théâtre, romans policiers et romans tout court s'en inspirent. De Flaubert à Le Clézio, de Didier Daeninckx, Emmanuel Carrère, François Bon et Régis Jauffret à Balzac, Stendhal, Zola ou Hugo, en passant par Camus, Duras, Genet et Mauvignier, nombreux (non : innombrables) sont les auteurs qui se sont inspirés des faits divers.

En plus d'être justiciable, il contribue à notre jugement, car, comme le remarque le journaliste Claude Sales dans *Le fait divers a mauvaise presse* (Musée national des arts et traditions populaires 1982), « les faits divers, en dépit de leur aspect futile et facilement extravagant, portent de préférence sur des problèmes majeurs, réputés fondamentaux, permanents et universels : la vie, la mort, la nature humaine et la destinée. Ce sont des anecdotes qui renvoient à l'essentiel ».

Mais c'est peut-être Michel Foucault qui en donne une des définitions les plus justes et les plus limpides : « *Le fait divers est un échangeur entre le familier et le remarquable…* »

Le plus souvent dramatique, le fait divers est quelquefois désopilant. Ce n'est pas vraiment dans sa nature, mais enfin ça arrive. Et dans les circonstances les moins appropriées, comme en témoigne ce « fait divers dans tous ses états » rapporté par France-Soir, au temps où ce journal existait encore : ne supportant plus les glapissements hystériques de sa compagne, un jeune Russe de trente et un ans n'avait rien imaginé de mieux que de lui échapper en se jetant dans le vide-ordures de leur immeuble. Le fugitif dévala les trois premiers étages à toute vitesse (le couple habitait au huitième), mais, arrivé au niveau du cinquième, il se retrouva coincé. Les secours appelés par la compagne affolée (preuve qu'elle n'était peut-être pas si mauvaise que ça) durent découper le vide-ordures au chalumeau pour libérer le malheureux. La succursale du ministère des Situations d'urgence a précisé avoir déjà dû intervenir pour un cas analogue dans la même ville (Tioumen, en Sibérie).

Mais c'est encore sous la plume d'Alphonse Allais, qui lui consacra quelques-uns de ses pastiches les mieux troussés, que le fait divers délirant atteint des sommets :

ENCORE DES BICYCLETTES

> M. le préfet de police, au lieu de pourchasser les bookmakers et les innocentes petites marchandes de fleurs, ferait beaucoup mieux de songer à réglementer les bicyclettes qui, par ces temps de chaleur, constituent un véritable danger public. Encore hier matin, une bicyclette s'est échappée de son hangar et a parcouru à toute vitesse la rue Vivienne, bousculant tout et semant la terreur sur son passage. Elle était arrivée au coin du boulevard Montparnasse et de la rue Lepic, quand un brave agent l'abattit d'une balle dans la pédale gauche. L'autopsie a démontré qu'elle était atteinte de rage. Une voiture à bras qu'elle avait mordue a été immédiatement conduite à l'Institut Pasteur.

Ou encore celui-ci :

L'ACCIDENT DE LA RUE QUINCAMPOIX

> Un jeune ouvrier menuisier, le nommé Edmond Q...., âgé de 48 ans, était occupé à remettre des ardoises à la toiture de la maison sise au 328 de la rue Mazagran, lorsqu'à la suite d'un étourdissement, il fut précipité dans le vide. L'accident avait amassé une foule considérable et ce ne fut qu'un cri d'horreur dans toute l'assistance. On s'attendait à voir l'infortuné s'abattre sur le pavé quand, en passant devant la fenêtre du premier étage, quelle ne fut pas la surprise de la foule en constatant que l'ouvrier, sollicité par les œillades d'une femme de mauvaise vie qui s'y trouvait, et comme il en pullule dans ce quartier, s'arrêta dans sa chute et pénétra par la fenêtre dans la chambre de la prostituée. Les médecins refusent de se prononcer sur son état avant une huitaine de jours.

Passé de l'écrit à l'écran, le fait divers continue d'afficher une insolente bonne santé. Des statistiques de l'INA indiquent que, en 2008, près de 10 % des sujets des éditions du soir des chaînes de télévision dites « historiques » – TF1, France 2, Arte, Canal+... – étaient consacrés aux faits divers, soit 3 159 sujets contre seulement 2 111 dédiés à la politique.

Fait-diversier

Mais au fait, ces faits divers, qui en écrit, jour après jour, et plus souvent nuit après nuit, l'interminable litanie ?

Officiellement appelé fait-diversier, le journaliste chargé des chiens écrasés est un peu à part dans une rédaction. C'est souvent au nouvel arrivant, au frais émoulu de l'école de journalisme, au débutant tout juste sorti de stage, qu'est confié cet « arbre à griffes ». Ou alors, la rubrique est assurée par quelque vétéran qui ne se décide pas à décrocher, et qui, armé de son carnet d'adresses, d'une écriture qui ne connaît pas les rhumatismes, et surtout de sa connaissance du lectorat, est capable de vous pondre, en moins de temps qu'il n'en faut pour le lire, un « mille signes espaces compris » parfaitement circonstancié où ne manquent ni *le grincement sinistre d'un volet dans la nuit*, ni *la silhouette menaçante que le halo du réverbère découpe sur le pavé mouillé*, ni surtout *le cri étranglé de la victime au fond de l'impasse maudite.* Encore que, de nos jours, le Jack l'Eventreur à la petite semaine soit sévèrement concurrencé par le notable mis en examen pour abus de biens sociaux, le député-maire coupable de népotisme aggravé, le médecin qui pelote ses jeunes patientes et le notaire qui abuse de la faiblesse des vieilles dames, ou par l'aumônier qui aime trop les petits garçons.

Il faut l'inconscience du blanc-bec ou, à l'inverse, le cuir épais du vieux routier blanchi sous le harnois, pour supporter « le discrédit unanime qui frappe le fait divers [et qui] éclabousse par ailleurs copieusement les journalistes qui en ont la charge, souvent considérés comme des journalistes de second ordre, voire ratés[1] ».

On aurait pourtant tort de le mésestimer : il est un des meilleurs connaisseurs du genre humain.

Propulsé à toute heure du jour ou de la nuit dans un patelin dont il n'a peut-être jamais seulement entendu prononcer le nom (qui aurait pu situer Lépanges-sur-Vologne avant l'affaire du petit Grégory, ou Lurs avant l'affaire Dominici ?), il doit débroussailler, en dépit du double rideau de fumée que constituent le silence épais et *a contrario* les commérages diarrhéiques de la population, une affaire fétide, scabreuse, révulsante. Qui, d'ailleurs, lui sera retirée si, un peu beaucoup grâce à lui, elle atteint une renommée nationale.

Il est le seul journaliste à partir sans « doc » digne de ce nom : il travaille sur l'instantané, le cru, l'encore chaud, sur ce qui lui gicle au visage – le haineux, l'obscène, le turpide.

La boue, quoi !

Mais il n'a pas toujours la chance de tomber sur un infanticide effroyable, ou sur un charcutier qui confectionne des petits pâtés farcis de chair humaine.

Dans *La Vie des frelons, histoire d'un journaliste* (c'est un roman, mais fondé sur du vécu), Charles Fenestrier décrit la vie à la fois morne et pourtant exténuante du fait-diversier qui passe son temps à butiner mille petits faits sans réel intérêt : bagarres d'ivrognes, vols à l'arraché, bêtes querelles de voisinage. Au journal, ensuite, d'essayer de leur donner du faire-valoir en les publiant dans la rubrique Dernière Heure, dont la caractéristique

1. Marine M'Sili, chercheur au CNRS, *Cahiers du journalisme* n° 14.

(explique ironiquement un certain Jacques, chroniqueur en 1876 au *Petit Parisien*) est de ne contenir que du rien, du flou, du vent, telle cette palpitante information : *On nous annonce, sous toutes réserves, que le roi des Patagons a failli avoir la jaunisse...*

Davantage chat de gouttière que vautour charognard, le fait-diversier court les rues et visite les bureaux de police, les hôpitaux, les morgues, à la recherche de petites nouvelles. Ou bien, quand il sent venir la bredouille, il rejoint un de ces troquets où les journalistes se rassemblent comme les hirondelles sur leur fil pour se passer des tuyaux – à Paris, ce fut longtemps un marchand de vins de Saint-Denis qui fit office de « Halle aux faits divers ».

Enfin, en absolu désespoir de cause, notre homme invente. Non seulement il ne s'en cache pas, mais il s'en pique. En témoigne cette lettre de réclamation de droits d'auteur[1] adressée à la Société des gens de lettres par le journaliste Georges Grison (1841-1928) :

« Depuis le 15 juin, je rédige les faits divers au journal *La République.* Or depuis cette époque, le journal *Le Voltaire* reproduit systématiquement chaque jour une colonne de mes faits divers. Je sais qu'il a été établi autrefois que cette production n'était pas taxable. Cela se comprenait à l'époque où les faits divers, tous pris à la même source, faits à peu près sur le même modèle, n'avaient aucun cachet personnel et n'étaient la propriété de personne. Il n'en est plus de même aujourd'hui. Les faits, tels que je les rédige, demandent plus de temps et de travail

1. Citée par Dominique Kalifa, « Usages du faux. Faits divers et romans criminels au XIXe siècle », *Les Annales*, novembre-décembre 1996.

qu'aucun article pour lequel les droits de reproduction sont acquis. Il faut d'abord chercher, recueillir l'élément d'information, faire une enquête, mettre en usage toute l'ingéniosité dont on est capable. Il faut ensuite donner aux renseignements recueillis une forme, en faire un petit drame, un petit roman. C'est donc là une œuvre d'imagination et une œuvre littéraire qui mérite comme toute autre d'être la propriété de l'auteur qui la signe et qui devrait être couvert par sa signature.

« J'ajoute que fort souvent – et c'est mon cas – certains de ces petits romans sont œuvre d'imagination pure [...]. Par conséquent, ils doivent absolument être considérés comme susceptibles de rémunération lorsqu'ils sont reproduits... »

Le fait est que, même quand il fournissait sa rédaction, le fait-diversier était chichement payé. Alors il compensait un peu en se faisant rembourser des notes de frais passablement « engraissées ».

Dans *Les Mohicans de Paris*, Dumas rassure un jeune poète en mal d'inspiration : « Les romans, poète, c'est la société qui les fait... » Autrement dit : laisse couler les égouts, ils déposeront à tes pieds plus de sujets inouïs que toute ta carrière n'en pourra jamais traiter.

De nombreux écrivains, Carco, Mac Orlan, Hemingway, Cendrars, Kessel, Colette, Proust, Camus, Mauriac, Sartre – vous en faut-il d'autres ? la liste est sans fin – ont donné raison à ce diable d'Alexandre et se sont bruni les mains à fouailler dans ces cloaques. Bien leur en a pris : ils en ont conçu des littératures non seulement parmi les très belles mais surtout parmi les plus humanistes.

Des policiers aussi, quittant le « service », ont joué les faits-diversiers, suivant en cela l'exemple de Vidocq et de ses célèbres *Mémoires.* Mais il y a mieux que Vidocq, plus sensuel, plus sensible, plus sensitif : Marie-François Goron, ancien chef de la Sûreté qui, entre 1897 et 1912, publia chez Flammarion plus d'une vingtaine d'ouvrages nourris par une documentation « impressionniste » absolument unique, avec des évocations époustouflantes de scènes de crimes, de visages, de voix de victimes ou d'assassins. Le succès de Goron fut énorme en son temps. Il faut le redécouvrir, il le mérite.

« Goron est côté Maigret, dans les loges de concierge, sous la pluie des rues, dans les cimetières où il déterre les morts, plutôt que côté Sherlock Holmes [...] Simenon lui prendra cette leçon d'une langue concrète, tout attentive aux lieux, aux temps, aux trajets, et à la matière humaine », écrit François Bon qui l'admire. Et qui a fichtrement raison.

Faux-monnayeurs

A lire les tourments endurés par Ravaillac ou Damiens pour crime de parricide, j'étais persuadé qu'il ne pouvait exister de supplices plus abominables. Je me trompais. Une autre catégorie de criminels, les faux-monnayeurs, ont connu un châtiment digne de ceux pratiqués (paraît-il) en Enfer : le supplice dit « de la chaudière ».

Transportons-nous à Metz en ce 19 septembre de l'an 1510. Une bande de faussaires a été confondue, arrêtée, jugée et condamnée. Leur petite entreprise était bien organisée, pourtant : travaillant la nuit dans un cellier, ils commençaient par découper les fausses pièces dans de grandes plaques d'étain. Mais pas question de frapper les pièces en ville, c'eût été trop bruyant ; car ils n'avaient pas de presse et devaient opérer à l'aide de coins sur lesquels ils cognaient à grands coups de maillet. Alors, toujours nuitamment, ils gagnaient la campagne où ils pouvaient faire tout le vacarme qu'ils voulaient. Par surcroît de précaution, les sept femmes qui faisaient partie de la bande se chargeaient de monter la garde.

Ils avaient tout de même fini par se faire prendre, au moment semble-t-il où ils écoulaient de fausses pièces, et à présent leur chef, un certain Bernard d'Anjou, s'apprêtait à subir « la chaudière ».

Pour la population messine, c'était une grande nouveauté : « Et il y avoit sy très tant de peuple, rapporte le chroniqueur Philippe de Vigneulles, que l'on y pouvoit les pieds tourner, parce qu'il n'y avoit homme en Metz que jamais eust veu en ycelle faire la pareille justice… »

Après qu'on eut cousu sur ses vêtements quelques pièces de monnaie de sa fabrication, Bernard d'Anjou fut mis au pilori et exposé à la malignité publique.

Oh, on ne l'épargna pas, et les dames de Metz étaient les premières à lui jeter au visage force choses pourrissantes et excréments humains ! Mais il subissait cet orage sans broncher. Cette répugnante humiliation n'était rien comparée à ce qu'on lui préparait pour la suite, là, sous ses yeux épouvantés, juste au pied du pilori : sur une sorte de fourneau en maçonnerie construit pour l'occasion, et où ronflait déjà un grand feu, le bourreau et ses aides avaient disposé un large et profond chaudron dans lequel ils avaient mélangé un peu plus de cent litres d'huile (six quartes, précise le chroniqueur) et le double de ce volume en eau. Il faudrait plusieurs heures avant que tout ce liquide ne soit en ébullition, mais l'attente horrifiée faisait partie du supplice.

Lorsque le contenu du chaudron se mit enfin à bouillir, le condamné fut extrait du pilori. A l'aide d'une chaîne, le bourreau lui lia les bras sous les cuisses et, le forçant à se plier en deux, il lui fixa la tête contre les genoux. Ainsi troussé, Bernard d'Anjou avait tout à fait l'air d'une de ces volailles que, les jours de fête, les ménagères lorraines mettaient au pot.

Alors le bourreau le fit basculer dans le chaudron. Au contact du liquide en ébullition, le condamné poussa un hurlement terrible. Usant d'une fourche à long manche, le bourreau le maintint tout au fond jusqu'à ce que la cuisson fût parfaite, c'est-à-dire que la chair se détachât des os.

Ce supplice n'était pas l'apanage de la Lorraine : c'est dans tout le doux royaume de France que les faux-monnayeurs, à partir du XIIe siècle, furent « suffoqués et bouillis en eau et huile ». Et toujours en présence d'un grand concours de population.

Les *Extraits de comptes royaux* sous Philippe IV le Bel font mention d'un faussaire bouilli dans la prévôté de Riom, d'une dépense de cent sous pour l'achat d'une marmite destinée à bouillir deux faux-monnayeurs à Montdidier, de trente-huit sous concédés au bourreau de Paris, maître Henri, pour remise en état de la chaudière, etc. Quand on ne disposait pas de l'équipement idoine, on improvisait : c'est ainsi que le comte de Flandre, Baudouin à la Hache[1], réquisitionna la chaudière d'un teinturier pour y faire bouillir deux faux-monnayeurs.

1. Ainsi surnommé parce qu'il ne répugnait pas à décapiter lui-même certains condamnés.

Fénéon (Félix)

A l'angle de la rue de Tournon et de la rue de Vaugirard, le restaurant Foyot affiche complet. L'établissement, qui sera bientôt l'un des plus chers de Paris, est déjà particulièrement renommé pour ses sauces auxquelles ne manquent pas de faire honneur les sénateurs qui sont ici à deux pas de leur palais du Luxembourg.

Au menu de ce soir, 4 avril 1894, figure la spécialité de la maison : de belles et généreuses côtes de veau, toujours servies par paires, cuites au four avec de jeunes oignons, du gruyère rapé et du vin blanc.

Tout à leurs agapes, les convives n'ont pas prêté attention à un pot de jacinthes posé comme par inadvertance sur le rebord extérieur d'une des fenêtres du restaurant. Une fille de salle l'a bien remarqué, et, obéissant à la recommendation qui a été faite au personnel de signaler tout incident, elle en a touché un mot à son chef de rang. Mais ce dernier a haussé les épaules : « Bah, c'est un des jardiniers du Luxembourg qui l'aura déposé là un instant, le temps de renouer un lacet, et qui l'aura oublié en repartant. Laissez-le là où il est : le parfum des jacinthes est si entêtant, il pourrait incommoder l'une ou l'autre de nos clientes… »

Mais à 20 h 35, alors que le service bat son plein et que le maître d'hôtel s'évertue à trouver deux places libres pour caser un dernier convive et la ravissante jeune femme qui l'accompagne, le pot de fleurs explose.

La déflagration pulvérise la fenêtre, projetant à l'intérieur, sur les dîneurs et le personnel, une violente giclée d'éclats de verre, de bois et de ciment.

Un serveur s'effondre. On le croira mourant, il n'est que choqué – c'est d'ailleurs le cas de la plupart des clients du Foyot : les habits déchiquetés, la peau lacérée par la grêle de verre, ils se voient déjà gravement touchés alors qu'ils ne présentent que des écorchures superficielles.

Il y a tout de même un cas sérieux : le convive arrivé tardivement, qui laisse échapper des feulements de douleur et plaque ses mains sur son visage. Du sang coule déjà entre ses doigts. « Mon œil, crie-t-il, je n'ai plus d'œil !... »

L'homme s'appelle Laurent Tailhade. Ecrivain libertaire, il a eu, quelques mois auparavant, une phrase provocatrice pour « saluer » le geste de l'anarchiste Auguste Vaillant lançant une bombe dans la Chambre des députés : « Qu'importe les victimes si le geste est beau ! » La presse bourgeoise ne lui a pas pardonné cette saillie, et, dès le lendemain, les journaux l'interpellent : et maintenant que vous êtes borgne, monsieur Tailhade, trouvez-vous toujours que faire exploser une bombe soit un si beau geste ?...

Si le terroriste du Palais-Bourbon a été guillotiné, celui du restaurant Foyot ne le sera pas. Et pour cause : la police ne réussira jamais à l'identifier.

Les enquêteurs ont des soupçons, bien sûr, mais pas de preuves. Alors ils ne peuvent que donner un coup de pied dans la fourmilière anarchiste et présenter à la justice quelques dizaines de suspects soupçonnés d'appartenir au mouvement libertaire qui, depuis 1892, multiplie les attentats dans la capitale. Même si la plupart des machines infernales visant le Palais-Bourbon, l'église de la Madeleine, la caserne Lobau, ainsi qu'un certain nombre de restaurants cossus fréquentés par la bourgeoisie, ne causent que des dégâts limités, ils n'en provoquent pas moins une vague de terreur dans la population.

Parmi les trente inculpés se trouve Félix Fénéon, soupçonné d'être le terroriste à la jacinthe, l'homme qui a déposé le pot de fleurs piégé sur la fenêtre du restaurant Foyot.

Il n'a pas tout à fait le profil des anarchistes qui ont défrayé la chronique et sont morts sous le couteau de la guillotine, les François Ravachol, Auguste Vaillant, Emile Henry : extrême dandy, le menton orné d'un petit bouc méphistophélique, il se présente comme « écrivain décadent ». Décadent, soit ; quant à écrivain, il n'est que lui pour le dire : fonctionnaire exemplaire au ministère de la Guerre où il est apprécié pour sa courtoisie et sa ponctualité irréprochables, il n'a encore rien écrit qui lui mérite vraiment la qualification d'écrivain. Sinon quelques critiques d'art dont le style amphigourique laisse perplexe plus d'un amateur de peinture – et de littérature : « Dans un pré dont le confin se marque d'un rang d'arbres plumuleux, une femme bleue et un enfant cachou, adossés à l'ellipsoïdal tas, se décolorent… »

Voilà qui plaît à Stéphane Mallarmé, qui tient pour « un privilège spirituel de parler autrement que tout le monde et de passer pour obscur aux yeux de beaucoup ». Du coup, le poète de l'*Après-midi d'un faune* – et admirable traducteur d'Edgar Poe – se présente à la barre comme témoin de moralité pour Fénéon. On l'écoute, on le remercie, mais ce qui, contre toute attente, va provoquer l'indulgence des juges, c'est moins le généreux plaidoyer de Mallarmé que les rires déclenchés par les brillantes reparties de Félix Fénéon :

LE PRÉSIDENT : On vous a vu causer avec des anarchistes derrière un réverbère.

FÉNÉON (*l'air stupéfait*) : Oh, vraiment ?… *Derrière* un réverbère ?… Mais pouvez-vous me dire, monsieur le Président, où ça se trouve exactement, *derrière* un réverbère ?…

LE PRÉSIDENT : Voici toujours un flacon de mercure que l'on a trouvé dans votre bureau. Le reconnaissez-vous ?

FÉNÉON : Ma foi, c'est un flacon semblable, en effet. Mais bon, moi, je n'y attache pas l'ombre d'une importance.

LE PRÉSIDENT (*sévère*) : Tout de même, vous savez que le mercure sert à confectionner un dangereux explosif, le fulminate de mercure ?

FÉNÉON (*sans se laisser démonter*) : Et vous, monsieur le Président, vous savez qu'il sert aussi à confectionner des thermomètres, baromètres, et autres instruments ?

A en croire les comptes rendus d'audience, le public se tordait de rire et les magistrats avaient du mal à garder leur dignité.

Mais ce n'est pas à sa jacinthe à la dynamite, ni au procès courtelinesque qui s'ensuivit, que Félix Fénéon doit une entrée dans ce *Dictionnaire amoureux*…

Tout commença le 26 février 1884, premier jour de parution d'un quotidien qui, bien décidé à se démarquer par son originalité, avait annoncé la couleur : « *Le Matin* ne devant ressembler à aucun journal, son programme ne ressemblera à aucun autre. *Le Matin* sera un journal qui n'aura aucune opinion politique, qui ne sera inféodé à aucune banque, qui ne vendra son patronage à aucune affaire ; ce sera un journal d'informations télégraphiques, universelles et vraies. »

L'adjectif *télégraphiques* est à prendre ici dans deux acceptions : il qualifie à la fois le style des faits divers recensés par le nouveau quotidien et la voie par laquelle ceux-ci, en provenance de toute la France, voire du vaste monde, devaient parvenir à la salle de rédaction.

Car l'irrésistible expansion du télégraphe faisait que *Le Matin* pourrait désormais traiter l'information en temps (presque) réel. Et à travers ce journal, la presse allait s'initier à un nouveau langage qui aurait de moins en moins de parenté avec la littérature.

Aujourd'hui, dans le but de communiquer le plus d'idées possibles dans un espace très limité, les gros titres des journaux, surtout ceux de langue anglaise, sont régis par une syntaxe qui les rend limpides aux yeux des lecteurs, mais qui se révèle trop minimaliste pour construire un texte ayant une quelconque qualité littéraire. Le lecteur appréhende au premier coup d'œil le sens d'un titre comme « *Deserted boy, two, dials 999* », contraction de la phrase *A frightened two-years-old boy dials 999 after he was left home alone*[1], et n'en

1. La phrase équivalente en langage littéraire devrait être : Paniqué d'avoir été laissé tout seul à la maison, un petit garçon de deux ans a composé le 999.

demande pas davantage – si : il s'empresse d'acheter le *Sun* pour connaître le fin mot de l'histoire.

Les dépêches télégraphiques que reproduisait *Le Matin* avaient cette sécheresse, ce non-style, des gros titres des journaux anglais. Mais quand Félix Fénéon fut engagé pour tenir la rubrique des dépêches de dernière minute, les choses changèrent du tout au tout. Les « brèves » inodores, incolores et sans saveur, du genre *M. Dubois, encadreur à Paris, et M. Lepic, marchand de couleurs, ont été blessés à Versailles dans un accident d'auto*, disparurent au profit de nouvelles qui, tout en respectant la norme des cent cinquante signes, devenaient de minuscules poèmes en prose. Sur fond de crimes épouvantables, d'incendies ravageurs, de trains qui déraillent et de ponts qui s'écroulent, les « Nouvelles en trois lignes » du *Matin*, revues et corrigées par Fénéon, mêlaient une part de farce à la tragédie de l'événement :

« M. Colombe, de Rouen, s'est tué d'une balle hier. Sa femme lui en avait tiré trois en mars, et leur divorce était proche. »

« La fourche en l'air, les Masson rentraient à Marainvillier (Meurthe-et-Moselle) ; le tonnerre tua l'homme et presque la femme. »

« Explosion de gaz chez le Bordelais Larrieu ; il fut blessé ; les cheveux de sa belle-mère flambèrent ; le plafond creva. »

« Onofrias Scarcello tua-t-il quelqu'un à Charmes (Haute-Marne) le 5 juin ? Quoi qu'il en soit, on l'a arrêté en gare de Dijon. »

« Le feu, 126, boulevard Voltaire. Un caporal fut blessé. Deux lieutenants reçurent sur la tête, l'un une poutre, l'autre un pompier. »

Ironique, révolté, désinvolte, pince-sans-rire, jubilatoirement irrespectueux, Félix Fénéon, a inventé, à partir du télégraphe, un genre littéraire : la nanolittérature.

Comme le relève justement Jean-Pierre Bertrand, « il fabrique de toutes pièces le fait divers, il le sort de son accablante banalité pour en faire un événement d'exception, très conscient sans doute qu'un train qui arrive à l'heure ne constitue pas une information. Il cherche à faire jaillir l'incongru du banal » (revue *Romantisme*, n° 97).

L'amateur de coïncidences constatera avec un plaisir gourmand ceci : c'est au printemps 1906 que Félix Fénéon se prit de passion pour la nanolittérature en 135 signes, et c'est exactement cent ans après, au printemps 2006, qu'un certain Jack Dorsey inventa Twitter, la twitterature en 140 signes…

Ferguson (Arthur)

Natif de Glasgow, Arthur Ferguson n'aimait rien tant que passer pour un autre. Ce pourquoi il se fit comédien. Mais il était un peu comme cette exquise jeune femme que j'ai connue, qui raffolait du curry d'agneau mais fut toujours incapable d'en cuisiner un qui fût mangeable. Nul n'a jamais compris pourquoi elle nous concoctait chaque fois un plat appétissant à regarder et à humer, mais qui, une fois en bouche, se révélait tellement fort, tellement agressif, que nous avions l'impression d'avoir engamé un volcan et la plantation de piment oiseau poussant sur ses pentes.

Il semble qu'Arthur Ferguson ait joué la comédie avec autant d'excès qu'en mettait cette jeune femme à doser son curry. Ce qui explique que sa réputation n'ait guère dépassé le fameux mur d'Hadrien qui symbolise approximativement la frontière entre l'Ecosse et l'Angleterre. Ferguson eut d'ailleurs la sagesse de prendre une retraite anticipée dont il choisit d'aller profiter à Londres.

C'est là, et plus précisément à Trafalgar Square, qu'en 1923, par une belle matinée ensoleillée, il fit la rencontre d'un Américain qui, le nez en l'air, s'extasiait sur la statue de l'amiral Nelson juchée sur sa colonne de quarante-quatre mètres de haut.

Est-ce le spectacle des centaines de volatiles infestant Trafalgar qui inspira Ferguson ? Toujours est-il qu'une irrésistible envie le prit soudain de pigeonner, de plumer cet Américain qui transpirait l'aisance mais aussi une profonde et sans doute indécrottable naïveté.

Se faisant passer pour le conservateur du square de Trafalgar et des statues qui l'ornaient (en plus de celle de Nelson, on pouvait admirer quatre lions sculptés dans le métal des canons pris aux Français), il conta au touriste la vie et les exploits de l'amiral le plus célèbre de l'Empire britannique.

— Ce qui est navrant, ajouta-t-il en baissant la voix, c'est que la guerre de 1914 a saigné le royaume aux quatre veines : une victoire, ça gonfle les cœurs mais ça ne remplit pas les caisses. La dette du pays est devenue si abyssale que le gouvernement de Sa Majesté se trouve dans l'obligation de vendre un certain nombre de biens nationaux. Et parmi eux cette statue de Nelson. Pour six mille livres sterling, chuchota-t-il en conclusion.

— Six mille ? répéta l'Américain en haussant les sourcils.

— Ce n'est pas moi qui fixe les prix, soupira Ferguson.

— Six mille… avec la colonne ?

— L'offre concerne la statue seule. La colonne est en supplément. Comme aussi les lions.

— Et à qui devrais-je m'adresser dans l'hypothèse où…

— Alors là, l'interrompit Ferguson, on peut dire que vous avez de la chance ! Parce que l'homme de la situation, cher monsieur, vous l'avez devant vous. Eh oui, je suis précisément celui que le gouvernement de Sa Majesté a chargé de négocier cette vente. Laquelle, bien sûr, devra rester absolument confidentielle.

— Jusqu'au moment, je suppose, où l'acheteur prendra livraison de sa statue ?

— Statue dont le démontage est à la charge dudit acquéreur. Ainsi que le transport. Sans vouloir me montrer indiscret, où comptez-vous installer Horatio ?

— Horatio ?…

— L'amiral Nelson se prénommait Horatio.

— Eh bien, dit l'Américain, je suppose que ma femme serait enchantée de le mettre dans notre jardin de l'Iowa. Entre la roseraie et l'étang aux grenouilles.

— La roseraie conviendrait à merveille : comme vous le savez, la rose est le symbole de l'Angleterre. Pour les grenouilles, je serai plus circonspect : ces petites bêtes évoquent irrésistiblement la France, et c'est un tireur d'élite français qui a tué notre cher grand Horatio.

Ferguson demanda une avance (conséquente, l'avance !), l'homme de l'Iowa la lui donna sans barguigner, et Ferguson lui signa un reçu en bonne et due forme. Serviable, Furguson alla jusqu'à confier à sa dupe le nom et l'adresse d'une entreprise digne de confiance qui se chargerait de démonter le monument et d'en assurer le transport jusque dans l'Iowa. Et les deux hommes se séparèrent, enchantés l'un de l'autre.

Moins d'une heure après, Ferguson avait quitté Londres...

Il y revint bientôt, le temps de vendre Big Ben (mille livres) et de toucher un acompte (deux mille livres) sur la vente de Buckingham Palace dont une famille de Boston s'était entichée.

En 1925, il se rendit à Washington, où il loua la Maison Blanche à un éleveur de bétail texan pour une durée de quatre-vingt-dix-neuf ans, au prix modique de cent mille dollars par an, le loyer de la première annuité étant payable d'avance.

L'erreur de Ferguson fut de vouloir vendre à un Australien la statue de la Liberté qui, d'après lui, allait gêner les travaux d'extension du port de New York. Pour commémorer ce mirifique accord, il accepta d'être photographié avec son client devant la statue. Mais comme Ferguson tardait (et pour cause !) à lui fournir les documents officiels l'autorisant à desceller et emporter les trente et une tonnes de cuivre et les cent vingt-cinq tonnes d'acier de la dame à la torche, l'Australien s'impatienta et alla sommer les autorités de la *Port of New York Authority* de bien vouloir faire accélérer les choses. Après avoir (difficilement) surmonté son fou rire, le préposé demanda à voir l'acte de vente. Notre Australien déclara que ce papier devait lui être remis en même temps que l'autorisation d'entamer les travaux.

— Je ne voudrais pas me montrer trop pessimiste, cher monsieur, dit le préposé, mais êtes-vous absolument sûr de ne pas vous être... hum !... comment dire ?... eh bien, de ne pas vous être fait escroquer ?...

— Allons donc ! Si mon vendeur avait voulu m'escroquer, croyez-vous qu'il aurait accepté de se faire photographier avec moi devant « ma » statue ?

Et il étala la fameuse photo sous les yeux de son interlocuteur. Le cliché fut transmis à la police, Ferguson fut identifié, arrêté, jugé et condamné à cinq ans de prison.

A la même époque en Amérique, un certain Victor Lustig, qui fuyait la France où, se faisant passer pour un représentant du gouvernement, il avait à deux reprises « vendu » la tour Eiffel – à bas prix : celui de la ferraille –, réussit à convaincre Al Capone de lui acheter une machine à fabriquer les faux billets : on glissait dans une fente un billet authentique, et la machine en faisait autant de duplicatas qu'on voulait. D'après Lustig, il était impossible de déceler qu'ils étaient faux. Impressionné par la démonstration que lui fit ce dernier – pour l'occasion, les supposés faux billets étaient des vrais dont l'escroc garnissait la machine –, Al Capone versa plusieurs milliers de dollars pour se procurer un de ces engins magiques.

C'est alors que Lustig apprit qui était vraiment son client, et de quelle façon celui-ci avait l'habitude de traiter ceux qui croyaient pouvoir le rouler dans la farine.

Tout penaud, Victor Lustig préféra annoncer à Capone que, malheureusement, la fabrication des merveilleuses machines était suspendue *sine die* ; et pour mieux faire passer la pilule, il donna au gangster, de sa poche, un dédommagement de plus de mille dollars.

« Voilà un homme honnête ou je ne m'y connais pas ! » apprécia Al Capone.

Fog

J'aime la Grande-Bretagne. Si la condamnation à l'exil existait encore et que je fusse banni de mon indispensable France, aussi vitale à mon existence que l'air que je respire, j'irais tenter de survivre dans l'une ou l'autre des îles Britanniques.

On y écrit, là-bas, des livres comme j'aime qu'on les écrive, paisiblement insolents, avec un posé de mots comme les touches de lumière des impressionnistes, une cascade de sons qui, quand on lit le livre à haute voix, ou même si l'on ne fait que le chuchoter, évoque le bris d'un collier et la fuite mutine des perles sur un sol de tomettes rouges, mais aussi le crissement des landes d'automne sous les griffes des coqs de bruyère – ainsi chante le bel anglais à la manière de Keats (*Bright star, would I were steadfast as thou art...*), de William Butler Yeats (*Tread softly because you tread on my dreams* – un de mes vers préférés), de Tennyson (*The Lady of Shalott*), de Wordsworth, de l'incomparable Dickens (pour *The Pickwick Papers* et pour *Nicholas Nickleby*, et surtout pour la sœur de ce dernier, que Dickens, à un certain moment, appelle *cet amour de Kathryn Nickleby*, ce qui me fait fondre), de l'anglais d'un vert herbu/mouillé du trio Brontë (littérairement parlant, Charlotte me touche plus que ses sœurs ; j'ajoute qu'elle est aussi la plus jolie), de celui de James Joyce (essentiellement pour *Ulysses* (en anglais) et pour avoir dit, sur son lit de mort : *Mais enfin, est-ce que personne ne comprend ?...*), enfin bref, je ne vais pas décliner ici toutes mes amours britannico-littéraires, mais qu'il soit entendu, avant d'aller plus avant, que j'aime vraiment le pays grand-breton et ceux qui l'habitent.

Ce pourquoi j'ai noyé certains de mes romans sous des chapes de brouillard *made in London.*

Jean Ray, l'auteur flamand génial des *Aventures d'Harry Dickson*, le Sherlock Holmes américain, génial et un rien je-m'en-foutiste (règle générale, seuls ses premiers chapitres sont correctement écrits ; après quoi, ça part dans tous les sens, mais trop tard : le lecteur est hameçonné !), l'avait compris avant moi : quand on veut « faire anglais » sans être soi-même anglais, il faut entraîner son lecteur sous des fogs irrespirables où traînent des effluves de Tamise, de bière rousse, de saucisses de Cambridge (à l'heure du breakfast, oubliez tout ce qui n'est pas elles), d'encens (Harry Dickson fréquente beaucoup la diaspora chinoise), de gin et d'Earl Grey, de flanelle sous la pluie, de caves humides, de cordes de chanvre, de sueur et de sang, de pétrole pour aéroplanes, etc.

Mallarmé était plus définitif encore : Londres et son fog étaient indissociables, quasiment frères siamois : « La promenade connue cesse au pénétrant, enveloppant Londres, définitif. Son brouillard monumental – il ne faudra le séparer de la ville, en esprit ; pas plus que la lumière et le vent ne le roulent et le lèvent des assises de matériaux bruts jusque par-dessus les édifices, sauf pour le laisser retomber closement, immensément, superbement : la vapeur semble, liquéfiée, couler peu loin avec la Tamise[1]. »

Oui, je sais, il faut, pour le comprendre bien, relire le passage plusieurs fois – et encore ! Que voulez-vous, c'est Mallarmé, quelquefois aussi hermétique que le fog ; mais rien ne vous presse, cher lecteur : de toute façon, avec cette purée de pois, ni votre bus à impériale ni votre taxi à strapontins et marchepied ne sont près d'arriver, alors autant reprendre une petite bouffée de Mallarmé.

Scélérats nés de l'imagination d'un romancier ou authentiques gredins de chair et d'os, c'est fou ce que les criminels ont pu dissimuler dans les volutes du brouillard ! Etranglements, éventrements, démembrements, férocités, turpitudes, infamies, innommables forfaitures, le fog londonien est un prodigieux dépotoir d'horreurs.

Que serait Jack l'Eventreur sans les brouillards de Whitechapel ? Le fog fait ici office de voilette, il trame l'insupportable : la fascination serait-elle la même si l'on voyait les victimes dans leur terrible crudité, leurs visages

1. *Divagations. Cloîtres*, Gallimard, coll. « Poésie », vol. 387.

bouffis par l'excès de mauvais alcool, de drogues frelatées, leurs corps soufflés par la misère, leurs abdomens de chenilles, leurs cuisses grises et flasques, leurs chevelures croûteuses ? Tandis qu'à travers la grâce des mousselines de brume, une tendre compassion nous prend pour ces prostituées aux ventres déchirés, aux intestins éparpillés sur le pavé. Là est l'autre mystère des nuit de Whitechapel – dans l'envoûtement que, depuis cent vingt-cinq ans, nous subissons de la part de ces malheureuses dont, dans d'autres circonstances, nous nous serions probablement détournés en nous pinçant le nez.

Pour Conan Doyle, Jean Ray (oui, encore lui !), Stephen King, Anne Perry (elle-même héroïne d'un fait divers particulièrement morbide puisqu'en 1954 elle fut jugée et condamnée pour le meurtre de la mère d'une de ses meilleures amies), l'Islandais Arnaldur Indriðason, Elizabeth George, Daniel Woodrell, Sebastian Fitzek, Johan Theorin (le successeur de Stieg Larsson ?), Mo Hayder, pour Simenon quelquefois – bref, pour tous ceux-là (et pour tant d'autres que si je m'écoutais je n'en finirais pas de vous les citer encore et encore, et ce dictionnaire deviendrait un interminable répertoire des fans du fog), le brouillard est aussi nécessaire à leurs *thrilling cocktails* que le nuage de lait à la tasse de thé ou l'olive verte au martini très dry.

D'ailleurs, le brouillard n'est pas qu'un masque : il peut être un personnage à part entière.

Il lui arrive même d'être un assassin, et de la pire engeance – un *serial killer*, comme ce fut le cas à Londres le vendredi 5 décembre 1952.

La frénésie des achats de Noël venait de commencer. Sept ans après la fin de la guerre, la situation économique n'était pas encore tout à fait redevenue normale : des denrées aussi essentielles que le pain avaient été rationnées jusqu'en 1948, et les crèmes glacées, les sucreries, chocolats, marrons glacés, pâtes de fruits, etc., allaient le rester jusqu'en 1954. C'est assez dire que tout ce qui pouvait ébrécher l'austérité ambiante était attendu et célébré avec enthousiasme. Et donc, à défaut de pouvoir se gaver de bonbons fourrés à la rhubarbe et crème anglaise, de *mint balls*, de *lemon curd* ou de crème de rose, on se jetait sur les parfums et les vins de France revenus en force, les bas nylon made in USA, les chaussures en vrai cuir – et, depuis peu, avec de vertigineux talons aiguilles ! –, les cosmétiques, et les gentils animaux en peluche depuis que le psychanalyste et pédiatre britannique, le docteur Donald Winnicott, avait défrayé la chronique en expliquant que, pour couper le cordon ombilical et réussir leur développement psychologique, cognitif et intellectuel, les enfants avaient besoin d'un « objet transitionnel », Teddy Bear ou pièce d'étoffe (le futur « doudou »).

Alors que le rush dans les magasins battait son plein, la lumière du jour baissa de façon sensible. Certes, on était en décembre, et il était normal que la luminosité fût atténuée, mais pas à ce point. Plusieurs milliers de personnes levèrent les yeux vers le ciel, s'attendant à observer un phénomène météorologique insolite. Mais la couverture nuageuse avait l'apparence qui était la sienne en hiver : un gris pesant, sans contours définis.

Le spectacle, si l'on peut dire, était plutôt dans la ville elle-même : les silhouettes des immeubles, les accessoires urbains (feux de signalisation, panneaux indicateurs, réverbères), les ponts, les escaliers publics, les parcs arborés, tous ces éléments familiers semblaient avoir été partiellement effacés : leur dessin général persistait, mais comme après le passage d'une gomme géante qui en aurait estompé les traits en laissant des bavures floues et grisâtres.

Cette gomme, c'était le brouillard.

Non pas le fog auquel les Londoniens étaient habitués, et qui faisait même partie des charmes discrets de la cité, mais le smog (de *smoke*, fumée, et *fog*, brouillard) qui est un nuage de pollution composé de particules issues de gaz d'échappement, de combustion de charbon, et d'ozone troposphérique (c'est-à-dire pouvant stagner entre le niveau du sol et 16 000 mètres d'altitude – étant bien entendu que plus il est bas, plus il est nocif pour l'homme).

La météo qui avait précédé *The Great Smog* (parfois appelé *The Big Smoke*, La Grande Fumée) s'étant montrée particulièrement froide, les centrales thermiques (et les particuliers) avaient brûlé des quantités considérables de charbon dont les fumées épaisses s'étaient répandues dans l'atmosphère et avaient enfermé la ville comme sous un couvercle. Quelques bouffées d'un vent musclé auraient suffi à fragmenter puis à dissiper ce nuage qui devenait plus malsain d'heure en heure, mais malheureusement l'atmosphère était d'un calme parfait. Et elle avait visiblement l'intention de le rester.

On avait commencé par s'en amuser : rien n'était plus cocasse que d'observer le ballet des policemen qui, armés de torchères, marchaient solennellement devant les bus à impériale pour guider les chauffeurs qui ne voyaient pas à plus de deux mètres au-delà de leur calandre. Si emprunter l'autobus était une aventure, l'usage de la voiture (taxi ou véhicule privatif) relevait de l'inconscience : complètement désorientés, de nombreux conducteurs avaient embouti des obstacles, ou bien plongé dans la Tamise. Même le métro était devenu impraticable : le smog s'était infiltré dans les tunnels au point que les machinistes ne voyaient plus les signaux et qu'il avait fallu interrompre la circulation des rames. La situation était évidemment la même dans les gares londoniennes et les aéroports.

De façon à offrir un accueil et un dérivatif à des milliers de gens qui n'avaient plus aucun moyen de rentrer chez eux (se déplacer à pied dans cette épaisse purée de pois était une offense à la raison), les cinémas étaient restés ouverts. Mais projeter des films s'était révélé impossible, car le smog avait rempli les salles, et même les spectateurs assis au premier rang ne distinguaient rien sur l'écran.

Ce qui n'était encore qu'un gigantesque désordre et une remise en cause de la vie quotidienne des habitants de l'une des plus grandes villes du monde allait très vite prendre une tournure tragique.

En effet, le charbon d'après-guerre – tant celui brûlé dans les centrales que celui utilisé par les particuliers – était de qualité médiocre. En particulier, il affichait une teneur en soufre qui augmentait notablement le pourcentage de dioxyde de soufre qu'on retrouvait dans la fumée.

Or ce dioxyde de soufre, qu'on appelait alors anhydride sulfureux, est toxique quand on l'inhale, quand on l'ingère et quand il est en contact avec la peau (et plus particulièrement les muqueuses). Absorbé en grandes quantités, et quelle que soit la voie par laquelle il pénètre dans l'organisme, il peut être mortel, principalement s'il touche une population à risque, c'est-à-dire des personnes très jeunes, ou au contraire âgées, ou bien présentant déjà des problèmes respiratoires.

Et mortel, il le fut à Londres où, du vendredi 5 au mardi 9 décembre, la population en fut littéralement saturée.

Le nombre des décès fut d'abord estimé à deux mille. Ce qui était déjà considérable. Mais lorsque les calculs furent affinés, le chiffre officiel s'établit à douze mille.

Si le smog londonien continue de sévir (le journal *La Croix* rapporte que ce type de pollution aurait provoqué, en 2008, la mort anticipée de quatre mille personnes et réduit de trois ans l'espérance de vie des Londoniens), il n'est plus le fléau qu'il a été en 1952.

Mais d'autres mégapoles, précisément parce qu'elles peuvent s'enorgueillir de figurer parmi les plus grandes villes du monde, connaissent des épisodes (je serais tenté de dire : des attaques) de smog de plus en plus préoccupants. Telles sont Pékin, Los Angeles, New Delhi, Mexico, etc., empoisonnées qu'elles sont par le trafic routier, les rejets industriels et le chauffage urbain.

Or donc, débarrassons-nous du smog. Mais gardons quelques écharpes de fog pour le plaisir de le lire, de le décrire, ou de le voir rôder, éperdument romantique, sur le pont de Waterloo[1] quand Vivian Leigh, au comble de sa beauté, se jette sous une ambulance un peu comme Anna Karénine sous un train…

1. *Waterloo Bridge* (*La Valse dans l'ombre*), film de Mervyn LeRoy (1940). Chef-d'œuvre.

Fréhel

Suicides de Dalida et de Mike Brant, décès accidentels de Claude François et de Daniel Balavoine, Joe Dassin mort d'un infarctus et Jim Morrison d'une insuffisance cardiaque, Michael Jackson d'une surdose médicamenteuse et Amy Winehouse d'un abus d'alcool, et la si jolie Joëlle Mogensen, du groupe *Il était une fois*, d'un œdème aigu du poumon provoqué semble-t-il par une overdose d'héroïne (Joëlle dort au cimetière Montparnasse, elle raffolait des reines-marguerites, il n'y en a pas beaucoup sur sa tombe, si vous passez par là pensez donc à lui en apporter) : ce ne sont là que quelques noms extraits de l'interminable générique des artistes ayant figuré dans la rubrique des faits divers, section fins tragiques.

Le premier du genre fut sans doute l'empereur Néron qui, le 9 juin 68, déclaré ennemi public par le sénat de Rome, craignit d'être condamné à subir un supplice abominable (il redoutait notamment celui réservé aux parricides, et qui consistait à coudre le coupable dans un sac de cuir en compagnie d'un coq, d'un singe et d'une vipère, et à le jeter dans le Tibre). Pour y échapper, il choisit de se suicider. Mais au dernier moment, n'ayant pas le courage de se tuer, il demanda l'aide d'un esclave affranchi, Epaphrodite, lequel lui trancha la gorge. Juste avant de périr, Néron, sur un ton qu'on imagine grandiloquent, s'écria : « Ah, quel artiste le monde va perdre ! » On n'est jamais si bien célébré que par soi-même…

Si certains, comme James Dean ou Françoise Dorléac, sont fauchés en pleine gloire, d'autres dévalent depuis les hauteurs du firmament jusqu'aux tréfonds de la déchéance.

Lorsque le samedi 11 février 2012 un porte-parole de la police de Berverly Hills lut le communiqué suivant – « A 3 h 55 p.m. ce jour, Whitney Elizabeth Houston a été déclarée morte au *Beverly Hilton Hotel* où elle séjournait » – bien des fans de l'inoubliable interprète de *The Body Guard*, celle qu'on surnommait *the Voice* (à l'égal de Frank Sinatra) ou *the Diva*, ressentirent une profonde tristesse en même temps qu'un sentiment de stupide gâchis. Car le décès de Whitney Houston dans la baignoire de la suite 434 de cet hôtel de Beverly Hills où elle attendait de participer aux Grammy Awards, était l'inévitable *The End* de cette chronique d'une mort annoncée que la jeune femme avait commencé d'écrire au début des années 2000, lorsqu'elle s'était mise à consommer d'importantes quantités d'alcool et de drogue pour compenser des problèmes personnels et artistiques. Son physique s'était dégradé – pas parce qu'elle avait quarante-huit ans, mais parce que la marijuana et la cocaïne à haute dose détruisaient irrémédiablement sa beauté et sa voix.

C'est une dégringolade à peu près similaire, et pour quasiment les mêmes raisons, que connut une grande dame de la chanson française. Sauf que la chambre où elle mourut, solitaire et oubliée, n'était pas celle d'un palace de Los Angeles mais celle d'un minable hôtel de passe de la rue de Pigalle.

Marguerite Boulc'h était née à Paris en 1891. Son enfance aurait pu inspirer Zola, Dickens ou Eugène Sue – il n'y a en effet pas si loin de Marguerite à la Fleur-de-Marie des *Mystères de Paris*, jeune prostituée au cœur pur que ses talents de chanteuse ont fait surnommer la Goualeuse.

Le père de Marguerite avait été cheminot, mais il avait dû quitter le métier après qu'une locomotive lui eut arraché un bras. Sa mère était officiellement concierge, et occasionnellement prostituée.

Dès qu'elle fut en âge de marcher, la petite Marguerite battit le pavé de Paris. A cinq ans, elle faisait la quête pour le compte d'un vieil aveugle qui jouait de l'orgue de barbarie aux carrefours et dans les cours d'immeubles. Tout en présentant sa sébille, elle s'essayait à chanter. Elle n'avait encore qu'une maigre petite voix d'enfant mais elle avait le don pour mimer les sentiments, le plus souvent pathétiques, que ressentait l'héroïne de la chanson : elle roulait des yeux, ses lèvres tremblaient, elle plaquait ses deux mains sur son cœur et, entre un *ré* et un *si*, elle poussait des soupirs de chaton mais avec une conviction de tragédienne.

Quand elle n'était pas trop dépeignée et à peu près débarbouillée, elle était jolie, la petite Marguerite. Trop jolie, peut-être, ce qui lui valut, alors qu'elle venait de toucher ses sept ans, d'être victime d'une tentative de viol en traversant un terrain vague. Sa voix s'étant musclée, elle cria à tue-tête et réussit à mettre en fuite son agresseur. Mais elle refusa de le dénoncer, arguant que *tous les hommes étaient comme ça* ! Ce que j'ignorais, et que m'a rappelé Fergus, chroniqueur sur AgoraVox, c'est que le sale type fut tout de même puni : quelques mois plus tard, sur le même terrain vague, à l'endroit où il s'en était pris à la petite fille, il fut tué d'une balle perdue…

Devenue représentante en cosmétiques, Marguerite alla un jour présenter ses échantillons à une certaine Agustina Otero Iglesias, dite Caroline Otero, dite La Belle Otero.

Les deux jeunes filles présentaient des similitudes : Caroline, son aînée de vingt-trois ans, était issue d'une famille aussi modeste que celle de Marguerite, et à l'âge de onze ans elle avait été violée.

Mais Caroline, beaucoup plus douée pour se vendre que Marguerite ne l'était pour placer ses poudres de riz, avait fait des débuts plus que prometteurs au music-hall, et tout le monde lui prédisait une carrière éclatante.

Marguerite chantait mieux qu'elle, et elle était (du moins selon moi) beaucoup plus jolie. Loin d'en prendre ombrage, Caroline Otero profita de ses relations naissantes dans le petit monde du cabaret pour présenter sa jeune amie et lui obtenir ses premiers engagements.

Sur les conseils de Caroline qui était fascinée par le bleu de ses yeux, Marguerite prit d'abord le pseudonyme de Pervenche. Mais le trouvant un peu mièvre, et en tout cas décalé par rapport aux chansons réalistes qu'elle interprétait (*Elle chante le trottoir*, écrit un critique, *parce qu'elle en est la fleur authentique*), elle se choisit un nom plus rude, plus évocateur des tempêtes de la vie : Fréhel, en hommage à ses ancêtres bretons.

Avec lucidité, courage et intelligence (surtout celle du cœur), Fréhel avait surmonté un départ plutôt difficile dans l'existence. On aurait pu penser qu'elle saurait se conduire avec la même rigueur si le succès venait la récompenser de ses efforts et de ses sacrifices.

Le succès vint en effet, rapide et considérable, on peut même parler de triomphe, mais elle y était si peu préparée qu'elle l'accueillit sans méfiance et ne sut pas l'apprivoiser. Alors c'est lui qui l'aveugla. Et qui la fit passer de la rubrique du Tout-Paris à celle des faits divers les plus sordides.

Ses premiers cachets avaient consisté en un litre de café, deux croissants, et la permission de dormir sur les banquettes du théâtre où elle se produisait.

Avec la célébrité, le champagne remplaça le café, elle étala du caviar sur ses croissants, et n'eut plus besoin qu'on lui permît de somnoler sur des banquettes : son rêve était de ne presque plus dormir du tout afin de profiter sans réserve de tout ce que Paris avait à lui offrir.

Pour s'étourdir, et rire et danser jusqu'au-delà du point du jour, ses propres forces ne suffisaient pas. Elle avait besoin de dopants. Elle trouva un stimulant dans l'alcool, puis dans la drogue, puis dans le mélange des deux.

Sans doute commença-t-elle par l'opium, dans cette fumerie clandestine de la rue Marbeuf réservée aux femmes, que décrit René Schwaeblé dans *Les Détraquées de Paris* : c'est à la sortie des théâtres, vers minuit, que les habituées, après s'être fait reconnaître du concierge, montaient au quatrième étage, frappaient à une porte selon un code convenu, et étaient introduites dans un salon capitonné d'épais tapis d'Orient, aux murs tendus d'admirables soieries chinoises où étaient brodés des pavots géants, meublé de moelleux divans et de tables de laque où attendaient les accessoires – la pipe en ivoire avec fourneau en jade, la lampe pour chauffer la boulette et la boîte à opium, toutes deux en cloisonné bleu.

De dopants, l'alcool et l'opium se font anesthésiants. Nécessaires anesthésiants, car Fréhel sanglote, Fréhel est malheureuse, Fréhel veut mourir : Maurice Chevalier, avec qui elle croyait filer le parfait amour, l'a quittée pour les longues jambes de Mistinguett.

Mais voici qu'un ange lui tend la main : la grande-duchesse Anastasia, cousine du tsar, invite Fréhel à

Saint-Pétersbourg. La petite chanteuse en larmes n'hésite pas, prend passage à bord de l'*Orient-Express*.

Elle croyait s'absenter pour quelques semaines, quelques mois au maximum. Elle n'avait pas prévu la guerre. Rentrer à Paris se révèle pour l'instant trop difficile. Alors, en attendant la victoire et la paix, Fréhel fait du tourisme. Elle visite Bucarest, s'éprend de Constantinople. Pour de bonnes et de mauvaises raisons – la bonne raison, c'est la splendeur de la ville, une splendeur étourdissante pour une fille des bas quartiers de Paris, et la mauvaise raison, c'est une autre forme d'étourdissement : la facilité avec laquelle on peut s'y fournir en drogues (et le *s* n'est pas une coquille d'imprimerie).

Fréhel n'y voyait qu'un demi-mal : elle croyait en son libre arbitre, se persuadait qu'elle aurait assez de force de caractère pour arrêter la cocaïne (car elle a glissé de la boulette d'opium à la poudre blanche) quand elle le voudrait. Elle se trompait. On mesurait mal, en ce temps-là, la puissance et la perversité des addictions.

Les ravages de la cocaïne – et de l'alcool – sont rapides. Sa charmante frimousse aux traits juvéniles, son teint lumineux, son corps de danseuse, si fin, si souple, toute cette beauté est saccagée. Son visage s'empâte, sa peau devient grise, ses merveilleux yeux bleus se voilent, elle grossit, son haleine pue la vinasse, le tabac. Pour payer ses démons, elle se prostitue dans un bordel de Constantinople. Où l'ambassade de France la découvre dans un état lamentable et, pour lui sauver la vie, la rapatrie en France.

C'est après une absence de onze ans et une Première Guerre mondiale qui a transformé en profondeur la société française que Fréhel revoit Paris.

Mais son public, dont une partie a disparu sur les champs de bataille et dont l'autre ne la reconnaît pas tant elle a enlaidi, déserte les salles où elle se produit – salles de plus en plus étriquées, de plus en plus miteuses, de plus en plus « off ». Seul avantage : elle n'a plus besoin de *jouer* les loques, elle en est une pour de bon. En conséquence, les chansons réalistes qui l'avaient fait connaître, tous ces couplets dont la noirceur nous paraît aujourd'hui excessive alors qu'elle était en vérité le reflet du quotidien souvent sordide des quartiers populaires, racontent sa nouvelle vie de poissarde entre deux vins, entre deux lignes de sa chère (dans tous les sens du mot) coco qu'elle célèbre par une chanson pleine d'autodérision, paroles d'Edmond Bouchaud, musique de Gaston Ouvrard, qui est un peu son *coming out* :

Tout le jour, je dors mais quand la nuit vient
Mon existence est effroyable
Soit à l'Abbaye, Rat Mort, Tabarin
Je me promène de table en table
Parmi les fêtards, les cris, les chants

[...]
Quand je suis grise
J´dis des bêtises
J´amuse tous les gigolos
Comme les copines
Je me morphine
Ça me rend tout rigolo
Je prends de la coco
Ça trouble mon cerveau
L´esprit s´envole
Et mon chagrin
S´enfuit au loin
Je deviens folle...

Avant de chanter, elle a sa façon bien à elle de regarder la salle, d'invectiver son public : « Fermez vos gueules, j'ouvre la mienne ! »

Et elle libère sa goualante comme le dompteur lâche ses fauves. Sa voix ne monte pas vers les anges, elle descend vers les bas-fonds, les réprouvés, les damnés.

Elle retrouve une certaine popularité avec *Du gris* (paroles de Ernest Dumont, musique de Ferdinand-Louis Bénech), chanson à la gloire d'un tabac âpre, bas de gamme, mais qui avait ses adorateurs – je fus l'un d'eux, à mes lointains débuts de fumeur, initié à son culte par mon grand-père qui ne jurait que par lui.

Monsieur le Docteur, c'est grave ma blessure ?
Oui je comprends, il n'y a plus d'espoir
Le coupable, je n'en sais rien, je vous le jure
C'est le métier, la rue, le trottoir
Le coupable, ah je peux bien vous le dire

C'est les hommes avec leur amour
C'est le cœur qui se laisse séduire
La misère qui dure nuit et jour
Et puis je m'en fous, tenez, donnez-moi
Avant de mourir, une dernière fois
Du gris, que dans mes pauvres doigts
Je le roule
C'est bon, c'est fort, ça monte en moi
Ça me saoule
Je sens que mon âme s'en ira
Moins farouche
Dans la fumée qui sortira
De ma bouche...

Le soufflé ne veut pas prendre, le succès retombe. En 1927, elle est au bord du désespoir, et elle le crie, pathétique, de sa voix de pocharde :

J'ai le cafard, j'ai le cafard,
Voyez-vous, la Camarde, elle est là, quelque part,
Elle guette mon départ.
Mais viens donc, j'en ai marre,
Peu m'importe de crever aujourd'hui ou plus tard.

Ce que Fréhel ignore, c'est que le destin lui a ménagé un autre rendez-vous avec la renommée : encore une dizaine d'années, et elle va connaître à nouveau la réussite grâce à une chanson mise en musique par Vincent Scotto, la fameuse *Java bleue* – qui d'ailleurs n'a rien d'une java : en réalité, c'est une valse...

Mais comme si elle ne croyait décidément plus ni à la fidélité du public ni à la pérennité du succès, Fréhel ne rompt pas pour autant avec ses addictions : l'argent que lui rapportent quelques engagements de circonstance lui permet simplement de se procurer plus facilement sa dose de cocaïne et de se soûler avec un vin de meilleure qualité.

Et c'est ici que prend place le fait divers qui justifie la présence de Fréhel dans ce dictionnaire – enfin ! direz-vous ; mais c'est souvent comme ça avec les faits divers : on croit d'abord n'avoir affaire qu'à une anecdote maigriotte, décharnée, tellement rachitique qu'on prévoit de lui régler son compte en deux mots et trois adjectifs, plus une ou deux virgules pour ne pas faire trop radin, et puis votre historiette joue les Schéhérazade, se met à vous glousser des prolégomènes, des prologues et des avant-propos, des préambules et des préliminaires, et vous voilà embarqué dans une histoire sans fin.

Or donc, nous sommes en 1948, au pied de Montmartre, métro Anvers, sur le boulevard de Rochechouart. C'est l'après-midi. Une femme vêtue de noir est affalée au pied d'un marronnier. Son corps est boursouflé, empâté. Sa bouche semble tuméfiée comme si on l'avait frappée à coups de poing. Manifestement ivre, elle suit d'un œil torve le va-et-vient des passants. Soudain un car de police s'arrête à proximité. Des agents en pèlerine en descendent. « Vous ne pouvez pas rester là, m'dame, dit l'un d'eux à la femme soûle. Faut vous lever et venir avec nous... » Une autre pèlerine renchérit, plus sévère : « Ivresse sur la voie publique, vous savez ce que ça peut vous coûter ? » Et le gardien de la paix de se pencher sur la femme dans l'intention manifeste de la prendre sous les épaules pour l'aider à se relever ; mais c'est lui qui se redresse, la mine dégoûtée : « Beurk ! elle pue la vinasse... et elle se serait vomi dessus que ça m'étonnerait pas ! » La femme se lève, vacille, s'adosse au marronnier : « Foutez-moi donc la paix ! gronde-t-elle. Je suis Fréhel. » Et comme si elle n'était pas très sûre que ce nom dise quelque chose aux policiers, elle précise de sa voix qui grasseye : « Ben oui, quoi ! Fréhel, la chanteuse… » Les flics la dévisagent, interloqués. Ils n'ont jamais assisté à un de ses concerts (il est vrai qu'elle se fait de plus en plus rare sur les scènes parisiennes), mais ils ont entendu parler d'elle, ils ont vu son portrait sur des affiches que le vent et la pluie avaient déchiquetées – mais il restait tout de même quelques bribes du visage de l'artiste, et ça n'était pas ce masque d'aujourd'hui, bouffi, plein de couperose. « D'accord, conviennent-ils du ton qu'on prend pour s'adresser à un pauvre fou qu'on ne veut surtout pas braquer, d'accord, m'dame, on va aller ensemble vérifier tout ça au poste, on ne vous fera aucun mal… » Ils essayent de lui saisir les bras. Elle grogne, elle feule, se dégage. C'est alors qu'une passante – une jeune danseuse qui sort d'une répétition – s'approche des agents : « La dame dit vrai. Je la reconnais, moi : c'est bien notre grande Fréhel. Vous ne pouvez pas l'arrêter. » Le temps que les deux policiers, un peu ébranlés, échangent un regard, la petite danseuse chuchote à l'oreille de Fréhel : « Chantez, madame ! Oh, je vous en prie, chantez, chantez vite ! »

Alors, les poings sur les hanches, les jambes écartées comme pour pisser sous elle, à la fois misérable et grandiose, Fréhel entonne *La Java bleue.* Et tout le temps qu'elle chante, la foule qui s'est agglutinée autour de la pauvre femme retient son souffle, et, le temps d'une chanson, c'est comme si le soleil suspendait sa course dans le ciel, comme si les véhicules s'immobilisaient, moteurs coupés, sur le boulevard de Rochechouart.

Fréhel chante, et Paris fait silence pour l'écouter.

Quand la chanson s'achève, bien des gens sont en larmes. Les policiers se sont éclipsés. La petite danseuse dépose un baiser furtif sur la joue de Fréhel, et elle se sauve, toute légère.

Marguerite Boulc'h, dite Pervenche, dite Fréhel, meurt trois ans plus tard.

Fualdès (Affaire)

Le 20 mars 1817, vers 6 heures du matin, à proximité d'un moulin sur l'Aveyron, une femme de Rodez aperçut un corps qui flottait. C'était le cadavre d'Antoine Bernardin Fualdès, cinquante-six ans, ancien procureur impérial. Avant d'être jeté dans le fleuve, il avait été ligoté et sauvagement égorgé – une blessure si large et si profonde que le malheureux s'était entièrement vidé de son sang.

Dès que la nouvelle se répandit, la rumeur publique désigna les coupables : des royalistes, et plus particulièrement des membres des Chevaliers de la Foi, société secrète fondée en 1810 pour défendre le catholicisme et la monarchie légitime, qui avaient fait payer à l'ex-magistrat sa participation à la Révolution (il avait siégé au tribunal révolutionnaire de Paris), son soutien à Bonaparte, son engagement dans la franc-maçonnerie, et surtout le fait qu'il avait largement contribué à faire échouer la tentative d'insurrection que les Chevaliers de la Foi avaient tenté de fomenter à Rodez en février 1814.

Un juge fut désigné pour préparer le dossier, à charge et à décharge comme le veut la loi. Il accepta à contre-cœur, car il avait d'autres instructions en cours qui lui faisaient craindre de ne pas pouvoir s'investir autant que le méritait la renommée de l'ancien procureur Fualdès. Mais un élément nouveau le persuada que l'affaire était plus simple qu'il n'y paraissait et qu'elle serait vite résolue : en effet, rue des Hebdomadiers, une sinistre ruelle avec des maisons « faisant ventre », aux façades si rapprochées qu'elles formaient presque une voûte arrêtant la lumière du jour, une passante trouva une canne à pommeau d'argent qui fut identifiée comme celle de Fualdès, ainsi qu'un mouchoir torsadé montrant des empreintes de dents, ce dont le juge déduisit qu'il avait dû servir de bâillon.

Canne et mouchoir gisaient au pied d'une bâtisse de mauvaise réputation, la maison Bancal, du nom du maçon qui y logeait avec sa famille et... quelques pourceaux ! De fait, on ne pouvait trouver mieux comme coupe-gorge que ce taudis obscur et insalubre qui faisait la honte de Rodez. La masure, qui comportait plusieurs chambres toutes plus humides et sales les unes que les autres, faisait office de maison de passe de très bas de gamme et, bien sûr, non déclarée. En plus de la famille Bancal, elle abritait les amours de Jean-Baptiste Collard, ancien soldat, et d'Anne Benoît, une blanchisseuse âgée de vingt-sept ans.

En perquisitionnant, les gendarmes découvrirent une couverture souillée de sang et de petites esquilles d'os. Ils mirent aussi la main sur le couteau avec lequel Bancal coupait son pain et dont la lame présentait des traces brunâtres qui pouvaient également être du sang.

Tandis que le juge accumulait les soupçons contre les occupants de la maison Bancal, les langues allaient bon train : tout le monde ou presque, à Rodez, avait vu ou entendu quelque chose en rapport avec l'assassinat de Fualdès...

C'est ainsi qu'on apprit que, à l'heure présumée du crime, deux musiciens ambulants avaient joué de la vielle rue des Hebdomadiers, tout près de la maison Bancal – pour couvrir les cris de l'homme qu'on allait égorger ?

On apprit aussi que l'ex-procureur Fualdès avait accepté pour ce même soir un rendez-vous que lui avait fixé un de ses filleuls. Ce dernier, un certain Charles Bastide, dit Gramont, était en affaires (délicates, semble-t-il) avec son parrain, et il s'était engagé à solder enfin ce qu'il lui devait. Or Charles Bastide, surnommé Bastide le Gigantesque en raison de sa taille (1,95 mètre !), traînait une réputation de noceur, de jouisseur, voire de suborneur. Plutôt riche, plutôt arrogant, plutôt persifleur et sarcastique, il était unanimement détesté par les Ruthénois. Ce qui explique les innombrables (et, pour certains, invraisemblables) témoignages aussitôt portés contre lui par la population.

Même les enfants s'en mêlèrent. La petite Magdeleine Bancal déclara avoir été terrifiée en assistant du fond de son lit à la mise à mort d'un pauvre homme qu'on avait étendu sur une table pour mieux l'égorger, et qui poussait des Oh ! oh ! déchirants ; l'enfant ajouta que le sang qui sortait à gros bouillons du cou de l'homme avait été recueilli dans un baquet et donné à boire au cochon que la famille engraissait ; Magdeleine précisa que c'était un très grand monsieur portant des bottes ferrées qui dirigeait toute l'affaire. Ce dernier, s'étant aperçu que la fillette observait tout ce qui se passait, avait offert quatre cents francs à la mère Bancal pour qu'elle se débarrasse d'elle. Le lendemain, la Bancal avait envoyé la gamine à la rencontre de son père avec un papier qui disait : « Occupe-toi de Magdeleine de la façon que tu sais... » Le père Bancal avait commencé par creuser un trou pour y enfouir le corps de la petite une fois qu'il l'aurait tuée, mais Magdeleine, qui n'avait pas deviné le sort qui l'attendait, s'était assise sur le bord de sa future tombe et souriait gentiment à son père. Celui-ci n'avait pas eu le courage de la supprimer, il avait jeté sa bêche et dit à la petite fille de se sauver, de s'en aller le plus loin possible.

Il n'était plus question de crime politique, d'une vengeance des Chevaliers de la Foi, mais d'un de ces meurtres sordides qui, de tous temps, ont régulièrement ensanglanté la province française.

On procéda alors à une série d'arrestations : Bancal et sa femme, leur fille Marie-Anne, dix-huit ans, leurs colocataires Jean-Baptiste Collard, soldat démobilisé, et sa compagne Anne Benoît. Divers dénonciations et recoupements de témoignages conduisirent la justice à inculper également des personnes qui n'habitaient pas la maison Bancal mais qui s'y étaient apparemment trouvées la nuit du crime : un contrebandier du nom de Bach, Joseph Missonier, un coutelier de trente-trois ans, Jean Bousquié, portefaix, Joseph Jausion, un riche agent de change (il avait été établi que Fualdès devait de l'argent à ce Jausion, lequel clamait son innocence en expliquant, d'ailleurs non sans justesse, que s'il arrivait qu'on assassinât un créancier pour éviter d'avoir à le rembourser, on n'avait jamais vu quelqu'un se montrer assez stupide pour exécuter son débiteur !), et enfin le fameux et unanimement détesté Bastide le Gigantesque, ainsi que ses deux sœurs : Françoise, veuve Galtier, et Victoire, épouse Jausion.

Le procès dépassa toutes les attentes de la société ruthénoise. La foule s'y pressa en si grand nombre que l'on dut instaurer un droit d'entrée de dix francs, soit l'équivalent d'environ quatre-vingt-dix de nos euros, les sommes recueillies étant reversées aux pauvres.

Certes, compte tenu du nombre inhabituel de meurtriers et de complices présumés, de la personnalité de la victime et de la sordidité du crime, ce fait divers se suffisait à lui-même pour susciter un vaste engouement. Mais tout de même pas à ce point-là ! Entre 1817 et 1820, pas moins de cent vingt ouvrages lui furent consacrés. « Je ne puis oublier, raconte le comte d'Estourmel, préfet de l'Aveyron, comme je fus traqué [...] quand je vins passer l'hiver à Paris, après cette épouvantable affaire. Sur la route où j'étais connu, les maîtres de poste accouraient à ma portière, me priant de leur dire l'histoire. Les postillons me la demandaient comme un pourboire. Mais une fois arrivé, ce fut bien pis : dans chaque salon où j'entrais, quand on m'annonçait, c'était un cri général : Ah ! le voilà, écoutons... »

Dans les colonnes de certains journaux, le procès de Rodez avait pris une telle importance qu'il éclipsait deux informations qui, en temps normal, auraient occupé toute la Une, à savoir la grossesse de la duchesse de Berry et la mort de Mme de Staël.

En fait, comme le note très justement l'historien Jacques Miquel, si l'affaire Fualdès a provoqué cet emballement médiatique absolument inouï, c'est qu'il ne s'agit pas seulement d'une *affaire* de plus, mais d'une « grande saga judiciaire qui marque les prémices de la presse moderne et à sensation[1] ».

C'est en effet la première fois que le public peut se passionner jour après jour pour les audiences et leurs rebondissements : dépêchés à Rodez (puis à Albi lors du second procès) par des éditeurs astucieux, des sténographes notent tout ce qui se dit au tribunal, leurs comptes rendus sont imprimés dans la foulée et, dès le lendemain, les personnes qui ont souscrit un abonnement (et des abonnés, il y en aura jusqu'en Russie !) reçoivent à domicile le procès-verbal *in extenso* de la séance.

Parmi tous les polygraphes qui « couvrent » l'affaire Fualdès émerge la personne d'Henri de Latouche qui, avec une facilité d'écriture que d'aucuns disent détestable (mais qui ne l'empêchera pas de devenir directeur du *Figaro*), et qui tranche en tout cas sur les lourdes ornementations de style propres à l'époque, invente un ton nouveau.

Mais pour fédérer autant de lecteurs, pour les tenir en haleine durant les vingt-cinq longues journées du premier procès, il fallait davantage qu'un style alerte et facile, davantage que les accusés présents dans le box, ces hommes et ces femmes sordides, vicieux, Tartuffes, Alcestes et Harpagons à la petite semaine – il fallait un héros, ou une héroïne, enfin quelqu'un qui mît un peu de rêve au cœur de cet abominable cauchemar.

Ce fut une femme.

Elle avait trente-deux ans mais réussissait à en paraître beaucoup moins. Mariée, pour complaire à son père, à

1. Voir *Recueil des travaux de la Société des lettres, sciences et arts de l'Aveyron : Etudes aveyronnaises*, 2006, et, *L'Express* 27 septembre 2007.

un homme plus âgé qu'elle avec qui elle s'ennuyait tellement qu'au bout de trois mois elle refusa de continuer à cohabiter avec lui, Clarisse Manzon n'aurait dû être que l'un des deux cent quarante témoins cités par l'accusation. Mais dès l'instant où elle s'avança vers la barre, vêtue d'une robe noire éclairée par un tulle blanc à hauteur de la gorge, avec au cou (qu'elle avait long et fin) un collier de corail, coiffée d'un simple chapeau de paille agrémenté d'un voile blanc qui dissimulait pudiquement une partie de son visage, on oublia tous les autres témoins.

Clarisse était-elle jolie ? Allez savoir ! Ce qui est indéniable, c'est qu'elle subjuguait tous ceux qui la voyaient. Et qui en restaient muets de saisissement. Alors bon, nous dirons qu'elle devait être adorablement troublante ; à la façon, j'imagine, des madones de ce dépravé génial qu'était Filippo Lippi, lequel, pour peindre la femme la plus pure du monde, allait choisir ses modèles parmi des prostituées (ravissantes, évidemment, mais quand même, ô Filippo !).

En plus d'aimanter les regards, Clarisse savait régaler les oreilles en élucubrant des récits aussi prodigieux qu'instables, c'est-à-dire qu'elle changeait de vérité, ou de mensonge, à chaque nouvelle assertion.

Elle commença par conter que, le soir du crime, elle avait donné rendez-vous à un jeune homme à la maison Bancal – celle-ci, je le rappelle, servant parfois de maison de passe. Mais à peine Clarisse était-elle entrée que la femme Bancal l'avait poussée dans une sorte de cabinet voisin de la cuisine et l'y avait enfermée. Aux bruits qu'elle percevait, et à ce qu'elle avait pu entrevoir grâce à une fente dans la cloison, elle avait compris qu'on était en train d'assassiner un homme – mais ce n'était pas « son » jeune homme, c'était toujours ça de gagné ! Après avoir occis leur victime, les meurtriers découvrirent que Clarisse avait tout entendu et envisagèrent de l'éliminer. Mais elle les persuada qu'elle ne révélerait jamais rien de ce qu'elle avait surpris. D'ailleurs, ajouta-t-elle aussitôt, elle n'avait pas la moindre idée de ce qui s'était passé cette nuit là dans la maison Bancal. « Mais, lui fit-on remarquer, vous venez de déclarer que vous aviez assisté à un meurtre ? — Moi ? Pas du tout ! Je ne suis au courant de rien ! » Et elle se mit à pleurer comme une petite fille. Puis, comme le tribunal insistait, elle poussa un long *Aaaaaah !* et s'évanouit.

Ce scénario : contes à dormir debout, puis larmes, puis évanouissement (il paraît qu'elle avait une façon particulièrement émouvante de perdre connaissance, si bien que tout le monde, enfin surtout les messieurs, s'empressait autour d'elle), allait se répéter tout au long des audiences.

« Un volume suffirait à peine pour rendre compte de ses interrogatoires, dépositions, confrontations, note Louis-Gabriel Michaud[1]. Evanouissements, cris d'horreur et d'effroi, demi-mots échappés qui d'abord ressemblent à des aveux et ne sont bientôt plus que de fausses lueurs de la vérité [...]. Par une étrange fatalité celle qui semblait devoir tout éclaircir, tout illuminer par sa seule présence, ne sert qu'à épaissir le sombre voile sous lequel se cache la vérité. »

A défaut de découvrir la vérité vraie sur le meurtre de l'ex-procureur Fualdès, la cour condamna la veuve

1. *Histoire, par ordre alphabétique, de la vie publique et privée de tous les hommes qui se sont fait remarquer par leurs écrits, leurs actions, leurs talents, leurs vertus ou leurs crimes*, L.G. Michaud, Paris, 1816-1819.

Bancal, Bastide, Jausion, Bach et Collard à la peine de mort ; Missonier et Anne Benoît écopèrent des travaux forcés à perpétuité, peine précédée d'une exposition au carcan et d'une flétrissure au fer rouge sur l'épaule droite, Bousquié fut condamné à un an d'emprisonnement et à une amende de cinquante francs, et les épouses Jausion et Bastide furent acquittées.

Mais une petite erreur commise par le greffier ayant permis aux avocats des principaux accusés de gagner leur pourvoi en cassation, un second procès eut lieu à Albi en mars 1818. Cette fois, peut-être pour la punir d'avoir littéralement fait perdre la tête au tribunal de Rodez, Clarisse Manzon, inculpée de complicité d'assassinat, rejoignit le banc des accusés.

Alors que les autres prévenus furent amenés au tribunal les fers aux mains, secoués les uns contre les autres dans une charrette fermée par des grilles – une cage roulante, en somme – construite exprès pour eux, Clarisse arriva dans une élégante et confortable chaise à porteur à travers les vitres de laquelle elle adressait, de la main, ses salutations à la population albigeoise.

Une fois dans l'enceinte du tribunal et assise sur le banc des accusés, elle s'empressa de réitérer le numéro à base de sanglots, d'attaques nerveuses, et surtout (c'était le clou de sa prestation) de ces syncopes molles et suaves – portant une main à son front, l'autre à son cœur, elle s'effondrait sur elle-même comme un pétale de rose détaché de sa fleur par la caresse d'un zéphyr – dont elle avait offert le spectacle aux assises de Rodez.

Et bien entendu, loin d'aider la justice à faire éclater la vérité, elle l'embrouilla de nouveau.

La Bancal, Bastide, Jausion, Collard et Bach furent condamnés à mort. Anne Benoît aux travaux forcés à perpétuité, la peine de Missonier fut réduite à deux ans de prison et cinquante francs d'amende.

Clarisse Manzon fut acquittée. Sous les acclamations du public, ou peu s'en fallut. « Je suis devenue célèbre de Gibraltar à Arkhangelsk », assurait-elle, et c'était peut être vrai.

« On parle [d'elle] partout, rapporte un militaire en garnison à Rennes. On en parle à la promenade, on en parle à l'exercice, on en parle à table, on en parle au lit. Heureusement, je couche seul et j'ai ma nuit à moi. Presque tous nos officiers sont fous de Clarisse. »

Après avoir publié de nombreux livres délivrant des vérités ambiguës sinon contradictoires, cet ange infernal, poignant et provocant, qu'était Clarisse Manzon, jura devant Dieu et devant les hommes, et sur la tête de son fils, que tout ce qu'elle avait pu raconter sur l'affaire Fualdès était nul et non avenu : elle n'avait jamais franchi le seuil de la maison Bancal, elle n'avait rien vu, rien entendu, n'avait été témoin de rien, et ne connaissait le visage et le nom des accusés – qu'elle avait tout de même contribué à faire condamner, dont certains à mort – que par l'écho de la rumeur publique.

Tout ça parce qu'elle était mal mariée et qu'elle s'ennuyait.

Rejetée par sa famille, répudiée par son (pourtant si tolérant) mari, réprouvée par les habitants de Rodez, Clarisse s'exila à Paris où elle mourut dans la misère, les regrets, la pénitence. Elle avait quarante et un ans. Bien que très amaigrie, pâle et fiévreuse, la peau parcheminée, on dit qu'elle était toujours désirable.

Un dentiste du nom de Catalan rima les quarante-huit couplets de la complainte de Fualdès, qui fut longtemps l'un des grands classiques des chanteurs des rues. L'air en fut repris pour une ballade sur le siège de Paris pendant la guerre de 1870, et pour mettre en musique de nombreux autres crimes bien sanguinaires.

Et le Grand Larousse universel du XIXe siècle indique que « l'on vit longtemps, dans le passage de la Cour des Fontaines à Paris, un endroit disposé comme le bouge de la femme Bancal et dans lequel la scène de l'assassinat était représentée au naturel. On y assistait pour la bagatelle de deux sous ».

La presse dite d'investigation débusque le fait divers encore à l'état larvaire, le nourrit, le libère de sa chrysalide et en fait un papillon de nuit. Le plus souvent répugnant. Seule consolation : son existence est limitée, et il se désséchera bientôt. Pour laisser voleter, il est vrai, un autre insecte aussi hideux que lui, sinon davantage.

Dans le cas de l'affaire Fualdès, c'est l'inverse : le fait divers est préexistant, c'est lui qui, en première intention, à la façon d'un virus envahissant un organisme, crée l'outil médiatique le plus apte à le faire vivre, à le prolonger et à lui permettre de se reproduire. L'affaire Fualdès, c'est un peu (beaucoup !) l'acte de naissance de notre presse moderne, de ce journalisme d'actualité dont Rodez aura été le berceau.

G

Garnier (Opéra)

Le 13 février 1820, le duc de Berry, dernier des Bourbons à pouvoir assurer une descendance à la dynastie issue d'Henri IV, assistait à une représentation à l'Opéra Richelieu. Vers 23 heures, il profita d'un entracte pour reconduire à sa voiture son épouse qui, étant au commencement de sa grossesse, se sentait fatiguée. Le duc s'apprêtait à réintégrer sa loge lorsqu'un individu, un ouvrier sellier bonapartiste du nom de Louvel, se jeta sur lui et lui plongea une lame dans la poitrine.

Tandis qu'on poursuivait et qu'on arrêtait son agresseur, le duc de Berry, qui perdait beaucoup de sang, fut conduit dans un petit salon attenant à sa loge. Mais malgré les soins qui lui furent prodigués par une dizaine de médecins et chirurgiens accourus en hâte, il mourut peu après 6 heures du matin.

La salle Richelieu fut alors fermée pour ne plus être rouverte – car réputée désormais maudite. Mais comme il fallait un Opéra à Paris, on décida de construire vite, et sans que l'investissement fût trop important, une salle provisoire.

On choisit comme emplacement les jardins de l'hôtel Laborde, rue Le Peletier. Commencés le 13 août 1820, soit quatre mois jour pour jour après la fin tragique du duc de Berry, les travaux furent achevés en un an. C'est dire qu'on était allé vite. Il est vrai que François Debret, l'architecte, s'était autorisé à réutiliser certains éléments de base de l'Opéra Richelieu – les colonnes, la coupole, une partie des loges, etc. Et puis, s'agissant d'une salle temporaire, on avait opté pour une construction légère. L'acoustique y avait gagné, mais Castil-Blaze, un compositeur et un historien de la musique et des théâtres qui lui servaient de temples, avait émis une mise en garde : si jamais un incendie se déclenchait, il aurait des conséquences effroyables car, ses murs n'ayant pas été conçus pour barrer la route au feu, l'Opéra tout entier se comporterait alors exactement comme une cheminée géante...

Malheureusement, Castil-Blaze avait vu juste : dans la nuit du 28 au 29 octobre 1873, pour une raison restée inconnue, un incendie éclata, si violent, si dévorant qu'il dura vingt-quatre heures et ne laissa de l'Opéra Le Peletier qu'un amas de cendres et de poutres noircies. Un caporal des pompiers qui avait grimpé sur un mur fit un faux pas et bascula dans la fournaise. Cet homme, nommé Bellet, fut la seule victime humaine.

Deux ans plus tard, le 5 janvier 1875, en présence de deux mille invités tous plus prestigieux les uns que les autres, l'Opéra Garnier succéda à feu – si j'ose dire – l'Opéra Le Peletier.

Charles Garnier, son architecte, avait été convié à assister à l'inauguration du théâtre qu'il avait construit, mais il dut payer sa place : petite façon mesquine de le punir d'avoir mis son génie au service de l'empereur désormais honni, Napoléon III, qui lui avait commandé ce temple de l'art lyrique et de la danse.

Dédier son corps et sa jeunesse à la danse n'a jamais été une sinécure. Du petit rat à la danseuse étoile, toutes ces demoiselles prodiges peuvent en témoigner. Et au XIXe siècle, même après s'être hissées sur les plus hauts échelons, leur profession les exposait non seulement à des privations et des efforts constants, mais aussi à des situations où leur intégrité physique, et parfois même leur vie, étaient mises en péril – je pense à ces harnais supposés les hisser dans les airs où elles devaient figurer des anges, des déesses, et qui, en se rompant plus souvent qu'à leur tour, les précipitaient sur le sol.

Le danger le plus grand, et le plus constant, venait des rampes à gaz qui avaient avantageusement remplacé les chandelles. Pour éclairer une pièce comme le ballet *Psyché*, les machinistes du théâtre du Palais-Royal allumaient rien de moins que quatre-vingts lampions à huile (juste pour la rampe !), onze lustres comportant chacun douze bougies de cire, et six cents autres bougies réparties sur la scène. On comprend que l'adoption de l'éclairage au gaz ait simplifié le travail d'allumage et d'extinction. Mais il s'agissait toujours de flammes nues, donc potentiellement dangereuses. On le savait si bien que les artistes étaient tenus de porter des vêtements ignifugés ; et s'ils s'y refusaient au prétexte que les produits antifeu jaunissaient leurs costumes de scène, ils devaient signer une décharge.

En 1862, Emma Livry, vingt et un ans, était la coqueluche de tout ce que Paris comptait comme balletomanes. Elle n'avait pas un joli visage, elle était d'une maigreur presque choquante par rapport aux canons esthétiques de l'époque, mais elle possédait la grâce absolue : elle était mieux qu'une danseuse, elle était la danse. « Mademoiselle Livry, s'enthousiasmait la critique, est si aérienne, si diaphane, qu'elle frôle le sol sans le toucher, s'envole comme une plume et retombe comme un flocon de neige !... »

Le 15 novembre, alors qu'elle répétait un ballet de l'opéra *La Muette de Portici*, Emma, qui avait refusé de porter un costume ignifugé, s'approcha trop près d'une des rampes à gaz. Son tutu s'enflamma. Elle fut aussitôt transformée en torche vivante. Prise de panique, et au lieu de se rouler à terre pour étouffer les flammes, elle courut à travers la scène qu'elle traversa à trois reprises, excitant davantage le feu qui dévorait sa fragile tenue de danse.

Un pompier se précipita vers elle avec une couverture mouillée, mais la jeune fille, voyant que les flammes avaient consumé son tutu et qu'elle allait apparaître nue aux yeux de cet homme accourant pour lui porter secours, commit la folie de ramasser par terre, avec ses mains, les lambeaux de son tutu qui brûlaient encore, et de les plaquer sur son sexe et sur ses seins, aggravant ainsi les terribles brûlures qu'elle avait déjà subies.

« Sous la couverture mouillée que le pompier lui avait jetée, la pauvre danseuse si horriblement brûlée hier [...] s'était mise à genoux et faisait sa prière », notent les frères Goncourt dans leur *Journal.*

Par malheur, la danseuse et chorégraphe Marie Taglioni, qui adorait Emma et la guidait pour faire d'elle la plus grande étoile de son temps, crut soulager les terribles souffrances de sa jeune protégée en la badigeonnant de graisse de maquillage. Ce qui ne fit qu'envenimer le mal...

L'agonie d'Emma Livry se prolongea huit mois durant, puis, victime de septicémie, elle mourut dans les bras de sa mère.

Il m'arrive de penser que *Le Fantôme de l'Opéra* de Gaston Leroux a été en partie suggéré à son auteur par ce fait divers. Certes, lorsqu'en 1910 il écrivit son roman, Gaston Leroux déclara s'être inspiré d'une légende qui avait couru Paris après l'incendie de l'Opéra Le Peletier. Une légende d'après laquelle un jeune pianiste prénommé Ernest (que Leroux rebaptise Erik) aurait eu le visage affreusement brûlé lors du sinistre. Pire encore : dans le brasier, il aurait perdu sa fiancée, une ballerine surnommée la Divine (aussi exceptionnellement douée qu'Emma Livry). N'osant plus infliger à quiconque la vue de son visage ravagé, et ne pouvant se consoler de la mort de sa fiancée, Ernest/Erik se serait réfugié dans les sous-sols de l'Opéra Garnier alors en construction. « Le fantôme de l'Opéra a existé, écrit Gaston Leroux dans le prologue de son roman. Ce ne fut point, comme on l'a cru longtemps, une inspiration d'artistes, une superstition de directeurs, la création falote des cervelles excitées de ces demoiselles du corps de ballet, de leurs mères, des ouvreuses, des employés du vestiaire et de la concierge. Oui, il a existé, en chair et en os... »

Ne serait-ce pas le fantôme d'Emma qui fut, au moins autant sinon plus que le grand incendie de l'Opéra Le Peletier, la véritable muse de Gaston Leroux ?

Quoi qu'il en soit, les sous-sols du Palais Garnier, royaume supposé du Fantôme, furent le théâtre d'événements plus tragiques que tous ceux fomentés par le malheureux et terrible Erik : en mai 1871, lors de la Semaine sanglante de l'épisode final de la Commune, les versaillais utilisèrent les souterrains de l'Opéra pour y détenir et exécuter des communards. Mais ici, on s'éloigne du fait divers pour toucher au fait d'Histoire.

Retrouvons le fait divers *stricto sensu* dans la salle de l'Opéra, dont les cinq étages de balcons, de loges, de stalles, s'élèvent sur vingt mètres de hauteur dans un camaïeu d'or et de cramoisi, avec au centre un gigantesque lustre constitué de plus de huit tonnes de bronze et de cristal.

Etant un fou de Marc Chagall, je m'arrange toujours pour arriver à Garnier avec autant d'avance que je peux afin de rester le plus longtemps possible la tête dévissée, braquée vers le plafond prodigieux que le peintre offrit à Paris et à son Opéra en 1964 (oui, je dis bien « offrit », car Chagall refusa d'être payé).

Voyant le plafond, je vois aussi le lustre, et je me suis souvent inquiété de la bonne santé de son accrochage. Ce n'est pas du catastrophisme de ma part, mais le souvenir d'un fait divers : le 20 mai 1896, en pleine représentation du *Faust* de Gounod devant deux mille spectateurs, un contrepoids se décrocha et l'énorme lustre tomba dans la salle avec un bruit du diable (et là, Faust n'y était pour rien), faisant de nombreux blessés et tuant une femme, une concierge passionnée d'art lyrique.

Gazette des tribunaux (La)

Créée en 1825, tirée à quinze mille exemplaires, chiffre important à l'époque, et *a fortiori* pour un journal aussi spécialisé, *La Gazette des tribunaux*, sous-titrée *Journal de jurisprudence et de débats judiciaires*, séduisit d'emblée un grand nombre de lecteurs.

Notamment parce que ses rédacteurs savaient élargir les débats qui animaient (ou endormaient !) le Palais de justice, privilégiant l'anecdote sur l'information, laissant les bons mots (les leurs) l'emporter sur l'exactitude des propos. Selon Charles Méry, qui lui-même écrivait dans *La Gazette*, « tout le savoir-faire du chroniqueur consiste à traduire réponses et reparties sous une forme vive et alerte, car, abandonnées à elles-mêmes, elles ne seraient plus que ternes et insignifiantes. [...] Combien de fois les chroniques de police correctionnelle n'ont-elles pas reposé et recréé l'esprit d'un lecteur, en déridant son front qui s'était assombri en lisant le compte rendu d'un horrible procès de cour d'assises, relatant dans ses plus affreux détails l'assassinat d'une femme coupée en morceaux ! ». C'est si vrai que Georges

Courteline fera rire aux éclats en adaptant au théâtre certaines saynètes judiciaires qui avaient excité sa verve, telles que *L'Affaire Champignon*, ou encore *Blancheton père et fils*.

Mais *La Gazette* avait aussi en filigrane l'ambition de médiatiser la justice pour « lutter contre l'arbitraire des procédures secrètes ». Elle y réussit parfaitement, au point que si la justice d'aujourd'hui est aussi perméable à la curiosité et au voyeurisme du public, c'est à elle qu'on le doit en partie.

La Gazette avait en page trois (le journal en comportait quatre) une rubrique intitulée « Chronique », celle sur laquelle se précipitaient les lecteurs, qui rassemblait les faits divers n'ayant pu trouver une place légitime dans les autres colonnes. « Les drames conjugaux y occupent une place non négligeable, rappelle Anne Durepaire[1]. La jalousie, l'alcool, la brutalité et l'esprit de vengeance dominent dans les informations proposées [...] Ce sont les violences à l'intérieur du couple qui sont le plus souvent présentées aux lecteurs, soit le quart des affaires, donnant ainsi l'impression d'une sorte de guerre des sexes. » Guerre parfois sanglante, comme en témoigne cet entrefilet : « La comparution [il s'agit de celle d'un couple de divorcés] devant le président se passa sans incident. Mme Plazenet sortit du palais par la place Dauphine. Son mari la suivit sur le quai de l'Horloge où elle s'engagea. Elle se mit à courir pour lui échapper, mais il s'élança à sa poursuite. Un taxi-auto le renversa. Il se releva brandissant son revolver, le déchargea à plusieurs reprises

1. « *Les drames conjugaux à la fin du* XIX*e siècle dans la "Chronique" de* La Gazette des tribunaux », *Annales de Bretagne et des Pays de l'Ouest*, 2009.

sur sa femme. Celle-ci tomba en face de la conciergerie. Plazenet continua à tirer sur elle et seule l'intervention d'un agent put l'arrêter. » Notez la brièveté des phrases, le rythme haletant, la précision des localisations. Galerie de tableaux de mœurs mis en mots par des orfèvres qui en ont fait un genre littéraire, on comprend que les romanciers aient puisé à pleines brassées dans ces chiens écrasés qui sont un peu les *fioretti* pittoresques, savoureux, un rien sermonneurs, de l'histoire criminelle de leur temps – et du nôtre, car les faits divers, comme la mer, sont toujours recommencés.

« *La Gazette des Tribunaux* publie des romans autrement faits que ceux de Walter Scott, qui se dénouent terriblement, avec du vrai sang et non avec de l'encre », écrit Balzac dans *Modeste Mignon.*

Zola, préparant *La Bête humaine*, cite expressément *La Gazette des tribunaux* dans ses brouillons, et c'est dans cette même *Gazette* que Victor Hugo découvre, en 1832, l'histoire de Claude Gueux qu'il va utiliser pour *Les Dernier Jours d'un condamné.* Sans oublier Stendhal qui, lisant lui aussi *La Gazette*, est fasciné par l'affaire Berthet, ce fils de forgeron devenu séminariste et assassin, au point d'en faire une quasi-décalcomanie pour *Le Rouge et le Noir* : « A l'heure de la messe de la paroisse, il se rend à l'église et se place à trois pas du banc de Mme Michoud [Mme de Rênal dans le roman]. Il la voit bientôt venir accompagnée de ses deux enfants dont l'un avait été son élève. Là, il attend, immobile... jusqu'au moment où le prêtre distribua la communion... "Ni l'aspect de sa bienfaitrice, dit M. le procureur général, ni la sainteté du lieu, ni la solennité du plus sublime des mystères d'une religion au service de laquelle Berthet devait se consacrer, rien ne peut émouvoir cette âme dévouée au génie de la destruction. L'œil attaché sur sa victime, étranger aux sentiments religieux qui se manifestent autour de lui, il attend avec une infernale impatience l'instant où le recueillement de tous les fidèles va lui donner le moyen de porter des coups assurés." Ce moment arrive, et lorsque tous les cœurs s'élèvent vers le Dieu présent sur l'autel, lorsque Mme Michoud prosternée mêlait peut-être à ses prières le nom de l'ingrat qui s'est fait son ennemi le plus cruel, deux coups de feu successifs et à peu d'intervalle se font entendre. Les assistants épouvantés voient tomber presque en même temps et Berthet et Mme Michoud. [...] Le sang de l'assassin et celui de la victime jaillissent confondus jusque sur les marches du sanctuaire... » Extrait non signé de l'article paru en décembre 1827 dans *La Gazette des tribunaux*. Presque aussi beau que du Stendhal, non ?

Gégauff (Paul)

Les stars vivent parfois des drames dont elles-mêmes ne savent plus très bien s'il s'agit d'une séquence de film ou de la réalité : l'accident de James Dean, l'étrange noyade de Natalie Wood tombée (?) du yacht *Splendour* où elle naviguait en compagnie de son mari Robert Wagner, la mort suspecte de Marilyn Monroe, le meurtre de Pier Paolo Pasolini, ou la fin atroce de l'actrice finlandaise Sirkka Sari, dix-neuf ans, qui, lors d'une réception donnée en l'honneur du film qu'elle tournait, monta sur le toit de son hôtel d'où elle tomba dans un conduit de cheminée qui la précipita dans la cuve d'une chaudière où elle périt brûlée vive.

Mais il est beaucoup plus rare que des scénaristes, individus *a priori* casaniers, pantouflards, n'affrontant le danger qu'à travers les aventures fictives de personnages nés de leur imagination – scénariste moi-même, je sais de quoi je parle –, se retrouvent tout à coup être les héros d'un fait divers sanglant qui semble sorti tout droit d'un film qu'ils auraient pu écrire.

Ce fut le cas de Phil Hartman tué de trois balles de revolver par son épouse ivre et droguée, et c'est ce qui arriva à Paul Gégauff, auteur de quelques romans bien troussés, mais d'abord scénariste et dialoguiste, et non des moindres puisqu'il fut notamment la plume de Jean-Luc Godard, d'Eric Rohmer, de René Clément (pour *Plein soleil*), de Barbet Schroeder (pour *More*), de Roger Vadim (pour *Le Vice et la Vertu*, film troublant à défaut d'être réussi), et surtout de Claude Chabrol pour dix-sept films dont quelques-uns de ses meilleurs.

Viveur, jouisseur, buveur, insolent, désinvolte, épicurien, égotiste, cynique, excessivement de droite (un peu par convictions personnelles, beaucoup pour détonner, déconner, emmerder le monde), Paul Gégauff avait tout du beau gosse insupportable, du *playboy de profession* épinglé par la chanson de Jacques Dutronc, *habillé par Cardin et chaussé par Carvil / qui roule en Ferrari à la plage comme en ville / qui va chez Cartier comme il va chez Fauchon / qui travaille tout comme les castors / ni avec les mains ni avec les pieds*[1]...

1. *Les Playboys*, paroles de Jacques Lanzmann.

Après avoir été quitté par la femme qu'il aimait mais qui ne supportait plus ses frasques, Paul Gégauff s'éprit de Coco Ducados, vingt-cinq ans, ravissante métisse de père réunionnais et de mère norvégienne et qui entamait une carrière de comédienne.

Au cours de la nuit du 24 au 25 décembre 1983, à une centaine de kilomètres d'Oslo, alors que la neige enveloppait le chalet de Gjøvik où Paul et Coco passaient la nuit de Noël, la jeune femme enfonça à trois reprises la longue lame d'un couteau de cuisine dans la poitrine de son compagnon : « *Que la bête meure !* »

Quelque temps auparavant, Paul lui avait dit : *Tue-moi si tu veux, mais arrête de m'emmerder !* Elle était comédienne, il était dialoguiste, elle a joué son texte, le respectant au soupir près.

Paul Gégauff, qui n'avait pas assez pris garde à la douceur des choses, ni surtout à celle des juvéniles métisses, fut autopsié, recousu, rapatrié en France et inhumé. Coco fut arrêtée. Belle image de fin, même si terriblement classique (Gégauff l'aurait récusée, mais il n'en sut rien car Coco lui avait déjà fermé les yeux) : les papillons bleus des gyrophares des voitures de la police norvégienne dansant sur le blanc de la neige.

Claude Chabrol fut effondré. Mais il avait depuis longtemps pressenti la fin du film : « Nous savions tous que Paul Gégauff ne pouvait pas mourir de façon paisible. Son rêve était de finir assassiné. Sa fin violente, entre alcool et dispute, lui a donné raison. Cet homme-là ne devait pas, ne pouvait pas finir dans son lit. »

Le dernier script écrit par Gégauff, inspiré d'Edgar Poe, racontait l'histoire d'un homme qui débarque dans un asile d'aliénés où les fous ont pris le pouvoir. Il tombe amoureux d'une des pensionnaires (le rôle devait être joué par Coco) et ils partent ensemble. « C'est exactement ce qui est arrivé à Paul Gégauf », conclut Chabrol[1].

Gévaudan (Bête du)

Susurrer, murmurer, bourdonner bas ces mots : *la Bête du Gévaudan, la Bête du Gévaudan*, un soir de feuilles mortes, brume et froidure, dans une maison campagnarde isolée, au chevet d'une flambée dans la cheminée (additionnée de quelques pavés de tourbe noire, juste pour le fumet délicieux, et pour le romanesque) est presque aussi grisant que l'absorption, à minuscules coups de langue, d'un doux elixir monastique genre *Chartreuse verte*,

1. *Claude Chabrol par lui-même et par les siens*, Stock, 2011. Voir aussi l'ouvrage magnifique qu'Arnaud Le Guern consacre à Paul Gégauff, *Une âme damnée : Paul Gégauff*, Ed. Pierre-Guillaume de Roux, 2012.

Arquebuse de St. Augustin, Couventine ou *Jaune du Puy-en-Velay.*

L'histoire, ou plutôt l'*affaire*, de ce loup qui n'en était peut-être pas vraiment un mais qui, dans le nord de l'ancien pays du Gévaudan (l'actuel département de la Lozère), n'en dévora pas moins une centaine de victimes, principalement des jeunes filles et des enfants, entre le 30 juin 1764 et le 19 juin 1767, a épouvanté (et surtout fasciné) des générations de lecteurs. J'ai été l'un d'eux, moi aussi tremblant mais exalté, terrorisé mais enflammé, et surtout contaminé : à dix ou onze ans, armé d'un fusil à flèches ventouses et d'un pistolet à amorces imitation Colt, j'arpentais un jardin normand au clair de lune dans l'espoir d'entendre à mon tour grogner une Bête, de la voir se dresser sur ses pattes postérieures, gueule béante, langue rouge pendante, exhalant une haleine rendue putride par toutes ces chairs mortes embastillées dans ses crocs – il m'arrivait d'ailleurs, pour parfaire l'illusion et pouvoir m'écrier : « Vingt dieux, ça sent la Bête ! » de mettre à pourrir sous une pierre un morceau de bifteck cru. Ah ! la jubilation de pouvoir croire à ses songes, fussent-ils des cauchemars...

Mais je n'en dirai guère plus : tant de livres, de films, de bandes dessinées, de récits de conteurs, ont été dédiés à la Bête. Dont beaucoup sont excellents et n'appellent aucun commentaire.

Or donc, résumons simplement : prise tour à tour pour un loup, un animal exotique évadé d'une ménagerie, un loup-garou, un châtiment divin sous forme d'animal domestique dressé pour tuer, voire même pour un tueur en série – le terme n'existait pas encore, mais le meurtre à répétition était connu depuis Locuste (empoisonneuse professionnelle, c'est sur ordre qu'elle supprima l'empereur Claude et son fils Britannicus, mais elle ne rechignait pas à assassiner pour son propre plaisir) et le riche Yéménite Zu Shenatir qui, au ve siècle, séduisait des jeunes garçons en leur promettant de la nourriture et de l'argent, puis les violait et les défenestrait, sans oublier Gilles de Rais, compagnon de Jeanne d'Arc, qui fut pendu pour avoir assassiné des centaines d'enfants, ni la « comtesse sanglante » Erzébet Báthory emmurée vivante pour la punir d'avoir torturé à mort de jeunes et jolies servantes (la rumeur dit qu'elle se baignait dans leur sang pour rester jeune à jamais), ni Giulia Tofana qui, dans les années 1700, empoisonna près de six cents personnes, principalement de vieux maris que leurs épouses trouvaient tellement ennuyeux, tellement encombrants !

Même si des passionnés de la Bête continuent d'échafauder de nouvelles théories, dont certaines sont raisonnables mais d'autres carrément farfelues, on s'accorde à penser que la Bête du Gévaudan n'avait rien de surnaturel, qu'elle n'était probablement qu'un hybride entre un loup et un gros chien, et qu'elle avait été adoptée et dressée par un certain Jean Chastel. Celui-ci, qui était l'équivalent de ce qu'est aujourd'hui un garde forestier, était un prédateur, un pervers. Ayant fait de l'animal une créature qui lui était toute dévouée, il lui avait appris à tuer et à manger de la chair humaine.

Une fois sa Bête repue, Chastel passait derrière elle pour parfaire la scène de crime, pour la rendre plus diabolique – notamment en décapitant les victimes, ce que l'animal était incapable de faire.

Mais le 16 mai 1767, la Bête attaqua et tua une petite bergère de douze ans, Marie Denty, dont Chastel était l'ami et qu'il avait juré de protéger. Cette tragédie, pense-t-on, agit sur lui comme un choc salutaire. Il prit brusquement conscience de tout le mal qu'il avait causé et décida de mettre fin aux agissements de sa Bête.

Il chargea son fusil et l'appela. La Bête vint vers lui sans méfiance. Chastel l'abattit au premier coup de feu. On prétendit qu'il devait ce succès au fait d'avoir tiré une balle moulée dans le métal d'une médaille mariale et bénie par l'archiprêtre de Mende. En réalité, la Bête qu'il avait apprivoisée, éduquée, s'était assise devant lui, parfaitement immobile, et il avait suffi à Chastel de la viser au cœur et de presser la détente pour la foudroyer.

Mais à la vérité, le rideau était déjà tombé sur la tragédie : deux ans auparavant, en septembre 1765, Louis XV avait envoyé en Gévaudan son porte-arquebuse, François Antoine (parfois appelé, à tort, Antoine de Beauterne).

François Antoine réussit à repérer la Bête dans les bois proches de l'abbaye de Saint-Julien-des-Chazes. Il la mit en joue à environ trente mètres. Le coup de feu partit, atteignit l'animal qui tomba, mais qui se releva aussitôt et, la gueule écumante, chargea Antoine. Un des hommes qui accompagnaient le porte-arquebuse tira alors à son tour et, presque à bout portant, tua la Bête.

D'après le rapport de François Antoine, il s'agissait d'un énorme loup pesant près de cent trente livres. Après que des personnes ayant survécu à ses attaques eurent formellement reconnu sa dépouille comme étant celle du « monstre », la Bête, embaumée et empaillée, fut conduite à Versailles où elle fut présentée au roi qui la fit exposer dans ses jardins.

A partir de cette date (nous sommes en octobre 1765), les journaux et la Cour se désintéressèrent du Gévaudan. Les petits bergers purent, en toute sécurité, recommencer à faire paître leurs troupeaux : aucune bête dévorante, comme on l'appelait, ne hantait plus les hauteurs du Gévaudan.

Officiellement du moins.

Car de nouvelles agressions eurent lieu, aussi sanguinaires. Mais les journaux se gardèrent bien d'en faire état : le pouvoir royal ayant décrété que l'affaire de la Bête était réglée, il était inenvisageable d'y revenir sous peine de mécontenter Sa Majesté. La liberté de la presse n'était pas encore à l'ordre du jour…

Toute meurtrière qu'elle fût, la Bête ne fit pas que des victimes. Il n'est pas interdit de penser qu'elle sauva d'un marasme annoncé un certain nombre de journaux, tant régionaux que nationaux – ce qui, en plus des frissons délicieux que m'a procurés la description de son royaume farouche et couru de brouillards, vaut bien que je lui accorde un droit d'entrée dans ce *Dictionnaire amoureux*.

La guerre de Sept Ans (1756-1763) venait de s'achever. Elle avait été un conflit quasi mondial puisque, en plus du théâtre européen, elle avait flambé d'Amérique du Nord jusqu'en Inde, à cause de quoi, les batailles se multipliant sans apporter de conclusions définitives, elle avait entraîné des pertes humaines considérables, des destructions spectaculaires, des pillages à grande échelle. Or si les événements dramatiques accroissent le nombre des lecteurs, la paix, l'absence d'épidémies et de famines, les démobilisent. Certains journaux qui avaient connu des tirages importants pendant la guerre de Sept Ans (*La Gazette de France*, paraissant le mardi et le vendredi, et dont l'abonnement annuel coûtait douze livres, avait été imprimée à quinze mille exemplaires, ce qui pour l'époque était considérable) pouvaient perdre jusqu'à la moitié de leur lectorat une fois la paix revenue. Il faut dire qu'en période creuse la plupart des journaux étaient bien insipides : quelques notules venues de l'étranger, des informations purement françaises qui se réduisaient à des nouvelles ronflantes de la Cour, à des textes de décisions prises par Sa Majesté, à la reproduction *in extenso* de discours ministériels soporifiques, à des informations lapidaires sur les concours académiques et les nouveautés en librairie.

Pour les éditeurs et imprimeurs de gazettes, la Bête arrivait donc à point nommé.

Une feuille régionale comme *Le Courrier d'Avignon*, qui devait consacrer à la Bête près d'une centaine d'articles par an, se félicitait d'avoir fait le bon choix : « Il ne se passe rien en France ni dans l'univers dont nos curieux soient aussi empressés d'être instruits qu'ils le sont de ce qui se passe dans le Gévaudan. » Et d'en profiter pour faire frissonner ces fameux « curieux » en leur narrant comment la Bête détachait la tête de ses victimes, buvait tout leur sang, puis, faisant craquer le crâne comme s'il se fût agi d'une vulgaire noix, mangeait la cervelle et terminait son odieux festin en léchant soigneusement l'intérieur de la boîte crânienne.

Editée à Lyon et distribuée par colportage dans le Gévaudan pendant l'affaire de la Bête, *La Gazette du Gévaudan*, elle, défendait la théorie de deux Bêtes au lieu d'une seule, ce qui expliquait qu'on la vît presque au même moment en des lieux passablement éloignés l'un de l'autre – hypothèse qui n'a jamais été confirmée :

> De Marvejols, seconde ville du Gévaudan en Languedoc du 2 janvier.
> L'Animal féroce dont on a parlé plusieurs fois, continue les ravages de ce pays. Ce qu'il y a de pis est qu'il s'en trouve un second de son espèce [...] Un paysan de nos environs assure les avoir vus tous deux ensemble et que l'un est beaucoup plus petit que l'autre. On a tiré sur le plus gros : la balle n'a fait malheureusement que de l'effleurer, de façon qu'il n'est resté sur place qu'une poignée de poils qui s'est trouvée d'une odeur très mauvaise. On a eu cependant le loisir de mesurer des yeux cette Bête furieuse : elle est de la grandeur d'un veau d'un an, la tête a un pied de largeur sur le devant et son poitrail est aussi large que celui d'un cheval. Souvent on l'entend hurler la nuit : son cri est précisément comme celui d'un âne qui brait.

Les journaux étrangers n'étaient pas en reste, certains se servant de la Bête pour ridiculiser la France, telle cette gazette britannique qui informait ses lecteurs que

« les campagnes françaises étaient hantées par de tels monstres que l'un d'eux, en pays de Gévaudan, avait à lui seul mis en déroute une armée de 120 000 hommes, dont il avait dévoré un cinquième des effectifs et, pour faire bonne mesure, avalé par surcroît les pièces d'artillerie[1] »...

Les attaques de l'animal se succédant à un rythme soutenu, l'affaire prit les allures d'un passionnant feuilleton qui faisait évidemment les beaux jours des responsables des gazettes.

Certains amateurs de diableries persistent à penser que la Bête, la vraie, était en fait un loup-garou. Le phénomène – non attesté – de lycanthropie était bien connu en France où l'on a pu recenser jusqu'à trente mille procès intentés à de prétendus loup-garous.

Au début du XVIIe siècle, un des cas les plus troublants fut celui de Jean Grenier. Agé de treize ans, plus ou moins débile, court et trapu, il présentait un faciès canin caractérisé par une macrognathie prononcée. Il croyait se transformer en loup à la tombée de la nuit, et n'hésitait pas à terrifier son entourage en décrivant les horribles méfaits qu'il commettait quand, victime de la malédiction, il devenait un loup-garou battant la campagne en quête de proies à égorger puis à dévorer.

Un soir d'hiver, alors qu'il faisait déjà nuit et qu'une tempête de neige menaçait, une fillette du même village que lui quitta le cocon de la maison familiale pour ramener au bercail les moutons dont sa famille lui avait confié la garde. Pendant qu'elle s'évertuait à les rassembler,

1. Rapporté par Robert Dumont *in* revue *Bipedia*, n° 24, janvier 2006.

elle fut soudainement attaquée par une créature qu'elle crut être un loup. Grâce au fer de sa houlette, elle réussit à tenir l'animal en respect et à s'enfuir jusque chez elle. Là, pressée de questions, elle finit par révéler que le loup qui s'était jeté sur elle n'en était peut-être pas un, après tout : plus elle y pensait, plus il lui semblait que c'était un mélange hideux d'homme et de bête sauvage – en somme un loup-garou, et qui ressemblait étrangement à Jean Grenier.

Tout le monde connaissait ce simplet de Jean Grenier et ses stupides histoires de loup-garou, aussi n'aurait-on probablement pas ajouté foi aux racontars d'une petite fille affolée si, depuis quelque temps, des enfants du village n'avaient disparu dans des conditions inexplicables. A tout hasard, Grenier fut arrêté et questionné par un juge local. Le garçon répéta son histoire : oui, c'était bien lui qui, métamorphosé en loup, avait agressé la petite fille aux moutons et battu la campagne pour prélever, à travers les hameaux et les champs, des enfants à dévorer. Une nuit qu'il avait très faim, il s'était infiltré dans une maison et s'était emparé d'un bébé qui était au berceau.

Une enquête fut diligentée, qui apporta les preuves que tout le monde redoutait de trouver : l'essentiel de ce qu'avait avoué Jean Grenier était l'exacte – et atroce – vérité. S'il était impossible au juge d'attester de l'existence du pacte que le jeune garçon prétendait avoir passé avec Satan, pacte grâce auquel il avait le pouvoir de se transformer en loup, les enlèvements d'enfants suivis d'actes de cannibalisme étaient bien de son fait.

Au mois de mai 1603, l'affaire fut portée devant le parlement de Bordeaux. L'accusation fut confirmée, mais le tribunal – et c'est en cela que le cas de Jean Grenier me paraît si intéressant – estima que le prévenu, quand il commettait les crimes d'enlèvement et de cannibalisme, n'était pas dans son état normal : « La Cour ordonna que ledit Jean Grenier fils serait visité par deux médecins de la présente ville, afin que l'état de sa personne fût connu, ce qui fut fait, et par leur rapport ils demeurent d'accord de deux choses, savoir que l'on peut être malade d'une maladie appelée lycanthropie, et que cet enfant n'en était point malade, [...] il avait commis ces excès par le ministère du mauvais esprit [...], le Malin illudant les hommes [...] afin de leur faire commettre plusieurs excès, meurtres et maléfices [...] leur faisant croire qu'ils sont ce qu'ils ne sont pas. [...] Le Président [du tribunal] remontra que ce jeune garçon était idiot, qu'il ne savait sa créance, même qu'il ne savait point combien de jours il y avait en la semaine, et partant apparaissait que le malin esprit s'était servi de cet esprit triste, mélancolique et hébété comme d'un instrument pour exercer sa malice contre le genre humain[1]. »

Puisque la justice exceptionnellement clairvoyante – et l'on n'était pourtant qu'en 1603... – avait compris que le problème de Jean Grenier était plus mental que criminel, ce dernier fut condamné à finir ses jours en servant les mendiants dans un couvent de la ville.

Sept ans plus tard, lorsque le juge Pierre de Lancre lui rendit visite, il constata que Jean Grenier, qui ne se nourrissait quasiment que d'ordures et d'excréments, était d'une maigreur effarante, que ses ongles avaient poussé démesurément en se recourbant comme des griffes, que ses dents étaient devenues plus longues et plus acérées, et

1. *Revue de folklore français*, Paris, 1930.

qu'il se déplaçait à quatre pattes, avec la même souplesse que les loups.

Jean Grenier mourut un an plus tard. Dans son malheur, il avait eu de la chance : entre 1500 et 1700, plus de cent mille personnes avaient été condamnées pour lycanthropie et brûlées vives.

Gillet (Hélène)

D'aucuns se souviennent d'Henri II à cause de sa mort provoquée, au cours d'un tournoi, par un éclat de la lance de Gabriel de Montgommery. D'autres parce qu'il eut pour épouse une maîtresse femme, Catherine de Médicis, et pour maîtresse une femme à la beauté incomparable, Diane de Poitiers. Mais on pourrait aussi se le rappeler comme l'auteur de l'édit affligeant qu'il promulgua en 1556 pour ordonner que toutes les femmes qui auraient dissimulé leur grossesse et leur accouchement, et dont les enfants seraient morts sans avoir reçu le saint sacrement de baptême, soient présumées coupables de la mort de leurs enfants et exécutées. Ce qui tend à prouver que les cas de jeunes femmes qui, de nos jours, après avoir accouché clandestinement, étouffent leurs bébés avant de les enterrer dans le jardin, de les mettre au congélateur ou de les jeter aux ordures, ne sont pas des épiphénomènes consécutifs à la dégradation de notre société.

En l'an 1624, Pierre Gillet, châtelain et premier magistrat de la ville de Bourg-en-Bresse, avait une fille âgée de vingt-deux ans, prénommée Hélène, qui, comme dans les contes de fées, était réputée posséder toutes les vertus et tous les charmes dont Dieu, quelquefois, se plaît à doter certaines femmes : elle avait un visage et un corps adorables, elle était pieuse à réjouir tous les anges des Cieux, elle possédait une voix de rossignol, savait versifier, dessiner, broder, pâtisser – bref, cette demoiselle Gillet était la coqueluche absolue du Tout-Bourg-en-Bresse.

Rien ne pouvait laisser présager qu'elle allait tenir un premier rôle – et pas le plus enviable ! – dans l'histoire de la justice du royaume de France.

Trop jolie, trop parfaite, « trop tout ça » comme l'aurait chantée Brel, Hélène était l'objet de toutes les convoitises de la part des hommes – et, en corollaire, de toutes les jalousies de la part des femmes.

Alors, forcément, ce qui devait arriver arriva. Un jeune homme des environs de Bourg, qui venait tous les jours au château où il remplissait l'office de répétiteur pour les frères d'Hélène, tomba éperdument amoureux de la jeune fille. A ce stade, on ne peut pas lui en vouloir. Comme on ne peut pas non plus reprocher à la demoiselle de s'être montrée distante envers lui : en très obéissante petite fille, elle attendait pour convoler que son père lui en donnât le signal – et surtout qu'il lui désignât l'élu.

Mais notre répétiteur, stendhalien avant l'heure, avait déjà mis en œuvre (ou subi ?) le phénomène de cristallisation si justement décrit par l'auteur du *Rouge et le Noir* : il ne pouvait tout simplement pas se passer d'Hélène. Elle ne voulait pas se marier ? Eh bien, soit ! il ne l'épouserait pas ; mais il la mettrait dans son lit, et cela qu'elle le veuille ou non.

Il acheta la complicité d'une servante qui enferma Hélène dans une chambre où l'attendait son suborneur pour la violer.

Et il la viola.

Elle pleura (il apprécia : rondes, brillantes, les larmes lui allaient si bien !), elle cria (elle avait une si jolie voix qu'on eût dit qu'elle chantait), elle lui cracha au visage (n'importe, il adorait tout ce qui venait d'elle), et puis ce fut fini. Enfin, pour lui, qui prit la poudre d'escampette. Pour elle, au contraire, tout allait commencer.

Discrète, pudique et modeste, Hélène ne fréquentait pas les salons burgiens et ne se montrait qu'à l'occasion des messes et autres célébrations religieuses qui avaient lieu en la cathédrale (qui n'était encore que collégiale) Notre-Dame de l'Annonciation ou dans l'église qui faisait partie du monastère royal de Brou. La rareté de ses apparitions publiques faisait que la jeune fille était chaque fois la cible de tous les regards.

Aussi, au printemps 1624, ces dames de Bourg ne furent-elles pas longues à remarquer que les formes de la jeune fille semblaient s'arrondir, et ce d'autant que la mode du vertugadin et de son bourrelet placé au niveau des hanches faisait ressortir sa taille. Elles notèrent également l'impatience fébrile avec laquelle Hélène, d'habitude si réservée, se jetait littéralement sur la corbeille de pain bénit qu'on présentait à la fin de la messe, tout à fait comme si elle mourait de faim. Et puis il y avait ces étranges malaises qui la prenaient quelquefois, ces pâleurs soudaines, ces langueurs, ces attitudes dolentes qui lui ressemblaient si peu.

On s'interrogea : serait-elle enceinte ? Elle l'était, bien sûr. Mais elle portait son enfant de la même façon qu'elle se comportait dans la vie, c'est-à-dire sans ostentation aucune.

Et puis, en octobre, elle enfanta. Toujours dans la plus grande discrétion. Et toute seule.

En la voyant réintégrer sa place à l'église, sans doute un peu pâlichonne mais le ventre plat, ces dames de Bourg-en-Bresse pensèrent s'être fourvoyées : non, l'irréprochable Hélène Gillet n'avait jamais été enceinte – juste un peu gonflée, peut-être, à cause des touffeurs de l'été.

Mais la rumeur d'une grossesse avait fait son chemin et était arrivée jusqu'aux oreilles du lieutenant particulier et assesseur criminel qui, interprétant les ragots comme une dénonciation, ordonna que la demoiselle Gillet fût examinée par trois matrones. Celles-ci conclurent de leur « visite » qu'Hélène avait bel et bien accouché d'un enfant une quinzaine de jours auparavant.

Arrêtée, incarcérée et déférée devant les juges du bailliage et présidial de Bresse, la jeune femme reconnut avoir été enceinte à la suite d'un viol, mais resta évasive quant à l'enfant qu'elle aurait mis au monde : elle ne se souvenait de rien.

Sans preuve qu'elle avait eu un bébé, sans corps du délit, Hélène échappait à l'implacable édit d'Henri II. Les juges étaient sur le point d'ordonner sa remise en liberté quand un soldat qui traînait son ennui par les ruelles de la cité bressane aperçut un corbeau qui, usant du bec et des serres, s'évertuait à retirer un linge d'une sorte de renfoncement dans le mur jouxtant le jardin des Gillet. S'approchant pour voir ce qui émoustillait tant l'oiseau, le soldat reconnut l'odeur écœurante de la chair en décomposition et découvrit, enveloppé dans le linge, le cadavre d'un nouveau-né.

Or ce linge servant de linceul était une fine chemise de femme en tous points semblable à celles que portait Hélène. Et elle était brodée à ses initiales, H et G.

Le 6 février 1625, Hélène Gillet fut condamnée à mort. Le lundi 12 mai de la même année, le parlement de Dijon confirma la sentence et dit que l'exécution aurait lieu ce même jour sur la place du Morimont où la condamnée serait conduite la corde au cou. Cette corde qui ne devait pourtant pas servir à son supplice, car, en sa qualité de fille du noble châtelain de Bourg-en-Bresse, Hélène aurait le privilège insigne de n'être ni pendue ni rouée vive, mais décapitée par l'épée.

Tandis que la jeune femme revêtait une tunique blanche (qui la faisait plus que jamais ressembler à un ange) et qu'elle donnait docilement ses mains pour qu'on les lui attachât, le bourreau qui devait exécuter la sentence, un certain Simon Grandjean, se demandait ce qu'il pourrait bien inventer pour être déchargé de sa mission : non seulement il lui répugnait d'ôter la vie à une aussi adorable patiente, mais encore, et bien qu'il n'eût pas qualité pour en juger, il nourrissait de sérieux doutes quant à sa culpabilité.

La veille, alors que les juges lui avaient enjoint de se tenir prêt à exécuter le verdict qui serait prononcé le lendemain matin (et qui ne faisait de doute pour personne), Grandjean avait fait part de ses scrupules à sa femme.

Mais celle-ci, qui était issue d'une lignée de bourreaux – la dynastie des Chrétien –, ne connaissait pas les cas de conscience : à ses yeux, la justice ne pouvait tout simplement pas se tromper.

Avant de se mettre en route, persuadé qu'il allait martyriser une innocente dont le sang retomberait sur lui et sa famille, le malheureux Grandjean, qui donnait les signes d'une nervosité extrême, s'était confessé et avait communié.

Puis, comme 4 heures sonnaient aux clochers de la ville, le bourreau et la jeune femme qu'il devait mettre à mort gagnèrent la place du Morimont où se dressait l'échafaud, une plate-forme haute de deux mètres et reposant sur des piliers de pierre.

Les exécutions capitales remportaient toujours un vif succès, mais cette fois c'était du délire. Pourtant, même si la beauté, la jeunesse et la noblesse d'Hélène Gillet avaient largement contribué à attirer une foule aussi impressionnante, c'était vers Simon Grandjean que se portaient tous les regards. Car au lieu d'afficher cet air impavide qui est l'apanage des exécuteurs des hautes œuvres, le bourreau donnait aujourd'hui tous les signes de la plus extrême confusion : il vacillait, levait les bras au ciel, tombait à genoux, conjurait Hélène de lui pardonner, puis se tournait vers les pères jésuites et capucins présents au pied de l'échafaud, et les suppliait de le bénir et de lui obtenir la miséricorde de Dieu.

Et comme Hélène venait de poser sagement sa tête sur le billot, la populace, stupéfaite, put entendre maître Grandjean s'écrier qu'il ne souhaitait rien tant que prendre la place de sa jeune suppliciée…

« Tue ! Tue ! Mais tue donc ! » lui criait-on de toutes parts, tandis que le procureur du roi lui intimait l'ordre de se dépêcher de faire son office.

Alors, tremblant de tout son corps et suant à grosses gouttes, Grandjean se saisit de la lourde épée, la souleva à deux mains, marqua une longue hésitation… et se décida enfin à l'abattre.

Han ! s'écria-t-il.

Aaah ! fit la foule.

Oh ! murmura douloureusement Hélène.

La lame avait manqué le cou de la jeune femme et entaillé profondément son épaule gauche. Aussitôt, comme s'il lui brûlait les mains, Grandjean laissa tomber le glaive.

Un mouvement de colère parcourut l'assistance. Car on aurait tort de penser que les spectateurs qui se pressaient autour des échafauds étaient animés de pulsions sadiques. En fait, ils venaient là un peu comme les *aficionados* vont à la corrida, pour assister à un rituel qui devait se terminer par la victoire, inéluctable et rassurante, du Bien sur le Mal. Ils n'appréciaient guère qu'il y eût des bafouillis, du bredouillage, du bégaiement : la justice devait passer sans trébucher. Et de même que, dans les pays hispaniques, l'assistance manifeste sa réprobation en lançant des coussins (entre autres) sur le torero qui a raté la mise à mort, de même la populace dijonnaise se mit-elle à ramasser des pierres dans l'idée d'en lapider le bourreau.

Or l'épouse de maître Grandjean, sachant le peu d'entrain que mettait son mari à l'idée de décapiter la jeune Hélène, avait décidé de l'assister pour s'assurer qu'il irait bien jusqu'au bout de sa mission.

Elle s'empressa donc d'exhorter la petite suppliciée à poser à nouveau sa jolie tête sur le billot. Hélène, visiblement affaiblie par la blessure qu'elle avait reçue à l'épaule, obéit. Le bourreau ramassa le glaive de justice, l'éleva vers le ciel où il le maintint un instant à bout de bras avant de le laisser retomber sur le cou d'Hélène... qu'il manqua encore, la lame ne faisant cette fois qu'entailler le billot.

Au même instant, sous les effets conjugués de la terreur et de la douleur qui irradiait son épaule blessée, Hélène bascula sur le côté droit, recouvrant de son corps l'épée que Grandjean avait une nouvelle fois lâchée.

Cette fois, la foule ne se contenta pas de gronder : elle hurla sa fureur, et une première volée de pierres, de légumes avariés et d'excréments fusa en direction du bourreau.

Ce dernier comprit qu'il avait intérêt à quitter la scène au plus vite. Profitant de l'ébullition qu'il avait provoquée, il réussit à se glisser dans un petit oratoire situé sous l'échafaud.

Ce que voyant, sa femme, bien décidée à ce que l'exécution ait lieu – sans doute moins par souci de justice que pour toucher le pécule dû au bourreau –, résolut de remplacer son mari au pied levé. Ne trouvant pas le glaive (rappelons qu'Hélène était couchée dessus, au point d'ailleurs de s'infliger une blessure supplémentaire en pesant sur le tranchant de la lame), la dame Grandjean s'empara de la corde dont on avait humilié la condamnée pendant sa marche au supplice, et la serra autour du cou de la jeune femme dans l'intention de l'étrangler.

Mais Hélène, davantage par réflexe que par réflexion, recouvra assez de forces pour se débattre. Exaspérée par cette vilaine fille qui ne voulait décidément pas se laisser tuer, la femme du bourreau lui donna de violents coups de poing dans l'estomac tout en tirant furieusement sur la corde pour l'asphyxier.

Ce massacre n'avait plus rien à voir avec le cérémonial solennel d'une exécution capitale. La foule prit alors délibérément le parti d'Hélène, et de nouvelles volées de pierres s'abattirent sur la dame Grandjean. Laquelle, cherchant à sauver sa vie sans pour autant renoncer à supprimer celle de la condamnée, tira la petite Gillet par la tête, lui fit dévaler sur le dos les huit marches de l'échafaud, puis, s'emparant des longs ciseaux qu'elle avait apportés pour lui couper les cheveux afin de faciliter la décollation – mais elle n'y avait plus du tout pensé en voyant la façon pathétique dont s'était comporté son mari –, elle se mit à en poignarder Hélène au cou et à l'estomac. Remontant le gosier, une des lames déchira la langue de la jeune femme avant de lui ouvrir le palais.

Hélène n'était plus qu'une poupée de chiffon, pantelante et ensanglantée.

Alors le peuple, submergé d'horreur, attaqua les soldats qui formaient une haie autour de l'échafaud. On se précipita pour arracher Hélène des mains de la folle furieuse, on obligea les frères capucins à ouvrir la porte de leur oratoire d'où l'on extirpa Simon Grandjean qui, une fois dehors, fut mis à mort sans autre forme de procès.

Sa mégère subit le même sort, à cette nuance près que la foule vengeresse prit tout son temps pour la faire mourir.

Hélène avait été conduite chez un chirurgien, un certain Nicolas Jacquin qui exerçait à l'angle de cette funèbre place du Morimont. Il soigna la jeune femme avec une telle douceur qu'en reprenant conscience elle crut – et persista longtemps dans cette illusion – qu'il était le bon Dieu en personne l'accueillant dans son Paradis.

La pauvrette n'était pas quitte pour autant : la loi spécifiait en effet que tout condamné à mort dont l'exécution avait eu lieu selon les règles, mais qui, par miracle, avait survécu, devait être réexécuté dans les plus brefs délais, car aux yeux de l'Administration il était réputé mort et le jugement consommé.

Allait-on rattacher les mains de la petite Gillet, la hisser et l'agenouiller à nouveau sur l'échafaud, poser sa joue sur le bois du billot, écarter une mèche de ses cheveux afin que rien ne vînt entraver la chute de l'épée, et la tuer ?

Par un heureux concours de circonstance, le parlement de Dijon, à qui revenait de prononcer cette seconde mise à mort d'Hélène, était en vacances pour célébrer le mariage de Madame Henriette, sœur de Louis XIII, avec Charles Ier, roi d'Angleterre. Et puis, de toute façon, on n'avait plus de bourreau…

Alors non seulement Hélène bénéficia d'un sursis, mais les réjouissances qui faisaient chanter et danser tout le royaume furent une occasion rêvée d'obtenir du roi une grâce définitive.

Charles Nodier (1780-1844), bibliothécaire, écrivain, auteur entre autres d'un *Dictionnaire raisonné* (qui, aujourd'hui, eût été qualifié d'amoureux) *des onomatopées françaises*, qui fut promoteur du mouvement romantique, académicien français, qui se passionna pour l'entomologie, la géologie et la botanique, et pour Hélène Gillet, publia dans la *Revue de Paris* (1832) un bien joli texte à propos de cette jeune fille. Il rappelle qu'on était, à l'époque d'Hélène, dans « un âge de candeur et de foi, où l'on ne supposait pas que l'ordre naturel des choses humaines s'intervertît contre toute probabilité sans quelque dessein secret de la Providence ».

A défaut d'être particulièrement candide, Louis XIII avait bien vu que le destin d'Hélène s'était « interverti contre toute probabilité », et comme il croyait aux desseins de la Providence, le roi n'hésita pas à accorder sa grâce à la petite rescapée de l'échafaud.

Echangeant sa tunique blanche de condamnée à mort contre une robe de bure, Hélène Gillet quitta le monde pour se faire religieuse dans un couvent de Bresse où elle mena jusqu'à sa mort (la vraie, cette fois) une existence exemplaire.

« Il ne faut tuer personne, conclut Charles Nodier, il ne faut pas tuer ceux qui tuent, il ne faut pas tuer le bourreau – ce qu'il faut tuer, ce sont les lois d'homicide. »

Ginger

Il repose en position fœtale dans une vitrine, ses mains cachant son visage comme s'il était intimidé d'être devenu le numéro deux du British Museum, juste après la célébrissime Pierre de Rosette qui permit à Champollion de déchiffrer les hiéroglyphes.

Il n'usurpe pas sa place au musée : assassiné voici un peu plus de cinq mille ans, il est une des plus anciennes victimes de fait divers connues à ce jour.

Si vous allez lui présenter vos respects au British Museum, ne le traitez pas de « momie » : malgré son air sec et racorni, il n'en est pas vraiment une, il n'a pas été livré aux embaumeurs, on s'est contenté de l'inhumer dans le sable brûlant de la Haute-Egypte, ce qui a suffi à provoquer sa dessication quasi parfaite, et donc sa conservation.

D'abord appelé l'Homme de Gebelein parce qu'on l'avait découvert, avec cinq autres dépouilles pareillement desséchées, dans les sables de Gebelein, ville d'Egypte située à environ quarante kilomètres au sud de Thèbes, il a ensuite été baptisé Ginger en référence à la couleur des touffes de cheveux roux qui continuent d'adhérer à son crâne.

Ginger a été récemment pris en charge par une équipe de médecins légistes pratiquant cette nouvelle et prometteuse spécialité : l'archéo-médecine, à laquelle on doit déjà, en plus de l'identification et de la reconstitution virtuelle de la tête présumée d'Henri IV, d'avoir diagnostiqué des atteintes d'athérosclérose sur cent trente-sept momies égyptiennes, péruviennes, amérindiennes et aléoutiennes, et surtout d'avoir décrypté le génome d'Otzi, cet autre individu mort lui aussi voilà cinq mille ans (mort assassiné comme Ginger, traîtreusement frappé dans le dos) et retrouvé en 1991 dans un glacier des Alpes italiennes.

Grâce à cette science qui, pour se développer et s'affiner, fait feu de toutes les technologies les plus modernes, qui sait si des faits divers de la nuit des temps ne vont pas nous livrer enfin leurs secrets les mieux enfouis ?

Ginger, en tout cas, a commencé à parler. S'il n'a pas pu révéler le nom de son meurtrier, ni le mobile précis de son assassinat (les hypothèses vont de la rixe crapuleuse au châtiment infligé à son esclave par un maître irascible, en passant par un règlement de comptes amoureux), il a été formel quant aux circonstances de sa mort : il est passé de vie à trépas suite à un très violent coup de couteau qui lui a été porté dans le dos, sous l'épaule gauche, par le moyen d'une dague à lame de cuivre longue de sept pouces, laquelle s'est enfoncée profondément, jusqu'à perforer le poumon et entraîner une hémorragie interne. De toute évidence, Ginger ne s'attendait pas à cette agression, et il a été trop surpris pour se protéger et tenter de riposter, car, à part cette plaie unique mais suffisante pour entraîner sa mort, il ne présente aucune blessure dite « de défense ».

A défaut de connaître l'identité de celui (ou celle ?) qui tua Ginger et de mettre un nom sur les meurtriers d'Otzi (on pense qu'ils étaient trois), les enquêteurs de ces *very, very cold cases* vont peut-être découvrir qui furent les auteurs de l'horrible assassinat perpétré dans la ville de Modène voilà plus de deux mille ans.

Lors de l'excavation d'un fossé datant de l'époque romaine, on a en effet exhumé les squelettes de deux adultes et un enfant. Les restes de ces victimes – victimes, oui, car il ne fait aucun doute que ces personnes ont été sauvagement mises à mort – présentent des mutilations abominables : le plus âgé, dont les poignets avaient été liés dans le dos, a été amputé de toute la partie basse de son corps, exactement comme s'il avait été scié en deux tronçons, tandis que le squelette du plus jeune montre des coupures très profondes infligées à ses jambes.

Les cadavres n'ont pas été ensevelis, mais littéralement « balancés » dans un fossé, comme pour s'en débarrasser, puis recouverts de briques et de tessons de poterie pour empêcher les nécrophages et les nappes d'eau souterraines de les ramener à la surface.

Ces faits divers qui, au propre comme au figuré, resurgissent des milliers d'années plus tard, rappellent que, s'il est parfois trop tard pour la justice, il ne faut jamais désespérer de la vérité.

Goulue (La)

Louise Weber est née le 12 juillet 1866, à 3 heures du matin, 130, route de la Révolte, à Clichy-la-Garenne. Fille de blanchisseuse, elle aurait dû être une de ces

> … petites blanchisseuses
> Que l'on voit, chaque lundi,
> Aux pratiques paresseuses
> Porter le linge à midi,
> Bien qu'elles fassent paraître
> Des semblants de chasteté,
> Ne me font pas l'effet d'être
> Des vases de pureté.
> Leurs cheveux qui s'ébouriffent
> Sollicitent l'attentat :
> Ne craignez pas qu'elles griffent[1]…

Mais aux bateaux-lavoirs, Louise préfère les bals de Montmartre. Elle a vite fait de s'y tailler une réputation de princesse de la nuit. Elle est jolie, très jolie, *pire que jolie*, a écrit un critique, plus poupine que les autres, bébé baigneur en caoutchouc, voluptueuse, captivante, bouche mutine, lèvres rose pâle, elle fait fondre ces messieurs en manque de nièce, de filleule, ils la couvrent de rubans, de paniers de fruits, de châles, d'éventails, de petits bijoux, de fleurs, l'initient au champagne, elle ronronne, elle dit merci avec un, deux, trois baisers, langue souple, dents saines, émail blanc, salive au goût de miel.

1. Charles Monselet.

Elle devient danseuse de cancan au Moulin-Rouge. Le cancan, reniement de la danse noble, académique, solennelle, olympienne, est, selon le professeur de danse Gustave Desrat, « une sorte de danse épileptique ou de delirium tremens, qui est à la danse proprement dite ce que l'argot est à la langue française ».

Baptisée La Goulue – « rapport, dit-elle, à ma boulimie de vivre et de manger » –, la princesse de la nuit est couronnée reine du quadrille, elle règne sur Grille d'Egout (surnom que la fille doit à ses dents écartées), sur la Môme Fromage (accro grave aux fromages, surtout ceux qui puent), sur Camelia Trompe-la-Mort, sur Demi-Siphon (ainsi nommée parce qu'elle ne mesurait qu'un mètre quarante-cinq, et qui mourut en scène, littéralement écartelée, déchirée, éclatée en faisant son grand écart au son du galop infernal d'*Orphée aux Enfers* d'Offenbach...)

A son insolente beauté, La Goulue ajoutait l'insolence tout court. Un soir, elle interpelle le prince de Galles : « Eh, Galles ! Tu paies l'champagne ? C'est toi qui régales ou c'est ta mère [la reine Victoria] qui invite ? » Le futur Edouard VII, qui aimait les femmes et le plaisir, la pria de se joindre à lui pour le souper – et plus si affinités, ce qui fut le cas.

Devenue l'artiste la mieux payée de son temps, La Goulue se passa un petit caprice en louant une des plus somptueuses résidences de Paris : l'hôtel particulier au grand escalier d'onyx jaune construit aux Champs-Elysées pour la Païva, demi-mondaine, courtisane, peut-être espionne, et qui avait coûté à l'époque l'équivalent d'environ deux cent millions d'euros.

La Goulue jeta l'argent par les fenêtres, s'offrit quelques amants dispendieux, fit la charité sans compter – nous verrons qu'elle avait le cœur sur la main. Prenant conscience qu'elle dépensait plus qu'elle ne gagnait, elle eut l'idée saugrenue, avant de se ruiner tout à fait, d'abandonner le Moulin-Rouge et d'investir dans une baraque foraine ce qui lui restait de son trésor de danseuse. Persuadée d'avoir acquis une renommée suffisante pour attirer un vaste public, elle projetait de continuer de danser, mais à son gré, en gérant elle-même ses prestations.

Toulouse-Lautrec, qui était son ami bien qu'elle ne comprît à peu près rien à sa peinture, lui offrit deux grands panneaux qu'il avait composés exprès pour décorer sa baraque.

A la Foire du Trône où elle avait installé ses nouvelles pénates, La Goulue présentait un spectacle de danse du ventre. Contrairement à ce qu'elle espérait, ce ne fut pas un succès. Le public était déconcerté. A en croire l'un des grands panneaux de Toulouse-Lautrec qu'a analysé Alexandre Sumpf pour *L'Histoire par l'image*, La Goulue portait un costume qui n'avait pas grand-chose de mauresque, ni même d'exotique, et elle levait la jambe très haut, comme elle le faisait pour le quadrille du Moulin-Rouge, ce qui n'avait rien à voir avec les ondulations de la danse du ventre. Les fanatiques de cancan étaient déçus de ne pas retrouver la danseuse qui les avait émoustillés en montrant sa culotte (une culotte fendue !) où était brodé un cœur rouge, et les amateurs de danses orientales se sentaient trahis.

Il y avait une autre raison, plus profonde, à la désaffection du public : La Goulue, qui méritait plus que jamais son surnom, mangeait beaucoup trop, grossissait de même, perdait son agilité, sa souplesse – la graisse chassait la grâce.

En 1896, son poids ne lui permit plus de danser.

Alors, sans quitter l'univers des saltimbanques, des forains, elle s'offrit un nouveau métier : elle prit des cours chez un des plus grands dresseurs de fauves de l'époque, Adrien Pezon, et devint dompteuse de lions. Ça l'enchantait, elle avait le don, elle possédait le même pouvoir de séduction sur les animaux que sur les hommes. Elle en profita pour épouser un ancien magicien, Joseph-Nicolas Droxler, qu'elle initia au dressage. Il ne la valait pas, mais il ne se débrouillait pas trop mal.

Ils achetèrent des lions, des loups, des ours, montèrent un numéro. Ils faisaient mine de se battre avec leurs fauves, La Goulue se laissait renverser par un énorme lion (il s'appelait Champion, il était si bien apprivoisé qu'elle l'emmenait avec elle dans les bistrots de Montmartre), le fauve poussait des rugissements épouvantables, ouvrait la gueule et engloutissait la tête de sa dompteuse. Les spectateurs hurlaient d'effroi, puis applaudissaient à tout rompre.

Si elle réussissait si bien avec les animaux, c'est que La Goulue les aimait sans réserve. Elle ne se servit jamais du fouet ni de la pique, elle autorisait même les lionceaux à venir se blottir dans le lit conjugal.

Mais en 1904, ce fut le drame.

Le Petit Journal, la bible des faits divers, alors un des plus forts tirages des publications spécialisées dans les crimes, catastrophes et abominations en tout genre, consacra sa couverture en couleurs à l'événement. En pages intérieures, le rédacteur racontait le « drame sanglant » :

« Vous connaissez, sans doute, l'histoire de cet Anglais flegmatique et narquois, mais amateur d'émotions violentes, qui, durant des jours, des mois, des années même, suivit un dompteur de ville en ville, avec l'espoir de le voir dévoré par ses bêtes. Ce farouche insulaire eût, à coup sûr, éprouvé une fausse joie l'autre soir s'il se fût trouvé à la ménagerie tenue par l'ancienne danseuse réaliste La Goulue et son mari, le dompteur Joseph Droxler, dit José. José, il y a quelques jours, vit la mort de près : un puma furieux s'était jeté sur lui, le renversant et lui labourant de ses griffes le visage, les cuisses et les bras. Mais, en digne épouse et en courageuse belluaire, la vaillante Goulue veillait. Sans hésiter, elle pénétra dans la cage et parvint à détourner sur elle la rage du fauve. Les employés de la ménagerie eurent ainsi le temps d'arriver et l'un d'eux, armé du revolver que lui passa un agent de service, abattit la bête, tandis que la foule se retirait sans panique, douloureusement impressionnée par cette scène sanglante. Le dompteur José, sérieusement blessé à la gorge et au bras, devra subir un repos forcé d'un mois ; mais La Goulue, quoique atteinte au poignet par la griffe du fauve, a repris dès le lendemain le cours de ses périlleux exercices. »

Ce fait divers qui faisait d'elle une courageuse héroïne allait-il relancer la renommée de La Goulue ? Ce ne fut hélas qu'un feu de paille : en dépit de la preuve qu'elle venait de lui en donner, le public ne croyait pas que La Goulue fût une belluaire aussi épatante que la danseuse qu'elle avait été.

Et puis, ses animaux vieillissaient. Michel Souvais, arrière-petit-fils de La Goulue, et qui fut le secrétaire d'Arletty, raconte[1] qu'on se gaussait de ses bêtes, « de ses lions vieux, édentés. Arletty, jeune ado, dite la môme Nini, se moquait : "Ils z'ont des faux crocs, vos lions, madame La Goulue ? — Viens z'y voir s'ils ont des faux crocs !" Et elle la pose [devant la porte de la cage]. Arletty hurle. Le public rit, applaudit. Arletty s'en souviendra : ce fut la grande peur de sa vie, mais aussi ses premiers applaudissements... ».

Son mari tué à la guerre de 14-18, La Goulue, ruinée, dut se séparer de ce qui restait de sa ménagerie. Il ne lui vint pas à l'idée de vendre les panneaux de Toulouse-Lautrec qui ornaient toujours sa roulotte. Elle n'en continua pas moins à recueillir des bêtes de cirque trop vieilles pour travailler, ainsi que tous les chats et les chiens qui erraient près des terrains vagues où elle posait sa roulotte.

La suivait, comme une sorte de cour des Miracles, un cortège de sans-abri, d'anciens détenus, de prostituées malades, d'homosexuels rejetés par la société.

Elle mourut à l'hôpital Lariboisière le 29 janvier 1929. Peu de temps avant de fermer les yeux, elle regarda vers la fenêtre et dit, avec une esquisse de sourire : « Oh, je vois un ange... »

Peut-être était-ce le reflet d'elle-même qu'elle voyait dans la vitre. Car bien que devenue énorme, bouffie, assez laide en somme, elle avait en elle, plus que jamais, quelque chose d'un ange.

Elle fut inhumée au cimetière de Pantin, sans tralala, accompagnée d'une maigrichonne poignée d'amis.

Mais en 1992, Jacques Chirac, alors maire de Paris, ordonna le transfert des restes de Louise Weber, dite La

1. *Arletty, confidences à son secrétaire*, Publibook, 2006.

Goulue, au cimetière de Montmartre. Cette fois, deux mille personnes étaient là. Ainsi que plusieurs chats descendus de la Butte.

Guillaume (Marie-Jeanne)

C'était le quatre juin, le soleil tapait depuis le matin
Je m'occupais de la vigne et mon frère chargeait le foin
Et l'heure du déjeuner venue, on est retourné
[à la maison
Et notre mère a crié de la cuisine « Essuyez vos pieds
[sur l' paillasson »
Puis elle nous dit qu'elle avait des nouvelles
[de Bourg-les-Essonnes :
Ce matin, Marie-Jeanne Guillaume s'est jetée
[du pont de la Garonne[1]*...*

Terriblement triste histoire. Et qui sonne tellement vrai. Elle m'a longtemps flanqué le moral à plat, démoralisé autant que lorsque j'écoutais, à onze ans, âge perméable au désespoir, le super 45 tours Philips de Marianne Oswald psalmodiant *La Grasse Matinée* de Prévert et Kosma, accompagnée par Claude Rolland au piano. Et en même temps j'étais attiré, happé, fasciné par ce pont de la Garonne comme par les tableaux de Van Gogh et les roues solaires des grands tournesols qui vous font

1. Reprise d'un titre américain de Bobbie Gentry, *Ode To Billie Joe*, adaptée par Jean-Michel Rivat et Franck Thomas.

dévisser la tête. Heureusement, tout est faux dans la tragédie de Marie-Jeanne : il n'y a pas de pont de la Garonne à Bourg-les-Essonnes, pour la bonne raison que Bourg-les-Essonnes, ça n'existe pas.

Cette chanson n'en est pas moins un fait divers exemplaire : le fils d'une famille de paysans a fréquenté une certaine Marie-Jeanne, un peu naïve semble-t-il, à qui il a fait un enfant ; probablement Marie-Jeanne a-t-elle avorté clandestinement, à la suite de quoi elle et son séducteur semblent s'être délivrés (j'avais d'abord écrit « débarrassés », mais le mot est trop atroce) du fœtus en le jetant dans les eaux boueuses du haut du pont de la Garonne. Bouleversée par cette mort qu'elle a donnée à son enfant, et par l'impasse où a échoué son histoire d'amour, Marie-Jeanne se suicide en se jetant à son tour du haut de ce même pont.

Contrairement à la plupart des faits divers qui s'efforcent d'aligner un maximum de détails croustillants, la chanson de Dassin, fidèle a la version originale de Bobbie Gentry, est construite presque entièrement par ellipses :

très peu d'informations nous sont données, c'est à nous de reconstituer le fil – le puzzle ? – d'une affaire qu'on devine tout de suite lourde de non-dits.

Pour nous y aider, mais sans qu'il y ait jamais délation directe, le texte fourmille de détails périphériques ayant trait à l'atmosphère dans laquelle s'est nouée et jouée la tragédie : la date du 4 juin (le 3 juin dans la version originale de Bobbie Gentry) qui laisse supposer qu'il devait faire plutôt chaud (*Le soleil tapait depuis le matin*), un milieu de paysans (*Je m'occupais de la vigne et mon frère chargeait le foin*) sans doute assez taiseux, donc vulnérables au qu'en-dira-t-on, l'allusion au gratin (*Et mon père dit à ma mère en nous passant le plat de gratin*), plat familial par excellence, mais aussi très symbolique car que sait-on vraiment, hormis ce qu'en dit la cuisinière en le posant sur la table, de ce qui se cache sous la croûte dorée qui s'est formée à la surface ?, la double référence au pain (*La Marie-Jeanne, elle n'était pas très maligne, passe-moi donc le pain*) et au vin (*Donne-moi encore un peu de vin, c'est bien injuste la vie*) qui sacralise le repas, ce repas charnière après lequel plus rien ne sera comme avant, et qui transforme la scène en cène.

Le texte ne dit pas ce que Marie-Jeanne et son jeune amant, celui-là même qui mange le gratin à la table familiale, ont précipité dans *les eaux boueuses du haut du pont de la Garonne*, et ce silence sur un point essentiel, qui invite l'auditeur à s'investir en filigrane pour résoudre l'énigme – même si la nature du fardeau confié au fleuve ne fait guère de doute –, a certainement contribué au succès de la chanson.

Ode To Billie Joe, la version originale de Bobbie Gentry, est tout aussi énigmatique : le « quelque chose » jeté dans le fleuve peut être le bébé interrompu, ou bien un anneau qu'auraient échangé la jeune fille et Billie Joe, anneau devenu inutile car il semble que le père de la petite ne la laissera jamais épouser ce garçon qui ne vaut pas tripette à ses yeux (*Well, Billie Joe never had a lick of sense*, ce Billie Joe n'a jamais eu une once de bon sens), ou encore s'agissait-il d'une poupée, symbole d'une enfance dont la jeune fille se défait pour se donner à Billie Joe.

Enigme *bis* : cette histoire est-elle une pure fiction ou emprunte-t-elle une part de réalité à des événements dont sa créatrice, Bobbie Gentry, aurait eu à connaître au cours de son enfance ? Très brune, pulpeuse, Bobbie était une jolie fille, et nombreux furent les jeunes (et moins jeunes !) mâles américains à tomber amoureux d'elle et à rêver d'être son Billie Joe.

En 1967, Bobbie, qui avait vingt-trois ans, végétait comme chanteuse dans des night-clubs de la côte Est. Elle commençait à penser sérieusement qu'elle ferait aussi bien d'abandonner, mais elle s'accorda tout de même une dernière chance, et elle envoya à Capitol Records la maquette d'une chanson qu'elle venait de composer.

Kelly Gordon, un des producteurs du label, tomba plus ou moins par hasard sur *Ode To Billie Joe*, l'écouta et convoqua aussitôt la jeune femme.

En fille de la campagne élevée à la dure, et qui n'avait pas toujours mangé à sa faim, il en fallait beaucoup pour impressionner Bobbie, aussi est-ce avec une totale spontanéité, sans particulièrement chercher à plaire à qui que ce soit, qu'elle franchit une avant-garde de secrétaires, affronta un commando d'assistants de ceci et de cela, éternua en rafales en s'exposant pour la première fois aux haleines glacées de la climatisation, rencontra Gordon, but en sa compagnie quelques doigts de chablis dans un verre embué, et enregistra sa chanson au studio C de la tour Capitol, le 10 juillet 1967, en seulement quarante minutes, avec sa guitare acoustique.

Dans la cabine technique, l'arrangeur Jimmie Haskell demanda à Kelly Gordon : « Et tu veux que je fasse quoi, moi, avec ça ? » Gordon haussa les épaules : « Essaye de coller quelques dégoulinades de violon ici ou là. Mais surtout, ne t'emmerde pas : hormis toi, moi et elle (du pouce il montrait Bobbie, de l'autre côté de la vitre, en train de ranger sa guitare), personne n'écoutera jamais ce truc-là. »

Il se trompait : dès la première semaine, le disque se vendit à 750 000 exemplaires, et *Ode To Billie Joe* décrocha une place de n° 1 au Billboard. Ce qui mit dans une rage folle Bob Dylan pour qui, sans qu'on ait jamais su pourquoi, cette chanson de Bobbie Gentry était une des choses les plus haïssables au monde.

Si le triomphe de Bobbie Gentry était envisageable (il suffisait d'ouvrir grandes les oreilles et de laisser battre son cœur), personne n'aurait pu prédire que la jeune femme, sa réussite acquise, disparaîtrait brutalement des écrans radar, sans un mot d'explication.

En 1975, juste après avoir apporté sa contribution à la bande originale (signée Michel Legrand) d'un film inspiré par sa chanson, film dont le slogan était *Ce que la chanson ne vous a pas dit, ce film vous le révélera*, Bobbie Gentry laissa tout tomber. Sans donner de justification, elle refusa systématiquement toutes les propositions pour des enregistrements, des récitals, des interviews.

On ne sait pas vraiment ce qu'elle est devenue, sinon qu'elle a aujourd'hui soixante-dix ans, qu'elle a soigné avec une totale dévotion Kelly Gordon quand il fut frappé d'un cancer, et qu'elle est supposée vivre dans la région de Los Angeles.

Ode To Billie Joe, chanson hantée et qui hante longtemps ceux qui l'écoutent, demeure l'un des plus grands succès de la variété américaine. Elle est, dans l'interprétation dépouillée de Joe Dassin, une de mes chansons préférées, une des huit ou dix à me donner chaque fois la chair de poule.

Le pont imaginaire qui, dans la version française, enjambe la Garonne, était, dans la création originale de Bobbie Gentry, un pont sur la rivière Tallahatchie, dans le delta du Mississippi. Un pont bien réel, celui-là, du moins jusqu'à la nuit du 20 juin 1972 au cours de laquelle, incendié par des vandales, il s'effondra en partie et fut emporté par les eaux de la rivière.

Guillotine

Une des premières victimes de la guillotine fut Joseph Ignace Guillotin, médecin, philanthrope et franc-maçon, l'homme auquel on prête le très discutable mérite d'avoir inventé cet engin à couper les têtes. Non pas parce qu'il dut « glisser son cou dans la lucarne » – contrairement à la légende qui veut qu'il ait été exécuté, le docteur Guillotin mourut dans son lit d'une simple et banale usure physique et morale, à l'âge honorable de soixante-seize ans – mais parce que, jusqu'à l'instant de fermer les yeux, il fut profondément peiné qu'on ait cru bon de donner son nom à la guillotine. « Je ne suis nullement l'inventeur de cet appareil, protestait-il, j'ai simplement préconisé que tous les citoyens condamnés à mort soient égaux dans le supplice, ce qui m'a incité à recommander l'emploi d'une "mécanique" capable de dispenser la même mort pour tous, une mort rapide et où l'on n'aurait plus à redouter la maladresse éventuelle du bourreau… »

Il oubliait seulement qu'en évoquant, lors du débat de l'Assemblée nationale sur la réformation de la jurisprudence criminelle, une certaine machine à décapiter déjà utilisée en Allemagne (sous le nom de *diele*), en Irlande (depuis l'an 1307), en Ecosse (où on l'appelait la *maiden*, la jeune fille) ou en Italie (la *mannaïa*), et qui, paraît-il, faisait merveille (« La mécanique tombe comme la foudre, la tête vole, le sang jaillit, l'homme n'est plus ! »), il avait conclu par ces mots : « Avec ma machine [il voulait dire : ces machines dont je vous parle], je vous fais sauter la tête en un clin d'œil ! » Cette seule phrase, saluée par un tonnerre d'applaudissements, lui avait valu certificat de paternité pour l'éternité.

En réalité, s'il avait bien une idée de la façon dont ladite machine devait opérer, il ne savait pas pour autant comment s'y prendre pour la construire. Mais il connaissait quelqu'un qui, peut-être, saurait en concevoir et en réaliser une : le docteur Antoine Louis, secrétaire perpétuel de l'Académie de chirurgie, anatomiste renommé ayant soutenu une thèse sur les blessures à la tête (ce qui faisait de lui le *right man in the right place*), et auteur d'un ouvrage sur « la certitude des signes de la mort : où l'on rassure les citoyens de la crainte d'être enterrés vivants » (preuve de l'intérêt que le docteur Louis portait au grand plongeon dans le néant).

Sans vouloir à tout prix disculper ce bon Guillotin du rôle qu'il joua dans l'adoption de l'instrument de supplice qui porte indûment son nom, on doit à la vérité de préciser que, dans le rapport circonstancié que rédigea Antoine Louis pour présenter la version française de la machine à faire sauter les têtes, pas une seule fois n'apparaît le nom de Joseph Ignace Guillotin. Et que cette hideuse machine (grêle, roide, étriquée, souvent barbouillée de sang et de cervelle, elle n'avait décidément rien pour attirer l'œil) avait d'abord été surnommée la Louisette ou la Louison en hommage au docteur Louis, son authentique inventeur – bon, disons son *adaptateur*...

Guillotin ne se contenta pas de prendre ses distances avec la Louison : il la prit en grippe, si bien que certains historiens ont découvert qu'il s'était débrouillé, en de nombreuses occasions, pour faire passer à des condamnés des pilules de laudanum grâce auxquelles les malheureux (qui étaient souvent des malheureuses, jeunes et jolies) pouvaient se donner une mort plus douce que celle que leur promettait la Louison.

Ce qui conduit à se poser la question de l'efficacité de la guillotine.

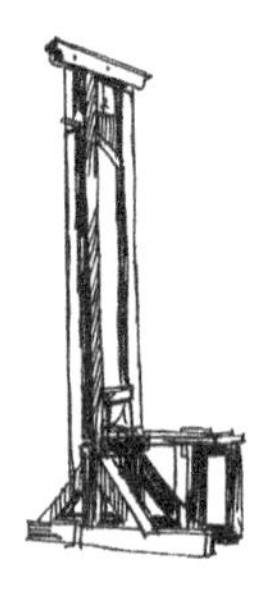

Qu'elle ait été un châtiment égalitaire, ce n'est pas contestable : son premier client, un dénommé Nicolas Jacques Pelletier, « raccourci » le 25 avril 1792, était un vulgaire voleur à la tire ; et neuf mois plus tard, le 21 janvier 1793, c'était au tour du roi de France de subir le même supplice.

Mais a-t-elle été cette machine indolore que, jusqu'à sa remise définitive, ses partisans affirmaient qu'elle était – le guillotiné ne ressentant, paraît-il, qu'un frais courant d'air sur la nuque ? En vérité, la machine sépulcrale, comme l'appelait Chateaubriand, semble avoir procuré des morts beaucoup moins douces qu'on ne le pensait.

Certes, pour les spectateurs qui y assistaient, l'exécution ne durait que quelques très brèves secondes. Le public qui s'était rassemblé en masse pour voir tomber la tête de Nicolas Jacques Pelletier avait d'ailleurs manifesté sa déception : si c'était ça, la nouvelle façon de mettre à mort les coquins, ça ne valait pas la peine de se déranger ! Où donc étaient passés les grognements de douleur, les invectives contre le bourreau, les hurlements déchirants des suppliciés dont on arrachait la chair avec des tenailles rougies au feu, dans les plaies desquels on versait du plomb fondu, de la poix bouillante, du soufre incandescent, dont on brisait les membres à coups de barre de fer ?

Mais en 1795, dans la revue *Le Magasin encyclopédique*, l'anatomiste allemand Thomas von Sömmering, appuyé par le chirurgien français Jean-Joseph Sue (qui n'était autre que le père d'Eugène Sue, le futur auteur des *Mystères de Paris*), décrivit ce qui, selon lui, se passait dans la tête coupée du guillotiné : « Le moi reste vivant pendant quelque temps, et ressent l'arrière-douleur dont le cou est affecté. »

Un autre médecin, Heinrich Palmatius von Leveling, qui, à la demande de Sömmering, avait excité la moelle épinière encore attachée à la tête d'un décapité, constata que d'horribles grimaces parcouraient alors le faciès du supplicié.

Le temps pendant lequel la tête séparée du tronc continue d'éprouver des sensations varie selon les expérimentateurs : Sömmering pensait qu'il n'excédait pas trente secondes (mais quelles terribles secondes !), tandis que Sue, dans son *Opinion sur le supplice de la guillotine et sur la douleur qui survit à la décollation*, estimait que la survie consciente pouvait être passablement plus longue – il se fondait sur l'exécution de Charlotte Corday, et sur le fait que les joues de la jeune fille avaient rougi comme sous l'effet d'une cuisante humiliation après que l'un des valets du bourreau eut ramassé sa tête tranchée et l'eut giflée en la montrant au peuple.

Bien plus tard, en 1905, ce fut au tour d'un dénommé Henri Languille d'être guillotiné pour avoir sauvagement assassiné un vieillard. Le docteur Beaurieux, médecin chef de l'hospice d'Orléans, avait obtenu du procureur général l'autorisation de tenter une expérience. La voici, sobrement racontée par le médecin qui en fut l'instigateur et le témoin[1] :

« La tête tomba de telle façon que je n'eus pas besoin de la prendre dans mes mains, ainsi que tous les journalistes présents ont pu le voir. Je ne fus même pas obligé de la toucher pour la faire tenir droite. Voici donc ce que

1. Archives d'anthropologie criminelle (1905).

j'ai pu noter tout de suite après la décapitation : les paupières et les lèvres du guillotiné se contractèrent selon un rythme irrégulier durant cinq ou six secondes. Ce phénomène a été relevé par tous ceux qui, comme moi, ont été amenés à observer ce qui se passe après qu'un cou a été sectionné...

« J'attendis plusieurs secondes. Les mouvements spasmodiques cessèrent. Le visage se détendit, les paupières se fermèrent à demi sur les globes oculaires, ne laissant apparaître que le blanc de la conjonctive, exactement comme chez les mourants que nous avons l'occasion de voir chaque jour dans l'exercice de notre profession, ou chez ceux qui viennent tout juste de décéder. C'est alors que j'appelai d'une voix forte : “Languille !” Je vis les paupières se soulever lentement, sans montrer de contractions spasmodiques – j'insiste exprès sur cette particularité – mais de cette façon tout à fait normale qu'ont, dans la vie de tous les jours, les gens qui se réveillent ou qui s'évadent de leurs pensées.

« Puis les yeux de Languille se fixèrent sur les miens et leurs pupilles bougèrent pour accommoder la vision. Ça n'avait vraiment aucun rapport avec ce regard éteint, inexpressif, qu'on peut observer chez les mourants : ces yeux qui me regardaient étaient indéniablement bien vivants.

« Après plusieurs secondes, les paupières se fermèrent à nouveau, doucement, sans saccades, et la tête reprit l'aspect qu'elle présentait juste avant que je n'appelle “Languille !”.

« Alors je l'appelai encore une fois, et, de nouveau, toujours avec lenteur et sans spasmes, les paupières se soulevèrent et les yeux, incontestablement vivants, fixèrent les miens avec, peut-être, plus d'intensité que la première fois.

« Il y eut encore une fermeture des paupières, mais cette fois incomplète. Je tentai un nouvel appel, mais il n'y eut plus aucun mouvement et les yeux prirent cette apparence vitreuse qu'ils ont dans la mort.

« Ceci est la relation rigoureusement exacte de ce que j'ai pu observer. L'expérience a duré entre vingt-cinq et trente secondes. »

De tout cela, il ressortait évidemment que le supplice de la guillotine, choisi parce qu'on le croyait indolore, devait être en réalité parfaitement effroyable. Même si d'autres scientifiques, tout aussi honorables et crédibles que les premiers que j'ai cités, assuraient qu'il était absolument impossible qu'une quelconque forme de conscience pût survivre à la rupture de la moelle épinière.

Le débat finit par s'enliser, et la question de l'instantanéité ou non du décès ne fut jamais un des arguments majeurs des opposants à la peine de mort, que ce soit en France ou ailleurs. Sauf peut-être aux Etats-Unis où, au nom du fameux 8e amendement de la Constitution interdisant au gouvernement fédéral de condamner à des peines cruelles et inhabituelles, on se targue d'avoir élaboré des protocoles d'exécution entraînant une mort rapide et pratiquement sans souffrance. « Ce n'est jamais qu'une intervention chirurgicale ratée », vous explique-t-on dans les bars de Huntsville (Texas), la cité qui abrite le complexe où les condamnés reçoivent l'injection létale. « On vous endort et, pas de chance, vous ne vous réveillez pas… Bon, ce sont des choses qui arrivent, même dans les meilleurs hôpitaux, pas vrai ? » C'est pourtant là-bas que de plus en plus de personnes autorisées tirent aujourd'hui la sonnette d'alarme à propos de ce que subissent *vraiment*, durant les interminables minutes que dure leur supplice, les condamnés à la chaise électrique (en mai 1990, lors de l'exécution de Jesse Tafero, les témoins l'entendirent gémir pendant près de cinq minutes : son visage était dévoré par des flammes, de la fumée sortait de sa bouche, de ses narines, sa tête n'arrêtait pas de se balancer et à chaque mouvement il en tombait des cendres), à la chambre à gaz (en 1983, pour prendre un exemple relativement récent, Jimmy Lee Gray s'est débattu pendant huit minutes avant de succomber enfin à l'asphyxie) ou à l'injection létale (en janvier 2014, dans l'Ohio, un condamné a mis vingt-quatre minutes à mourir, convulsant tout ce temps-là dans des souffrances apparemment atroces).

Trente ans après la remise définitive de la guillotine, ou plutôt *des* guillotines, car la France en a toujours maintenu plusieurs prêtes à fonctionner, des électroencéphalogrammes pratiqués sur des rats décapités ont montré que leur cerveau continuait de produire des ondes électriques significatives d'un état conscient du sujet durant dix-sept secondes après séparation de la tête et du tronc, soit deux secondes de plus que la durée d'un court spot de publicité à la télévision.

« La guillotine n'est pas neutre, écrit – ou plus exactement s'écrie – Victor Hugo, et ne vous permet pas de rester neutre. Qui l'aperçoit frissonne du plus mystérieux des frissons. Toutes les questions sociales dressent autour de ce couperet leur point d'interrogation. L'échafaud est vision. L'échafaud n'est pas une charpente, l'échafaud n'est pas une machine, l'échafaud n'est pas une mécanique inerte faite de bois, de fer et de cordes. Il semble que ce soit une sorte d'être qui a je ne sais quelle sombre initiative ; on dirait que cette charpente voit, que cette machine entend, que cette mécanique comprend, que ce bois, ce fer et ces cordes veulent. Dans la rêverie affreuse où sa présence jette l'âme, l'échafaud apparaît terrible et se mêlant de ce qu'il fait. L'échafaud est le complice du bourreau ; il dévore ; il mange de la chair, il boit du sang. L'échafaud est une sorte de monstre fabriqué par le juge et par le charpentier, un spectre qui semble vivre d'une espèce de vie épouvantable faite de toute la mort qu'il a donnée. »

Grand-Guignol

Je rêve que…

… c'est l'automne, un soir de l'an 1900, plus frais que vraiment froid, plus brun que vraiment noir, j'enfile ma redingote en flanelle sombre, courte sur le devant mais à queue longue, pantalon taille haute, chemise blanche en coton, assez ample, gilet de brocart auquel, par une petite chaîne, j'attache ma montre de poche, je coiffe un chapeau haut de forme à doublure grise à pois, j'enfile des souliers confortables (on m'a prévenu que les abords du théâtre étaient mal pavés, qu'on s'y tordait les pieds), et je descends la rue Blanche, ainsi nommée à cause de la poussière de plâtre qu'y répandent les voitures venant des carrières de Montmartre, jusqu'à trouver sur ma gauche la rue Chaptal, que j'emprunte jusqu'à l'impasse du même nom dont une extrémité est fermée par une modeste bâtisse qui fut autrefois la chapelle des Sœurs de l'Immaculée-Conception et qui est devenue le temple de l'épouvante, le théâtre du Grand-Guignol.

Il fait déjà nuit, une nuit striée de pluie par le vent qui assaille la ruelle en sifflant de façon sinistre. Tout au fond, le petit théâtre comporte, éclairée en rouge sang, une large porte à deux battants dont l'un, ouvert à demi, laisse passer une rumeur de conversations feutrées, entrecoupées de courtes bouffées de rire, et une odeur de cierges, de fumée, de corps chimiques qui, sur scène, deviendront sous peu du sang, des sanies, de la chair en putréfaction.

Dehors, dans la lumière étrange qui semble sourdre de l'humidité même de la rue, se pressent des couples en frac et robe du soir, levant haut les pieds pour ne pas tacher leurs souliers ; parfois, plus modeste mais n'en attirant pas moins les regards, s'épanouit une simple robe du dimanche portée par une jeune personne qui, la moue aux lèvres, attend son cavalier à l'aplomb d'un réverbère dont le halo fait briller ses cheveux blonds perlés de gouttes de pluie.

Virevoltant parmi la foule qui attend pour être admise dans la salle minuscule et surchauffée, un petit homme va et vient, multipliant les baise-mains. Albert Sorel, académicien français qui, en bon Normand qu'il est aussi, n'a pas de fausse honte à fréquenter les lieux où Paris s'enchante, dira de lui qu'il est « replet, souple, gracieux dans ses mouvements, rasé de près, le teint rose, des yeux pleins de malice derrière des lunettes à branches d'or [...] Ces dehors courtois cachent une âme de vampire. Cet aimable bibliophile ne se plaît qu'aux fantasmagories et mystifications atroces. [...] Cependant l'humanité proteste et réclame la peur que des siècles de culture classique ont élevée à la hauteur d'une loi naturelle. La foule a la nostalgie de la panique ; le monde, la nostalgie du frisson [...] A l'heure où la nuit tombe, à l'heure où les larves et les spectres se levaient, pour nos pères, sur le boulevard du Crime, on entend monter vers les hauteurs de Montmartre cette clameur désolée : "Oh ! qui déchaînera les monstres ? Qui rouvrira la boîte aux fantômes ? Qui nous rendra la peur, la peur éperdue, la peur stupéfiante, la bonne peur de nos aïeux ?"[1] »

Celui qui déchaîne les monstres sur la scène de ce théâtre de Lilliput, celui qui arrache les membres, disloque les corps, égorge et fait gicler le sang (sirop de fraise ou de groseille, puis sang de cochon dans les années d'après-guerre) sur les spectateurs du premier rang, c'est André de Latour, comte de Lorde, auteur de plus de soixante-dix pièces « saignantes », surnommé le prince de la terreur.

« A peine assis, le supplice désiré commence ; et l'on a peur de tout, peur de rester, peur de partir, peur de paraître avoir peur, peur de n'en avoir pas l'air [...], peur de ne pouvoir pas rentrer chez soi, peur de s'y trouver seul. Toutes les ivresses du détraquement !... »

Celui qui met en scène, concrétise, finance, administre les cauchemars d'André de Lorde s'appelle Oscar Méténier. Le fondateur du Grand-Guignol, c'est lui. Il a acheté le petit théâtre tout au fond de l'impasse pour y faire jouer ses pièces que personne ne veut monter tant elles sont macabres, sanguinolentes, horrifiques.

Ce n'était pas par vice qu'il donnait dans l'épouvantable, mais par une sorte d'imprégnation naturelle. Entré à vingt-quatre ans dans la police pour suivre les traces

1. *Notes et Portraits*, Plon, Paris, 1909.

de son commissaire de père, nommé secrétaire de commissariat aux Batignolles, puis à Montmartre, il avait très vite été amené à fréquenter les endroits chauds de la capitale et à se remplir les narines de l'odeur fade et cireuse de la mort. Pataugeant dans le sang et les entrailles, il arpentait les scènes de crime, accompagnait les escouades qui débusquaient les bandits de leurs tanières, escortant parfois ces derniers jusqu'à la guillotine – et il avait plus d'une fois reçu en plein visage, en guise de petit déjeuner, les éclaboussures d'une tête coupée.

Il était bien vu, bien noté. Il aurait pu faire une longue, et peut-être même brillante, carrière dans la police. Mais il rêvait d'écrire pour le théâtre, de recevoir l'ovation d'une salle debout et qui scanderait « l'auteur ! l'auteur ! », et de sentir, dans son cou, l'haleine chaude de la jeune première lui murmurant « merci, mon cher maître, oh ! merci – et est-ce que je peux vous appeler Oscar ?… ».

Il écrivit donc – et ce fut la longue et lassante chronique d'un fiasco annoncé. Malgré l'entremise de Maupassant qu'il fréquentait, qui l'aimait bien et qui plaida pour lui plus souvent qu'à son tour, Oscar se voyait refuser la plupart de ses pièces. Et celles qui étaient reçues tournaient au four…

Jusqu'au jour où, lassé, écœuré, et quitte à se ruiner, il joua son va-tout et acheta la petite salle de l'impasse Chaptal dont les boiseries austères, les tentures sombres et les deux anges du plafond, rappelaient son passé d'ancienne chapelle.

Malgré les tracasseries que lui fit la censure, Oscar Méténier tint bon deux ans durant et réussit, dans un temps aussi court, à installer durablement la réputation de son théâtre.

En 1899, il passa la main à Max Maurey qui, sans trahir le principe du Grand-Guignol qui reposait sur l'alternance, au cours d'une même soirée, de scènes d'épouvante et de saynettes désopilantes, fit appel à de nouveaux auteurs (notamment pour les pièces de terreur) et perfectionna les effets spéciaux qui devinrent d'un réalisme tel qu'on comptait, raconte l'historienne du théâtre Agnès Pierron, entre quatre et quinze évanouissements par séance. Sous prétexte de venir en aide aux spectateurs qui perdaient connaissance, mais en réalité pour mettre en lumière l'intensité des émotions que provoquaient ses mises en scène, Maurey engagea un médecin qui, avant même le lever du rideau, parcourait les rangs d'un air grave, faisant mine de repérer les spectateurs (le plus souvent des spectatrices) qui risquaient de tomber en syncope.

Bien que dans un registre évidemment très spécifique, le Grand-Guignol fut à l'origine de quelques gloires artistiques, dont celle de Paula Maxa, surnommée la Sarah Bernhardt du Grand-Guignol, et qui, *flagellée, martyrisée, coupée en tranches comme un saucisson, recollée à la vapeur, passée au laminoir, écrasée, ébouillantée, saignée, vitriolée, empalée, désossée, pendue, enterrée vivante, éventrée, écartelée, fusillée, hachée, lapidée, déchiquetée, mangée, asphyxiée, empoisonnée, brûlée vive, dévorée par un lion, crucifiée, scalpée, étranglée, égorgée, noyée, pulvérisée, poignardée, revolvérisée et violée* (liste établie par ses soins !), mérite la palme de l'actrice la plus maltraitée de l'histoire universelle du théâtre.

Si ces épouvantables supplices étaient tous simulés, il n'en restait pas moins que jouer au Grand-Guignol n'était pas forcément une sinécure : lorsqu'il était insatisfait de la prestation, le public « punissait » les artistes en lançant sur eux des camemberts coulants…

Les auteurs des pièces grand-guignolesques faisaient, on s'en doute, une consommation effrenée de faits divers – « rien que du beau fait divers, magnifié jusqu'au gag final pour éclater en une monstrueuse bulle rouge sang », s'enthousiasment François Rivière et Gabrielle Wittkop dans l'ouvrage qu'ils ont consacré au Grand-Guignol[1]. Mais la plupart de ces fait divers n'étaient que des sources d'inspiration : recomposés, transmutés, stylisés, ils ressortissaient finalement au domaine de la pure fiction, au point qu'aucun criminel n'aurait pu y reconnaître l'histoire de la femme qu'il avait hachée en menus morceaux et mélangée à de la galantine de chevreuil…

Le 29 mars 1950, pourtant, les spectateurs assistant à la représentation de *Pas d'orchidées pour miss Blandish*, dans l'adaptation que Marcel Duhamel et Eliane Charles avaient tirée du roman de James Hadley Chase, furent les témoins stupéfaits d'un authentique et (apparemment) terrible fait divers ayant pour cadre le Grand-Guignol, et qui devait faire plusieurs jours durant la Une des journaux du monde entier.

1. *Grand Guignol*, Ed. Henri Verrier, Paris, 1979.

Le rôle de miss Blandish, la jeune et riche héritière enlevée contre rançon par un gang de malfaiteurs, était tenu par une débutante de vingt-deux ans, Nicole Riche, à propos de laquelle le magazine *Time* écrivait que cette blonde dodue passait l'essentiel de la pièce, simplement vêtue d'une gaine et d'un soutien-gorge, à tenter d'échapper à l'infâme gangster baveux, Slim Grissom, intrerprété par Jean-Marc Tennberg.

Or, à l'instant où s'achevait l'entracte entre le deuxième et le troisième acte, les spectateurs furent avisés de bien vouloir passer à la caisse pour être remboursés : la représentation ne pourrait pas se poursuivre car Nicole Riche avait disparu…

En effet, tandis qu'elle reprenait son souffle dans sa loge, on lui avait remis un message écrit. Elle l'avait lu, elle était devenue très pâle et s'était précipitée à l'extérieur en assurant qu'elle revenait tout de suite. Mais elle n'avait pas réintégré le théâtre.

Le message, non signé, disait simplement : « Mademoiselle, veuillez me pardonner de vous ennuyer, mais j'ai besoin de vous voir de toute urgence à propos de votre mère. Je vous attendrai dehors, dans le passage. Sincères salutations. »

En perquisitionnant la loge, on découvrit deux autres messages, anonymes eux aussi, qui accusaient le spectacle d'être immoral.

Les enquêteurs suspectèrent aussitôt un enlèvement, et la police parisienne fut mise en état d'alerte.

La thèse d'un complot contre le Grand-Guignol en général et *Pas d'orchidées pour miss Blandish* en particulier parut se confirmer le lendemain : Liliane Ernout, l'actrice que le théâtre avait engagée en catastrophe pour remplacer

Nicole Riche, et qui s'était mise aussitôt à apprendre le rôle, révéla qu'elle avait reçu des appels téléphoniques la menaçant de graves représailles si elle montait sur scène.

Last but not least, on apprit quelques heures plus tard que Jean-Marc Tennberg avait été trouvé inanimé et transporté d'urgence à l'hôpital où l'on avait découvert qu'il avait absorbé (… ou qu'*on* lui avait fait absorber ?) une dose excessive de la potion qu'il avait coutume de prendre pour s'endormir. Les médecins étaient certains de le tirer d'affaire, mais cette soudaine accumulation de catastrophes sur le petit théâtre ne laissait pas d'exciter le public : les réservations, qui avaient connu une baisse inquiétante, repartaient nettement à la hausse.

Vint le 1er avril. A 3 heures du matin, une jolie fille portant un déshabillé blanc presque diaphane sous un manteau de fourrure entra nonchalamment dans le commissariat de police de Pigalle. « Je suis Nicole Riche, dit-elle, je viens d'échapper à mes ravisseurs… »

L'histoire qu'elle raconta alors aux agents abasourdis valait bien certaines pièces du Grand-Guignol. A l'en croire, elle avait rejoint devant le théâtre l'auteur du message lui demandant de sortir. Lui désignant une automobile noire dont le moteur tournait, l'homme lui avait dit que sa mère l'attendait dans la voiture. Intriguée mais confiante, Nicole avait ouvert la portière. Bien entendu, l'auto était vide, et l'homme en avait profité pour pousser la jeune fille à l'arrière du véhicule, et lui-même s'était mis au volant.

Elle était incapable de décrire son ravisseur, de même que l'itinéraire que la voiture avait suivi dans la nuit. Tout ce qu'elle pouvait dire, c'est que le trajet avait pris environ une heure. Elle ne savait pas où on l'avait conduite, car elle était restée enfermée dans une chambre du mercredi soir à la nuit du vendredi. Elle n'avait rien mangé du tout, mais c'était parce qu'elle n'avait pas faim, sinon ceux qui l'avaient enlevée l'auraient certainement nourrie : les « Puritains », comme ils se faisaient appeler, ne l'avaient pas maltraitée, ils s'étaient contentés de la sermonner, lui reprochant de se compromettre en apparaissant dans un spectacle qui bafouait la morale.

Plus tard, ils l'avaient extraite de la chambre et l'avaient abandonnée en pleine forêt. Elle avait marché pendant des heures, jusqu'à rencontrer des gens qui l'avaient déposée à un hôtel où elle était tombée sur un reporter. Son prénom était Georges, mais elle ignorait quel était son nom – elle avait eu autre chose à penser qu'à lui demander ses papiers d'identité. Il lui avait appris que d'importantes forces de police la recherchaient, et il l'avait ramenée à Paris.

Là-dessus elle réclama un verre d'eau, le but d'un trait et sourit. Elle semblait s'attendre à recevoir une ovation. Au lieu de quoi les policiers qui l'entouraient la dévisageaient avec scepticisme.

Le commissaire Marcel Cambon confia aux journalistes qui affluaient de plus en plus nombreux que l'histoire que racontait cette fille ne tenait décidément pas la route : « Elle nous sort des balivernes, messieurs ! Comment peut-elle soutenir qu'elle a erré durant des heures dans la forêt de Fontainebleau alors qu'on ne trouve sur elle aucune trace de terre, pas le moindre petit fragment d'herbe, de feuille, ni de ce vert dont n'importe qui tache ses vêtements en trébuchant parmi les arbres ? D'ailleurs, nous avons recherché mademoiselle Riche parce que tel est notre devoir, et parce que le pire est toujours possible, mais pour ma part j'ai subodoré dès le début qu'il s'agissait d'une affaire montée de toutes pièces pour faire un peu de publicité à ce théâtre qui n'a plus le succès qu'il connaissait avant la guerre. »

La jeune fille fut autorisée à rentrer se reposer chez sa mère, mais dès le lendemain la police la convoqua pour un interrogatoire plus profond. La pulpeuse Nicole Riche ne manquait pas de talent, mais elle n'était pas très douée pour l'improvisation : sans auteur ni metteur en scène, toute seule face aux flics, elle résista un peu, façon chèvre de monsieur Seguin, puis elle fondit en larmes et avoua qu'il n'y avait jamais eu d'enlèvement, jamais de Puritains, jamais de périple nocturne en forêt : tout avait été imaginé et réglé par Alexandre Dundas, ancien pilote de la RAF, ancien acteur anglais, l'homme qui avait repris la direction du Grand-Guignol et mis en scène *Pas d'orchidées pour miss Blandish.*

Pour avoir fait perdre son temps à la police, Nicole Riche fut condamnée à une amende de principe.

Le Grand-Guignol survécut tant bien que mal jusqu'au 5 janvier 1963, date à laquelle il dut fermer ses portes. Il fut en somme une des victimes collatérales de la Seconde Guerre mondiale : le conflit avait engendré tellement de souffrances et d'abominations que, par comparaison, l'horreur grand-guignolesque, avec son cortège d'yeux crevés, de langues arrachées, de membres amputés, d'organes extirpés tout palpitants de corps humains encore vivants, faisait pâle figure à côté d'un simple numéro tatoué sur le poignet d'un déporté…

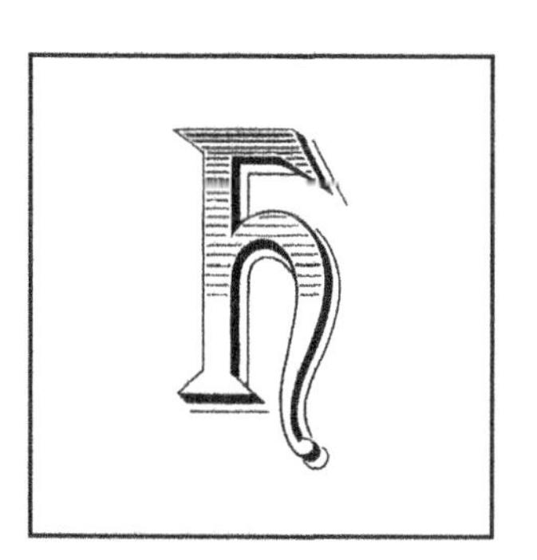

Hearst (Patricia)

Dans les années 1960, dites les *années de plomb*, période marquée par une montée en puissance des violences liées à l'activisme politique, un certain nombre de jeunes femmes se dressèrent contre divers symboles de l'ordre établi.

Elles s'appelaient Valérie Solanas (cette ultra féministe américaine voulait tuer tous les mâles et commença sa croisade en tirant trois coups de pistolet sur Andy Warhol, lequel ne s'en sortit que par miracle), Bernadette Devlin (la *Pasionaria* irlandaise, fondatrice du Parti socialiste républicain irlandais, risqua plusieurs fois sa vie pour ses convictions), Ulrike Meinhof (considérée comme le cerveau de la Fraction armée rouge, retrouvée « suicidée » dans sa cellule de la prison de Stuttgart-Stammheim), Nathalie Ménigon et Joëlle Aubron (activistes du groupe Action directe), Florence Rey (accusée d'avoir participé à quatre meurtres dont celui d'un policier, présentée comme révolutionnaire anarchiste – mais avec elle, on n'est sûr de rien sinon qu'elle était très jeune, très jolie, très mutique, très amoureuse, très fragile, et finalement très inexplicable ; détenue exemplaire, elle a été libérée après quinze ans de prison et elle mérite incontestablement le droit de tourner la page), la Belge Pascale Vandegeerde (Cellules communistes combattantes), l'Italienne Margherita Cagol, dite Mara (une des fondatrices des *Brigate Rosse*, elle venait de se faire une permanente quand les *carabinieri* l'ont abattue, l'autopsie a prouvé qu'ils avaient tiré en dépit du fait qu'elle avait levé les mains en l'air), la Française Marie Emmanuelle Verhoeven, *alias Comandante* Ana, accusée par le Chili d'être impliquée dans l'assassinat (en 1991) du sénateur d'extrême droite Jaime Guzmán, et arrêtée à Hambourg le 25 janvier 2014…

Il y en eut bien d'autres, quelques-unes ont trouvé la mort, beaucoup ont survécu. Et pour la plupart demeurent ces zones non pas d'obscurité mais de moindre lumière, comme ces champs de blé assagis par l'été, qui ondulent de la façon la mieux élevée du monde, mais sur lesquels s'attardent les ombres des corbeaux et des nuages.

Ainsi en fut-il de Patricia Hearst, une des cinq filles du magnat de la presse Randolph Apperson Hearst (dont on dit qu'il inspira à Orson Welles le personnage de *Citizen Kane*), vingt ans moins seize jours au moment des faits.

Le 4 février 1974, l'affaire du Watergate et la grève des camionneurs ont complètement éclipsé les derniers soubresauts de la guerre du Vietnam. Dans le pavillon du campus de l'université de Berkeley où elle a emménagé avec Steven Weed, son prof de math qu'elle doit épouser en juin, Patty regarde à la télé un épisode de

The Magician avec Bill Bixby en vedette. A 21 heures, on frappe à la porte. Patty et Steve échangent un regard surpris : ils n'attendent personne. « C'est bon, dit Patty, j'y vais. »

A travers la porte, un homme lui explique qu'il vient d'emboutir une voiture et qu'il voudrait téléphoner. Sans méfiance, Patty lui ouvre. Aussitôt, des membres de l'Armée de libération symbionaise[1], groupuscule armé de l'extrême gauche américaine, dont le symbole est un cobra à sept têtes, font irruption dans le pavillon et jettent Patty au sol.

De même que le cobra n'est pas le plus sympathique des serpents, l'ALS n'est pas la plus tendre des organisations : certains de ses membres sont impliqués dans des affaires de meurtre, des braquages de banque avec violences et autres malfaisances du même acabit. Patty Hearst va d'ailleurs en faire aussitôt l'expérience : maintenue de force contre le sol, elle est bâillonnée, on lui pose un bandeau noir sur les yeux et on la fourre dans une poubelle qui est elle-même enfermée dans le coffre d'une voiture. Pendant ce temps, son compagnon est sauvagement assommé avec une bouteille de vin, et les ravisseurs couvrent leur fuite en tirant des coups de feu pour dissuader les voisins d'intervenir.

Le trajet est tellement inconfortable que Patty est incapable de dire s'il a duré quelques minutes ou plusieurs heures. D'autant que, arrivée à destination, sa situation ne change guère : on l'extrait de sa poubelle, mais c'est pour

1. Symbionaise viendrait de symbiose, un terme qui définit le fait de plusieurs organismes dissemblables vivant pourtant en harmonie.

mieux l'enfermer dans un étroit placard. Là, non seulement on lui laisse le bandeau sur les yeux, mais en plus on lui attache les mains. Le placard mesure un peu plus d'un mètre de large. La jeune fille, habituée au luxe inouï du palais bâti par son père, cinquante-six chambres à coucher, soixante et une salles de bains et dix-neuf grands salons, va rester confinée dans son espèce de sarcophage vertical pendant cinquante-sept jours.

Même s'ils la considèrent comme l'archétype de la répugnante petite fille riche, ce n'est pas directement après Patty qu'en ont ses ravisseurs : elle n'est pour eux que le moyen d'atteindre leur cible, à savoir la libération de quelques membres de leur « armée » tombés aux mains de la justice. Il faut dire que les effectifs de l'ALS sont loin d'être pléthoriques : lors de l'enlèvement de Patty, l'organisation ne compte que neuf « soldats », dont une majorité de filles.

C'est évidemment Patty qui est chargée d'exprimer, par bande magnétique interposée, les exigences formulées de l'ALS. La réponse des autorités – Ronald Reagan étant gouverneur de Californie – est immédiate et sans appel : pas question de remettre en liberté des terroristes dont certains, au moment de leur arrestation, avaient sur eux le fameux *Anarchist's Cookbook*, livre à l'usage du parfait petit anarchiste, truffé de recettes faciles et bon marché pour fabriquer de puissantes bombes atisanales.

A défaut de récupérer ses combattants mis hors de combat, l'ALS songe alors à susciter de nouvelles vocations, et, pour ce faire, à mettre en avant la facette caritative du mouvement.

Cette fois, Patty est sommée d'enregistrer un message destiné à son père : si celui-ci veut revoir sa fille vivante, qu'il fasse distribuer des repas dans les quartiers les plus pauvres de Los Angeles. Les subsides exigés par l'ALS sont de soixante-dix dollars de nourriture pour chaque indigent. C'est en somme une version des Restos du cœur avant la lettre, des Restos du cœur imaginés par une bande de dangereux jeunes rebelles, et financés par un unique donateur : Randolph Hearst.

Lequel Hearst commence par refuser ce qu'il soupçonne être un marché de dupes : ce n'est pas le coût de l'opération qui le fait reculer, mais plutôt l'éventualité que l'ALS ne s'en tienne pas là et que cette première distribution ne soit pas la dernière.

C'est qu'il y a, sur cette partie de la côte Ouest, près de deux millions de personnes vivant en dessous du seuil de pauvreté, auxquelles un repas n'apportera qu'un soulagement très provisoire…

Toujours par bandes magnétiques interposées, Patty se fait plus pressante. Alors, craignant le pire, Hearst choisit de céder aux injonctions de l'ALS. Mais la distribution de deux millions de repas dans des quartiers propices à l'agitation demande une préparation et une logistique à toute épreuve. Sous la pression des ravisseurs, Hearst se sent contraint de faire vite. Il improvise plus qu'il n'organise, si bien que l'opération accumule les ratés et qu'un tonnage important de nourriture reste dans les camions. Les indigents qui n'ont rien reçu se révoltent, des échauffourées ont lieu, les forces de l'ordre s'en mêlent, c'est l'émeute.

Et pas question de faire mieux la prochaine fois, avertissent les autorités, parce que, de prochaine fois, il n'y en aura pas.

Sauf que l'ALS ne l'entend pas de cette oreille : non seulement elle exige une seconde distribution, mais encore veut-elle que la valeur de chaque repas passe de soixante-dix à cent quarante dollars. Ce que pressentait Randolph Hearst est arrivé : les kidnappeurs font de la surenchère. Et personne – même pas eux ! – ne peut dire où ils s'arrêteront.

Hearst leur fait savoir qu'il a réuni et le conseil de famille et le conseil d'administration du groupe, et que les deux assemblées ont été formelles : « Ce n'est pas tant qu'on ne veut pas payer, c'est surtout qu'à ce stade nous ne pouvons tout simplement pas. »

Peu familiarisés avec la gestion des grandes fortunes, les ravisseurs n'insistent pas et changent de tactique. Donald DeFreeze, la tête pensante de l'organisation, constate que le public américain s'est entiché de la jeune et jolie – *... et si courageuse !* ajoutent les gens – otage des méchants terroristes de l'ALS. « Quel retournement d'image, et quel triomphe pour l'Armée de libération symbionaise, se dit DeFreeze, si la petite Hearst épousait notre cause, se rangeait à nos côtés, prenait part à nos combats ! Après tout, elle a renoncé à l'hyper luxe du château de son père pour vivre en toute simplicité sur le campus, et elle a la réputation d'avoir des idées nettement orientées à gauche. Peut-être qu'un léger lavage de cerveau, associé aux sévices qu'on lui fait subir depuis sa capture et qui la fragilisent psychiquement, suffirait à la faire basculer dans notre camp ? »

Tandis que Patty est abusée sexuellement, frappée, privée de toute intimité (elle n'a même pas le droit d'être seule aux toilettes), on lui serine aux oreilles que, dehors, plus personne ne se soucie d'elle, qu'il y a de fortes probabilités pour que tout ça se termine par son exécution pure et simple ; on lui fait enregistrer des messages où elle doit dire des horreurs sur sa famille, à quoi s'ajoutent de longues séances d'endoctrinement où les ravisseurs se relaient auprès d'elle pour lui décrire toutes les injustices que ceux de la classe dominante infligent aux militants si altruistes, si idéalistes de l'ALS.

La torture morale s'exerce aussi aux dépens des Hearst : les ravisseurs font alterner les périodes de silence complet, et alors les parents de Patty s'imaginent que le pire est arrivé, avec des envois de bandes magnétiques tellement haineuses que les parents n'y croient pas : « C'est sa voix, mais ce ne sont pas ses mots. On l'oblige à dire ça. Sous la menace. Sous la torture, peut-être. »

Jusqu'au jour où Randolph Hearst reçoit une photo de sa fille – une incroyable, une impossible photo : Patricia, libre de toute entrave, se tient debout devant le cobra à sept têtes, l'emblème de l'Armée de libération symbionaise ; elle tient fièrement une carabine, et, dans un court message joint, elle déclare s'appeler désormais Tania, comme la compagne de Che Guevara : « Ils m'ont donné le choix : être relâchée saine et sauve dans un endroit sûr, ou bien rejoindre les forces de l'Armée de libération symbionaise et me battre pour ma liberté et pour celle de tous les opprimés. J'ai choisi de rester avec eux et de me battre. »

Après avoir analysé ces nouveaux documents, les policiers en arrivent à la conclusion que Patty est victime du syndrome de Stockholm, cette aberration psychologique qui voit des otages éprouver de la sympathie, parfois même de l'amour, pour leurs geôliers.

Les policiers ont raison sur un point : la jeune héritière de l'empire Hearst est tombée amoureuse d'un des membres de la bande, Willie Wolfe, *alias* Cujo.

Fils d'un brillant anesthésiste, Wolfe s'était entiché des idées maoïstes avant de rejoindre le groupe d'extrême gauche *Venceremos* (« Nous vaincrons ») qui avait pour ambition de renverser le gouvernement et les institutions américaines. Puis il s'était impliqué dans un programme en faveur de prisonniers, créant des passerelles entre étudiants activistes et détenus. C'est à cette occasion qu'il avait rencontré DeFreeze, le fondateur de l'ALS, et qu'il avait participé avec lui à l'enlèvement de Patty Hearst.

Deux semaines plus tard, par un beau matin de printemps à San Francisco, la banque Hibernia, dans Noriega Street, est brusquement investie par des bandits armés. « Ceci est un holp-up ! hurle l'un d'eux. Nous sommes l'Armée de libération symbionaise, et nous abattrons sans sommation ceux qui n'obéiront pas à nos ordres ! »

Tout va alors très vite. Quelques coups de feu sont en effet tirés, blessant deux personnes. Les malfaiteurs raflent dix mille dollars et prennent la fuite.

Grâce à la vidéo de la caméra de sécurité, la police n'a aucun mal à identifier un des membres de l'ALS, une mince fille brune qui, tenant sa carabine braquée sur les clients et les employés de la banque, ne cesse de hurler des ordres : il s'agit bien de Patricia Hearst, et elle n'a pas le moins du monde l'air de plaisanter. Ce dont va témoigner, encore choqué, l'un des agents de sûreté de la banque : « Je l'ai clairement entendue dire qu'elle descendrait le premier d'entre nous qui ferait un geste. »

Neuf jours plus tard, Patty elle-même confirmera dans un message audio : « Mon fusil était chargé, et à aucun moment mes camarades ne m'ont tenue en respect avec leurs armes. L'idée que je puisse être victime d'un lavage de cerveau est d'un ridicule achevé. Quant à Cujo et moi, sachez que nous n'avons jamais aimé quelqu'un comme nous nous aimons l'un l'autre... »

Mai 1974. Activement recherchés par la police de Californie et par le FBI, les neuf « soldats » de l'Armée de libération symbionaise ont trouvé une planque dans une maison de Los Angeles, au 1466 East 54th Street. C'est un pavillon banal, sans charme particulier sinon son ensoleillement et la présence d'une végétation abondante. La rue est tranquille et peut offrir, en cas de besoin, pas mal de possibilités de fuite.

Mais un coup de téléphone anonyme reçu par les enquêteurs et faisant état de plusieurs personnes lourdement armées occupant une maison de la 54e Rue, plus la découverte, dans un van ayant été utilisé par l'ALS, de tickets de parking corroborant cette adresse, mettent en alerte la police de Los Angeles.

Le 17 mai 1974, quatre cents hommes du LAPD (*Los Angeles Police Department*), des agents spéciaux du FBI, des pompiers de la ville ainsi qu'un nombre impressionnant de téléreporters (depuis l'enlèvement de Patty Hearst, c'est toute l'Amérique, de la côte Est à la côte Ouest, qui se passionne pour l'épopée de l'Armée de libération symbionaise), investissent le quartier et encerclent la maison.

Le capitaine Mervin King, du SWAT (*Special Weapons and Tactics* – forces spéciales d'intervention, surarmées et surentraînées, un peu l'équivalent du RAID), dirige l'assaut : « Ici la police de Los Angeles, clame-t-il dans son porte-voix. Ceci est un message à l'intention des occupants du 1466 East 54th Street. Sortez immédiatement, les mains au-dessus de la tête. Vous n'avez absolument aucune chance de nous échapper, alors rendez-vous. »

Les policiers voient alors apparaître une fille de dix-sept ans, une certaine Brenda Daniels qui, pour une raison ou pour une autre, était venue en visite. Elle est accompagnée par le propriétaire de la maison qui jure ses grands dieux qu'il n'y a personne d'autre à l'intérieur. Ce que Brenda, plutôt pâlichonne, s'empresse de démentir : le pavillon, dit-elle, abrite sept individus, tous armés de fusils et bardés de cartouchières.

« Messieurs, déclare le capitaine King, on y va ! » Mais à peine ses hommes ont-ils esquissé un mouvement qu'une terrible fusillade éclate, partant de toutes les ouvertures de la maison. La police réplique. Puis l'ALS. Puis de nouveau la police. Les tirs se croisent, le vacarme est assourdissant, on entend des centaines de douilles rebondir sans interruption sur le macadam brûlant.

Retransmis en direct par les chaînes de télévision présentes sur les lieux, commenté avec le lyrisme qu'on imagine, l'échange s'éternise deux heures durant. Après que plusieurs milliers de coups de feu ont été tirés de part et d'autre sans apporter de décision, le capitaine Mervin King fait procéder à un lancer de grenades.

Mais quelles grenades ? Des grenades à gaz lacrymogènes ou asphyxiants, aux effets simplement incapacitants, ou bien, comme de nombreux témoins en sont persuadés, des grenades à fragmentation incendiaires qui ne pouvaient laisser aucune chance aux assiégés ? La réponse reste indécise. Ce qui est certain, c'est que ce tir de grenades coïncide avec l'embrasement de la maison qui est aussitôt la proie d'un feu ravageur.

Par chance, comme je l'ai signalé plus haut, le *Los Angeles Fire Department* est sur place depuis le début de l'assaut, prêt à intervenir. Les lances à incendie sont braquées sur le brasier, l'eau se rue dans les tuyaux qui se déplient et se tendent comme des serpents monstrueux, de véritables torrents s'abattent sur les flammes qui menacent les maisons voisines.

Dès que la fumée se dissipe, pompiers et policiers investissent les décombres à la recherche des cadavres – car il est impossible que qui que ce soit ait pu survivre dans cet enfer. On trouve six corps, deux hommes et quatre femmes, tellement calcinés qu'on ne pourra pas les identifier avant d'avoir radiographié leurs mâchoires pour obtenir des images de leurs dentures.

Par bonheur pour sa famille, et à la satisfaction des téléspectateurs américains pour qui le feuilleton va donc continuer, Patricia Hearst ne fait pas partie des morts.

L'Armée de libération symbionaise est décapitée, mais les trois membres qui restent, dont Patty, sont plus déterminés que jamais à poursuivre la lutte contre l'establishment et à venger leurs « martyrs ». Et puis, grâce à la médiatisation dont elle bénéficie, l'ALS peut faire quelques nouvelles recrues.

Pour se procurer l'argent nécessaire à sa perpétuelle fuite en avant (il n'y a plus que quatre cents dollars en caisse, et il faut en distraire trois cent vingt pour acheter un véhicule), la bande décide de braquer la *Crocker National Bank* de Carmichael, au nord de Sacramento.

Ce lundi-là, Myrna Opsahl, quarante-deux ans, mère de quatre enfants, se rend à la banque pour y déposer le montant de la quête faite la veille à l'église. Elle est accompagnée par deux de ses amis.

Myrna s'avance vers le guichet lorsque quatre individus, le visage dissimulé sous des cagoules de ski, font irruption dans l'établissement. L'un d'eux hurle à tous ceux qui sont là de s'allonger sur le sol. Myrna ne demande qu'à obéir, mais elle est encombrée par la lourde machine à calculer qu'elle a apportée pour compter les petites pièces de la quête. Braquant son arme sur elle, le malfaiteur lui crie dessus, lui répétant de se coucher par terre. Myrna, affolée, essaie de former une phrase cohérente pour expliquer qu'elle doit d'abord trouver où poser sa calculatrice, mais les mots s'embrouillent dans sa tête. Fou de rage, le braqueur ouvre le feu sur elle. Touchée à l'abdomen, Myrna s'effondre. En quelques secondes, son sang fait flaque autour d'elle.

Pendant ce temps, et sans lui prêter la moindre attention, les agresseurs raflent tout le cash disponible, soit quinze mille dollars. Et ils s'enfuient – l'un d'eux s'arrêtant tout de même une fraction de seconde à hauteur de Myrna et lui faisant l'aumône d'un regard. On sait que ce n'est pas Patty : elle est restée à l'extérieur, au volant de la camionnette, prête à récupérer au vol les quatre « combattants » qui ont attaqué la *Crocker National Bank.*

Myrna Opsahl meurt très peu de temps après à l'hôpital où son mari exerce comme chirurgien ; aussi habile soit-il, le docteur Opsahl ne peut pas sauver la femme qu'il aime.

La chasse à l'homme, ou plutôt à la femme, car les effectifs de l'ALS sont majoritairement féminins, se fait de plus en plus pressante – et précise. A présent que Patty n'est plus considérée comme un otage mais comme une terroriste à part entière, la police n'est plus décidée à la ménager. Après une poursuite parmi les plus longues et les plus médiatisées de toute l'histoire des faits divers, l'héritière de l'empire Hearst, « la pauvre petite jeune fille innocente maltraitée par une bande de fous », devenue l'égérie et la complice de tueurs d'une froideur inhumaine, est enfin capturée.

Pour la défendre devant la justice, les Hearst font appel au gratin des avocats américains, notamment au plus célèbre d'entre eux, Francis Lee Bailey Jr. (à qui Patty reprochera d'avoir été incroyablement maladroit, non pas dans sa plaidoirie mais en se renversant un verre d'eau sur son pantalon, juste à l'entrejambe : les jurés, d'après elle, ne regardaient plus que cette grande zone humide, persuadés que Bailey s'était pissé dessus parce qu'il avait trop bu… et qu'il avait trop bu parce que le dossier qu'on lui avait confié était indéfendable). Les parents de la jeune femme s'assurent également les services des experts les plus incontestables, notamment les spécialistes en science du comportement, car l'objectif est de convaincre les jurés que Patty n'était pas dans son état normal quand, sous le pseudo de Tania, elle a attaqué des banques en tirant des rafales d'arme automatique.

L'accusation de meurtre n'ayant finalement pas été retenue, Patty n'encourt « que » trente ans de prison, alors qu'elle aurait tout aussi bien pu se retrouver dans le couloir de la mort. Quoi qu'elle en ait dit et pensé, elle a bénéficié, grâce à Francis Lee Bailey, d'une défense exceptionnellement efficace. Défense à laquelle elle a elle-même habilement participé en faisant le récit à la fois sobre et poignant des sévices subis au début de son enlèvement (« La pauvre enfant, s'apitoie le public, comment ose-t-on la traîner devant un tribunal après tout ce qu'elle a enduré ? »). Défense encore appuyée par le tapage médiatique parfaitement orchestré par Randolph Hearst qui, sur ce terrain, ne craint personne.

Finalement condamnée pour le seul braquage de la banque Hibernia, Patricia écope de sept ans de prison seulement. Dont elle ne purgera que vingt et un mois, sa peine ayant été réduite par le président Jimmy Carter, avant que le président Bill Clinton ne lui accorde le *pardon*, c'est-à-dire la réhabilitation et l'effacement de sa faute.

Après sa libération, Patty Hearst est redevenue la fille de (très) bonne famille et la (très) riche héritière d'un empire médiatique constitué – en attendant mieux – de seize grands quotidiens, dix-huit magazines, de nombreuses stations de radio et de plus de cinquante chaînes de télévision.

Patricia a épousé son garde du corps. Il s'appelle Bernard Shaw, comme l'auteur de *Pygmalion* qui aimait à dire que « l'humanité serait depuis longtemps heureuse, si tout le génie que les hommes mettent à réparer leurs bêtises, ils l'employaient à ne pas les commettre ».

Hernani (Les 45 jours d')

La première de *Drôle de Drame*, Marcel Carné me la racontait chaque fois qu'il se prenait à douter du sillage qu'il laisserait dans l'histoire du cinéma : « Ah, mon cher, vous auriez vu cette bande de furieux brisant menu les fauteuils du Colisée [un cinéma proche du rond-point des Champs-Elysées] parce qu'ils trouvaient mon film infâme ! Quel bonheur ! Avec Jacques [Prévert, l'auteur du scénario], on se disait : c'est *Hernani* qui recommence. L'odeur en moins, bien sûr. Mais à cent sept ans de distance, normal que les choses aient un peu changé, pas vrai ? — L'odeur ? Quelle odeur, Marcel ? — Comment ça, quelle odeur ? Mais l'odeur de la pisse, bien sûr ! On ne vous a donc rien appris, à l'école ? La bataille d'*Hernani* n'a pas senti la poudre mais la pisse. Et aussi, mais avec une moindre intensité, le saucisson à l'ail. Enfin, le rot parfumé au saucisson à l'ail. — Assez, Marcel, c'est répugnant ! — C'est peut-être répugnant, mon petit vieux, mais c'est de l'histoire. Et de l'histoire littéraire. Quarante-cinq jours d'odeurs de pissotière et de cervelas mal digéré – mais au bout du compte, la victoire du théâtre romantique sur celui des vieux croûtons… »

Alors moi, n'est-ce pas, de me plonger dans la bataille d'*Hernani*. Avec l'idée qu'il y avait peut-être là-dedans un scénario pour Carné – c'était à l'époque où il ne tournait presque plus, et il en mourait, lentement mais sûrement –, une sorte de nouveaux *Enfants du paradis* qui, au lieu de Garance, Deburau ou Lacenaire, se fussent appelés Mme Récamier, Théophile Gautier, Balzac ou Chateaubriand.

Ce qui rend exceptionnelle la bataille d'*Hernani* n'est pas que l'urine y ait coulé à flots à la place du sang et que les cadavres aient été ceux de saucissons et non d'hommes, c'est sa durée : quarante-cinq jours de combats au (presque) corps à corps, quarante-cinq jours de tohu-bohu, de tapage, de tumulte, de désordre, de cacophonie, de tintamarre, de chahut, de hurlements, de moqueries, tout ça parce que le jeune Hugo (Victor n'avait que vingt-huit ans) avait pourfendu, jeté bas, écrabouillé les vieilles lunes pompeuses du théâtre classique.

La première devait avoir lieu le jeudi 25 février 1830. La pièce était précédée d'une réputation désastreuse : elle avait été soumise à l'appréciation (je veux dire : à la dépréciation) de la commission de censure que présidait un certain Charles Brifaut, lequel, l'ayant jugée en tous points détestable, avait néanmoins décidé de la laisser jouer, se contentant de demander, pour le principe, quelques aménagements de détail. Le public, pensait notre génial censeur, allait pouvoir constater « jusqu'à quel point d'égarement peut aller l'esprit humain affranchi de toute règle et de toute bienséance »... Brifaut n'était d'ailleurs pas inquiet : en plus de ses incongruités et autres vulgarités, *Hernani ou l'Honneur castillan* ne valait pas tripette, et ce serait un miracle si le Théâtre-Français ne la renfournait pas dans ses oubliettes à l'issue de la première représentation.

Victor Hugo savait que les partisans du théâtre classique, qui constituaient l'essentiel des spectateurs du Théâtre-Français, défendraient pied à pied des théories complètement dépassées que lui et quelques autres « chevelus » – par opposition aux « crânes », appellation réservée aux pourfendeurs de la nouveauté parce que, étant plutôt vieux, ils étaient aussi plutôt chauves – considéraient comme d'insupportables contraintes, et, qui plus est, à des années-lumière des enjeux contemporains.

Si la tragédie classique française, tempêtaient Hugo, Dumas, Stendhal, Musset, Nerval et consorts, ne s'intéressait pas au peuple, pourquoi le peuple s'intéresserait-il à elle ? Les crânes ne comprenaient-ils donc pas que, si on ne changeait rien, leur cher théâtre allait mourir d'immobilisme, de catalepsie, de sclérose ? Comment, après que la Révolution eut mis la France cul par-dessus tête, le théâtre pouvait-il refuser d'évoluer ?

Mais rien n'y faisait : dans le camp des crânes, on s'était mobilisé, résolu à mettre en morceaux la pièce de ce blanc-bec de Hugo. Il fallait que la première représentation d'*Hernani* fût un four, et un four d'une telle ampleur qu'aucun des acteurs n'oserait remonter sur scène le lendemain. On espérait que Mademoiselle Mars oublierait que Hugo s'était montré assez galant pour accepter qu'elle tînt, à cinquante et un ans, le rôle d'une Doña Sol de dix-sept ans, et qu'elle romprait son engagement.

Les crânes avaient réussi à se procurer des copies de la pièce, et ils savaient précisément à quel vers éclater d'un rire moqueur, à quelle strophe jeter des épluchures de légumes à la figure des acteurs ou des spectateurs qui ne partageaient pas leur réprobation – c'est ainsi que Balzac, qui faisait partie des chevelus, allait recevoir en plein visage un trognon de choux pourrissant.

D'une manière générale, même lorsqu'ils n'avaient aucune raison de craindre un chahut, le théâtre, l'auteur, les comédiens faisaient donner la claque, c'est-à-dire des spectateurs complices, admis gratuitement à condition d'applaudir et de manifester leur enthousiasme pour couvrir d'éventuels sifflets. Cette petite troupe est dirigée par un chef de claque attaché au théâtre, lequel a aussi autorité sur des dames chargées de pleurer bruyamment lors des scènes les plus touchantes.

Mais pour la première d'*Hernani*, Hugo, méfiant, avait refusé de s'en remettre à elle : il craignait qu'elle n'eût été soudoyée par les crânes. Il choisit plutôt de convier plus d'une centaine d'amis, tous très sûrs, et d'en noyauter habilement les mille cinq cent cinquante-deux places que comptait la salle. Afin qu'ils puissent investir la place avant l'ennemi, une porte discrète leur fut ouverte dès 15 heures. A l'heure dite, une troupe barbue, hurlante, menée par un jeune lycéen de dix-huit ans arborant une splendeur de gilet d'un rouge éblouissant, et qui n'était autre que Théophile Gautier, investit les travées du théâtre.

Adèle Hugo (la fameuse Adèle H. immortalisée par Isabelle Adjani et François Truffaut) raconte : « Toute la bande entrée, la petite porte fut refermée. Voilà tous ces jeunes gens obligés d'attendre depuis trois heures jusqu'à sept. Le sachant d'avance, ils avaient fait provision de pain, de cervelas, de fromage, de pommes, de tout ce qui peut s'emporter dans les poches. Au moment qu'ils avaient arrêté pour leur repas, vers cinq heures, ils se mirent à cheval sur les banquettes et formèrent en se faisant vis-à-vis des espèces de tables. Ils prolongèrent le plus longtemps possible cet attablement pour tuer le temps[1]... »

1. *Victor Hugo raconté par Adèle Hugo*, Plon, coll. « Les Mémorables », Paris, 1985.

Le festin fit aussi la part belle aux libations : ces jeunes gens burent à la santé de l'auteur, à celle de Mademoiselle Mars (et à celle aussi de Mademoiselle Despréaux, qui ne faisait pas partie de la distribution, mais qui n'en était pas moins blonde, rose, fraîche et ravissante), à la santé du directeur, des régisseurs, des machinistes, des costumiers, des tapissiers, peintres décorateurs, garçons de bureaux, préposés à la location, contrôleurs, à celle du souffleur, des ouvreuses, on but même à la santé des balayeuses. On but pendant quatre heures, sans compter le temps ni surtout les bouteilles. Et quand on eut bien bu, on songea à évacuer tout ce liquide.

Mais pour éviter d'avoir à payer des heures supplémentaires, le baron Taylor, commissaire royal au Théâtre-Français, n'avait pas convoqué les préposées aux toilettes avant l'heure officielle d'ouverture du théâtre. Le seul moyen de soulager des vessies au bord de l'éclatement fut de se faufiler dans les loges encore plongées dans l'obscurité pour y sacrifier à l'irrépressible besoin naturel.

Ce furent surtout les troisièmes galeries qui subirent l'outrage. L'urine commença par former de petites mares, puis elle déborda sur les galeries inférieures et imbiba ainsi jusqu'aux velours du parterre. Quand les crânes pénétrèrent enfin dans la salle, l'odeur ammoniaquée en fit reculer plus d'un. Mais à la guerre comme à la guerre ! « Il suffisait, écrit Théophile Gautier, de jeter les yeux sur ce public pour se convaincre qu'il ne s'agissait pas là d'une représentation ordinaire ; que deux systèmes, deux partis, deux armées, deux civilisations même – ce n'est pas trop dire – étaient en présence, se haïssant cordialement, comme on se hait dans les haines littéraires, ne demandant que la bataille, et prêts à fondre l'un sur l'autre. L'attitude générale était hostile, les coudes se faisaient anguleux, la querelle n'attendait pour jaillir que le moindre contact, et il n'était pas difficile de voir que ce jeune homme à longs cheveux trouvait ce monsieur à face bien rasée désastreusement crétin et ne lui cacherait pas longtemps cette opinion particulière. »

Après avoir missionné une délégation pour se plaindre auprès du baron Taylor, les crânes s'assirent du bout des fesses et se préparèrent au pire (entendre les vers de Hugo) et au meilleur (siffler copieusement lesdits vers).

La pièce fut interrompue cent quarante-huit fois, soit à peu près tous les douze vers[1]. Il suffisait d'un rien pour déclencher quolibets, horions, piques, huées, lazzis – le seul mot de bandit, jugé beaucoup trop canaille pour figurer dans une pièce tragique, déclencha un hourvari monstre à huit reprises.

Mais à chaque interruption des crânes, les chevelus criaient au sublime, au génie ! Grâce à Théophile Gautier et à sa troupe de fripouilles, de pendards et autres vauriens recrutés dans les bouges (*dixit* la presse), la représentation s'acheva sur un triomphe. On vit même, dans les loges, quelques vieux crânes se lever pour acclamer le nom de Victor Hugo.

Mais, le lendemain, la critique éreintait la pièce. Pour éviter que la représentation du soir ne tournât au désastre, Hugo décida de rappeler les chevelus de la veille. Et ce fut une nouvelle bataille. Encore plus homérique que la précédente.

1. Jean Gaudon, « Sur "Hernani" », in *Cahiers de l'Association internationale des études francaises*, 1983, n° 35. pp. 101-120.

Et il en fut ainsi quarante-cinq soirs de suite, dans un théâtre qui affichait complet. Le spectacle était dans la salle autant que sur la scène, au point que la police dut parfois intervenir pour séparer les combattants.

Hugo, qui ne sortait plus de chez lui sans être escorté par au moins deux de ses dévoués chevelus, reçut d'innombrables lettres d'injures assorties de menaces.

Et une nuit, alors qu'il était à son bureau occupé à écrire, deux balles furent, depuis la rue, tirées en direction de sa silhouette qui se profilait contre le carreau de sa fenêtre. Celle-ci explosa. Les projectiles passèrent à quelques centimètres de sa tête.

Si l'on ajoute à cet épisode ses vingt ans d'exil, la noyade tragique de sa fille Léopoldine à Villequier, les très nombreuses occasions où, pour son combat sans répit contre la peine de mort, il eut à connaître et à faire connaître diverses terribles affaires criminelles, si l'on rappelle la condamnation de son fils Charles à six mois de prison pour avoir publié lui aussi, en digne Hugo qu'il était, un article contre la peine capitale, alors on peut dire que Victor Hugo a généré des fait divers comme il a engendré des chefs-d'œuvre.

Plus fort que Victor Hugo ? Non, désolé, je ne vois personne…

Hollywood

A Hollywood, le fait divers est chez lui. A la ville comme à l'écran. Il prolifère sur les collines flambées par le soleil de Californie, il ressuscite les producteurs les plus désenchantés, il nourrit les scénarios (et accessoirement les scénaristes), fait rêver les débutantes (il n'y a aucune honte pour la jeune *introduced* à se laisser escamoter dès la première bobine, à condition que sa disparition ait des conséquences sur les sept bobines suivantes[1], l'exemple à suivre étant celui de Susan Backlinie, la comédienne interprétant la nageuse qui se fait croquer par le requin au tout début des *Dents de la mer*), il déchaîne la créativité des dessinateurs d'affiches et, par ricochet, fait la fortune des usines fabriquant des peintures et des encres rouge sang, et il n'est pas pour rien dans la prodigieuse carrière du mouchoir jetable qui, justement, naquit à Los Angeles en 1924.

Le fait divers que je vais vous raconter à présent, et qui me semble plus hollywoodien que Hollywood lui-même, est l'un des plus touchants que je connaisse. Il a compté pour beaucoup dans l'entreprise de ce *Dictionnaire amoureux* : il me paraissait trop ténu pour occuper tout un roman (encore que !), et cependant il me hantait trop pour que, selon l'expression consacrée, je n'en fasse pas quelque chose.

D'après Yukio Mishima, « accéder à la pureté parfaite est possible à condition de faire de sa vie une strophe de poésie écrite avec une éclaboussure de sang » – eh bien, c'est exactement ce que fit cet amour de Peg Entwistle l'année de ses vingt-quatre ans.

Le drame ayant eu lieu en 1932, j'étais persuadé que Blaise Cendrars, qui séjourna à Hollywood en 36, lui avait réservé au moins un strapontin dans le livre *Hollywood*,

1. Un long métrage de quatre-vingt-dix minutes « fait » huit bobines.

La Mecque du cinéma, qu'il écrivit sur les quinze jours qu'il passa là-bas. Mais non, il ne cite même pas en bas de page le nom de la petite héroïne de mon fait divers préféré.

De son vrai nom Millicent Lillian, Peggy vint au monde le 5 février 1908 à Port Talbot, ville d'industries et de moutons située au sud du pays de Galles.

Elle avait huit ans quand elle embarqua à bord du *SS Philadelphia* qui appareillait de Liverpool à destination des Etats-Unis. Elle voyageait en compagnie de son père, Robert Entwistle. Ce dernier, divorcé de la mère de Millicent, avait obtenu la garde de la fillette, ainsi que la pleine et entière responsabilité de son éducation jusqu'à sa majorité. Le jugement ne lui faisait par ailleurs aucune obligation de présenter l'enfant à sa mère.

Libres comme l'air, Millicent et son père s'installèrent à New York. Peu de temps après, Robert Entwistle se remaria, et sa nouvelle femme, Lauretta, lui donna deux garçons. Mais Lauretta mourut d'une méningite ; quant à Robert Entwistle, il fut renversé par une limousine à l'angle de Park Avenue et de l'East 72nd Street.

Orpheline et désemparée, ne sachant comment subvenir aux besoins de ses deux demi-frères encore très jeunes, Millicent fut heureusement prise en charge par un frère de son père, Charles Harold Entwistle, qui avait lui aussi émigré en Amérique où il était devenu l'agent d'une vedette de Broadway, Walter Hampden.

Grâce à Hampden qui lui obtint le rôle de la jeune Hedvig dans *Le Canard sauvage* d'Henrik Ibsen, Millicent put réaliser son rêve : monter sur les planches et jouer la comédie, tout comme l'avait fait son père. C'est à cette occasion qu'elle prit un nom de scène, gardant Entwistle parce que c'était le patronyme du père avec lequel elle avait noué une merveilleuse complicité, mais se débarrassant de Millicent et de Lillian au profit d'un prénom plus court, plus énergique, qui claquait comme un coup de fouet : Peg, décliné en Peggy pour les intimes.

D'après les spécialistes des prénoms, les Peg sont particulièrement sensibles. De cette hypersensibilité découlent une fragilité émotionnelle et un équilibre nerveux parfois précaire : les Peg sont des passionnées, au point de souvent se mettre en danger.

Peg Entwistle était tout à fait comme ça.

La presse new-yorkaise avait salué sa prestation dans la pièce d'Ibsen et parié sur une future et brillante carrière. Un soir, une jeune fille qui avait à peu près l'âge de Peg assista à une représentation du *Canard sauvage*, et elle en fut bouleversée au point de déclarer à sa mère : « Je veux être comédienne, je veux jouer comme elle, oh oui ! je veux être comme Peg Entwistle ! » Ce n'est pas un mince hommage quand on sait que cette inconditionnelle de notre petite Peggy n'était autre que Bette Davis…

Peg avait la blondeur, les yeux bleus et la carnation fraîche et lumineuse des filles du pays de Galles, ainsi qu'une grâce toute naturelle à se mouvoir qui lui donnait un peu l'air d'un ange égaré sur cette terre. En somme, elle était adorable. Mais l'Amérique n'était pas encore sortie de la crise de 1929. Et le théâtre faisait partie de ce superflu auquel les New-Yorkais évitaient de sacrifier, gardant leurs dollars pour payer le loyer, se nourrir, se soigner, rembourser leurs emprunts. Géniales ou médiocres, les pièces ne tenaient pas l'affiche – Peg répétait parfois pendant plusieurs semaines des spectacles dont la durée de vie sur Broadway n'excédait pas huit jours, et les désillusions succédaient aux désillusions.

C'est au cours d'une de ces périodes de désenchantement que Peg épousa l'acteur Robert Keith. Avec une fine moustache barrant sa lèvre supérieure et une façon de se tenir en toutes circonstances droit comme un piquet, il avait un physique de gentleman anglais qui dut la rassurer. En fait, leur union fut une catastrophe, et Peggy ne tarda pas à obtenir le divorce pour actes de violence à son égard, et aussi parce que Keith lui avait caché qu'il avait été précédemment marié et que ça s'était très mal passé.

En avril 1932, Peg Entwistle traversa les Etats-Unis (il fallait alors trois jours et trois nuits) pour tenter sa chance à Hollywood où, malgré l'état de délabrement de l'économie américaine, les caméras continuaient de ronronner comme si de rien n'était.

Mais même avec son regard candide, sa très jolie voix, son corps à la fois sage et sensuel, et sa blondeur naturelle qui la faisait jalouser par toutes les peroxydées de Los Angeles, la partie n'était pas gagnée d'avance pour Peggy. Dans son livre sur Hollywood[1], Blaise Cendrars a recopié le texte de la pancarte surmontant la cage de verre où se tenait le cerbère appointé par les studios Universal pour décourager le flot incessant des futures stars : « Inutile d'attendre. Inutile d'insister. Vous perdez votre temps. Les recommandations ne vous serviront à rien. Cet endroit n'est pas fait pour vous. N'entrez pas. »

1. *Hollywood, La Mecque du cinéma,* Grasset, 2005.

Peggy fit tout le contraire : elle attendit, elle insista, elle se procura des recommandations – et finit par décrocher un rôle. Mais au théâtre, pas au cinéma. N'importe, elle faisait ses débuts à Hollywood. Avec un partenaire encore aussi inconnu qu'elle, mais bourré de talent et de charme : un certain Humphrey Bogart. La pièce – qui portait un titre prédestiné : *Les Folles Espérances* – fut retirée de l'affiche après une douzaine de représentations, mais des critiques étaient venus la voir et ils ne tarissaient pas d'éloges sur Peggy Entwistle et Humphrey Bogart.

Ceci fut-il cause de cela ? Toujours est-il que, le 13 juin 1932, Peggy signa un contrat avec les studios RKO pour tenir le rôle de Hazel Cousins dans le film *Treize Femmes*.

Malheureusement, les *screen tests*[1] donnèrent de mauvais résultats : le film était jugé trop mou, trop lent. Pour l'accélérer, le producteur David O. Selznick (celui-là même qui, sept ans plus tard, allait produire *Autant en emporte le vent*) décida de couper de nombreuses séquences qui lui paraissaient à présent superflues. La plupart de ces scènes sacrifiées étaient celles où paraissait Hazel Cousins, c'est-à-dire Peg Entwistle.

On eut beau lui répéter que son talent de comédienne n'était pas en cause (ce qui était la stricte vérité), la déception de la petite Peggy fut immense.

Courageuse, elle n'en continua pas moins à faire des castings, à passer des auditions. Mais le cœur n'y était

1. Les *screen tests* sont des projections organisées avant la sortie du film. Celui-ci est montré à un pannel de spectateurs triés sur le volet. Le rapport qu'ils font est scruté, analysé, décortiqué par les producteurs qui s'efforcent de modifier le film dans le sens indiqué par les « cobayes ». Plusieurs *screen tests* peuvent avoir lieu avant la sortie dans les salles.

plus. D'ailleurs, rien de ce à quoi elle s'accrochait n'allait au bout. Au lieu de s'en prendre aux studios qui, par frilosité, pratiquaient le *star system* à outrance – et Peggy n'était pas (pas encore !) une star –, elle se mit à douter d'elle-même.

Elle se persuada qu'elle ne plaisait pas, qu'on ne l'aimait pas.

Pour survivre, elle se prêta à quelques séances de photos en tenue légère, mais c'était évidemment d'un maigre rapport : ce genre de travail n'était à peu près bien payé que si le modèle acceptait de poser nue et dans des attitudes suggestives. Ce à quoi Peggy se refusait.

A court d'argent, déprimée, elle se réfugia chez son oncle Charles Harold qui s'était installé à Hollywood, dans Beachwood Canyon Drive.

Pour lutter contre ses idées noires, Peggy commença à boire. Tout en devinant que l'alcool, loin de l'aider, n'allait faire qu'aggraver les choses.

Le 16 septembre 1932, en début de soirée, après s'être coiffée et légèrement maquillée (elle avait un si joli teint naturel qu'elle n'avait aucun besoin de se peinturlurer), après avoir posé derrière ses oreilles et sur les veines bleues de ses poignets quelques larmes de son parfum préféré, un parfum de fleurs blanches à base de gardénia, elle annonça à son oncle qu'elle sortait faire quelques courses. Comme il s'étonnait qu'elle fût si bien habillée pour de banales emplettes – elle ne portait rien d'ostentatoire, mais le soin avec lequel elle s'était apprêtée ce soir-là tranchait avec le laisser-aller où elle végétait depuis qu'elle souffrait de son état dépressif –, elle répondit avec un gentil sourire qu'elle rencontrerait peut-être des amis et qu'elle voulait leur faire honneur si jamais ils l'invitaient à prendre un verre.

C'était une soirée magnifique, toute frémissante de cette brume dorée qui, à la fin de l'été, monte parfois des flots du Pacifique.

Peggy n'eut qu'à continuer tout droit sur Beachwood Canyon Drive, dans le bruissement des grands palmiers, pour arriver au pied du mont Lee. Ce « mont » n'est en réalité qu'une colline dont la hauteur n'excède pas cinq cent et quelques mètres, mais son versant sud a l'honneur d'héberger le panneau HOLLYWOOD (à l'époque de Peg Entwistle, il s'écrivait encore HOLLYWOODLAND[1]) qui, pour le monde entier, symbolisait la capitale du cinéma. A l'origine, en 1923, ce panneau avait été une réclame pour promouvoir des lotissements. Chaque lettre blanche mesurait quatorze mètres de haut sur neuf de large, et elles étaient toutes équipées d'ampoules électriques afin d'être lisibles même la nuit, et de très loin. Ce sont ces ampoules, qui passaient leur temps à griller et qu'il fallait donc constamment changer, qui devaient permettre à Peggy d'aller au terme de ce qu'elle avait projeté.

Après les premiers lacets, assez faciles à gravir, la pente se fit plus raide et le chemin plus raviné. En même temps, la vue plongeante sur Los Angeles devenait plus spectaculaire, et elle serait carrément magnifique dans deux heures, peut-être un peu moins, quand la nuit envelopperait la ville et que toutes les lumières se mettraient à scintiller. Mais alors, Peggy ne serait plus là pour l'admirer.

1. Le célébrissime *Hollywood Sign* ne serait amputé de ses quatre dernières lettres (LAND) qu'en 1949.

Tout en poursuivant son ascension, elle se remémorait les raisons prétendument artistiques, mais bassement commerciales en réalité, qui avaient conduit David O. Selznick à mutiler *Treize Femmes*. Lui, Selznick, avait parlé de « revoir le montage », mais c'était jouer sur les mots : à l'arrivée, il avait bel et bien amputé le film de quatorze minutes, et c'était précisément dans ces minutes-là que Peggy avait mis tout son cœur – un cœur que Selznick lui avait arraché aussi cruellement que s'il eût plongé dans sa poitrine ses mains armées d'un scalpel.

Mais ce n'était pas seulement à cause des quatorze minutes que lui avait ôtées Mr Selznick que Peggy allait mourir ce soir. C'était parce qu'elle n'avait plus aucune raison de croire en son étoile. En vérité, elle n'avait plus d'étoile.

Comme elle s'y était attendue, des ouvriers avaient travaillé au remplacement de lampes défaillantes sur la pancarte HOLLYWOODLAND. N'ayant pas fini leur ouvrage et prévoyant sans doute de revenir le lendemain, ils avaient laissé une échelle dressée contre la lettre H. C'était une chance, car, sans cette échelle, Peggy n'aurait probablement jamais réussi à se hisser tout en haut de la lettre.

Elle ôta son manteau, le plia avec soin et le déposa, avec son sac à main, au pied de l'échelle. Elle regarda l'heure à sa montre, hésita à enlever celle-ci, mais choisit finalement de la garder à son poignet : peut-être se briserait-elle dans sa chute, indiquant ainsi l'heure de son décès aux policiers qui, certainement, enquêteraient sur sa mort. Elle était sincèrement désolée de tous les tracas qu'elle allait donner à tout un tas de gens, mais elle ne voyait pas comment faire autrement.

Le ciel était devenu d'un bleu profond.

Elle gravit les barreaux de l'échelle. Une fois en haut, en cherchant à se rétablir sur la lettre H, elle perdit un de ses souliers. Elle l'entendit tomber. Ça n'avait pas d'importance, elle pouvait tout aussi bien mourir avec un pied nu et l'autre chaussé.

Elle ne prit pas le temps de contempler la ville qui scintillait, elle se contenta de prendre sa respiration comme lorsqu'on s'apprête à s'élancer d'un plongeoir.

Elle sauta.

Elle dut mettre pas mal d'énergie dans ce saut, car au lieu de tomber juste au pied du H de HOLLYWOODLAND, son corps alla s'écraser dans une faille de trente mètres de profondeur.

C'est une promeneuse qui, deux jours plus tard, trouva le manteau, le sac à main et le soulier orphelin de Peg Entwistle. Dans le sac, il y avait une lettre par laquelle Peggy revendiquait son suicide : « J'ai peur d'être du genre lâche. Pardon pour tout. J'aurais dû faire ça il y a déjà longtemps, ça aurait évité bien des souffrances. P.E. »

La promeneuse donna un coup de téléphone anonyme à la police pour signaler sa trouvaille. Un détective et deux officiers de police se rendirent sur le mont Lee. Ils ne furent pas longs à découvrir le corps disloqué d'une jeune femme blonde, aux yeux bleus, bien habillée. Mais ils ne réussirent pas à l'identifier, alors ils firent passer sa description dans les journaux de Los Angeles.

Charles Harold, l'oncle de Peggy, comprit tout de suite qu'il devait s'agir de sa nièce. Il s'était inquiété de ne pas la voir revenir après qu'elle eut soi-disant fait des courses au drugstore voisin, et peut-être bu un verre ou deux avec des amis.

En rentrant de la morgue où il était allé reconnaître le corps de Peggy, l'oncle Harold ouvrit une lettre qui était arrivée pour sa nièce la veille du jour où elle s'était suicidée, et que la jeune femme n'avait même pas pris la peine de décacheter.

Cette lettre provenait de la direction d'un important théâtre de Los Angeles, le *Berverly Hills Playhouse*[1], qui offrait à Peg Entwistle le premier rôle dans la prochaine pièce qu'ils allaient mettre en production. La lettre précisait que ce rôle était celui d'une jeune femme très belle qui, au dernier acte, se donnait la mort.

Aujourd'hui, de nombreuses personnes, et notamment des rangers chargés de la surveillance du parc Griffith dont fait partie le mont Lee, assurent qu'il leur arrive de rencontrer, près des lettres formant le nom HOLLYWOOD, une jeune femme vêtue à la mode des années 1930. Elle est si jolie qu'on se dit qu'elle devrait rayonner de joie de vivre, mais non, son visage est empreint d'une terrible tristesse.

Lorsqu'on tente de l'approcher d'assez près pour pouvoir la toucher, elle disparaît. Et il ne reste, là où elle se tenait, qu'un obsédant parfum de gardénia qui persiste longtemps avant de se dissiper dans le soir qui tombe sur Sunset Boulevard.

1. Actuellement une école d'acteurs dont sont sortis notamment Michelle Pfeiffer et George Clooney.

Holmes (L'autre)

En 1893 se tint l'Exposition universelle de Chicago. Ce fut l'une des plus ambitieuses, des plus spectaculaires, des plus courues jamais organisées. Elle accueillit vingt-sept millions de visiteurs, soit environ la moitié de la population américaine de l'époque. De mai à octobre, quarante-six nations y présentèrent le meilleur d'elles-mêmes sur une surface de six cent trente-trois hectares.

Quarante mille ouvriers avaient été embauchés pour construire les bâtiments et les éléments de la foire, dont l'attraction principale, une grande roue, première du genre, capable d'emporter à quatre-vingts mètres de hauteur plus de deux mille personnes réparties dans trente-six nacelles.

Les divers chantiers avaient consommé plus de sept cent cinquante mille toises de bois, dix-huit mille tonnes de fer et d'acier, trente mille tonnes de plâtre, cent vingt mille ampoules à incandescence, sans chiffrer les tonnes de peinture, les kilomètres d'étoffes de toutes sortes, les centaines de milliers de fleurs fraîches.

Les sept mille places assises qu'offraient les restaurants du site avaient été l'occasion de découvrir de stupéfiantes nouveautés qui font désormais partie de notre quotidien, depuis le hamburger jusqu'au chili con carne, en passant par le Cracker Jack (mélange redoutablement gourmand de pop-corn et de cacahuètes enrobé de caramel), le chewing-gum aux fruits, et diverses céréales qui font du petit déjeuner une vraie fête, tandis que le pavillon de la Chine reconstituait une fumerie d'opium en public et à ciel ouvert.

On avait craint le pire en matière de sécurité : cette marée humaine qui déferlait sur Chicago n'allait-elle pas constituer le plus giboyeux des terrains de chasse pour les voleurs en tout genre ? En fait, on ne procéda en six mois de temps qu'à neuf cent cinquante-quatre interpellations de pickpockets maladroits et de prostituées au racolage un peu trop ostentatoire.

Tous bilans confondus, l'Exposition universelle se solda par un si prodigieux succès que ses trente mille actionnaires se virent gratifiés d'un bonus d'un million de dollars.

Un autre record, pourtant, ne fut pas comptabilisé : celui du nombre des victimes de l'homme considéré comme le premier des tueurs en série américains, Herman Webster Mudgett, *alias* Henry Howard Holmes.

Holmes, au temps où il ne s'appelait encore que Mudgett, avait étudié la médecine à l'université du Michigan, à Ann Arbor. Dans le même temps où on lui enseignait comment soigner et soulager ses semblables, il apprenait tout seul l'art de les escroquer.

Il avait commencé par dérober, dans la morgue de l'université, des corps destinés aux séances de dissection. Il en défigurait les traits, brûlant ou excisant d'éventuels signes distinctifs, puis il s'arrangeait pour les revendre à des apprentis chirurgiens qui avaient besoin de se faire la main.

Il obtint son diplôme de médecin et ouvrit un modeste cabinet. Il en profita pour tenter sa première escroquerie d'importance en aidant un de ses patients à toucher une assurance sur la vie grâce à un cadavre volé et maquillé par ses soins. Mais, la fraude ayant échoué, il préféra se faire oublier en s'immergeant un temps comme médecin dans un asile d'aliénés.

C'est alors qu'il changea son nom en Henry Howard Holmes et qu'il gagna Chicago où il se présenta comme pharmacien.

Il trouva rapidement à se faire engager dans une officine d'Englewood, au coin de Wallace et de la 63e Rue. Englewood était un quartier de Chicago dont la population s'était rapidement accrue du flux de ceux qui avaient perdu leur logement dans le terrible incendie qui, en 1871, avait ravagé une partie de la ville. Du coup, le quartier était devenu instable, fébrile – tout à fait ce qui convenait à un personnage comme H. H. Holmes : il ne nageait nulle part mieux que dans des eaux troubles.

La pharmacie où Holmes avait eu la chance de trouver un emploi appartenait à un couple vieillissant, les Holton. Atteint d'un cancer en phase terminale, le mari n'avait plus que très peu de temps à vivre. Holmes, qui savait comment séduire une femme, surtout si elle était en état de vulnérabilité, persuada Mrs. Holton de lui céder la pharmacie à la mort de son mari. En contrepartie, elle pourrait occuper, sans avoir à payer ni loyer ni charges, un des vastes et confortables appartements qui faisaient partie de l'immeuble de trois étages abritant l'officine. Et, bien entendu, cette jouissance et les avantages y afférents – au nombre desquels l'infinie tendresse dont Holmes l'entourait et jurait de l'entourer toujours – étaient valables jusqu'à la mort de Mrs. Holton.

Cette mort intervint quelques jours après le décès du mari, Holmes considérant que Mrs. Holton risquait de le gêner dans l'application du plan effroyablement génial qu'il mûrissait dans sa tête depuis la première minute où il avait franchi le seuil de la pharmacie. Et donc il la tua, avec efficacité, rapidité et sans bruit. Ayant manigancé le meurtre, il avait aussi prévu le moyen de faire disparaître le corps ; ce serait un excellent entraînement pour la suite, car Mrs. Holton n'était que la première d'une longue série de victimes.

Aux proches de la pharmacienne qui s'étonnaient de ne plus la voir, Holmes expliqua qu'elle était partie en voyage en Californie pour tenter de mettre un peu de baume sur le chagrin qu'elle éprouvait depuis le décès de son mari – et le soleil de Californie s'était montré apparemment si compatissant que Mrs. Holton avait décidé de s'installer à San Francisco. Holmes était intarissable quand il racontait ce que lui écrivait la chère vieille Mrs. Holton, sa joie de petite fille en découvrant le luxe de son hôtel là-bas – elle était descendue au Lick House, expliquait-il, dont la salle à manger, longue de cent pieds, pouvait recevoir quatre cents convives dans un décor inspiré du château de Versailles.

Définitivement débarrassé de Mrs. Holton, Holmes entreprit d'aménager à sa façon (qui, elle, ne s'inspirait pas de Versailles), l'immeuble de la pharmacie dont il avait décidé de faire un hôtel, mais un hôtel d'un genre très particulier – et même si particulier que seuls lui et son complice, un certain Benjamin Pitezel, en connaissaient l'agencement général.

Ce pourquoi il fit appel à plusieurs entrepreneurs, ne confiant à chacun qu'une partie de l'ouvrage assez fragmentaire pour qu'il leur soit à peu près impossible de déduire ce que serait l'ensemble, une fois les travaux terminés.

Bien malin, en effet, celui qui aurait pu dire à quoi serviraient ces corridors qui s'achevaient en culs-de-sac, ces chambres dérobées et privées de fenêtres, ces escaliers qui ne desservaient aucun étage mais qui, grâce à des marches escamotables, pouvaient se transformer en glissières aboutissant dans des caves, ces cellules dont les portes ne s'ouvraient que de l'extérieur et dont les plafonds pouvaient s'abaisser jusqu'à ne laisser subsister que quelques centimètres d'espace vital.

Prévu pour accueillir des touristes venus s'esbaudir devant les mille et une merveilles de l'Exposition universelle, l'hôtel fut achevé fin 1892, et, le 1er mai 1893, jour inaugural de l'Expo, il affichait déjà complet.

Holmes et Pitezel avaient sélectionné leurs clients avec rigueur : les postulants devaient être de préférence des postulantes, jeunes, riches et belles, n'être pas accompagnées (l'escorte d'un chaperon quel qu'il soit était une clause éliminatoire) et s'engager à ne pas recevoir de visites.

La jolie cliente qui franchissait le seuil du Holmes Castle (c'était le nom de l'hôtel) découvrait d'abord un hall plutôt accueillant avec un comptoir de réception, une conciergerie, une boutique de bijoux, ainsi qu'un drugstore, rémanence de l'ancienne pharmacie Holton, qui proposait des produits d'hygiène, des parfums, des médicaments brevetés et des articles ménagers.

Ce n'était qu'ensuite, quand elle prétendait sortir de sa chambre, que la jeune femme se retrouvait en plein cauchemar : piégée dans un labyrinthe dont les murs se hérissaient de lames tranchantes ou crachaient des fléchettes empoisonnées, et dont les planchers étaient équipés de capteurs électriques permettant à Holmes de toujours situer sa victime, elle était dirigée par une combinaison de cloisons mobiles et de plans inclinés jusqu'à une salle de torture où elle était lentement immergée dans un bain d'acide, ou attachée sous une presse qui lui écrasait les os, ou encore enfermée dans le silence assourdissant d'une chambre hermétique qui se remplissait de gaz létal.

Une fois ses victimes mises à mort, Holmes les disséquait, nettoyait leurs ossements de toute trace de chair et, pour soixante-quinze dollars, vendait leurs squelettes aux facultés de médecine. Ou bien il incinérait les cadavres dans l'un ou l'autre des deux énormes fours qu'il avait fait installer. Il pouvait aussi les dissoudre dans des cuves remplies de chaux vive.

H. H. Holmes reconnut volontiers (il en était presque fier) vingt-sept meurtres, mais dont, faute de preuves, seulement neuf purent lui être imputés. En réalité, si l'on se fonde sur la quantité de jeunes femmes solitaires ayant annoncé leur intention de séjourner au Holmes Castle et qu'on n'avait plus jamais revues, il faudrait plutôt parler d'une centaine de victimes. Et peut-être le double, si l'on table sur le nombre de visiteurs de la foire ayant disparu sans laisser aucune trace.

Lorsque l'Exposition ferma ses portes, les recettes de l'hôtel tombèrent en chute libre du jour au lendemain. Holmes, qui avait pris goût à l'argent, essaya de s'en procurer par une arnaque à l'assurance : il mit le feu au dernier étage de l'hôtel.

Il espérait toucher un dédommagement de soixante mille dollars lorsque les détectives de l'assurance, en explorant minutieusement l'étage ruiné, constatèrent qu'il y avait eu six départs de feu presque simultanés – ce qui excluait l'hypothèse d'un incendie accidentel. Holmes préféra s'enfuir avant de devoir s'expliquer, et il passa au Texas, point de départ d'une cavale qui allait l'entraîner dans divers Etats américains et jusqu'au Canada.

Alors que l'exploitation du Holmes Castle commençait à sérieusement battre de l'aile, Benjamin Pitezel s'était séparé de Holmes. Les deux hommes s'étaient perdus de vue lorsque les hasards de la route les mirent de nouveau en présence. Pitezel, qui avait une femme et des enfants à charge, cherchait désespérément un moyen de se renflouer. Holmes, lui, connaissait un excellent moyen de se remplir les poches, mais il avait pour ça besoin d'un complice.

En souvenir du bon vieux temps, Holmes exposa son plan. Acte I : Pitezel souscrirait une assurance sur la vie au profit de sa femme. Acte II : Holmes se procurerait un cadavre, le défigurerait pour le rendre impossible à identifier, et il s'arrangerait pour que le défunt paraisse avoir trouvé la mort dans un accident – une explosion lors d'une manipulation de produits chimiques, par exemple, ce qui justifierait l'aspect méconnaissable du cadavre. Acte III : lorsque le corps serait découvert, Holmes certifierait sous serment qu'il s'agissait bien de Benjamin Pitezel – pour lever toute espèce de doute, il serait souhaitable qu'un ou plusieurs des enfants Pitezel appuient la déclaration de Holmes. Acte IV : l'assurance verserait le montant souscrit, et il n'y aurait plus qu'à se partager le pactole…

Tout se déroula comme Holmes l'avait manigancé. A quelques détails près : décidément incorrigible, Holmes n'avait pu résister au « plaisir » de tuer son complice (quel beau cadavre il avait fait !), et de cette façon, il suffisait désormais à Holmes de se débarrasser également de Mrs. Pitezel pour toucher l'intégralité du montant de l'assurance ; en prévision de quoi il s'était d'ailleurs empressé d'assassiner trois des enfants Pitezel, dont la jeune Alice qui avait si efficacement participé à la reconnaissance du corps de son cher papa – il faut dire que la pauvre gamine n'avait pas eu à se forcer beaucoup pour pleurer à chaudes larmes puisque le cadavre qu'on lui présentait était vraiment celui de son père.

Un autre détail que Holmes n'avait pas prévu fut la compétence et l'obstination du détective Frank Geyer, de la police de Philadelphie, chargé de l'enquête.

Sans Geyer, Holmes aurait peut-être continué longtemps encore à semer souffrances et cadavres dans son sillage. Malgré un nombre impressionnant de victimes à son actif, il n'avait que trente-cinq ans quand Frank Geyer lui lut ses droits et lui passa les menottes.

Le 7 mai 1896, Herman Webster Mudgett, *alias* H. H. Holmes, après un petit déjeuner composé d'œufs, de toasts grillés et de café noir, fut pendu à la prison de Moyamensing. Il semble que l'exécuteur ait mal disposé la corde – à moins qu'il ne l'ait fait un peu exprès pour venger toutes ces filles charmantes et ces enfants innocents que Holmes avait si cruellement suppliciés. Toujours est-il que le cou du condamné ne se rompit pas et que Holmes gigota douloureusement durant quinze minutes avant de rendre son âme au diable.

Pour empêcher son corps d'être mutilé ou volé, Holmes avait demandé à être enterré dans un cercueil rempli de ciment. Il le fut dans une fosse deux fois plus profonde et remplie elle-même de ciment. La tombe ne fut ni marquée ni identifiée.

Pendant un temps, des milliers de curieux firent la queue devant le Holmes Castle dans l'espoir de pouvoir visiter les chambres de torture de cette demeure désormais connue comme le « Château de l'Horreur ». Mais avant que l'édifice ait pu être aménagé pour accueillir le public, un violent incendie le ravagea et le détruisit de fond en comble.

J

Jabirowska (Princesse)

En 1684, le lieutenant-général de police Gabriel-Nicolas de La Reynie jouit d'un palmarès éloquent : c'est lui qui, avec détermination mais aussi avec un tact parfait – car des personnages de la Cour risquaient fort d'être compromis –, a résolu l'affaire des Poisons à la plus grande satisfaction de Louis XIV, lequel l'a chargé de réformer et de diriger sa police à Paris.

Ce à quoi La Reynie s'emploie avec talent : installé au Châtelet, il lutte contre l'insécurité (après avoir réussi à liquider la cour des Miracles, il fait installer de fortes lanternes dans les rues afin de dissuader les malfaiteurs), il combat la saleté galopante qui transforme la ville en un immonde cloaque (avec tous les risques d'épidémie que cela suppose), il développe le pavage des rues, organise l'adduction d'eau et engage avec méthode la lutte contre les incendies.

Tout irait pour le mieux dans le meilleur des mondes policiers si, depuis peu, le très ingénieux et très efficace lieutenant-général n'était confronté à une énigme en apparence insoluble : qu'étaient devenus les vingt-six jeunes gens âgés de dix-sept à vingt-cinq ans, tous réputés pour leur belle tournure, leur aisance et leur fortune, qui avaient brusquement disparu dans les parages immédiats de la rue Courtalon ?

Si elle est une des plus courtes de Paris, cette rue Courtalon, qui va de la place Sainte-Opportune à la rue Saint-Denis, n'en est pas la plus affriolante, loin s'en faut. Elle semble avoir été conçue tout exprès pour servir de décor à des faits divers particulièrement sordides. Emile Zola ne s'y est pas trompé qui, dans *Le Ventre de Paris*, la peint comme une ruelle noire, galeuse, exhalant d'écœurantes puanteurs.

Louis XIV n'y a jamais ensanglanté ses bottes sans coutures (une exclusivité royale signée Nicolas Lestage), mais il voit d'un très mauvais œil sa capitale prendre des allures de coupe-gorge, et il somme son bon La Reynie de résoudre cette affaire au plus vite.

Piqué au vif, le lieutenant-général commence par faire donner le réseau d'indicateurs qu'il a habilement mis en place. Mais ses « mouches » ont beau s'infiltrer dans tous les lieux troubles, elles ne trouvent rien à butiner.

Un certain Lecoq, un des policiers en qui La Reynie a toute confiance, suggère alors de se rabattre sur la vieille méthode de l'appât. Or ce Lecoq a justement un fils, un garçon de seize ans, dont le profil correspond à celui des disparus, et qui, de surcroît, a l'esprit si prompt et l'intelligence si vive que tout le monde, au Châtelet, le surnomme L'Eveillé.

Lecoq décide de grimer son Eveillé, qui se prénomme en réalité Exupère, en riche héritier – il sera bardé de chaînes d'or et fera ostensiblement sonner une bourse bien garnie – et de l'envoyer parader dans le secteur de la rue Courtalon.

Les « mouches » de La Reynie ayant rapporté que les enlèvements pourraient être le fait d'une princesse venue des pays du Danube, qui, atteinte d'une grave maladie, soulagerait ses souffrances en prenant des bains de sang humain, ou que les ravisseurs des jeunes gens appartiendraient à une secte de Juifs fanatiques en quête de victimes à crucifier, Lecoq, tout de même inquiet pour son fils, ordonne à des adjoints de le suivre discrètement.

Quatre jours durant, L'Eveillé parcourt un itinéraire très étudié, qui comporte de nombreuses haltes dans des tripots où le jeune homme peut faire briller son or. Mais il ne se passe rien de suspect.

Ce n'est que le cinquième jour, aux abords des Tuileries, que L'Eveillé tombe en arrêt devant une élégante jeune femme très blonde et très diaphane que chaperonne une vieille duègne.

A en croire cette dernière, sa jeune maîtresse serait la fille naturelle d'un aristocrate polonais, le prince Jabirowski – voilà pour la blondeur –, et d'une couturière de la rue Saint-Denis – voilà pour l'élégance. Le prince polonais serait mort lors de son retour à Varsovie, mais non sans avoir eu le temps de faire de sa fille l'unique héritière de ses biens et de son titre. Il ne manquerait plus à la princesse (puisque princesse il y avait) que de rencontrer un homme qui saurait l'aimer, la protéger et veiller sur son immense fortune…

Ayant laissé entendre qu'on pourrait facilement le convaincre de devenir cet homme-là, L'Eveillé, *alias* Exupère Lecoq, se voit fixer un rendez-vous pour le soir même dans un logement de la rue Courtalon.

— C'est elle ! s'écrie Lecoq père après que Lecoq fils lui a conté l'histoire. Cette fois, nous la tenons !

— Qui ça ? La vieille duègne ?

— La vieille et la jeune. Elles sont de mèche, bien sûr. Le coup de l'appât que je leur préparais, ce sont elles qui nous le servent.

— Père, c'est impossible ! Si tu voyais la princesse… oh, c'est un ange descendu du ciel !

— Un démon déguisé en ange, oui ! Tu seras ponctuel au rendez-vous, tu ne laisseras rien paraître de tes soupçons avant que la vieille ne t'ait introduit auprès de sa maîtresse, mais quand tu seras en face de celle-ci, tu crieras de toutes tes forces : *De par le roi !*, alors mes hommes et moi ferons irruption pour te sauver et nous emparer de cette diablesse.

Exupère soupire mais ne réplique rien. Au fond de lui, il ne doute pas que lorsque son père posera les yeux sur l'ineffable, l'incomparable, l'adorable princesse Jabirowska, lui aussi comprendra que cette jeune fille ne peut être que l'innocence et la pureté incarnées.

Le logis est très sombre, mais si éblouissante est la princesse que L'Eveillé a l'impression d'être plongé dans le sein même du soleil. La duègne s'est absentée sous un prétexte quelconque, histoire de laisser les deux jeunes gens entamer un tendre tête-à-tête.

C'est à cet instant que, selon les instructions qu'il a reçues de son père, L'Eveillé devrait pousser le cri de guerre – *De par le roi !* – signifiant aux archers du guet qu'ils peuvent investir la place.

Mais le garçon est sous le charme de la princesse, et il a complètement oublié la raison de sa présence dans cette antichambre de la rue Courtalon.

Après quelques effleurements qui pour être encore prudes n'en sont pas moins pleins de promesses, et des rapprochements donnant à penser qu'un premier baiser est imminent, la princesse Jabirowska s'écarte brusquement, prétextant devoir d'abord s'assurer que sa duègne a bien allumé un feu de bois dans la chambre à coucher : « C'est que je suis si frileuse ! » susurre-t-elle en se levant dans un froufrou de jupons.

Sans doute le logis est-il beaucoup plus grand qu'il n'y paraît, et l'alcôve de la princesse doit-elle se situer tout à fait à l'autre bout dudit logis, car la jeune femme tarde à revenir. Exupère Lecoq en profite pour examiner la pièce où il se trouve. Celle-ci ne contient rien de notable, ce qui est un peu surprenant si la princesse est aussi riche que l'a laissé entendre sa duègne ; mais peut-être l'héritage de son père est-il consigné en Pologne jusqu'à ce qu'elle aille le réclamer, or le voyage de Varsovie, surtout l'hiver, n'est pas une petite affaire !

Poursuivant son exploration, Exupère remarque alors un paravent qu'on a déployé contre un pan du mur comme pour dissimuler quelque chose – sans doute une partie lépreuse ou une tache d'humidité. Davantage par désœuvrement que par réelle curiosité, il essaye de déplacer le paravent. Mais celui-ci semble solidaire du mur et résiste aux efforts du fils Lecoq. Intrigué, celui-ci s'arcboute et tire davantage. Le paravent se détache du mur, dévoilant une cache assez profonde, creusée dans la muraille. Laquelle cache exhale une odeur doucereuse et fade que le garçon reconnaît bien pour l'avoir quelquefois sentie sur les vêtements de son père : c'est l'odeur de la mort.

Celle-ci n'est pas trop agressive – et pour cause : elle a pour origine des têtes coupées, mais qui ont été momifiées par un embaumeur qui de toute évidence connaissait parfaitement son affaire. Alignées sur des plats en argent, ce sont celles des vingt-six jeunes gens disparus au cours des quatre derniers mois.

Quatre plats sont encore vides, qui attendent les têtes suivantes. La mienne doit être la vingt-septième, pense Exupère en sentant monter une nausée.

Juste à cet instant, la princesse Jabirowska revient dans l'antichambre. Elle n'est pas seule : quatre hommes l'accompagnent, deux sont armés de coutelas, les deux autres chargés de charpie et de seaux en bois contenant de la sciure – sans doute pour éponger le sang qui va couler.

— Je suis flatté que vous m'ayez jugé digne de faire partie de votre collection, ironise Exupère.

— Ma collection ? grimace la princesse. Si vous saviez comme ces horribles têtes me répugnent ! En vérité, je n'ai qu'une hâte : les expédier au plus vite chez mon commanditaire, en Allemagne. Mais vu la singularité de cette marchandise et le risque mortel pour qui serait pris en sa possession, les passeurs me demandent des sommes exorbitantes, ce qui m'oblige à grouper mes envois par trente têtes à la fois. Après qu'on aura coupé la vôtre, ajoute-t-elle avec un sourire engageant, il ne m'en restera plus que trois à trouver.

Elle fait un signe à l'adresse des quatre personnages qui l'escortent. Tout en passant la pulpe du pouce sur le fil de son coutelas pour en éprouver le tranchant, l'un des hommes de main s'avance alors vers Exupère.

Il n'en faut pas davantage pour que le jeune garçon retrouve aussitôt la mémoire :

— De par le roi, s'égosille-t-il, de par le roi !...

Au même instant, la fenêtre donnant sur la ruelle s'ouvre à la volée et le père Lecoq, suivi de toute sa brigade, s'engouffre dans l'antichambre.

— Ne lui faites pas de mal, ne peut s'empêcher d'implorer Exupère en voyant deux des archers se ruer sur la jolie princesse et lui tordre les bras derrière le dos.

Désarmés, enchaînés, les quatre spadassins furent conduits au Châtelet où ils furent jugés, condamnés à mort et exécutés presque séance tenante.

La princesse Jabirowska s'appelait en réalité Olympia Guilfort – *Lady* Olympia Guilfort, précisait-elle, mais, s'il est vrai qu'elle était anglaise, elle n'était lady qu'en imagination. Grâce à sa beauté, elle attirait des hommes dans sa tanière de la rue Courtalon, s'offrait une nuit d'amour avec eux, d'où son choix d'hommes jeunes, sains et beaux, après quoi elle les faisait décapiter par ses tueurs. Puis elle confiait leurs têtes à un apothicaire qui les momifiait grâce à une recette secrète du célèbre anatomiste néerlandais Frederik Ruysch, et elle les vendait fort cher à des médecins allemands qui, avec près de deux siècles d'avance, étudiaient la possibilité de reconnaître plusieurs particularités morales de l'être humain en fonction des bosses de son crâne[1].

Quant aux corps eux-mêmes, « Lady » Guilfort les revendait aux étudiants en médecine qui en avaient besoin pour pratiquer les dissections interdites par l'Eglise.

Le lieutenant-général La Reynie et ses adjoints étaient persuadés que, toute ravissante qu'elle fût, Olympia Guilfort allait bientôt se balancer au gibet où l'avaient précédée ses complices. Mais la réputation de son exceptionnelle beauté ayant traversé les murs de la Bastille, des « personnes de la Cour » insistèrent pour faire la connaissance de la sanglante petite Anglaise, et l'une de ces « personnes » n'hésita pas à lui tenir ouverte la porte de sa cellule pour lui permettre d'échapper à la potence.

La rumeur veut que cette « personne » ait été Monsieur, frère du roi. Sachant l'engouement de Monsieur pour les seules amours masculines, ce serait alors la preuve que Lady Guilfort, *alias* princesse Jabirowska, fut tout à la fois la femme la plus séduisante et la plus dangereuse de son temps – deux particularités qui ne sont pas si antinomiques que ça…

1. Cette « science » s'appellera la phrénologie.

Joconde (Vol de *La*)

Le peintre Louis Béroud adorait les musées. Nombreux sont les peintres à aimer les musées où ils rêvent de voir un jour figurer une de leurs œuvres, mais Louis Béroud les aimait au point d'en faire fréquemment le sujet de ses tableaux. En 1910, par exemple, il peignit une grande toile, *Les Joies de l'inondation*, dans laquelle il mit en scène un peintre copiant les trois naïades figurant dans *Le Débarquement de Marie de Médicis au port de Marseille le 3 novembre 1600* par Rubens. Dans le tableau de Béroud, les trois naïades surgissaient littéralement du tableau, exactement comme en 3D, éclaboussant le copiste, sa palette, son chevalet, et inondant le sol du musée – le Louvre en l'occurrence.

Louis Béroud affectionnait particulièrement le Louvre : après avoir peint en 1883 une œuvre monumentale (cinq mètres sur presque quatre, représentant le Salon carré du Louvre), l'envie le prit de peindre *La Joconde* accrochée à sa cimaise entre *Le Mariage mystique de sainte Catherine devant saint Sébastien*, œuvre du Corrège, et l'*Allégorie conjugale* (ou *Allégorie d'Alphonse d'Avalos*) du Titien.

Aussi, le 22 août 1911, dès l'ouverture du musée, ployant sous le poids de son chevalet, de ses châssis, palettes, brosses, couteaux, tubes de couleurs, de son essence de térébenthine et de son huile de lin, Béroud se présenta-t-il au Louvre où il avait ses entrées.

En pénétrant dans le Salon carré, il salua le gardien (les deux hommes se connaissaient de longue date) et lui annonça joyeusement qu'il allait entreprendre une nouvelle œuvre dont Mona Lisa serait l'élément central.

Et tout en devisant, il se tourna vers le mur auquel aurait dû être accrochée *La Joconde – aurait dû*, car le tableau de Léonard de Vinci n'y était plus : ne se voyaient à sa place que les quatre clous et les quatre pitons qui le maintenaient habituellement contre la cimaise.

Intrigué, Béroud s'enquit de la raison pour laquelle on avait décroché *La Joconde.*

— Ma foi, monsieur, je n'en sais rien, lui répondit le gardien. Je suis tellement accoutumé à ce qu'elle soit là que je n'avais même pas remarqué son absence. A mon avis, on l'aura conduite à l'atelier de photographie où on va une fois de plus lui tirer le portrait. C'est que, voyez-vous, le monde entier nous réclame des images de Mona Lisa.

Et le gardien, placide, conseilla à Béroud de revenir vers 11 heures.

Mais à 11 heures, *La Joconde* n'était toujours pas là. Le gardien s'informa alors auprès des photographes : avaient-ils pris des clichés de Mona Lisa, et si oui, le tableau était-il encore dans leur atelier ? La réponse fut non aux deux questions…

Théophile Homolle, le directeur du Louvre, celui-là même qui, pas plus tard que l'année précédente, avait déclaré qu'il était aussi impensable de dérober Mona Lisa que de voler une tour de Notre-Dame, était en vacances. Ce fut donc au préfet de la Seine, Louis Lépine, fondateur (entre autres) de la Brigade criminelle et du célèbre concours Lépine, que fut transmise, à 14 heures, l'annonce que *La Joconde* avait disparu.

Le préfet dépêcha aussitôt au Louvre son directeur de la Sûreté, Octave Henry Hamard, lequel prit avec lui soixante inspecteurs.

Dès leur arrivée, les policiers postèrent des agents à toutes les issues, autant pour empêcher le public d'accéder au musée que pour en interdire la sortie, car l'opinion générale était que le tableau se trouvait encore au Louvre, probablement dissimulé dans quelque réduit par son voleur qui devait attendre une circonstance favorable pour pouvoir l'évacuer – il l'avait déjà allégé en lui retirant son cadre qui avait été retrouvé au pied de l'escalier menant à *La Victoire de Samothrace.*

Pendant que leurs collègues verrouillaient les accès, d'autres agents prirent position sur les toits afin d'interdire au(x) malfaiteur(s) le passage d'un bâtiment à l'autre.

Fouillant le Louvre dans ses moindres recoins, on chercha *La Joconde* pendant toute une semaine. La rumeur veut que certains inspecteurs aient pris leur quête tellement à cœur qu'on pouvait les entendre, dans le Louvre vide qui résonnait comme une cathédrale, appeler Mona Lisa à haute voix, comme des amants trompés qui supplient leur belle de revenir.

Mais ce fut en vain, et l'énigme du sourire de Mona Lisa se doubla de celle de sa disparition.

Une disparition qui n'avait laissé aucune piste exploitable, si ce n'est l'empreinte d'un pouce sur la vitre destinée à protéger la toile.

Cette empreinte ayant de fortes chances d'être celle du voleur, le préfet Lépine convoqua Alphonse Bertillon, le créateur de la police scientifique et l'inventeur de l'anthropométrie judiciaire, l'une et l'autre destinées à identifier les criminels avec un taux de réussite qui n'avait encore jamais été atteint.

Bertillon se mit au travail et entreprit de comparer l'empreinte trouvée sur la vitre avec celles des deux cent cinquante-sept employés du musée susceptibles d'avoir approché *La Joconde* le jour du vol ; mais aucune ne correspondait.

Pendant ce temps, la presse s'en donnait à cœur joie, échafaudant les hypothèses les plus farfelues, qui se trouvaient être aussi les plus vendeuses, comme d'accuser Arsène Lupin, qui pourtant n'avait jamais existé que dans l'imagination de son créateur Maurice Leblanc, ou encore le kaiser Guillaume II, ou un autre Guillaume qui s'appelait Apollinaire.

Apollinaire, de son vrai nom Wilhelm Albert Włodzimierz Aleksander Apollinary Kostrowicki, fut un merveilleux poète et un merveilleux malchanceux. Né de père inconnu et d'une mère prostituée de haut vol, il se prit de passion pour des femmes qui l'aimaient peu ou pas du tout – et c'est grand dommage, car à en croire les photos que j'ai vues, il avait plutôt bon goût.

En août 1914, alors que vingt-sept mille soldats français étaient tués en une seule journée, il demanda à s'engager dans l'armée, mais celle-ci commença par le repousser parce qu'il n'avait pas la nationalité française. Il obtint enfin celle-ci le 9 mars 1916, et huit jours après, le 17 mars à 16 heures, dans une tranchée du Bois des Buttes, il reçut un éclat d'obus dans la tempe droite. Trépanation, convalescence longue, douloureuse. Affaibli par cette blessure, il attrapa la grippe espagnole et en mourut le 9 novembre 1918. Il fut conduit au cimetière du Père-Lachaise aux cris de « A mort Guillaume ! » – ce n'était pas après lui que le peuple en avait, mais après l'empereur Guillaume II qui avait eu la malencontreuse idée d'abdiquer le jour de la mort du poète.

Malchanceux, vous dis-je, et l'affaire Mona Lisa en apporte une autre preuve.

Des années auparavant, Apollinaire avait eu comme collègue, dans la banque où il était employé aux écritures, un Belge du nom de Géry Pieret, type louche, combinard, un peu escroc.

En mars 1907, Pieret avait réussi à voler au Louvre deux petites statuettes ibériques. Elles n'avaient guère de valeur, sinon pour un ami d'Apollinaire qui s'intéressait à l'art primitif espagnol, un peintre de vingt-six ans qui s'appelait Pablo Picasso. Par l'intermédiaire d'Apollinaire, Picasso acheta les statuettes pour cinquante francs[1].

Quatre ans plus tard, alors que venait d'avoir lieu le vol de *La Joconde*, Géry Pieret, tout faraud, vient annoncer à Apollinaire qu'il avait dérobé une troisième statuette qu'il lui laissait en dépôt : « Tu la montreras à ton copain Picasso, ça pourrait l'intéresser… »

Apollinaire réussit à persuader Pieret de restituer la statuette *via* un journal (*Paris Journal* en l'occurrence) qui

1. Elles sont réputées avoir inspiré au peintre ses célèbres *Demoiselles d'Avignon*.

serait trop heureux de raconter, avec la statuette pour preuve, à quel point la sécurité du Louvre était défaillante. D'ailleurs, pour Apollinaire qui s'appuyait sur le vieil adage « Qui vole un œuf vole un bœuf », il n'était pas impossible que ce diable de Pieret fût aussi le voleur de *La Joconde*...

Drioux, le juge d'instruction chargé de la disparition de Mona Lisa, connaissait bien, lui aussi, le proverbe de l'œuf et du bœuf – ainsi que celui qui disait « Qui se ressemble s'assemble ». Et pour le magistrat, il ne faisait guère de doute que si Pieret avait volé *La Joconde*, son ami Apollinaire était son complice.

Le 7 septembre 1911, le domicile d'Apollinaire fut perquisitionné et le poète conduit dans le cabinet du juge Drioux. En conclusion de l'interrogatoire, qui s'était prolongé jusque tard dans la nuit, Apollinaire fut accusé de complicité de vol d'un des plus célèbres tableaux du monde, placé sous mandat de dépôt et incarcéré à la prison de la Santé.

Le fait d'avoir été volée conféra à *La Joconde* une renommée plus grande encore que celle, pourtant considérable, dont elle jouissait jusque-là. Les Parisiens se déplacèrent en foule pour voir, dans le Salon carré, l'emplacement où elle avait été suspendue. Ils s'arrêtaient devant cet espace vide comme on s'immobilise devant un catafalque, des hommes se découvraient et quelques femmes esquissaient furtivement un signe de croix.

D'après les gardiens, les visiteurs furent plus nombreux que du temps où, accrochée à sa cimaise, Mona Lisa leur souriait.

Et Apollinaire, dans tout ça ? Eh bien, faute de pouvoir prouver qu'il avait été d'une façon ou d'une autre impliqué dans « le vol du siècle », et assourdi par les protestations qui, de partout, s'élevaient en faveur du poète de la *Chanson du mal-aimé* et de *Sous le pont Mirabeau coule la Seine*, le juge Drioux fut obligé de le remettre en liberté.

Quant à la pauvre *Joconde*, son joli visage disparut de la Une des journaux, son rapt (sur lequel, de fait, il n'y avait plus rien à dire !) fut relégué en pages intérieures, puis la belle Italienne ne fit plus l'objet que de rares entrefilets – *sic transit gloria mundi* !

Deux ans plus tard, en décembre 1913, Giovanni Poggi, directeur du splendide musée des Offices de Florence, reçut une étrange demande de la part d'un célèbre galeriste de la ville, Alfredo Geri : celui-ci insistait pour que Poggi l'accompagne dans un hôtel proche de l'Arno où un certain Vincenzo Leonardo lui avait donné rendez-vous.

Ce qui motivait la requête de Geri était la raison pour laquelle ce Vincenzo Leonardo voulait le rencontrer :

— Il veut me remettre *La Joconde*...

— *La Joconde* ? fit Poggi en éclatant de rire. Mais mon cher *dottore*, vous savez bien que *La Joconde* a été volée à Paris voici deux ans !

— Vincenzo Leonardo affirme qu'elle est en sa possession.

— C'est absurde ! Pour avoir accès à un pareil chef-d'œuvre, il faudrait que votre homme soit le directeur d'un des plus grands musées du monde. Or je connais tous mes estimés confrères, et aucun ne s'appelle Vincenzo Leonardo !

— Il n'est pas directeur de musée, il est peintre en bâtiment et vitrier. Et accessoirement, il est aussi voleur. C'est lui qui a dérobé *La Joconde*.

Giovanni Poggi faillit s'en étouffer :

— Voyons, *dottore*, c'est extravagant ! Comment, et surtout pourquoi, un simple ouvrier aurait-il volé Mona Lisa ? Il n'espérait tout de même pas réussir à la revendre ?

— D'après ce qu'il dit, il voulait simplement la ramener chez elle, en Italie. Et il m'a choisi pour la remettre aux autorités. Or ici, à Florence, vous êtes l'autorité suprême en matière d'art...

Une heure plus tard, dans le salon d'un hôtel proche de l'Arno, Giovanni Poggi et Alfredo Geri entraient en possession du tableau peut-être le plus cher du monde (en réalité inestimable) et à coup sûr le plus recherché. Sous le regard attendri de Vincenzo Leonardo – qui s'appelait en réalité Vincenzo Peruggia –, les deux hommes contemplaient, fascinés, le fameux sourire énigmatique de Mona Lisa.

Le soir même, la police interpella Peruggia. Il se laissa arrêter sans résistance. Dans son esprit, il était un héros qui avait restitué à son pays un trésor dont les Français l'avaient insolemment spolié. Il semble que la justice italienne ait pensé de même, car il ne fut condamné qu'à un an de prison, dont il ne purgea que sept mois.

Il finit sa vie en France comme propriétaire d'un magasin de peinture...

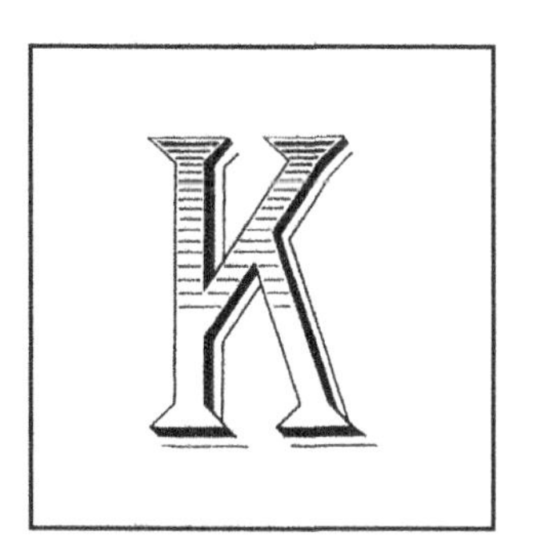
K

Kiss (Bela)

Au n° 9 de la rue Kossuth, dans les faubourgs de Cinkota, bourgade si proche de Budapest qu'elle deviendra l'un de ses quartiers en 1950, se dresse une maison de plain-pied toute blanche, avec des fenêtres à petits carreaux soulignées d'un filet noir, et de hauts toits en pente pour permettre à la neige de glisser.

Au début des années 1900, elle est occupée par un couple, un certain Bela Kiss et sa blonde jeune femme, Maria. Kiss travaille à son compte, il exerce la profession de ferblantier, avec une réussite apparemment indiscutable comme en témoignent l'époustouflante et coûteuse torpédo rouge sang qu'il pilote avec maestria sur les routes enneigées et une dame Jakubec dont il a loué les services comme gouvernante. A quoi s'ajoute une impressionnante bibliothèque, car, n'ayant pas été scolarisé, il s'éduque tout seul en lisant ce qui lui tombe sous les yeux, au point d'être capable de soutenir une conversation sur à peu près n'importe quel sujet.

Les habitants de Cinkota, et en premier lieu le gendarme Adolf Trauber, ne tarissent pas d'éloges sur lui. Aussi sont-ils profondément navrés – et révoltés – lorsqu'ils apprennent que la jeune et jolie Maria Kiss trompe effrontément son mari dès que celui-ci se rend à Budapest pour ses affaires.

C'est Adolf Trauber, chargé par Bela Kiss de surveiller sa maison quand il doit s'absenter, qui a découvert que Maria filait le parfait amour avec un artiste du coin, Paul Bihari.

Dans un premier temps, Trauber choisit de n'en rien dire à personne, et surtout pas à son ami Bela ; mais ce secret l'étouffe, et il finit par s'en ouvrir à quelques-uns de ses compères. A partir de là, la rumeur se répand comme une traînée de poudre. Sans doute remonte-t-elle jusqu'aux oreilles de Maria et de son amant, lesquels décident alors, puisqu'il n'y a plus d'apparences à sauver, de partir ensemble pour vivre leur amour au grand jour.

C'est du moins ce que tout le monde déduit de la lettre qu'exhibe à qui veut la voir un Bela Kiss ravagé de douleur, lettre supposément écrite par Maria – mais qui, hormis son mari, connaît l'écriture de la jeune femme ? –, lettre dans laquelle elle explique qu'elle part vivre très loin avec Paul Bihari et supplie Bela de ne jamais chercher à la retrouver.

Bela Kiss se montre inconsolable. Il s'enferme chez lui, refuse les visites. Durant cette période de réclusion, il n'ouvre sa porte que pour prendre livraison de deux fûts métalliques d'une contenance de chacun deux cents litres. Les habitants de Cinkota craignent le pire : et s'il s'agissait de *pálinka* – une eau-de-vie de prune, c'est une spécialité de là-bas, et c'est rudement bon ? Et si le pauvre Bela Kiss, miné par la trahison de sa femme, avait décidé d'en finir en buvant jusqu'à ce que mort s'ensuive ?

Adolf Trauber est dépêché par la population auprès du présumé désespéré. Kiss rassure le gendarme : il subodore que la guerre ne va pas tarder à embraser l'Europe, et il destine ces fûts à stocker de l'essence – au cas fort probable où il y aurait une grave pénurie de carburant, il veut pouvoir continuer à piloter sa voiture rouge. Trauber, qui ne peut qu'admirer la sagesse de son ami, lui fait remarquer que les balades en voiture ne valent que si l'on est deux à en profiter – et à ce propos, Bela Kiss ne pense-t-il pas que le moment est venu pour lui de cesser de se pourrir la vie à cause d'une femme qui s'est conduite comme une traînée ?

Bela Kiss soupire : certes, Trauber a raison, mais comment trouver une nouvelle âme sœur dans un trou perdu comme Cinkota ? Le gendarme lui suggère alors de mettre des annonces dans les journaux de Budapest…

… et les habitants de Cinkota prirent l'habitude de voir, à intervalles réguliers, la rutilante voiture rouge prendre la route de Budapest et en revenir avec une passagère – jamais la même, mais toujours ravissante. Tout le monde était heureux de voir Bela Kiss reprendre ainsi goût à la vie, on regrettait seulement qu'il s'enferme chez lui avec ses conquêtes, on aurait aimé qu'il les sorte, qu'il les montre, qu'il en fasse un peu profiter Cinkota – oh, en tout bien tout honneur, cela va de soi ! Mais c'était tout le contraire : il se cloîtrait avec elles, allant jusqu'à donner congé à sa gouvernante pour être certain de n'être pas importuné et pouvoir se consacrer tout entier à ses belles visiteuses. Et lorsque la vieille

Jakubec revenait prendre son poste, Bela Kiss était de nouveau seul : sa jolie dame était partie. Ah ! soupirait-il avec amertume, que vienne la guerre pour lui faire oublier l'inconstance des femmes…

Les visites des « inconstantes » étaient entrecoupées de nouvelles livraisons de fûts métalliques. Le gendarme Trauber aidait Kiss à les aligner dans un appentis contigu à la maison.

Et un jour de l'été 1914, le tocsin sonna au clocher de Cinkota, faisant s'envoler des nuées d'oiseaux apeurés, éparpillant les femmes et les enfants dans les rues poussiéreuses, rassemblant les hommes aux visages graves. C'était la guerre.

Bela Kiss fut mobilisé. Il se mit en route, abandonnant la garde de sa maison à Adolf Trauber.

Mai 1916. Bela Kiss n'ayant pas de famille connue, et sa femme Maria ayant disparu sans laisser d'adresse, c'est au maire de Cinkota que les autorités militaires firent savoir que le soldat Kiss était mort au combat.

La vieille gouvernante continua de tenir la maison propre, et le gendarme de la surveiller : qui sait si la blonde Maria, qui n'avait pas demandé le divorce, n'allait pas revenir en prendre possession ?

Environ un mois après l'annonce officielle du décès de Bela Kiss, un convoi militaire fit halte à Cinkota. Les camions qui le composaient étaient sur le point de manquer d'essence et le lieutenant qui commandait la colonne demanda à Trauber s'il savait où en trouver. Le gendarme commença par dire non, puis il se souvint des fûts métalliques pleins d'essence que le pauvre Bela Kiss avait accumulés pour faire rouler sa belle voiture rouge.

Adolf Trauber conduisit le lieutenant dans l'appentis. L'officier secoua un des fûts, et constata, au son qu'il rendait, qu'il contenait en effet du liquide. Mais pas seulement : quelque chose d'autre, une matière solide, cognait contre les parois intérieures. Le plus déconcertant était que le même phénomène affectait tous les fûts.

Le lieutenant ordonna à ses hommes de porter les fûts à l'extérieur – il ne voulait pas prendre le risque de les ouvrir dans un lieu confiné au cas où il y aurait eu un dégagement d'un gaz quelconque.

Lorsqu'un soldat perça le bouchon scellé d'un premier fût, ce n'est pas un gaz qui s'en échappa mais une odeur pestilentielle.

Dans chacun des fûts, on trouva le cadavre d'une femme. Les corps étaient nus, pliés en deux. Les victimes avaient été étranglées, ainsi qu'en témoignait la cordelette encore attachée à leur cou. Elles ne baignaient pas dans l'essence, mais dans l'alcool, ce qui expliquait la relativement bonne conservation des cadavres.

Deux des tonneaux contenaient les dépouilles de Maria et de son amant.

La police criminelle de Budapest isola la maison, et l'inspecteur principal Charles Nagy commença l'enquête. La gouvernante Jakubec le conduisit jusqu'à une petite pièce fermée à double tour : M. Kiss, dit-elle, m'a interdit d'y entrer et d'y laisser entrer qui que ce soit. Mais peut-être que cette interdiction ne concerne pas quelqu'un comme vous ? Auquel cas, voici la clef.

La pièce contenait une masse impressionnante de diverses correspondances. Certaines apportaient la preuve que Bela Kiss n'avait pas seulement assassiné ces malheureuses femmes, il les avait également dépouillées de tous leurs biens.

D'autres révélaient le stratagème de Bela Kiss : il publiait des annonces où il se faisait passer pour un veuf esseulé cherchant à retrouver une compagne. Il donnait ses rendez-vous dans une garçonnière qu'il louait à Budapest. C'est là qu'il séduisait ses victimes avant de les conduire à Cinkota d'où elles ne revenaient jamais.

Il en avait ainsi assassiné vingt-quatre. Du moins si l'on s'en tient aux corps que l'on retrouva dans les fûts, parce que l'analyse des centaines de documents récupérés dans la pièce interdite laisse à penser qu'il y en eut davantage.

En 1919, les proches d'une des victimes de Bela Kiss signalèrent à la police qu'ils avaient vu ce dernier sur le pont des Chaînes qui enjambe le Danube. Ils l'avaient formellement reconnu. Mais l'affluence des passants les avait empêchés de l'intercepter. La police tenta de retrouver Kiss, en vain. En tout cas, on savait à présent qu'il n'était pas mort – sans doute avait-il échangé ses papiers avec ceux d'un soldat tué sur le champ de bataille –, et l'enquête fut rouverte.

Toutefois le faux défunt continuait à rester introuvable.

En 1924, un déserteur de la Légion étrangère française raconta à la police qu'un de ses compagnons, qui se faisait appeler Hofmann, et dont le signalement correspondait à celui de Bela Kiss, répugnait ses compagnons – des légionnaires, pourtant ! – en leur contant l'art et la manière de se défaire d'une femme en l'étranglant lentement. Mais quand la police voulut interroger ce Hofmann, il venait de quitter clandestinement la caserne de la Légion avec l'intention manifeste de ne plus y revenir.

Après quoi, il semble que Bela Kiss ait gagné les Etats-Unis. En 1932, l'agent Henry Oswald, appartenant à la section des homicides de la police de New York, affirma l'avoir vu sortant du métro à Time Square. Il essaya de l'intercepter, mais il en fut empêché par la foule.

La dernière fois qu'on le vit, ou qu'on crut le voir, fut en 1936 : paisiblement attablé dans un restaurant hongrois de New York, il dînait tout en regardant rêveusement, par la fenêtre, une voiture rouge qui se rangeait le long du trottoir, et sur laquelle les flocons de neige n'en finissaient pas de tomber.

Knox (Amanda)

En anglais, procureur se dit *prosecutor*. Ce qui n'est pas loin de sonner comme persécuteur. Et le fait est qu'il y eut du persécuteur en la personne du procureur italien Giuliano Mignini : persécuteur d'Amanda Knox, jeune étudiante américaine accusée d'avoir, à Pérouse, capitale de l'Ombrie, assassiné sa colocataire, Meredith Kercher, étudiante elle aussi, originaire de Leeds en Grande-Bretagne.

Dans un premier temps, Giuliano Magnini obtint des jurés de la cour d'assises qu'Amanda et son supposé complice, Raffaele Sollecito, son petit ami du moment, soient condamnés respectivement à vingt-six et vingt-cinq ans de prison. En plus de celle de Meredith Kercher, dont le corps lardé de quarante-sept coups de couteau (mais là au moins le *procuratore* n'y était pour rien) avait été transféré et inhumé en Angleterre, Giuliano Magnini pouvait donc se vanter d'avoir persécuté (et brisé) deux autres jeunes vies.

Mais en octobre 2011, coup de théâtre : dans un tribunal prêt à entrer en ébullition, le président de la cour d'appel de Pérouse déclara que miss Amanda Knox et le signor Raffaele Sollecito « n'avaient pas commis les faits qui leur étaient reprochés », en conséquence de quoi il ordonnait leur libération immédiate.

Aussitôt les cris *vergogna ! vergogna*[1] *!* retentirent dans les rues en lacis et sur les places de Pérouse, tandis que plusieurs chaînes de télévision américaines interrompaient leurs programmes pour annoncer la remise en liberté d'Amanda, et que le quotidien *Daily News* préparait la sortie d'une édition avec à la Une une jolie (pour ça, c'était facile, il n'y avait que l'embarras du choix) photo d'Amanda assortie du commentaire *Ciao bella !*

Quant aux médias britanniques, choqués par ce blanchiment inattendu, ils continuèrent de traiter la jeune Américaine de *belle créature démoniaque* – mais précisèrent

1. « Honte ! honte ! »

que le procureur l'avait présentée en des termes qui n'auraient certainement pas été tolérés dans une cour de justice britannique ou américaine.

Quelques heures après le verdict de la cour d'appel, Amanda Knox s'envole de l'aéroport de Rome Leonardo da Vinci à destination de Seattle *via* New York.

Après avoir passé quatre ans derrière les barreaux, Amanda se croit délivrée du cauchemar. Elle se trompe : en mars 2013, au prétexte que le premier procès présentait de nombreuses contradictions et incohérences, la cour suprême italienne casse l'arrêt de la cour d'appel. Un nouveau procès s'ouvre, mais hors la présence d'Amanda qui, sur les conseils (avisés !) de ses avocats, préfère rester aux Etats-Unis et ne pas s'exposer à une possible réincarcération.

Et elle fait bien : le 30 janvier 2014, elle est de nouveau reconnue coupable du meurtre de Meredith Kercher et condamnée à une peine de vingt-huit ans et demi de prison, tandis que son prétendu complice, Raffaele Sollecito, n'écope « que » de vingt-cinq ans.

L'Italie *peut* demander l'extradition d'Amanda Knox. Et les Etats-Unis *peuvent* souscrire à cette demande. On serait même tenté de dire qu'ils le doivent en vertu d'un traité d'extradition signé entre les deux nations en 1984. Les USA sont d'ailleurs parmi les pays qui renâclent le moins à extrader leurs nationaux.

Mais l'opinion publique américaine étant très majoritairement convaincue de l'innocence d'Amanda Knox, l'Italie, qui entretient des relations de réelle amitié avec les Etats-Unis, peut faire preuve de magnanimité et s'abstenir ainsi de mettre le gouvernement américain dans une situation embarrassante.

Il y a aussi que la loi américaine dispose qu'on ne peut être jugé deux fois pour le même crime ; or Amanda Knox a été jugée en première instance, puis en appel. Son second procès – celui auquel elle ne s'est pas présentée et qui a abouti à sa condamnation à vingt-huit ans et demi de détention – est donc contraire au principe de *double jeopardy* (traduisons par *double incrimination*) inscrit dans la loi américaine.

Et il y a enfin que le premier procès intenté à Amanda Knox n'a peut-être (et ce « peut-être » est un euphémisme) pas été parfaitement régulier, non plus d'ailleurs que les interrogatoires conduits par la police.

Flash-back, nuit du 1er au 2 novembre 2007.

Au 7 de la Via della Pergola, une grande villa s'adosse à la route plutôt fréquentée qui descend vers Pérouse. Si elle n'est pas une réussite architecturale, les tuiles rondes et la teinte légèrement miellée des murs de cette maison lui confèrent ce petit air italien qui enchante les étudiants. La plupart sont étrangers et se partagent ses sortes de studios qui, sur trois niveaux, offrent une si jolie vue sur les paysages d'Ombrie.

Dès son installation dans une des chambres de la Via della Pergola, Amanda a noué des liens d'amitié avec Meredith Kercher, une étudiante anglaise venue à Pérouse dans le cadre du programme Erasmus.

Meredith, Mez pour les amis, est la fille de John Kercher, journaliste britannique au visage d'aventurier pathétique et beau (on le verrait plus volontiers à la poursuite du diamant vert ou à la recherche de l'arche perdue qu'en quête de l'assassin de son enfant), et d'Arline Kercher, d'origine indienne, qui, après que John et elle eurent divorcé, éleva seule leurs quatre enfants encore très jeunes. Meredith a de grands yeux profonds que protègent des paupières un peu lourdes, des cheveux d'ambre sombre et des lèvres ourlées, toujours prêtes à s'écarter sur un large et éblouissant sourire. Amanda la juge « exotiquement très belle ».

En octobre, Amanda et Mez visitent ensemble le festival du Chocolat de Pérouse – dix jours de paradis sur terre pour les amateurs de cacao dans tous ses états.

Quelques jours avant la tragédie, on les voit arpenter bras dessus bras dessous les vieilles rues de la ville où se tient une importante foire aux livres. Le rêve d'Amanda est d'être écrivain, mais elle sait que, en attendant de devenir une auteure reconnue – si jamais elle l'est un jour ! –, elle doit exercer en parallèle un vrai métier qui la fasse vivre. Aimant les mots et la syntaxe, pensant comme Erik Orsenna que *la grammaire est une chanson douce*, elle a donc logiquement choisi l'interprétariat. C'est ce qui a motivé son inscription à l'*Università per Stranieri di Perugia* (Université pour étrangers de Pérouse) qu'abrite un magnifique bâtiment de style baroque, le Palazzo Gallenga Stuart.

Le 25 octobre, lors d'un concert de musique classique auquel elle assiste en compagnie de Meredith, Amanda fait la connaissance de Raffaele Sollecito, un étudiant de vingt-trois ans, fils d'un urologue renommé de la ville de Bari.

Amanda est comme hypnotisée : Raffaele ressemble à Harry Potter, un des personnages préférés de la jeune fille. De son côté, Raffaele a le coup de foudre pour cette Américaine qui a le corps d'une femme mais le visage d'une enfant sage, avec des yeux d'un bleu indéfinissable, une bouche rose et fruitée, et des cheveux soyeux qui dégagent une enivrante odeur de fleurs chaque fois qu'elle les fait danser d'un gracieux mouvement de la tête.

La discrète et délicate Meredith s'est-elle alors sentie de trop ? Toujours est-il que, prétextant une bouffée de fatigue, elle a préféré rentrer Via della Pergola et laisser les amoureux – car ils se sont instantanément épris l'un de l'autre – roucouler à loisir.

Il ne s'écoule guère plus de deux ou trois jours avant qu'Amanda Knox et Raffaele Sollecito ne deviennent amants. Il faudrait avoir un esprit bien étriqué pour le leur reprocher – Roméo et Juliette auraient probablement fait comme eux s'ils l'avaient pu. Toujours est-il qu'Amanda délaisse sa chambre à la villa pour dormir chez (et dans les bras de) Raffaele, au 110 Corso Garibaldi, une adresse toute proche de la Via della Pergola. Chaque matin, elle rejoindra la villa pour changer de linge, faire une lessive, etc.

Le soir du 1er novembre, Amanda est supposée se rendre au pub Le Chic où elle a trouvé un petit travail d'appoint comme serveuse, et accessoirement comme distributrice de *flyers*. Mais à un peu plus de 20 heures, le manager du bar, Patrick Lumumba[1], lui laisse un SMS pour lui dire qu'il est inutile qu'elle vienne car il y a vraiment trop

1. Ne pas confondre avec Patrice Lumumba, Premier ministre de la République démocratique du Congo, assassiné le 17 janvier 1961.

peu de clientèle – peut-être parce que c'est la Toussaint, la fête des Morts.

De son côté, après avoir dîné avec trois copines, Meredith Kercher, qui se dit fatiguée, rentre Via della Pergola. Une de ses amies l'accompagne jusqu'à quatre cents mètres de la villa. Il est alors 21 heures. Les studios situés à l'étage supérieur sont inoccupés, les quatre jeunes Italiens qui partagent l'appartement juste en dessous des chambres de Meredith et d'Amanda sont sortis, et Amanda elle-même est restée Corso Garibaldi, comme pourra en témoigner un visiteur qui vient voir Raffaele vers 21 heures.

Le lendemain, 2 novembre, en fin de matinée, après avoir essayé en vain de joindre Meredith sur son portable – portable auquel l'étudiante anglaise répond pourtant toujours car c'est sur cet appareil qu'elle reçoit des nouvelles de sa mère malade –, Amanda et Raffaele se rendent à la villa. Ils découvrent de nombreuses taches de sang, ainsi qu'une fenêtre brisée, probablement par le jet d'un pavé.

Pressentant qu'il s'est passé quelque chose de grave mais n'osant pas fracturer la porte de la chambre de Meredith, ils alertent alors la police.

Ce sont les carabiniers qui trouveront l'étudiante anglaise, à moitié nue, gisant dans une mare de sang entre son lit et l'armoire. Lardée de quarante-sept coups de couteau, la jeune fille a en outre été égorgée.

La pièce étant sens dessus dessous, on pourrait penser à un cambriolage qui a mal tourné ; mais la police comprend vite qu'il s'agit d'autre chose : Meredith a été frappée avec une haine et une sauvagerie qui sont peu conformes aux méthodes habituelles des passe-murailles, et puis elle a été violée.

Bien entendu, les enquêteurs relèvent les empreintes digitales. La présence de quatre empreintes d'Amanda n'a rien d'étonnant puisqu'elle partage le même appartement que Meredith et que les deux jeunes filles sont amies.

Ce qui intéresse davantage les policiers, c'est la signature ADN d'un certain Rudy Hermann Guede qu'ils retrouvent absolument partout dans la chambre et dans les toilettes de la victime. *Last but not least*, il y a également, sur l'oreiller de Meredith, une trace sanglante laissée par la paume de la main de Guede.

Rudy Guede, arrivé de Côte-d'Ivoire à l'âge de cinq ans, à présent âgé de vingt et un ans, est bien connu des carabiniers : non seulement il sévit dans le milieu estudiantin comme dealer, mais il a le sang chaud et a souvent été impliqué dans des bagarres au couteau – l'une d'elles l'a d'ailleurs envoyé à l'hôpital, lui laissant une cicatrice impressionnante à l'abdomen.

Mais Rudy n'est plus à Pérouse : il s'est dépêché de quitter l'Italie pour passer en Allemagne. Où, ayant apparemment oublié que la raide discipline *made in Germany* n'a rien à voir avec le joyeux laxisme *made in Italy*, il se fait arrêter à bord d'un train où il est monté sans titre de transport. On connaît l'adage : à petites causes, grands effets. Pour avoir voulu voyager sans billet, Rudy Guede est extradé vers l'Italie qui a d'excellentes raisons de le soupçonner d'être le meurtrier de Meredith Kercher.

Lors des interrogatoires tendus auxquels il est soumis par les enquêteurs, Rudy admet s'être trouvé dans le studio de Meredith la nuit où elle fut assassinée. Le fait est que, confronté aux preuves matérielles de sa présence sur la scène de crime, il peut difficilement la nier.

Mais il refuse de reconnaître qu'il a tué Meredith.

A l'en croire, il aurait seulement proposé à la jeune Anglaise de la rejoindre dans sa chambre de la Via della Pergola, tout en lui expliquant clairement qu'il avait l'intention de faire l'amour avec elle, et elle aurait accepté.

Et il en aurait été ainsi, sauf que Rudy, à cause d'un kebab douteux avalé juste avant de rejoindre Meredith, se serait senti soudain incommodé au point de devoir s'isoler dans les toilettes.

Pour tenter d'oublier ses nausées, il s'était enfoncé dans les oreilles les écouteurs de son iPod. Mais bien qu'il ait monté le volume presque à fond, il avait entendu hurler la jeune fille. Il avait réussi à rassembler ses esprits et il était sorti de la salle de bains. C'est alors qu'il l'avait vu : un Italien aux cheveux bruns, dans lequel il avait cru reconnaître Raffaele Sollecito qu'il connaissait vaguement. Que c'eût été Raffaele ou n'importe qui d'autre, ce type s'était mis à lui crier dessus qu'il n'avait aucune chance de s'en tirer, que dans ces cas-là c'était toujours le Black qui était considéré comme le coupable – et là-dessus, il avait décampé.

Le fait que la chambre où Meredith Kercher a été littéralement massacrée ait été couverte de l'ADN et des empreintes du jeune Noir, plus les affabulations de ce dernier à propos de son intoxication par un kebab, plus sa fuite vers l'Allemagne, conduisent les autorités à inculper Rudy du meurtre de l'étudiante anglaise.

Ne pouvant rien opposer aux preuves de sa présence auprès de Meredith la nuit du meurtre, Rudy Hermann Guede préfère en finir : il accepte d'être jugé en procédure accélérée. Reconnu coupable, il est condamné à une peine de trente ans de prison.

Mais, curieusement, loin de l'abattre, la détention semble réveiller Rudy Guede : à présent qu'il ne peut plus rien lui arriver de pire que ce dont il a écopé (une promesse de trente ans d'enfermement, quand on en a vingt et un, c'est un vertige, c'est l'éternité), le jeune Congolais affirme qu'Amanda et Raffaele, la nuit fatale, étaient avec lui Via della Pergola, dans la chambre de Meredith.

Le projet, dit-il, était de se livrer à une orgie de sexe et de drogue. Deux garçons, deux filles, c'était le carré parfait. Certes, la petite Meredith était timide, pudique, et il était possible qu'elle se braque, qu'elle refuse de participer à certains jeux, notamment à tendances sadomasochistes ; mais à force de caresses, on finirait bien par la convaincre de se laisser aller.

Mais les caresses n'avaient pas agi. Meredith ne s'était pas laissé circonvenir, elle avait fait sa mijaurée, oh non, pas ça, et pas moi !, elle s'était exclue et, du même coup, elle les avait rejetés. Avait-elle eu des paroles sévères, des mots de mépris, pour les trois autres qui voulaient pousser le jeu au plus loin ? Possible. Rudy Guede ne se souvenait pas de tout, mais il se souvenait qu'à un moment donné les choses avaient dégénéré, Raffaele et Amanda s'étaient mis en colère contre Meredith, ils l'avaient bousculée, giflée. Et Rudy, à son tour, il l'avait frappée, pathétique petite oie blanche, elle se prenait pour qui avec sa morale pour minables, de quel droit les jugeait-elle alors que c'était elle qui méritait d'être jugée, condamnée, punie. Alors quelqu'un avait sorti un couteau…

Comme elle tombe à pic, cette histoire de couteau ! En perquisitionnant chez Raffaele, les policiers ont justement trouvé, bien en évidence dans un tiroir de la cuisine, un couteau dont les dimensions permettent de penser qu'il pourrait être l'arme du crime – comme d'ailleurs des centaines de milliers de couteaux sortis des chaînes de la même coutellerie. Sauf que la lame de ce couteau porte une trace (infime) de l'ADN de Meredith, tandis que le manche présente des traces (nettes, celles-ci) de l'ADN d'Amanda Knox.

Concernant l'ADN d'Amanda sur le manche, Raffaele explique que c'est assez normal puisque Amanda vit chez lui, adore y faire la cuisine, et donc utilise des couteaux pour éplucher des aubergines, écailler des poissons et couper des carottes en rondelles – que voulez-vous, elle ne sait pas faire ça avec ses dents !

Quant à l'ADN de Meredith sur la lame, Raffaele rappelle que la jeune Anglaise est souvent venue dîner Corso Garibaldi, qu'elle s'amuse aussi à cuisiner, et qu'elle s'est récemment entaillé le doigt.

Grâce à sa description de la nuit du meurtre, Rudy Hermann Guede voit sa peine passer de trente à seize ans d'emprisonnement.

En contrepartie, Amanda Knox et Raffaele Sollecito sont devenus les proies d'une justice qui dit noir, qui dit blanc, qui dit qu'elle ne sait pas, et qui ne peut être qu'insatisfaite ; car ce qu'on a jugé à Pérouse, ce qu'on a vraiment jugé au-delà du meurtre de Meredith Kercher, ce ne sont pas tant les hypothétiques assassins d'une adorable jeune fille qui ne méritait pas ça, que la capacité d'un démon à prendre les traits d'un ange.

Avec dix kilos de trop, des boutons sur la figure, les cheveux gras et une haleine de chacal, Amanda Knox n'aurait pas défrayé la chronique. Elle ne serait pas à ce point haïe en Italie, détestée en Grande-Bretagne, adorée aux Etats-Unis.

Mais elle est attendrissante et ravissante, et ses yeux sont d'un bleu candide.

C'est aussi cela, son crime.

Quant au reste, je lui laisse la conclusion : « *Journalists say to me that we'll never know what happened that night* – les journalistes m'ont dit qu'on ne saurait jamais ce qui était arrivé cette nuit-là… »

Léger (Lucien)

Le 26 février 2180 sera une date à marquer d'une pierre blanche dans la vie de Dennis Rader : ce jour-là, il sera enfin habilité à bénéficier de la liberté conditionnelle. Une liberté qu'il estimera sans doute bien gagnée, car il sera alors âgé de deux cent trente-cinq ans et aura purgé cent soixante-quinze années de prison.

Bernard Madoff, le financier américain, n'a été condamné, lui, qu'à cent cinquante ans de détention. Une broutille en regard des mille ans de prison dont a écopé Ariel Castro pour avoir, à Cleveland, kidnappé trois jeunes femmes et les avoir torturées pendant dix ans – il est vrai qu'il répondait de neuf cent trente-sept chefs d'accusation. Mais Castro est déjà sorti de prison : il s'est pendu dans sa cellule sans que l'on sache exactement si sa mort résulte d'une asphyxie érotique (certains déviants obtiennent une jouissance sexuelle en privant leur cerveau d'oxygène) ou s'il s'agit d'un suicide (on peut comprendre qu'il ait eu des idées noires en imaginant son avenir).

Les mille ans d'Ariel Castro ne sont pas un record : pour avoir, en 1966 à Chicago, violé et assassiné huit étudiantes infirmières, Richard Speck a été condamné à mille deux cents ans ; dont il n'a purgé qu'une toute petite partie puisqu'il est mort vingt ans après que les portes du pénitencier se furent fermées sur lui.

Dudley Wayne Kyzer a écopé de dix mille ans pour un triple meurtre (dont celui de sa belle-mère), tandis que Darron Bennalford Anderson s'est vu infliger onze mille deux cent cinquante ans de prison pour avoir enlevé et violé (notamment par sodomie, ce qui, paraît-il, contribua à la sévérité du verdict) des femmes âgées. Imaginez son soulagement lorsque sa peine fut, en appel, ramenée à seulement cinq cents ans !

Mais la palme de la condamnation la plus longue revient peut-être à Charles Scott Robinson, un violeur d'enfants, qu'un tribunal de l'Oklahoma envoya derrière les barreaux pour trente mille ans. Comme on faisait remarquer au juge que c'était peut-être quand même beaucoup et qu'on ne savait même pas s'il y aurait encore des êtres humains dans un avenir aussi lontain, Son Honneur déclara que, de toute façon, tout le monde savait parfaitement que les criminels n'effectuaient jamais qu'une partie de leur peine…

Tout ça pour dire que Lucien Léger, notre recordman de France de la détention la plus longue (quarante et un ans), n'était qu'un amateur en regard de ces gens-là.

Paris, printemps 1964. Puni par sa mère qui lui reprochait d'avoir chipé quinze francs dans son porte-monnaie, Luc Taron, onze ans, n'avait rien trouvé de mieux que de fuguer. Comme ce n'était pas la première fois, ses parents ne s'affolèrent pas : on était en mai, les nuits étaient douces, et, grâce aux quinze francs qu'il avait subtilisés, Luc pourrait toujours s'acheter du pain, du chocolat et de l'eau minérale. Et demain matin, on le verrait rappliquer tout penaud et repentant.

Les Taron habitaient rue de Naples, dans le 8e arrondissement de Paris. Un quart d'heure après que Luc eut quitté le domicile de ses parents, un de ses copains l'aperçut rue du Rocher – une voie qui coupe la rue de Naples et descend vers la gare Saint-Lazare. Puis un témoin vit Luc s'engouffrer dans le métro, station Villiers. L'enfant prit la ligne 2, direction Dauphine, et descendit à la station Etoile (qui ne s'appelait pas encore Charles-de-Gaulle).

C'est là que Lucien Léger le rencontra.

Léger n'était pas un prédateur en chasse. Il ne cherchait pas une proie, et il n'était pas attiré par les jeunes enfants. Les psychiatres qui l'examineront après son arrestation sont formels : Léger n'a pas un profil pervers, son affectivité est normale, il n'y a aucune concordance entre son psychisme et le crime abominable qu'il a commis.

Quand, au cours de son procès, Lucien Léger invente un certain Henri comme étant le véritable criminel, il ne fabule qu'à demi : l'assassin du petit Luc Taron n'est pas Lucien Léger mais une ombre projetée de celui-ci, son Mr. Hyde, celui qu'il appelle l'Etrangleur. C'est de cet Etrangleur, bien davantage que de lui-même, que Léger pourra dire qu'il est « la graine qui pousse dans le printemps des monstres... ». Ce que confirmera l'aveu de son défenseur, Me Albert Naud : « Je cherche l'homme, mais il se cache toujours derrière le personnage... »

Mais nous n'en sommes pas encore au procès. Pour l'heure, Yves Taron cherche son fils, faisant la tournée des lieux familiers au petit Luc. Il ne le trouve pas, et pour cause. Le père revient rue de Naples, il n'est pas loin de minuit, et l'enfant n'est toujours pas rentré. Ses parents l'attendent toute la nuit.

Ce n'est qu'au matin qu'Yves Taron se décide à prévenir la police.

Toute la journée, les parents espèrent que Luc va donner signe de vie. Il doit être à court d'argent, il a peut-être faim et soif, il va forcément devoir demander de l'aide à quelqu'un. Mais la sonnette de la porte et celle du téléphone demeurent obstinément muettes.

En fin de journée, quelqu'un appelle enfin. C'est un policier, il prie Yves Taron de bien vouloir passer à la brigade le plus vite possible. « Vous avez des nouvelles ? On a retrouvé Luc ? demande M. Taron, plein d'espoir. — On vous expliquera sur place », élude le policier, visiblement embarrassé.

Pour les malheureux parents, le chemin de croix commence. A la brigade, où les policiers ont leur visage des mauvais jours, on montre des vêtements à Yves Taron : une culotte courte, un chandail, une veste en velours côtelé marron clair. « Vous les reconnaissez ? — Sans l'ombre d'un doute : ils appartiennent à mon fils. Où est Luc ? — Venez avec nous, monsieur Taron… »

Une voiture de police conduit Yves Taron à l'institut médico-légal, la morgue. Le cadavre du petit Luc a été découvert à l'aube, au pied d'un chêne, dans la forêt de Verrières-le-Buisson. Il a été tué vers 3 heures du matin d'après les premières estimations du docteur Martin, le médecin légiste.

Le même soir, le commissaire Samson, chargé de l'affaire, reçoit un appel de la radio Europe 1 (Europe n° 1, comme on disait alors) dont la rédaction vient d'être informée qu'un message de l'Etrangleur n° 1 (numéro un, comme la radio – c'est sous ce nom qu'il se désigne) a été glissé sous l'essuie-glace d'une voiture volée stationnée rue François-Ier : « Affaire du bois de Verrières… Après avoir demandé une rançon qui m'a été refusée [en fait, il n'a rien demandé et on ne lui a donc rien refusé : il joue un rôle, il est "un autre", mais on ne le sait pas encore], j'ai emmené le petit Luc à Palaiseau. Je l'ai étranglé à 3 heures du matin. C'est un avertissement pour le prochain rapt : la rançon ou la mort. »

Au cours du mois suivant, ce sont cinquante lettres que l'Etrangleur n° 1 envoie à la télévision, aux radios, aux journaux, pour les informer de l'imminence de ses nouveaux forfaits ; il écrit aussi aux policiers et au ministre de l'Intérieur pour les défier, et au père de Luc pour lui donner des détails insoutenables sur la façon dont il a tué son petit garçon – en fait, il ne l'a pas étranglé mais étouffé en lui maintenant le visage dans l'humus. Il décrit avec une jubilation odieuse les instruments avec lesquels il va massacrer ses futures victimes, il se réjouit notamment de l'acquisition d'une massue en métal qui, abattue violemment sur le visage d'un enfant, lui causera d'effroyables blessures avant qu'il ne reçoive le coup de grâce.

Tandis que l'assassin assourdit les médias de ses rodomontades toutes plus ignobles les unes que les autres, les parents de sa petite victime se retranchent dans leur chagrin. Ils fuient la presse, surtout les photographes vautours. Un des rares clichés qu'on verra de M. et Mme Taron est, par une lugubre coïncidence, une photo prise à l'issue des obsèques d'un autre enfant assassiné, le petit Thierry Desouches, âgé de onze ans lui aussi, enlevé le

1er mai 1963, et dont on vient seulement de retrouver le corps, en état de décomposition avancée, dans un bois de l'Eure-et-Loir.

Je n'avais que neuf ans, mais je me rappelle la psychose collective créée par les lettres de l'Etrangleur. Nous habitions alors près du bois de Boulogne, qui devenait au crépuscule une ténébreuse *terra incognita*, et je nous revois, moi, ma sœur et notre meilleur copain, scrutant, à travers des jumelles jouets gagnées au stand de pêche à la ligne du Jardin d'Acclimatation, l'au-delà du boulevard Richard-Wallace après la frontière des marronniers, cet espace nuiteux qui s'étirait jusqu'à une sorte de pagode chinoise ; et à chaque ombre mouvante repérée par nos pathétiques instruments d'approche, nous courions en piaillant prévenir nos parents que l'Etrangleur n° 1 s'acheminait vers l'immeuble, ses mains aux doigts crochus sondant l'obscurité en quête d'un enfant à enlever. Je dormais avec mon pistolet à amorces sous mon oreiller. Je savais n'avoir aucune chance d'être jamais l'un des derniers des Mohicans, ni un membre du *Club des Cinq*, ni non plus le jeune Jim Hawkins de *L'Ile au Trésor*, mais grâce à la menace que l'Etrangleur n° 1 faisait peser sur les petits garçons de mon âge, je pouvais m'imaginer un destin périlleux. La probabilité d'être pris par le tueur était d'autant plus infime que l'on me surveillait/protégeait de très près, mais enfin elle n'était pas absolument nulle. Pour l'amateur jamais rassasié de romans d'aventures que j'étais alors, ce minusculissime pourcentage de danger avait quelque chose d'enivrant.

Environ un mois après la tragédie du bois de Verrières, Lucien Léger, infirmier à l'hôpital psychiatrique de Villejuif (Val-de-Marne), dépose une plainte pour vol de sa voiture – une 2 CV, il roule modeste.

Quatre jours plus tard, rebondissement : Léger informe la police qu'il a retrouvé son véhicule grâce à un coup de téléphone anonyme. Tout irait pour le mieux dans le meilleur des mondes, assure l'infirmier en psychiatrie, s'il n'y avait des taches de sang dans l'habitacle.

Le lendemain, une nouvelle lettre signée de l'Etrangleur n° 1 (ce sera d'ailleurs la dernière) prétend fournir l'explication : c'est lui, avoue-t-il, qui a volé la 2 CV de l'infirmier, car il avait besoin d'une voiture passe-partout pour « un règlement de comptes impliquant de transporter à Corbeil le cadavre d'un truand tué à Pigalle », ce qui justifie le sang sur les sièges.

La relation par 2 CV interposée (et sanglante) entre l'homme le plus recherché de France et cet infirmier de vingt-sept ans un peu lunaire ne manque pas d'intriguer les policiers.

On perquisitionne alors la chambre d'hôtel que loue Lucien Léger. Et on y découvre, même pas caché, un papier à lettres qui ressemble, fibre pour fibre, à celui qu'utilise l'Etrangleur n° 1 pour écrire les messages dont il inonde les médias.

Questionné sur cette étrange coïncidence, Lucien Léger n'oppose qu'une résistance de principe : au bout de quatre heures d'interrogatoire, il reconnaît être l'Etrangleur n° 1, le meurtrier du petit Luc Taron.

En mai 1966, au terme de cinq jours de procès, Lucien Léger, grâce à l'admirable avocat qu'est Me Albert Naud (remplaçant de Me Maurice Garçon qui a préféré se démettre quand Léger a commencé à dire que finalement, non, ce n'était pas lui qui avait assassiné l'enfant), échappe de justesse à la peine de mort.

Condamné à la réclusion criminelle à perpétuité, il dort toujours derrière les barreaux quarante et un ans plus tard, devenu ainsi le plus ancien détenu de France. La longueur exceptionnelle de sa peine n'est pas due à l'horreur exceptionnelle de son crime, ni à la dangerosité qu'il aurait pu continuer de présenter à sa sortie de prison, mais au fait qu'une libération conditionnelle doit s'accompagner du repentir du condamné ; or Lucien Léger refuse de manifester la moindre contrition pour un crime qu'il maintient n'avoir pas commis.

« S'il avait reconnu le meurtre de Luc Taron, il serait dehors depuis au moins quinze ans », affirmait Me Jean-Jacques de Felice, décédé en 2008, et qui fut un autre de ses avocats.

Le 31 août 2005, la cour d'appel de Douai consentit enfin à la libération conditionnelle de Lucien Léger. C'était la quatorzième demande qu'il formulait.

Trois ans plus tard, en 2008, celui qui s'était adressé au *Daily Express* en ces termes : « C'est le célèbre Etrangleur qui vous écrit. Mon affaire est la plus formidable du siècle ! », cet homme à la fois effacé et d'un narcissisme à toute épreuve, fut découvert mort au domicile qu'il occupait à Laon.

C'est l'odeur provenant de son appartement qui avait fini par alerter les voisins. L'odeur de la mort – il y avait quinze jours qu'il était décédé, on était en plein mois de juillet, il faisait chaud…

Lépine (Louis)

Louis Jean-Baptiste Lépine (1846-1933) devint préfet de police de Paris en 1893. Pendant les vingt années où il exerça cette fonction, il fourmilla d'idées.

Lorsqu'il fut nommé à la tête de la préfecture, les faits divers criminels étaient concurrencés par des faits divers d'un autre genre que la presse, qui entrait dans l'ère de la diffusion de masse, passait à la loupe : les brutalités policières. Or le nouveau préfet pensait que l'un des éléments essentiels du maintien de l'ordre était la réconciliation de la population et de sa police. Il s'employa donc, dans un premier temps, à transformer l'image que les Parisiens avaient de leurs « gardiens de la paix civile » – nouvelle appellation, depuis 1870, des anciens sergents de ville dont la réputation était devenue exécrable. « Mes braves agents, expliquait Lépine, je leur ai fait faire tous les métiers : croque-morts, accoucheurs, sauveteurs, pompiers, balayeurs, terrassiers… et j'en oublie ! »

Pour les former à ces tâches nouvelles d'assistants tous azimuts, il avait créé l'Ecole pratique de police municipale. La formation ne durait que trois mois, mais elle était intense et axée sur la discipline, et surtout sur l'instruction morale. Les gardiens de la paix qui suivaient ce cursus ne devenaient pas forcément des anges, mais ils portaient un regard plus compassionnel et solidaire sur la population souvent miséreuse, quelquefois violente, avec laquelle ils frayaient. La base de l'enseignement était que le gardien de la paix devait *mériter l'estime de tous par la régularité et la dignité de sa vie privée et de sa conduite*. Paris, déjà première ville du monde pour sa beauté, l'audace de ses artistes, l'élégance de ses femmes, l'inventivité de sa gastronomie, sa joie de vivre et son esprit de liberté, fut aussi la toute première où les agents de police apprirent à dire merci et s'il vous plaît avant d'être initiés au maniement des menottes…

Parallèlement à cette école, et pour associer très vite les travaux pratiques à la théorie, Louis Lépine mit sur pied un bureau spécialement chargé de débusquer, dans le labyrinthe de la grande ville, toutes les détresses qui nécessitaient un secours.

Mais il fallait aussi sauvegarder les nouveaux gardiens de la paix, les défendre contre les périls d'un monde qui entamait une formidable mutation : en cette fin du XIXe siècle, avant même la dictature de l'automobile, la nombre croissant des chevaux, carrioles, charrettes et coches, rendait la circulation parisienne d'une dangerosité extrême. Peu visibles au milieu du fouillis de bêtes et des attelages, les gardiens de la paix chargés de réguler ce flot anarchique se faisaient souvent écharper, renverser, écraser. Pour qu'on les repère (et qu'on les épargne !), Lépine eut l'idée de les doter de bâtons blancs, un accessoire devenu le symbole de leur métier, et qu'ils ont gardé jusqu'en 1967.

Afin de fluidifier la circulation qu'il considérait un peu comme un fleuve de lave susceptible d'embraser la ville dont il congestionnait les artères, Louis Lépine conçut aussi les sens uniques, les sens giratoires et les passages piétons. On lui doit aussi les avertisseurs téléphoniques (il commença par mettre en place cinq cents bornes rouges permettant d'alerter les pompiers, puis plus tard d'autres bornes pour prévenir la police) que les téléphones portables ont relégués au rang des accessoires obsolètes.

Après avoir organisé la brigade des agents cyclistes montés sur des vélos Hirondelle de chez Manufrance (mais le surnom d'hirondelles donné à ces agents vient aussi de ce que leur pèlerine, formant comme deux ailes effilées quand le vélo roulait et que le vent de la course en soulevait les pans, leur conférait une silhouette qui n'était pas sans rappeler celle de l'oiseau), et la brigade des agents polyglottes (formés chez Berlitz aux frais de la préfecture, ils étaient une cinquantaine à parler l'anglais, l'allemand ou l'espagnol, répartis dans les quartiers les plus touristiques et identifiables grâce à un brassard indiquant la langue étrangère qu'ils pratiquaient), le préfet Lépine créa la brigade fluviale, qui comportait des plongeurs-sauveteurs, des scaphandriers, et des chiens nageurs récupérateurs de noyés qui connurent une telle célébrité parmi les Parisiens que les noms de certains sont parvenus jusqu'à nous – ils s'appelaient Turc, César, Sultan, Paris, Pelvoux, Megde et Diane…

Ce que sachant, on ne s'étonne plus que l'infatigable préfet ait eu l'idée de créer, en 1901, un concours-exhibition destiné à sauver du marasme les fabricants de jouets et les petits inventeurs dont les trouvailles étaient copiées sans vergogne, et surtout sans aucune contrepartie, par des étrangers qui les revendaient à la sauvette dans les rues de la capitale.

Ce n'est pas tant que le préfet Lépine se sentît personnellement concerné par la concurrence déloyale qu'affrontaient les artisans des jouets en bois et articles de Paris, mais il était excédé de voir ses agents obligés d'abandonner leur mission principale pour arbitrer les bagarres qui ne cessaient d'éclater entre les fabricants français qui payaient une patente, et ces étrangers (principalement des Allemands) qui inondaient le marché parisien avec des produits outrageusement contrefaits – et qu'ils pouvaient vendre au rabais puisqu'ils n'avaient pas d'autres frais fixes que le ressemelage éventuel de leurs souliers.

Ce pourquoi il organisa ce premier concours-exhibition dans le cadre duquel les inventions présentées pouvaient bénéficier d'une protection juridique contre le plagiat sous la forme d'un dépôt de brevet gratuit.

La manifestation connut un tel succès qu'elle fut reconduite l'année suivante. Et sous l'appellation, cette fois, de concours Lépine.

On a parfois tendance à sourire de cette compétition, et l'on a tort : le concours Lépine a transformé notre quotidien. C'est à ses Géo Trouvetout si observateurs, si futés, si ingénieux, que nous devons le matelas pneumatique (1918), le stylo à bille (1919), le fer à repasser à vapeur (1921), l'aspirateur électrique (1929), le presse-purée (1931), le grille-pain (1933), le cœur artificiel (1937), les lentilles de contact (1948), le jeu de société des *Mille Bornes* (1956), et enfin – cette liste pourrait se prolonger indéfiniment tant est féconde l'imagination des inventeurs du Lépine, mais il faut bien passer à autre chose, non ? – le très astucieux dispositif pour enlever ses bas et/ou ses chaussettes sans avoir besoin de se baisser (1970).

Lindbergh (Bébé)

Pathétique, douloureux, ignoble, c'est aussi l'un des faits divers les plus médiatisés. A l'époque, la presse (américaine, il est vrai...) le qualifia de « plus grande histoire depuis la Résurrection ».

East Amwell, New Jersey, 1er mars 1932. Il pleut, une pluie drue venue de l'Atlantique, qui avance sur la campagne comme un lourd rideau gris.

La maison blanche à deux étages, inspirée des opulentes fermes françaises, se dresse solitaire au milieu de sept cents acres de champs nus qui alternent avec des terres boisées. Sur les vingt-trois pièces qu'elle comporte, quelques-unes seulement sont occupées, principalement par la dizaine de domestiques qui veillent au confort du colonel Lindbergh, de sa femme et de leur petit garçon de vingt mois.

Il n'y a pas longtemps que Charles et Anne se sont installés, leur nouvelle demeure tout récemment sortie de terre sent encore le plâtre frais, la peinture, le mastic. Les pièces paraissent d'autant plus grandes et plus froides que l'ameublement n'est pas terminé – le couple a paré au plus pressé, désireux de pouvoir emménager le plus tôt possible pour échapper enfin à la pression médiatique, à ces journalistes bardés d'énormes appareils photo de type Speed ou Crown Graphic qui les traquent où qu'ils aillent.

On a beau avoir en mémoire les images du triomphe inouï que lui réserva New York – une parade maritime de cinq cents navires, cinquante mille fleurs lâchées du haut du ciel, quatre millions de New-Yorkais enthousiastes massés le long du parcours emprunté par le défilé, et plus de deux mille employés municipaux pour évacuer les confettis qui inondaient Broadway –, on mesure mal l'idolâtrie, le culte confinant à la folie, dont fut l'objet le jeune pilote, premier aviateur à avoir relié d'un seul coup d'aile l'Amérique à l'Europe.

Pour se protéger, car c'est un timide, Charles a donc choisi de faire construire son aire, comme on le dirait d'un aigle, sur un périmètre rural, isolé au milieu d'un lacis de petites routes sans visibilité parce que pleines de virages et encaissées entre des talus. Dénicher la maison des Lindbergh relève de l'exploit ou d'une chance insolente. Un autre avantage, et non des moindres, est que les environs immédiats possèdent un ou deux terrains plats et bien dégagés où Lindbergh prévoit d'aménager un aérodrome privé.

Charles et Anne ont dîné rapidement – ils se sont mis à table à 20 h 30 et en sont sortis à 21 h 15. Ils sont passés dans un salon contigu où ils sont restés une quinzaine de minutes avant de monter quelques instants dans leur chambre au deuxième étage. Ils en sont resdescendus pour gagner la bibliothèque où Charles s'est assis en annonçant à sa femme qu'il allait lire un moment. Anne est remontée dans leur chambre où elle a commencé à se préparer pour la nuit.

Il devait être 21 h 45 ou 21 h 50 lorsque Charles entendit, venant de l'extérieur, un bruit comme si un amas de caisses ou de planches s'écroulait. Il interrompit sa lecture et tendit l'oreille, mais il ne se leva pas du sofa pour aller voir de quoi il retournait : avec le temps de chien qu'il faisait cette nuit, ce devait être – pensa-t-il – un des arbres proches de la maison dont la fureur du vent venait de briser une branche maîtresse. Lindbergh avait d'autant moins de raisons de s'inquiéter que sa femme était en sécurité dans leur chambre, et que Charles Jr., qu'on avait couché dans son berceau à 20 heures, était sous la surveillance attentive de sa nurse, Betty Gow, qui, sachant le petit garçon très enrhumé, ne cessait d'aller et venir entre la cuisine et la chambre de l'enfant pour s'assurer que son nez bouché ne l'empêchait pas de dormir.

Cette nurse, de son vrai nom Bessie Mowat Goway, était une jeune femme d'origine écossaise. Bien qu'habitant à environ deux heures de route, elle venait s'occuper de Charles Jr. dès qu'Anne Lindbergh le lui demandait. Du fait qu'il passait plus de temps dans les bras de sa nurse que dans ceux de sa mère souvent absente, le bébé lui avait très vite marqué sa préférence.

Vers 22 heures, Betty Gow, une fois de plus, entrebâilla la porte de la pièce où dormait le petit garçon.

Charles Jr. n'était pas dans son berceau.

Betty ne s'affola pas : elle pensa que l'enfant avait été réveillé par le crépitement de la pluie, par les sifflements du vent s'insinuant dans les jointures des fenêtres, qu'il s'était mis à pleurer et que, l'entendant, Mrs. Lindbergh s'était précipitée pour le prendre dans ses bras, l'emmener dans sa chambre et le câliner.

Mais Charles Jr. n'était pas avec sa mère.

— Je suppose que mon mari l'aura pris avec lui, dit Anne. Vous allez les trouver tous les deux dans la bibliothèque en train de faire je ne sais quelle bêtise. Soyez ferme, miss Gow, reprenez le bébé et recouchez-le.

Tout en descendant l'escalier pour rejoindre la bibliothèque, Betty se demandait comment une modeste jeune fille comme elle pourrait faire preuve de la moindre fermeté face à un héros comme le colonel Lindbergh.

Elle n'eut pas à se poser longtemps la question : le bébé n'était pas non plus dans les bras de son père.

— Eh bien, dit Lindbergh en riant, s'il a réussi à s'extirper tout seul de son berceau pour aller se promener je ne sais où, voilà un exploit encore plus sensationnel que de traverser l'Atlantique en avion ! Croyez-vous, miss Gow, que nous puissions nous donner le ridicule de fouiller la maison pour le retrouver ?

— Il faut bien qu'il soit quelque part, fit la nurse d'une voix désemparée.

— Je vais vous dire, moi, où il est : dans son berceau. Mais pour une raison ou pour une autre, vous ne l'avez pas vu. Peut-être s'est-il caché sous le drap. Peut-être, à l'instant où vous regardiez, avez-vous été éblouie par un éclair.

— Ce n'est pas un orage qui est sur nous, monsieur. C'est juste une de ces pluies de printemps, maussade, froide, entêtée. Et j'ai parfaitement vu que le berceau était vide. Si vous voulez vérifier par vous-même…

— Certainement oui, dit Lindbergh d'un ton sec, et pas plus tard que tout de suite.

Il glissa un marque-page dans le livre qu'il lisait, se leva et se dirigea vers l'escalier. En lui emboîtant le pas, Betty Gow ne put s'empêcher de penser que le héros de l'Amérique – et d'une bonne partie du monde – était peut-être en train de vivre ses tout derniers instants d'insouciance.

En même temps qu'il constatait que la nurse avait raison et que le bébé n'était plus dans son berceau, Lindbergh vit un message apposé contre le radiateur. C'était une demande de rançon, gribouillée à la main : *Cher Monsieur, tenez prêts cinquante mille dollars, vingt-cinq mille en coupures de vingt dollars, quinze mille en coupures de dix et dix mille en coupures de cinq. D'ici deux à quatre jours, nous vous indiquerons où déposer l'argent. Nous vous engageons à ne pas rendre ceci public et à ne pas avertir la police. L'enfant est bien soigné.* La signature consistait en deux cercles entrecroisés, un rouge et un bleu, et en trois trous disposés de façon géométrique.

Oliver Whateley, le majordome, appela la police locale de Hopewell, tandis que Lindbergh lui-même prévenait la police de l'Etat du New Jersey.

En attendant l'arrivée des policiers, Lindbergh, Whateley et la femme de ce dernier, se munirent de lampes torche et entreprirent de fouiller la maison de la cave au grenier. Ils ne trouvèrent rien.

Les policiers, eux, firent des découvertes intéressantes, notamment celle d'une échelle de fortune, fabriquée de bric et de broc, à présent rompue, mais qui de toute évidence avait servi au(x) ravisseur(s) pour atteindre la chambre du bébé au deuxième étage. Ils relevèrent aussi des empreintes de pas, mais trop brouillées par les intempéries, et un burin peut-être destiné à forcer la fenêtre de la chambre.

Quelques heures après, les environs de la maison étaient envahis par les représentants de la presse que deux cents soldats s'efforçaient de tenir à distance.

Contrairement à ce qui est devenu une règle dans les affaires de disparitions d'enfants, pas un instant les enquêteurs ne remirent en question les déclarations des proches : l'immense et glorieux Charles Lindbergh, ainsi que son épouse, étaient évidemment insoupçonnables.

Plus tard, après que l'aviateur eut révélé sa sympathie pour le fascisme en général et certaines thèses nazies en particulier, l'attitude d'une partie du public changea du tout au tout, et une rumeur – aussi nauséabonde que le pathétique engouement de Lindberg pour le Reich – courut, selon laquelle le petit Charles Jr. serait né porteur d'un handicap (lequel ? ça n'a jamais été précisé, et les photographies de l'enfant ne laissent absolument rien supposer de tel). Son père, toujours selon la rumeur, ne l'aurait pas supporté, en conséquence de quoi il aurait « éliminé » le bébé, ou aurait chargé quelqu'un de le faire.

Cela dit, à supposer qu'il ait été influencé par les idées nazies sur l'eugénisme, on comprend mal pourquoi il aurait monté une affaire aussi compliquée qu'un kidnapping alors qu'il était si facile d'étouffer le bébé sous un oreiller en laissant croire à une mort naturelle. J'avoue ne pas m'associer un seul instant à cette accusation, mais il faut savoir qu'elle a été portée et qu'elle a encore des partisans.

Charles Lindbergh paya la rançon en billets de banque « certifiés or ». Les *gold certificates* étaient des billets représentant réellement de l'or métal, dont l'avantage était d'éviter de détenir chez soi des lingots ou des pièces. Ils portaient bien entendu une inscription spéciale.

Bien qu'ayant touché l'argent qu'ils réclamaient, les ravisseurs (ils devaient être plusieurs, pensait-on, car leur lettre de rançon disait *nous*) ne rendirent pas l'enfant. Ils indiquèrent que celui-ci se trouvait à bord d'un petit yacht, le *Nelly*, ancré près d'Elizabeth Island, mais ce bateau ne fut jamais retrouvé, malgré des reconnaissances aériennes à très basse altitude effectuées par Lindbergh lui-même.

Le 12 mai, dans un sous-bois à proximité de la maison des Lindbergh, on découvrit le corps d'un petit enfant en état de décomposition avancée. Enfoui sous des feuilles, grouillant d'insectes nécrophages, il pourrissait là depuis deux ou trois mois. Ses organes avaient été dévorés par les bêtes – peut-être pour la même raison, sa jambe et sa main gauches avaient disparu ainsi que son bras droit.

Dans un état d'effondrement qui faisait peine à voir, Charles Lindbergh reconnut néanmoins qu'il s'agissait du cadavre de son fils.

La cause de la mort était une fracture du crâne, mais il était impossible de dire si la blessure avait été infligée volontairement ou si elle était accidentelle, le bébé ayant pu tomber des bras de son ravisseur tandis que celui-ci descendait l'échelle avec lui.

L'enquête piétina deux ans. A intervalles réguliers, des individus dénonçaient d'autres individus, ou s'accusaient eux-mêmes d'être le ravisseur, l'assassin. La police vérifiait, mais sans se faire d'illusions. Et les pistes, les unes après les autres, se révélaient fausses.

Il ne restait plus que des lambeaux de ces milliers d'affichettes barrées de la mention *Wanted* au-dessus de la photo du bébé Lindbergh, et qu'on avait collées un peu partout sur les murs, les troncs d'arbres, les arrières de voitures et les vitrines des magasins, lorsque, le 15 septembre 1934, un garagiste du nom de Walter Lyle se présenta à la police.

Il déclara avoir fait le plein d'une conduite intérieure Dodge de couleur bleue, dont il avait relevé le numéro parce que son conducteur, qui avait un accent allemand prononcé, avait réglé son essence avec des billets *gold certificates*. C'était la première fois que Lyle recevait ce genre de coupures en paiement, et il voulait être sûr que le conducteur de la Dodge ne lui avait pas refilé des contrefaçons. Les policiers le rassurèrent : les billets que lui avait remis le conducteur de la voiture bleue étaient parfaitement valables... ce qui n'empêcha pas la police de les retenir et de les mettre sous scellés en tant que pièces à conviction : ces coupures faisaient en effet partie de celles de la rançon versée par Lindbergh au(x) ravisseur(s), et dont les enquêteurs possédaient évidemment les numéros.

Grâce aux plaques minéralogiques, les policiers identifièrent le propriétaire de la voiture : il s'appelait Bruno Richard Hauptmann, il était âgé de trente-cinq ans, marié et père d'un petit garçon. Venu d'Allemagne et entré illégalement aux Etats-Unis, il habitait le Bronx où il avait travaillé comme menuisier avant de se lancer dans le boursicotage.

Bien entendu, il nia avoir été pour quoi que ce soit dans l'enlèvement et l'assassinat du bébé Lindbergh. Mais en fouillant son domicile, les policiers découvrirent quatorze mille dollars dans une cache aménagée dans un des murs de l'atelier où il avait exercé son job de menuisier – et ces quatorze mille dollars faisaient partie de la rançon versée par Lindbergh.

Hauptmann prétendit les avoir trouvés dans une boîte à chaussures que lui avait confiée en dépôt un ex-associé, Isidor Fisch, avant de repartir pour l'Allemagne. Mais Fisch étant mort, Hauptmann ne put jamais apporter la preuve de ce qu'il avançait, ni d'ailleurs expliquer pourquoi il avait si soigneusement caché cet argent.

En inspectant le grenier, les policiers saisirent aussi des pièces de bois qui s'avérèrent correspondre à certains éléments de l'échelle ayant servi à accéder à la chambre du bébé Lindbergh.

Enfin, après avoir soumis Hauptmann à des tests d'écriture, les graphologues estimèrent que l'ancien menuisier était indubitablement l'individu qui avait rédigé la demande de rançon.

Ces trois points, ajoutés à des témoignages accablants (Hauptmann avait été vu rôdant à proximité de la maison des Lindbergh, et la personne qui avait servi d'intermédiaire entre Charles Lindbergh et le ravisseur affirmait que la voix de Hauptmann était, sans aucun doute possible, celle de l'homme auquel il avait remis la rançon) suffirent à ce que l'Allemand fût accusé d'avoir kidnappé le petit Charles Jr. et de l'avoir tué.

Pour faire bonne mesure, notons la prestation catastrophique du défenseur de Bruno Hauptmann, Edward J. Reilly, avocat hâbleur, extravagant, tonitruant, ayant une telle addiction à l'alcool qu'il profitait de chaque suspension de séance pour s'enivrer, et qui « coula » sans doute son client mieux que ne le fit le procureur lui-même. D'ailleurs, quinze jours après le verdict, Reilly ayant plongé dans un délire éthylique, il fallut lui passer une camisole de force et le conduire à l'hôpital.

Après six semaines de procès et l'audition de cent soixante-deux témoins, le jury se retira pour délibérer. Il revint onze heures plus tard avec un verdict de culpabilité et une condamnation à mort.

Bruno Richard Hauptmann, surnommé l'homme le plus haï des Etats-Unis, fut exécuté sur la chaise électrique le 3 avril 1936. Il continua jusqu'au bout de clamer son innocence.

Quelque six mois auparavant, Charles Lindbergh, sa femme Anne et leur nouveau fils, Jon, s'étaient réfugiés (exilés, disent certains) en Angleterre, dans le Kent, pour échapper au brouhaha médiatique auquel Lindbergh était devenu complètement allergique.

L'Amérique ne comprit pas cet éloignement, et cela d'autant moins que Lindbergh, lorsqu'il devint évident que Hitler faisait tout pour entraîner le monde dans un conflit majeur, adopta une position non interventionniste. Qu'il abandonna d'ailleurs lors du raid japonais sur Pearl Harbor – mais le mal était fait, la tache indélébile, et l'archange que l'Amérique avait adulé et fêté comme personne était devenu un ange noir.

Comme le dit très justement Andrew Scott Berg qui lui consacra une biographie remarquable : « Charles Lindbergh est une fenêtre sur le monde entier – une prodigieuse lentille sous laquelle observer l'Amérique dans son siècle. »

Ce pourquoi le kidnapping du bébé Lindbergh est davantage qu'un enlèvement d'enfant, davantage qu'un fait divers – comme l'avion *Spirit of Saint Louis* de Charles Lindbergh fut et reste davantage qu'un avion.

Londres (Albert)

Chaque année, quand j'étais enfant, nous célébrions le Tour de France en famille, du matin du départ au soir de l'arrivée. Il nous arrivait même de le regarder passer. Je nous revois au bord de la nationale 13, entre Bonnières et Pacy-sur-Eure, juchés sur un talus d'herbe rare et rase, sèche comme une trique, où manœuvraient d'interminables colonnes de fourmis rouges et affamées – les cris que nous poussions n'étaient pas toujours dus à notre enthousiasme vélocipédique. Coiffés de casquettes publicitaires en carton (quand le vent les retournait, ça nous faisait sur la nuque comme des auréoles), nous dévorions des sandwichs au steak de saucisson à l'ail (on appelait ça des steaks parce que, au lieu de débiter le saucisson en rondelles, mon père le tranchait dans le sens de la longueur), et, en attendant le passage du peloton, nous devisions d'Albert Londres.

Nous l'avions surnommé Woody Wordpiqueur, jeu de mots franco-anglais très approximatif en référence au célèbre pivert Woody Woodpecker des dessins animés : le « wordpiqueur », c'était le piqueur de mots, piqueur étant à prendre ici dans le sens de chipardeur, pilleur, détourneur – voleur eût été tout de même excessif...

Et donc, voici l'histoire – ou plutôt l'historiette. Mon père, alors journaliste sportif à *L'Auto*, avait été recruté par Henri Desgrange, le patron du journal, pour suivre le Tour et assurer la partie littéraire des reportages : à lui la description des masques pathétiques, ravagés par la souffrance, des coureurs grimpant l'Aubisque, le Tourmalet, Peyresourde ou l'Aspin, à lui les mots pour dire les départs à des 2 ou 3 heures du matin de cyclistes zombis, bouffis de sommeil, les fesses encore à vif d'avoir tressauté et frotté dix-huit heures d'affilée, la veille, sur une selle trempée de sueur acide (certains glissaient des escalopes de veau dans leur caleçon en guise de pansements).

Papa se rappelait cette vieille femme qu'il avait rencontrée dans le brouillard, au sommet du Galibier où elle survivait en compagnie d'un bouc et de quelques chèvres, et qui lui avait parlé de ces centaures aux yeux injectés de sang, dont on voulait lui faire croire qu'ils étaient des champions – mais elle n'était pas dupe, ces sportifs étaient en réalité des condamnés, de malheureux suppliciés qu'on obligeait à pédaler sans fin autour de la France pour expier elle ne savait quel crime. Il avait trouvé la chose assez bien vue, et, le soir même, dans sa chronique, il évoqua ces ténébreux du Tour de France, ces forçats de la route qui, avec leurs numéros dans le dos, ressemblaient en effet aux forçats auxquels Albert Londres venait de consacrer un reportage d'anthologie (*Au bagne*, 1923).

Fut-ce Albert Londres qui « récupéra » la métaphore des forçats de la route, ou lui fut-elle associée parce qu'il est vrai qu'on ne prête qu'aux riches ? Toujours est-il qu'aujourd'hui encore il ne se passe pas une édition de la Grande Boucle sans que l'expression n'apparaisse, dûment copyrightée « Albert Londres », dans tel ou tel papier.

Mon père avait trop d'admiration – et même d'amitié, ai-je cru comprendre – envers Albert Londres pour se formaliser de cet emprunt ; ce qui ne l'empêchait pas d'apprécier que certains de ses confrères journalistes eussent à cœur de rétablir quelquefois la vérité.

Une vérité qu'il aurait aimé voir elle aussi rétablie – et même simplement établie, parce qu'on n'avait jamais émis à ce sujet que des hypothèses –, c'était celle sur l'incendie et le naufrage du *Georges Philippar*, et, par voie de conséquence, sur la mort de son ami Albert « word-piqueur » Londres.

Le *Georges Philippar* était un élégant paquebot tout blanc, long de 171,40 mètres, qui avait la particularité d'avoir deux cheminées non pas cylindriques mais carrées. Autre singularité : on ne l'appelait pas paquebot mais nautonaphte, c'est-à-dire navire à pétrole, car au lieu d'une chaudière à vapeur il était propulsé par deux moteurs Diesel développant onze mille chevaux-vapeur et lui donnant une vitesse de seize nœuds.

Construit aux Chantiers de l'Atlantique à Saint-Nazaire, il était considéré comme un navire moderne et un symbole flottant du luxe à la française.

Lancé en 1930, il avait appareillé de Marseille pour sa première traversée commerciale à destination de l'Extrême-Orient le 26 février 1932. La traversée avait été sans histoire, bien que des organisations révolutionnaires violemment opposées à la livraison de matériel militaire au Japon eussent annoncé qu'elles allaient perpétrer un attentat contre le paquebot lors de sa traversée du canal de Suez. La Sûreté générale avait pris la menace très au sérieux et fait procéder à une fouille approfondie du navire la veille de son départ. On n'avait rien trouvé, mais le commandant du *Georges Philippar* avait reçu l'instruction de n'embarquer personne à l'escale de Port-Saïd.

A son voyage de retour vers Marseille, le paquebot, parti de Yokohama, fit successivement relâche à Kobe, Shanghai (où embarqua Albert Londres), Hong-Kong, Saigon, Singapour, Penang, et Colombo où il accosta le 10 mai pour en repartir à 22 h 30, cap sur Djibouti.

La nuit était chaude, la mer lourde et huileuse, un léger voile de condensation posait comme une couche de vernis supplémentaire sur le bastingage et les accoudoirs des chaises longues (l'équipage avait volontairement omis de ranger celles-ci, comme c'était pourtant l'usage à la tombée du jour, afin de permettre à certains passagers de s'y prélasser et d'échapper ainsi à la touffeur régnant dans leurs cabines), une odeur de poisson séché se mêlait à celle des cuisines, et, parfois, aux effluves d'un parfum de femme lorsqu'une passagère choisissait de gagner sa cabine en passant par le pont plutôt que par les coursives intérieures.

Les cinq cent cinq passagers, du moins ceux des première et deuxième classes, servis par deux cent soixante-deux hommes d'équipage, appréciaient comme il se devait cette navigation au long cours, ces six semaines de farniente ponctuées de réjouissances, dont les trois repas et les trois collations servis chaque jour n'étaient pas les moindres.

Dans la soirée du 15 mai, le *Georges Philippar* quitta l'océan Indien pour entrer dans le golfe d'Aden. A bord, la fête (une de plus !) battait son plein. Albert Londres avait partagé le dîner, au menu particulièrement soigné, avec un couple ami, Alfred et Susanna Lang-Willar. A Shanghai, au moment de monter à bord, le journaliste les avait salués d'un « De la dynamite, l'enquête que je rapporte, c'est de la dynamite ! ». Il n'en avait pas dit davantage, s'enfermant dans sa suite pour mettre ses notes au clair. Mais ce soir-là, alors que le paquebot, laissant derrière lui la corne de l'Afrique, venait de reconnaître le phare de Guardafui, Londres avait laissé échapper quelques confidences.

Il était arrivé à Shanghai en décembre 1931. Les Japonais, qui avaient déjà envahi la Mandchourie, souhaitaient s'emparer de Shanghai (où, comme la France et la Grande-Bretagne, ils possédaient une concession territoriale). Sous des prétextes plus ou moins fallacieux, l'empire du Japon avait bombardé et assailli la ville. Albert Londres avait couvert les combats, puis il s'était rendu à Pékin pour s'entretenir avec Tchang Kaï-chek, avant de gagner le Manchukuo, l'Etat fantoche où les Japonais avaient installé Puyi, le dernier empereur chinois.

On imagine les récits saisissants qu'Albert Londres, qui possédait le talent de rendre exceptionnel le plus banal des faits divers (il l'avait prouvé avec ses articles sur le bagne ou sur les prostituées de Buenos Aires), avait pu tirer de ces pages d'Histoire à grand spectacle !

Mais le plus explosif, c'était un certain rapport dont il avait eu connaissance, le rapport Tanaka, du nom d'un Premier ministre japonais : mis au point par un groupe d'officiers de l'Armée impériale, il s'agissait d'un plan d'attaque dirigé d'abord contre la Chine, puis contre les Etats-Unis d'Amérique, dans l'intention d'avoir la mainmise sur tout le Pacifique.

Comme il l'avait annoncé aux Lang-Willar en franchissant la coupée du *Georges Philippar*, le rapport découvert par Albert Londres était bel et bien de la dynamite. D'ailleurs, moins de dix ans plus tard, le 7 décembre 1941, cette dynamite ferait exploser Pearl Harbor et pulvériserait les ultimes convictions pacifistes des Américains.

Un vent léger s'était levé. La mer, soudainement resserrée entre les côtes du Yémen et celle des Somalis, avait comme gonflé du dessous, libérant en surface des franges d'écume qui couraient parallèlement au navire.

A 2 h 10, Mme Valentin, épouse de l'ingénieur en chef des mines de Taiping et qui occupait, sur le pont D, la cabine de luxe bâbord avant, eut l'impression que l'éclairage avait baissé d'intensité. Elle constata aussi qu'il y avait dans sa cabine une désagréable odeur de caoutchouc brûlé. Ayant eu des problèmes avec ses ampoules qui grillaient les unes après les autres – et d'après ce qu'elle savait, elle n'était pas la seule à bord à être victime de ce phénomène particulièrement agaçant –, elle voulut sonner le veilleur de nuit. Mais l'interrupteur de la sonnette, qu'elle trouva anormalement chaud, lui resta dans la main, comme si la colle qui le fixait à la paroi de bois verni avait fondu.

Bien qu'à moitié déshabillée, Mme Valentin se hâta d'aller prévenir l'officier qui était de quart sur la passerelle. Lequel officier courut réveiller le commandant Vicq, lui annonçant qu'il y avait une présomption d'incendie à bord. Après s'être assuré de la réalité de l'alerte, le commandant fit aussitôt stopper les machines pour éviter que le feu ne soit avivé par le vent de la course, et ordonna l'émission d'un SOS. Ayant réuni ses officiers sur la passerelle, il leur enjoignit de prendre immédiatement toutes les dispositions pour mettre les canots à la mer et organiser l'évacuation des passagers et de l'équipage.

Il donna aussi l'ordre de fermer les cloisons de sécurité pour éviter une propagation trop rapide de l'incendie. On pense que cette consigne, dictée par le bon sens et le souci de l'intérêt général, eut peut-être pour conséquence de condamner certains passagers de première classe, dont Albert Londres : empêchés par les cloisons étanches de quitter la zone la plus en proie aux flammes, ils périrent asphyxiés ou brûlés vifs.

Un quart d'heure plus tard, le feu, qui malgré les portes de sécurité se propageait avec une extrême rapidité, avait gagné le local radio et la passerelle de navigation. Dès lors, le *Georges Philippar* était muet, sourd et ingouvernable. Les lumières s'éteignirent. Autant dire que le paquebot n'était plus qu'une épave. Une épave en forme de brasier incandescent.

La lune avait disparu. Fonçant dans les ténèbres de toute la puissance de leurs machines, les premiers navires sauveteurs allaient arriver sur zone – un pétrolier russe, le *Sovietskaïa Nest*, et deux cargos britanniques, le *Contractor* et le *Mashud*.

La catastrophe du *Georges Philippar* ne fit « que » cinquante-deux victimes.

Cinquante-quatre, si l'on inclut dans ce bilan Alfred Isaac et Susanna Sarah Lang-Willar : apprenant qu'ils étaient rescapés du naufrage, et apparemment les seuls confidents des secrets « à la dynamite » que leur ami Albert Londres leur aurait révélés la nuit du désastre, le quotidien *Le Journal*, pour lequel travaillait Londres, leur envoya un avion à Brindisi où ils avaient été débarqués afin de les rapatrier sur Paris et de recueillir leur témoignage.

Les Lang-Willar n'atteignirent jamais Paris : leur appareil s'écrasa dans les Alpes. Ils furent tués sur le coup.

Certes, l'accident n'était pas inexplicable : il s'agissait d'un petit avion, le pilote volait à vue en slalomant entre les sommets, et il y avait un violent orage.

Mais ce drame s'ajoutait à l'incendie d'une exceptionnelle violence ravageant le *Georges Philippar* – un incendie dû à une défaillance de l'installation électrique, c'est vrai, mais on peut s'étonner qu'il y ait eu quatre départs de feu, presque simultanés bien qu'éloignés les uns des autres.

Sachant qu'Albert Londres s'était fait des ennemis mortels parmi les dignitaires de l'Armée impériale japonaise en se procurant le rapport Tanaka, et surtout en ne cachant pas son intention de le publier, sans oublier la rumeur (sans doute fondée) selon laquelle le journaliste avait percé certains mystères qu'il n'aurait pas dû à propos de la mafia chinoise (les redoutables triades), on comprendra qu'il y avait de quoi se poser des questions.

C'est ainsi que de nombreux chercheurs, tant professionnels qu'amateurs (ces derniers n'étant pas toujours les plus farfelus), en arrivèrent à la conclusion qu'Albert Londres, coupable d'être un foutu redresseur de torts et un fouineur impénitent, avait été condamé à mort et exécuté.

Pour ma part, je n'y crois pas ; car enfin, mettre en péril la vie de près de huit cents personnes pour être sûr d'abattre un seul homme, c'est tout de même une option à la limite de l'irrecevable ! Sauf que les stratèges du rapport Tanaka devaient enrager en constatant qu'un journaliste allait ruiner leur plan de conquête de la Chine et de l'Amérique, et que les redoutables triades asiatiques, célèbres pour leur absence totale de scrupules, auraient pu constituer alors des bourreaux implacables.

Paul Mousset, journaliste spécialiste de l'Extrême-Orient, romancier multiprimé, avec qui j'ai eu le privilège de travailler à la Société des gens de lettres, a écrit sur

Albert « Wordpiqueur » Londres des choses trop justes pour que je ne lui laisse pas les mots de la fin : « Ce qui importe, c'est le souvenir de l'émotion, du trouble qui agitèrent un nombre considérable de Français quand ils surent la disparition, puis la mort évidente d'Albert Londres. On n'imagine pas un journaliste actuel, quelles que soient son importance, son influence, dont le trépas bouleverserait pareillement le pays. Pionnier, précurseur, Albert Londres avait donné une teinte nouvelle au reportage. Pendant une douzaine, une quinzaine d'années, il faut bien le comprendre, nos compatriotes s'étaient habitués à le lire, à lui faire confiance quand ils l'entendaient dénoncer des injustices [le bagne de Cayenne, la traite des Blanches, les méthodes dégradantes employées dans les asiles d'aliénés, la grande misère des ouvriers africains construisant la ligne de chemin de fer Brazzaville – Pointe Noire, etc.], contester, avec preuves à l'appui, maintes situations que le grand public considérait comme autant de choses jugées. Depuis douze, quinze ans, ce grand public s'était inconsciemment reposé sur Albert Londres pour que fussent décelées certaines choses qui ne marchaient pas et pour qu'on les corrigeât. En Albert Londres il avait trouvé une manière de paladin au désintéressement total [...] Qu'on le qualifie pionnier, paladin, précurseur, Albert Londres, par sa manière d'enquêter, "d'instruire" un reportage, transforma, rénova un journalisme jusqu'alors assez peu différent de celui de Chateaubriand [...] et la profession lui dut la naissance d'une race nouvelle de jeunes hommes... »

Mackle (Barbara Jane)

Plus mignonne que jolie, davantage attendrissante que ravissante, coiffée petite fille sage avec une raie sur le côté, faite pour porter du blanc (mais on lui tolérera le bleu s'il est ciel, le vert aneth s'il est très pâle, le jaune s'il est poussin) et des chemisiers à manches ballons, le nez court et gentiment retroussé façon Ali MacGraw dans *Love Story*, ses petites dents mouillées bien rangées derrière des lèvres roses, Barbara Jane Mackle, vingt ans, était la parfaite *girl next door*, cet archétype made in USA de la fille jeune, fraîche, souriante, touchante, sympa, modeste et honnête.

Même d'avoir attrapé la grippe (modèle 1968, une des plus virulentes, elle avait déjà tué cinquante mille Américains en trois mois) n'avait pas réussi à l'enlaidir. Elle était sûre d'être de nouveau sur pied pour Noël – c'était dans une semaine, et les symptômes de cette grippe venue de Hong-Kong n'étaient pas supposés excéder quatre ou cinq jours.

L'infirmerie de l'université Emory (Atlanta) où elle était étudiante étant déjà saturée de jeunes filles victimes de la pandémie, Barbara et sa grippe s'étaient réfugiées dans la chambre d'un motel Rodeway Inn à trente-deux dollars la nuit et petit déjeuner gratuit – ce n'était pas parce qu'elle avait un père richissime que Barbara se comportait en petite fille gâtée. Jane, sa mère, était accourue pour la dorloter, avec l'intention de la ramener à la maison, 4 111 San Amaro Drive, Coral Gables, au sud de Miami, dès que la fièvre commencerait à baisser de façon significative.

Le 17 décembre, vers 4 heures du matin, quelqu'un frappa bruyamment à la porte de la chambre où dormaient Jane et Barbara.

Craignant que le stupide fêtard – car ce ne pouvait être qu'un type probablement ivre qui se trompait de chambre – ne réveillât Barbara, Jane se leva précipitamment et, à travers le chambranle, demanda de quoi il s'agissait. D'une voix bien assurée qui n'avait rien à voir avec les bredouillis d'un ivrogne, l'homme déclara être policier et enquêter sur l'accident survenu à une Ford blanche et impliquant un jeune conducteur qui avait été sérieusement blessé.

Or, la veille au soir, Jane et Barbara avaient dîné au Rodeway Inn en compagnie de Stewart Woodward, le petit ami de la jeune fille, qui, justement, était reparti au volant de sa Ford blanche.

Cela suffit pour convaincre Jane Mackle d'ouvrir la porte.

Sur le seuil, le visage dissimulé par des cagoules de ski, se tenaient un grand type armé d'un fusil et une silhouette toute fine – une femme ? – qui braquait un pistolet.

Ils se ruèrent à l'intérieur de la pièce en criant : « Faites exactement ce qu'on vous dit et il ne vous arrivera rien ! »

Pendant que le grand type appliquait un tampon de chloroforme sur le nez et la bouche de Jane Mackle, la mince silhouette essayait d'en faire autant à Barbara. Mais la jeune fille se débattit et dit qu'elle serait sage et qu'elle ne crierait pas, alors la petite créature se contenta de la tenir en respect avec son pistolet.

Tandis que sa mère, anesthésiée, ligotée et bâillonnée, était abandonnée dans la chambre du Rodeway Inn, Barbara, vêtue de sa seule chemise de nuit, était emmenée vers une destination inconnue.

Après avoir roulé environ une demi-heure, les deux ravisseurs arrêtèrent leur voiture sur un chemin de terre, dans un sous-bois. Barbara regarda autour d'elle, étonnée de ne voir aucun bâtiment où elle pourrait être détenue. Qu'allaient-ils faire d'elle ? On était au milieu de nulle part, tout était possible : ils pouvaient l'attacher à un arbre et la laisser là aussi longtemps que ça leur plairait – et ils pouvaient tout aussi bien la tuer.

Le grand type releva la chemise de nuit de Barbara et lui fit une piqûre avec une seringue hypodermique : « C'est un sédatif, expliqua-t-il, absolument sans effets nocifs et qui vous aidera à surmonter votre angoisse. »

Pour faire bonne mesure, la petite créature – Barbara était à présent certaine qu'il s'agissait d'une femme, probablement très jeune – lui fit respirer du chloroforme. Elle se sentit partir dans les vapes, mais elle resta consciente.

Alors l'homme et la femme la conduisirent jusqu'à un grand trou creusé dans le sol humide. Se penchant légèrement, elle vit qu'il y avait dans ce trou une sorte de caisse qui ressemblait à un cercueil. De nouveau l'idée qu'ils l'avaient amenée là pour la tuer s'imposa à elle. Mais la piqûre calmante et le chloroforme, associés à l'état fébrile dans lequel elle se trouvait à cause de la grippe, lui avaient ôté toute capacité de réagir physiquement. Tout ce qu'elle pouvait, c'était désespérer.

Ses ravisseurs l'allongèrent dans l'effroyable cercueil. Leurs gestes étaient doux. Ils ne voulaient pas lui faire de mal, et pourtant ils allaient lui infliger un épouvantable supplice.

— Non, murmura-t-elle. Non. Je serai sage. Enfermez-moi où vous voulez, mais pas là-dedans. Je serai sage, très sage, répétait-elle inlassablement tandis que ses jolies lèvres s'étaient mises à trembler et que des larmes commençaient à couler sur ses joues.

— Ne pleurez pas, lui dit l'homme. Il ne vous arrivera rien de fâcheux : j'ai mis là-dedans ce qu'il vous faut pour survivre cinq ou six jours : des tubes reliés à la surface pour apporter de l'air frais, de l'eau, de la nourriture, une lampe de poche, un petit ventilateur à piles, une couverture si vous avez froid, un bassin hygiénique pour faire vos besoins, et j'ai même pensé à installer une pompe au cas où de l'eau de pluie ruissellerait dans votre capsule.

Une capsule, comme s'il s'agissait d'un de ces engins prodigieux qui emmènent les hommes vers les étoiles, c'est ainsi qu'il ose appeler ce tombeau ! pensa-t-elle avec horreur.

— A présent, dit-il encore en lui tendant un carton sur lequel était inscrit le mot *Kidnappée*, tenez ça devant vous, bien en évidence, je vais vous photographier.

Il prit un premier cliché avec un appareil Polaroid, mais il parut contrarié en l'examinant :

— Non, non, ça ne va pas du tout ! Vous avez l'air sinistre. Faites un sourire, pour que vos parents voient bien que vous êtes vivante.

Elle réussit à sourire. Il prit un second cliché. Et il lui rendit son sourire :

— Voilà qui est mieux. Vous êtes très mignonne, là-dessus.

Avant de disposer le couvercle sur le cercueil et de serrer à fond les quatorze vis qui le maintiendraient hermétiquement clos, puis de le recouvrir d'une épaisse couche de terre, de branchages et de feuilles pourrissantes, il lui promit de la libérer dans une semaine au plus tard, même si son père ne payait pas la rançon qu'il allait lui réclamer.

Les ravisseurs – l'homme s'appelait Gary Stephen Krist, et il prétendait être l'Albert Einstein du crime, la fille fragile, originaire du Honduras, se nommait Ruth Eisemann Schier, elle avait vingt-six ans, parlait quatre langues, possédait un diplôme de l'université de Mexico et un diplôme d'océanographie de l'université de Miami – avaient bien choisi leur proie : le père de Barbara, qui construisait des lotissements, on peut même dire qu'il bâtissait des villes, était immensément riche.

Il lui fut facile de rassembler les cinq cent mille dollars qu'exigeaient Krist et Schier. Le seul problème que rencontra Robert Mackle fut de trouver une valise assez grande pour contenir une pareille somme.

La rançon fut versée en respectant scrupuleusement les modalités indiquées par Gary Krist. Mais un malencontreux hasard fit que deux officiers de la police de Miami patrouillaient à proximité du lieu de remise des cinq cent mille dollars. Intrigués par l'allure et le manège de Krist et de Schier venus récupérer la valise, ils crurent bon d'intervenir. Et il s'ensuivit une course-poursuite au cours de laquelle les ravisseurs durent abandonner leur butin.

Robert Mackle, éperdu à la pensée que cette gaffe des policiers risquait de provoquer, par représailles, l'exécution de sa fille, publia dans tous les journaux de Miami et de sa région des appels aux ravisseurs, les suppliant de reprendre contact avec lui pour mettre au point le versement d'une nouvelle rançon.

Pendant ce temps, la pauvre petite Barbara faisait son possible pour ne pas devenir folle, pour ne pas céder à la claustrophobie, pour dominer l'épouvante qui l'avait envahie et pour trouver en elle des ressources pour survivre.

A partir de son récit, Gene Miller, qui remporta deux fois le prix Pulitzer, notamment pour le livre *Invitation to a Lynching* grâce auquel deux détenus du couloir de la mort furent innocentés et rendus à la liberté (inutile de préciser que j'ai un immense respect pour Gene Miller qui, décédé en 2005, fait partie des quelques hommes dont je regretterai toujours de n'avoir pas eu l'honneur de leur serrer la main), écrivit un livre poignant sur l'épreuve que vécut Barbara Mackle.

Après seulement quelques heures de fonctionnement, la lampe de poche fut à court de batterie : « Je me retrouvai alors dans l'obscurité absolue. [...] Quand j'étais enfant, je fermais les yeux pour faire semblant d'être aveugle. C'était plutôt effrayant ! Maintenant, je sais ce que c'est. [...] Vous ne pouvez même pas voir votre main devant votre visage. Alors je me suis dit : "Si les aveugles peuvent passer toute une vie comme ça, eh bien ! je dois être moi aussi capable de le supporter." »

De l'eau s'était infiltrée dans la « boîte » où gisait Barbara, trempant sa chemise de nuit et sa couverture. « Au bout de deux jours, je commençai à penser à la mort. Je me disais : "Voilà, c'est ici que je vais mourir." [...] Quand j'étais envahie par des idées morbides, j'essayais de penser à la personne qui me trouverait. Qui, et quand, et comment ? Ce serait peut-être un fermier. Ou quelqu'un qui construisait quelque chose. Mais quand ? Dans dix ans ? Dans vingt ans ? [...] Vous savez comment on s'y prend pour qu'une situation catastrophique paraisse bien meilleure qu'elle ne l'est en réalité ? [...] Je me disais : "C'est douillet, ici, et il y fait tiède. Si j'étais à l'extérieur, j'aurais sûrement très froid. Où pourrais-je être mieux qu'ici ? Si j'étais dehors, peut-être que les choses iraient de travers, que les kidnappeurs voudraient me tuer. Tandis qu'ici, ils ne peuvent pas. Ici, je suis en sécurité. Je suis rudement contente d'être ici." [...] Et le moment est venu où j'ai commencé à parler à Dieu. [...] Je lui ai dit : "Dieu, je sais que Tu ne vas pas me laisser mourir ici. Même si personne ne sait où je suis, Toi tu le sais." J'ai trouvé ça très réconfortant[1]. »

1. Traduit par mes soins – donc avec mes excuses à Gene Miller et à Barbara Mackle...

Gary Krist fut trop heureux, en parcourant la presse de Miami, de voir que Robert Mackle voulait reprendre contact avec lui. Il s'empressa de donner de nouvelles instructions au père de Barbara.

Krist – dont sa complice Ruth Schier s'était séparée après l'échec de la remise de la première rançon – récupéra l'argent sans rencontrer la moindre difficulté. Il décida alors de quitter la Floride de façon discrète : en bateau, à travers le lacis des innombrables canaux irriguant la péninsule. A West Palm Beach, une ville de stars et de milliardaires où il pensait qu'on n'irait pas chercher le ravisseur d'une fille-à-papa, ce en quoi il n'avait pas tout à fait tort, il acheta un petit bateau à moteur hors-bord. Il fit établir l'acte de vente au nom d'Arthur Horowitz et paya cash.

Ce fut son erreur. Car il régla la facture, qui s'élevait à deux mille deux cent quarante dollars, en puisant dans l'argent de la rançon. Laquelle était, comme il l'avait lui-même exigé, composée de coupures de vingt dollars...

Or, le kidnapping de Barbara faisant les gros titres de la plupart des journaux sur tout le territoire des Etats-Unis, la plupart des Américains savaient maintenant que la rançon avait été versée *en billets de vingt dollars* à un homme barbu et plutôt baraqué – le portrait-robot du ravisseur de l'héritière de l'empire Mackle.

Norman Oliphant, patron de l'entreprise D & D Marine, ne sourcilla pas lorsque Arthur Horowitz, *alias* Gary Krist, qui se trouvait justement être baraqué et porter la barbe, lui décompta le prix du bateau en coupures de vingt dollars ; mais à peine ce dernier fut-il sorti de son bureau qu'Oliphant appela la police.

Gary Krist, lui aussi, passa un coup de téléphone : comme il s'y était engagé auprès de Barbara, il donna à une standardiste du FBI l'indication de l'endroit où la jeune fille était enterrée vivante.

Huit voitures bourrées d'agents spéciaux foncèrent vers ce sous-bois déshérité, hérissé de broussailles et de ronces.

Mais les hommes du FBI eurent beau scruter le terrain, ils ne trouvèrent rien. Et ils s'apprêtaient à repartir lorsque l'un d'eux crut entendre à ses pieds, sous la terre, une sorte de toc, toc, toc…

Il gratta fébrilement, mit au jour les orifices des tubes d'aération, y colla sa bouche et cria : « Barbara, c'est toi ? Ici le FBI. Si tu m'entends, frappe de nouveau ! »

Toc, toc, toc, fit Barbara.

Alors, l'agent du FBI hurla à l'intention de ses collègues qui remontaient déjà en voiture :

— Elle est là, je l'ai trouvée, elle est vivante !…

Il leur fallut douze minutes pour creuser la terre de leurs mains nues, à s'en faire saigner les doigts, à s'en arracher les ongles, pour atteindre le cercueil et libérer la jeune fille qui, éperdue, sanglotait en répétant inlassablement : « Mes parents, comment vont mes parents ?… »

Après quatre jours et trois nuits de confinement dans sa tombe, Barbara, qui avait perdu cinq kilos, était incapable de se tenir debout. Les agents du FBI durent la porter. C'est tout juste s'ils ne se disputèrent pas pour décider lequel d'entre eux aurait la joie de la prendre dans ses bras pour l'emmener jusqu'à une des voitures et l'allonger sur la banquette arrière.

Gary Krist fut retrouvé, arrêté et jugé. Condamné à la Cperpétuité, il échappa de très peu à la peine de mort grâce à Barbara qui demanda qu'on tînt compte du fait qu'il lui avait sauvé la vie en indiquant au FBI l'endroit où il l'avait enfouie sous la terre. En prison, il passa un diplôme de médecin – mais, bien sûr, il n'eut pas le droit d'exercer.

Ruth Eisemann Schier écopa de sept ans de pénitencier, en a purgé quatre et fut renvoyée au Honduras. L'entrée du territoire américain lui est interdite.

Barbara Jane Mackle s'est mariée, est devenue maman, et n'a jamais eu besoin du moindre somnifère ni d'une quelconque assistance psychologique.

Maupassant (Guy de)

Vous souvenez-vous de *Boule de suif*, vous rappelez-vous la fin, le voyage en diligence, la route de Dieppe sous la neige, le pique-nique improvisé, et cette notation : « Un beau carré de gruyère, apporté dans un journal, gardait imprimé : “faits divers” sur sa pâte onctueuse » ?

Ce détail minuscule a toujours alimenté mon appétence pour le gruyère, de même que la description du festin de pain dont Gavroche, dans *Les Misérables*, régale deux « momignards » rencontrés par hasard, me fait aimer la croûte blonde, la mie blanche, l'odeur de levure, la chaleur du fournil.

Maupassant s'est passionné pour les faits divers de son temps. Il avait le coup d'œil pour les repérer (se faisant parfois aider par sa mère : « Essaie donc de me trouver des sujets de nouvelles, écrit-il à sa mère. Dans le jour, au ministère, je pourrai y travailler un peu [...], j'essayerai de les faire passer dans un journal quelconque »), et surtout le coup de plume pour transformer trois lignes dénichées dans le journal en un petit (par la taille s'entend) chef-d'œuvre littéraire.

L'histoire de *La Petite Roque* (1885), récit d'un viol suivi d'un meurtre, est caractéristique du travail de Maupassant, qui réussit l'impossible : transformer en œuvre littéraire indiscutable un fait divers journalistique particulièrement horrible et insupportable – en avril 1880, un certain Louis Menesclou, âgé de dix-huit ans, viola, tua et découpa en trente-neuf morceaux une petite fille de quatre ans et demi ; quand on arrêta Menesclou, il avait dans ses poches les avant-bras de l'enfant, dont on trouva la tête à moitié carbonisée dans la cheminée de son assassin...

Chez Maupassant, « les faits divers intéressent à la fois l'homme, le journaliste et l'écrivain, analyse Noëlle Benhamou[1], spécialiste de la littérature du XIXe en général et

1. « De l'influence du fait divers : les Chroniques et Contes de Maupassant », *Romantisme*, 1997, n° 97.

de Maupassant en particulier, et constituent un vivier permanent de thèmes et d'idées, points de départ de l'imagination. Certains, exploités au maximum, donneront naissance à des articles puis à des contes ».

Mais d'autres seront mis en scène au sens propre du mot, comme ce fut le cas le 18 août 1889.

Ce jour-là, Maupassant avait invité deux cents amis à La Guillette, la maison qu'il s'était fait construire, après le succès de *La Maison Tellier*, dans un verger d'Etretat appartenant à sa mère.

Revêtus de leur blaude et coiffés de leur casquette à pont, des musiciens jouaient de l'accordéon et de la vielle à roue, rythmant les ondulations d'une longue farandole que Maupassant menait entre les arbres du verger. Les dames plus âgées se pressaient autour d'une diseuse de bonne aventure qui avait reçu comme instruction de ne délivrer que des pronostics heureux, on distribuait des gaufres, des glaces, des torsades de guimauve, et il y avait une tombola où l'on gagnait à (presque) tous les coups des volatiles, des lapins, des cochons – tous bien vivants et grassouillets à souhait.

Lorsque la couleur de la mer passa du cyan au bleu saphir puis au bleu de minuit, on alluma les lanternes japonaises suspendues aux arbres du verger, et Guy de Maupassant invita ses hôtes à se rassembler au fond d'un couloir obscur dont l'extrémité était fermée par une grande toile peinte en trompe-l'œil, intitulée « Le Crime de Montmartre », et qui représentait une femme nue, très belle, que son mari, un sergent de ville, avait pendue par les pieds. L'artiste – il s'appelait Marius Michel – l'avait reproduite avec une telle exactitude que, la pénombre aidant, elle avait tout d'une jeune personne en chair et en os.

Déterminé à voir enfin ce qui se cachait dans le ventre des femmes et qui donnait tant de plaisir aux hommes, un sergent de ville, aux ordres de Maupassant, enfonça la lame d'un stylet dans le ventre de la pendue.

Aussitôt il en jaillit un flot de sang rouge, épais, fumant.

Les dames poussèrent des cris d'horreur, car elles avaient bien vu qu'il s'agissait de vrai sang et non d'une quelconque eau rougie – bon, c'était du sang de lapin, mais qui le savait ?

« A l'assassin ! A l'assassin ! » crièrent certains spectateurs en désignant le sergent de ville et en faisant mouvement vers lui pour s'assurer de sa personne.

Sur ces entrefaites étaient arrivés des pompiers dont Maupassant avait également sollicité la présence, arguant du risque que présentaient les constellations de lumignons qui se balançaient dans les arbres – il faut dire que La Guillette avait brûlé une première fois, de fond en comble, grâce à quoi, il est vrai, Maupassant s'en était fait construire une plus grande…

Toujours est-il qu'on profita de ces hommes déterminés, armés de pics et de haches, pour les prier d'arrêter le sergent de ville. Ils se précipitèrent sur lui et le conduisirent vers une cabane en bois qui se dressait dans un coin du jardin et au fronton de laquelle François Tessart, le majordome de Maupassant, venait d'apposer un écriteau marqué Prison. Cette fois, la farce était patente, et tout le monde se mit à rire. D'autant que le sergent de ville à peine incarcéré, sa prison s'enflamma ! On rappela les pompiers à la rescousse. Ils accoururent avec leurs tuyaux et commencèrent d'arroser la cellule. Mais plus ils inondaient le brasier, plus celui-ci ronflait, rugissait et flambait haut – c'était un autre « tour » de Maupassant qui avait fait préalablement jeter des seaux de pétrole sur la prison...

Enfin, l'incendie fut éteint. Mais les tuyaux des pompiers continuaient de cracher de l'eau. Allait-on, en plein mois d'août, laisser perdre le précieux liquide ? Comme un seul homme, les pompiers braquèrent leurs lances sur les invités et leur infligèrent un véritable déluge – bien entendu, ils concentraient leurs tirs sur les messieurs, évitant adroitement les toilettes des dames et des demoiselles.

Maupassant avait joué à ses invités une farce de sa façon, et leur avait fait vivre, de l'intérieur pourrait-on dire, un fait divers qui avait récemment défrayé la chronique : l'assassinat d'une femme par un sergent de ville de Montmartre...

Mayerling

Le 30 janvier 1889, à vingt-quatre kilomètres de Vienne, dans l'ancienne dépendance d'un couvent cistercien transformée en pavillon de chasse, Loschek, le valet de l'archiduc Rodolphe, héritier de la couronne d'Autriche-Hongrie, découvre le corps sans vie de son maître. Selon les premières apparences, Rodolphe s'est donné la mort d'un coup de revolver après avoir tué Marie Vetsera, la jeune fille qu'il aime. Leur amour leur apparaissant sans espoir pour cause de raison d'Etat, ils auraient fait le pacte de mourir ensemble. D'ailleurs, d'après un premier récit de Loschek, mais qui sera largement démenti par la suite, les dépouilles des deux amants reposaient côte à côte sur le grand lit, leurs traits étaient apaisés, comme soulagés.

Une demeure engourdie sous la neige, une jolie fille de dix-huit ans, un jeune homme charismatique, une arme à feu, un double suicide : les événements de Mayerling relèvent-ils du fait divers ? On pourrait penser que non, à cause de la personnalité des protagonistes, du moins celle de Rodolphe et de ses parents, l'empereur François-Joseph et l'impératrice Sissi.

Mais plus le temps a passé et plus les différentes hypothèses ont dépouillé Rodolphe de ses attributs princiers pour en faire un jeune homme vraisemblablement maniaco-dépressif, atteint de la syphilis. L'acte suicidaire lui-même a laissé place à l'hypothèse d'une exécution commise par divers meurtriers et pour divers mobiles : Rodolphe aurait été abattu à cause de son refus de participer à un complot contre son père (théorie jamais démontrée et peu vraisemblable) ; ou bien il aurait été éliminé à la demande du chancelier Bismarck qui voyait d'un très mauvais œil la sympathie du prince héritier à l'égard de la France (théorie peut-être crédible, mais Bismarck aurait-il pris le risque d'être accusé d'avoir commandité un acte aussi grave ?). Reste que l'hypothèse du meurtre est aujourd'hui renforcée par la révélation – qui semble fondée – que le corps de Rodolphe portait des traces de coups, que la chambre était en grand désordre comme s'il y avait eu lutte, et qu'une fenêtre de cette pièce avait été défoncée *de l'extérieur*. Le plus troublant étant les propos qu'on prête au Premier ministre britannique, Lord Salisbury, qui aurait informé la reine Victoria que l'archiduc Rodolphe avait été assassiné – encore que le fait que Lord

Salisbury ait bien dit cela à sa souveraine n'implique pas qu'il en ait eu la preuve...

Aujourd'hui, les répercussions politiques de ces deux jeunes vies, et surtout de ces deux jeunes morts, semblent bien lointaines, bien peu conséquentes, comme flottant en apesanteur dans les brumes de l'Histoire : l'Autriche-Hongrie a disparu, il n'y a plus d'enjeux. Ne subsiste que l'intense émotion de la mort de Rodolphe et de Marie, une mort à la fois violente, le canon du revolver sur la tempe, la balle traversant la boîte crânienne en poussant devant elle un effroyable amalgame de cervelle et d'os, et en même temps si romantique, Marie Vetsera parée comme pour des fiançailles, discrètement maquillée parce qu'elle se sentait pâlir, mon Dieu, petite, on pâlirait à moins ! Rodolphe étendu près d'elle, la reptation sous le drap de sa main armée du revolver, et...

Et quoi ? Et rien ! Les historiens sont quasiment sûrs que ce n'est pas ainsi que les faits se sont enchaînés.

Au fond, il m'importe peu de savoir *ce qui* s'est passé : ce que je voudrais, c'est comprendre *pourquoi* c'est arrivé. En attendant que soit résolue – si elle l'est jamais – son énigme, Mayerling me poursuit, Mayerling me hante.

J'étais seul à Bruxelles, quatre jours en hiver, pour la promotion d'un de mes livres. Le premier soir, après une anguille au vert (chose délectable !) dans un restaurant proche de la Grand-Place, je décidai d'aller au cinéma. Une salle programmait une reprise de *Mayerling*, la version réalisée par Terence Young avec Omar Sharif et surtout Catherine Deneuve. Qui n'a pas vu celle-ci en Marie Vetsera, les yeux timidement baissés sous un miracle de chignon de boucles d'or, la poitrine et les épaules ornées de roses moussues, de longs gants blancs gainant ses bras jusqu'au-dessus du coude, n'a jamais vu Catherine Deneuve. Oui, je sais ce qu'elle en a dit elle-même : « Belle coiffure, beau costume, il y avait tout ce qu'il fallait… sauf l'essentiel. C'est un film qui n'a pas d'âme. C'était tellement guindé… »

Moi, je n'ai pas fait la moue devant ces (ou plutôt *ses*) images. Je suis rentré à l'hôtel sous la pluie/neige, en chantonnant la musique de Francis Lai. Le lendemain matin, en me réveillant, je voulus me remémorer la ritournelle : elle s'était échappée pendant la nuit.

Alors, au soir du deuxième jour, après un veau à la brabançonne (autre chose délectable), je suis retourné voir *Mayerling*. Mlle Deneuve, ses boucles, ses roses et ses gants blancs me firent fondre comme la première fois, et je ressortis avec aux lèvres la mélodie retrouvée de Francis Lai. Mais le matin suivant, malédiction ! j'avais de nouveau perdu le thème du film. Dieu sait, pourtant, qu'il était facile à mémoriser. Mais c'était comme si la musique, en se faisant oublier contre toute logique, voulait me ramener à *Mayerling*.

J'attendis donc le soir pour m'offrir une troisième projection (après le régal d'un *stoemp saucisse*) afin de retrouver cette musique sorcière qui en même temps m'enchantait et me fuyait.

Et, bien sûr, et pour les mêmes raisons, je m'offris le lendemain une quatrième séance du film de Terence Young – mais là, j'avoue avoir oublié à quelle addictive spécialité de la gastronomie bruxelloise je m'étais adonné.

Croyez-vous que je me sois lassé de *Mayerling* ? Oh, pas du tout. Pour une raison que je ne m'explique pas, ce film si furieusement hollywoodien, avec toutes les réserves que cela sous-entend, me procure à chaque visionnage une émotion que je qualifierai de parfaite, qui tout à la fois me comble et m'exaspère.

Jusqu'au jour où j'ai compris que ce n'était pas le film qui me hantait – il n'est que la traduction visible de la hantise – mais le mystère Mayerling lui-même.

Engagé par une production autrichienne pour en scénariser une version destinée à la télévision, je demandai à visiter les lieux. Ou du moins ce qu'il en restait, puisque le pavillon de chasse avait été presque totalement rasé après la tragédie.

Il n'y avait plus rien de bouleversant à Mayerling. Le cœur enfoui mais encore battant du drame s'était déplacé : il était à six kilomètres de là, au cimetière d'Heiligenkreuz qui dépendait du monastère de ce nom, sur la tombe de Marie Vetsera.

C'est là que, dans la nuit du 31 janvier 1889, Marie avait été mise en terre une première fois, presque clandestinement. Il neigeait, une neige molle et mouillée. Il y avait des nappes de brouillard, le sol était verglacé. On coucha Marie, qu'on avait coiffée et revêtue de la pimpante toilette de ville qu'elle portait en arrivant, dans un cercueil rudimentaire taillé et assemblé à la hâte. Ce furent des funérailles à la sauvette, indignes de la jeune fille qui venait de mourir, honteuses pour le palais impérial qui les avait organisées – si l'on peut parler d'organisation.

Aussi, dans le courant de la même année 1889, la famille Vetsera fit-elle enterrer Marie dans un caveau plus conforme à son rang.

Mais en 1945, lorsque l'Armée rouge déferla sur l'Autriche, des soldats soviétiques vandalisèrent la sépulture où ils espéraient trouver des objets précieux, des bijoux. A plusieurs reprises, ils exhumèrent le cercueil, heureusement sans profaner le corps.

En 1959, sa tombe ayant été rénovée, Marie fut couchée dans un nouveau cercueil, en étain celui-là, dont on pensait qu'il dissuaderait les pilleurs. Mais en 1992, on constata que le tombeau avait été encore une fois forcé et le cercueil enlevé.

La pauvre Marie ayant été retrouvée, on l'ensevelit de nouveau au cimetière cistercien de Heiligenkreuz, cette fois dans un cercueil réputé inviolable.

Sa tombe est extrêmement simple, sans les traditionnels angelots de marbre blanc et les roses en porcelaine auxquels on pourrait s'attendre s'agissant de la sépulture d'une jeune fille victime d'avoir trop aimé. Mais le jour où je suis allé m'y recueillir, quelques violettes sauvages avaient poussé tout contre la pierre tombale. J'en ai cueilli une, la plus malingre, la plus humble, qui se cachait sous une feuille.

Mélasse (Dans la)

La mélasse est rustique, certes, mais délicieuse. Noire, épaisse, visqueuse, résidu du raffinage de la canne à sucre ou de la betterave, elle a un petit goût de réglisse et de caramel, avec parfois une finale d'agrumes confits. Dans *Claudine à l'école*, Colette évoque, avec une gourmandise en filigrane, ces gamines de la campagne « déjeunant dans l'école avec des œufs durs, du lard, de la mélasse sur du pain ».

Pourtant, malgré ses qualités gustatives et nutritives, personne n'a envie de « tomber dans la mélasse », expression connotée des plus négatives.

Il faut dire que cette pauvre mélasse a réussi à faire oublier sa popularité de friandise sucrée le jour où elle devint, en quelques minutes, un des pires tueurs en série du Massachusetts en général et de Boston en particulier, puisqu'elle a été créditée de vingt et un morts et cent cinquante blessés (sans compter les chevaux, chiens, chats, perroquets, etc.), alors qu'Albert Henry DeSalvo, le célèbre Etrangleur de Boston qui sévit entre 1962 et 1964, ne put revendiquer, lui, que treize assassinats.

Le sirupeux et mortel fait divers resté dans les annales sous l'appellation (entre autres) de Grande Tragédie de la Mélasse de Boston eut comme cadre le plus vieux quartier de la ville, le North End.

Ce mercredi 15 janvier 1919, vers 12 h 30, chacun vaquait à ses occupations, on serait tenté de dire : à ses plaisirs, tellement la plupart des tâches quotidiennes semblaient presque agréables à présent que la température s'était élevée – elle était passée, en degrés Celsius, de – 17 à

+ 4. Au point que certains ouvriers employés aux travaux publics de la ville, qui faisaient la pause déjeuner, avaient ôté leur vareuse et glissé leur casquette dans la ceinture de leur pantalon, offrant leur visage à ce soleil encore un peu acide, mais qui, déjà, faisait rêver au printemps. Dans leur caserne, les pompiers jouaient aux cartes. Alignés devant un entrepôt de fret, des chevaux de trait broyaient leur avoine en attendant qu'on finisse de charger leurs tombereaux. Des femmes qui avaient mis leur lessive à sécher à l'extérieur surgissaient de leur maison en tapant sur le cul d'une casserole pour faire s'envoler les oiseaux posés sur les cordes à linge.

Soudain, il y eut comme une série de détonations très sèches, presque aussitôt suivies de bruits de verre brisé : des vitres éclataient, pulvérisées par des jets de rivets qui giclaient comme des balles de mitrailleuse. Ils provenaient d'une énorme citerne de vingt-sept mètres de diamètre sur quinze de haut. Située au 529 Commercial Street, elle appartenait à la Purity Distilling Company, et contenait huit millions sept cent mille litres de mélasse destinés en partie à l'élaboration de spiritueux, et pour une moindre part à la production de munitions.

Elle venait tout simplement d'exploser.

En même temps que le sol et les murs se mettaient à trembler et qu'un rugissement sourd ébranlait l'air comme si des trains emballés s'étaient rués dans North End, le dessous de la citerne céda. Un formidable geyser de mélasse s'élança vers le ciel, avant de se cintrer et de retomber en écrasant tout ce qui se trouvait sous sa zone d'impact.

Alors le jaillissement se mua en une vague de plus de quatre mètres de haut, un raz-de-marée qui déferla à une vitesse estimée à 56 km/h, détruisant tout sur son passage : sur Atlantic Avenue, les poutres métalliques de la gare du Boston Elevated Railway furent brisées comme des allumettes, un train fut arraché de ses rails et fracassé. La plupart des bâtiments de North End étant de construction ancienne, ou en tout cas reposant sur de très vieilles fondations – le quartier était habité depuis le mitan du XVIIe siècle –, un certain nombre de bâtiments furent littéralement descellés, démantibulés, mis en pièces. Quand les demeures résistaient à la force du torrent, la mélasse pénétrait à l'intérieur et noyait tout sous une couche visqueuse de près d'un mètre de haut.

Mais le pire frappa les habitants qui, profitant du soleil, se trouvaient dans les rues lorsque la vague monstre s'était enflée. Les témoins rapportèrent que dans les rues inondées, où la mélasse montait à hauteur des hanches, ils avaient vu des créatures désespérées se débattre dans le bouillonnement noir, sans qu'on pût savoir, tellement ils étaient englués, s'il s'agissait d'êtres humains, de chevaux, ou d'arbres arrachés et animés de façon grotesque par la violence du flot. Les gens mouraient, collés et asphyxiés comme sur du papier tue-mouches.

Les premiers à porter secours furent les marins du bateau-phare *Nantucket* amarré à proximité. A leur suite vinrent des contingents de l'US Army et de la Navy, la police et les pompiers de Boston, et d'héroïques infirmières de la Croix-Rouge qui n'hésitaient pas à s'immerger dans l'écœurante soupe poisseuse pour tenter d'y repêcher des survivants.

Les opérations de sauvetage durèrent quatre jours. À cause de la mélasse qui les recouvrait comme une seconde peau et pénétrait leurs orifices, les cadavres étaient difficiles à identifier. Deux d'entre eux restèrent à jamais anonymes.

Il fallut des dizaines de milliers d'hommes pour débarrasser North End de l'épais sirop. L'eau du port garda une coloration brunâtre pendant plusieurs mois. D'après certains habitants du quartier, on peut aujourd'hui encore, lorsque règne une canicule, sentir l'odeur sucrée de la mélasse.

La cause de la catastrophe est probablement due à une surpression dans la citerne provoquée par l'accroissement rapide de la température (vingt degrés en vingt-quatre heures), surpression qui aurait élargi jusqu'à la déchirure des zones fragilisées de la structure – bel euphémisme pour dire que la citerne fuyait. De fait, c'était une telle passoire que les habitants du quartier venaient s'y approvisionner gratuitement en mélasse. Mais le constructeur de la citerne ne l'avait jamais remplie d'eau pour vérifier son étanchéité. Et quand il lui arrivait de repérer une fuite, il s'empressait de la repeindre en brun pour la camoufler.

D'aucuns ne purent s'empêcher de penser que la mélasse, dont l'utilité première était tout de même la production de délicieuses liqueurs, s'était vengée des Puritains qui, s'ils avaient fondé Boston, n'étaient pas moins les instigateurs du 18e amendement à la Constitution des

Etats-Unis qui proclamait, ô désolation ! « la prohibition de la fabrication, vente ou transport des boissons alcooliques à l'intérieur du territoire des Etats-Unis, ainsi que l'importation desdites boissons dans ces territoires ».

Or, par une étrange ironie du sort, c'est justement le 16 janvier 1919, au lendemain de la catastrophe de la mélasse, que fut ratifié ce très scélérat 18e amendement. Lequel, en asséchant les gosiers, allait donner naissance à davantage de sanglants faits divers que ne pourraient en contenir cent *Dictionnaires amoureux* du gabarit de celui-ci.

Menottes

Emblématiques de la plupart des faits divers à connotation policière, elles existent depuis qu'un individu investi d'un pouvoir discrétionnaire eut l'idée de s'assurer d'un autre individu en lui entravant les poignets.

Mais les menottes ne se contentent pas de limiter plus ou moins l'autonomie gestuelle d'un prisonnier : elles servent au moins autant à exercer une domination sur le quidam qui les porte, soit en signalant celui-ci comme un délinquant au regard de ceux qui le voient passer ainsi « puni », soit en l'humiliant à ses propres yeux car, même en l'absence de témoins, être attaché enraîne presque toujours un sentiment de honte.

La preuve de leur fonction symbolique est qu'un nombre toujours croissant de pays interdit aux médias de montrer des personnes menottées, sauf à flouter ou à dissimuler (sous un vêtement, une cagoule, etc.) le visage du prisonnier. Il est clair que ce qui est réprimandé n'est pas le fait de représenter quelqu'un qui porte des menottes, mais de pouvoir associer celles-ci au visage d'un individu qui, n'ayant pas encore été condamné, doit bénéficier de la présomption d'innocence.

Ni les menottes ni le principe d'entraver autrui (pour des raisons légales) ne seraient donc condamnables. Ni même discutables. Et pourquoi le seraient-ils puisque, sur le papier du moins, les menottes ne sont pas un instrument de tourment mais un simple moyen de contention ?

En réalité, il y a plusieurs sortes de menottes, qui vont des menottes-jouets à usage érotique, garnies de douce peluche rose ou bleu tendre, aux redoutables menottes autoserrantes Dans le livre qu'elle a consacré à son mari[1], Gilberte Brossolette cite Emile Bollaert, autre grand résistant appréhendé par les Allemands en même temps que Pierre Brossolette : « On nous avait passé les masselottes, ces menottes d'un genre particulier qui se serrent d'un cran de plus chaque fois qu'on tire dessus, jusqu'à devenir des bracelets de plus en plus étroits, d'abominables instruments de torture. Comme nous étions, l'un et l'autre,

1. *Il s'appelait Pierre Brossolette*, Albin Michel, 1976.

du genre nerveux, nous ne cessions, malgré notre vigilance, de nous enserrer un peu plus l'un l'autre le poignet ou la cheville. Nous sommes arrivés [au QG de la Sûreté allemande] dans un état lamentable. »

L'idée des menottes suppliciantes n'est pas neuve : dans *Quatre vingt-treize*, Victor Hugo décrit des menottes coupantes, destinées à littéralement scier les poignets, dont se servaient les Vendéens durant la guerre des Chouans.

Sans aller jusqu'à ces extrêmes, le port des menottes n'est jamais une sinécure, n'en déplaise aux amateurs de sado-masochisme qui rêvent d'être menottés pour de vrai : « Les menottes, témoigne un policier, font mal même quand elles ne sont pas serrées. On nous demande sans cesse de les desserrer, alors qu'en réalité elles ne le sont pas assez : pour être efficace, la menotte ne doit pouvoir ni tourner ni glisser sur le poignet. »

Les menottes, elles aussi, vont entrer dans l'ère de la haute technologie : *Scottsdale Inventions LLC*, une société basée à Paradise Valley (Arizona), a déposé le brevet de menottes futuristes qui « embarqueront » un ensemble de capteurs capables d'infliger au prisonnier, selon son comportement, des chocs électriques, des bouffées de gaz irritants ou bien un sédatif. Une alarme sonore avertira le détenu quelques instants avant la décharge punitive afin de lui laisser le temps de rectifier son comportement. Comme il ne s'agit que de maîtriser et punir sans infliger de blessures sérieuses, ces petits bijoux électroniques pourront aussi être équipés d'un système de mesure des fonctions cardiaques, sans oublier l'incontournable GPS pour suivre à la trace et localiser le prisonnier qui tenterait de s'évader.

Milieu

C'est Francis Carco (1886-1958), surnommé le romancier des apaches (les bandits, pas les Amérindiens), auteur d'une centaine d'ouvrages dont quelques réelles pépites littéraires, fasciné par les rues nuiteuses, les bars louches, les ports dans la brume, par le Montmartre des plaisirs et du crime, qui fut l'ami d'Apollinaire, de Max Jacob, d'Utrillo, de Modigliani, de Colette, et l'amant passionné de Katherine Mansfield, qui fut le premier à utiliser le mot Milieu pour désigner le crime organisé en France – le XIXe siècle parlait de haute-pègre.

Ma découverte du Milieu et de l'une de ses figures les plus célèbres date de l'année de mes dix ans.

En 1955, mon père Henry Decoin, un des cinéastes en vogue de cette période, préparait *Razzia sur la chnouf*, un film inspiré du roman éponyme d'Auguste Le Breton. Mon père était très attaché à ce que ses films reposent sur une documentation solide : il pouvait (et même il *devait*) arriver des choses ahurissantes à ses personnages, mais à condition que l'univers dans lequel ils évoluaient fût d'une véracité irréprochable. Or le scénario de *Razzia sur la chnouf*, qui racontait comment un policier, interprété par Jean Gabin, réussissait à infiltrer un réseau de trafiquants de drogue en se faisant passer pour un big boss de la pègre, comportait des scènes que papa voulait voir *in vivo* avant de les reconstituer pour la caméra.

Il y avait notamment une série de séquences montrant comment opéraient les dealers dans les lieux chauds de Paris la nuit, et une scène de tripot clandestin pour laquelle, au lieu des figurants habituels, il voulait de vrais truands – il leur avait fait distribuer cinq cent mille francs en authentiques billets de banque, en leur disant : « Les gars, je vous fais confiance, je veux retrouver la totalité de ce fric quand je dirai "Coupez"! » En fait, quand on recompta les billets, il y en avait pour un million, certains malfrats en ayant rajouté de leur poche de crainte que d'autres n'aient pu résister à la tentation de se servir au passage.

Or donc, pour lui servir de guide à travers l'univers pathétique des drogués et des caïds de la « blanche », il avait jeté son dévolu sur Jo Attia.

Né en 1916, Joseph Brahim Attia était un des plus célèbres truands parisiens. Après avoir tenté une carrière de boxeur que des managers malhonnêtes lui avaient sabotée, il avait fait son service militaire aux Bat d'Af', les fameux Bataillons d'infanterie légère d'Afrique, une unité disciplinaire dont les effectifs se composaient surtout de jeunes hommes ayant déjà un casier judiciaire. Le lieu rêvé pour lier des amitiés pas toujours recommandables ! Lorsque la guerre avait éclaté, Attia avait d'abord semblé, comme d'ailleurs de nombreux « mauvais garçons » de l'époque, vouloir se mettre au service des Allemands.

Mais il avait rapidement opéré une reconversion à cent quatre-vingts degrés, et avait rejoint la Résistance. Ce qui lui avait valu d'être déporté à Mauthausen, un camp de catégorie 3, c'est-à-dire la plus sévère, où les prisonniers étaient classés *Rückkehr unerwünscht* (Retour indésirable) et exterminés par le travail. Dans cet enfer, Jo Attia se comporta de façon exemplaire vis-à-vis de ses codétenus. Un jour qu'un SS s'en prenait violemment à un déporté âgé, il empoigna une pelle de terrassement et en frappa le SS. Ce fut un miracle si Attia échappa à une condamnation à mort. Les témoignages sur son héroïsme et son sens de la solidarité sont innombrables – il fut d'ailleurs décoré de la Légion d'honneur par le général de Gaulle.

Mais truand il était, truand il resta. Membre du gang des Tractions – un gang spécialisé dans les attaques à main armée opérées à bord des fameuses Citroën à traction avant qui laissaient sur place les voitures de la police –, il devint le patron du bar Le Gavroche, rue Joseph-de-Maistre, le quartier général des grands fauves de la capitale.

Mon père se doutait bien que la collaboration de Jo Attia ne serait pas facile à organiser : non seulement il était plus souvent derrière les barreaux qu'à l'air libre, mais il était en outre interdit de séjour à Paris.

Pour pallier cet inconvénient majeur, papa, qui habitait alors un appartement donnant sur une paisible avenue du bois de Boulogne, avait décidé qu'il y recevrait Attia la nuit, quand celui-ci pourrait se rendre libre (sans jeu de mots).

Et c'est ainsi qu'un soir, profitant de ce que ma mère soignait ma petite sœur qui souffrait d'une otite, je traînais en pyjama au lieu d'aller me coucher. Vers 22 heures, on sonna à la porte selon une sorte de code. Oubliant ma présence, mon père s'empressa d'aller ouvrir. Un homme en gabardine, chapeau mou enfoncé presque jusqu'aux yeux, se tenait sur le seuil. Curieux de savoir qui pouvait bien être ce visiteur, je m'avançai. L'homme était sympathique, le sourire spontané, le regard doux. Il sentait la pluie fraîche, la nuit.

— Jo, dit alors mon père en me prenant aux épaules, je te présente mon fils. Didier, ce monsieur s'appelle Jo. Il travaille pour moi.

— Comme acteur ? demandai-je.

— Comme gangster, répondit Attia du tac au tac.

Il se mit à rire, et mon père rit avec lui. J'eus le sentiment qu'ils se moquaient de moi – ce monsieur Jo, je ne le connaissais pas, mais je savais que j'avais le papa le plus taquin du monde. Certes, j'adorais les taquineries, mais là, devant cet étrange témoin nocturne, je tenais à montrer que je n'étais pas si naïf que ça.

— C'est même pas vrai ! dis-je avec dédain.

— Si, fit mon père.

— Si, fit en écho monsieur Jo, qui plongea la main dans une poche de sa gabardine et la ressortit aussitôt, armée d'un pistolet automatique.

— C'est un vrai ?...

— Avec Jo, tout est vrai, dit papa. C'est contractuel.

Inutile, je pense, de m'étendre sur le succès que j'eus le lendemain en cour de récréation lorsque je racontai à mes condisciples béats que j'avais passé une partie de la nuit en compagnie d'un authentique gangster, même qu'il m'avait permis de toucher son automatique 9 mm.

Malles sanglantes

Le 13 août 1889, sur le chemin reliant Vernaison à Millery. Denis Coffy, cantonnier de son état, habitant la commune de Millery, ôta son chapeau pour s'éventer. Il ne réussit qu'à brasser un peu d'air lourd, moite et fétide. Que l'atmosphère fût pesante et d'une tiédeur huileuse n'avait rien d'étonnant pour un jour d'été, mais la puanteur, elle, était plus déconcertante. Elle avait beau monter d'un fouillis de ronces, de mauvaises herbes et de buissons enchevêtrés qui tapissaient l'espèce de ravine en contrebas du chemin, elle n'avait rien de végétal.

En fait, c'était l'odeur de la mort.

Coffy l'avait déjà reniflée, notamment lorsqu'il avait dû ouvrir des sépultures encore « fraîches », à la demande de la justice ou parce que la famille avait décidé de transférer son défunt dans un autre cimetière, mais elle n'avait jamais atteint ce degré de pestilence. Il ne pouvait s'agir que de la dépouille d'un gros animal, bœuf ou cheval. Encore que des cadavres de ce genre fussent presque toujours nettoyés par les nécrophages avant d'atteindre un tel seuil de putréfaction.

Il y avait déjà un certain temps – deux ou trois semaines, peut-être – que les habitants des villages environnants qui empruntaient le chemin de Vernaison se plaignaient d'être incommodés par une odeur nauséabonde qui culminait vers le lieudit La Tour de Millery, et c'est ainsi que Denis Coffy s'était retrouvé chargé de découvrir la cause de cette infection.

C'est le bourdonnement d'une impressionnante colonie de mouches qui finit par attirer son attention : les insectes bruissaient autour d'un des fourrés de la ravine, entrant et sortant d'un sac plus ou moins effondré qui, au fur et à mesure que Coffy s'en rapprochait, exhalait une odeur de plus en plus insupportable.

A travers une déchirure du sac, le cantonier vit grouiller une masse de chair et d'os : ce n'était pas un cheval ni un bœuf qui pourrissait là, dans la pénombre et la touffeur humide du ravin – c'était un être humain.

Enfin, ce qu'il en restait…

Tout ce que l'on put déterminer sur place, c'est que le cadavre était celui d'un homme. Pour en savoir davantage, on dut attendre les résultats de l'autopsie qui fut pratiquée à Lyon. D'après le rapport médico-légal, les restes étaient bien ceux d'un homme entre trente-cinq et quarante-cinq ans, de taille et de corpulence moyennes. Son nez et ses yeux avaient déjà disparu, sans doute dévorés par les prédateurs. Ses oreilles et ses pieds ne tenaient plus que par des bribes de chair, ses cheveux et sa barbe s'en allaient par plaques. Il semblait que l'individu fût mort par strangulation, probablement un mois avant la découverte de son cadavre, mais le médecin légiste ne pouvait en dire plus – et surtout, il n'avait découvert aucun indice permettant d'identifier la victime.

Quelques jours plus tard, non loin du ravin où avait été trouvé le cadavre, un chasseur d'escargots fit une autre découverte : celle des débris d'une malle de voyage. A première vue, rien ne permettait de relier celle-ci aux restes de l'homme du chemin de La Tour de Millery – rien sauf l'odeur, l'abominable odeur de mort qui imprégnait chaque fragment de la malle démantibulée.

Mais si un lien semblait exister, il n'expliquait rien.

Sur l'un des débris de la malle était collée une étiquette de la compagnie des chemins de fer Paris-Lyon-Marseille qui indiquait que le bagage avait voyagé par le train rapide n° 3, le Paris-Lyon-Perrache du 27 juillet 1889.

Puisque le colis morbide était parti de la capitale, ce fut donc au chef de la Sûreté parisienne, le commissaire Goron, que Lyon passa l'affaire.

Marie-François Goron, patron du 36, quai des Orfèvres, tout en étant du bon côté du bâton, fut l'une des figures les plus singulières de l'histoire de la police en même temps que de celle de la littérature populaire : après avoir été évincé de la Sûreté pour des raisons qui restent un peu embrouillées, il se lança dans la rédaction de ses mémoires, dont il tira vingt et un volumes qui connurent un immense succès de librairie.

Quand il hérita de la malle et de son cadavre anonyme, Goron enquêtait sur la disparition d'un huissier : Toussaint-Auguste Gouffé, veuf, père de trois filles qu'il élevait on ne peut plus convenablement. Au soir du 26 juillet, Me Gouffé avait quitté son étude du 148, rue Montmartre pour aller prendre un verre au café Véron où il avait ses habitudes. Et on ne l'avait plus revu.

Goron avait découvert que, sous des dehors des plus honorables, Gouffé menait une vie dissolue, du moins par rapport aux mœurs de son temps. Il n'aimait rien tant qu'écumer les cafés un peu glauques, les tripots, les cabarets, pour nouer (et consommer) des relations d'une nuit avec des filles aussi jeunes que possible (mais il ne descendait jamais en dessous de l'âge légal – il connaissait son code pénal), poitrinées et fessues, à la bouche épaisse où palpitait une langue chaude, large et mouillée, et comme il était plutôt bel homme (ne le surnommait-on pas le

Don Juan de la saisie ?), et veuf de surcroît, il rentrait rarement bredouille.

Ce qui intriguait le commissaire n'était pas que Gouffé fût très probablement mort, mais que son corps soit introuvable : vu son addiction aux jeunes prostituées, il était fort possible qu'il eût été tué « dans l'exercice de ses plaisirs » par l'une de ses conquêtes, ou par le protecteur d'une de ces demoiselles. C'étaient des choses qui arrivaient, mais ce n'était le souci ni des filles ni de leurs souteneurs de faire disparaître un cadavre « accidentel » : on se contentait de changer de niche – il y avait toujours une chambre à louer de l'autre côté de la rue, avec parfois le même papier peint aux murs.

Tout en réfléchissant à l'affaire Gouffé, le commissaire Goron eut l'idée de faire reconstituer la malle de Millery par un menuisier amateur de puzzles, et si possible enrhumé car les fragments étaient à ce point imprégnés qu'aucun arrosage n'avait pu effacer l'horrible odeur de la mort.

On constata que la malle, une fois restaurée, mesurait quatre-vingt-dix centimètres de long sur un peu plus de cinquante de hauteur. L'extérieur était recouvert d'une solide toile vernissée de couleur sombre fixée au bois par des clous jaunes. L'intérieur était tapissé d'un papier peint présentant de nombreuses taches noirâtres – du sang, à n'en pas douter.

La malle fut d'abord exposée dans la salle des bagages de la gare de Lyon-Perrache, puis à la morgue de Paris. Les deux présentations avaient été annoncées à grand renfort de presse, et une pancarte indiquait : « Crime de Millery. Prière de dire si vous avez vu cette malle. »

Mais malgré les foules qui, à Lyon comme à Paris, se déplacèrent pour voir la malle sanglante, et humer la puanteur à la fois âcre et sucrée qui stagnait autour d'elle, aucun témoin sérieux ne se manifesta.

Les foules ? Oui, car l'affaire de la malle sanglante a provoqué davantage de passion que bien d'autres affaires criminelles pourtant plus spectaculaires.

Pourquoi cet attrait du public pour un meurtre somme toute assez banal – si l'on excepte l'expédition du cadavre dans une malle ?

Pour la première partie du drame (le meurtre lui-même et l'épopée de la malle), la raison de sa popularité tient à l'opacité du mystère (cadavre anonyme, assassin[s] inconnu[s], circonstances du drame non définies), puis à sa résolution par étapes successives, chacune ou presque apportant son coup de théâtre. Quand les nombreux auteurs qui ont écrit sur « la malle à Gouffé » disent que cette affaire a tenu la France en haleine, et non seulement la France mais les Amériques où les meurtriers avaient tenté de fuir, ils n'exagèrent pas.

Quant à la fascination du public pour ce que j'appellerai la seconde partie, c'est-à-dire le versant judiciaire, elle tient évidemment à la personnalité de Gabrielle Bompard, à sa fausse beauté et à son vrai bagout.

Il fallut beaucoup de patience, d'intuition, de sens de la déduction, et bien sûr de chance, au commissaire Goron et à ses adjoints pour identifier les auteurs du crime de Millery.

Malgré des connaissances et des moyens loin d'être ce qu'ils sont aujourd'hui, et des investigations fortement limitées par l'état lamentable où se trouvait le cadavre, l'autopsie effectuée par le professeur Lacassagne, titulaire de la chaire de médecine légale de Lyon, fournit à Goron la certitude que l'occupant de la malle sanglante était l'huissier Gouffé.

Partant du principe qu'il y avait des probabilités pour que son assassin fût un de ses « saisis », les enquêteurs épluchèrent les listes, qu'il tenait parfaitement à jour, des personnes qui avaient eu affaire à lui.

Un nom retint leur attention, parce qu'il était celui d'un individu à la réputation exécrable, déserteur pendant la campagne du Mexique, considéré comme violent et obsédé sexuel, et impliqué dans quelques affaires douteuses, assorties de faillites frauduleuses, qui l'avaient amené à recevoir de nombreuses (et pas toujours agréables) visites de Me Gouffé.

L'homme s'appelait Michel Eyraud, et un certain nombre d'indices laissaient penser qu'il avait quitté la France pour l'Angleterre où il s'était embarqué pour New York, Montréal et Vancouver. Il ne voyageait pas seul : une femme du nom de Gabrielle Bompard, probablement sa maîtresse, l'accompagnait.

Drôle de fille que cette demoiselle Bompard : âgée de vingt et un ans, elle vivait de ses charmes et était déjà réputée pour être une garce dénuée de toute morale. Pourtant, on ne peut pas dire qu'elle était jolie : petite, le visage renfrogné, la bouche mince et le regard froid, elle n'avait pour elle que son corps de poupée, sa taille mince, sa poitrine laiteuse. Pour comprendre la séduction qu'elle exerçait sur les hommes, il faudrait la voir bouger, entendre sa voix, apprécier la douceur de sa peau, respirer son odeur – bref, découvrir tout ce qui n'apparaît ni sur une photo ni sur un dessin. Mais à défaut de comprendre, nous sommes bien forcés d'admettre : Gabrielle envoûtait, séduisait, et cela même quand elle ne s'en donnait pas la peine.

Peu à peu, en multipliant les recoupements, le commissaire Goron réussit à reconstituer une partie du drame.

Eyraud, qui, comme tant d'autres, était tombé éperdument amoureux de Gabrielle, avait imaginé se servir d'elle pour tendre un piège à Gouffé afin de le dépouiller. Il fit donc en sorte que l'huissier rencontre la jeune femme – ce qui fut facile puisque Gouffé passait tous les soirs au café Véron et qu'il ne manquait jamais de s'intéresser à la clientèle féminine.

Gabrielle ferra sa proie dès le premier échange de regards et proposa un rendez-vous dans un endroit plus intime, en l'occurrence un appartement qu'Eyraud avait loué tout exprès, rue Tronson-du-Coudray. Gouffé, trop heureux de sa bonne fortune, s'y rendit en frétillant.

Michel Eyraud avait organisé une mise à mort absolument imparable : dans un premier temps, sous prétexte d'un jeu érotique, Gabrielle passa une cordelette autour du cou de l'huissier, laquelle cordelette était discrètement attachée à une corde plus robuste qui coulissait dans la gorge d'une poulie scellée au-dessus du lit. Dès que Gouffé eut la cordelette au cou, Eyraud, dissimulé derrière un rideau, tira de toutes ses forces sur la corde reliée à la poulie, provoquant la fracture de l'os hyoïde, comprimant les veines jugulaires et les artères carotides, ce qui entraîna une ischémie cérébrale, puis la mort. Bien entendu, Eyraud ne connaissait pas ces termes médicaux, mais il savait qu'en serrant le cou de quelqu'un, on finissait par l'étrangler.

Une fois l'huissier passé de vie à trépas, il fallut s'en débarrasser. Or, de même que le partage du butin après un hold-up, l'escamotage du cadavre après un meurtre est un moment toujours dangereux. Mais Michel Eyraud avait pensé à tout : il avait fait l'acquisition d'une malle (achetée à Londres pour brouiller les pistes) dans laquelle, s'aidant de la poulie, Gabrielle et lui enfermèrent le cadavre de Gouffé, préalablement dénudé, plié et ligoté genre volatile bien troussé.

Michel Eyraud examina soigneusement les vêtements et le portefeuille de l'huissier, mais ils ne contenaient que de la menue monnaie. En revanche, il récupéra la clef de l'étude. Il s'y rendit la nuit même, mais, à cause de l'obscurité et de sa nervosité, il ne vit pas les quatorze mille francs posés en évidence sur le bureau, et il ne parvint pas non plus à ouvrir le coffre-fort où Gouffé rangeait l'argent des saisies.

Un coup pour rien, se résignèrent les deux criminels, bien décidés à débusquer rapidement une autre victime. En attendant, la malle fut expédiée à Lyon, Eyraud connaissant bien la région et sachant où « perdre » le corps du délit.

Le couple récupéra le bagage sans que les agents de l'octroi exigent son ouverture pour vérification (« S'ils insistent, avait prévu Eyraud, je leur dis qu'on a perdu la clef, et on leur laisse la malle en leur souhaitant bien du plaisir quand elle commencera à embaumer ! »), le chargea sur une carriole de location, et le vida de son contenu dans une ravine de la route de Millery, avant de se défaire un peu plus loin de la malle elle-même que Eyraud avait préalablement brisée en morceaux.

Après quoi, comme on l'a dit, ils partirent pour l'Amérique.

Pour le commissaire Goron, la piste s'arrêtait là…

Le 22 janvier 1890 se produisit un de ces coups de théâtre comme on n'en trouve que dans les romans – et encore, ceux du XIXe siècle !

A Vancouver, Gabrielle avait séduit un riche rentier français, une crème d'homme qui ne voulait plus vivre que pour elle. Eyraud jubilait : ah, le naïf ! ah, le gobe-mouches ! ah, l'imbécile ! en voilà un qu'on allait joliment plumer et passer à la casserole… Mais Gabrielle n'était pas d'accord : certes, elle n'était pas amoureuse de son rentier, mais il l'attendrissait, et elle n'avait aucune envie de le voir finir dans une malle.

Dépité, furibond, Eyraud leva le camp et poursuivit la cavale en solitaire.

Quant à Gabrielle, elle s'était décidée à tout avouer à son nouvel amant. D'abord horrifié, l'amoureux transi la persuada de regagner la France sous sa protection, de se constituer prisonnière et de raconter son histoire à la police en rejetant sur Eyraud toute la responsabilité du crime. « On vous croira, ma chère enfant : il faudrait être aveugle pour ne pas voir que vous êtes un ange dont ce démon d'Eyraud a lâchement abusé ! »

Et le 22 janvier, donc, le commissaire Goron fut averti qu'une certaine Gabrielle Bompard, de retour des Amériques, demandait à le voir pour lui confesser un crime abominable dont elle était innocente et qui avait été commis par un horrible individu dans le lit duquel elle avait eu la faiblesse de se glisser – « Il fait si froid la nuit, monsieur le commissaire, pour une petite femme comme moi… »

A partir de cet instant, Gabrielle fut intarissable. Elle parla, parla, parla, répondant même aux questions qu'on ne lui avait pas posées, se prêtant docilement à toutes les reconstitutions sur le terrain, dans l'appartement de la rue Tronson-du-Coudray comme sur le chemin de Millery, chargeant Michel Eyraud de tous les péchés du monde.

— Mais enfin, lui demanda un jour le commissaire Goron, comment pouvez-vous savoir tout ça sans avoir participé au meurtre ?

— Si j'y ai participé, monsieur le commissaire, ce fut à mon corps défendant : j'étais sous hypnose. Car l'ignoble, l'infâme, l'immonde Michel Eyraud est un maître hypnotiseur. Il m'utilisait comme il voulait.

En faisant de l'affaire de la malle sanglante un palpitant feuilleton, la presse, de *L'Illustration* (dont ce genre d'histoire était un peu le pré carré) à un journal pourtant aussi austère que *Le Temps*, eut sa part de responsabilité dans la mise en vedette de la jeune femme. Les gazettes avaient d'autant moins de raisons de se freiner que Gabrielle se révéla une formidable comédienne. Très à l'aise dans son rôle d'ingénue victime d'un suborneur démoniaque, elle pleurait à la demande, mentait comme elle respirait, se tordait les mains, s'évanouissait si nécessaire – mais elle s'arrangeait toujours pour rester charmante, battant des cils et faisant briller ses lèvres d'un passage appuyé de sa petite langue rose.

Lors d'un voyage à Lyon pour une reconstitution, à chaque gare où le train s'arrêtait des gens assaillaient son wagon (de première classe !) pour lui offrir des fleurs ou frôler ses doigts. Dans son livre de souvenirs *L'Amour criminel*[1], le chef de la Sûreté raconte : « Enfin quand le train s'ébranla, la gracieuse créature envoya des baisers à ses admirateurs qui poussèrent des hourras. A Tonnerre, elle rit aux éclats devant tant de succès alors que toute une foule est agglutinée autour du train. A Mâcon, elle tire la langue à ceux qui la conspuent, ce qui ne l'empêche pas d'avaler goulûment, au buffet de la gare, un potage de vermicelles, un poulet cresson et une tarte aux fruits, tout en s'émerveillant de la neige qui tombe à gros flocons. Arrivée à Lyon, le spectacle continue. "Ah ! j'en ai du succès. Y en a du peuple ! Y en aurait pas tant pour la reine d'Angleterre !" »

Arrêté à Cuba, ramené en France, traduit devant les assises, Michel Eyraud fit tout pour entraîner sa complice avec lui sur l'échafaud – car il fut condamné à mort. Compte tenu de l'époque, il pouvait difficilement en être autrement. Gabrielle aurait pu écoper de la même peine, mais on dirait bien qu'elle fut sauvée par elle-même, par son rayonnement, son magnétisme, son charme qu'il faut prendre ici au sens premier du mot : ensorcellement, ce charme dont il est sacrément frustrant de penser que nous n'en subirons jamais les effets !

1. Marie-François Goron, André Versaille éditeur, Bruxelles, 2010.

Le 3 février 1891, tandis qu'on vendait dans Paris des reproductions miniatures de la malle sanglante, Eyraud fut guillotiné place de la Roquette en présence d'une foule considérable.

Condamnée à vingt ans de travaux forcés, Gabrielle Bompart fut libérée au bout de quinze ans. Elle avait été sage, dit-on. Elle travailla de nouveau comme danseuse dans les cabarets, et mourut en 1920, à l'âge de cinquante-deux ans.

Pour les amateurs éclairés, je dirais même pour les *connoisseurs* de faits divers, la malle à Gouffé est considérée comme la Mère de toutes les malles suintantes, puantes, sanglantes.

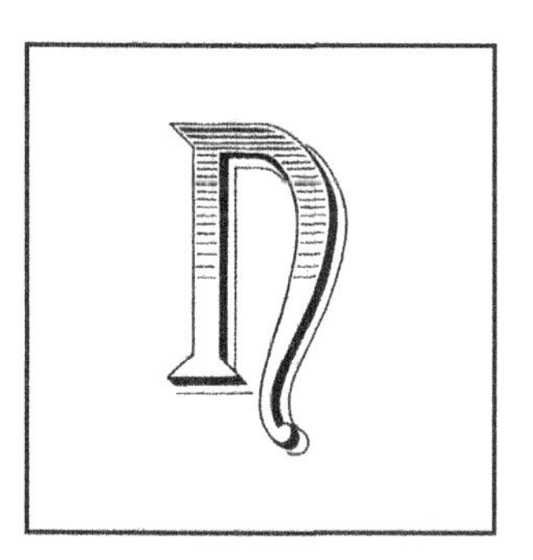

Noyée (L'adorable)

Dans les années 1880, à la hauteur du quai du Louvre, on retira du fleuve le cadavre d'une jeune noyée. J'ignore le jour et l'heure, et la saison, et quelle lumière effleurait la Seine, ou quel brouillard glissait sur elle. Je ne sais pas non plus le nom de la petite morte – personne ne l'a jamais su, elle n'avait aucun papier glissé dans son corsage ni dans sa robe détrempée, une robe quelconque avec un fichu noir sur les épaules qui donnait à penser que c'était une jeune fille très modeste.

Sans doute la pauvre petite avait-elle une famille, mais toujours est-il que personne ne réclama jamais son corps.

Les premières constatations, faites rapidement sur la berge, montrèrent que la victime ne présentait aucune trace d'agression. Pas d'ecchymose, pas d'hématome, pas de blessure ouverte. On ne l'avait pas violée, elle n'était pas enceinte.

Avait-elle été victime du redoux qui, après un début d'hiver exceptionnellement froid (du 8 au 28 décembre

1879, la température du fleuve se maintint en dessous de zéro, la mer gela à Honfleur), avait soudain transformé la Seine en une sorte de banquise disloquée qui, tout en courant, vêlait d'énormes blocs de glace qui frappaient violemment les berges et les piles des ponts (jusqu'à jeter bas celui des Invalides !) ?

Fut-ce au contraire l'étouffant pic de chaleur de la mi-juillet qui incita la si jolie demoiselle à chercher un peu de fraîcheur au bord de l'eau et à s'en approcher trop près ? Mais si c'était l'été, la canicule, aurait-elle noué un fichu de laine sur ses épaules ?

Ce qui est assuré, c'est qu'on la repêcha peu de temps après sa noyade. Sa chair était encore ferme, encore rose, les muqueuses n'avaient pas été trop mordillées par les rats ni les poissons.

On conclut qu'elle s'était jetée du haut d'un pont. Par désespoir. Croyant qu'elle n'était pas aimée du garçon avec lequel, peut-être, elle avait dansé le dimanche précédent, dansé ou canoté, ou pris le chemin de fer de Saint-Germain-en-Laye pour aller entendre chanter des gaudrioles dans une goguette – et le garçon n'avait pas cherché à la revoir, alors elle s'était désespérée, et jetée dans la Seine.

La police croyait d'autant plus à un suicide par amour déçu que la jeune morte souriait. Du moins ses lèvres s'étiraient-elles légèrement en se relevant vers les commissures. Si troublant sourire ! Elle semblait apaisée, réconciliée – j'ai fait ce qu'il fallait, semblait-elle dire, et maintenant tout est bien.

On la coucha précautionneusement dans un sombre fourgon et on la conduisit à la morgue. Celle-ci n'était pas l'endroit lugubre dont on préfère aujourd'hui se détourner : à la fin du XIXe siècle, c'était au contraire un lieu très fréquenté, un compromis entre la salle de spectacle *live* (si j'ose dire) et le musée (des horreurs le plus souvent).

Derrière de grandes baies vitrées qui arrêtaient les puanteurs de la mort et protégeaient les dépouilles d'éventuels actes de profanation, on présentait les morts non identifiés, nus à l'exception d'une pièce d'étoffe sur les parties génitales, allongés sur douze dalles de marbre noir ; les habits qu'ils portaient quand on les avait ramassés sur la voie publique, et qui pouvaient constituer des indices, étaient suspendus à la vue du public, le plus souvent raides de sang coagulé.

Le passant était chaleureusement invité (au sens propre du mot, car l'entrée était gratuite) à venir dévisager les morts et à dire si ces visages cireux, ces joues creuses, ces bouches béantes, lui rappelaient quelqu'un. A de très rares exceptions près, reconnaître les défunts était la dernière préoccupation des visiteurs : ceux-ci entraient à la morgue pour les émotions fortes que leur procuraient quelques instants d'une intimité terrible avec ces cadavres mystérieux, dont certains portaient des blessures inouïes. Pour peu qu'elle fût jolie, une femme tombée sous les coups d'un assassin pouvait racoler jusqu'à dix mille visiteurs par jour.

Et justement, grâce au bouche à oreille suscité par sa beauté, l'Inconnue de la Seine attira de nombreux admirateurs, mais personne qui fût en mesure d'aider à son identification.

Avant que sa dépouille ne commence à subir les effets de la décomposition, un des employés de la morgue, qui était plus ou moins tombé amoureux de la jeune noyée qu'il avait la charge de manipuler, décida de prendre une empreinte de son sourire à la fois si énigmatique et si attendrissant que certains visiteurs suppliaient qu'on les laissât effleurer ses lèvres d'un de ces baisers légers qu'on donne aux enfants.

Le masque mortuaire réalisé par l'employé funéraire déclencha un tel engouement qu'il fut reproduit à de nombreux exemplaires et devint un objet décoratif qu'on retrouvait aux murs des salons bourgeois les plus huppés, mais aussi dans les chambres des jeunes filles évanescentes pour qui la jeune noyée était un *alter ego*, une sœur, une confidente qui, elle, avait le privilège de déjà tout connaître des désillusions de l'amour et de l'attrait romantique de la mort…

Le visage ravissant de l'Inconnue de la Seine a inspiré des poètes comme Rainer Maria Rilke, ou Vladimir Nabokov – tant il est vrai que Lolita pourrait avoir les traits de l'adorable noyée :

Dans les cordes se mourant à l'infini
J'entends la voix de ta beauté.
Dans les foules blêmes des jeunes noyées
Tu es plus blême et ensorcelante que toutes.

Au moins dans les sons reste avec moi !
Ton sort fut avare en bonheur,
Alors réponds d'un posthume sourire moqueur
De tes lèvres de gypse enchantées.

Paupières immobiles et bombées,
Cils collés en épaisseur. Réponds !
A jamais, à jamais, vraiment ?
Mais comme tu savais regarder !

Juvéniles épaules maigrichonnes,
La croix noire du fichu de laine,
Les réverbères, le vent, les nuages nocturnes,
Le méchant fleuve pommelé d'obscurité.

Qui était-il, je t'en supplie, raconte,
Ton séducteur mystérieux ?

Des conteurs comme Jules Supervielle ont été ensorcelés par les charmes de cette petite sirène : « "Je croyais qu'on restait au fond du fleuve, mais voilà que je remonte", pensait confusément cette noyée de dix-neuf ans qui avançait entre deux eaux. [...] Enfin elle avait dépassé Paris et filait maintenant entre des rives ornées d'arbres et de pâturages, tâchant de s'immobiliser, le jour, dans quelque repli du fleuve, pour ne voyager que la nuit, quand la lune et les étoiles viennent seules se frotter aux écailles des poissons. "Si je pouvais atteindre la mer, moi qui ne crains pas maintenant la vague la plus haute." Elle allait sans savoir que sur son visage brillait un sourire tremblant mais plus résistant qu'un sourire de vivante, toujours à la merci de n'importe quoi. Atteindre la mer, ces trois mots lui tenaient maintenant compagnie dans le fleuve. »

Maurice Blanchot, lui aussi, fut de ses zélateurs : « Celle qu'on a nommée "l'inconnue de la Seine", une adolescente aux yeux clos, mais vivante par un sourire si délié, si fortuné (voilé pourtant), qu'on eût pu croire qu'elle s'était noyée dans un instant d'un extrême bonheur. Si éloignée de ses œuvres, elle avait séduit Giacometti au point qu'il recherchait une jeune femme qui aurait bien voulu tenter à nouveau l'épreuve de cette félicité de la mort. »

Giacometti mais aussi Man Ray qui, à la demande d'Aragon, réalisa des photographies bouleversantes du masque mortuaire de l'Inconnue.

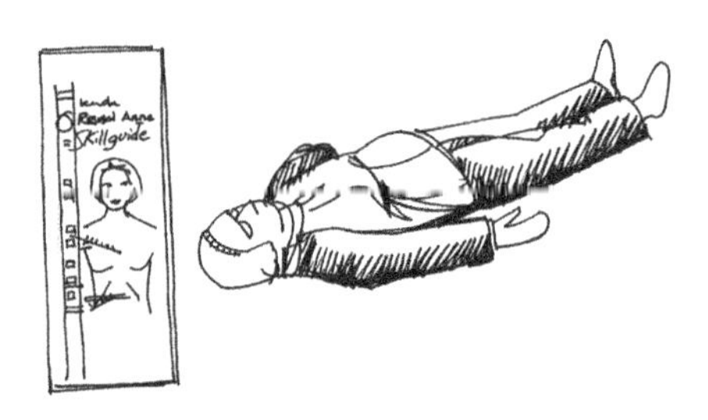

Mais c'est un autre genre de créateur, un industriel norvégien, qui, d'une certaine façon (une bien jolie façon !) allait ressusciter l'adorable noyée.

Il s'appelait Asmund Laerdal, il était norvégien et il avait fondé une entreprise fabriquant des poupées réalistes en plastique mou. Au vu comme au toucher, on aurait dit de vraies petites filles. Dans les années 1950, Laerdal produisait ces « enfants » par millions.

Lorsqu'il découvrit les mannequins utilisés pour enseigner le secourisme en général et le bouche-à-bouche en particulier, Asmund Laerdal fut stupéfait : comment espérait-on motiver des secouristes en leur faisant coller leur bouche sur celle, peu engageante, d'un grotesque mannequin en bois ou en tissu fourré de kapok ?

Laerdal se prit à rêver d'un mannequin fait de ce plastique qu'il utilisait pour ses poupées. Mais quel visage lui donner pour qu'il soit un mannequin séduisant, un mannequin « appelant le baiser » ? Il chercha, passa en revue des milliers de visages. Jusqu'au jour où il tomba sur une photo du masque mortuaire de l'Inconnue de la Seine. Comme dans les histoires d'amour, il sut qu'il l'avait trouvée, que c'était elle et aucune autre.

Ainsi naquit Resusci Anne, le mannequin d'enseignement des techniques de réanimation cardio-pulmonaires – bouche-à-bouche, massage cardiaque externe.

Depuis, ce sont des milliers et des milliers de sauveteurs potentiels qui s'initient au bouche-à-bouche en donnant leur souffle, leur « baiser de vie », à l'icône de la jeune noyée parisienne – jeune noyée qu'on soupçonne fortement de s'être jetée dans le fleuve par désespoir sentimental, et qui, paradoxalement, est devenue, à travers sa représentation en 3D, la femme la plus embrassée de tous les temps...

Nozière (Violette)

Le mois d'août 1933 a commencé sous le signe de la canicule : 40 °C à Poitiers et Montpellier, 38 °C à La Rochelle, à peine moins à Paris où la chaleur, liquéfiant la colle dont on les a enduites, détache les affiches des murs.

Le 21 août, l'atmosphère est redevenue respirable : la température est retombée à 22 °C, il a plu à verse.

La presse salue ce rafraîchissement et fait part d'une autre apaisante nouvelle : en vue de favoriser le tourisme, le Bureau des renseignements touristiques des chemins de fer allemands informe les visiteurs français qu'ils ne seront plus tenus de lever le bras droit en disant *Heil Hitler !* et qu'ils pourront se contenter des règles de politesse internationale – bonjour, bonsoir, merci, etc.

Ce jour-là, dans le deux pièces-cuisine d'un quartier populaire du 12e arrondissement de Paris, Violette Nozière, âgée de dix-huit ans, fille unique d'un couple de gens modestes – le père, Jean-Baptiste, travaille comme mécanicien à bord des locomotives de la compagnie du Paris-Lyon-Méditerranée – empoisonne ses parents en leur faisant absorber, ordonnance médicale à l'appui, mais ordonnance falsifiée par elle, une dose létale de Somenal.

Puis elle va danser au bal avec des amis. Par la suite, ceux-ci témoigneront qu'elle a passé la soirée à boire (modérément), à rire (immodérément), et à se réjouir d'être bientôt libre et riche – elle énonce un chiffre, le montant de sa proche fortune, qui n'est autre que celui des économies de ses parents dont, à cette heure de la nuit, elle est persuadée d'être l'indiscutable héritière.

Il est 1 heure du matin quand elle regagne le petit appartement familial. Le poison a fait son travail : le père de Violette gît dans une flaque de sang régurgité, de matières vomies. L'odeur est atroce. La mère vit encore, car elle n'a bu que la moitié de la dilution que lui a préparée Violette, mais celle-ci, qui la croit morte, ne vérifie pas. Elle ouvre le gaz pour faire croire à un suicide et va frapper chez un voisin qu'elle supplie de l'aider à sauver ses parents qui, dit-elle en se tordant les mains, ont profité de son absence pour tenter de se donner la mort.

Les secours arrivent. Le médecin prend Violette à part : « J'ai une bonne et une mauvaise nouvelle, mademoiselle Nozière : la mauvaise, c'est qu'il n'y a plus rien à faire pour votre malheureux père ; mais la bonne, c'est que votre chère maman va s'en tirer... »

La bonne nouvelle, pour Violette, c'est la mort de son père ; la mauvaise, par contre, c'est l'annonce que sa mère vivra.

Alors, malgré les policiers qui la convoquent pour une audition de routine le lendemain à 17 heures, elle prend la fuite.

Elle erre pendant toute une semaine, jusqu'à ce que Germaine, sa mère, qui a recouvré toutes ses facultés, et qui, surtout, a éventé les projets criminels de Violette, ne mette les enquêteurs sur sa piste.

Le 28 août, la jeune fille est arrêtée dans un café proche de l'Ecole militaire. Conduite au quai des Orfèvres, elle fond en larmes et avoue avoir empoisonné ses parents. Elle justifie son geste en expliquant que son père entretenait avec elle des relations incestueuses depuis qu'elle avait douze ans. Elle l'a tué par dégoût, par haine, parce qu'elle n'en pouvait tout simplement plus : « Mon père, quand j'avais douze ans, m'a d'abord embrassée sur la bouche, puis il m'a fait des attouchements avec le doigt, et enfin il m'a prise dans la chambre à coucher et en l'absence de ma mère. Ensuite, nous avons eu des relations dans une cabane du petit jardin que nous possédions près de la porte de Charenton, à intervalles variables, mais environ une fois par semaine. »

La raison pour laquelle elle a également tenté d'empoisonner sa mère est moins évidente : « Il aurait fallu, dit Violette, que je lui avoue pourquoi j'avais tué mon père, et je ne voulais pas lui faire ce chagrin... »

L'affaire Violette Nozière a défrayé la chronique, soulevé des passions. Le 12 octobre 1934, au palais de justice de Paris, on a frémi, et pas forcément pour de bonnes raisons (s'il existe des enfants assassins de leurs parents, il existe aussi des adultes adeptes de voyeurisme morbide et de sadisme), lorsque le président de la cour d'assises de la Seine, devant laquelle comparaissait la jeune fille, prononça la sentence réservée aux parricides : « En conséquence la cour prononce contre Violette Nozière la peine de mort, ordonne qu'elle soit conduite à l'échafaud en chemise, nu-pieds, la tête couverte d'un voile noir, qu'elle soit exposée au pied de l'échafaud ; le greffier lira la sentence au peuple, et elle sera immédiatement mise à mort… »

Mais ce n'est pas Violette Nozière, le « monstre en jupons », qui a fait de ce fait divers l'un des épisodes les plus déchirants et les plus troublants de notre histoire criminelle et judiciaire.

Le juge d'instruction (fort honnête au demeurant, mais c'était un juge de 1934…), la cour d'assises, les innombrables journalistes, et l'opinion publique, en faisant le procès d'une jeune empoisonneuse réputée (à tort) insensible et perverse, sont passés à côté de la vérité.

Aujourd'hui, grâce à l'hypersensibilisation de notre société aux délits sexuels, le procès de la petite Nozière serait aussi (et peut-être surtout) celui de la pédophilie, de l'inceste et du viol sur mineure, triple accusation qu'on peut porter à l'encontre du père de Violette – je ne prétends pas qu'il en fut coupable, car je n'en sais rien, et personne n'en sait ni n'en saura probablement jamais rien, mais je dis qu'un magistrat instructeur serait aujourd'hui pour le moins en mesure d'ouvrir une enquête sur ces trois chefs d'accusation.

Selon qu'on la juge selon son temps ou selon le nôtre, il y a donc deux approches de l'affaire Nozière, aux antipodes l'une de l'autre : la même Violette qui a été tenue pour un monstre par ses contemporains peut apparaître comme une victime aux yeux des nôtres.

Ainsi que l'explique fort bien l'historienne Anne-Emmanuelle Demartini, « il faut saisir toute la distance qui sépare le traitement actuel des affaires d'inceste et celui dont a pu faire l'objet en son temps l'affaire Nozière. Cette distance se donne à voir, en premier lieu et avant tout, dans le tabou qui a frappé l'inceste – le terme de tabou est pris ici, non au sens premier de ce qui fait l'objet d'une interdiction, mais dans le sens général qui renvoie à une interdiction de parole ».

Et le fait est que, du président de la cour d'assises au plus modeste des pisse-copie, tous évitent soigneusement, je serais tenté de dire : religieusement, le mot qui fâche : inceste. Du coup, parce qu'elle a osé le prononcer, et même le brandir comme système de défense, Violette est qualifiée d'infâme, d'abominable, d'immonde, voire de démente.

Elle ne s'est pourtant pas contentée d'accuser, elle a prouvé : elle a indiqué aux policiers où trouver le chiffon raidi de sperme dans lequel son père éjaculait par peur de l'engrosser, ainsi que les gravures et les chansons libertines (on dirait aujourd'hui porno) dont Nozière usait pour provoquer et entretenir son érection.

Mais en ce XIXe siècle finissant, on se méfie des accusations d'attentat à la pudeur, et *a fortiori* de viol, et plus encore d'inceste, qui sont portées par des demoiselles soupçonnées d'hystérie et de prendre leurs rêves pour des réalités. C'est ainsi que Violette « aurait été inconsciemment attirée par son père et [...] l'accuserait d'un acte qu'il n'a jamais commis mais qu'elle souhaitait involontairement dans le plus profond de son être[1]... ».

Il faut dire que la petite Violette est une mythomane accomplie. On apprend qu'elle a trompé ses parents jusqu'à leur faire ingurgiter un poison mortel en prétextant qu'il s'agissait d'un remède que le médecin leur avait prescrit, qu'elle a manipulé ses amants en se faisant passer pour la fille d'un riche industriel alors que son père n'est que simple cheminot, et puis qu'elle n'a aucune morale, que c'est une gourgandine, une dévergondée, une marie-couche-toi-là qui a perdu sa virginité à seize ans...

Au fond, on en voulut davantage à Violette d'avoir révélé un inceste (non démontré – mais comment aurait-elle pu prouver quoi que ce soit ?) que d'avoir commis un parricide (qui, lui, ne laissait aucune place au doute).

1. Anne-Emmanuelle Demartini, « L'Affaire Nozière. La parole sur l'inceste et sa réception sociale dans la France des années 1930 », *Revue d'histoire moderne et contemporaine*, avril 2009 (n° 56-4).

Dès lors, comment s'étonner, ce qui n'interdit pas de s'en indigner, qu'elle soit devenue le symbole vivant de la criminelle sans foi ni loi des années 1930 ?

Ses meilleurs défenseurs, car elle en eut, furent des écrivains, des poètes. En marge de leur société, bien sûr, en rupture avec leur temps. Les surréalistes ont cru en son histoire d'inceste, ils y ont vu les racines de sa sexualité un peu folle comme le motif (l'excuse ?) de son crime, au point que dix-sept d'entre eux publièrent chez Nicolas Flamel, éditeur à Bruxelles (à Paris, le scandale eût été trop grand !), un recueil simplement intitulé *Violette Nozière*, avec des textes époustouflants d'André Breton, René Char, Paul Eluard, Maurice Henry, E.L.T. Mesens, César Moro, Benjamin Péret, Guy Rosey, et des dessins signés Salvador Dali, Yves Tanguy, Max Ernst, Victor Brauner, René Magritte, Marcel Jean, Hans Arp et Alberto Giacometti[1].

André Breton l'appelait « La belle écolière du lycée Fénelon qui élevait des chauves-souris dans son pupitre ». Etait-elle si belle que ça ? Et donna-t-elle jamais le biberon à de petites créatures aux ailes membraneuses ? Peu importe. Comme égérie, comme muse, elle a bien mérité de la poésie.

Pour elle, sur elle, de Benjamin Péret :

Papa
Mon petit papa tu me fais mal
Disait-elle
Mais le papa qui sentait le feu de sa locomotive

1. Réédité par José Pierre, Terrain Vague, Paris, 1991.

Un peu en dessous de son nombril
Violait dans la tonnelle du jardin
Au milieu des manches de pelle qui l'inspiraient.

De Paul Eluard :

Violette rêvait de bains de lait
De belles robes de pain frais
De belles robes de sang pur
Un jour il n'y aura plus de pères
Dans les jardins de la jeunesse
Il y aura des inconnus
Tous les inconnus
Les hommes pour lesquels on est toujours neuve
Et la première
Les hommes pour lesquels on échappe à soi-même
Les hommes pour lesquels on n'est la fille de personne
Violette a rêvé de défaire
A défait
L'affreux nœud de serpents des liens du sang.

Elle avait dix-neuf ans quand elle fut condamnée à mort. Ses avocats lui promirent que la peine ne serait pas exécutée, mais elle eut quand même très peur, et connut des nuits d'angoisse dans sa cellule où la lumière ne s'éteignait jamais.

Le président Albert Lebrun, et c'est tout à son honneur, lui accorda sa grâce. Puis Pétain réduisit sa peine de vingt ans à douze ans de travaux forcés. En 1945, elle fut libérée en raison de son comportement exemplaire, et le général de Gaulle leva son interdiction de séjour sur le territoire français.

Le 13 mars 1963, jour de mon dix-huitième anniversaire (mais ça n'a aucun rapport avec elle, sinon que j'aime que les femmes soient heureuses), Violette fut réhabilitée par la cour d'appel de Rouen, mesure exceptionnelle dans l'histoire judiciaire française.

Nuit (Trains de)

Les trains de nuit génèrent des plaisirs délicieux. Surtout si l'on jouit (non, il n'y a pas d'autre mot) de l'intimité du compartiment *single* d'un wagon-lits en livrée bleu et or de la Compagnie internationale des wagons-lits et des grands express européens, aux parois de marqueterie en bouleau de finlande et acajou, au coin lavabo-toilette avec mini-savon Palmolive et pot de chambre en porcelaine de Sarreguemines très blanche, très lourde, qu'on insinue, bec en bas, dans une niche de zinc pour tout à la fois le vider et le ranger (et de ce gouffre monte le staccato des roues sur les joints des rails), aux draps amidonnés de frais où se reflète la lumière satinée de la petite veilleuse bleue, et la carafe d'eau pour la nuit, et le carnet de notes avec son crayon et sa gomme : tout est jouets, tout est jeu.

Grâce à mon cinéaste de père qui n'aimait rien tant qu'emmener sa petite famille lorsqu'il s'en allait tourner un film dans le midi de la France ou au sud de l'Espagne, j'ai eu, autrefois, ce privilège de passer quelques nuits à bord de ces wagons-lits qui avaient *réussi à mettre sur les rails les luxueux appartements et les hôtels de Paris*[1].

1. Rocío Robles Tardio, « Le Train bleu : la couleur et le mouvement d'un voyage », *Revue d'histoire des chemins de fer*, 2006.

J'ai gardé (et même je la cultive !) la nostalgie des locomotives à vapeur de ces trains-là, des épaisses perruques bouclées de leur fumée sous les marquises des gares, de leur odeur de charbon et d'huile chaude. Dans mon compartiment, je laissais entrer le froid de la nuit pour le plaisir de le défier en me blottissant dans le lit tiède, sous la couverture siglée CIWL. En ce temps-là, déjà, je voyageais accompagné d'une quantité de livres, prévoyant de ne pas fermer l'œil de la nuit pour profiter pleinement du wagon-lits, pour guetter, sous le rideau entrouvert, la gifle lumineuse du passage des gares, le croisement des autres trains, les arrêts en rase campagne précédés du long bruit des freins à sabots en fonte ; mais le roulis du wagon me berçait trop vite, trop bien, et je ne résistais guère plus d'une dizaine de minutes à l'endormissement.

Néanmoins le train de nuit peut aussi engendrer l'angoisse. Le haut bruit lancinant qui enchante les amateurs du rail peut aussi étouffer le tapage d'une lutte à mort, des détonations, les cris d'une victime qu'on égorge. Le compartiment de la voiture-lits est à double sens : cette petite boîte raffinée si propice à la rêverie, aux secrets, aux amours, ce huis clos comme un abri, un cocon, peuvent aussi être perçus comme un piège sans issue grâce à une porte facile à crocheter, à un espace fermé qu'on peut en quelques secondes remplir de gaz anesthésiant, à une large fenêtre apte au défenestrage.

En 1860, déjà, des bandits attaquaient les voyageurs endormis afin de les dépouiller. C'est ainsi que, le 12 septembre, on découvrit le corps d'un homme sur les rails de la ligne Paris-Mulhouse, entre Zillisheim et Illfurth. Il n'était pas mort, mais, de l'avis des médecins, il ne valait guère mieux – il présentait en effet de nombreuses blessures, dont une fracture du crâne.

Pour les cheminots, il s'agissait d'un voyageur tombé par inadvertance. Et c'était aussi l'avis des policiers : s'il s'était agi d'un crime, les meurtriers se seraient assurés que leur victime était bel et bien morte avant de jeter son corps sur le ballast.

Dès que son état le permet, l'homme est interrogé. Déception : il répond de façon évasive, comme s'il avait tout oublié des circonstances de son accident. Amnésie consécutive à sa fracture du crâne, diagnostiquent les médecins. Seule certitude : il s'exprime dans un français où perce une pointe d'accent russe.

A défaut d'entendre la vérité de sa bouche, les policiers comptent bien que ses bagages parleront pour lui. Nouvelle déception : on a beau fouiller le train de fond en comble, on n'y trouve aucune malle, aucune valise, aucun baluchon abandonnés.

Désigné pour mener l'enquête, le commissaire Elie Singer s'accroche. Il passe en revue toutes les manifestations organisées en France et auxquelles un citoyen russe aurait pu participer, et son attention s'arrête sur un prestigieux congrès international réunissant les plus grandes sommités médicales du moment. Un mandarin russe de premier plan, le professeur Heppi, une sommité en matière de médecine et de chirurgie militaires, s'est inscrit à ce congrès dont il devait être un des contributeurs les plus imortants. Or non seulement il ne s'y est pas présenté, mais, en contradiction avec sa courtoisie légendaire, il n'a même pas fait parvenir un mot d'excuse.

Le rescapé du Paris-Mulhouse serait-il le professeur Heppi ?

Si oui, l'hypothèse de sa chute inopinée perd beaucoup de sa crédibilité. La relation étroite entre Heppi et les sphères militaires russes donne à penser qu'il pourrait s'agir d'une action entreprise contre lui par un service secret. Ou par des anarchistes.

Du coup, le fait divers prend une dimension diplomatique où la France de Napoléon III se retrouve dans une position plutôt incommode.

C'est alors que le professeur Heppi recouvre partiellement la mémoire, assez en tout cas pour se rappeler avoir été agressé et pouvoir donner un signalement de celui qui l'a attaqué : un homme athlétique, âgé d'environ trente ans et arborant une barbe brun-roux.

Pour les policiers, le doute n'est pas permis : il s'agit de Charles Jud, un dangereux bandit qu'on surnomme le fantôme des trains. Intelligent et habile, il change d'identité plus souvent que de chemise, mettant à profit le moindre accessoire pour se travestir – une fois rasé de près, son visage poupin le sert à merveille pour se déguiser en femme.

Jud est activement recherché, d'autant que certains indices donnent à penser qu'il continue de rôder dans la région de Mulhouse.

Lui qui n'a jusqu'alors commis aucune erreur va prendre un risque stupide : alors qu'il traverse la forêt domaniale de la Harth, il tombe sur une chasse privée, et ne trouve rien de mieux que de se mêler aux chasseurs et de tirer sur les cerfs, daims et autres sangliers. Colère (et même fureur !) des chasseurs « officiels », appel aux forces de l'ordre, intervention des gendarmes, arrestation de Jud. Lequel, bien entendu, fournit une autre identité que la sienne : il prétend s'appeler Grégoire Montaldi, comme en témoignent les papiers qu'il présente, qu'il a sans doute volés dans un train, peut-être après avoir tué leur propriétaire – il avoue qu'il n'y a « rien de plus facile que de tuer pendant que le train roule : on assomme les voyageurs avec une pierre enveloppée de chiffons, parce que les blessures qu'on fait comme ça ne saignent pas. On vide leurs poches et on jette le contenu par la fenêtre. Y a plus qu'à descendre au premier arrêt, ni vu ni connu ! »

Non seulement on trouve sur lui quelques pièces d'or russes qui, de toute évidence, proviennent de la bourse du professeur Heppi, mais un des gendarmes le reconnaît comme étant Charles Jud, ancien bûcheron ayant déjà été condamné pour une affaire de coups et blessures.

Charles Jud est alors enfermé dans une cellule de la gendarmerie. Mais c'est compter sans la rouerie du « fantôme des trains ». Vers minuit, ayant entendu un bruit suspect provenant de la cellule, deux des gendarmes regardent par le judas. Leur sang ne fait qu'un tour : le prisonnier a déchiré sa chemise pour en faire un lien grossier mais solide, il en a attaché un bout aux barreaux de la lucarne, et, avec l'autre extrémité, il a formé un nœud coulant qu'il a passé autour de son cou.

Les gendarmes ouvrent précipitamment la porte, se ruent à l'intérieur de la cellule, se jettent sur Jud. Celui-ci, dont l'intention n'était pas de se suicider mais de prendre la poudre d'escampette, les assomme tous les deux et se sauve.

Dans le couloir, il se heurte à un troisième gendarme qui, alerté par le raffut, vient aux nouvelles. Il est lui aussi proprement assommé.

Et Charles Jud disparaît dans la nuit.

On entendra encore parler de lui, notamment le 6 décembre de cette même année 1860, lorsqu'il assassine, toujours dans un train de nuit, le président d'une des chambres criminelles de la cour impériale de Paris. Une des conséquences de ce crime fut que les compagnies de chemins de fer disposèrent un signal d'alarme dans chaque compartiment.

Condamné à mort par contumace mais jamais pris, Jud, le fantôme des trains, inspira – dit-on – le personnage de Fantômas à Souvestre et Allain.

S'il arrive que ce diable de Fantômas prête à rire (surtout quand le commissaire Juve, *alias* le génial Louis de Funès, s'en mêle), ce n'est pas le cas avec Andreï Romanovitch Tchikatilo, dit le Monstre (ou le Boucher, ou le Bourreau, ou le Vampire) de Rostov-sur-le-Don. De tous les criminels déments dont j'ai pu étudier le cursus, celui-ci est peut-être le plus abominable. Il me révulse au point que j'ai beaucoup hésité à le faire figurer dans ce dictionnaire. D'autant qu'il est davantage un tueur des gares qu'un tueur des trains. Son territoire de chasse, c'est le glacis des gares endormies sous la neige russe, cette neige lente mais insistante, tellement compacte, qui étouffe les cris et dans laquelle il est facile d'enfouir un petit corps saccagé, amputé de ses yeux, de son bout de nez, de ses seins, de son utérus. Quand Andreï Romanovitch Tchikatilo prend le train, c'est officiellement pour son travail, mais c'est aussi pour passer d'un affût à l'autre. Il ne sait pas ce qu'il va trouver au bout des rails, mais il pressent que, cette fois encore, ce sera jeune, frémissant, potelé, tiède, et que ça criera sûrement, alors il appliquera sa main sur la bouche, il sentira dans sa paume la palpitation des lèvres, la salive chaude, l'affolement des petites dents cherchant à mordre. Dans le couloir du *platzcart*[1], somnolant les yeux mi-clos à proximité du samovar, il savoure par anticipation chaque phase de la prochaine chasse : le repérage, la traque, l'assaut, le tir, le ramassage, il se voit tout à la fois l'appeau, l'appelant, le fusil, le chien – beaucoup le chien qui jappe d'impatience, renifle, lèche, mordille, et finalement déchire la chair à force d'excitation.

En vérité, je n'étais pas très sûr d'avoir envie de vous parler d'Andréï Tchikatilo, mais les faits divers, c'est aussi ces versants obscurs, ces pentes puantes de l'humanité – à supposer que le mot humanité soit encore applicable à Andreï Romanovitch.

Lors de son arrestation, il ne fit aucune difficulté pour avouer ses forfaits. Il semble même qu'il ait pris un réel plaisir à les décrire : « Dans la foule, j'ai remarqué cette jeune fille. Je l'ai abordée, et, comme je ne suis pas antipathique, elle a bien voulu que nous nous promenions tous les deux pour bavarder au bord de la rivière. Bientôt, on s'est retrouvés seuls. Pas de chance pour elle, j'ai sorti mon couteau, je l'ai déchirée, déchiquetée, éventrée. Je lui ai coupé la langue avec les dents et je l'ai avalée. En général, conclut-il avec un sourire, c'est à ce moment-là que j'ai un orgasme… »

Impuissant, il ne pouvait éprouver de jouissance sexuelle qu'en torturant à mort et en dévorant partiellement de jeunes êtres. Il les mutilait, prélevant les yeux, la langue et les organes génitaux qu'il emportait pour les cuisiner à sa façon.

1. Wagon dortoir de troisième classe.

Entre 1978 et 1990, Tchikatilo commit ainsi cinquante-cinq meurtres. Du moins selon son propre décompte, car la police et la justice ne purent lui en imputer « que » cinquante-trois.

Sa première victime fut Elena Zakotnova. Elle avait neuf ans. Le 22 décembre 1978, Tchikatilo la viola, la larda de coups de couteau puis l'étrangla. Il fit partie des personnes auxquelles la police s'intéressa, mais finalement rien ne fut retenu contre lui. Par contre, un certain Kravtchenko, qui avait déjà purgé une peine pour meurtre et qui se trouvait en liberté conditionnelle, fut considéré comme le coupable idéal : arrêté, jugé et condamné à mort, il fut exécuté.

Trois ans s'écoulèrent au cours desquels Tchikatilo ne commit aucun meurtre. Travaillant comme instituteur, il satisfaisait ses pulsions sexuelles en se livrant à des attouchements sur ses élèves. Les plaintes de parents pour attentats à la pudeur sur leurs enfants se multiplièrent, mais sans que Tchikatilo soit réellement inquiété. En 1981, pourtant, la pression se fit plus forte, et il fut contraint de renoncer à son poste d'enseignant. Peut-être parce qu'il ne pouvait plus se livrer aux répugnantes privautés qu'il imposait aux jeunes écoliers, il revint au crime. Grâce à l'emploi qu'il avait alors obtenu dans une compagnie ferroviaire, il pouvait rôder aux abords des gares et repérer ses futures proies parmi les jeunes qui lui semblaient esseulés.

Sa deuxième victime fut Larisa Tkachenko. Elle avait dix-sept ans. Comme elle se débattait et hurlait, il lui enfonça dans la gorge un mélange de terre et de feuilles. Puis il lui appliqua le protocole cannibale qu'il avait déjà exercé sur la petite Zakotnova. On était alors le 3 septembre 1981.

A compter de ce jour, son parcours criminel s'accéléra de façon précipitée. Plus il tuait, plus il avait besoin de tuer. En même temps, une sorte de lassitude le gagnait. « A la fin, reconnut-il après son arrestation, ça devenait routinier [...], l'étincelle était éteinte, pas comme au bon vieux temps où c'était tout frais pour moi et que j'étais excité. Pas facile d'être excité par tout ça maintenant [...] En fait, je me dégoûte moi-même... »

Malgré un mode opératoire toujours identique (seuls quelques détails variaient), les enquêteurs refusèrent longtemps l'hypothèse d'un tueur unique, car les tueurs en série étaient emblématiques des perversions des sociétés occidentales et ne pouvaient tout simplement pas exister dans le monde soviétique. Mais quand ils commencèrent à réviser leur jugement, ils employèrent les grands moyens pour identifier celui que tout le monde appelait le Monstre de Rostov. Plusieurs centaines de policiers, en civil comme en uniforme, furent spécialement affectés à sa seule personne et effectuèrent plus de cinq cent mille contrôles d'identité ; et comme il avait laissé des traces de sperme sur la plupart de ses victimes, on put déterminer son groupe sanguin, et cent soixante cinq mille prises de sang furent pratiquées.

Le 6 novembre 1990, à proximité d'une gare routière, Tchikatilo tua Svelta Korostik.

Il ne s'en était pas vraiment rendu compte, mais l'étau policier s'était fortement resserré : Tchikatilo avait déjà été interpellé à trois reprises, et il avait chaque fois subi une prise de sang. Non probante, il est vrai : d'après les échantillons de sperme recueillis sur les victimes, le sang du tueur était du groupe AB tandis que celui de Tchikatilo appartenait au groupe A. Ce qui l'innocentait. En fait, les enquêteurs ignoraient qu'il existait une minorité d'individus dont le sang était « non sécréteur » : il n'avait pas de signature externe valable et ne pouvait être identifié que par ponction directement dans la veine.

Les policiers notèrent tout de même qu'à chaque interpellation les vêtements de Tchikatilo présentaient des taches de sang, et surtout qu'on le retrouvait comme par hasard errant dans les villes où un meurtre venait d'être perpétré.

Alors, cette fois, l'interrogatoire fut plus insistant : Tchikatilo dut justifier les traces d'herbe sur son pantalon (une herbe qui s'avérait correspondre à celle poussant sur une récente scène de crime) et la présence dans sa mallette d'un couteau de cuisine lui aussi maculé de taches brunâtres.

Sans compter les vingt-trois autres couteaux que les enquêteurs découvrirent en perquisitionnant chez lui...

Tchikatilo ne se fit pas prier pour passer aux aveux. Je l'ai dit : il était las de tout ça, de ses fantasmes, de lui-même, il voulait changer de rôle. Après toutes ces années de ténèbres, de clandestinité, de caches et de fuites, le monstre rêvait de paraître – enfin ! – sous le feu des projecteurs.

Et il n'en fut que plus odieux : agrippé aux barreaux de la cage installée dans le tribunal, il laissa tomber sur ses chevilles son pantalon de détenu et, avec un rire sardonique, exhiba son sexe nu devant les magistrats, les jurés, le public.

Condamné à mort le 15 octobre 1992 pour le meurtre de cinquante-deux femmes, enfants et adolescents, Andreï Romanovitch Tchikatilo fut exécuté d'une balle dans la nuque le 14 février 1994. Juste avant le coup de feu, et le plus sérieusement du monde, il pria le bourreau de faire en sorte de ne pas abîmer son cerveau car, assurait-il, les Chinois avaient manifesté le désir de l'acheter afin de l'étudier.

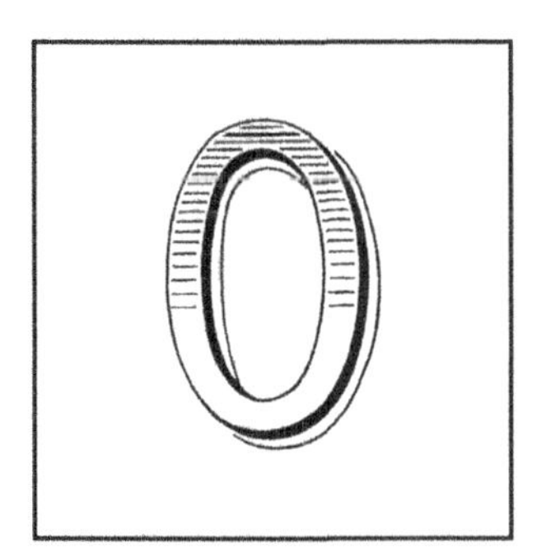

Odorologie

Je me demande parfois si le daltonisme dont je suis affligé ne serait pas compensé par une hyperosmie, c'est-à-dire un odorat surdéveloppé. Certes, dans la vie de tous les jours, il semble que la juste perception des couleurs soit plus utile que celle des odeurs. Sauf que le monde archi odoriférant dans lequel je vis me réserve des plaisirs que ne me procurerait pas le fait de différencier une tomate mûre d'une tomate verte.

Dans l'infinie palette des senteurs qui ondulent autour de moi, il n'y a que deux odeurs qui me soient décidément insupportables : celle du vomi et celle de la chair en décomposition. Les autres, *toutes* les autres, me séduisent, m'enchantent, ou, au pire, m'intriguent et m'intéressent.

C'est ainsi, grâce à cette attention passionnée aux odeurs, que je sais que la souffrance humaine « sent » : la colère engendre une haleine forte, le chagrin embaume la banane écrasée, la douleur donne un souffle âcre et crayeux.

Le fait divers, souvent relié à une blessure physique ou morale, est un émetteur d'effluves. D'abord parce que sa géographie, là où il naît, s'épanouit, se conclut, de la scène de crime à l'échafaud, en passant par la détention, est fortement odorante. La scène de crime (odeur douceâtre, confiturée, du cadavre même si celui-ci est récent, effluents métalliques du sang, soufre, pour le reste cela varie en fonction de la localisation), le poste de police (fumet de chaussettes des commissariats, *dixit* Simenon), la cellule (odeur d'araignée du vieux ciment, Javel, pisse, vomissures), l'enceinte du tribunal (carton chaud, encaustique, poussière), l'échafaud (n'a plus cours, mais certains nerfs olfactifs s'en souviennent encore : pèlerines mouillées, gaz d'échappement, haleines au café, cigarettes bon marché), et tout près de la guillotine cette odeur légère de sciure, de graisse de machine, et, incongrue, de pain chaud – quelque part sur le boulevard Arago, un boulanger...).

Aristote tenait l'odorat pour un sens inférieur parce qu'il le croyait volage, inconstant. Il se trompait : on sait aujourd'hui que les odeurs perdurent quatre à cinq jours, parfois davantage, sur le support où elles se sont « posées » (par exemple le coussin sur lequel quelqu'un s'est assis), même si notre odorat est incapable de les y repérer. La preuve en est cette technique de police scientifique, l'odorologie, qui permet de récupérer, classifier, comparer l'odeur qu'un suspect, à côté de ses empreintes et de son ADN, laisse sur une scène de crime sans même s'en apercevoir, et surtout sans pouvoir l'effacer.

La trace olfactive n'a pas encore force de preuve mais elle renforce considérablement une suspicion et corrobore la saisie des empreintes et de l'ADN. L'odeur est génétiquement unique : des jumeaux monozygotes ont le même ADN, mais leurs odeurs diffèrent dans au moins 50 % des cas.

Depuis plus de dix ans, la Police technique et scientifique (PTS) basée à Ecully, près de Lyon, opère une section d'odorologie et obtient des résultats remarquables.

Cette méthode est née en Hongrie il y a une trentaine d'années. Elle nécessite des chiens particuliers, bergers allemands ou malinois, qui sont « équipés » de deux cents millions de cellules olfactives contre seulement cinq millions chez l'homme, et dont la zone de leur cerveau dédiée à l'olfaction est de 10,1 % alors qu'elle n'est chez nous que de 0,29 %. La PTS d'Ecully dispose de cinq chiens ayant reçu une formation spéciale au centre de dressage de Dunakeszi, près de Budapest, et auxquels leurs maîtres-chiens s'adressent en hongrois.

Et c'est encore de Hongrie que vient le textile spécial que l'on met en contact pendant une heure avec l'objet supposé chargé de molécules odorantes (siège de voiture, arme, mobilier, vêtements, huisserie, en fait tout ce que le meurtrier a pu imprégner de son odeur). Enfermé dans un bocal stérile, parfaitement étanche et conservé à l'abri de la lumière, le textile hongrois pourra garder l'odeur pendant au moins dix ans.

Quand on pense avoir un suspect, il suffit de lui faire malaxer un textile hongrois – vierge, bien sûr ! –, puis de demander à un des chiens de renifler et de comparer cet échantillon odorant avec celui recueilli auparavant sur la scène de crime. Bien entendu, pour limiter les risques d'erreur, le protocole fait intervenir plusieurs chiens et plusieurs prélèvements.

Mais, en France, l'odorologie n'en est qu'à ses débuts et, contrairement à ce qui se passe en Hongrie, nul ne peut être condamné sur le seul indice de son empreinte odorante.

Aux Pays-Bas, la police de Rotterdam a choisi de former des rats renifleurs à la découverte de traces de poudre pour l'aider à résoudre des affaires de meurtres commis avec des armes à feu. Programme nettement moins ambitieux que celui de la PTS d'Ecully, bien que les cinq rats sélectionnés portent les noms de détectives aussi célèbres que mythiques, dont l'inspecteur Derrick, Hercule Poirot, ou l'inspecteur Harry…

Tout mon génie est dans mes narines, affirmait Nietszche.

Cela dit, si vous avez l'odorat sensible, méfiez-vous des amateurs de faits divers !

En 1818, la rue du Faubourg-du-Roule (devenue depuis la rue du Faubourg-Saint-Honoré), déjà liée au luxe et au raffinement, constituait une des adresses les plus enviables de Paris. Mais voici qu'au cours de l'été puis de l'automne, à hauteur à peu près du couvent des

Dominicains qui se trouvait là, la rue se mit à exhaler une insupportable odeur de putréfaction, de cadavre en décomposition. Les chaleurs de l'été n'arrangeant pas les choses, les résidents se plaignirent – le fameux « Mais que fait donc la police ? » ayant déjà cours. Ces messieurs de la police répondirent qu'il n'y avait pas lieu de s'inquiéter : l'effroyable puanteur provenait de l'atelier d'un jeune peintre, un certain Théodore Géricault, qui travaillait à un tableau monumental qu'il voulait présenter au prochain Salon.

— Mais de quels pigments use-t-il donc, ce diable d'artiste, pour qu'ils dégagent une telle abomination ?

— Oh, ce ne sont pas ses pigments qui sont en cause, répondaient les policiers, ce sont ses cadavres.

Et d'expliquer que Théodore Géricault raffolait des faits divers. Plus ils étaient brutaux, crapuleux, morbides, plus le peintre sentait l'inspiration le gagner. Il avait notamment réalisé une série d'études en vue d'un grand tableau qu'il voulait consacrer au meurtre sanglant du député Fualdès, égorgé à Rodez dans la nuit du 18 au 19 mars 1817, tableau qu'il remit à plus tard pour réaliser d'abord la peinture d'un autre fait divers qu'il venait de découvrir et qui l'avait fasciné : le naufrage de la frégate *La Méduse*, en route pour Saint-Louis du Sénégal, et qui s'était échouée sur le banc de sable d'Arguin avec trois cent quatre-vingt-quinze personnes à son bord. Après l'échec des tentatives pour la remettre à flot, et les canots de sauvetage étant insuffisants pour permettre d'évacuer tout le monde, les officiers du navire décidèrent de construire un radeau de fortune de vingt mètres de long sur sept de large qui serait remorqué par les chaloupes de la frégate. Mais les amarres se rompirent et le radeau partit à la dérive, emportant cent cinquante hommes et une femme (une cantinière) avec en tout et pour tout une réserve de nourriture de soixante-quinze livres de biscuits. C'était notoirement insuffisant, aussi les naufragés, pour survivre, se livrèrent-ils à des actes d'anthropophagie sur les cadavres de ceux qui étaient décédés les premiers.

Décidé à rendre l'horreur de cette situation avec le plus grand réalisme, Géricault commença par hanter les salles communes des hôpitaux, observant la façon dont la peau et la chair des agonisants évoluaient au fur et à mesure de l'approche de la mort. Dans le même temps, toujours par souci de composer un tableau authentique, le jeune peintre – il n'avait alors que vingt-sept ans – obtint du charpentier rescapé de *La Méduse* qu'il lui construise un modèle presque grandeur nature du radeau tragique, sur lequel Géricault disposa des figurines de cire auxquelles il donna les postures tourmentées qu'il imaginait avoir été celles des survivants.

C'est alors qu'il commença à se procurer, grâce à un ami médecin qui travaillait à l'hôpital proche de son atelier, des membres amputés – bras, jambes, pieds – qu'il s'exerça à peindre avec le plus grand réalisme possible. Bicêtre, qui était à la fois un hospice, une prison (avec son quartier des condamnés à mort) et un asile d'aliénés, lui fournit une tête de décapité. Et il put obtenir de l'hôpital Cochin le prêt de quelques cadavres entiers.

Magnifique ! s'exclamait Théodore à l'arrivée de chaque pièce d'anatomie. Le seul problème étant qu'il n'avait aucun moyen sérieux de les réfrigérer – et qu'on était en plein été.

Nul doute que ses voisins de la rue du Faubourg-du-Roule se réjouirent des critiques vipérines qui accueillirent

Le Radeau de la Méduse au Salon de 1819, dont les éreintements incitèrent Géricault à quitter Paris pour l'Angleterre.

Orient-Express

Le plus prestigieux, le plus luxueux, le plus légendaire des trains est aussi le train des faits divers.

Il a été pris d'assaut à plusieurs reprises. Par des bandits, bien sûr, mais pas seulement : l'un de ceux qui mit le plus de constance à l'intercepter était un prince, rien de moins que le tsar des Bulgares, Ferdinand Ier, qui avait trois singularités : il était affublé du plus proéminent, du plus turgescent, du plus protubérant des nez qu'eût jamais aucun souverain (son appendice nasal excédait considérablement la longueur moyenne du nez masculin bulgare qui, à l'époque de Ferdinand, était de 51,6 millimètres mesurée à partir de la suture naso-frontale jusqu'au point le plus bas du bord de l'orifice piriforme du nez[1]), il avait un roi des Français (Louis-Philippe) comme grand-père maternel, et surtout il nourrissait pour les trains une passion irrépressible. Son plus grand bonheur était de s'habiller en mécanicien et de s'emparer des commandes d'une locomotive qu'il lançait à toute vapeur (n'importe laquelle le comblait, mais il avait une prédilection pour les 240 série 27 qui tractaient l'*Orient-Express*).

1. Docteur S. Wateff, « Contribution à l'étude anthropologique des Bulgares », *Bulletins et Mémoires de la Société d'anthropologie de Paris*, Ve Série, T. V, 1904.

Son addiction était telle qu'il ne pouvait pas se retenir d'y céder, même lorsqu'il était en voyage officiel à l'étranger. C'est ainsi que le 11 mars 1905, profitant d'un arrêt du convoi en gare d'Abbeville, il avait pris le contrôle du train rapide n° 6 Calais-Paris. Un journaliste de *L'Illustration* avait assisté à la scène : « On vit sortir d'un wagon-salon un homme de haute taille, ganté de blanc, vêtu d'un ulster, coiffé d'une casquette, le visage à demi masqué par des lunettes d'automobiliste aux verres fumés. Il se dirigea vers la locomotive sur laquelle il monta ; un coup de sifflet strident retentit, puis le train se remit en marche. A 5 h 20, il stoppait à son terminus ; tout le monde descendit, et alors l'homme mystérieux apparut, toujours très correct, mais quelque peu barbouillé de suie. A peine avait-il touché du pied le quai de la gare du Nord que tout le haut personnel se précipitait à sa rencontre en lui prodiguant les marques d'une profonde déférence. "Enchanté, ravi, déclarait-il, voyage très intéressant, je recommencerai." Ce personnage [...] n'était autre que le prince Ferdinand de Bulgarie. »

Et, de fait, il récidiva à plusieurs reprises, « empruntant » l'*Orient-Express* dès que celui-ci entamait son parcours en territoire bulgare : « Il fait arrêter le train en rase campagne dès son arrivée en son royaume et monte à bord. Comme il ne fait jamais les choses à moitié, il endosse des habits de cheminot par-dessus son complet, au grand étonnement du personnel. Le mécanicien et le chauffeur ne sont pas au bout de leurs peines. Au mépris de toutes les règles, il lance l'*Orient-Express* à grande vitesse, ne ralentit pas dans les courbes, fait siffler la locomotive plus que de raison. Les passagers sont exaspérés, un peu inquiets aussi. Car le souverain aime vérifier l'efficacité du matériel en freinant brusquement[1]... »

L'*Orient-Express* semble aimanter les faunes les plus extravagantes, les plus extraordinaires au sens propre du mot : sans même parler de la polissonne, croustilleuse et aguichante Madone des Sleepings chère à Maurice Dekobra, on pouvait, à bord, boire un doigt de xérès Manzanilla (arômes cannelle, amande, œillet, mousse de chêne, touche d'ambre, esquisse d'encens) en compagnie d'espions de haut vol comme Mata Hari, l'agent double Kim Philby ou Richard Sorge, ou partager une vodka avec Tolstoï ou Joseph Kessel (lequel croquait *aussi* le verre, surtout si c'était un verre à pied), une absinthe avec Hemingway, un rhum haïtien avec Graham Greene, un n'importe quoi avec Paul Morand (qui buvait ce que les autres buvaient, donc n'importe quoi), et, bien sûr, un thé avec Agatha Christie qui fit de ce train le huis clos d'un de ses romans les plus époustouflants : *Le Crime de l'Orient-Express.*

Quant aux faits divers relatifs à l'*Orient-Express*, ils sont à la dimension de ce train de tous les superlatifs né du génie d'un jeune ingénieur belge, Georges Nagelmackers, par ailleurs inventeur d'un des mots pour moi les plus porteurs de rêves : wagon-lits.

Les TGV ont fini par avoir la peau bleue et or des merveilleuses voitures de nuit de la Compagnie des wagons-lits et des grands express européens. J'en suis inconsolable, non pas pour moi qui ai pu en profiter largement, mais pour les nouvelles générations qui ne connaîtront jamais,

1. Document *Les Chroniques de l'Orient-Express*, 26 mars 2014, http://www.orient-express.en/fr/chroniques-orient-express/le-roi-ferdinand-et-la-securite-ferroviaire.

sauf à être assez fortunées pour se payer un voyage sur l'un des derniers tronçons encore desservis par l'*Orient-Express*, le bonheur qu'il y avait à traverser des cumulonimbus de vapeur odorante (ô l'ineffable odeur du cocktail flambé charbon, eau, métal) avant de se hisser sur le haut marchepied de bois d'un sleeping, pour longer une étroite coursive flanquée de nids capitonnés, marquetés Morrison, miroités Lalique, exhalant des odeurs de linge amidonné et de savonnettes Palmolive, lits tendus de tièdes couvertures rouges, cintres munis d'embouts caoutchoutés pour ne pas faire de bruit, carafes à eau bien serties dans de petits rangements idoines au-dessus du lavabo, il règne une température idéale, tout à l'heure je baisserai un peu la vitre pour laisser entrer la fraîcheur mouillée des talus, le piquant des brouillards sur les plaines, la fadeur terreuse des fleuves, en attendant je m'endors dans la lumière d'une petite veilleuse bleue, le tapage des roues devient berceuse, sa cessation me réveillera, j'écarterai le rideau, regarderai au-dehors, ce sera une gare, Dijon, Mâcon, Lyon ou Sisteron, quais livides, hauts réverbères encapuchonnés de pluie, souffle rauque d'une locomotive haut-le-pied qui manœuvre.

En 1891, des pillards attaquèrent nuitamment l'*Orient-Express* et repartirent avec un butin de cent vingt mille livres sterling, plus cinq voyageurs qu'ils rendirent contre rançon.

L'année suivante, le train fut mis en quarantaine sur une voie de garage à cause d'une épidémie de choléra à bord.

En 1901, le mécanicien n'ayant pas serré les freins assez tôt, ou la locomotive ayant répondu trop tard, l'*Orient-Express* s'invita dans la salle du buffet de la gare de Francfort et finit sa course folle dans une prodigieuse dévastation de tables, banquettes, miroirs, lustres, assiettes, verres, plantes vertes, nappes, vitres, et une colossale écrasée de petites saucisses de Nuremberg, jambons de la Forêt-Noire, handkäse, mainzer rippchen, weckewerke et autres apfelstrudels.

En 1929, à Tcherkesskeuy (Thrace orientale), le train se retrouva bloqué par une énorme congère. Comme il neigeait sans discontinuer, le convoi disparut bientôt presque entièrement sous une épaisse masse blanche. Dans les voitures, la température descendit à moins dix degrés. Parmi les passagers, il y avait un maharadja qui voyageait en compagnie de ses sept épouses. Habituées aux chaleurs du sous-continent indien, les pauvres petites grelottaient. Le maharadja n'hésita pas : il acheta à prix d'or les manteaux de ses compagnons d'infortune pour en couvrir ses femmes. Lorsque les réserves du wagon-restaurant furent épuisées, les voyageurs entreprirent de creuser un tunnel à travers la congère afin de rallier un village proche où l'on pourrait se ravitailler. Le creusement fut harassant, et la marche dans la neige plus encore. D'autant qu'une déception attendait les émissaires de l'*Orient-Express* : les villageois subissaient eux aussi la disette et, malgré leur générosité, ils ne purent céder qu'un poulet et un mouton. Par chance, sur la route du retour, les voyageurs furent attaqués par un loup famélique qui, lui aussi, connaissait les affres de la faim. Ils le tuèrent et rapportèrent sa dépouille au train où la brigade des cuisiniers fit un formidable ragoût de mouton, de loup et de poulet. Un chasse-neige rejoignit enfin le convoi, et l'*Orient-Express* acheva son périple à la vitesse record de 5 km/h. Mais tel était l'agrément de ce train, et cela quelles que soient les conditions du voyage, que les passagers, en descendant, poussèrent de vibrants hourras – qui, nous assurent les témoins, n'étaient pas des hourras de soulagement mais d'enthousiasme pour le plus beau train du monde.

Le 12 septembre 1931, des fascistes hongrois sabotent le viaduc de Biatorbágy, à proximité de Budapest. Leur bombe explose au passage de l'*Orient-Express* dont la locomotive et un wagon-lit plongent dans l'abîme tandis que le reste du train déraille. L'attentat fait vingt morts et de très nombreux blessés, sans compter les voyageurs qui cèdent à la panique. Dans la voiture 3309, une femme a été projetée au sol par le déraillement. Mais elle se relève indemne et, sans perdre son sang-froid, se hâte de porter secours aux blessés. Après avoir montré beaucoup d'empathie et de compétence en prodiguant les premiers soins, elle constate que nombre de survivants sont en état de choc. Pour les rassurer, les apaiser, elle improvise un récital. Elle s'appelle Freda Josephine McDonald, plus connue sous le nom de Joséphine Baker. Et 1931 est l'année où elle crée sa chanson la plus célèbre : « J'ai deux amours ».

Juliette Capulet n'avait, elle, qu'un seul amour : son Roméo. L'histoire de ces deux jeunes amants n'a cessé de s'incarner, à travers l'Histoire comme à travers les arts, au point de devenir un mythe.

Un mythe qui, en 1995, rejoignit cet autre mythe qu'est l'*Orient-Express*.

L'héroïne de cette histoire vraie ne s'appelait pas Juliette, et le garçon qu'elle aimait ne portait pas le prénom de Roméo, mais je les appellerai pourtant ainsi par respect pour leur mémoire, parce qu'ils ont droit, me semble-t-il, de n'être plus dérangés dans ce grand silence où ils ont choisi d'entrer pour l'éternité.

Or donc, Juliette avait quatorze ans (comme la Juliette de Shakespeare), et elle aimait Roméo qui avait dix ans de plus qu'elle, et qui lui aussi l'aimait. Mais à cause de la différence d'âge, leurs parents respectifs ne voyaient pas cet amour d'un très bon œil – et on ne peut nier que Juliette était encore une enfant, et Roméo déjà un homme.

Elle le connaissait depuis sa toute petite enfance. Lui, à cette époque, il ne la regardait même pas – elle n'était à ses yeux qu'un bébé.

Mais quand Juliette entra en sixième et qu'elle eut besoin d'un répétiteur pour progresser en anglais, ce fut Roméo qui vint lui donner des leçons. Ardent, viril, énergique mais en même temps capable de beaucoup de douceur, plein d'humour et de fantaisie tout en étant tendre et romantique, Roméo devint pour la petite Juliette l'idéal masculin, le remplaçant de son père divorcé, le substitut du protecteur absent.

Et lui, de son côté, commença à considérer sa petite élève autrement que comme une gamine.

Bien que relativement sceptiques sur la façon dont cet amour pouvait évoluer à long terme, les deux familles, au contraire des Capulet et des Montaigu, n'empêchèrent pas Juliette et Roméo de se voir : il leur fut seulement demandé de faire preuve de la discrétion la plus extrême jusqu'à ce que Juliette eût quinze ans, l'âge de la majorité sexuelle. Il n'y avait donc plus que douze mois à attendre.

Mais un an, cela peut paraître une éternité quand on en a quatorze et qu'on est éperdument amoureuse – or Juliette aimait vraiment Roméo, ce n'était pas un simple engouement de bambine exaltée. Elle ne supportait plus les appels à la patience. A plusieurs reprises, elle avait eu des gestes suicidaires – ce n'étaient en vérité que de balbutiantes tentatives, juste un moyen comme un autre de dire que ce grand écart entre l'enfance où la loi la confinait et le sentiment qu'elle avait au fond d'elle-même d'être devenue femme l'écartelait, la déchirait.

En décembre 1994, juste quelques semaines avant la tragédie, Juliette était passée à la vitesse supérieure, et cette fois elle avait réellement mis sa vie en danger. Au point qu'il avait fallu l'hospitaliser, et que sa mère, sur le conseil insistant des médecins, s'était résolue à une démarche à laquelle elle se refusait jusqu'alors : alerter le juge pour enfants.

Juliette s'était sentie lâchée, trahie. Elle jura que si Roméo, à cause de cette dénonciation, était envoyé en prison, elle se tuerait – et cette fois, on pouvait lui faire confiance : elle ne se raterait pas. Quant à Roméo, au désespoir qu'il éprouvait à la pensée d'être séparé de Juliette si la justice se mêlait de leur histoire, s'ajoutait le risque de voir détruit son rêve professionnel – il se préparait avec enthousiasme à une carrière d'éducateur.

Très peu de temps après cette crise, au début du mois de janvier 1995, Juliette se querella avec sa famille. Ce n'était pas la première fois, mais ce dimanche-là, la dispute s'envenima au point que l'adolescente s'enfuit pour aller retrouver le garçon qu'elle aimait.

On sait que, le soir, Juliette prit le train pour regagner l'institution où elle était pensionnaire. Mais on sait aussi, par le témoignage de certaines de ses camarades, qu'en fait elle ne rentra pas au pensionnat – elle partit même dans la direction opposée.

Je pourrais broder longuement sur ce qui arriva ensuite, faire en sorte de combler les blancs de cette histoire, romancer les derniers mots, les derniers instants de Juliette et de son Roméo marchant dans la neige, dans la nuit, le long de la voie ferrée entre Blainville-sur-l'Eau et Mont-sur-Meurthe, près de Lunéville.

Mais les faits se suffisent à eux-mêmes, sombres et glacés comme cette soirée-là, il faut savoir se taire pour mieux entendre deux enfants pleurer dans la nuit.

A l'arrivée de l'*Orient-Express* en gare de Strasbourg, des gens remarquèrent des lambeaux de vêtements pris dans les roues des wagons. Il y avait aussi des traces de sang. On envoya des cheminots examiner la voie. Au kilomètre 378,5, ils découvrirent les corps mutilés de Juliette et de Roméo.

A 22 h 45, sans se lâcher la main, ils s'étaient jetés sous l'*Orient-Express* qui fonçait vers Vienne et Budapest.

Panama (Scandale de)

En 1963, après un dîner avec le producteur Raoul Lévy qui, sans vergogne, lui a expliqué quels tours de passe-passe sont nécessaires pour réussir à produire un film pour le financement duquel on n'a pas le premier sou (cas de figure extrêmement fréquent), Guy Béart compose *Suez* qui dit à peu près ceci – je résume :

Suppose qu'on ait de l'argent
(…)
On s'achèterait une ville
On l'appellerait Suez
(…)
(…)
On se creuserait un canal
On ferait payer tous les gens
Ça nous ferait beaucoup d'argent
(…)

Puis avec cet argent-là
On s'achèterait Panama.

L'affaire du canal de Panama est systématiquement présentée comme le plus grand scandale financier du XIXe siècle en France. La litanie des actes de corruption, des trafics d'influence, des mensonges érigés en vérités, des magouilles politiciennes, a renvoyé loin en annexe le fait que Panama fut d'abord et avant tout une tragédie dont le bilan, qui se chiffre en *dizaines de milliers* de vies humaines, n'a rien à envier à ceux de certains séismes, éruptions, inondations et autres incendies géants.

Ferdinand de Lesseps, trop sûr de lui après la réussite éclatante du creusement du canal de Suez, avait mal évalué les difficultés du terrain panaméen. Les investisseurs découvrirent alors que le devis risquait de s'en trouver considérablement alourdi, et ils furent nombreux à quitter la partie. Ce dont, bien sûr, on ne saurait les blâmer.

Sauf qu'à lire la presse de l'époque, on n'a pas l'impression qu'ils aient été bouleversés par autre chose que par la perspective de perdre de l'argent.

Or les cadavres de milliers d'ouvriers jonchaient déjà les rives du futur canal. Mais à l'exception des insectes nécrophages, il semble que personne les ait remarqués…

Pour Ferdinand de Lesseps, la défection des investisseurs était évidemment une catastrophe : sans argent, comment poursuivre le creusement ?

Le seul moyen était de lancer une souscription publique. Ce pour quoi il fallait l'autorisation du Parlement. Mais alerté par des rapports d'ingénieurs pour le moins pessimistes (l'un des reproches majeurs adressés à Lesseps était son obstination à vouloir faire un canal à niveau, c'est-à-dire sans écluses), les députés refusèrent à deux reprises de donner leur aval à la souscription.

C'est alors qu'intervint le baron Jacques de Reinach, ami de Lesseps : puisant dans ses fonds personnels, il commença par graisser la patte de nombreux journalistes influents pour obtenir des articles contredisant les sombres rapports des ingénieurs. Chèques à l'appui, il les persuada que tout allait pour le mieux là-bas, dans le massif rocheux qui culminait au col de la Culebra.

Il va de soi qu'il passa sous silence les éboulements qui se multipliaient dès qu'arrivaient les pluies, entraînant rails, traverses, wagons, excavateurs, grues, lieux de vie – et les hommes, donc ! – dans des fondrières de boue. Il se garda bien de dire que, contrairement aux affirmations de Lesseps, le climat de l'isthme était particulièrement malsain, qu'y sévissaient la variole, la malaria, la fièvre jaune et quelques autres fièvres pernicieuses que la médecine d'alors était impuissante à soigner. Il ne parla pas non plus de ces milliers d'hommes qui, jour après jour, périssaient dans le combat inégal qu'ils menaient contre une nature dont personne n'avait envisagé qu'elle pût être si hostile, hérissée d'épines empoisonnées capables de transpercer le cuir le plus épais, grouillante de jaguars, de chauves-souris enragées (au sens médical du terme), de centaines de milliers de sangsues et d'insectes venimeux, de dendrobates dont le contact pouvait être mortel (notamment sur les lésions de l'épiderme si courantes chez les ouvriers du canal), sans oublier les arbres gigantesques qui s'abattaient sans avertissement.

Dans le même temps, Lesseps promit aux parlementaires des « récompenses » substantielles qui seraient prises sur l'argent de la souscription... s'ils votaient pour que celle-ci ait lieu !

Soutenue par la double caisse de résonance de la presse et des sphères politiques, la souscription fut approuvée et commença par donner des résultats inespérés.

Conforté par l'afflux d'argent frais, certain qu'il allait redorer son blason et redevenir le héros universel, le « Grand Français », le « Phare du Tout-Paris », le « Pape de l'expansion européenne », surnoms ronflants dont la presse l'avait affublé au moment de l'inauguration du canal de Suez en 1869, Lesseps commit alors la faute de puiser dans ces fonds nouveaux, versés en majorité par de modestes épargnants émoustillés par le parfum d'aventure qu'exhalaient des coupons intitulés *Compagnie universelle du canal interocéanique de Panama*, pour tenir les promesses dangereuses que Reinach avait faites aux parlementaires.

Ce qu'on mesure mal aujourd'hui, où notre si vertueuse société continue de s'émouvoir davantage des esclandres financiers que des désastres humanitaires, c'est que ce détournement de fonds publics qui a défrayé la chronique s'est accompagné d'un autre détournement, d'information celui-là : on a fait un énorme esclandre (et de fait, c'en était un) à propos des millions envolés, mais on a quasiment passé sous silence ce qui me semble être le véritable scandale du canal de Panama : la mort de trente mille hommes parmi les ouvriers recrutés pour son creusement.

Trente mille cadavres emportés par des coulées de boues, noyés dans des inondations, écrasés sous des éboulements, tronçonnés par des machines, empoisonnés, victimes d'épidémies, etc.

Trente mille cadavres, soit trente mille faits divers.

Le canal de Panama fut achevé par les Etats-Unis et inauguré en août 1914. C'était il y a cent ans. Je me suis laissé dire qu'on se préparait aujourd'hui à creuser un ou deux canaux de plus, parallèles au premier...

Pendaison (L'impossible)

Albert Pierrepoint, avec quatre cent cinquante pendaisons à son actif entre 1932 et 1956, fut l'un des exécuteurs les plus prolifiques du Royaume-Uni. Il fut aussi l'un des plus expéditifs : aussi incroyable que cela paraisse, il ne lui fallut que sept secondes et demie entre l'instant où, en lui liant les poignets, il s'assura de la personne de James Inglis, condamné à mort pour le meurtre d'Alice Morgan, une prostituée de cinquante ans, et celui où la trappe fatale s'ouvrit sous les pieds d'Inglis.

Si James Berry figure lui aussi en bonne place dans les annales des exécutions capitales *made in England*, c'est pour la raison inverse : loin de battre des records de vitesse et d'éviter à son « client » les affres de l'attente, il ne réussit tout simplement pas à pendre un certain John Lee, employé de maison, reconnu coupable d'avoir sauvagement assommé sa patronne avant de l'égorger et de tenter de brûler son corps.

De l'heure de son arrestation à celle prévue pour son supplice, John Lee ne cessa de crier qu'il n'avait trempé d'aucune façon dans cet assassinat, et que Dieu interviendrait certainement pour le sauver.

Les protestations d'innocence de John Lee n'impressionnèrent personne, et surtout pas James Berry, qui était alors l'exécuteur en titre. Le dimanche 22 février 1885, veille de la pendaison, Berry et ses aides se présentèrent donc à la prison d'Exeter, dans le comté de Devon.

La première chose qu'ils firent fut de se rendre dans la dépendance où l'on remisait le fourgon cellulaire et où avait été dressé l'échafaud. Berry actionna le levier à plusieurs reprises, et il put ainsi s'assurer que la trappe fonctionnait parfaitement bien : si quelqu'un s'était tenu dessus, ce qui serait le cas le lendemain matin, il aurait été précipité dans le vide jusqu'à ce que la corde à son cou arrête brutalement sa chute et provoque sa mort instantanée en brisant ses vertèbres.

Le lundi 23 février, à 8 heures, James Berry entra dans la cellule où John Lee, qui venait de finir son petit déjeuner, patientait tranquillement. Après lui avoir rapidement attaché les mains dans le dos, Berry dit à Lee de le suivre. Sachant que le condamné n'avait jamais cessé de proclamer son innocence, Berry s'était attendu à un possible mouvement de révolte. Mais il n'en fut rien, et Lee lui emboîta le pas docilement. Il avait l'air de tout sauf d'un homme qui n'a plus que quelques secondes à vivre.

John Lee se plaça sur la trappe où un des aides lui ligota les chevilles, tandis que Berry se hâtait de lui enfiler une cagoule sur le visage et de positionner la corde.

L'exécuteur avait à peine ajusté le nœud coulant qu'il poussait déjà le levier.

Mais il ne se passa rien. En dépit des essais effectués la veille, les deux volets de la trappe demeurèrent étroitement joints, comme soudés l'un à l'autre.

Après un instant de stupéfaction, James Berry ramena le levier à sa position initiale et, sans attendre davantage, le repoussa pour déclencher le mécanisme. Tout le monde perçut le cliquetis du levier arrivant au point d'ouverture, mais les volets de la trappe ne s'écartèrent pas.

Alors Berry se précipita pour ôter le nœud coulant du cou de John Lee, et il le débarrassa également de sa cagoule. L'espace d'une seconde, les regards des deux hommes se croisèrent, et l'exécuteur ne put s'empêcher de remarquer combien le condamné semblait paisible – comme si, au fond, il n'avait jamais douté de ce qui venait d'arriver.

Des gardiens entraînèrent John Lee dans une pièce contiguë, pendant que Berry et ses aides actionnaient le levier : à présent qu'elle ne supportait plus d'homme à pendre, la trappe s'ouvrait à chaque sollicitation. L'exécuteur dit aux officiels qui entouraient l'échafaud que, selon lui, c'était l'humidité consécutive aux pluies diluviennes qui n'avaient cessé de tomber depuis quarante-huit heures qui avait dû gripper le mécanisme, mais qu'il l'avait décoincé en le faisant fonctionner à vide – voyez, messieurs : ça s'ouvre, ça se ferme, ça s'ouvre, ça se ferme…

On pouvait reprendre le protocole d'exécution, et, cette fois, il n'y aurait aucun problème.

On ramena *illico* John Lee, on le positionna au centre de la trappe, on l'affubla à nouveau d'une cagoule, on lui glissa la corde au cou, James Berry empoigna le levier et le poussa en avant, il y eut un déclic… et la trappe demeura fermée.

Sir William Harcourt, le juge qui avait prononcé la sentence de mort, décida qu'il serait choquant de faire une nouvelle tentative : avoir à trois reprises la sensation d'une mort aussi imminente qu'inéluctable valait certainement, sur le plan punitif, le fait de mourir pour de bon. Il prononça le report *sine die* de l'exécution, le temps de commuer la peine en détention à vie.

La raison pour laquelle la trappe ne s'était pas ouverte ne fut jamais vraiment élucidée. James Berry, en tout cas, refusa d'admettre l'hypothèse d'une intervention divine.

John Lee passa encore vingt-deux ans en prison, puis il fut libéré. Il semble qu'après s'être installé à Londres pendant la guerre, il ait échappé de justesse à un effroyable bombardement allemand. Mais c'est une pure spéculation, car la date et les circonstances exactes de son décès restent inconnues – si tant est qu'il soit mort, ce que personne ne peut prouver…

Perroquet

Ce fut, quelques années durant, un des rituels de nos déjeuners mensuels de l'académie Goncourt : après la séance de travail, une fois l'ordre du jour épuisé, Robert

Sabatier, de sa voix posée-sucrée, nous demandait si nous avions jamais entendu parler d'un certain perroquet auquel était survenue la plus ahurissante des aventures. Nous nous empressions de l'assurer que nous ne connaissions rien de ce volatile, et que nous serions infiniment heureux d'en apprendre davantage à son sujet. Alors Robert plissait les yeux, et, commençant à plier sa serviette, déclarait que oui, bien sûr, il comprenait notre curiosité qu'il avait lui-même allumée, mais que, toute réflexion faite, il préférait ne rien dire de ce perroquet : il s'agissait en effet d'une histoire libidineuse, pygocole, lubrique, cochonne, impudique, lascive, licencieuse, obscène, luxurieuse, polissonne, pornographique, et en somme parfaitement vicieuse. Eh bien oui, disions-nous, comme d'habitude – car les bestioles, essentiellement des Psittacidae rondouillards et parlant comme vous et moi, dont Robert nous contait les avatars, étaient toutes libidineuses, pygocoles, lubriques, etc. Et bien entendu à se tordre de rire.

L'histoire de perroquet que j'ai retenue pour ce *Dictionnaire amoureux* n'a rien de coquin et moins encore de désopilant. Je l'avais racontée un jour à Robert, et je me rappelle qu'il avait alors posé sur moi le regard le plus triste du monde : comment avais-je pu m'enticher d'une histoire de perroquet aussi déprimante et cafardeuse ?

En 1819, Gaspard Matracia, qui n'avait pas encore touché ses dix ans, savait déjà ce qu'il allait faire de sa vie : fasciné par l'habileté et la grâce des oiseaux à voleter de perchoir en perchoir, il voulait, pour leur ressembler, devenir acrobate. Sicilien d'origine, il voyagea et se produisit sur presque tous les rivages de la Méditerranée : Gênes,

Naples, Athènes (où il admira le chevêche d'Athena), Izmir (où il observa les flamants et les pélicans), Beyrouth (et ses pélicans blancs), Alexandrie (et ses hérons), Le Caire (ses vautours fauves), Tunis (innombrables alouettes de Clot-bey, traquets à têtes blanches, roselins githagines et autres sirlis du désert), Oran, Carthagène, Valence, Barcelone (où il acheta un perroquet, Papa Gallo, le perroquet de sa vie, son partenaire sur scène).

En compagnie dudit Papa Gallo, Matracia débarqua à Marseille en août 1856. Il avait quarante-six ans. A son récital d'acrobaties, il avait ajouté un numéro de prestidigitateur, et son inséparable perroquet était maintenant capable de s'adresser aux spectateurs en cinq langues.

C'est alors qu'il rencontra les Campeziano, siciliens comme lui, qui le persuadèrent de s'installer chez eux, cours Belsunce. Malheureusement, les Campeziano avaient une fille de vingt ans, Lucrèce, fraîche et dorée comme un petit matin à Taormina. Le perroquet Papa Gallo essaya bien de mettre Matracia en garde, mais rien n'y fit.

Dans la nuit du 1er janvier 1857, Matracia, qui était allé célébrer l'an neuf en faisant la tournée des bars de Marseille, commit l'erreur de revenir cours Belsunce en compagnie de quelques larrons aussi alcoolisés que lui.

Ils firent grand bruit, cassèrent des choses, réveillèrent la maisonnée. La dame Campeziano, qui avait pris Matracia en grippe dès l'instant où il avait décoché un premier sourire à la trop jolie Lucrèce, appela la police. Les compagnons de beuverie de Matracia déguerpirent aussitôt, mais ce dernier, loin de se calmer, perdit tout contrôle de lui-même : il prit son poignard et, selon la coutume sicilienne, il en passa la lame au feu après l'avoir frottée d'ail pour la rendre plus meurtrière.

Et sous l'œil rond (et atterré) de Papa Gallo, l'acrobate-illusionniste frappa mortellement Mme Campeziano, ainsi que son autre fille, Diane, qui se trouvait au mauvais endroit au mauvais moment.

Gaspard Matracia fut interpellé quarante-huit heures plus tard, alors qu'il cheminait en direction de Toulon, son perroquet sur l'épaule, afin de s'embarquer pour la Sardaigne. Il n'opposa aucune résistance et passa aux aveux.

Le 13 février 1857, il fut condamné à mort par la cour d'assises des Bouches-du-Rhône. Incarcéré à Marseille, il signa son recours en grâce sans se bercer d'illusions (et il avait raison car on le lui refusa), et, toujours sans y croire, il demanda qu'on lui permît de garder son perroquet avec lui dans sa cellule (et là, aussi inouï, incroyable et stupéfiant que cela soit, l'administration pénitentiaire, une des machines à broyer de l'humain les plus rigides qui soient, donna son consentement).

Le 21 mars, à 7 h 10, Gaspard Matracia prit place dans le fourgon cellulaire qui allait le conduire sur la place Saint-Michel où l'on avait dressé les bois de justice. Trois autres « personnes » étaient montées dans la patache en compagnie du condamné : son confesseur, l'abbé Richard, le bourreau Martin-Pierre Berger qui devait prêter main-forte à l'exécuteur principal, et Papa Gallo qui, à titre tout à fait exceptionnel, avait été autorisé à suivre son maître jusqu'à l'échafaud. Au lendemain de l'exécution, le procureur général déplora « ce sentiment de pitié inintelligent [...], cette faveur incongrue qui a fait perdre son caractère de gravité à la scène terrible qui allait avoir lieu ». Que ce procureur glacé et glaçant aille au diable. Ce que je déplore, moi, c'est de ne pas connaître le nom de l'homme de cœur qui autorisa la présence de l'oiseau.

Un murmure de stupéfaction parcourut la foule des spectateurs lorsque l'exécuteur Berger, descendant le premier du fourgon, déposa sur l'échafaud, au vu de tous, la cage de Papa Gallo.

Matracia vint ensuite, puis l'abbé Richard. S'adressant au public, le condamné demanda aux Marseillais de lui pardonner et de prier pour son âme, puis il s'abandonna aux mains des valets du bourreau.

C'est alors que Desmorest, l'exécuteur en chef, ouvrit la cage de Papa Gallo. Le joli perroquet s'envola pour venir se poser sur l'épaule de Matracia qu'on venait d'allonger sur la bascule. Le cou déjà serré dans la lunette, le supplicié ne put se retourner pour regarder la petite créature qu'il aimait. Mais on l'entendit qui lui disait : « Ton maître va mourir. Il te caresse pour la dernière fois... »

Le couteau s'abattit. Au bruit à la fois puissant et sourd qu'il fit en tranchant net le cou de Gaspard Matracia, le perroquet prit peur et battit des ailes[1] jusqu'à ce que le corps de son maître eût basculé dans la panière qui l'attendait.

Papa Gallo fut adopté – et choyé – par le directeur de la prison.

1. *Journal de Toulouse*, 24 mars 1857.

Phagan (Mary)

Treize ans, la plus mignonne des frimousses, deux énormes nœuds de ruban blanc attachés dans ses cheveux à hauteur des oreilles, des lèvres ourlées en demi-sourire, un petit nez au dessin parfait, un regard à la fois candide et pétillant, et cette façon d'incliner légèrement la tête sur le côté comme font les oiseaux : de l'avis général, elle était adorable. Joliment potelée, elle mesurait 1,50 mètre. Une petite taille, certes, mais qui accentuait son air de poupée attendrissante. Et puis, la croissance de Mary Phagan n'était peut-être pas terminée. Mais ça, on ne le saurait jamais.

Même si Atlanta (Géorgie) s'était remise des blessures de la guerre de Sécession plus vite que bien d'autres cités, la vie, en 1913, n'y était pas facile pour tout le monde. Orpheline de père, la petite Mary avait dû entrer comme ouvrière à la *National Pencil Company*, une usine de crayons qui employait cent soixante-dix personnes, essentiellement de très jeunes filles âgées de onze à seize ans. Mary Phagan était préposée au sertissage de la couronne métallique dans laquelle, à une extrémité du crayon, était insérée une petite gomme.

Le samedi 26 avril, après avoir avalé un rustique petit déjeuner composé de pain et de chou et avoir revêtu sa plus jolie toilette – une robe couleur lavande –, Mary prit le tramway en direction de la *National Pencil Company* qui occupait un building de quatre étages dans South Forsyth Street, en plein centre industriel d'Atlanta. Elle descendit à la station Hunter and Broad. Elle marchait vite, à la fois parce qu'il faisait passablement frisquet pour un jour d'avril, mais aussi parce qu'elle avait hâte d'aller voir la grande parade organisée en hommage aux soldats confédérés tombés durant la guerre civile, et qu'elle tenait absolument, avant cela, à récupérer sa paye de la semaine, un dollar et quatre-vingts cents, somme modeste mais qui comptait beaucoup pour elle. Elle n'avait pas pu passer à l'usine la veille, et le directeur, Leo Frank, lui avait fait dire de venir ce samedi. Lui-même ayant l'intention de profiter de ce jour férié et du silence des ateliers pour finaliser des dossiers en souffrance, il lui remettrait personnellement son dû.

Il était déjà midi quand elle franchit l'entrée monumentale dont le fronton portait encore, gravé dans la pierre, le nom de l'hôtel, *The Venable*, qui avait occupé les lieux avant la *National Pencil Company*. Mary se dit qu'elle allait devoir prendre de nouveau le tramway si elle voulait arriver à temps pour voir la parade. Mais avec un peu de chance, elle tomberait sur celui que conduisait le wattman avec lequel elle s'était liée d'amitié – Mary se doutait bien que ce gentil conducteur espérait un peu plus qu'une simple relation platonique, mais qu'avait-elle à craindre d'un homme qu'elle ne rencontrait qu'à bord de son véhicule bondé de voyageurs ? Une ou deux fois, c'est vrai, il lui avait proposé de ne pas descendre au terminus et de rester avec lui jusqu'à ce qu'il ait ramené le tram au dépôt de la *Georgia Railway and Power Company*, mais elle avait refusé et il n'avait pas persévéré.

Tout en grimpant l'escalier pour rejoindre le deuxième étage où se trouvait le bureau de Leo Frank, elle se demanda pourquoi ce dernier avait insisté pour qu'elle vienne elle-même chercher son salaire au lieu de le confier à l'une ou l'autre de ses collègues d'atelier, comme c'était déjà arrivé dans le passé.

Sans être particulièrement timide, l'adolescente se sentait mal à l'aise quand elle se retrouvait en présence de ce directeur qui, malgré son jeune âge – il n'avait pas encore trente ans –, l'impressionnait par l'élégance de ses costumes à fines rayures, la hauteur et la raideur de ses cols amidonnés, la grosseur de la pierre de son épingle de cravate, et ses yeux étrangement dilatés et qu'agrandissaient encore les verres de son pince-nez. Elle avait entendu dire qu'il lui arrivait de convoquer dans son bureau l'une ou l'autre des filles de la firme, et de s'isoler avec elle tandis que Jim Conley, le Noir chargé de balayer les locaux, montait la garde devant la porte close. Mais même si, en sortant du bureau, certaines étaient rouges de confusion ou reniflaient comme si elles étaient au bord des larmes, aucune des ouvrières que Leo Frank avait ainsi « favorisées » d'un entretien particulier ne s'était jamais plainte de quoi que ce soit.

Avant d'atteindre le deuxième étage, Mary aperçut Conley assis dans l'ombre, occupé à bâiller et à se tourner les pouces. Pourquoi restait-il là à ne rien faire, lui qui aimait tellement jouer aux cartes et boire de la bière avec des copains ? Ce jour était férié, personne ne pouvait avoir obligé le balayeur à venir s'ennuyer à l'usine.

Conley gratifia Mary d'un salut de la tête, le plus respectueux de tous ceux qu'il connaissait ; il n'y était pas obligé, elle n'était après tout qu'une enfant, une ouvrière de rien du tout, mais la ségrégation était en train de flamber à Atlanta, les Noirs étaient désormais tenus de se grouper à l'arrière des tramways afin de laisser les places de devant aux Blancs, et la *Georgia Railway and Power*

Company annonçait d'ailleurs la prochaine mise en service de voitures différentes pour les Noirs et pour les Blancs, alors de nombreux Noirs reprenaient d'instinct leurs habitudes serviles d'avant 1865[1].

Frank regarda à peine Mary Phagan en lui remettant son dû. Du moins fit-il en sorte de ne pas avoir l'air de s'intéresser à elle, car, en réalité, il l'observait par en dessous tout en faisant mine d'être absorbé par les registres de comptabilité ouverts sur son bureau.

Mary lui demanda alors si l'usine avait réceptionné un nouveau stock de bandelettes de métal destinées à recevoir les gommes au bout des crayons, car sinon elle ne viendrait pas travailler lundi, à moins que Mr. Frank ne décide de la mettre à un autre poste. Le directeur dit qu'il ne savait rien à propos des bandelettes, mais qu'il était facile de s'en assurer en descendant voir à l'atelier où l'on usinait les pièces métalliques – la *metal room*.

Il se leva et fit signe à Mary de le suivre.

L'homme et la petite fille passèrent à nouveau devant Jim Conley, qui resta tapi dans sa pénombre tandis que Leo Frank, avec Mary sur ses talons, se dirigeait vers l'atelier des pièces métalliques.

Il est difficile de dire ce qui, précisément, eut lieu dans la *metal room*.

Leo Frank avait-il prémédité son coup ? Je ne le crois pas : sans doute avait-il prévu, en obligeant Mary Phagan à venir dans son bureau chercher son misérable salaire, de

1. 6 décembre 1865 : proclamation officielle de l'abolition de l'esclavage sur tout le territoire des Etats-Unis.

la convaincre de se laisser caresser les seins, voire de lui permettre un baiser – là, c'est lui qui serait puni car elle exhalait ce matin une haleine désagréablement parfumée au chou bouilli qu'elle avait ingurgité à son petit déjeuner. En tout cas, Frank n'avait sûrement pas envisagé de descendre jusqu'à la *metal room*. Toujours est-il que ce changement de décor ne diminua en rien le désir qu'il avait de la petite Mary Phagan – un désir qui avait dû s'exaspérer tandis qu'il entraînait vers un atelier désert, froid, cette grande petite fille qui s'était mise sur son trente et un – n'oublions pas les fleurs de percale blanche dans ses cheveux, ne les oublions jamais : elles sont le symbole d'innocence et de martyre de toutes les enfants saccagées – pour assister à la parade.

Ce que l'on sait, c'est ce que l'autopsie de Mary Phagan a révélé : quelqu'un (Frank ?) s'est jeté sur elle, l'a violentée, elle s'est défendue, débattue, mais l'homme était le plus fort.

Plus tard, Jim Conley devait avouer qu'il avait entendu crier deux étages plus bas. Mais il ne s'en était pas soucié : les cris faisaient partie des « entretiens » que Leo Frank accordait à ses jeunes ouvrières.

L'agresseur cogna la nuque de Mary Phagan contre l'angle vif d'un tour à métal. Elle perdit conscience. Alors, comme en témoignent les marques de sévices sur son vagin, et bien qu'aucune trace de sperme n'ait été détectée – mais peut-être parce qu'il ne réussit pas à pénétrer complètement la jeune fille et qu'il ne put pas aller jusqu'à l'éjaculation –, il est plus que probable qu'il la viola.

Puis, comme sa petite proie demeurait évanouie, il se demanda ce qui arriverait si elle recouvrait ses esprits.

La flaque de sang qui s'élargissait sous la tête de Mary plaidait contre cette hypothèse, mais l'homme était de ceux qui envisagent toujours le pire ; et en l'occurrence, pour lui, le pire n'était pas que Mary Phagan fût gravement blessée, mortellement peut-être, mais qu'elle retrouvât sa lucidité, car elle ne manquerait pas de le dénoncer, ce qui dévasterait sa vie pour très longtemps.

Il prit donc la seule décision raisonnable à ses yeux : s'assurer qu'elle ne serait plus jamais en mesure d'ouvrir sa jolie bouche.

Prenant une cordelette dans une réserve de fournitures diverses, il la noua autour du cou de la jeune fille et serra de toutes ses forces. Mary mourut sans même un sursaut.

D'après Conley, il était 12 h 05 lorsqu'une autre petite ouvrière, Monteen Stover, quatorze ans, passa devant lui en se dirigeant vers le bureau de Leo Frank. Comme Mary, elle avait été avertie de venir à l'usine où Frank lui remettrait lui-même son salaire de la main à la main. Moins ingénue que la petite Phagan, Monteen Stover savait fort bien ce que le directeur allait lui demander. Elle n'était pas forcément contre : Leo Frank lui était plutôt sympathique – on allait s'apercevoir, lors du procès, qu'il avait en effet quelques « groupies » parmi ses jeunes ouvrières.

Lorsqu'elle entra dans le bureau de Frank, Monteen constata que le directeur ne s'y trouvait pas. Pensant qu'il s'était absenté un instant pour se rendre aux toilettes, elle décida de l'attendre. Mais au bout de cinq à six minutes, elle en eut assez et quitta le bureau après un dernier regard sur l'horloge. Celle-ci indiquait 12 h 10.

Monteen aurait bien voulu ne pas nuire à son employeur. Ce fut pourtant son témoignage qui contribua à anéantir le système de défense de Leo Frank. Ce dernier avait en effet déclaré qu'il ne pouvait pas avoir tué Mary Phagan pour la raison suffisante qu'il n'avait pas bougé de son bureau entre 12 heures et 12 h 35. Or, d'après l'état de la digestion du chou et du pain qu'elle avait mangés en guise de petit déjeuner, le docteur Harris, expert incontesté en la matière, affirmait que la jeune fille était morte trente minutes après ce « festin ». Soit entre 12 h 05 et 12 h 10. Si Frank était dans son bureau à ce moment-là, comme il l'assurait et comme Jim Conley le confirmait, alors il ne pouvait en effet pas être le meurtrier de Mary Phagan.

Le problème était que Monteen Stover, qui ne souhaitait pourtant rien tant qu'aider Leo Frank, avait constaté que ce dernier n'était pas dans son bureau à l'heure où, deux étages plus bas, mourait une innocente petite fille. Et Monteen Stover ne savait pas mentir.

Dès le début de l'enquête, l'attention de la police fut attirée par la nervosité disproportionnée de Leo Frank, par la raideur de son discours, voire par ses contradictions. Si bien que, malgré l'absence de preuves formelles dans un sens ou dans l'autre – la méthode d'identification par l'ADN ne devait être découverte qu'en 1985 –, le directeur de la *National Pencil Company* fut accusé du meurtre de Mary Phagan.

Au fur et à mesure du déroulement de son procès, la défense de Leo Frank s'effrita, puis s'effondra complètement. Contrairement à ce qu'il avait toujours soutenu, Frank reconnut que la jeune Monteen Stover avait peut-être raison : il n'était pas totalement impossible qu'il ait quitté son bureau pour se rendre aux toilettes, même s'il était incapable de se le rappeler. Et d'ailleurs, à supposer qu'il soit réellement allé satisfaire un besoin naturel, ça ne lui avait pris qu'un instant, un laps de temps beaucoup trop court pour commettre le crime qu'on cherchait à lui mettre sur le dos.

Malheureusement pour lui, un autre témoignage vint l'accabler. Celui de Jim Conley, qui rapporta que Frank lui aurait dit : « Je désirais seulement m'amuser un peu avec la petite fille, mais elle n'a pas voulu. Elle m'a repoussé, alors je l'ai frappée. Et je suppose que j'ai dû la cogner trop fort, parce qu'elle est tombée et que sa tête a heurté quelque chose… » Frank aurait alors donné deux cents dollars à Conley pour que celui-ci l'aide à transférer le corps de la *metal room* jusqu'au sous-sol, et il lui aurait promis deux cents dollars supplémentaires s'il revenait plus tard pour prendre le cadavre, l'emporter et le brûler.

Conley témoigna aussi que Frank lui avait fait écrire un message plus ou moins gribouillé qu'on avait retrouvé à côté du corps de Mary Phagan, et dans lequel la jeune fille accusait un Noir grand et mince d'être son assassin – Conley, lui, était petit et trapu, c'est pourquoi il avait accepté d'écrire le message. La description de ce prétendu meurtrier correspondait assez parfaitement à celle de Newt Lee, un autre Noir qui travaillait à la *National Pencil Company* comme veilleur de nuit, mais que l'enquête de la police avait rapidement disculpé.

De plus, Frank accumula les déclarations invraisemblables, affirmant par exemple, contre toute évidence, qu'il ignorait jusqu'au nom de Mary Phagan – en revanche, il prétendait connaître celui d'un homme qui la courtisait, et il était intarissable concernant les détails de ce prétendu flirt !

Invité à déposer à la barre, il ne voulut pas prêter serment – il en avait le droit, mais cette dérobade ôta beaucoup de crédibilité à ses propos ; et après avoir discouru pendant quatre heures d'affilée sans rien apporter de nouveau, il refusa de se soumettre au contre-interrogatoire du procureur.

Et c'est ainsi que malgré les témoignages en sa faveur de quelques-unes parmi ses jeunes et jolies ouvrières (citons au hasard Opie Dickerson, Marjorie McCord ou Jennie Mayfield), Leo Max Frank, vingt-neuf ans, fut condamné à mort.

L'exécution devait avoir lieu le 22 juin 1915. Mais la veille, contre toute attente, John Slaton, gouverneur de Géorgie, commua la peine en prison à vie.

Cette décision du gouverneur Slaton n'était pas due au fait que celui-ci était à une semaine de la fin de son mandat, et que, n'ayant pas l'intention de se représenter, il n'avait plus besoin de ménager un électorat largement partisan de la peine de mort : en fait, John Slaton était un homme droit, il avait très sérieusement étudié le dossier, et il avait à présent ce qu'il est convenu d'appeler *un doute raisonnable.*

Non seulement l'accusation n'avait pas pu prouver la culpabilité de Leo Frank, mais il était évident que les jurés avaient été fortement influencés par une répugnante campagne de presse antisémite dirigée contre Frank parce qu'il était juif. Massée à l'extérieur du tribunal, la foule n'avait cessé de crier : « Mort aux Juifs ! Qu'on les pende tous ! »

La décision courageuse prise par le gouverneur Slaton déchaîna la colère des citoyens d'Atlanta, ravivant leur haine des Juifs en général et de Leo Frank en particulier. Redoutant un coup de force contre la prison d'Atlanta, John Slaton profita de la nuit pour faire discrètement transférer Frank dans un autre pénitencier, celui de Milledgeville situé à près de deux cents kilomètres.

Ce transfert ne fut pas du goût des occupants des cellules de Milledgeville. Au prétexte que des excités venus d'Atlanta finiraient bien par s'introduire dans la prison pour en extraire Leo Frank à la seule fin de le lyncher, et qu'eux-mêmes risquaient d'en pâtir, ils décidèrent de prendre de l'avance : le 17 juillet, armé d'un couteau de boucher, l'un de ses codétenus ouvrit dans la gorge de Frank une entaille de vingt et un centimètres.

D'abord considéré comme perdu, Leo Frank échappa miraculeusement à la mort.

Mais ce n'était qu'un sursis : le 16 août, un peu avant minuit, un électricien coupa les lignes téléphoniques du complexe pénitentiaire. Une fois la prison isolée du reste de l'Etat, un commando de vingt-cinq hommes, puissamment armés et répartis sur huit voitures, donna l'assaut aux bâtiments de briques rouges.

Parmi eux se trouvaient deux juges à la retraite, un ancien shérif, un ecclésiastique, deux spécialistes en mécanique chargés de faire en sorte qu'aucun véhicule ne tombe en panne, et un bourreau qui allait avoir pour mission de pendre Leo Frank dont ces gens, qui s'étaient surnommés les Chevaliers de Mary Phagan, n'acceptaient pas qu'il ait été gracié.

Sous la menace de leurs armes, ils investirent l'unité de détention des prisonniers mâles, obligèrent les gardiens à leur ouvrir la cellule de Leo Frank, lui braquèrent le canon d'un fusil sur la nuque et le firent monter à bord d'une de leurs voitures.

Fonçant dans la nuit, empruntant des routes secondaires, voire de rugueux chemins de terre pour éviter les barrages de police – dans sa précipitation, le technicien chargé de couper les câbles téléphoniques avait oublié l'un d'eux, et la prison de Milledgeville avait finalement réussi à donner l'alerte –, le convoi roula près de sept heures avant d'atteindre Marietta, la ville natale de la petite Mary.

Comme le jour se levait, les voitures s'arrêtèrent dans les faubourgs de Marietta, à un endroit où un chêne magnifique étendait ses branches. Les Chevaliers de Mary Phagan firent descendre Leo Frank et lui ordonnèrent de confesser son crime, d'avouer qu'il avait frappé, violé et étranglé la jeune fille. Leo Frank nia avoir participé, de quelque façon que ce soit, au meurtre de Mary Phagan. Il s'exprimait avec une telle force de conviction que certains hommes du commando commencèrent à douter de sa culpabilité. Mais les meneurs, ceux qui avaient monté l'expédition, rétorquèrent que les protestations d'innocence d'un Juif ne valaient rien : ces gens-là étaient des embobineurs, des baratineurs, ils s'y entendaient comme personne pour berner et duper. On était venus là pour rendre justice à la pauvre petite Mary Phagan, pour pendre Leo Frank, eh bien, c'était ce qu'on allait faire, et pas plus tard que tout de suite.

Alors les hommes menottèrent Frank. Il ne se débattit pas, il leur demanda seulement de lui ôter son alliance et de la donner à sa femme.

Il y avait une table sous les ramures du grand chêne, et une corde qui pendait à une branche maîtresse. On fit monter le prisonnier sur la table, on assura la corde autour de son cou, et l'on renversa la table.

Le commando n'attendit même pas d'être certain que Leo Frank était mort pour prendre la fuite.

Ils étaient satisfaits d'eux-mêmes. Le jour se levait. La journée serait belle.

Quand la nouvelle fut connue que Leo Frank avait été lynché et que son corps se balançait à l'ombre d'un chêne de Mariotta, une foule considérable se dirigea vers le lieu de son exécution. Il y avait des femmes avec des ombrelles, des enfants qui riaient. Les plus prévoyants, ceux qui avaient apporté de quoi se restaurer, partageaient généreusement leur pique-nique avec ceux qui étaient venus sans rien – il fallait s'entraider, n'est-ce pas, s'aimer les uns les autres. Les provisions s'amoncelaient sur les nappes étalées sur le sol, sous les pieds mêmes de Leo Frank.

Certains prélevaient, en guise de souvenir, un petit morceau de sa chemise ou de son pantalon. D'autres faisaient des photos du cadavre. Les plus réussies furent tirées à des milliers d'exemplaires et vendues comme cartes postales. Bien que la municipalité d'Atlanta en ait interdit le commerce, on continua de pouvoir en acheter pendant plusieurs années.

Puis le fourgon de la morgue arriva, et les employés prirent possession du supplicié. Lorsque celui-ci fut étendu, froid et rigide, sur une table de l'institut médico-légal, quinze mille personnes firent la queue pour défiler devant lui.

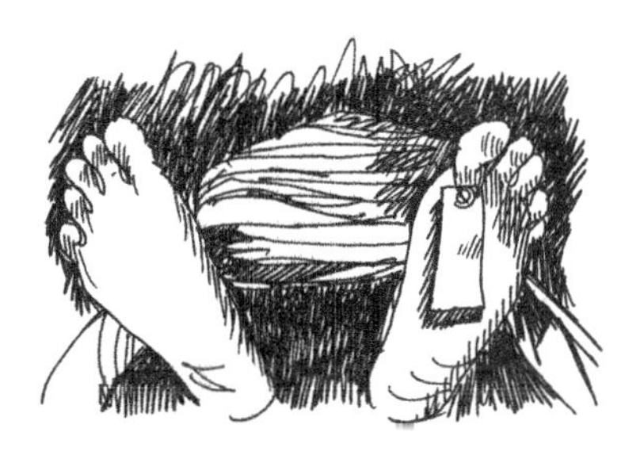

En 1982, un vieil homme du nom d'Alonzo Mann, qui avait travaillé comme garçon de bureau affecté au service de Leo Frank, produisit un témoignage sous serment par lequel il affirmait que, le jour du meurtre, il avait vu l'assassin de Mary Phagan : c'était Jim Conley.

Alonzo Mann, qui avait treize ans au moment des faits, avait tout raconté à ses parents, lesquels lui avaient fait jurer de ne jamais rien dire s'il voulait éviter d'avoir des ennuis. Mann avait obéi. De toute façon, après le lynchage de Frank, parler ne servait plus à rien. Mais maintenant qu'il sentait la mort s'approcher, il voulait libérer sa conscience.

En partie grâce à Alonzo Mann, Leo Frank, le 11 mars 1986, fut officiellement « pardonné » à titre posthume par le *State Board of Pardons and Paroles* (la commission chargée des grâces et libérations conditionnelles). Ce pardon, précise le jugement, n'est pas la preuve irréfutable qu'il ne plane plus l'ombre d'un doute sur l'innocence de Leo Frank – mais soixante-dix ans après les faits, comment pourrait-il en être autrement ?...

Je crois, moi, à l'innocence de Leo Frank.

Pier Paolo Pasolini (La dernière nuit de)

Ostie, 2 novembre 1975, brume de fin de nuit, il est 6 h 30. Elle s'appelle Maria Teresa Lollobrigida, quarante-cinq ans, sans profession : « Quand nous sommes arrivés, dit-elle, j'ai aperçu quelque chose devant notre maison. J'ai d'abord cru que c'étaient des ordures, et j'ai dit à mon fils Giancarlo qui était avec moi : “Regarde-moi ça, ces fils de pute viennent déposer leurs saloperies juste devant chez nous !” Je me suis approchée en me demandant comment on allait pouvoir nettoyer cette merde, et c'est alors que je me suis rendu compte qu'il s'agissait du corps d'un homme. Il gisait face contre terre, le visage écrabouillé, les cheveux maculés de sang, les mains dans le dos... »

Le sternum enfoncé, dix côtes cassées, le cœur et le foie éclatés, la mâchoire explosée, le cou tailladé, une oreille déchiquetée et l'autre complètement arrachée, les doigts de la main gauche amputés : pas facile d'identifier cette bouillie humaine ! D'autant que le sang a maculé ses papiers d'identité, les rendant à peu près illisibles.

A force de patience, un policier réussira à déchiffrer le nom de celui que, faute de mieux, on appelle le martyr : il s'agit de Pier Paolo Pasolini, cinéaste, écrivain, poète, peintre, journaliste, agitateur gauchiste, provocateur, homosexuel militant, créateur tous azimuts – et quasi-génie...

La même nuit, vers 1 h 30, la police avait arrêté sur le Lungomare Duilio un jeune conducteur pour excès de vitesse. Il s'appelait Giuseppe Pelosi, surnommé Pino la

Grenouille à cause de son visage évoquant plus ou moins le faciès d'un batracien, il avait dix-sept ans, et l'auto qu'il conduisait, une Alfa Romeo GT 2000, était une voiture volée : les papiers du véhicule étaient en effet au nom de Pier Paolo Pasolini.

Conduit à la maison d'arrêt pour mineurs de Rome, il avait alors spontanément avoué à un codétenu : « Je viens de tuer Pasolini... »

Pelosi expliqua qu'il traînait dans les parages de la Gare Termini, un des terrains de chasse des jeunes prostitués masculins, lorsqu'il avait été abordé par un homme. Il devait être alors un peu plus de 22 heures. L'homme lui avait proposé d'aller jusqu'à un terrain vague d'Ostie où l'on pouvait faire l'amour sans craindre d'être dérangés, et Pelosi, qui connaissait le coin, avait accepté sans hésiter. Le client n'était guère bavard, mais il était gentil – devinant que Pino la Grenouille avait faim, il lui avait offert un dîner dans une trattoria de San Paolo.

Dommage que les choses aient ensuite si mal tourné, avait poursuivi la Grenouille. Pourquoi ce type, ce Pasolini, n'avait-il pas pu se contenter de ce qui avait été convenu – des caresses, des léchouilles un peu trash, une fellation ? Pourquoi avait-il demandé, réclamé, exigé de sodomiser Pelosi ? Ce dernier s'était défendu, mais l'autre, Pasolini, était le plus fort, il connaissait des prises de close-combat, alors la Grenouille avait ouvert la portière et détalé. Pasolini s'était lancé à sa poursuite à travers les immondices qui parsemaient le terrain vague et donnaient à la nuit cette odeur douceâtre de fruits trop mûrs. Pour la course aussi, Pasolini était le plus fort. Il avait rejoint Pelosi et l'avait frappé. Il n'aurait pas dû faire ça. Pelosi avait ramassé un pieu, et il avait cogné à son tour. Pour se défendre, comprenez-vous ? Si Pasolini avait tourné les talons, la Grenouille aurait lâché son bâton. Mais l'autre s'obstinait. C'est qu'il savait se battre, le salaud ! A coups de poing, à coups de pied, il faisait rudement mal. Alors, forcément, Pelosi avait continué à faire des moulinets avec son pieu et à l'abattre sur son adversaire, sans vraiment viser, ça tombait où ça pouvait – et à un moment, il y a eu comme un craquement, et Pasolini est devenu tout mou, il s'est désarticulé, il s'est effondré sur lui-même. Pelosi a foncé jusqu'à l'Alfa Romeo, il s'est mis au volant, par chance les clefs étaient encore sur le contact, le moteur a commencé par bafouiller, probablement à cause de l'humidité qui montait de la mer, et enfin il a tourné rond, et la Grenouille a enfoncé la pédale de l'accélérateur, la voiture a rugi, elle a dérapé un peu sur le sable et les ordures, et alors, sans que Pelosi puisse dire comment une chose aussi horrible était arrivée, l'Alfa Romeo GT 2000 avait roulé sur le corps de Pasolini, elle l'avait écrasé, et après il y avait eu la route d'Ostie à Rome, et la nuit, et les flics.

Personne ne crut vraiment que les choses s'étaient passées ainsi. Notamment parce que la Grenouille ne présentait aucune blessure, aucun hématome, aucune griffure, ce qui ne laisse pas d'être étonnant s'agissant de quelqu'un qui dit s'être battu furieusement, presque au point de défendre sa vie.

Mais la version de Giuseppe Pelosi avait l'immense avantage de ne pas laisser émerger d'autres hypothèses qui auraient pu se révéler « préoccupantes ».

Comme par exemple le fait que cette exécution en règle était une punition infligée au cinéaste par la Mafia italo-américaine : des scènes de *Salò ou les 120 journées de Sodome*[1] avaient en effet été volées dans la salle de montage du film, et la Mafia exigeait le versement d'un milliard de lires pour les restituer. Or Pasolini avait froidement refusé de céder au racket.

Il y avait aussi la piste d'un complot politique, Pasolini ayant reçu, peu de temps avant sa mort, des menaces très sérieuses de mouvements d'extrême droite lui reprochant l'accusation qu'il portait contre le fascisme à travers *Salò ou les 120 journées de Sodome.*

On pouvait également évoquer la dénonciation par Pasolini d'une collusion entre la démocratie chrétienne, certaines multinationales pétrolières (les fameuses *Sept Sœurs*, comme on les appelait), la CIA et, bien sûr, la Mafia, toujours elle, aboutissant à la mort, en 1962, d'Enrico Mattei, le responsable de l'ENI (groupe nationalisé du pétrole italien) dans un accident d'avion pour le moins mystérieux : son jet privé s'était crashé quelques instants avant de se poser sur l'aéroport de Milan-Linate, et l'on avait fortement soupçonné la présence d'une bombe à bord de l'appareil. Mauro De Mauro, un journaliste d'investigation de *L'Ora* (tendance communiste), fut enlevé et exécuté par la Mafia alors qu'il enquêtait sur la mort de Mattei. Son corps ne fut jamais retrouvé.

On comprend que les « aveux » de Giuseppe Pelosi furent reçus avec gratitude…

1. Sorti après la mort de Pasolini, ce film provoqua un scandale retentissant dont l'écho ne s'est d'ailleurs pas éteint aujourd'hui. Censuré, interdit dans plusieurs pays, il est indéniable qu'il peut provoquer un malaise – et c'est un euphémisme ! Ce qui n'a pas empêché certains, comme Rainer Werner Fassbinder, de tenir ce film pour un sommet.

Ce pourquoi, reconnaissant que le jeune homme avait agi en état de légitime défense, le tribunal ne lui infligea qu'une peine de neuf ans et sept mois de prison.

Trente ans plus tard, Giuseppe se rétracta : ce n'était pas lui, déclara-t-il, qui avait tué Pasolini, mais trois garçons arrivés de Sicile, ou peut-être de Calabre, à bord d'une petite Fiat 500, trois jeunes fauves venus tout exprès pour exécuter Pasolini.

La Grenouille avait tout vu, une scène réellement insoutenable, mais il n'avait rien pu faire parce que les autres l'avaient entravé.

Ils s'étaient acharnés sur le poète pendant plus d'une demi-heure, le massacrant et l'injuriant : « Sale pédé, sale communiste, enculé, dégueulasse ! »

Pour sûr, ils haïssaient ses œuvres, toutes ses œuvres, et surtout *Salò ou les 120 journées de Sodome*, mais aussi *L'Evangile selon saint Matthieu*.

Pour finir, ils lui avaient roulé dessus. Ce qui explique les traces de roues trouvées sur son pauvre corps, et l'éclatement de son cœur et de son foie.

On demanda à Pino la Grenouille pourquoi il avait commencé par s'accuser. Il expliqua qu'il avait craint pour sa vie et celle de ses proches. S'il allait quelques années en prison, avait-il pensé, il serait mieux protégé qu'au-dehors. Mais maintenant que ses parents étaient morts, et que tous ceux qui étaient impliqués dans ce meurtre étaient morts eux aussi, alors il n'avait plus peur de parler.

Pour le réalisateur et écrivain italien Marco Tullio Giordana, dont les films ont été récompensés dans des festivals comme Cannes ou Locarno, quelle que soit la vérité sur la dernière nuit de Pier Paolo Pasolini, « même s'il n'y a pas de lien direct entre sa mort et un crime d'Etat, même si les indices recueillis sont trop faibles pour pouvoir crier au crime politique, toutes les conséquences [de ce meurtre] ont été politiques : les blocs opposés dressés l'un contre l'autre, les réactions, les automatismes, la volonté de savoir et celle de refouler, l'Italie coupée en deux. Voilà pourquoi la mort de Pasolini reste de toute façon un événement politique, même si ce n'est qu'une bande de petits voleurs qui l'a tué ».

Poe (Edgar Allan)

Tous les écrivains brûlent de composer une œuvre sommitale, insurpassable. Edgar Allan Poe considérait que son chef-d'œuvre absolu aurait été une pièce si horrifiante, si effroyablement terrifique que les spectateurs, à peine le rideau levé, auraient pris la fuite en poussant des hurlements d'épouvante. Bien entendu, il n'écrivit jamais rien d'aussi apocalyptique. D'ailleurs, les histoires à frissons n'étaient pas sa vocation première : « Je suis jeune, je n'ai pas tout à fait vingt ans, et je suis poète[1] », ainsi se présentait-il – quand il avait vingt ans, justement. Mais pour vivre de son art, le poète doit être publié. Or les lecteurs des magazines les plus appréciés dans l'Amérique des vingt ans d'Edgar Poe préfèrent les histoires fortes, riches en péripéties et imprégnées de fantastique. Aussi

1. Claude Delarue, *Edgar Poe*, Points Seuil, 1984.

les premiers poèmes de Poe, *Tamerlan*, qu'il doit publier à compte d'auteur, et *Al Aaraaf*, que la critique juge trop nébuleux, trop sibyllin, ont-ils du mal à trouver un public.

Edgar Poe est trop intelligent pour s'obstiner : il continuera à écrire de la poésie, mais en la déguisant sous une forme qui ne rebutera pas le lecteur et dont les thématiques, empreintes de surnaturel, de fantasmagorique, d'onirique, de mythique – Poe en revient presque toujours à ce qui l'obsède : la survie de l'âme, et donc *in fine* la déroute de la mort – vont attirer ce lecteur, le séduire, le fidéliser.

D'abord refusé par le patron de presse et éditeur auquel il le propose (mais qui lui donnera tout de même quinze dollars pour l'encourager dans cette voie), puis publié avec enthousiasme par l'*Evening Mirror* le 29 janvier 1845, son poème *Le Corbeau* vaut à Edgar Poe, en plus des louanges de la critique, un véritable triomphe populaire. Il suffit de quelques semaines pour que, en Amérique comme en Angleterre, tout le monde, depuis l'exégète le plus pointu jusqu'à la vendeuse de violettes la moins concernée par la poésie, connaisse – et adule – le nom d'Edgar Allan Poe.

L'un des charmes du *Corbeau*, en surcroît de son exceptionnelle beauté littéraire, est de faire courir de délicieux frissons à fleur de peau. Une recette que Poe va largement exploiter, notamment en « empruntant » au monde ténébreux des faits divers. Dans un texte particulièrement amusant intitulé *Comment écrire un article à la* « Blackwood » (il s'agissait d'un magazine écossais qui avait assis sa réputation sur les plus épouvantables histoires de revenants, de maisons hantées, de nonnes sanglantes, d'incubes et de succubes), Edgar Poe raconte que le patron du *Blackwood* s'armait d'une paire de ciseaux de tailleur et que des apprentis lui tendaient la presse du jour – l'un le *Times*, l'autre l'*Examiner*, un troisième le *Morning Post* – dont il découpait les articles les plus macabres et les plus sépulcraux pour les insérer dans les colonnes encore vierges de son journal.

C'est ainsi que l'un des contes les plus célèbres de Poe, *La Chute de la maison Usher*, qui raconte l'écroulement d'une demeure suite à l'enterrement, dans son sous-sol, d'une jeune femme encore vivante, s'inspire en droite ligne d'un fait divers qui avait défrayé la chronique de Boston : après l'effondrement inexpliqué d'une maison, on avait retrouvé, dans le cellier, les corps d'une jeune femme et de son amant, emmurés là par le mari jaloux.

C'est à partir d'un autre fait divers qui fit grand bruit, à New York cette fois, que Poe écrivit *Le Mystère de Marie Roget*, une nouvelle qui, avec *Double assassinat dans la rue Morgue*, est considérée comme un des textes fondateurs de la littérature policière moderne.

A vingt et un ans, Mary Cecilia Rogers était célèbre dans tout New York – il faut dire qu'il n'était pas trop difficile, quand on était comme elle une jeune personne absolument ravissante, de se tailler une réputation dans une ville qui, en 1841, ne comptait guère plus de trois cent mille habitants. Mary vendait des cigares dans le magasin de John Anderson, sur Liberty Street, où se pressait une clientèle masculine qui, tels Fenimore Cooper ou Washington Irving, venait moins pour la qualité du tabac que pour contempler la juvénile et rayonnante beauté de Miss Rogers.

Mais désapprouvant la façon dont John Anderson se servait d'elle pour faire de la publicité à son débit de tabac, elle finit par démissionner et se consacra à aider sa mère qui avait ouvert une pension dans Nassau Street, Manhattan.

Tout alla bien jusqu'au 25 juillet 1841. Ce jour-là, Mary annonça à son fiancé, un certain Daniel Payne, qu'elle devait aller voir sa tante, et lui demanda de venir la chercher à la tombée de la nuit parce qu'elle craignait de rentrer seule. Mais dans la soirée le temps tourna à l'orage, il se mit à pleuvoir à verse, et Daniel Payne se dit que Mary préférerait sûrement dormir chez sa tante plutôt que d'affronter ce déluge. Il resta donc chez lui, la conscience tranquille, à écouter le tonnerre gronder et la pluie battre les carreaux.

Le lendemain, le temps se remit au beau. Mais Mary Rogers ne réapparut pas chez sa mère. Et sa tante déclara qu'elle ne l'avait pas vue la veille au soir.

Ce n'est que le 28 juillet que l'on découvrit à hauteur d'Hoboken, une ville du New Jersey toute proche de New York, un cadavre qui flottait sur l'Hudson. Il s'agissait du corps de Mary Rogers.

Selon certains récits, la jeune fille était bâillonnée, elle avait les mains liées et elle portait des traces de sévices sexuels. Selon d'autres témoignages, on lui avait seulement arraché ses vêtements et déchiré son chapeau, mais elle n'avait pas été violentée. Enfin, certains affirmèrent que les prétendus sévices sexuels étaient en réalité les traces d'un avortement, lequel aurait entraîné une hémorragie et provoqué la mort de Mary, son avorteuse s'étant empressée de se débarrasser du corps en le jetant dans l'Hudson.

En dépit des efforts de la police, qui ne disposait évidemment pas des moyens d'investigation d'aujourd'hui, on ne sut jamais ce qui était arrivé à Mary Rogers.

En octobre, Daniel Payne se donna la mort à l'endroit précis où l'on avait trouvé le corps de sa fiancée.

Edgar Poe avait été l'un des innombrables clients de la jeune vendeuse de cigares. Il fut fasciné par sa fin tragique et les zones d'ombre qui l'accompagnaient : qui était cet homme à la peau sombre que des témoins affirmaient avoir vu rôder près du lieu où avait été repêché le cadavre ? Etait-il exact qu'une bande de malfrats avait sévi dans les environs ? Pouvait-on ajouter foi au récit de cette aubergiste, Mrs. Loss, qui prétendait avoir entendu, pendant la tempête, une femme qui criait dans la nuit ? Et comment expliquer qu'on ait découvert à proximité de l'auberge, mais seulement quatre semaines après le drame, des habits ayant appartenu à Mary ?

Poe, qui venait d'imaginer le personnage du chevalier Auguste Dupin, le modèle du « privé » qui, par son sens de la déduction, résout des énigmes réputées insolubles, l'ancêtre en somme de Sherlock Holmes et d'Hercule Poirot, décida de confier à son Dupin l'enquête sur la mort de Mary Rogers. Mais Dupin vit (ou plutôt survit, car il est fauché comme les blés !) à Paris, dans une baraque tellement délabrée qu'on la croit hantée, et qu'il partage avec un ami américain. Poe fit donc de Mary Rogers une jolie Parisienne qui, sous le nom francisé de Marie

Roget, travaille chez un parfumeur au lieu d'un débitant de tabac. A part ça, et le fait qu'on trouve son corps dans la Seine au lieu de l'Hudson, elle vit les mêmes terribles péripéties que son modèle américain.

S'effaçant derrière son enquêteur qu'il traite non comme un personnage de roman mais comme une réelle créature vivante, le regardant, l'écoutant, observant la façon dont il ressent et développe ses intuitions – « Auguste Dupin, c'est moi », aurait pu dire Poe en parodiant Flaubert parlant d'Emma Bovary –, le laissant suivre de fausses pistes quand sa logique l'y engage, se gardant d'inventer des éléments n'ayant pas figuré dans la version originale du meurtre, Edgar Poe finit par aboutir à une reconstruction du drame tout à fait passionnante, et parfaitement cohérente à défaut d'être « la » solution !

Mais je me garderai bien de vous en révéler davantage, car je voudrais vous induire en tentation de redécouvrir Poe dont les histoires fuligineuses ne figurent peut-être plus sur votre table de chevet. Moi non plus, je ne l'avais pas relu depuis longtemps, mais je m'y suis replongé pour rédiger cette entrée, et j'ai fait, dans les méandres de son œuvre, un voyage plein de plaisirs aussi somptueux qu'inattendus.

Car en plus d'avoir été l'écrivain qui a le plus fortement impressionné Charles Baudelaire au point que ce dernier est devenu le traducteur incontournable de ses œuvres – « Dès les premières lectures, dit Charles Asselineau[1] qui fut un ami intime de l'auteur des *Fleurs du*

1. Cité par Claire Hennequet dans son mémoire de recherche : « Baudelaire traducteur de Poe » (2005). http://baudelaire-traducteur-de-poe.blogspot.com/

mal, [Baudelaire] s'enflamma d'admiration pour ce génie inconnu qui affinait au sien par tant de rapports. J'ai vu peu de possessions aussi complètes, aussi rapides, aussi absolues. A tout venant, où qu'il se trouvât, dans la rue, au café, dans une imprimerie, le matin, le soir, il allait demandant : Connaissez-vous Edgar Poe ?... » – Poe reste un formidable découvreur, à la fois parce qu'il multiplie les trouvailles et parce qu'il soulève les couvercles des faits divers pour voir (et nous donner à voir) ce qui grouille à l'intérieur de ces états mal définis que nous appelons la Vie et la Mort.

Pranzini (La peau de)

Henri, Jacques, Ernest Pranzini, né à Alexandrie en 1857, ne fut décidément pas un assassin comme les autres. Il est vrai que les tueurs, y compris les plus frustes, font souvent preuve d'originalité, voire de créativité, notamment dans ce qu'on appelle leur « protocole », c'est-à-dire leur méthode préférée pour occire leurs semblables.

Pranzini, lui, c'est par son parcours qu'il défraya la chronique. Né à Alexandrie de parents italiens, il fit là-bas de brillantes études chez les Frères de la Doctrine chrétienne – il parlait rien de moins que huit langues, et on sait que, la veille de son exécution, il consacra ses dernières heures à traduire des pages d'Alexandre Dumas. Beau parleur, toujours tiré à quatre épingles, il fit partie des privilégiés conviés à l'inauguration du canal de Suez.

Après avoir travaillé dans les Postes égyptiennes, il s'enrôla dans l'armée des Indes et fit le coup de feu en Afghanistan. Puis, en 1884, il s'engagea dans l'armée anglaise comme chef interprète, ce qui le conduisit à prendre part à l'expédition du Soudan britannique.

Débarquant à Paris en juillet 1886, il se mit aussitôt en quête de femmes assez fortunées pour lui assurer une existence facile et agréable. Il comptait pour ça sur son charme levantin, son regard langoureux et sa voix de velours. Et force est de dire qu'il séduisait à peu près qui il voulait.

Mais les aventurettes ne rapportaient pas assez : joueur impénitent, parieur audacieux, c'est-à-dire imprudent, Pranzini avait besoin d'argent de façon chronique. A bientôt trente et un ans, il lui fallait frapper un grand coup.

C'est alors qu'il fit la connaissance de Régine de Montille, qui depuis son déménagement (elle avait quitté la rue Caumartin pour la rue de Montaigne) se faisait appeler Mme de Monti – son vrai nom étant plus simplement Marie Regnault. Mme de Monti, quarante ans, grassouillette et encore assez pulpeuse (je ne dirais pas pour autant qu'elle était jolie), était une demi-mondaine, c'est-à-dire une femme entretenue, ce qui ne la prédisposait pas à… entretenir !

Pranzini comprit assez vite qu'il s'était trompé de cible. Mais il pouvait encore sauver les meubles : Mme de Monti possédait de nombreux bijoux, dont certains de réelle valeur, et elle avait dans son appartement un coffre-fort qui était réputé contenir un joli magot – près de deux cent mille francs en diamants et valeurs.

Le 17 mars 1887, un peu avant 5 heures du matin, Pranzini, qui avait dormi chez Mme de Monti, passa à l'action. Profitant de ce que la dame, encore embrumée de sommeil, se levait pour satisfaire un besoin naturel, il se jeta sur elle et la frappa avec un couteau. Malgré les blessures mortelles qu'il lui avait infligées, elle eut le temps de presser le bouton de la sonnette électrique pour appeler Annette Grémeret, sa femme de chambre.

Celle-ci, intriguée par cette alarme alors qu'il faisait encore nuit, crut sa maîtresse victime d'un malaise, et elle se précipita à moitié habillée. En découvrant Mme de Monti gisant dans une mare de sang et Pranzini brandissant un couteau, la malheureuse Annette poussa un cri d'horreur, pivota sur elle-même et se rua dans le couloir.

Pranzini la suivit, la rattrapa et, sans hésiter, lui trancha la gorge.

C'est alors que la fille de la femme de chambre, la petite Marie, douze ans, se mit à crier. Pranzini entra dans sa chambre, la plaqua sur son petit lit et, d'un geste du poignet, lui coupa le cou, séparant presque la tête du tronc.

Après quoi, ayant raflé les bijoux mais n'ayant pas réussi à ouvrir le coffre, il prit la fuite. Il atteignit Marseille où, avant de s'embarquer pour le Levant, il négocia les bijoux qu'il avait volés.

Ce fut là son erreur fatale, car, bien entendu, certaines pierres des bijoux de Mme de Monti jouissaient d'une petite célébrité, suffisante en tout cas pour qu'un bijoutier s'étonne de les voir soudainement rouler sur le comptoir de son échoppe marseillaise…

Interpellé, interrogé, ramené à Paris, Henri Pranzini fut inculpé du triple meurtre de la rue Montaigne et, malgré ses protestations d'innocence, condamné à mort.

Qui allait pleurer sur lui, en ce petit matin d'août 1888, alors qu'on venait de le réveiller pour lui annoncer que l'heure de payer était venue pour lui ? A la vérité, dans cette France dont il parlait si bien la langue, dont il aimait tant les écrivains, mais qui n'était pas son pays, Pranzini n'avait plus de famille, plus d'amis. Chauffée à blanc par une presse déchaînée, l'opinion publique voyait en lui un monstre odieux, irrécupérable, qui n'avait plus sa place que sous la terre, dans l'anonymat du carré des suppliciés. La mort de la petite Marie, surtout, était impardonnable.

Pourtant, quelqu'un pensait à Pranzini, y pensait sans haine, y pensait avec une infinie pitié, y pensait avec une sorte de passion, une passion qui n'était ni du corps ni du cœur mais de l'âme, une passion mystique. Ce quelqu'un était une petite adolescente de quatorze ans et neuf mois, une petite Normande aux joues rondes et roses comme des pommes, une petite gamine de Lisieux qui avait la réputation – et c'était vrai ! – d'être très joueuse, très rieuse, mais quand elle pensait à Pranzini, elle ne riait plus du tout. Elle avait découvert son histoire dans le seul journal qu'on lui permettait de lire, *La Croix*. Tourmentée par la damnation éternelle qui était le sort promis aux grands criminels, l'adolescente, qui rêvait de devenir religieuse, avait décidé de prier pour ces hommes perdus dont le seul espoir d'échapper à l'Enfer était de se repentir. Mais à en croire le journal, ce Pranzini ne montrait aucun signe de contrition.

Si elle n'était pas entrée au Carmel, la petite Thérèse Martin – qui ne s'appelait pas encore sainte Thérèse de l'Enfant-Jésus… – aurait pu être une avocate exceptionnelle, car elle s'y entendait comme personne pour plaider les causes perdues. Déterminée à consacrer sa vie à sauver des âmes, elle avait choisi de s'y préparer en arrachant Pranzini aux griffes de Satan. « C'est mon premier pécheur, dit-elle à Dieu. A cause de cela, je vous demande seulement un signe de repentir pour ma simple consolation… »

Ses chances d'être exaucée étaient à peu près nulles car, toujours d'après *La Croix*, plus Pranzini approchait de la mort et moins il semblait regretter ses actes – il les regrettait même si peu qu'il refusait de les endosser et prétendait être un innocent persécuté.

Le 31 août 1887, à 5 heures du matin, Pranzini marche crânement vers la guillotine qu'Anatole Deibler et ses aides ont dressée devant la prison. Pressentant l'imminence du dénouement, des milliers de Parisiens investissent depuis plusieurs nuits les abords de la Grande Roquette. La foule qui n'a cessé de brailler, de proférer des injures, de chanter des obscénités, se tait soudain. Elle aime voir la terreur blanchir les visages des suppliciés, mais Pranzini n'a pas un frémissement, on devine qu'il se tiendrait parfaitement droit s'il n'était contraint par un ligotage habile qui l'oblige à porter la tête en avant à la façon des tortues, le cou bien dégagé.

L'abbé Faure, dont Pranzini a refusé les secours (« Que monsieur l'aumônier fasse son travail, moi je ferai le mien ! »), marche devant lui, crucifix à la main, pour lui masquer la vue de l'effroyable machine qui va le couper en deux.

Et arrivé devant la bascule, Pranzini, d'un coup d'épaules, écarte le prêtre.

Les aides empoignent alors le condamné, le poussent sur la planche, amenant sa tête sous la lunette. Mais soudain, juste avant que celle-ci ne retombe, Pranzini réussit à tourner son visage vers l'aumônier et, à la stupéfaction de tous ceux qui sont là, s'écrie : « Passez-moi le crucifix ! » L'abbé Faure approche alors la croix des lèvres du supplicié qui, par deux fois, l'embrasse passionnément…

Quand Thérèse apprend cela en lisant *La Croix*, elle pleure de joie : Dieu lui a répondu, elle a obtenu le signe qu'elle demandait. Certes, Pranzini a refusé de se confesser et n'a donc pas reçu l'absolution de ses péchés, mais il est mort en baisant les plaies du Christ, et Thérèse en déduit que Dieu a pardonné au criminel.

Après un simulacre d'inhumation au carré des suppliciés du cimetière d'Ivry (on se contentait, dans ces cas-là, de mettre en terre un peu de sang mêlé au son contenu dans la panière ayant reçu le corps décapité), la dépouille de Pranzini fut conduite à l'Ecole pratique de la faculté de médecine pour y être autopsiée, puis pour servir aux exercices de dissection.

Pendant que l'on s'affairait sur le cadavre, quelques morceaux de sa chair tombèrent sur le sol. Le chien qu'un étudiant en anatomie avait amené avec lui se précipita dessus et les dévora.

Mais le pire était encore à venir : après l'autopsie, les restes de Pranzini furent entreposés dans le pavillon de dissection de la faculté. Là, en échange de cent sous et d'un verre d'absinthe, un garçon d'amphithéâtre du nom de Godinet accepta de fermer les yeux tandis que le brigadier de police Rossignol prélevait de grands lambeaux de peau sur le cadavre.

Après avoir fait apprêter ces « fragments tégumentaires » chez un tanneur des Gobelins (la peau de Pranzini donnant alors l'impression d'un cuir blanc particulièrement agréable à l'œil et doux au toucher), Rossignol les confia à un fabricant de maroquinerie renommé qui tenait boutique rue de la Verrerie, et lui demanda d'en faire deux élégants porte-cartes qu'il avait l'intention d'offrir à ses supérieurs, MM. Hippolyte Taylor et Marie-François Goron, respectivement chef et sous-chef de la Sûreté.

MM. Taylor et Goron apprécièrent le cadeau à sa juste valeur – surtout Goron qui collectionnait pour son musée personnel tout ce qu'il pouvait se procurer ayant appartenu à des criminels célèbres.

Mais l'affaire fut éventée par le journal *La Lanterne*, et souleva un tel scandale que Taylor et Goron furent contraints de présenter leur démission – qui leur fut d'ailleurs refusée.

Marie-François Goron regretta le porte-cartes en peau de Pranzini, mais il se consola (un peu) avec un bouton de la culotte que le même Pranzini portait le matin de son exécution.

Proust (Marcel)

On connaît surtout (et on aime !) Marcel Proust pour *A la Recherche du temps perdu*. Mais il est aussi l'auteur d'un ouvrage plus ignoré, et pourtant ô combien savoureux : *Pastiches et Mélanges*, publié en 1919 par la NRF, qui est un recueil d'articles de presse parus principalement dans

Le Figaro. Parmi les pastiches, Proust s'est régalé en singeant, avec un impressionnant talent d'imitateur, quelques géants de la littérature comme Balzac, Flaubert, Sainte-Beuve, Michelet, Saint-Simon (son chouchou), les frères Goncourt, etc. L'un des attraits de ces pastiches, et leur raison de figurer dans ce dictionnaire, est qu'ils traitent tous d'un même époustouflant fait divers : l'affaire Lemoine, l'une des plus formidables escroqueries du XXe siècle.

Henri Lemoine était le rejeton d'une excellente famille : son père était rien de moins que consul de France à Trieste, un poste qu'avait occupé Stendhal.

Mais le jeune Henri n'avait pas la diplomatie dans le sang – non, son truc à lui, sa vocation, c'était l'escroquerie. Un de ses premiers exploits fut de persuader ses camarades de collège de lui acheter le dortoir où il passait ses nuits de pensionnaire. Puis, alors qu'il avait à peine quinze ans, il imagina de vendre des parts de sociétés aux titres évocateurs de richesses prodigieuses, sociétés qui n'existaient bien sûr que dans son imagination, le plus extraordinaire étant qu'il trouva des gogos pour lui ouvrir leur bourse.

On peut comprendre que ça n'ait pas plu à son consul de père, lequel le chassa du domicile familial. Henri ne s'affola pas et dirigea ses pas vers des lieux où l'argent coulait à flots : les salles de jeu, où il déploya tous ses talents de tricheur, de bonisseur et d'esbroufeur. Mais vite repéré, il dut lever le camp et trouver d'autres expédients. Il s'essaya alors dans les foires où il réussit assez bien dans le métier d'illusionniste – son culot et son bagout remplaçant l'expérience qui souvent lui manquait.

Mais être illusionniste, au fond, ne l'amusait pas : les spectateurs payaient pour le plaisir d'être bernés, leurrés, abusés, Henri n'éprouvait pas la jouissance de les embabouiner à leur corps défendant – somme toute, le métier était trop honnête pour lui.

Il renonça aux tours de passe-passe et renoua avec les impostures et les entourloupes. Et pour commencer, il abandonna son nom de Lemoine, trop banal à ses yeux, et s'inventa un patronyme plus prestigieux : comte de Petrovic.

Quelques arnaques plus tard, condamné à passer quelque temps derrière les barreaux, il profita de son séjour en prison pour réfléchir : sans doute les filoutages auxquels il se livrait étaient-ils amusants à concevoir et à exécuter, mais leur rendement était très inférieur à la dose d'imagination qu'ils réquéraient ; à trente ans consommés, Henri devait maintenant frapper un grand coup qui lui rapporterait assez d'argent pour vivre longtemps à l'abri du besoin.

A force de solliciter ses neurones, il lui vint une idée dont l'ingéniosité l'étonna lui-même. Elle demandait un investissement relativement important (il s'agissait de se procurer quelques diamants bruts de bonne qualité), mais ensuite l'affaire promettait d'être des plus juteuses.

En janvier 1905, à sa sortie de prison, Henri Lemoine, qui pour l'occasion a repris son vrai nom, se rend à Londres pour rencontrer Henry Feldenheimer, un des plus importants diamantaires du moment. Se présentant comme chimiste, Lemoine sort de sa poche six diamants encore non taillés et les soumet à l'appréciation de Feldenheimer. Ce dernier se saisit de sa loupe et examine les pierres une à une. « Ils sont parfaits, dit-il enfin. — Vous ne voyez rien à leur reprocher ? insiste Lemoine. — Je m'interroge seulement sur leur origine. Vu leur excellente qualité, je suis enclin à penser qu'ils viennent de Namibie. » Henri Lemoine sourit, récupère prestement les diamants et les remet dans sa poche : « En réalité, ces pierres sont des imitations. Je les ai fabriquées moi-même, selon un procédé de mon invention. »

Henry Feldenheimer est stupéfait – et atterré : car si ce que dit Lemoine est vrai, le marché du diamant va connaître une crise sans précédent. Certes, ce n'est pas la première fois qu'un homme fabrique une fausse pierre précieuse, mais jusqu'à présent ces ersatz ne pouvaient pas tromper un expert aussi éclairé que Feldenheimer.

« Mais comment diable avez-vous pu… — Une poudre, répond Lemoine. Une poudre de mon invention que je place dans un four chauffé à blanc. Au bout d'une demi-heure, c'est un diamant. — C'est merveilleux ! balbutie Feldenheimer, qui s'empresse de rectifier : Je veux dire que c'est un cauchemar, un horrible cauchemar ! A cause de vous, les cours du diamant vont s'effondrer… — J'y ai songé, réplique Lemoine, et j'ai une offre à vous faire : je consens à glisser ma formule dans une enveloppe scellée que je vous remettrai, à charge pour vous de l'enfermer dans un coffre de la banque de votre choix. A ma mort, vous pourrez en faire ce que bon vous semble : l'exploiter ou la détruire. En échange de quoi, vous me verserez dix mille livres. Auxquelles vous voudrez bien ajouter l'argent dont j'aurai besoin pour poursuivre mes recherches – dans le plus grand secret, cela va de soi… »

Pour Henry Feldenheimer, la proposition du « chimiste » français paraît recevable. Mais il doit avant toute chose en parler à Sir Julius Werhner, un des quatre associés de la *De Beers Consolidated Mines Ltd*, le puissant groupe qui détient le monopole des mines de diamants en Afrique du Sud.

Sir Julius réagit à l'unisson de Feldenheimer : stupeur et tremblements (pardon à Amélie Nothomb pour cet emprunt non autorisé d'un de ses titres, mais c'est vraiment comme ça que je visualise Julius Wernher, stupéfait et tremblant, en cet instant gravissime où il découvre que demain, si ça se trouve, un diamant ne vaudra guère plus qu'une bête pomme de pin).

La seule différence entre Henry Feldenheimer et Sir Julius, c'est que ce dernier est viscéralement dubitatif, incrédule et méfiant – ce pourquoi, peut-être, il mourut en laissant la plus colossale fortune jamais connue en Afrique du Sud. Et il (Sir Julius) exige d'assister à une fabrication de diamants.

Je fus, quant à moi, très surpris d'apprendre que Lemoine avait accepté de se prêter au jeu. J'avais simplement oublié son passé d'illusionniste…

Henri Lemoine consentit donc à montrer à Sir Julius Wernher, à Henry Feldenheimer et à Francis Oats, alors président de la *De Beers*, la façon dont il fabriquait des diamants.

L'expérience eut lieu dans une maison proche du boulevard Saint-Michel où Henri Lemoine avait installé son laboratoire. La pièce maîtresse de celui-ci était un four qui pouvait atteindre les températures extrêmes nécessaires à la transformation de la poudre mystérieuse en un diamant parfait.

Lemoine versa solennellement sa poudre (qui n'était que de perlimpinpin) dans une coupelle et introduisit celle-ci dans le four. Il l'en retira une demi-heure plus tard, au milieu d'une spectaculaire émission de fumée.

En plus d'impressionner les témoins, cette fumée, artificielle bien sûr, avait une fonction essentielle : elle devait, en camouflant l'orifice du four, permettre à Lemoine, sans que son geste soit vu de personne, de disposer dans la coupelle un énorme et splendide diamant brut.

La mystification fonctionna à la perfection, et les assistants, médusés, se pressèrent autour du diamant en poussant des exclamations où la sidération le disputait à l'effroi : oui, la messe était dite, l'extraction et le négoce du diamant, ainsi que les fortunes prodigieuses qui y étaient associées, appartenaient désormais au passé !

Par mesure de précaution, Sir Julius demanda s'il était possible de bénéficier d'une deuxième démonstration. « Mais autant de fois que vous voudrez ! » s'exclama Lemoine.

Et en une heure, il sortit de son four une trentaine de diamants.

L'offre qu'il avait formulée fut acceptée sans conditions par l'état-major du groupe *De Beers*. Lemoine toucha céans ses dix mille livres, en échange de quoi il remit au président Francis Oats une enveloppe scellée censée contenir la formule de la poudre magique, enveloppe qui fut déposée dans un coffre-fort de l'*Union Bank* de Londres.

Les dix mille livres n'étaient qu'un amuse-bouche.

Lemoine ne tarde pas à informer la *De Beers* qu'en vue de poursuivre secrètement ses expériences de fabrication de diamants industriels, il a besoin d'argent pour se porter acquéreur d'un terrain et y construire une usine. Il a trouvé l'emplacement idéal : Arras-en-Lavedan, un village de montagne des Hautes-Pyrénées situé sur la montée du col d'Aubisque, qui compte alors quelque six cents habitants vivant principalement de la récolte des pommes, réputées délicieuses, et de l'élevage des brebis. Pour appuyer sa demande, Lemoine l'accompagne d'une série de photos du site et de plans de la future usine.

La *De Beers* lui verse aussitôt un acompte de un million, somme énorme à l'époque. Henri Lemoine remercie poliment, mais réclame davantage. La *De Beers* continue de payer sans discuter.

Bien entendu, Henri Lemoine n'investit pas un centime dans cette supposée usine dont il n'a que faire puisque son histoire de diamants industriels repose sur du vent : il s'approprie tout l'argent que lui envoie la *De Beers* et le flambe au fur et à mesure, il mène la grande vie, il a sa loge dans les théâtres parisiens les plus choisis, sa table attitrée dans les meilleurs restaurants, on le rencontre dans tous les lieux huppés, principalement la Côte d'Azur, terrain de chasse privilégié des escrocs et des bouffons, où notre Henri, aussi dilapidateur qu'il est naïf, couvre d'or et de fourrures des belles déguisées qui se présentent à lui sous des noms longs comme le bras, et qui sont en réalité femmes de ménage chez un marchand de vin ou prostituées sur la Chaussée d'Antin.

Autant d'excès qui finissent par mettre la puce à l'oreille du président Francis Oats. Flairant une supercherie, il décide d'aller voir de plus près la fameuse usine d'Arras-en-Lavedan – en se gardant bien d'avertir Henri Lemoine de sa visite…

Dès son arrivée, il se rend à la gendarmerie et, exhibant les photos de l'usine que Lemoine lui a envoyées, il s'informe : la population a-t-elle accueilli favorablement son implantation ? Depuis la mise en service de l'usine, la maréchaussée n'a-t-elle pas constaté que des curieux rôdaient autour en cherchant à savoir ce qui s'y tramait ?

Les gendarmes le dévisagent avec des yeux ronds : les photos que leur montre le président de la *De Beers* ne sont pas celles d'une nouvelle usine, mais de la centrale électrique qui, depuis longtemps déjà, fournit du courant à tous les villages des environs.

Francis Oats porta plainte contre Henri Lemoine. Ce dernier fut arrêté et incarcéré. Sommé de restituer l'argent qui lui avait été versé, il affirma l'avoir confié à son épouse qui – ah ! la traîtresse – n'avait rien eu de plus pressé que de prendre la poudre d'escampette et de disparaître avec le pactole. Mais, de l'air le plus contrit du monde, Lemoine ajouta qu'il était consterné que la *De Beers* se soit fait ainsi flouer. Et si le groupe acceptait de lui verser une rallonge de quatre cent cinquante mille francs, Henri se faisait fort de fabriquer pour la *De Beers* assez de jolis diamants pour compenser la perte subie par la compagnie…

Francis Oats préféra ne pas répondre. Il demanda seulement à ce que la justice autorise l'ouverture de l'enveloppe scellée déposée au coffre de l'Union Bank et supposée contenir la formule permettant de fabriquer des diamants industriels ayant l'air d'être aussi authentiques que ceux arrachés au fond des mines. Les magistrats ayant souscrit à son désir, le coffre fut donc ouvert, et l'enveloppe décachetée.

Elle contenait une feuille de papier blanc sur laquelle Lemoine avait écrit ceci : « Fabriquer des diamants est très difficile. Vous pouvez quand même essayer en soumettant du carbone à une certaine température et à une certaine pression… »

Le tribunal condamna Henri Lemoine à six ans de détention. Il accomplit sa peine, quitta la prison et disparut à jamais.

A y bien réfléchir, Henri Lemoine n'était peut-être pas si escroc que ça : sans lui, Marcel Proust n'aurait pas écrit cet authentique diamant de l'histoire littéraire que sont ses *Pastiches et Mélanges.*

Ne vous en privez pas, il en existe une édition à deux euros.

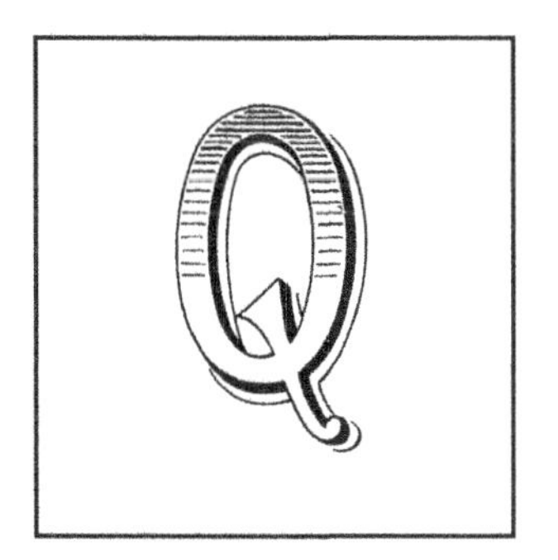
Q

Quincey (Thomas De)

Je l'aime, moi, ce tout fripé, ce tout petit, ce trop malingre, ce gourmand de meurtres, qui sautille dans les bas-fonds d'Edimbourg ou de Londres, un pied seulement chaussé d'une chaussette effilochée et l'autre d'un vieux soulier troué, vêtu d'un manteau râpé, ce troll qu'on soupçonne de badigeonner ses caleçons d'encre noire pour les faire ressembler aux pantalons qu'il n'a pas de quoi s'acheter parce que tout ce qu'il gagne passe en opium, cet ami des parias et des prostituées des plus nauséabondes ruelles de Londres qui dort plus souvent qu'à son tour sur la paille humide des prisons pour dettes, et qui mourra comme dans un rêve d'une overdose d'opium, ce polichinelle pathétique dont Jean-Paul Enthoven constate avec mélancolie que seuls quelques amateurs de curiosa visitent encore [l'œuvre] comme l'on s'attarderait dans un grenier envahi de poussière enchantée et gothique.

Et pourtant, Thomas De Quincey est l'un des plus étonnants et des plus éblouissants écrivains britanniques du XIXe siècle.

Né à Manchester en 1785, Thomas De Quincey est célèbre pour au moins deux ouvrages : *Les Confessions d'un Anglais mangeur d'opium* et *De l'assassinat considéré comme un des Beaux-Arts.*

Le premier livre traite de son addiction au laudanum, mélange d'alcool et d'opium, qui était vendu meilleur marché que le gin ou le vin car il n'était pas soumis aux taxes frappant les boissons alcoolisées. Paré de mille vertus – il était anesthésique, soporifique, antiseptique –, tout le monde en consommait, de Charles Dickens à Lewis Carroll en passant par Charles Baudelaire, sans oublier ces nourrissons à qui l'on faisait boire du laudanum à la cuiller « pour les calmer », et qui en mouraient fréquemment sans que personne ne relie la cause à l'effet. Les femmes de la bonne société en prenaient assidûment pour obtenir ce teint extrêmement pâle et ces muqueuses chlorotiques qui étaient alors le signe d'une grande distinction. La plupart des étiquettes des flacons de laudanum portaient bien la mention *Poison !*, mais c'était à peu près aussi dissuasif que le risible *Fumer tue* des paquets de cigarettes.

Peut-être (et même sûrement) est-ce sous l'effet du laudanum, dont il avalait allègrement près d'un demi-litre par jour alors qu'une seule cuillère à soupe pouvait avoir un effet létal, que De Quincey composa son chef-d'œuvre, *De l'assassinat considéré comme un des Beaux-Arts.*

Le livre, écrit avec une élégance à la fois britannique et dix-neuvièmiste, met en scène une sorte de cercle d'exégètes du crime (il en existait réellement à l'époque de De Quincey), lesquels *connoisseurs*, à l'instar d'autres gentlemen qui se réunissent pour disserter sans fin sur le meilleur vieux malt apte à accommoder une cuisse panée de grouse écossaise), font cercle pour discourir des mérites comparés de quelques assassins célèbres.

De Quincey n'encourageait pas le meurtre, mais il partait du principe qu'une fois celui-ci accompli, nous étions en droit d'en apprécier le résultat selon des critères d'esthétisme. « Il posait, confie Patrick Thériault dans *Du crime considéré comme un des motifs de la modernité*, que, si on est en devoir de condamner le meurtre et de le prévenir par tous les moyens possibles, comme le veut la morale la plus élémentaire, on n'en est pas moins autorisé, quand on est placé devant le fait accompli, d'en jouir comme d'un spectacle. »

Raffiné, bouffon, glaçant, sarcastique, sanguinaire, surtout dans la troisième partie qui décrit deux massacres perpétrés en 1811 à Londres par un certain John Williams, précurseur de nos modernes *serial killers*, et particulièrement des deux terrifiants héros de Truman Capote, *De l'assassinat considéré comme un des Beaux-Arts* est évidemment l'ouvrage, la « bible quincéyenne » dont tout amateur de faits divers digne de ce nom ne peut manquer d'honorer sa bibliothèque.

Mais attention, ce n'est pas le genre d'ouvrage à lire n'importe où, n'importe quand ni n'importe comment. Pour le savourer comme il se doit, il faut se plier à un rituel. C'est ainsi que l'ami qui me l'a fait découvrir (c'était en classe de philo) m'avait recommandé d'ouvrir le livre avec un verre de single malt d'Islay à portée des lèvres, et d'entamer sa lecture à la nuit cheminante, un soir où des brumasses s'accrocheraient aux branches, aux girouettes, aux cheminées, avec en fond sonore quelque *Gymnopédie* de Satie (pour l'insolence) et les *Kindertotenlieder* de Mahler (pour le mortifère).

Composé de trois parties rédigées à plusieurs années d'intervalle (1827, 1839 et 1854), l'ouvrage contient notamment un *Mémoire supplémentaire* qui recense certains types d'assassins ayant défrayé l'Histoire, comme la secte des Thugs, adorateurs de Kali, tueurs professionnels qui, dans l'Inde du Nord, furent crédités d'environ deux millions de victimes exécutées par strangulation, ou les Sicaires de Palestine, extrémistes juifs qui, au Ier siècle, luttèrent contre les Romains et les Hébreux « collabos » en les assassinant au moyen d'une lame courte et recourbée, la *sica*. Pour l'orientaliste anglais Bernard Lewis, ces Sicaires, qui étaient persuadés d'aller droit au paradis s'ils périssaient dans l'accomplissement des meurtres qu'on leur avait commandés, furent les premiers des terroristes.

Après ce *Mémoire supplémentaire* (qui n'est pas la meilleure partie du livre, mais ce n'est pas une raison pour le sauter) vient un *Post-Scriptum* qui, avec une minutie et un luxe de détails impressionnants, décortique les crimes particulièrement sanglants perpétrés par le tueur en série John Williams qui, les 7 puis 19 décembre 1811, terrorisa Londres en assassinant sauvagement deux familles, d'abord celle des Marr (composée de Timothy, le père, âgé de vingt-quatre ans, de sa jeune épouse Celia, de leur petit garçon de trois mois et de leur employé très dévoué), puis celle des Williamson (John, cinquante-six ans, sa femme Elizabeth et Bridget Anna, leur servante – une petite fille sera épargnée *in extremis* grâce à l'irruption des voisins, mais l'auteur ne laisse aucun doute sur l'intention qu'avait Williams d'égorger l'enfant sans autre profit que sa jouissance de meurtrier, ce qui fait de lui un modèle anticipé de nos *serial killers* psychopathes).

Le devoir du citoyen est d'essayer de prévenir le meurtre et, l'ayant détecté, repéré, éventé, de tenter d'empêcher son accomplissement par tous les moyens. Mais si le pire est accompli et que l'on vient trop tard, De Quincey n'hésite pas à disculper le « voyeur » : puisque celui-ci n'y peut plus rien changer, pourquoi ne se sentirait-il pas autorisé à profiter de ce qu'il a sous les yeux comme d'un spectacle, comme d'une œuvre plus ou moins réussie ?

« Les gens, écrit Thomas De Quincey, commencent à voir qu'il entre dans la composition d'un beau meurtre quelque chose de plus que deux imbéciles – l'un assassinant, l'autre assassiné –, un couteau, une bourse et une sente obscure. Le dessein d'ensemble, messieurs, le groupement, la lumière et l'ombre, la poésie, le sentiment sont maintenant tenus pour indispensables dans les tentatives de cette nature. »

« L'obscurité le fascinait, ajoute Arvède Barine[1]. Il s'y élançait, et ne reparaissait chez lui que le lendemain. Nul n'a jamais su où il allait dans l'intervalle. Les paysans des environs d'Edimbourg prétendaient qu'il se promenait la nuit dans les bois avec une lanterne… »

1. Historienne et critique littéraire, traductrice de Tolstoï, de son vrai nom Louise-Cécile Bouffé, 1840-1908, elle fit partie du premier jury du prix Femina.

Ravalet (Les)

Située au nord de la péninsule du Cotentin par 49° 38′ 27″ nord et 1° 34′ 44″ ouest, Tourlaville fait charnière entre les grises landes retroussées, limées, rongées par les vents fous de La Hague, et les verdures tapissières du Val-de-Saire. Son nom, dit-on, lui viendrait d'avoir été le domaine rural d'un guerrier danois appelé Thorlakr. Sur ce territoire d'oiseaux à la fois de terre et de mer, se dressait autrefois, depuis l'an 780, un château médiéval, mi-manoir mi-forteresse, appartenant au domaine royal. Par besoin d'argent pour mener ses guerres contre Henri VIII et Charles Quint, François Ier fit distraire le château du domaine de la Couronne, et c'est ainsi que la bâtisse finit par échoir entre les mains de Jean II de Ravalet, abbé de Hambye.

Ce n'était alors guère plus qu'une ruine, un nichoir à corneilles envahi de plantes rudérales. Jean II n'hésita pas à le faire jeter bas, à l'exception d'une tour datant des origines, et, s'entourant de « maistres massons » qui travaillaient selon les plans d'architecture qu'il élaborait lui-même, s'inspirant – toutes proportions gardées, bien sûr ! – des résidences royales des bords de Loire, il fit construire un château Renaissance avec fenêtres à meneaux et croisillons de pierre, lucarnes à chapiteaux corinthiens et ioniques, toitures aux pentes aiguës couvertes de schiste vert-bleu d'où s'élançaient vers le ciel de hauts corps de cheminées.

L'abbé de Hambye n'était pas seulement un architecte inspiré et raffiné, il était aussi un homme généreux : en 1575, en cadeau de mariage, il fit don du château à son neveu Jean III de Ravalet.

Un château que l'on aurait dit sorti d'une enluminure, d'une légende, et dont l'histoire commença comme le plus charmant des contes de fées.

Jean III avait épousé Madeleine de la Vigne, une jolie jeune femme de surcroît pieuse et instruite – c'était une lectrice impénitente ! –, qui lui donna de nombreux enfants parmi lesquels Julien en 1582 et Marguerite en 1586.

Toutes les chroniques du temps, sans exception, s'accordent pour dire que Julien et Marguerite dépassaient en beauté, en grâce et en charme, tout ce qu'on avait pu voir jusqu'alors. Le garçon avait tout d'un dieu antique ; quant à la fille, elle était à ce point ravissante que ceux qui la voyaient pour la première fois ne pouvaient faire autrement que de rester figés tandis que leur bouche s'ouvrait sur un « Oooh ! » d'admiration éperdue. Comment était-ce possible, se disait-on, comment la nature humaine a-t-elle pu engendrer une pareille merveille ? Au porche des églises où Madeleine de Ravalet emmenait sa fille à la messe, les personnes les plus confites en dévotion, celles qui osaient à peine prononcer le nom de Dieu de peur de blasphémer, se signaient au passage de la petite fille : il suffisait de voir cette enfant, assuraient-elles, pour se faire une idée de ce que pouvaient être les anges du Ciel.

Au sens propre du mot, Marguerite de Ravalet était adorable.

Dans la solitude toute bucolique du château de Tourlaville, Julien et Marguerite devinrent aussi inséparables que des jumeaux – et d'une certaine façon, peut-être s'agissait-il en effet d'une gémellité fondée sur un partage non du même patrimoine génétique mais de la même stupéfiante lumière, fraîcheur et harmonie.

Leur échappée belle préférée les conduisait main dans la main le long du Trottebec, leur rivière, disaient-ils – certainement un cours d'eau au nom prédestiné puisque formé du scandinave *trotte* qui signifie triste et de *bec* qui veut dire ruisseau.

Ils faisaient la joie des habitants du château, parents, fratrie, serviteurs, et celle des visiteurs, et celle des paysans ou pêcheurs des villages alentour. On venait, aux beaux jours, voir Julien et Marguerite danser le passe-pied ou le branle-gai sur la pelouse près des douves, et l'hiver, dans une des salles du château que parvenait à dégourdir une généreuse flambée d'ajoncs, on écoutait la jeune fille – assez bien dégourdie elle aussi, car on ne restait pas longtemps fillette en ce temps-là – jouer du luth ou du théorbe.

Qui devina, qui décela, qui perçut que les tendres jeux de Marguerite et de Julien se teintaient de désir ? Le savaient-ils eux-mêmes ? Sans doute étaient-ils conscients de la passion qu'ils s'inspiraient l'un à l'autre, mais les interdits (de la religion, et de leur appartenance à une certaine noblesse) les protégeaient encore l'un de l'autre.

Ils dormaient ensemble, dans le même lit, serrés l'un contre l'autre. Se flairant, le nez contre la bouche, chacun se régalant du souffle de l'autre, frémissant quelquefois, mais ils étaient des enfants et croyaient seulement frissonner de froid.

J'ai les pieds glacés, murmurait Marguerite. Replie-les et mets-les sous mes fesses, disait Julien.

Sur les landes de La Hague, dans les ruelles de Cherbourg, dans les vallées entre les mamelons du Val-de-Saire, et jusqu'à Valognes, et même jusqu'à Carentan, on ne les appelait plus Julien ni Marguerite de Ravalet, on disait *le beau garçon*, *la belle damoiselle*, et il n'était pas un Normand qui ne sût de qui on parlait.

Tout de même, quelques étincelles de leur amour (car oui, ils s'aimaient, l'intention d'inceste était manifeste même s'ils n'y avaient pas cédé – on ne tiendra pas pour crime contre nature quelques effleurements des lèvres, quelques luisances de salive au coin des paupières, au bout du nez) éclairèrent enfin leurs parents. « Il y a péril ! dit Jean III de Ravalet. — Je n'ose le croire », balbutia Madeleine – jusqu'au bout, elle niera l'évidence ; pas par aveuglement, mais parce qu'elle est leur mère et qu'elle les trouve trop magnifiques, trop éblouissants pour pécher si gravement. « Il n'empêche, reprit le seigneur de Ravalet, j'envoie Julien faire deux ans de théologie à Paris. Et pendant ce temps, nous verrons à marier Marguerite. »

Elle avait treize ans et demi lorsqu'on lui fit épouser Jean Lefèvre, sieur de Haupitois, receveur des tailles. Un grison de quarante-cinq ans – ce qui n'était pas rien à l'époque. La cérémonie eut lieu mi-juin.

Marguerite avait promis qu'elle se tuerait si ça arrivait. Elle ne se tua pas, mais elle s'enfonça dans une mélancolie si profonde qu'elle donnait tout de même l'impression d'avoir cessé de vivre.

Lefèvre l'arracha à son paradis de Tourlaville, à sa chère chambre bleue, la plus belle du château, aménagée pour elle dans la tour ronde, la tour du sud-est. Il la conduisit dans son nouveau logis, l'hôtel de Haupitois, rue des Halles[1] à Valognes.

Elle y fut extrêmement malheureuse. Par défaut d'abord : elle se sentait quasiment incapable de respirer en l'absence de Julien. Et puis aussi parce que Jean Lefèvre était un homme odieux. Il la frappait. Empoignant ses cheveux, il la traînait sur le carrelage – dans l'escalier aussi, quelquefois. Et elle, parce que c'était son devoir (!), elle se donnait à lui. Les petites servantes de l'hôtel de Haupitois s'éparpillaient alors avec des cris de souris en entendant la maîtresse pleurer et le maître gronder, rugir, insulter, gifler. Elles témoigneront que Lefèvre, à plusieurs reprises, lui avait mis le poignard sur la gorge en hurlant qu'il voulait la tuer, qu'il l'avait chassée de chez lui et si fort bousculée qu'elle avait accouché avant terme.

Averti de ce qui se passait, Julien s'installa rue des Halles, près de sa sœur. Il était dans une grande colère, et priait Dieu de lui donner un prétexte de tirer l'épée contre Lefèvre et de le tuer. Il fournit à Marguerite un masque en velours noir. Et même ça, ça n'arrivait pas à l'enlaidir ! Elle coupa ses cheveux et, grâce à une tenue de cavalier dont Julien l'équipa, elle put se faire passer pour un jeune homme et quitter Valognes au grand galop.

1. A présent rue Carnot.

Après bien des péripéties, ils connurent une parenthèse enchantée dans la chambre bleue de Tourlaville où, cette fois, ils se donnèrent enfin l'un à l'autre. Ils furent malheureusement surpris en pleine étreinte par un serviteur nouvellement engagé qui les espionnait pour le compte de Lefèvre.

Obligés de fuir, ils allèrent se cacher à Paris où ils prirent une chambre à l'hostellerie Saint-Leu.

Marguerite ne sortait plus qu'en habit d'homme et sous son masque de velours noir. Elle craignait que son mari ne les ait fait suivre, Julien et elle. Elle avait raison. En fait, non content de lancer des hommes sur la trace de sa jeune épouse et du frère de celle-ci, il s'était lui-même mis en chasse. Aidé d'un valet, il passait Paris au crible, quartier après quartier, n'interrompant sa traque que pour s'accorder quelques heures de sommeil – manger, il n'y songeait même pas : sa haine le nourrissait amplement.

Enfin, il reconnut Julien dans les parages d'un cabaret à l'enseigne de L'Ane Rayé. Il ne lui restait plus qu'à pister le jeune homme jusqu'à l'hostellerie Saint-Leu.

Ayant alors déposé plainte pour adultère et inceste, il rameuta un commissaire du Châtelet qui prit avec lui un sergent, quatre archers de la Prévôté de Paris, un clerc et un huissier.

Et le 8 septembre 1603, en la fête de la Nativité de la Très Sainte Vierge, Julien et Marguerite de Ravalet furent arrêtés et incarcérés.

Pendant les deux mois et demi de l'instruction, ils nièrent avec force avoir commis ce qu'on leur reprochait. Marguerite tenta bien d'expliquer que cette accusation sans fondement venait de la malveillance de son mari, qui s'était toujours montré brutal, voire cruel, à son égard. Malheureusement, Lefèvre avait réuni de nombreux témoignages – c'est-à-dire qu'il les avait achetés – destinés à confondre le frère et la sœur. Jugeant sur pièces, les magistrats ne pourraient faire autrement que de décréter Julien et Marguerite coupables.

Mais il faut attendre avant que l'arrêt soit prononcé : Marguerite est enceinte (elle ne peut l'être que de Julien...), et la justice choisit de suspendre son cours jusqu'à l'accouchement. Fin septembre, la jeune fille met au monde un garçon qui lui est tout de suite enlevé pour être confié aux Catherinettes de Sainte-Opportune.

Le 5 novembre, les juges rendirent leur arrêt : Julien et Marguerite étaient bel et bien convaincus d'adultère et, ce qui était infiniment plus grave, du crime d'inceste. Et la justice de cette époque ayant besoin d'aveux pour s'exercer pleinement, on décida de les soumettre à la question ordinaire et extraordinaire.

Mais à la dernière seconde, alors qu'ils étaient dans la chambre de torture et que le bourreau s'apprêtait à entraver Marguerite sur le lit de cuir où on lui ferait boire de force plusieurs pintes d'eau, lui provoquant d'atroces souffrances et la sensation désespérante d'une noyade, les juges ordonnèrent qu'elle soit détachée et ramenée dans sa cellule, ainsi que son frère. La raison de cette « générosité » était que les magistrats, en constatant l'absence d'effroi et l'extraordinaire détermination des jeunes amants, s'étaient convaincus qu'ils subiraient les tortures sans laisser échapper le moindre aveu, et qu'il faudrait refaire le procès.

Or il fallait en finir : Paris, qui avait pris fait et cause pour *le si beau garçon et la si belle damoiselle*, commençait à gronder et à réclamer qu'on leur fît grâce.

Henri IV, dont on sait qu'il était fort sensible à la beauté féminine, n'aurait pas demandé mieux que de gracier Marguerite – et son Julien adoré, bien sûr, parce qu'il n'est pas possible, en bonne justice, de faire deux poids deux mesures. Jean III de Ravalet, dont les cheveux ont blanchi en quelques heures, est d'ailleurs venu se jeter aux pieds du roi, le suppliant d'épargner la vie de ses enfants. Des conseillers qui ont la confiance d'Henri IV ont eux aussi plaidé l'indulgence. Le roi écoute, le roi entend, le roi hésite. Mais Marie de Médicis, présente à l'entretien, intervient : l'inceste est un crime abominable, l'un des plus haïssables qui soient ; le royaume a été bien assez souillé comme ça, il faut en finir avec toutes ces abjections qui transforment la terre de France en champ d'ordures.

Le bon roi Henri étreint le malheureux père : son Parlement s'est prononcé, la cause est entendue – toutefois, eu égard à la loyauté de Jean III de Ravalet, aux signalés services qu'il a rendus au royaume, Henri IV l'autorise, contrairement à la loi qui veut que les dépouilles des suppliciés soient inhumées dans le charnier de Montfaucon, à emporter les corps de Marguerite et de Julien pour les inhumer en terre chrétienne, là où il lui plaira.

2 décembre 1603, au matin. La place de Grève est noire de monde. Comme l'étaient les rues de Paris qu'a empruntées la sinistre charrette conduisant Marguerite et Julien à l'échafaud. Et la foule n'a fait que scander *grâce, grâce pour eux, ils sont si jeunes, ils sont si beaux !*

Marguerite n'a jamais été aussi éblouissante. Ce matin est celui de son apothéose. Elle a revêtu, sous un grand rabat de dentelle tombant sur sa poitrine, une robe de soie grise mouchetée et fleurettée d'argent, ballonnée en crevés aux épaules, avec hautes manchettes de dentelle aux bords ajourés. Elle porte des bas rouges, des mules de velours noir. Elle a parfumé ses cheveux à l'iris. Julien, dont un petit manteau recouvre les épaules, est habillé d'un pourpoint de drap gris à broderies d'or et de chausses de satin noir.

On leur a entravé les mains à tous les deux, mais celles de Marguerite sont attachées par-devant et de façon plus symbolique que pour véritablement la contraindre – il en est du bourreau comme de tous les hommes qui arrêtent leur regard sur cette jeune fille de dix-sept ans : il a été bouleversé par sa beauté et il a craint que la corde n'érafle sa peau si blanche, si douce.

Marguerite mourra la première. Avant de poser sa tête sur le billot, elle demande au bourreau de lui détacher complètement les mains. Elle promet d'être sage. L'exécuteur, qui a les larmes aux yeux, accède à sa requête. A présent que ses mains sont libres, Marguerite de Ravalet dégage ses boucles châtaines afin que rien n'entrave la chute de la lourde épée à poignée cruciforme.

Julien meurt aussitôt après, avec le même courage tranquille. Alors que la lame s'abat, ses yeux regardent en direction du corps de sa merveilleuse petite amante que les valets du bourreau ont repoussé sur le côté de l'échafaud.

Des sanglots montent de la foule qui ne se décide pas à partir. Un soleil froid a percé les nuages. Le dernier soleil de l'automne. Dès ce soir, les nuées envahiront le ciel.

Dans l'église Saint-Jean-en-Grève, qui fut détruite en 1802, on pouvait lire cette épitaphe : *Cy-gisent le frère et la sœur. Passant ne t'informe point de la cause de leur mort. Passe et prie Dieu pour leur âme.*

Rues (Chanteur des)

Je me souviens des chanteurs des rues de mon enfance. Franchi la porte cochère, ils se postaient au milieu de la cour de l'immeuble, les uns s'accompagnant d'un instrument, orgue de barbarie, accordéon, violon, harmonica, les autres n'ayant que leur voix nue, une voix le plus souvent rauque, rocailleuse, grumeleuse.

Du haut de notre cinquième étage, où seules la cuisine, une salle de bains et une sorte de coursive suspendue donnaient sur la cour, je ne distinguais des chanteurs ambulants que le dôme d'un chapeau, deux épaules tombantes, deux bras maigres prolongés par deux mains gantées de mitaines qui tournaient la manivelle de l'orgue, étiraient le soufflet de l'accordéon, ou secouaient, après l'aubade, l'harmonica gorgé de salive. La plupart des airs étaient archiconnus, et nous pouvions les écouter, en beaucoup mieux, sur l'énorme meuble radio-pick-up qui trônait au salon ; mais le chanteur des rues avait un particularisme que ne pouvaient lui disputer les microsillons 33 1/3 tours qui étaient pourtant le top du top : on lui lançait des sous pour le remercier de sa prestation ; or, être autorisé, et même encouragé, à jeter des choses par-dessus le balcon représentait, pour le moins de dix ans que j'étais, une jubilation totale : contrairement à ce qu'on me répétait, l'argent pouvait donc tomber du ciel.

Mais la vraie chanson des rues ne se vit pas entre ciel et terre, elle se cueille sur le pavé de la ville, de plain-pied et en chœur avec le musicien ambulant dont la ressource essentielle fut longtemps la vente des petites partitions qui permettaient aux badauds d'égrener les couplets et de reprendre le refrain avec lui.

Pour être tout petits, ces bouts de papier mal imprimés pouvaient rapporter gros : une couillonnade grandiose comme « En voulez-vous des z'homards ? Oh les sales bêtes, ils ont du poil aux pattes ! » atteignit les quatre cent mille exemplaires, ce qui est à peu près le tirage d'un prix Goncourt « moyen ».

Et mon père toucha longtemps des droits d'auteur fort conséquents pour avoir écrit, avec André Hornez, sur une musique de Paul Misraki, une chanson dont le dernier couplet disait :

L'autre jour un vieux satyre
Devait être guillotiné
Pour avoir, c'est triste à dire,
Violé un garçon boucher
Avant qu'on lui coupe la tête
Le bourreau sans s'affoler
Lui offrit une cigarette
Et lui dit pour l'consoler :
Ça vaut mieux que d'attraper la scarlatine
Ça vaut mieux que d'avaler d'la mort aux rats
Ça vaut mieux que de sucer d'la naphtaline
Ça vaut mieux que d'faire le zouave au Pont d'l'Alma...

Dans *Autrefois ou le Bon vieux temps*, le Bibliophile Jacob (pseudonyme de l'écrivain et historien Paul Lacroix) raconte que « lorsque un étranger arrivait à Paris, c'était toujours au Pont-Neuf qu'il se faisait conduire, encore couvert de la poussière du voyage : c'était le Pont-Neuf qu'il voulait voir avant le Louvre, avant Notre-Dame, et, après l'avoir vu, il pouvait se vanter de connaître presque tout Paris. On parlait alors du Pont-Neuf, avec admiration, jusqu'aux extrémités du monde. Le czar Pierre le Grand, qui vint étudier la civilisation française sous la régence du duc d'Orléans, déclara n'avoir rien trouvé de plus curieux à Paris que le Pont-Neuf ; et, soixante ans après, le philosophe Franklin écrivait à ses amis « qu'il n'avait compris le caractère parisien qu'en traversant le Pont-Neuf, et que ce célèbre pont méritait bien qu'on fît deux mille lieues pour le rencontrer ».

Qu'y avait-il donc de si extraordinaire à voir sur ce Pont-Neuf ? Des marchands de tout et de rien, depuis les éleveuses de fourmis qui gagnaient leur vie en revendant les œufs de leurs petits hymenoptères aux éleveurs de faisans (l'œuf de fourmi étant pour ce volatile un régal comparable à ce qu'est pour nous l'œuf d'esturgeon) jusqu'aux vendeurs d'asticots (pour les pêcheurs en Seine), des bateleurs, des voleurs de tout ce qui peut être escamoté, des mendiants vrais et faux, et surtout, oh ! surtout, des chanteurs des rues.

Souvent grimpés sur un escabeau, ils ténorisaient, à la foule terrifiée mais ravie, les circonstances du dernier drame à la mode, dont les scènes les plus sanglantes étaient grossièrement peintes sur une grande toile partagée en petites cases.

Dans son célèbre *Tableau de Paris* paru en 1788, Louis-Sébastien Mercier raconte qu'« un parricide, un empoisonneur, un assassin, le lendemain, que dis-je, dès le jour même de leur supplice, enfantent des complaintes qui sont chantées dans tous les carrefours et composées par les chanteurs du Pont-Neuf ».

Si grand était l'engouement pour ces rengaines que le Pont-Neuf, perdant ses majuscules et devenant nom commun, servit à désigner les chansons populaires.

Mais il y avait pont-neuf et pont-neuf : on pouvait fredonner un pont-neuf qui n'était qu'une ritournelle sarcastique ou une ballade sentimentale, ou chanter une complainte judiciaire qui décrivait un crime *et* son châtiment – car, précise Mercier, « on ne donne pas à entendre la complainte comme une chanson légère, ou comme la célébration d'une victoire. La complainte criminelle s'entonne un peu à l'écart de la fête, au même titre que le crime s'écarte d'une conduite usuelle et acceptable. La complainte procède à bien des égards d'une véritable liturgie : la confession – le peuple étant alors celui qui entend, comprend, absout. Une longue narration expose ensuite le (ou les) crime(s), avant l'énoncé puis l'exécution de la sentence. Devant la mort, il est d'usage de rapporter comment le supplicié s'est présenté devant Dieu : contrit ou muré dans le silence, bon ou mauvais larron, on attend de lui qu'il veuille bien tenir son rôle jusqu'à son terme [...] Ces chanteurs [de complaintes judiciaires] se distinguent des chantres profanes, et pour marquer leur métier religieux, ils portent une croix et un scapulaire [...] ils marchent à pied d'un pas lent, et leur extérieur annonce la componction ».

Mais, peu à peu, les complaintes des suppliciés s'enrouèrent, et les grands faits divers abandonnèrent le haut du pavé (au sens littéral du terme) aux petits faits de société.

C'est ainsi, par exemple, qu'un certain Pépino, de son vrai nom Thomas Joseph Baras, après avoir chanté quelques crimes bien atroces, fit (presque) fortune en se spécialisant dans les chansons sur les belles-mères, telles que *Ah ! les belles-mères*, *Belle-maman danse le charleston* ou *Moi, j'ai une belle-mère*, ou encore *Quelle sale invention, les belles-mères !* (sur l'air de *La trompette en bois*), etc., dont il vendit, paraît-il, plus d'un million d'exemplaires.

Sánchez (Omayra)

Je comprendrais que vous sautiez cette entrée. J'ai moi-même hésité à la faire figurer dans ce livre – hésité, même, à la documenter et à la rédiger. Car ce qu'elle raconte, l'histoire d'une fatalité inique, désespérante, qui emporte sa victime bien au-delà de ce que peut tolérer une créature sensible, me semble dépasser aussi ce que peut admettre (du latin *admittere*, « permettre l'accès, laisser pénétrer ») l'affectivité humaine.

Les volcans sont généralement harmonieux, bien moulés – ce n'est pas sans raison que certains volcanophiles les appellent « les tétons de la Terre ». Le Nevado del Ruiz, situé dans la cordillère des Andes en territoire colombien, et culminant à 5 321 mètres, ne fait pas exception à la règle. Son nom de Nevado, qui signifie enneigé en espagnol, lui vient des glaciers qui recouvrent son dôme. Il fait partie des volcans gris, c'est-à-dire ceux qui, en cas d'éruption, rejettent principalement des cendres volcaniques, alors que les produits éruptifs des volcans rouges sont davantage des coulées de lave en fusion.

En septembre 1985, alors que le Nevado del Ruiz dormait paisiblement depuis soixante-neuf ans, mais d'un sommeil sous haute surveillance, plusieurs volcanologues avertirent les autorités colombiennes d'une reprise de l'activité volcanique, allant même jusqu'à préconiser une évacuation de la zone à risque.

Les mises en garde se multiplièrent en octobre, mais le gouvernement avait d'autres préoccupations que l'éventualité d'une éruption : loin de perdre de sa virulence, la guérilla qui secouait le pays depuis des années reprenait de la vigueur – une semaine avant la catastrophe du Nevado, un commando du *Movimiento 19 de Abril* (M-19 en abrégé) avait assailli le palais de justice de Bogota et pris plusieurs centaines d'otages. Belisario Betancur, le président de la Colombie, avait alors donné l'ordre à son armée de reprendre le bâtiment, et l'assaut des soldats avait tourné au bain de sang : tous les membres du commando avaient été tués, ainsi qu'une centaine d'otages apparemment victimes de « dommages collatéraux ». En comparaison de quoi le gouvernement tenait pour assez dérisoires les fumées grises couronnant les neiges du Nevado del Ruiz…

Il y eut bien l'impression de cartes indiquant des itinéraires de fuite et de refuges possibles destinées aux personnes vivant dans les parages du volcan, mais la plupart de ces cartes comportaient des erreurs – et d'ailleurs, elles furent distribuées à tort et à travers.

L'impréparation était donc totale quand, le 13 novembre, aux alentours de 15 heures, des colonnes de fumées noires s'échappèrent du volcan en même temps que retombait une pluie de petites pierres coupantes et de cendres chaudes. Les autorités des villes proches du Nevado del Ruiz – dont la cité d'Armero où vivait Amayra Sanchez – rassurèrent les habitants : « Ce n'est rien du tout, rentrez chez vous et contentez-vous de bien fermer vos fenêtres si vous ne voulez pas balayer de la cendre pendant huit jours ! »

Mais les cendres brûlantes n'allaient pas se contenter de perturber les travaux domestiques des ménagères d'Armero : en retombant sur le volcan, elles commencèrent à faire fondre le dôme de glace et les neiges éternelles qui, en se liquéfiant, se transformèrent en *lahars*, c'est-à-dire en coulées boueuses d'origine volcanique.

Larges comme des rivières, impétueux comme des torrents, enrichis de tout ce qu'ils arrachent – ils peuvent entraîner dans leur course folle des rochers pesant plusieurs dizaines de tonnes –, formant de véritables murs frontaux de plusieurs mètres de hauteur, les lahars pulvérisent tout ce qui se trouve sur leur passage.

Rien, absolument rien, n'a la capacité de résister à un lahar qui déboule à près de 80 km/h.

Le rush du premier lahar qui, à 23 h 30 dans la nuit du 13 au 14 novembre 1985, submergea la ville d'Armero, dura une vingtaine de minutes. Une seconde vague, à l'avant de laquelle roulait sur lui-même un véritable bélier de débris haut de trente mètres, déferla ensuite pendant trente minutes. Puis, dans un rugissement assourdissant, un troisième lahar engloutit ce qui restait de la ville.

C'est dans ce chaos hurlant que périrent la plupart des citoyens d'Armero, soit plus de vingt mille personnes.

Le bilan fut d'autant plus lourd que l'immense majorité des habitants n'avait même pas tenté de fuir, d'une part à cause des paroles lénifiantes des autorités, et d'autre part en raison d'un orage si violent que le fracas de la pluie et du tonnerre avait couvert celui de l'explosion du volcan.

Parmi les rares rescapés de cette nuit de toutes les horreurs, il y avait une jeune fille de treize ans, Omayra Sánchez.

Elle avait miraculeusement survécu aux trois lahars qui avaient rayé sa ville de la carte du monde, mais elle se retrouvait captive d'un enchevêtrement de fer et de béton, de poutrelles et de pierres, ses jambes prises dans une effroyable chausse de boue et de matériaux enroulés autour de ses chevilles, de ses tibias, de ses genoux, de ses cuisses.

Les sauveteurs avaient tout essayé pour la sortir de là, mais il n'y avait rien à faire. Ou plutôt, si : pour réussir à la dégager, il aurait fallu l'amputer des deux jambes ; mais on ne disposait pas du matériel chirurgical nécessaire à une intervention aussi lourde. Une autre solution aurait été de pomper la boue dans laquelle mijotait Omayra pour pouvoir accéder à l'amas de décombres qui la retenaient prisonnière ; mais on n'avait pas une telle pompe, capable d'absorber des boues épaisses sans s'engorger. On en avait demandé une à Bogota, et Bogota avait répondu « qu'ils allaient faire leur possible », alors on attendait. Mais rien ne venait.

Si l'on manquait de matériel médical approprié et d'une pompe surpuissante, du moins avait-on des caméras : en dépit de la formidable coulée de boue qui atteignait par endroits cinq mètres d'épaisseur, des équipes de télévision avaient réussi à passer. Progressant dans l'odeur fétide des corps déjà entrés en décomposition et des végétaux pourris, tenant caméras et micros au-dessus de la tête comme les soldats du 6 juin 44 jaillissant des péniches de débarquement et protégeant leurs armes contre les vagues, les reporters convergeaient vers les ruines où était coincée la petite Sánchez. Si l'on pouvait l'approcher d'assez près pour filmer son visage en gros plan (le bruit courait qu'elle était plutôt jolie) et enregistrer son gentil babillage (car elle ne pleurnichait pas, oh ! non, elle restait d'une dignité exemplaire, distribuant des sourires et causant gentiment aux bénévoles qui s'acharnaient à essayer de la sauver), on pourrait faire de l'image de cette jeune demoiselle l'emblème, l'étendard de la catastrophe.

Les correspondants des télévisions du monde entier avaient tous en mémoire *The Big Carnival*[1], ce film de Billy Wilder dans lequel Kirk Douglas incarne Charles Tatum, un journaliste sans scrupules qui se trouve être témoin de l'épreuve que subit un homme bloqué dans la galerie d'une montagne où il s'était faufilé pour dérober des objets précieux dans des tombes indiennes vieilles de plusieurs siècles. Devinant tout ce qu'il va pouvoir tirer de l'événement s'il sait l'exploiter à son avantage, Tatum décide de faire en sorte d'être le seul à rendre compte du sauvetage de Leo Minosa, le malheureux pilleur de tombes, et surtout de s'arranger pour que ce sauvetage dure le plus longtemps possible en devenant chaque jour un peu plus dramatique.

Charles Tatum sait si bien faire monter sa mayonnaise qu'il réussit à transformer un fait divers somme toute banal en tragédie nationale. La montagne des Sept

1. En français *Le Gouffre aux chimères*, 1951.

Vautours dans les entrailles de laquelle agonise Leo Minosa devient très vite un spot incontournable, avec son lot d'embouteillages monstres, ses vendeurs de hot-dogs et ses foules de buveurs de bière. Dans le même temps, au nom du cynisme qui veut que plus une nouvelle est mauvaise et mieux elle se vend, Tatum oriente les sauveteurs vers les solutions les moins propices à dégager Minosa.

Les reporters qui braquaient leurs caméras sur Omayra Sánchez n'avaient certes pas l'impudence du triste héros de Billy Wilder : bouleversés, tous sans exception, par la réserve et la décence dont faisait preuve la petite fille, je crois pouvoir dire qu'il n'en était pas un seul qui ne souhaitât de toutes ses forces qu'on arrachât l'enfant à sa gangue de boue et de décombres.

Mais plus le temps s'écoulait et plus Omayra s'affaiblissait. Et la pompe qui aurait pu la sauver n'avait toujours pas quitté Bogota…

Evaristo Canete faisait partie des cameramen présents sur le site. Il travaillait pour la TVE, la télévision espagnole. Il expliqua à Omayra que le monde entier la regardait, l'encourageait, priait pour elle – même les gens qui n'avaient aucune religion, aucune foi en rien ni en personne, se mettaient à croire qu'il pouvait exister quelqu'un – appelez-le Dieu ou du nom qu'il vous plaira – qui, de là où il était, s'intéressait au cas d'Omayra Sánchez et allait faire ce qu'il fallait pour la sauver.

Evaristo Canete parlant la même langue qu'elle, Omayra lui demanda si elle pouvait passer un message à sa mère. Evaristo régla le son au maximum – la petite fille était à présent dans un état si précaire que sa voix était de plus en plus ténue. « C'est OK, fit Evaristo en cadrant au mieux le joli visage d'Omayra, tu peux parler à ta maman. » « Maman, dit la petite fille, maman, si tu m'écoutes, et je pense que tu m'écoutes, prie pour que je puisse marcher et que ces gens m'aident. Je t'aime… »

Durant les deux jours et trois nuits que dura son agonie, Omayra ne fut jamais livrée à elle-même. Il y eut toujours des bénévoles ou des journalistes pour rester auprès d'elle. Et quand ils s'en allaient pour laisser la place à d'autres, ces gens pleuraient – mais en tournant le dos à l'enfant, car il ne fallait surtout pas qu'elle vît leur tristesse.

Parmi les nouveaux arrivants, il y eut un photographe français, Franck Fournier, qui fit un portrait d'Omayra, un portrait vrai, simple, et très étrange : en approchant de la fin de son calvaire, Omayra portait sur elle les stigmates de sa souffrance, ses mains notamment étaient très abîmées par l'eau, on les aurait dit de cuir, ou de bronze, en tout cas elles n'étaient presque plus humaines, et les yeux d'Omayra étaient deux ovales noirs, profonds, la photo ne montrait ni pupille, ni iris, c'étaient des yeux comme ceux que l'on prête aux êtres venus d'autres mondes, descendus des étoiles.

Au matin du 16 novembre, un journaliste colombien qui avait pu affréter un hélicoptère pour se rendre à Armero embarqua avec lui une puissante motopompe.

Acheminer la machine jusqu'à l'excavation où croupissait Omayra ne fut pas une mince affaire, on y parvint néanmoins. Dès qu'on l'eût mise en route, la machine entreprit d'aspirer la boue par une buse et de la recracher par une autre. Encore quelques heures et l'on aurait accès aux décombres qui immobilisaient Omayra, on allait enfin pouvoir fracasser ces saloperies, oh ! la rage qu'on mettrait à les désintégrer, les pulvériser, les broyer, les réduire à néant – et quel bonheur, alors...

Soudain, obligé de hurler pour dominer le bruit de succion de la pompe, un des sauveteurs dit que quelque chose n'allait pas. Les techniciens chargés de surveiller le bon fonctionnement de la pompe répliquèrent que leur machine tournait rond – « Tout est normal », assurèrent-ils du même ton désincarné que celui des ingénieurs de la NASA. A quoi le sauveteur répondit que le problème ne venait pas de leur foutue pompe, mais de la petite personne à moitié noyée dans son trou.

Après soixante heures d'agonie, Omayra Sánchez, qui avait à la hanche une plaie ouverte qu'il avait été impossible d'aseptiser, plaie qui baignait dans le plus ignoble des bouillons de culture, venait de mourir d'un arrêt cardiaque par fibrillation.

Elle était partie sans un bruit, la petite fille, ses yeux noirs restés grands ouverts, serrant ses lèvres roses comme pour garder en elle son dernier souffle, seuls ses doigts de cuir couleur de bronze s'étaient désunis, desserrant leur étreinte autour du pieu posé en travers du trou et auquel elle s'était désespérément cramponnée pour ne pas s'enfoncer, ne pas se noyer.

Aujourd'hui, Omaira Sánchez fait l'objet d'un culte. Dans le quartier d'Armero où elle est morte, et qui n'est plus qu'un immense terrain vague où dansent poussière et herbes folles, où des milliers de tombes ont poussé en désordre, des pèlerins viennent se recueillir, par bus entiers, au pied de la croix géante érigée à l'occasion de la venue du pape Jean-Paul II l'année qui suivit le drame, et ils s'agenouillent devant la tombe de la fillette, une tombe qui se voulait très modeste mais qui est à présent couverte d'ex-voto remerciant Omayra pour les faveurs extraordinaires – d'aucuns n'hésitent pas à parler de miracles – que la « petite sainte d'Armero », comme on l'appelle là-bas, dispense à ceux qui l'invoquent.

Schild (L'enlèvement des)

Tous les faits divers ne sont pas dramatiques, loin s'en faut. Certains sont même désopilants, tels ces cambrioleurs qui, en prenant la poudre d'escampette, semèrent derrière eux leurs papiers d'identité, ou ce voleur qui, hilare, passa près d'une demi-heure à se photographier avec la webcam de l'ordinateur de l'appartement qu'il venait de dévaliser et qui fut ensuite incapable d'effacer les images qui allaient le confondre, ou bien celui qui, tandis qu'il « visitait » une propriété, crut entendre des bruits suspects et appela la police parce qu'il avait décidément trop peur, ou ces Pieds-Nickelés qui avaient réussi à desceller un énorme coffre-fort mais ne parvinrent jamais à le faire rentrer dans la toute petite Mini Austin qu'ils avaient volée pour emporter leur butin.

Mais il est difficile d'être plus jocrisses et crétins que ces treize bandits sardes qui, en 1979, enlevèrent et séquestrèrent la famille Schild.

En Sardaigne, une de mes destinations préférées, où il existe quatre cents sortes de pâtes et autant de sauces sublimes, le banditisme date du temps des Romains. Et il a perduré jusqu'à devenir une véritable industrie, l'*Anonima Sequestri*, que l'on pourrait traduire par *Société anonyme d'Enlèvements*. En trente ans, de 1970 à l'an 2000, ce sont près de sept cents personnes qui ont été capturées par l'*Anonima Sequestri* et échangées contre rançon – du moins dans les meilleurs des cas, car une centaine de captifs ne sont jamais réapparus.

La réussite des preneurs d'otages tient pour beaucoup à la vastité de la partie « sauvage » du territoire sarde, aux aspects escarpés, montagneux, de ces terrains aux cachettes innombrables où la police préfère ne pas s'aventurer, sans oublier une tradition pastorale qui privilégie le silence et la solidarité entre gens des hautes terres.

Rolf Schild naquit à Cologne, dans une famille juive, en 1924. Quinze ans plus tard, après les violentes manifestations antisémites qui suivirent la Nuit de Cristal, les parents de Rolf décidèrent de lui faire quitter l'Allemagne *via* le *Kindertransport*, un groupe d'associations qui, entre 1938 et 1940, organisa le transfert d'Allemagne au Royaume-Uni de milliers d'enfants juifs. Les parents du petit Rolf, qui avaient dû rester en Allemagne parce que le *Kindertransport* ne prenait en charge que les enfants de moins de dix-sept ans, furent raflés et déportés au camp d'extermination de Chelmno où ils moururent gazés.

Après la guerre, l'assassinat de ses parents lui ayant fait perdre tout désir d'Allemagne, Rolf Schild choisit de s'installer pour toujours en Angleterre.

Très doué pour l'ingénierie, notamment les automatismes et l'électronique, il fit partie de l'équipe qui mit au point le poumon d'acier qui sauva la vie de nombreux enfants atteints de poliomyélite.

Il n'avait pas trente ans lorsqu'il fonda sa première entreprise de technologie médicale, *SE Technology*, qui devait devenir plus tard *Huntleigh Technology*.

En 1979, il se trouvait en vacances en Sardaigne avec sa femme et leur fille de quinze ans, Annabel, qui était sourde et portait un appareil d'aide auditive.

Le 21 août, après un dîner chez des voisins, ils rentraient à leur villa toute de stuc rose située près du village de Porto Rafael, véritable petit paradis d'eaux turquoises et de plages de sable, lorsqu'ils tombèrent dans une embuscade tendue par des bandits sardes généreusement armés.

Ceux-ci leur bandèrent les yeux et les bâillonnèrent. Puis, les entraînant dans une marche épuisante qui dura plus de quatre heures, ils les conduisirent dans une grotte des montagnes de Barbagia, au centre de l'île, le repaire traditionnel des bandits sardes.

Ce n'était qu'une escale : dès le lendemain, les ravisseurs les changèrent de cachette, et il devait en être ainsi pendant tout le temps de leur séquestration.

Lorsque les bandits lui révélèrent le montant de la rançon qu'ils escomptaient toucher, Rolf Schild ne put s'empêcher d'éclater de rire : il ne possédait pas une somme aussi faramineuse, ni en tant que sociétaire de la *Huntleigh Technology*, ni encore moins à titre privé. Mais les ravisseurs n'en crurent pas un mot : ils n'étaient pas des benêts, dans l'*Anonima Sequestri*, ils n'enlevaient pas les gens sans s'être assurés au préalable de leur valeur marchande. Et là, ils étaient formels : en la personne de Rolf Schild, ils retenaient l'un des hommes les plus riches du monde. Ils avaient tout simplement réussi le coup le plus fumant de toute l'histoire des bandits sardes. Et à présent, c'était au *signor* Rolf Schild de jouer. On allait le libérer, à charge pour lui de réunir la rançon au plus vite. Tant que l'argent ne serait pas intégralement versé, la *signora* Daphne et la *signorina* Annabel resteraient prisonnières.

Le 5 septembre, on retrouva Rolf Shild qui errait, défait, loqueteux, sur une route de montagne. Ses ravisseurs l'avaient fait tourner en rond pendant des heures afin qu'il perde tout sens de l'orientation et soit dans l'incapacité de situer, même sommairement, la zone où il avait été détenu.

Essentiellement parce qu'une femme et une jeune fille demeuraient prisonnières de farouches bandits au cœur de paysages grandioses mais ô combien âpres et sauvages – comme c'était romanesque ! –, la presse de Londres se passionnait pour cette affaire. Rolf Schild ayant refusé de révéler la somme d'argent qu'on lui réclamait en échange de sa femme et de sa fille, les journaux faisaient dans la surenchère, annonçant des montants plus extravagants les uns que les autres.

Et l'hiver arriva. Dans les montagnes sardes, Daphne et Annabel vivaient l'hiver le plus pathétique de leur existence. Frigorifiées, affamées, s'ennuyant à mourir, elles étaient confinées dans une hutte de branchages, sous la garde de deux bandits qu'elles avaient baptisés le Rigolo et le Singe (à cause du fumet qu'il exhalait). Pour Annabel, la situation était encore pire du fait que les piles de son appareil auditif étaient épuisées depuis longtemps et qu'elle n'entendait plus rien.

Sans doute une importante somme d'argent fut-elle enfin versée aux kidnappeurs, car Daphne Schild recouvra la liberté à la mi-janvier. Mais la petite Annabel restait aux mains des bandits. Et la police ne donnait pas vraiment l'impression d'être sur leur piste.

Pourtant, un mois plus tard, huit paysans de la commune d'Orani, dans la région de Barbagia, furent arrêtés et inculpés de complicité d'enlèvements. Mais il était clair que ces gens-là n'étaient que des sous-fifres qui n'avaient trempé que de loin dans l'affaire – peut-être s'étaient-ils contentés de procurer du ravitaillement aux ravisseurs.

D'ailleurs, les chefs des bandits continuaient d'exiger à cor et à cri le solde de la rançon.

Rolf Schild finit-il par trouver l'argent et par le verser aux kidnappeurs ? Ou bien une vibrante intervention publique du pape Jean-Paul II en faveur d'Annabel toucha-t-elle le cœur des brigands ? Toujours est-il que le 21 mars, premier jour du printemps, l'adolescente fut libérée et rendue à ses parents.

Deux ans plus tard, treize hommes furent arrêtés, reconnus coupables du triple enlèvement, jugés et emprisonnés.

On apprit alors pourquoi ils s'en étaient pris aux Schild, et pourquoi ils avaient été jusqu'au bout convaincus d'avoir enlevé un des hommes les plus riches du monde : ils avaient confondu Rolf Schild avec Rothschild.

Sequestrée de Poitiers (La)

André Gide s'est inspiré de ce fait divers pour écrire le premier volume (*La Séquestrée de Poitiers*, suivi de *L'Affaire Redureau*) de la collection « Ne jugez pas »… qu'il dirigea chez Gallimard. On a un peu trop dit – ou, si l'on préfère, dit avec trop d'insistance – que Gide s'était servi de l'histoire de Blanche Monnier (qu'il a rebaptisée Mélanie Bastian – notez que ce sont les mêmes initiales, mais tête-bêche) pour dénoncer l'atmosphère étouffante des familles de la bourgeoisie ; et même que ce serait en réalité cette séquestrée de Poitiers qui lui avait inspiré son fameux *Familles, je vous hais*.

Des rumeurs, d'abord, avaient couru. Et puis, des voisins s'étaient plaints d'entendre des cris inarticulés, mi-plaintes mi-vociférations, qui venaient de la maison. Enfin, il y avait eu cette lettre de dénonciation adressée au procureur général, lettre anonyme, bien sûr, mais trop explicite pour en faire une boule de papier et l'envoyer dans la corbeille.

Pour toutes ces raisons, le 23 mai 1901, un commissaire de police, escorté d'un adjoint et de deux agents, sonna à la porte d'une belle maison bourgeoise de Poitiers, sise au 21 de la rue de la Visitation. Ayant fait valoir le mandat de perquisition qui lui avait été délivré par le procureur, il exigea d'être conduit en présence de la demoiselle Blanche Monnier, née cinquante-deux ans plus tôt du mariage d'Emile Monnier, doyen de la faculté des lettres, et de Louise-Léonide Demarconnay, fille d'un agent de change.

Cette dernière, après avoir vigoureusement protesté que Blanche était trop malade pour supporter des visites, surtout celle de policiers en tenue qui ne réussiraient qu'à la terroriser, finit par accepter de conduire le commissaire jusqu'à la chambre où sa fille « se reposait ».

La pièce où Louise-Léonide introduisit le policier était plutôt grande et haute de plafond. Elle possédait plusieurs persiennes donnant sur l'extérieur, mais celles-ci étaient fermées à l'aide de cadenas, ce qui, plongeant la chambre dans l'obscurité, empêcha d'abord le commissaire de discerner l'étrange créature qui gisait sur son lit. En revanche, il fut frappé de plein fouet par la puanteur abominable qui s'en exhalait, une pestilence de nourriture avariée, d'excréments et de vermine grouillante.

Lorsqu'il eut accommodé sa vision, il distingua la femme. Si du moins on pouvait encore appeler femme cette créature décharnée au point de n'être plus qu'un squelette – elle ne pesait plus que vingt-cinq kilos – et dont la chevelure noire, graisseuse, constellée de détritus innommables, lui descendait jusque sous les cuisses.

Entièrement nue, la malheureuse s'était dépêchée d'enfouir son visage sous un lambeau de couverture, et elle poussait des gémissements de chien blessé.

— Ma fille Blanche, dit sobrement Louise-Léonide en guise de présentations.

— Quelle abomination ! murmura le commissaire. Qu'a-t-elle donc fait pour que vous la punissiez de cette façon ?

— Oh, elle n'est pas punie le moins du monde, rectifia la mère. C'est elle qui veut vivre ainsi.

— Mais ces volets cadenassés prouvent assez que vous la tenez prisonnière !

— Les cadenas ne sont pas là pour lui interdire de sortir, mais pour empêcher qu'elle se montre à la fenêtre dans l'état pitoyable où vous la voyez, et qu'elle n'offusque le voisinage. Nous sommes une famille respectable, monsieur le commissaire, et depuis vingt-trois ans que notre pauvre Blanche vit ainsi, nous avons tout fait pour éviter le scandale.

Tandis que la police, sur ordre du parquet, procédait à l'arrestation de Louise-Léonide et de son fils Marcel, ancien sous-préfet – le père, Charles-Emile Monnier, ne pouvait plus être inquiété : il était mort dix-neuf ans auparavant –, Blanche fut conduite à l'Hôtel-Dieu de Poitiers où, malgré ses cris gutturaux, elle fut tondue à ras et passée à l'étuve.

Après que le journal *L'Illustration* eut publié une photo pathétique de la malheureuse femme, la France entière se passionna pour ce fait divers : Blanche était-elle la victime d'une famille vicieuse et dégénérée, ou bien n'était-elle qu'une pauvre démente ? Du coup, on cessa de gloser sur le décret que venait de prendre le préfet de police Lépine, qui ordonnait aux agents à bicyclette d'arrêter tout automobiliste dépassant la vitesse de 12 km/h, et de lui dresser contravention, laquelle, s'il s'agissait d'une récidive, pouvait être assortie de trois jours de prison…

Bien entendu, à la suite de *L'Illustration*, toute la presse titra sur la « Séquestrée de Poitiers ». Et l'opinion publique attendit avec impatience que s'ouvre le procès intenté à Marcel, le frère de Blanche, inculpé de complicité de délit de violence.

Le 7 octobre 1901, Marcel Monnier comparut seul devant le tribunal correctionnel de Poitiers : sa mère, Louise-Léonide, âgée de soixante-seize ans et malade, était morte à la prison de la Visitation quinze jours après son arrestation.

Et cela valait aussi bien pour elle car, imbue d'elle-même comme elle l'était, elle aurait sans doute très mal supporté le portrait qu'on fit d'elle, celui d'une femme sans intelligence mais autoritaire, aigre, revêche, prompte à la colère, d'une avarice sordide et sale sur elle – elle n'avait aucun souci de l'hygiène et portait ses robes jusqu'à ce qu'elles fussent raides de crasse.

Quant à Marcel, il n'était pas non plus un parangon de propreté. Lors de son procès, il déclara n'avoir eu aucun mérite à séjourner dans la chambre de sa sœur où régnaient en permanence des odeurs excrémentielles (il y allait souvent le soir pour lire son journal), car il se disait atteint d'anosmie et donc incapable de sentir les odeurs, bonnes ou mauvaises. Ce n'est pas impossible, car sinon comment expliquer que ses amis aient pu, un jour, lui faire manger un bol de petites crottes de chèvre saupoudrées de sucre en l'assurant qu'il s'agissait de fraises des bois ? Mais on ne peut pas exclure non plus qu'il ait été quelque peu coprophile.

A relire aujourd'hui les minutes du procès, il semble que Blanche Monnier ait souffert d'une pathologie psychiatrique non décelée, et en tout cas non traitée. Pathologie due à, et/ou aggravée, par la relation conflictuelle qu'elle entretenait avec sa mère, et qui, à l'époque de l'adolescence, atteignit un paroxysme qui amena la jeune fille à se confiner dans sa chambre et à refuser de s'alimenter.

Mais de toute évidence, elle n'était pas contrainte : la séquestrée de Poitiers n'a jamais été séquestrée, sinon par elle-même.

Marcel Monnier fut d'abord condamné à quinze mois de prison.

Mais le 20 novembre 1901, la cour d'appel reconnut qu'aucune violence, au sens strict de ce mot, n'avait été exercée. Tout ce qu'on pouvait reprocher à l'accusé, c'était de s'être piètrement occupé de sa sœur. Ce qui ne constituait pas un acte de violence. En conséquence de quoi Marcel Monnier fut acquitté.

Quant à Blanche, dorlotée par les religieuses de l'Hôtel-Dieu, elle retrouva une apparence humaine. Elle reprit du poids, mais pas ses esprits. Jusqu'à sa mort en 1913 à l'hôpital psychiatrique de Blois, elle ne cessa d'implorer qu'on voulût bien la ramener chez elle, dans le pourrissoir de sa chambre qu'elle appelait « sa chère petite grotte »...

Pour dix centimes au profit des malades indigents de l'Hôtel-Dieu de Poitiers, sur des paroles de Léo Lelièvre et sur l'air connu de *La Paimpolaise*, ou à défaut sur celui de *Tu nous quittes et tu t'en vas*, on put, longtemps encore après la disparition de Blanche Monnier, chanter la grande complainte de *La Recluse de Poitiers* :

Pendant qu' la maman roupille,
Assise sur ses sacs d'écus,
Marcel, qu'adore sa famille,
S' ballad' parmi les détritus ;
Il ne sent rien, le pauvre homme,
Car il n'a pas d'odorat,
Il vient faire' son petit somme,
Le nez sur le puant grabat.

Ah ! plaignez un pauvre diable
Qui n'a jamais eu d'odorat,
Car son sort est lamentable,
Le monde est tout de même ingrat !
C'est par piété filiale
Qu'il est privé de sa sœur
Et qu' sa douleur il exhale,
Son infortune fend le cœur

Stinney (George)

Peut-être, au nom de l'exemplarité du châtiment et autres billevesées du même acabit (si billevesées vous semble un mot par trop archaïque et que vous lui préférez celui de conneries, je suis tout à fait d'accord), avez-vous été partisan de la peine de mort.

Peut-être l'êtes-vous encore, et, même si j'ai fait de l'abolition de ce châtiment un de mes engagements, je reconnais que c'est votre droit le plus indiscutable.

Mais permettez-moi de vous conter l'histoire de George Junius Stinney Jr.

D'abord parce que nous, la société des hommes et des femmes, ne devons pas oublier ce gamin. Ensuite parce que cet exemple rassemble et condense tout ce qui, dans la peine de mort, me donne l'envie irrépressible de crier que non, non et non, je ne peux décidément pas être d'accord avec une chose pareille.

George Stinney, un jeune Afro-Américain de quatorze ans, citoyen du comté de Clarendon (Caroline du Sud), fut arrêté le 23 mars 1944, suite à la découverte des cadavres de deux fillettes de race blanche, Betty June Binnicker (onze ans) et Mary Emma Thames (huit ans). Leurs corps, qui portaient d'horribles blessures infligées à l'aide d'un de ces énormes clous de fer servant à river les rails du chemin de fer sur leurs traverses, gisaient dans un fossé boueux au milieu des bois.

Bien qu'aucun témoin n'ait déclaré avoir vu le petit George sur les lieux du double meurtre, le seul fait qu'il ait participé à la battue organisée pour retrouver Betty June et Mary Emma le soir de leur disparition, et surtout qu'il ait déclaré les avoir croisées quelques heures plus tôt le même jour – les deux fillettes, qui se promenaient à vélo, s'étaient en effet arrêtées devant chez lui pour lui demander s'il savait où elles pourraient trouver des fleurs de passiflores – suffit à attirer sur lui l'attention, entendez par là la suspicion, des policiers.

Il fut arrêté le lendemain, interrogé et, sur la foi des aveux qu'il avait soi-disant passés, *et dont on ne retrouva jamais aucune trace écrite*, il fut accusé d'homicide au premier degré.

Le procès eut lieu un mois plus tard, le 24 avril, dans le palais de justice du comté. Entre l'arrestation de George et sa comparution devant la cour, aucun membre de sa famille ne fut autorisé à voir le petit garçon.

George était défendu par un avocat commis d'office qui, âgé d'à peine trente ans, n'avait jamais plaidé une affaire impliquant une possible condamnation à mort. Sa principale préoccupation n'était d'ailleurs pas son petit client, mais de réunir assez de suffrages lors d'une prochaine élection au niveau de l'Etat de Caroline du Sud. Alors, évidemment, il n'avait aucun intérêt à *vraiment* défendre un Noir accusé d'avoir violé et tué deux charmantes petites filles de race blanche (et c'est vrai qu'elles étaient mignonnes, c'est même le seul élément du dossier qui soit indiscutable...).

Le protocole judiciaire commença par la sélection des jurés, l'accusation et la défense pouvant valider ou récuser les personnes tirées au sort et ayant reçu une convocation pour accomplir leur *jury duty*, c'est-à-dire assister à un procès et rendre un verdict. C'est évidemment une des phases importantes du procès, car la composition du jury a une influence considérable sur le verdict final – si, dans ce film exemplaire qu'est *Douze hommes en colère*, le juré n° 8, rôle interprété par Henry Fonda, n'avait pas été accepté par les deux parties, il est évident que l'accusé aurait été reconnu coupable d'avoir poignardé son père et qu'il aurait été condamné à mort. Or dans cette étape préliminaire, le défenseur de George, impressionné par les quelque deux mille Blancs qui, à l'extérieur du tribunal, vociféraient pour réclamer la mort du « sale Nègre qui avait souillé, martyrisé et assassiné deux petites Blanches », assura le service minimum : il se désintéressa complètement du choix des jurés, laissant le procureur sélectionner exclusivement des Blancs, et, de préférence, des hommes et des femmes connus pour leur hostilité envers la communauté noire.

L'audience proprement dite fut déclarée ouverte à 12 h 30.

On vit rarement s'exercer une justice aussi expéditive : non seulement l'avocat de George Stinney n'appela à la barre aucun témoin pour son client, mais il ne procéda à aucun contre-interrogatoire des personnes citées par la partie adverse.

A 17 h 30, les débats n'ayant plus lieu d'être prolongés puisque la défense ne contestait rien, le président invita les douze jurés à se retirer pour délibérer. Conformément aux usages, un policier menotta George Stinney et le prit par le bras pour le conduire jusqu'à l'espèce de cage où il allait devoir attendre le retour des jurés. Mais le petit prisonnier et son garde eurent à peine le temps d'atteindre le sous-sol où se trouvait la cellule qu'on leur dit de regagner la salle d'audience : le jury n'avait pas mis dix minutes à examiner le cas et à parvenir à un accord unanime sur la question posée, à savoir : George Stinney est-il ou non coupable d'avoir assassiné Betty June Binnicker et Mary Emma Thames ?

A quoi les douze jurés, malgré l'absence de la moindre preuve, avaient répondu oui à l'unanimité et n'avaient accordé aucune circonstance atténuante au petit garçon, ce qui impliquait que George Stinney fût condamné à la chaise électrique.

Aux Etats-Unis, en usant des très nombreux recours prévus par la loi, les condamnés à mort peuvent espérer survivre plus de dix ou douze ans, parfois même davantage, avant d'être exécutés. Encore faut-il, bien sûr, qu'ils fassent appel du jugement qui les frappe.

Or, déterminé à ne contrarier en rien la communauté blanche dont il guignait les suffrages, l'avocat de George Stinney se garda d'interjeter appel. Ce qui fait que le 16 juin 1944 à 19 heures, moins de trois mois après le meurtre des deux fillettes, George Stinney fut extrait du couloir de la mort de la *Central Correctionnal Institution in Columbia* (quel nom ronflant pour un abattoir !) et escorté jusqu'à la pièce où l'attendait la chaise électrique.

Des centaines de personnes, dont notamment des membres influents de diverses Eglises, de syndicats, de la NAACP (*National Association for the Advancement of Colored People*, organisation de défense des droits civiques des Noirs), avaient supplié le gouverneur Olin D. Johnston d'accorder sa grâce à l'enfant, ou à tout le moins un sursis qui permettrait de revoir certains points obscurs de l'enquête policière. Johnston n'était pas un mauvais bougre, il était même réputé pour sa propension à aider les faibles, à secourir les pauvres. Mais il refusa de gracier Stinney : « J'ai sérieusement étudié son cas, affirma-t-il, et je n'ai finalement trouvé aucune raison d'intervenir en sa faveur... » Ou, contrairement à ses dires, il n'avait pas *sérieusement* étudié l'affaire, ou bien il mentait en prétendant n'avoir découvert aucune raison de consentir à un sursis. Car enfin, ce brave gouverneur n'en était pas à une contrevérité près. Pour justifier qu'il ne ferait pas un geste en faveur du petit Noir, il avait écrit ce qui suit au Révérend Wallace Fridy, pasteur de l'église méthodiste de Lyman : « Stinney a d'abord tué la plus petite des filles pour pouvoir violer la plus grande. Puis il a tué la plus grande et a violé son cadavre. Vingt minutes plus tard, il est revenu sur les lieux pour la violer encore une fois, mais il a trouvé que le corps de la fille était à présent trop froid. » Le problème est qu'il existe un rapport d'autopsie spécifiant que les parties génitales des petites victimes ne présentaient aucune trace de violence sexuelle...

Durant sa marche au supplice, George Stinney tenait une bible dans ses mains enchaînées. Lorsqu'il se présenta devant la chaise électrique, il apparut que celle-ci était trop grande et trop haute pour un petit garçon : son crâne n'atteignait pas le casque solidaire du dossier et par lequel le courant devait passer dans son corps. Alors les gardiens demandèrent à George de bien vouloir s'asseoir sur sa bible qui servirait ainsi à le rehausser. Il fit ce qu'on lui demandait. Les gardiens eurent également des difficultés pour l'attacher, car les sangles n'avaient pas été prévues pour un enfant. Enfin, le masque de cuir qu'on applique sur le visage du condamné pour éviter aux spectateurs la vision insoutenable du visage dont la peau noircit et se fendille, des yeux qui sortent de leurs orbites et des cheveux qui s'enflamment, ne tenait pas sur sa petite frimousse. Il tomba d'ailleurs dès la première décharge de deux mille quatre cents volts – il en reçut trois –, révélant aux quarante témoins un faciès épouvanté, défiguré par la douleur. De grosses larmes coulaient sur chacune des joues du petit gaçon, sans atteindre son menton car elles se vaporisaient sous l'effet de la chaleur intense qui cuisait son visage.

George Stinney fut déclaré mort quatre minutes après le début de l'exécution.

De nombreux juristes ayant étudié le dossier estiment que le petit Stinney était parfaitement innocent et que son arrestation, ses interrogatoires et son procès, et jusqu'à son exécution, ont été truffés d'erreurs et de décisions contraires à la Constitution des Etats-Unis.

Début 2014, une association d'avocats développa ces arguments devant une cour de la Caroline du Sud, réclamant que George Junius Stinney Jr. soit disculpé des charges portées contre lui, ou que son cas soit rejugé. Mais il semble peu probable que leur demande reçoive une réponse favorable – à tous points de vue, le petit George n'a jamais pesé bien lourd…

Suicides (Virgin)

Alyona, Masha et Tanya n'avaient pas vu *Virgin Suicides* (1999), le premier film de Sofia Coppola inspiré du roman éponyme de Jeffrey Eugenides. Situé dans un quartier plutôt aisé d'une ville du Michigan des années 1960, il met en scène un groupe de garçons, observateurs fascinés de cinq sœurs toutes plus blondes et plus ravissantes les unes que les autres, mais atteintes d'une curieuse manie : en l'espace d'un an, elles se suicident à tour de rôle, sans explications, sans raisons évidentes d'en arriver à ces extrêmes sinon qu'elles sont adolescentes et qu'elles vivent sous la dictature de parents au puritanisme exacerbé.

Le livre de Jeffrey Eugenides s'inspire-t-il d'un fait divers authentique ayant eu lieu en 1970 dans l'Etat du Michigan, ainsi qu'on l'a dit et redit au moment de sa publication, ou bien, comme il l'a confié à un journaliste anglais, Eugenides a-t-il recréé, et surtout amplifié, cette histoire de suicides en série à partir de confidences que lui aurait faites une baby-sitter, mais confidences ne faisant état que de projets de suicides sans passages à l'acte ?

Ce qui ne fait aucun doute, c'est que les *virgin suicides* de Tanya Kuznetsova, onze ans, Masha Pavlyuchenko, douze ans, et Alyona Strukova, quatorze ans, n'étaient ni du roman ni du cinéma.

Toutes les trois habitaient la banlieue de Balashikha, à une vingtaine de kilomètres de Moscou, dans une cité surnommée la Fourmilière – empilage gris béton de cent soixante et onze minuscules logements composés d'une seule pièce et d'une cuisine de poche. On pourrait croire, à voir la forêt toute proche, que l'environnement, du moins, présente un caractère riant. Mais les futaies sur lesquelles pèse une neige collante, étouffante, sont peut-être le pire enfer de Balashikha : sous le frémissement des grands bouleaux ont lieu chaque nuit, entre les trafiquants de drogue, d'armes, de filles, des règlements de comptes à la kalachnikov.

Dans la Fourmilière où l'odeur d'urine prend à la gorge, où les ascenseurs qui tombent en panne peuvent attendre cinq ans et plus avant d'être réparés, où les boîtes aux lettres sont forcées, défoncées, descellées, les jeunes

« fourmis », dont la plupart ont moins de quinze ans, sont livrés à elles-mêmes : leurs parents – sont-ils des parents, d'ailleurs, ou seulement des adultes qui cohabitent vaguement avec des enfants ? – sont absents jusque très tard dans la nuit, occupés à mener leurs petites combines jamais très nettes, à magouiller, fricoter, et puis à boire des alcools frelatés qui les rendront aveugles ou fous.

On ne voyait jamais Alyona, Masha et Tanya autrement qu'ensemble et bras dessus bras dessous. Elles passaient des journées (et des nuits) entières à écouter le groupe à la mode Ruki Vverh ! (« Haut les mains ! »), dont le tube du moment, *Pesenka*, décrivait un couple d'ados confinés comme les trois filles dans un mini-appartement, et buvant force vodkas en braillant une stupide ritournelle qui faisait la, la, la, la, la, la, jusqu'à se retrouver au poste de police pour tapage.

Mais ce n'était pas un exemple qu'elles auraient suivi : chanter, oui, mais pas question de s'enivrer. L'autopsie qui fut pratiquée sur elles après leur mort ne révéla aucune trace d'alcool ni de drogue. Pour tout le monde, elles étaient simplement trois petites jeunes filles de leur temps, jolies, gentilles, incapables de faire du mal à qui que ce soit, y compris à elles-mêmes.

Le drame survint quand elles s'entichèrent d'un garçon de quatorze ans qui habitait au sixième étage. Elles le trouvaient beau comme un ange. Dans le hall de leur immeuble, elles avaient gravé son nom, Dima Leonov, entouré de leurs trois prénoms.

C'est Alyona qui, la première, était tombée amoureuse. Mais comme elles étaient en somme une seule et même personne à elles trois, ce qui leur avait valu le surnom de

Sainte Trinité, les deux autres ne tardèrent pas à éprouver la même passion.

Elles décidèrent alors de se déclarer. Alyona, qui était la plus mature, rédigea à l'intention du garçon une lettre que signèrent aussi Masha et Tanya, et qui prévenait Dima qu'elles l'aimaient et que, s'il ne les aimait pas en retour, elles sauteraient par la fenêtre de leur huitième étage.

Bien qu'elle n'eût que quatorze ans, Alyona Strukova était décidée à aller jusqu'au bout si Dima ne succombait pas à leur triple charme. Elle prévint honnêtement son père, mais sans lui expliquer la raison de son geste, qu'il était possible qu'elle se jette par la fenêtre. Son père lui sourit, lui tapota gentiment la tête et lui dit que oui, bien sûr, il était de notoriété publique que toutes les jeunes filles russes de quatorze ans finissaient immanquablement par passer par la fenêtre ; mais il insistait pour qu'Alyona voulût bien refermer derrière elle après avoir sauté, parce qu'il faisait sacrément froid dehors.

Quant à Dima, flatté d'être l'objet d'un tel amour, il répondit aux trois filles de ne pas plonger dans le vide et qu'il acceptait l'idée de les aimer – d'ailleurs, d'une certaine façon, il les aimait déjà.

Mais ce n'était pas la réponse qu'elles attendaient. A défaut de fumer du hasch ou de sniffer de la coke, les trois adolescentes étaient sous l'emprise des séries que leur déversait le robinet à images de la télévision. Gavées de feuilletons hyper-romanesques (après la chute du communisme, le public russe s'était enthousiasmé pour les *telenovelas* importées du Brésil, telles que *Les riches pleurent aussi*, le plus grand succès mondial de l'histoire de la télévision) qui racontaient des amours impossibles à la Roméo et Juliette, avec des personnages prenant des postures dramatiques pour affronter des destins impitoyables, Alyona, Masha et Tanya rêvaient de devenir les héroïnes de pareilles tragédies.

Pour elles, le plus bouleversant chef-d'œuvre de tous les temps était le *Titanic* de James Cameron qu'elles se repassaient en boucle : ah ! être Rose (*alias* Kate Winslet) et voir mourir Jack Dawson (*alias* Leonardo DiCaprio) – car enfin, se disaient-elles, si l'on ne vit pas des amours contrariées, *mortellement* contrariées par la fatalité, alors à quoi bon vivre ?

Alyona rédigea leur lettre d'adieu, qui se terminait par cette requête : « S'il te plaît, Maman, veux-tu faire cette dernière chose pour moi – nous enterrer toutes les trois dans un seul et même cercueil noir et rouge ? »

Elles ouvrirent la fenêtre de leur cuisine au huitième étage. Les deux premières s'élancèrent en se tenant par la main, la troisième sauta seule. Juste avant, avec la pointe d'un couteau, elles avaient gravé le nom de Dima dans la chair blanche et tendre de leurs bras.

Alyona et Tanya moururent sur le coup, la tête éclatée. Masha était encore en vie lorsque son père la ramassa, la prit dans ses bras et, pour qu'elle ne reste pas dans la neige glacée, la remonta jusqu'à leur logement où il l'allongea dans une sorte de caisse en attendant l'arrivée des secours. Masha gémissait, elle perdait beaucoup de sang et semblait souffrir énormément. Elle n'avait pas perdu conscience, et elle essaya même d'articuler quelque chose. Mais son père eut beau coller l'oreille contre ses lèvres, il ne comprit pas ce qu'elle disait. D'ailleurs, elle s'évanouit presque aussitôt, et elle mourut vingt minutes plus tard, lorsque les ambulanciers la sanglèrent sur leur civière.

Malgré leur demande, les trois enfants furent ensevelies séparément.

Toutefois, avant de les mettre en terre, leurs trois bières furent disposées côte à côte à l'aplomb de l'étroite fenêtre d'où elles s'étaient jetées, sur la dalle couverte de neige où l'on avait trouvé leurs corps disloqués, chaque cercueil jonché d'œillets et de petits animaux en peluche, et, bien sûr, chacun peint en rouge et noir selon le vœu d'Alyona.

L'Eglise orthodoxe de Russie refuse d'accorder des obsèques religieuses aux suicidés. Mais elle fit une exception pour les *virgin suicides* de la Fourmilière de Balashikha, estimant qu'en se jetant dans le vide ces petites filles innocentes n'avaient pas conscience de ce qu'elles faisaient.

Béni soit-il, l'homme de cœur, le Patriarche de Moscou et de toutes les Russies, qui entérina cette décision.

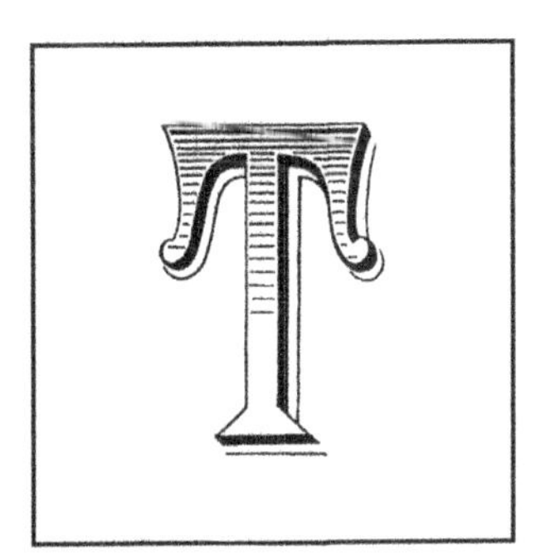

Tourgueniev et Troppmann

Ivan Sergueïevitch Tourgueniev a cinquante-deux ans et déjà quelques chefs-d'œuvre à son actif (*Premier Amour*, *Un mois à la campagne*, *Pères et Fils*, etc.) quand, le 19 janvier 1870, invité par Maxime Du Camp, il assiste à l'exécution de Jean-Baptiste Troppmann.

Relatés sous la forme d'un feuilleton haletant, les crimes de Troppmann, l'enquête, l'arrestation, le procès et l'exécution du jeune meurtrier, vont bouleverser à jamais le visage de la presse qui va désormais appuyer sa stratégie sur l'exploitation des faits divers : grâce aux épisodes de l'affaire Troppmann distillés jour après jour avec une efficacité littéraire digne (parfois) d'un Alexandre Dumas ou d'un Eugène Sue, *Le Petit Journal*, premier quotidien populaire de masse, fondé six ans auparavant par Moïse Millaud, va voir ses ventes exploser et frôler les cinq cent mille exemplaires (en 1899, il revendiquera cinq millions de lecteurs, ce qui me paraît tout de même très optimiste, et le plus fort tirage du monde entier, ce qui n'est pas impossible).

Voici en quels termes l'édition du 23 septembre rendait compte du « premier chapitre » de cette histoire particulièrement sanglante :

« Lundi matin, à 5 heures, un sieur Langlois, cultivateur, se rendait avec ses outils de travail sur sa propriété voisine de Pantin, à l'endroit dit le Chemin-Vert. [...] Arrivé sur la lisière d'un champ ensemencé de luzerne, il remarque tout à coup une mare de sang. Tremblant, ému, sous le coup d'un sinistre pressentiment, il écarte la terre avec un de ses outils ; il met au jour un foulard. Il fouille encore et bientôt se trouve en présence du cadavre d'une femme vêtue encore d'une robe de soie [...]. Bientôt, il aperçoit la tête meurtrie d'un enfant. Epouvanté, il court donner l'alarme [...] »

Le 24 septembre, Thomas Grimm (qui est en fait le pseudonyme sous lequel vont écrire tous les rédacteurs du *Petit Journal* qui se relaieront pour rendre compte de l'affaire) détaille le charnier : les corps sont ceux d'une femme de trente-cinq ans, de quatre garçons de seize, treize, dix et huit ans, et d'une petite fille de quatre ans. La mère et les deux plus jeunes enfants ont été égorgés, les trois derniers étranglés, tous ont été achevés à coups de pioche, et certains ont été enterrés encore vivants. Et on n'est pas au bout de l'horreur, car Troppmann a encore deux autres meurtres sur la conscience : celui du chef de la malheureuse famille, empoisonné à l'acide prussique, et de son fils aîné dont on retrouve le cadavre portant un couteau enfoncé dans la gorge.

Et pourquoi ce massacre ? Tout simplement pour voler la famille Kinck...

Le 19 janvier 1870, devant la prison de la Roquette où se pressait une foule qui s'enflait de minute en minute, le bourreau de Paris, Jean-François Heidenreich, vêtu comme à son habitude de son élégante redingote noire et d'une cravate blanche, surveillait le montage des bois de justice A 7 heures précises, il devait guillotiner Jean-Baptiste Troppmann.

Heidenreich faisait partie de ces exécuteurs dont on ne peut s'empêcher de penser qu'ils n'étaient décidément pas faits pour cette terrible fonction : après avoir actionné la guillotine, il n'avait rien de plus pressé que de rentrer chez lui, boulevard de Beaumarchais, pour prendre un bain et se coucher, frissonnant d'émotion, le drap remonté jusque par-dessus la tête. Il restait ainsi jusqu'à parfois deux ou trois jours, ne mangeant rien, buvant à peine. Puis il se levait et courait à l'église de sa paroisse où il donnait de l'argent pour que l'on dise une messe ou deux à l'intention du pauvre bougre qu'il avait décapité.

Il n'aimait rien tant que les romans sentimentaux qui lui tiraient des larmes. Il en avait toujours un en lecture, qu'il refermait d'une main tremblante à l'instant où l'intrigue atteignait son paroxysme ; coiffant son melon (il réservait le haut-de-forme aux petits matins d'exécution),

Heidenreich allait alors se promener en poussant des soupirs à fendre l'âme.

Il y avait, en cette fin de nuit, des curieux jusque sur les toits des immeubles, allongés sur le zinc ou l'ardoise.

Nuit dans laquelle la foule grandissait sans discontinuer, fascinée par ce qu'elle ne comprenait pas, par cette horreur qui échappait à ses normes – car enfin, rien de plausible n'expliquait tout à fait le crime de Troppmann, ni la passion, ni la jalousie, ni la soif d'argent, ni une folie sanguinaire, ni même une crise d'ivrognerie.

Un seul croyait avoir compris : le journaliste légitimiste Alfred Nettement, qui accusait les romans-feuilletons – et le crime de Troppmann, « récupéré » par la presse, n'était-il pas devenu un roman-feuilleton ? – d'être les produits d'une décadence politique (*sic*), d'une apocalypse morale (*re-sic*), et d'exercer une influence funeste (*re-re-sic*) sur leurs lecteurs. Pour Nettement, il ne faisait aucun doute que le malheureux Troppmann « avait perdu toute notion du bien et du mal à force de vivre dans un monde imaginaire, peuplé de Jean Valjean, de Juifs errants et autres bagnards ».

A en croire Ivan Sergueïevitch Tourgueniev, que son ami Maxime Du Camp avait invité à venir voir tomber la tête de Troppmann, « la nuit n'était pas brouillardeuse mais terne, humide sans pluie, froide sans frimas, une vraie nuit française de janvier [...] Seuls des gamins tourbillonnaient autour [de l'échafaud], fourrant les mains dans les poches de leur pantalon, et rabattant la visière de leur casquette sur leur nez, ils marchaient de çà et de là avec cette démarcha traînante, cette démarche de canard qu'on ne voit qu'à Paris [...] Sur les arbres clairsemés se dressaient comme des fantômes, l'on voyait de petites masses. C'étaient les gamins qui les avaient escaladés. Ils sifflaient et piaillaient comme des oiseaux perchés entre les rameaux. Un d'eux dégringola à terre et se tua en se cassant la colonne vertébrale. Mais sa chute ne provoqua qu'un rire qui ne dura pas longtemps[1]... »

Et voilà comment un fait divers peut en cacher un autre.

Mais après tout, ils étaient là – combien ? vingt-cinq mille, trente mille d'après la police – pour voir la mort, pas vrai ?

Tucker (Karla Faye)

Durant les six années où il fut gouverneur du Texas avant d'accéder à la présidence des Etats-Unis d'Amérique, George W. Bush Jr. valida cent cinquante-deux exécutions capitales – cent cinquante hommes et deux femmes, dont Karla Faye Tucker. Beaucoup plus qu'aucun autre gouverneur dans l'histoire récente des Etats-Unis.

Il avait déclaré qu'il prenait très au sérieux l'examen de chaque dossier de peine de mort, parce que « chacun de ces cas revêt une importance primordiale en ce sens qu'il s'agit toujours d'un cas de vie ou de mort ».

Non, vraiment ?...

1. *L'Exécution de Troppmann et autres récits*, traduit du russe par Alexandre Zviguilsky, Stock, 1990.

Et George W. Bush Jr. d'ajouter : « Pour chaque peine de mort, un conseiller juridique m'informe en profondeur, passe en revue les arguments présentés par l'accusation et par la défense, soulève tous les doutes, tous les problèmes... »

Le problème, c'est qu'un journaliste du nom d'Alan Berlow, travaillant en *free lance*, a révélé comment opérait Alberto R. Gonzales, ledit conseiller juridique de George W. Bush Jr.

Et de découvrir avec effarement que le conseiller Gonzales attendait le matin du jour programmé pour l'exécution pour remettre son rapport au gouverneur Bush, et qu'il minimisait, voire passait sous silence un certain nombre d'éléments qui me semblent pourtant déterminants. C'est ainsi que dans le cas de Terry Washington, condamné pour l'assassinat d'une gérante de restaurant, Gonzales ne fit qu'effleurer (et encore, je suis généreux !) le fait que les psychiatres avaient reconnu que Washington, à l'âge de trente-trois ans, avait à peine les facultés mentales d'un enfant de sept ans.

Le 13 juin 1983, lorsqu'elle commit le crime pour lequel elle allait passer quatorze ans dans le couloir de la mort d'une prison texane, Karla Faye Tucker avait officiellement vingt-quatre ans. En réalité, c'était une petite fille sans âge, gavée de marijuana, d'héroïne, de cocaïne et d'à peu près tout ce qu'on pouvait alors se procurer illégalement en matière de drogues. Il faut dire qu'elle avait été précoce : elle avait huit ans quand elle découvrit le cannabis. L'initiation à l'héroïne ne tarda guère. Et à quatorze ans, elle commença à se prostituer.

A dix-sept ans, elle épousa un certain Stephen Griffith, propriétaire d'une rutilante Harley-Davidson. Griffith adorait sa (très) jeune femme : elle passait l'aspirateur sans rechigner, lui préparait de bons petits plats, et c'était une bagarreuse hors pair – plus tard, Griffith avoua qu'elle lui avait flanqué des corrections pires que toutes celles qu'il avait pu recevoir de la part de types dans les bars. Et surtout, même complètement stone au point de ne plus tenir sur ses jambes, elle restait très jolie.

Quand elle le quitta, Griffith dit à ses amis que Karla finirait mal : elle allait se faire tuer, ou alors elle tuerait quelqu'un.

En fait, sa petite existence paradoxalement routinière de prostituée et de droguée se poursuivit sans événement majeur jusqu'en juin 1983.

A cette date, Karla, qui vivait alors avec un homme du nom de Danny Garrett, décida d'organiser le week-end le plus déjanté possible (c'est-à-dire que les participants pourraient consommer sexe et drogue sans modération) pour célébrer l'anniversaire de sa sœur Kari Ann qui tombait le dimanche 12.

Parmi les invités figurait Shawn, la meilleure amie de Karla, qui venait de rompre avec Jerry Lynn Dean, un garçon excessivement violent qui confondait trop souvent Shawn avec un punching-ball. En découvrant les hématomes, le nez cassé et la lèvre fendue qui défiguraient son amie, Karla se promit de régler son compte à Dean en lui rendant coup pour coup – et ça n'était pas une métaphore.

Aux petites heures du lundi, après en avoir délibéré, Karla Faye Tucker et Danny Garrett décidèrent qu'il y avait peut-être mieux à faire que de rosser Jerry Dean : ce dernier étant fou de moto au point d'avoir littéralement transformé son salon en garage et d'y faire « dormir » sa Harley-Davidson pour pouvoir mieux veiller sur elle, la pire des punitions qu'on pouvait lui infliger n'était-elle pas de lui voler sa moto ?

Subtiliser sa machine à un *biker* comme Jerry Lynn Dean, c'était le castrer, le châtrer, l'émasculer. La honte totale, l'humiliation absolue. Pour sûr, toucher à sa moto valait toutes les dérouillées du monde. Et lui piquer sa « bête » serait d'une facilité déconcertante : Jerry avait l'habitude de s'octroyer en guise de somnifère deux pétards bien chargés avant de se mettre au lit, et il devait être déjà profondément endormi.

Après s'être entièrement habillés de noir pour mieux se fondre dans l'obscurité, ils partirent à trois : Karla Faye, Danny, et Jimmy Leibrant, un de leurs amis.

Une fois sur place, Danny dit à Jimmy de rester à l'extérieur et de les prévenir, Karla et lui, si d'aventure une voiture de police passait par là, bien que Quay Point, où habitait Dean, fût un de ces secteurs « sensibles » où les flics préféraient s'abstenir de patrouiller sauf en cas de force majeure.

Danny et Karla réussirent à s'infiltrer à l'intérieur de la maison où ils purent constater que la Harley, conformément aux indications de Shawn, trônait en effet dans le salon de Jerry Dean. Mais, pour une raison ou pour une autre, ce dernier avait entrepris de démonter partiellement sa moto. En attendant d'être réassemblés, des éléments majeurs tels que les roues ou la chaîne avaient été dissociés et alignés sur des tissus graisseux, ou mis à barboter dans des récipients pleins de lubrifiants. L'atmosphère empestait l'essence et le métal froid.

L'enlèvement de la machine en pièces détachées dont la plupart dégoulinaient d'huile était pour le moins problématique. Mais peut-être pouvait-on rafler quelques éléments hautement symboliques comme le guidon avec les poignées de commande des gaz, le kickstarter ou, mieux, le réservoir chromé portant la signature prestigieuse Harley-Davidson.

C'est alors qu'un faisceau de lumière jaillit d'une extrémité du salon, là où s'ouvrait la porte donnant sur la chambre de Jerry, tandis qu'une voix ensommeillée demandait : « Mais c'est quoi, ce bordel ? Y a quelqu'un ? »

La réponse de Danny Garrett fut fulgurante : s'emparant d'un marteau qui dépassait d'une boîte à outils, il se rua dans la chambre, escalada le lit et se mit à frapper furieusement le crâne de Jerry. Un flot de sang jaillit aussitôt des narines, puis de la bouche.

Bien que Jerry fût retombé en arrière, très probablement mort, Danny continua de s'acharner sur lui.

Karla se sentit frustrée. Le châtiment de Jerry Dean était son idée, mais elle n'avait évidemment pas prévu que les choses se passeraient ainsi. Tout s'était déroulé si vite, de façon si brutale, Danny ne lui avait pas laissé la moindre chance de s'immiscer dans son rituel, il avait appliqué la vengeance comme s'il était seul concerné, alors que la fille que Jerry avait outragée était d'abord et avant tout l'amie de Karla, laquelle, un peu hébétée, contemplait à présent le lit que rougissait le sang de Jerry Dean, ce sang dont elle n'avait pas eu l'occasion de faire couler la moindre goutte.

C'est alors qu'elle vit la fille qui, enfouie sous les draps, rampait du côté opposé du lit, fuyant Jerry et son agresseur. « Les seins de la petite Shawn sont encore tout noirs d'avoir été martyrisés par lui, et ce salaud a déjà mis une pute dans son lit ? Oh, je vais la tuer, je vais la tuer… »

Elle regarda autour d'elle, cherchant un objet susceptible de donner la mort. Son choix se porta sur une pioche. Elle en saisit le manche à deux mains et marcha vers le lit où la fille – dont on saurait plus tard qu'elle s'appelait Deborah Ruth Thornton – avait émergé de dessous les draps et la fixait, la bouche ouverte sur un non immense mais qu'elle n'allait pas avoir le temps d'articuler. Elle a les dents du bonheur, remarqua Karla avant d'abattre sur elle le fer de sa pioche.

En recevant le premier coup, Deborah émit une sorte de gargouillis. Ce bruit déplut à Karla. Pour punir Deborah de ces bruits inconvenants, elle la frappa à nouveau à la poitrine, au ventre, aux épaules.

Alors Danny, hilare, jeta une couverture sur la tête de Karla : « Et maintenant, à l'aveugle ! Vas-y, ma belle ! »

Et donc, sans plus voir où elle abattait sa pioche, Karla continua de massacrer Deborah.

Puis, pour faire bonne mesure, elle donna une vingtaine de coups au cadavre de Jerry Dean.

Danny Garrett lui prit la pioche des mains, la planta dans le cœur de Deborah Thornton, et tous deux sortirent dans la nuit. Il était quelque chose comme 3 heures du matin. Il soufflait un vent tiède.

Prison de Huntsville (Texas), 3 février 1998, 18 h 45, heure locale.

Soit 1 h 45, heure française, mais je ne dors pas, je sais que c'est pour cette nuit, et que les chances de Karla d'être graciée sont nulles puisque c'est George W. Bush Jr. qui est aux commandes de la vie et de la mort. Quelques heures auparavant, il s'est moqué de Karla en disant que, lors de l'ultime interview de la jeune femme, Larry King (journaliste pour CNN, considéré à juste titre comme l'un des plus grands interviewers des temps modernes) lui avait posé des questions difficiles du genre : « Klara, qu'auriez-vous envie de dire au gouverneur Bush ? » « Et qu'a-t-elle répondu, gouverneur ? a demandé quelqu'un. — Eh bien, je suppose qu'elle a dû dire : "Ne me tuez pas", a murmuré Bush – et il tordait sa bouche à la façon d'une personne qui lutte pour ne pas éclater en sanglots –, "s'il vous plaît, non, ne me tuez pas !" »

En vérité, lorsqu'elle s'est allongée sur l'espèce de civière de la chambre d'exécution pour y être attachée les bras en croix et recevoir une injection mortelle, Karla Faye Tucker a seulement dit : « Seigneur Jésus, aidez-les à trouver mes veines ! »

En quatorze années passées dans le couloir de la mort d'une prison texane, Karla avait changé du tout au tout. La junkie des années 1980, dont le seul but dans l'existence avait été de se procurer sa dose de dope, avait opéré ce qu'on appelle une conversion.

Tout avait commencé à Harris County Jail, la prison où elle avait été détenue dans l'attente de son procès. Un jour, des ecclésiastiques qui s'apprêtaient à monter un spectacle de marionnettes en milieu carcéral visitèrent la prison. Karla Faye se fichait de la religion comme d'une guigne, mais elle s'était dit qu'il pourrait être amusant (amusant, oui : en détention, il n'y a pas tellement d'occasions de s'amuser) de voir comment ces gens-là s'y prenaient pour insuffler un semblant de vie à des poupées.

Elle avait mis le nez hors de sa cellule, juste pour voir. Et ce qu'elle avait découvert l'avait profondément ébranlée : on eût dit que les hommes et les femmes qui tiraient les ficelles des petites créatures de carton bouilli étaient eux-mêmes animés par un marionnettiste supérieur qui leur faisait ressentir une jubilation et une sérénité proprement incroyables dans un endroit aussi désolant et suintant de rancœurs que Harris County Jail.

Ce soir-là, Karla vola une bible. Du moins crut-elle la voler, car en réalité ces bibles étaient mises gratuitement à la disposition des détenus. De toute façon, elle ne se sentit pas longtemps coupable : après avoir lu quelques passages du livre, elle tomba à genoux sur le sol de sa cellule et se mit à pleurer, suppliant Dieu de venir dans son cœur et de lui pardonner les choses horribles qu'elle avait commises. « Je ne sais pas si j'ai éprouvé l'impression d'être pardonnée, mais j'ai ressenti très fort le sentiment d'être aimée. Peu importait le mal que j'avais fait, j'étais aimée pour ce que j'étais. C'est à ce moment-là que le poids de mon crime m'est littéralement tombé dessus : pour la première fois, j'ai pris conscience que j'avais brutalement tué deux personnes, et que d'autres personnes, à cause de moi, continuaient de souffrir. Et malgré ça, Dieu me disait : Je t'aime. C'était surnaturel, je ne sais vraiment pas comment expliquer ça. Et Dieu s'est enfoncé au plus profond de mon âme, jusqu'à mes racines, et Il a arraché toute cette violence que j'avais, et Il s'est installé à la place. J'étais au cœur de la nuit, dans une cellule de la prison du Harris County, et j'étais totalement libre[1]… »

1. Rapporté par Linda Strom dans *Karla Faye Tucker Set Free* (voir bibliographie en fin de volume).

A compter de cet instant, je serais tenté de dire de cette *rencontre* que Karla Faye Tucker, sous le regard d'abord incrédule, puis émerveillé, puis bouleversé de ses gardiens, mit sa main dans celle du Christ et ne la retira jamais.

On peut douter de la réalité de ces conversions d'une soudaineté inouïe, qui jettent à terre, parfois au sens propre du mot, ceux qui en sont « frappés » – le philosophe Maurice Clavel racontait avoir été violemment éjecté, comme par un coup de poing, du canapé où il lisait – tant qu'on n'a pas soi-même éprouvé ce choc, cette implosion, à l'instar de tant et tant d'autres, de l'apôtre Paul renversé sur le chemin de Damas à André Frossard ébloui dans la chapelle des religieuses de l'Adoration[1], en passant par Paul Claudel littéralement foudroyé alors qu'il assistait, oh ! en simple curieux, le 25 décembre 1886, aux Vêpres chantées à Notre-Dame de Paris. Je n'écris pas cela par on-dit mais pour l'avoir vécu moi-même[2].

Karla Faye Tucker n'est pas devenue sainte pour autant, mais à dater de la nuit des aumôniers montreurs de marionnettes, de la nuit de la bible « volée », elle fut une détenue modèle. Ses gardiens et les officiers de l'administration judiciaire ayant étudié sa conduite durant ses quatorze ans dans le couloir de la mort ont été unanimes : elle aurait pu être à la fois un exemple et une consolation si on lui avait permis, comme elle l'avait proposé, de passer le reste de sa vie dans ce foutu couloir à aider celles et ceux qui s'y consument à force de terreur et de haine.

Mais le gouverneur George W. Bush Jr. en avait jugé autrement.

1. *Dieu existe, je L'ai rencontré*, Fayard, 1969, réédité 1976.
2. *Il fait Dieu*, Julliard, 1975, réédité Fayard, 1997.

« La nuit de la mise à mort de Karla Faye, écrit sœur Helen Prejean, dont la vocation religieuse est d'accompagner des condamné(e)s à mort[1], ma colère contre George W. Bush se transforma en indignation quand Larry King diffusa le point presse de Bush [et me demanda ma réaction]. Je connaissais en substance la position de Bush à l'égard de Karla Faye, mais je n'avais pas entendu sa conclusion : "Puisse Dieu bénir Karla Faye Tucker, ses victimes et leurs familles" [...] J'ai dû me contenir pour honorer le vœu que j'avais fait de respecter tous les êtres humains, même ceux avec lesquels je suis en profond désaccord. Au fond de mon âme, j'enrageais contre l'hypocrisie de Bush, mais l'émission était en direct et diffusée dans le monde entier. Avec très peu de temps pour me ressaisir, je pris une brève inspiration, fis mentalement une petite prière, regardai la caméra et dis : "Il est intéressant de voir qu'à présent le Gouverneur Bush invoque Dieu et lui demande de bénir Karla Faye Tucker, alors que lui-même ne s'est pas servi du pouvoir qu'il avait de la bénir – non, il l'a juste tuée"... »

Après avoir pris son dernier repas composé d'une banane, d'une pêche et d'une salade, mais elle ne finit pas sa salade, Karla, vêtue de blanc car elle avait refusé de porter la tenue traditionnelle couleur orange, grimpa sur la civière surélevée et se laissa sangler sans la moindre crispation. L'aiguille fut enfoncée dans sa veine et maintenue avec une bande de sparadrap. On approcha un micro de sa bouche, et elle prononça ses derniers mots : « Je voudrais dire à vous tous, la famille Thornton et celle de Jerry

1. Elle est notamment l'auteur de *Dead Man Walking* (*La Dernière Marche*), Vintage Books, 1994.

Dean, que je suis infiniment désolée. J'espère qu'avec tout ça [elle voulait parler de sa mort, de la façon dont elle était punie] Dieu vous donnera la paix… »

La paix ?…

Le soir de l'exécution de la jeune femme, Richard Thornton, l'époux de Deborah – car celle-ci était mariée bien qu'on l'eût retrouvée nue dans le lit de Jerry Dean –, convia des amis et des membres de sa famille à le rejoindre sous les murs de la prison pour se moquer de Karla et applaudir à sa mort. Et tous chantaient à tue-tête *eh ! eh ! voici le jour où Karla Faye Tucker va mourir, eh ! eh ! on récolte ce qu'on a semé !*

Karla n'en sut rien. La *death room* est au cœur de la prison, loin du monde extérieur. D'ailleurs, les eût-elle entendus qu'elle leur aurait pardonné. Car elle savait, elle l'avait découvert, dit, répété, écrit, que pour Dieu le pardon compte infiniment plus que la justice.

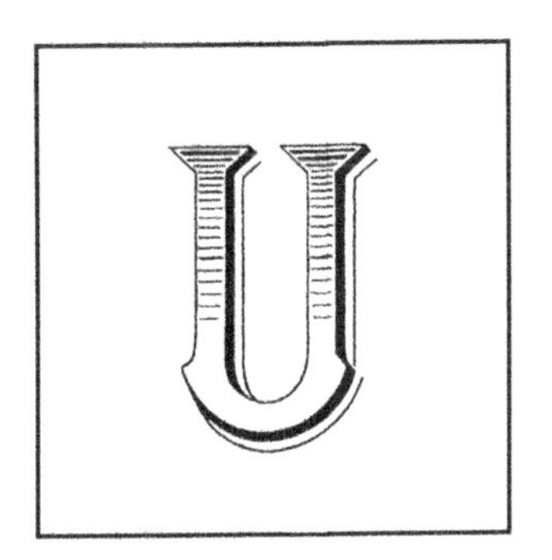

Uruffe (Curé d')

Pour aimer Uruffe, et c'est mon cas, il faut aimer l'acidulé des pâtures, le cri rauque et nasillard des corbeaux, l'odeur lourde de la terre retournée, les ciels bas, gris, enfumés, la luisance sourde des toits sous la pluie, l'herbe aiguë, la senteur pralinée des feux de feuilles mortes, l'eau-de-vie de mirabelle, la saucisse blanche, les petits vins frais, chatouilleux, des Côtes de Toul.

Erigé à flanc de coteau, le bourg d'Uruffe est à la fois dominé par un cerne boisé (charmes, hêtres, frênes et chênes, la forêt d'Uruffe couvre plus de 45 % du territoire), et adossé, en fond de vallée, à un paysage agricole humide. Cendré des lichens, bistre des cours d'eau, mordoré des fougères, Uruffe évoque un Rothko trichromatique de la période finale, l'époque « lumière assombrie ».

En 1950, le petit bourg compte trois cent quatre-vingt-douze habitants moins une âme : celle du vieux curé qui s'est éteint à l'automne, au temps des brumes et des dernières mirabelles.

Par chance, on lui a tout de suite procuré un successeur – l'Eglise d'alors n'est pas en peine de prêtres, presque tous les autels sont desservis. L'homme qui s'installe au presbytère s'appelle Guy Desnoyers. Il a été ordonné prêtre en 1946, et Uruffe est sa troisième affectation.

Grand et maigre, le visage osseux, les oreilles décollées, donnant une impression de fébrilité permanente, il avait d'abord été vicaire à Blâmont, ville natale de Marthe Richard, celle qui fit fermer les maisons closes, où il avait eu une liaison avec une fille de seize ans. Elle s'appelait Madeleine, il la troussait et lui faisait l'amour à la hussarde sous les portes cochères. Ejaculateur précoce, il ne s'embarrassait pas de longs préambules. Madeleine n'en était que plus vite quitte ; et après l'étreinte, l'abbé, bon prince, ne manquait jamais de lui donner l'absolution.

Cette affaire ayant connu quelque publicité, l'évêque, une fois de plus, avait été contraint d'exiler l'abbé Desnoyers qui s'était retrouvé muté dans la ville sidérurgique de Réhon, toujours en Meurthe-et-Moselle, où, loin de s'assagir, il avait séduit une riche veuve qui s'était donnée à lui quelques minutes après qu'il eut administré l'extrême-onction à son (presque défunt) mari. Sans doute avait-elle été satisfaite de la prestation, car elle lui avait offert de l'argent et une petite voiture. Mais la ville ayant jasé, l'évêque avait dû dénicher une nouvelle paroisse pour le jeune abbé.

Et ce fut Uruffe.

Desnoyers sut d'emblée se rendre populaire. A la différence d'un curé d'Ars qui jetait l'anathème sur ceux de ses paroissiens qui osaient aller au bal, il n'avait de cesse de procurer des divertissements à ses ouailles qui, il faut le reconnaître, manquaient passablement de réjouissances. C'est ainsi que dès son installation, le nouveau curé d'Uruffe fonda une chorale, une équipe de foot, un cinéma paroissial dont il fut le programmateur, le projectionniste et l'animateur, et organisa des voyages qui avaient la couleur des pèlerinages mais n'en étaient pas forcément – il emmenait notamment un groupe de jeunes Lorraines en jupettes blanches, les *Bergeronnettes*, sur une plage du Lavandou où, pour leur permettre d'enfiler un maillot de bain à l'abri des regards indiscrets, il les incitait à se serrer contre lui, entre les pans de sa soutane qu'il déployait pour les protéger des regards indiscrets… sauf du sien !

Non seulement il rénova l'église en mettant lui-même la main dans le plâtre, mais il rendit tous les services qu'on voulut bien – par charité, disait-il – lui demander. Sa voiture, avec lui au volant, était jour et nuit au service de la population.

Les Fays, une famille d'ouvriers « qui avaient du bien et cinq enfants », l'adulaient : lorsqu'une de leurs filles avait souffert d'enflures aux pieds, il était venu jusqu'à quatre fois par jour pour la soulager par des massages.

C'est à cette occasion qu'il rencontra Régine Fays, dix-neuf ans, jeune fille rieuse et gentiment potelée. Sans doute l'avait-il déjà remarquée à l'église, mais il avait profité de ses visites à répétition chez les Fays pour mieux la connaître.

Et en faire sa maîtresse.

Bien entendu, à cette époque où les moyens de contraception étaient inexistants, Régine ne tarda pas à être enceinte. L'abbé Desnoyers lui ordonna d'avouer sa grossesse à sa famille en racontant qu'elle avait été violée par un inconnu lors d'une fête de village. Les Fays ajoutèrent foi à cette histoire qui n'avait malheureusement rien d'exceptionnel dans la France profonde où ils vivaient. Ils décidèrent de faire contre mauvaise fortune bon cœur et, loin de jeter l'anathème sur leur fille, d'accueillir joyeusement son futur bébé. Mme Fays acheta de la laine et se mit en devoir de tricoter une layette.

Mais en dépit de toutes les assurances que lui donnait Régine, l'abbé Desnoyers était paniqué à la pensée que la jeune fille pût finalement décider de dire la vérité, une vérité que personne ne mettrait en doute car nombreux étaient celles et ceux qui, à Uruffe et dans les environs, subodoraient qu'il y avait quelque chose entre ce jeune curé si dynamique et si serviable et sa pulpeuse paroissienne. Cette fois, la faute du prêtre serait trop grave pour pouvoir être couverte par son Eglise, il serait celui dont Jésus disait « si quelqu'un scandalisait un de ces petits qui croient en moi, il vaudrait mieux pour lui qu'on suspendît à son cou une meule de moulin, et qu'on le jetât au fond de la mer[1] ».

Une autre angoisse torturait Desnoyers : même si Régine ne disait rien, son enfant risquait d'avoir avec son géniteur une ressemblance suffisante pour que les faits s'imposent d'eux-mêmes. Il imaginait notamment ce qui se passerait le jour du baptême, quand il prendrait le nouveau-né dans ses bras…

C'est alors qu'il décida que la seule solution du problème était la suppression dudit problème. C'est-à-dire l'élimination de Régine et de son bébé.

1. Matthieu. 18-6.

Ce jour-là, 3 décembre 1956, après avoir dissimulé son revolver, un 6,35 qu'il avait acheté durant l'été, dans le vide-poches de sa voiture, l'abbé Desnoyers partit pour Nancy, en ayant pris soin de prévenir qu'il irait ensuite passer la soirée et la nuit chez ses parents qui habitaient le village d'Haplemont.

Il avait donné rendez-vous à Régine pour le jour même, à 18 heures, au pied du calvaire qui se dresse à la sortie d'Uruffe, là où ils avaient coutume de se rencontrer. « Il faut que nous ayons une dernière explication », lui avait-il dit. Régine avait consenti, tout en trouvant l'heure trop tardive : à 18 heures, l'hiver, il fait déjà nuit noire, et la jeune fille n'aimait guère l'idée de rentrer toute seule dans l'obscurité. Mais elle avait fini par se convaincre qu'il prendrait le temps de la reconduire – il était si gentil, si empressé à faire plaisir.

Elle était à l'heure au calvaire, battant la semelle parce qu'il faisait froid. A peine fut-elle dans la voiture qu'il démarra. « Où allons-nous ? Si tu m'emmènes loin, il faudra me ramener. — Oui, oui, marmonna-t-il, ne t'inquiète donc pas, je m'occuperai de toi. »

Il roula environ deux kilomètres, puis arrêta la voiture devant un bosquet qu'il avait repéré en venant. « Je dois te demander pardon, Régine. » Elle eut un petit sourire sans joie, qui fit remonter ses pommettes rosies par le froid : « Oh, il y a longtemps que je t'ai pardonné ! — Alors, il faut que je te donne l'absolution. — Garde ton absolution, dit-elle, je n'en ai pas besoin. » Il insiste, commence à réciter les paroles sacramentelles : « *Ego te absolvo a peccatis tuis in nomine Patris et Filii et Spiritus Sancti...* » Agacée, elle n'attend pas la fin, elle ouvre la portière, descend sur le bord de la route : « J'en ai assez, dit-elle, je rentre à pied. »

Ce n'est pas seulement qu'elle en a assez : elle a peur. La nuit humide et froide, les écharpes de brouillard livide qui traînent au ras des pâtures, l'atmosphère confinée de la petite auto qui sent l'homme, la soutane pas très propre, et ce discours décousu de son amant, son insistance pour lui donner l'absolution comme si... comme si quoi ? Elle a peur, c'est vrai, elle est mal à l'aise, mais ça ne signifie pas qu'elle soit en danger : Guy est prêtre, il ne peut pas lui faire de mal, d'ailleurs elle porte son enfant, elle est sacrée à ses yeux.

N'empêche, elle accélère le pas. Si elle n'était pas enceinte de huit mois, elle se mettrait à courir.

L'abbé Desnoyers arme le 6,35. A travers le pare-brise constellé de gouttelettes d'eau, il ne quitte pas des yeux la lourde silhouette de Régine qui s'éloigne dans la nuit en direction d'Uruffe.

C'est la seconde fois que le prêtre met une fille enceinte. Sur la première, une dénommée Michèle Léonard, âgée de seulement quinze ans, Desnoyers, affolé, a essayé diverses manœuvres abortives – des manipulations, des massages, des potions à base de plantes. Rien n'y a fait. Comme pour Régine, il a persuadé Michèle de prétendre qu'elle avait été violée par un inconnu. Et pour donner le change, l'abbé n'a pas manqué une occasion, notamment le dimanche à la messe, de clouer la pauvre gamine au pilori : « Voilà ce qui arrive aux filles frivoles, aux pucelles de foire – il y a moins loin qu'on pense d'Enfant de Marie à Marie-couche-toi-là ! »

Lorsque Michèle a été sur le point d'accoucher, le prêtre a joué les bons samaritains : il lui a trouvé une clinique dans le Midi, loin d'Uruffe, où son bébé pourrait naître dans la plus grande discrétion, et il l'y a conduite lui-même à bord de son incontournable 4CV. « Là-bas, tu n'auras qu'à abandonner le petiot à l'Assistance publique, ne t'en fais pas pour lui, on le soignera bien. Et ici, quand on te demandera des nouvelles de ton accouchement, tu n'auras qu'à dire que le bébé était mort-né. »

Michèle Léonard avait suivi scrupuleusement les ordres de son curé, et tout s'était passé pour le mieux.

Mais Régine Fays, c'est une autre histoire. Elle a son petit caractère, comme on dit. Avec elle, on n'est sûr de rien : elle peut s'arc-bouter sur son silence, tenir farouchement secret le nom du géniteur de son enfant, comme elle peut tout aussi bien, dans un moment d'humeur, dénoncer l'abbé Desnoyers.

Alors le prêtre descend à son tour de la voiture. Il court derrière Régine, la rattrape. Il est proche d'elle à la toucher. Il respire son odeur de laine et de peau chaude – engoncée dans ses vêtements d'hiver, la jeune fille a attrapé une suée à marcher vite. Le canon du 6,35 est à quelques centimètres de la nuque de Régine. Si elle s'était retournée, il n'aurait pas tiré. Mais avec un gémissement rauque, elle se lance en avant, elle le fuit. Il presse la détente. La balle pénètre dans la nuque. Régine fait encore un pas, deux peut-être, comme les canards décapités. Elle tombe. Elle est morte. Le sang coule de ses oreilles, de ses narines.

Le pire est à venir. Desnoyers retourne à sa voiture, fait avancer la 4CV jusqu'au corps de Régine. Il éteint les phares, trop voyants, ne garde que les feux de position. Ça lui suffit pour ce qu'il a à faire : dénuder le ventre de Régine, l'ouvrir à l'aide d'un canif au sigle d'une marque d'apéritif, écarter les chairs, se détourner un instant pour aspirer une longue goulée d'air frais parce que l'intérieur du ventre ne sent vraiment pas bon, se remettre à l'ouvrage, crever la poche amniotique, extraire le bébé, une petite fille vivante, elle plisse ses yeux comme pour les ouvrir, le curé d'Uruffe prend son enfant minuscule dans le creux de ses mains, il n'a pas d'eau pour l'ondoyer mais Dieu y pourvoira, il prononce la formule rituelle, Je te baptise au nom du Père, du Fils et du Saint-Esprit, et il trace le signe de la croix au-dessus du petit corps qui bleuit déjà sous l'effet du froid, c'est suffisant pour que la toute-petite ne soit pas recluse éternellement dans les Limbes, dans une fraction de seconde elle sera dans la lumière de Dieu, il plonge la lame du canif publicitaire dans sa poitrine, il déchire le cœur de l'enfant, celle-ci a comme un sursaut, et puis c'est fini. Enfin, presque : craignant toujours qu'on ne découvre une ressemblance entre les traits crispés du nouveau-né et sa propre physionomie, il s'acharne à défigurer atrocement, à grands coups de canif, le visage de sa fille.

A 19 h 30, Desnoyers est à Haplemont, chez son frère. Il se lave les mains, se savonne jusqu'au-dessus des coudes.

On passe à table. Le dîner est enjoué, l'abbé fait honneur au repas.

Mais à 22 heures, le téléphone sonne. C'est pour lui, c'est Uruffe qui appelle : la petite Régine Fays n'est pas rentrée chez ses parents. Vu sa grossesse, on s'inquiète – est-ce que monsieur le curé, à qui elle se confie volontiers, n'a pas une idée de l'endroit où la chercher ? « J'arrive tout de suite », dit Desnoyers, qui ajoute : « Avec ma voiture, on l'aura vite repérée. Elle n'a pas pu aller loin. »

Il quitte Haplemont sur les chapeaux de roues, il roule pleins phares et donne du Klaxon à chaque carrefour. Arrivé à Uruffe, il s'arrête brièvement au presbytère pour y déposer son 6,35 dans un tiroir – il n'essaie même pas de le cacher. Puis il court à l'église et sonne le tocsin pour alerter la population : « Une fille du village a disparu, tous avec votre curé pour la retrouver ! »

C'est évidemment lui qui, le premier, après être passé deux ou trois fois devant en faisant mine de ne rien voir, va diriger le faisceau de ses phares sur les cadavres de Régine Fays et de sa petite fille.

On ne s'improvise pas criminel : en croyant avoir tout prévu, le curé d'Uruffe avait accumulé les maladresses qui allaient conduire les gendarmes à le suspecter, puis à l'arrêter.

Sa première erreur fut d'avoir assassiné Régine à près de quatre kilomètres d'Uruffe : les policiers doutèrent qu'elle ait pu, enceinte comme elle l'était, parcourir une telle distance à pied dans la nuit froide et humide ; il était plus que probable que quelqu'un – et qui d'autre que son meurtrier ? – l'y avait conduite en voiture. Or l'abbé

Desnoyers était un des rares habitants d'Uruffe à posséder une automobile.

Son deuxième faux pas fut de n'avoir pas caché son revolver. Car on avait retrouvé une douille sur le lieu du crime, et c'était justement une douille du 6,35 qu'il avait négligemment glissé dans un tiroir qui n'était même pas fermé à clef.

Autre bévue : avoir choisi le plus expéditif des moyens pour empêcher Régine de parler, mais sans s'être assuré qu'elle ne s'était pas déjà confiée à quelqu'un ; or Régine avait tout raconté à une de ses meilleures amies, laquelle n'était autre que Michèle Léonard qui savait à quoi s'en tenir concernant le prêtre, et qui ne se gêna pas pour en témoigner auprès des gendarmes.

Accablé par les présomptions de culpabilité, le curé d'Uruffe ne résista pas longtemps : « Eh bien, oui, avoua-t-il, c'est moi qui l'ai tuée… — Vous voulez dire que c'est vous qui *les* avez tuées. N'oubliez pas la petite fille. — Mais… elle n'était pas née. — Si, Desnoyers. Le médecin légiste est formel : vous l'avez mise au monde grâce à l'ignoble césarienne que vous avez pratiquée sur sa pauvre mère, et la petite était parfaitement vivante quand vous l'avez poignardée et atrocement défigurée. »

Une croûte de neige verglacée recouvrait Nancy ce 24 janvier 1958, quand, un an après son double crime, s'ouvrit le procès de Guy Desnoyers devant la cour d'assises de Meurthe-et-Moselle.

Les débats ne s'éternisèrent pas : menés au pas de charge par le président Facq, ils n'occupèrent qu'une dizaine d'heures. Comme il fallait s'y attendre, le procureur, dans son réquisitoire, réclama la peine de mort : « Je ne sais pas si ce Dieu que vous avez ignominieusement servi aura pitié de vous à l'heure peut-être proche de votre mort. Mais moi, je ne connais que la justice des hommes, et je sais qu'elle ne peut pas vous pardonner... »

Malgré la plaidoirie remarquable du bâtonnier Robert Gasse, il ne faisait de doute pour personne qu'André Obrecht, l'exécuteur en chef, n'allait pas tarder à venir monter les bois de justice dans la cour de la prison de Nancy.

Aussi y eut-il un instant d'intense stupéfaction quand les jurés, après une courte délibération d'une heure et quarante minutes, rapportèrent un verdict de culpabilité, mais assorti des circonstances atténuantes grâce auxquelles le curé d'Uruffe échappait à la peine de mort.

En fait, comme l'écrira Claude Lanzmann dans un texte admirable de pertinence et d'intuition à propos de l'abbé Desnoyers et de la raison d'Eglise[1], « ces jurés, tous catholiques, n'avaient pas osé couper la tête d'un prêtre [...] Les mêmes jurés, en effet, au terme d'un pareil procès, n'eussent pas délibéré dix minutes pour envoyer à l'échafaud tout autre que le curé. [...] On escamota le curé d'Uruffe et les sept jurés lorrains qui venaient de le condamner aux travaux forcés à perpétuité. Les jurés furent rendus à la liberté par une porte dérobée du Palais de Justice. Et le curé avait depuis longtemps regagné sa prison qu'un fourgon cellulaire-piège [entendez par là qu'il s'agissait d'un leurre] défendu ostensiblement par un triple cordon de police, mobilisait encore la foule sur la place du Palais ».

1. Claude Lanzmann, « Le curé d'Uruffe et la raison d'Eglise », *Les Temps modernes* de Jean-Paul Sartre (avril 1958), repris dans *L'Infini* de Philippe Sollers, n° 61, printemps 1998.

Je m'interroge, avec Claude Lanzmann, sur ce que pouvait signifier « croire » pour ce ministre de Dieu « capable à la fois d'exercer son sacerdoce avec une efficacité remarquable et de se faire masturber, soutane haut levée sous la table familiale, par la main d'une fillette de treize ans et demi, la sœur même de celle qu'il allait assassiner. "Est-ce vrai, Desnoyers ? — Oui. — Combien de fois ? — Plusieurs. — Mais encore ? — Une vingtaine." ».

Devenu le plus ancien prisonnier de France, l'abbé Desnoyers fut libéré en 1978 après vingt-deux ans de détention. Il trouva refuge à l'abbaye Sainte-Anne de Kergonan, à l'entrée de la presqu'île de Quiberon, où il mourut le 21 avril 2010 à l'âge de quatre-vingt-dix ans.

V

Vitriolage

Le vitriolage, ou projection d'acide sulfurique au visage, est une forme de punition infligée à des femmes souvent jeunes, le plus souvent en châtiment de leur infidélité – infidélité qui n'a pas nécessairement besoin d'être prouvée, qui peut se réduire à un simple soupçon ou à une dénonciation calomnieuse. Mais le sexe n'est pas le seul motif : à l'université de Kaboul, certaines filles ont été vitriolées parce qu'elles ne portaient pas le voile.

Les souffrances sont évidemment intolérables. L'acide sulfurique dévore littéralement les chairs, provoquant des brûlures au troisième degré, des mutilations de la bouche, du nez, des oreilles, des cécités, et allant parfois jusqu'à attaquer l'ossature.

Ce supplice, car c'en est un, et des plus cruels, a pratiquement disparu en Occident (bien que le 17 janvier 2013, Sergueï Filine, directeur artistique du Bolchoï, ait reçu au visage un jet d'acide lancé par le danseur étoile Pavel Dmitritchenko qui voulait le punir d'avoir privé sa compagne d'un rôle dans *Le Lac des cygnes*), mais il continue d'être pratiqué avec constance dans des Etats africains et asiatiques, notamment au Cambodge, en Inde, en Afghanistan, au Bangladesh et au Pakistan.

On estime que, dans ces pays, 90 % des femmes vitriolées meurent de leurs blessures.

Le vitriolage n'a pas toujours eu cette touche d'exotisme. En France, sous la IIIe République, sa notoriété était telle que de simple fait divers il accéda au rang de fait de société.

Loin d'être une punition destinée aux femmes, il était alors l'un de leurs moyens favoris de se venger des hommes. Une jeune personne qu'un butor avait mise enceinte hors mariage, ou une maîtresse un peu mûre dont son amant se détachait pour cueillir un fruit plus vert, n'hésitaient pas à se procurer une jolie fiole (pourquoi pas en verre de Venise) pleine d'acide qu'elles jetaient en poussant de petits cris de souris au visage du malfaisant.

Alexandre Dumas n'en reçut pas une seule goutte – ce qui est une forme d'exploit pour un homme qui se vantait d'avoir eu mille et trois maîtresses (comme le chante Leporello dans le *Don Juan* de Mozart – Dumas connaissait ses classiques !), qui lui auraient donné cinq cents enfants ; je lui ai personnellement trouvé une Aglaé (lingère), une Louise (*idem*), une Marie-Anne (*idem*), une Catherine-Laure (couturière), puis une série de comédiennes : Mélanie, Belle, Ida, Virginie, Marie, Hyacinthe, Caroline, Léocadie-Aimée, Henriette, Anaïs, Eugénie, puis une Béatrix-Martine, une Marie qui était pâtissière à Bruxelles, et de nouveau des artistes : Marguerite-Véronique, Isabelle, Emma, Fanny (chanteuse noire), Olympe et Adah. Mais à défaut de subir la morsure du vitriol, il se passionnait pour les procès des vitrioleuses, lesquelles se recrutaient dans toutes les classes de la société.

Incontournable vitriol ! Mes chers frères Goncourt, eux non plus, n'échappent pas à sa fascination. Non seulement leurs langues de vipères, tout au long de leur époustouflant *Journal*, distillent un venin aussi corrosif que le redoutable acide, mais ils le mettent en scène (ou plutôt en mots) avec délectation. Dans *Germinie Lacerteux*, la meilleure de leurs tentatives romanesques, cette brave Germinie, persuadée que son amant la trompe, est obsédée par l'idée de se venger de sa rivale : « Alors tout son sang lui monta à la tête avec une idée, une seule idée que répétait sa bouche idiote : Du vitriol !... du vitriol !... du vitriol ! Et sa pensée devenant instantanément l'action même de sa pensée, son délire la transportant tout à coup dans son crime, elle montait l'escalier avec la bouteille bien cachée sous son châle[1]... »

Noëlle Benhamou, historienne incontestable et incontestée du XIXe siècle féminin et littéraire, date de l'an 1880 le pic de ce phénomène de société qu'est devenue la vengeance au vitriol : « Pas un jour sans qu'un vitriolage ne trouve sa place dans les colonnes des faits divers[2] ! »

Et un dénommé Flor, journaliste au *National*, de préciser « qu'il ressort de tout ceci que les femmes ne veulent plus être abandonnées. Certes, c'est leur droit ; mais nous [les hommes] non plus nous n'aimons pas être abandonnés, et on m'accordera que si les Parisiennes sont implacables à l'égard du traître qui les “lâche”, en revanche elles

1. Edmond et Jules de Goncourt, *Germinie Lacerteux*, Garnier-Flammarion, 1990.

2. « De l'influence du fait divers : les Chroniques et Contes de Maupassant », in *Romantisme*, 1997, n° 97.

se soucient fort peu de l'amant qui a cessé de leur plaire. Quand elles ont envie d'abandonner l'homme le plus dévoué, le plus épris, le meilleur, aucune supplication ne pourrait les attendrir. Vainement l'abandonné se roulera aux pieds de l'inhumaine, couvrira de baisers et de larmes le bas de sa jupe, ce sera comme s'il avait chanté. Mais que l'une d'elles soit délaissée par son vainqueur, elle saisit le revolver ou l'urne au vitriol. Les chances, les droits, ne sont pas égaux ! ».

Vulović (Vesna)

Vesna Vulović est la détentrice du record du monde de la plus longue chute libre sans parachute à laquelle un être humain ait survécu. Et je doute fort que ce record inscrit au *Guinness Book*, et qui lui fut remis avec un plaisir évident par Paul McCartney, lui soit ravi avant longtemps... pour ne pas dire jamais !

Le 26 janvier 1972, Vesna, vingt-deux ans, était hôtesse à bord du vol 367 de la JAT, la compagnie aérienne nationale yougoslave, qui assurait la liaison Stockholm-Belgrade. L'appareil, un biréacteur DC-9 immatriculé YU-AHT, avait fait une brève escale à Copenhague. C'est là que Vesna, jolie blonde aux grands yeux candides, avait rejoint le vol 367. En fait, sa présence à bord était due à une erreur du dispatcher de la JAT qui l'avait confondue avec une autre hôtesse portant le même prénom. Vesna Vulović s'était bien gardée de protester, la bourde du dispatcher lui ayant permis de réaliser deux de ses rêves :

visiter Copenhague et, surtout, passer une nuit dans le luxueux hôtel Sheraton où descendaient les équipages de la JAT.

En route pour Zagreb qui devait être sa prochaine escale, l'avion était passé à la verticale de la radiobalise d'Hermsdorf (République démocratique allemande). Vesna et les deux autres membres du personnel de cabine étaient en train de servir une collation. Les passagers étant peu nombreux – seuls vingt-trois sièges étaient occupés –, Vesna et ses collègues n'hésitaient pas à doubler, voire à tripler les portions. L'atmosphère était également détendue dans le poste de pilotage où le commandant de bord, Ludvig Razdrih, venait de recevoir un *volmet* (données météorologiques destinées aux avions et qui leur sont transmises de façon continue par radiotéléphonie) indiquant des conditions de vol particulièrement favorables jusqu'à Zagreb et Belgrade.

Il était alors 15 h 59.

A 16 h 01, une minuterie déclencha l'explosion d'une bombe placée prétendument par des nationalistes croates dans une mallette brun-rouge, elle-même dissimulée dans un coffret noir d'envion quarante-cinq sur soixante-dix centimètres. La déflagration se produisit dans la soute à bagages située à l'avant du DC-9, ce qui eut pour effet de couper l'avion en deux parties distinctes, lesquelles plongèrent aussitôt vers le sol. Dès la dislocation de l'appareil, un certain nombre de passagers – dix-neuf, d'après les experts – furent éjectés des deux éléments de carlingue.

Vesna Vulović eut la chance de ne pas être aspirée à l'extérieur : le lourd chariot contenant les plateaux de collation s'écrasa sur elle et la plaqua contre la paroi de l'avion, un peu comme si une ceinture de sécurité l'avait rivée à son siège.

A un certain moment, la chute vertigineuse faisant tanguer le tronçon de cabine où se trouvait Vesna, le chariot roula, s'écarta de la jeune femme et la libéra.

Précipitée dans le vide, elle aurait dû s'écraser au sol, mais une chance folle voulut qu'elle tombât sur un gigantesque sapin dont les branches lourdes de neige fraîche s'étageaient sur pratiquement toute la hauteur de son tronc.

Ces branches firent office de mains ouvertes, de cuillères, de raquettes : sa chute amortie par la garniture de neige qui les tapissait, Vesna glissa de l'une à l'autre, jusqu'à finir sa course au pied de l'arbre.

C'est du moins une des versions du « miracle ».

Car selon un habitant du village tchèque de Srbská Kamenice près duquel l'avion s'est écrasé, la jeune hôtesse, seule survivante du crash, était demeurée coincée à bord d'un des fragments de carlingue. Vivante mais sans connaissance, et très grièvement blessée.

Quelle que soit la vérité, Vesna revenait de loin – ou plus exactement de haut, car, qu'elle ait atterri dans les branches du plus accueillant de tous les sapins de la République tchèque ou qu'elle ait été protégée de l'écrasement mortel par un élément de la cabine du DC-9 agissant comme une cuirasse, elle n'en a pas moins survécu à une chute de plus de dix mille mètres.

Dommage qu'en plus de ses graves blessures (vertèbres brisées et/ou écrasées, paralysie des membres inférieurs, coma, etc.) elle ait été frappée d'amnésie et soit, aujourd'hui encore, dans l'incapacité de se remémorer quoi que ce soit de l'accident. Elle se revoit joyeuse au moment du décollage de l'aéroport international de Copenhague, puis c'est le noir complet jusqu'à son réveil sur un lit d'hôpital qui, pendant plus d'un an et demi, sera aussi un lit de souffrance. Alors, forcément, elle est incapable de trancher entre les différentes versions que l'on a données de sa propre histoire.

Il y a, par exemple, l'hypothèse soutenue par les journalistes d'investigation allemands Peter Hornung-Andersen et Tim van Beveren, largement appuyés par leur collègue tchèque Pavel Theiner. D'après eux, le vol 367, alors qu'il se trouvait effectivement à 10 000 mètres d'altitude, aurait rencontré des problèmes techniques qui auraient incité le commandant Ludvig Razdrih à descendre, peut-être en vue d'un atterrissage forcé ; théorie d'autant plus recevable que, les fameuses boîtes noires n'ayant jamais été récupérées – ou, si elles l'ont été, elles n'ont pas été remises à la commission d'enquête –, on ignore tout des dernières manœuvres tentées par les pilotes.

Se fondant sur des documents confidentiels de l'aviation civile tchèque, Hornung, van Beveren et Theiner sont convaincus que le DC-9, désormais à très basse altitude – quelque chose comme huit cents mètres si l'on considère le rayon de dispersion des débris après sa désintégration en vol –, s'est retrouvé à quelques minutes de vol d'un silo de missiles à têtes nucléaires.

Ce qui ne pouvait manquer de le faire passer pour un appareil hostile, surtout si, privé de possibilités d'émettre à cause de ses défaillances techniques, il n'avait pas répondu aux injonctions des contrôleurs au sol.

Dès lors, il est tout à fait envisageable qu'un chasseur Mig des forces aériennes tchécoslovaques ait reçu l'ordre de l'abattre.

Et qu'il l'ait fait.

Le récit de la chute de la petite Vesna – chute qui reste vertigineuse même si la jeune femme n'est tombée « que » de huit cents mètres – aurait été largement diffusé par les services secrets tchécoslovaques afin de détourner l'attention des vraies interrogations que posait la tragédie du vol 367 : « L'histoire de la blonde hôtesse tombant du ciel comme un ange était si belle, expliquent Hornung et ses collègues, que personne, à l'époque, ne songea à poser d'autres questions… » A quoi s'ajoute la chape de silence qui, rideau de fer oblige, pesait alors sur l'Europe de l'Est.

Après dix-sept mois d'hôpital, Vesna Vulović travailla de nouveau pour la JAT. Pas à bord des avions, car on craignait qu'elle ne fût désormais physiquement trop fragile pour voler, mais dans les bureaux.

En 1990, elle fut renvoyée de la compagnie pour avoir exprimé tout le mal qu'elle pensait de Slobodan Milošević. De l'avis général, seule l'immense popularité qu'elle avait acquise en tombant des nuages lui évita la prison – et peut-être pire.

Quand on lui demande ce qu'elle pense de toutes les théories que les uns et les autres échafaudent à propos de son incroyable plongeon, elle sourit : « Oh, vous savez, laissez-leur encore un peu de temps et ils vous diront que je n'étais même pas dans cet avion… »

W

Wahrol (Andy)

Je lui en veux un peu de s'appeler Wahrol. Ce patronyme m'oblige en effet à le faire figurer à la toute fin de cet ouvrage, à la lettre W, or rien ne m'autorise à penser que le lecteur sera allé jusqu'au terme de ce livre ; peut-être se sera-t-il lassé avant, victime d'un dégoût du fait divers comme il existe un dégoût de la tomme de Savoie qui, paraît-il, frappe parfois les consommateurs excessifs de cet incomparable fromage. Personnellement, rien ne saurait me détourner de la tomme de Savoie, des faits divers ni d'Andy Warhol, lequel n'est pas seulement une des figures majeures du Pop Art, mais le « peintre » par excellence du fait divers dans tous ses états – si je mets des guillemets à peintre, ce n'est pas pour déprécier l'œuvre de Warhol mais parce que la technique qu'il a privilégiée, la sérigraphie, me semble relever davantage du procédé technique (tout à fait justifié par rapport aux sujets traités) que de la création pure.

Le 16 avril 1964, Nelson Rockefeller, gouverneur de l'Etat de New York, et Robert Moses, organisateur de l'Exposition universelle (de 1964, donc), décidèrent de censurer, c'est-à-dire de soustraire à la vue des visiteurs, les *Thirteen Most Wanted Men* d'Andy Warhol, une fresque murale composée des portraits photographiques de treize fugitifs recherchés par le FBI, et qui devait être une des œuvres les plus insolites et les plus attractives du pavillon de l'Etat de New York. Cette composition de Warhol allait cohabiter avec celles de Roy Lichtenstein (l'artiste que j'ai choisi pour illustrer la couverture de ce *Dictionnaire amoureux*) et de Robert Indiana (qui allait bientôt créer la célébrissime sculpture *LOVE*, dont la version sur timbre a été tirée à trente-deux millions d'exemplaires). Mais Rockfeller ne voulait pas des *Thirteen Most Wanted Men* sous prétexte que les criminels en question, arrêtés, emprisonnés, parfois exécutés, n'étaient plus recherchés par les services de police : dès lors, à quoi bon exhiber ainsi leurs portraits qui, par ailleurs, n'avaient rien de très affriolant – ce n'étaient que des *mugshots*, c'est-à-dire des photos signalétiques prises par la police.

Ben voyons ! Avec ce genre de raisonnement, pourquoi le Louvre continuerait-il de proposer *La Joconde* à l'admiration des foules, puisque Lisa Gherardini, la jeune femme qui a probablement inspiré Léonard de Vinci, est morte au mitan du XVIe siècle ?

En vérité, Rockefeller s'était aperçu que la plupart de ces « hommes les plus recherchés » étaient visiblement d'origine italienne ; or, quand on connaît le poids politique de la communauté italienne de New York, on comprend que le gouverneur ait craint que cette part importante de son électorat, et ô combien chatouilleuse quand son honneur est en cause, ne se sentît froissée d'être identifiée à des délinquants notoires.

Warhol eut donc droit à un ultimatum : il avait vingt-quatre heures, et pas une minute de plus, pour faire disparaître cette œuvre non soluble dans l'amour-propre italien.

Faire disparaître, dites-vous ? Eh bien, soit, Andy Warhol allait escamoter, éradiquer, éliminer, effacer ses *Most Wanted Men*, mais de telle façon que cette suppression même soit une manifestation artistique, que l'acte de censure qu'on lui opposait apparaisse aux yeux du public de façon flagrante.

Et il recouvrit ses sérigraphies d'une éclatante, rutilante et rayonnante peinture d'aluminium.

Les *Thirteen Most Wanted Men* n'étaient pas la première incursion d'Andy Warhol dans le champ du fait divers. Son engouement pour les *street tragedies* naquit le 4 juin 1962, alors qu'il déjeunait avec son ami Henry Geldzahler, conservateur chargé de la section Art du XXe siècle au Metropolitan Museum de New York. A un certain moment, Geldzahler se leva pour aller répondre au téléphone, laissant sur la table un journal, le *New York*

Daily News, qu'il avait apporté et qu'il n'avait pas encore ouvert. Comme Geldzahler tardait à revenir, Warhol déplia le *Daily News* et se sentit comme hypnotisé par l'en-tête du journal qui annonçait que cent vingt-neuf personnes avaient péri dans un accident d'avion. Ce fut, expliqua-t-il, l'élément déclencheur de ses séries de compositions qui, sous le titre général de *Death and Disaster*, traitaient des accidents de la route (en 2007, *Green Car Crash* a été vendue chez Christie's pour plus de 53 millions d'euros), de la chaise électrique, du suicide, des destructions nucléaires, des grands brûlés, des catastrophes naturelles ou de l'assassinat de Kennedy.

Bref, des faits divers dans leur acception la plus large.

Dont la mort de Marilyn Monroe, survenue à son domicile de Brentwood, un des quartiers les plus cossus de l'ouest de Los Angeles, dans la nuit du samedi 4 au dimanche 5 août 1962, alors que le vent chaud venu du désert mojave soufflait sur la ville des Anges en exaltant le parfum des eucalyptus.

Suicide probable aux barbituriques, conclut l'enquête. Mais probable ne veut pas dire certain. La piste de l'assassinat, avec un large éventail de coupables potentiels, reste donc ouverte, même si l'hypothèse qu'elle soit jamais reprise est quasiment nulle.

Le plus troublant dans la mort d'une des femmes les plus belles et les plus photographiées au monde est d'avoir été, paradoxalement, l'un des faits divers les moins générateurs d'images fortes.

Que reste-t-il du générique de fin de vie de la star la plus mythique de l'histoire du cinéma, sinon ces deux policiers un peu empruntés poussant une civière sur laquelle une moche couverture fait une bosse, et sous la bosse est allongé le cadavre de Marilyn, ou encore ce cliché publié par *El Pais* et montrant l'actrice étendue sur son lit de mort, le visage apparemment déjà marqué par l'emprise médicamenteuse (on suppose verdâtres les plaques qui la marbrent ici ou là), ou enfin les quelques photos « volées » lors de ses obsèques au Westwood Village Memorial Park Cemetery, l'expression « obsèques célébrées dans la plus stricte intimité » ayant pris ici tout son sens puisque trente et une personnes seulement furent conviées à y assister ?

Le service funèbre s'ouvrit sur des extraits de la *Symphonie n° 6 en* si *mineur* de Tchaïkovski. Il s'acheva sur la chanson *Over the Rainbow* – celle-là, c'est Marylin qui l'avait voulue, ce qui prouve qu'à seulement trente-six ans elle avait déjà mis sa mort en musique, sinon en scène.

Puis le cercueil, dans lequel elle dormait vêtue non plus du seul N° 5 de Chanel mais d'une robe verte de chez Pucci qu'elle aimait par-dessus tout, fut glissé dans un caveau de marbre portant la plus lapidaire, la plus laconique des inscriptions : Marilyn Monroe 1926-1962.

Dans les semaines qui suivirent la mort de Marilyn, Andy Warhol, plus fait-diversier (de génie) que jamais, comprit qu'elle avait été et qu'elle était toujours un « produit » populaire, adorable produit mais produit tout de même, produit calculé, calibré, millimétré pour enchanter le plus grand nombre, et que, d'une certaine manière, qui était la manière warholienne de sérigraphier, la blonde exquise avait sa place dans le panthéon universel des biens de consommation à la façon des bouteilles de Coca-Cola ou des boîtes de soupe Campbell.

Or donc il la sérigraphia en un diptyque de cinquante images issues d'une unique photo utilisée pour la promotion du film *Niagara*. C'est joli, bien sûr, mais pas seulement : les vingt-cinq images du panneau de gauche sont traitées avec une débauche de couleurs criardes, tandis que les vingt-cinq images de droite sont en gris et blanc, ce gris des bordures de faire-part, et ce blanc spectral qui, sur certaines vignettes, atteint à la lividité ectoplasmique, à la dématérialisation.

Valerie Solanas n'avait pas grand chose en commun avec Marilyn Monroe, sauf qu'elle joua elle aussi un rôle dans la vie fait-diversière d'Andy Warhol.

Elle n'était pas très jolie, Valerie. Elle avait un de ces visages étroits et longs qui évoquent irrésistiblement le faciès d'une chèvre. De la chèvre, ou plutôt du bouc, elle avait aussi l'air d'être en permanence d'une humeur massacrante et d'avoir une folle envie de baisser le front, de pointer les cornes, et de foncer sur tout ce qui bougeait – surtout si ça portait un pantalon, parce que cette chère Valerie haïssait les hommes.

Notez qu'elle avait ses raisons : après avoir été violée par son père (c'est du moins ce qu'elle prétendait et je ne suis pas éloigné de la croire), elle tomba brièvement sous la coupe d'un beau-père qu'elle détesta avant d'échouer chez un grand-père alcoolique et qui avait le vin hargneux. Couverte de bleus, la pauvre Valerie décida de s'assumer toute seule. Mais pour payer ses études, elle fut contrainte de se prostituer, ce qui, évidemment, ne contribua pas à lui donner une meilleure idée des hommes…

Devenue grande (au regard de l'état civil, car en réalité elle restait une petite fille ivre de rage et de rancœur), elle écrivit une pièce intitulée *Up Your Ass*, ce que l'on peut difficilement traduire autrement que par *Dans ton cul*. Ça racontait l'histoire d'une prostituée complètement fauchée qui détestait les hommes – je n'ai pas lu *Up Your Ass*, mais je suis prêt à parier que ce devait être assez autobiographique.

En 1967, Valerie Solanas rencontra Andy Warhol et lui demanda de produire sa pièce. Intrigué par le titre, Warhol accepta de lire le manuscrit. Mais il ne donna pas suite. Pendant ce temps, Solanas devenait célèbre en écrivant et en publiant à compte d'auteur un texte au vitriol (SCUM Manifesto) dans lequel elle appelait les femmes à combattre les hommes – et pas seulement par des mots, des postures ou des défilés : pour se libérer de ces monstres odieux, il ne fallait pas hésiter à cogner dessus.

Entre deux interviews fracassantes, elle ne manquait pas de harceler Warhol pour qu'il lui restitue le manuscrit de *Up Your Ass*. Warhol éludait – en fait, il n'osait pas lui avouer qu'il avait perdu son texte. Situation désolante mais malheureusement assez classique, que nombre d'écrivains ont connue, moi le premier, ce qui fait que je n'accepte plus de manuscrits, même lorsque l'auteur me jure ses grands dieux qu'il en possède d'autres exemplaires.

Valerie Solanas finit par admettre que Warhol avait réellement égaré *Up Your Ass* et qu'il n'avait pas l'intention de lui voler sa pièce et de la signer à sa place. Mais Andy Warhol étant un homme, cette engeance odieuse, il méritait d'être puni pour son étourderie. Et Solanas exigea un dédommagement financier. Que, bien entendu, il refusa de verser.

Alors la mégère non apprivoisée (et, je le crains, inapprivoisable) attendit Warhol dans le hall de la Factory, le studio multimédia qu'il avait créé dans Manhattan, un haut lieu de créativité où, selon sa propre expression, on entrait anonyme pour en ressortir superstar, un creuset de tous les possibles artistiques, et surtout les plus trash, les plus déjantés, les plus audacieux.

Quand Andy Warhol apparut, Solanas sortit un revolver et lui tira dessus.

Les deux premières balles ratèrent leur cible, mais la troisième s'enfonça dans la chair de Warhol où elle provoqua de sérieux dégâts, transperçant un poumon, la rate, le foie et l'œsophage.

Et puisqu'elle avait fait l'effort de venir jusqu'ici, Valerie Solanas tira aussi sur le critique d'art Mario Amaya, ainsi que sur Fred Hugues, respectivement le compagnon et l'imprésario d'Andy Warhol.

Amaya reçut une balle dans le dos tandis que Fred Hugues réussissait à échapper à la jeune furie.

Andy Warhol, lui, était vraiment mal en point. La gravité de ses blessures était telle que, pendant un temps, il fut déclaré cliniquement mort.

Il revint à la vie, mais il ne récupéra jamais pleinement et dut porter un corset jusqu'à la fin de ses jours.

« Si vous voulez tout savoir de moi, disait-il, regardez à la surface de mes peintures et de mes films, et moi je suis là. Il n'y a rien, ni dessous ni derrière. Mon œuvre n'a aucun avenir. »

C'est futé, non ? Parce que, bien entendu, personne n'en croit un mot. Surtout pas moi.

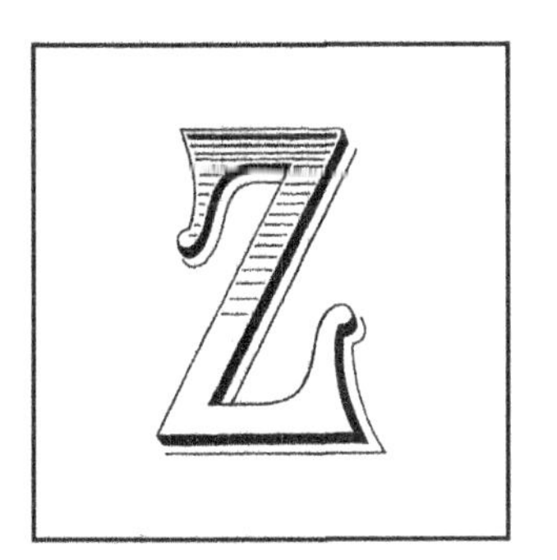

Zola (Mais qui a tué) ?

Si Andy Warhol fut le peintre des faits divers, Zola en fut l'écrivain.

Thérèse Raquin, rôle-titre du roman éponyme, qui fait assassiner son mari par son amant, est l'archétype même de l'héroïne de fait divers. Comme aussi bien la diabolique petite Nana dont la mère, Gervaise Macquart, personnage central de *L'Assommoir*, meurt sans qu'on s'en aperçoive, et dont le cadavre se signale enfin par l'insoutenable puanteur qu'il dégage – autre gimmick fait-diversier. Et que dire de *La Bête humaine*, de son cortège de meurtres, d'accidents ferroviaires, de suicides, qui est à lui seul le roman-catalogue des faits divers qui faisaient les heures frissonnantes de la fin du XIXe siècle ? Sans oublier les drames de la mine dans *Germinal*, les sordides tragédies paysannes de *La Terre*, et ainsi de suite, au gré du maelström des vingt chefs-d'œuvre de la série des *Rougon-Macquart*.

Zola a tellement aimé les faits divers qu'il en est mort.

Dimanche 28 septembre 1902. Emile Zola et Alexandrine, sa femme, regagnent leur appartement parisien de la rue de Bruxelles, après avoir, comme tous les ans, passé le printemps et l'été dans leur propriété de Médan, en bordure de Seine – leur « cage à lapins », comme ils appellent affectueusement cette grande maison que Zola a achetée neuf mille francs avec les droits de *L'Assommoir*, et dont il a fait une sorte de manoir gothique flanqué de deux tours baptisées Germinal et Nana.

Jules Delahalle, leur valet, les a précédés dans la capitale pour préparer l'appartement. Il s'est particulièrement soucié de réchauffer la chambre à coucher, car depuis quelques jours un froid humide règne sur Paris, et Mme Zola est frileuse.

Le valet a donc allumé une flambée dans la cheminée qu'il a généreusement garnie de petits boulets de charbon – les boulets Bernot, composés de poussier de charbon compressé, dont la réclame assure qu'ils sont « le meilleur et le plus sain des combustibles ». Les bûches, ce sera pour plus tard, quand les patrons (on ne dit pas « les maîtres » chez les Zola) seront là ; dans un premier temps, les boulets Bernot seront plus économiques et suffiront à dégourdir l'atmosphère.

Mais dans l'après-midi, alors qu'il s'apprête à recharger le foyer, Jules Delahalle constate que de la fumée s'est répandue dans la chambre. Il lui est difficile, à cause du feu qui brûle encore, de pouvoir ausculter le conduit de la cheminée dont il a l'impression qu'il est en partie obstrué. Il décide alors de laisser les boulets Bernot se consumer, et il ouvre la fenêtre afin d'évacuer la fumée qui stagne dans la pièce.

A son arrivée rue de Bruxelles, Alexandrine est dépitée de ne pas trouver l'appartement aussi douillet qu'elle l'espérait.

Delahalle lui explique le problème qu'il a rencontré avec la cheminée de la chambre à coucher. Pourtant, Mme Zola se souvient que la cheminée tirait encore très bien au début du printemps, juste avant le départ pour Médan. Des martinets auraient-ils profité de l'absence des Zola pour faire leur nid dans le conduit ? « Je veux qu'un ramoneur s'occupe de ça dès demain, dit Alexandrine à son valet. Et fermez cette fenêtre ! » ajoute-t-elle en réprimant un long frisson.

Durant la nuit, Mme Zola se sent mal. Incommodée par ce qu'elle croit être une migraine, et qui est en réalité une intoxication provoquée par les émanations dues à la combustion lente et résiduelle des boulets qui n'en finissent pas de brûler derrière la protection illusoire de la trappe de cheminée, elle réussit à sortir du lit et à quitter la chambre – dont, hélas ! elle referme soigneusement la porte. Sa céphalée apaisée par quelques gouttes de teinture de gelsemium, elle revient s'allonger. Son mari ne s'est pas couché : affalé sur une chaise, il se plaint d'un violent mal de tête accompagné de nausées. « C'est le souper, dit Alexandrine. Tout avait l'air d'une fraîcheur irréprochable, mais il devait tout de même y avoir quelque chose d'indigeste. Voire de nocif. Veux-tu que je réveille Jules et que je l'envoie quérir le docteur Lenormand ? » Zola se masse les tempes : « Non, laisse donc dormir le pauvre Jules ! Il s'est démené comme un beau diable pour que l'appartement ne nous fasse pas trop regretter notre paradis de Médan. Qu'il se repose. Demain, nous serons guéris. »

Lundi 29 septembre. Il est plus de 9 heures du matin. Le temps sur Paris est toujours aussi aigre. Il y a plus d'une heure que Jules Delahalle attend pour mettre en route le petit déjeuner – impossible de cuire à l'avance les œufs à la coque du patron. D'habitude, le romancier est debout dès 6 heures. Il écrit, puis réclame son thé et ses œufs.

Mais ce matin, rien n'a encore bougé dans la chambre. Aucun bruit derrière le panneau de la porte. Ce qui contrarie fortement le valet qui, la veille, et bien qu'on ait été dimanche, a réussi à trouver un fumiste disposé à venir dès ce lundi matin ramoner le conduit de cheminée. L'homme et son petit assistant (celui qui devra grimper dans le conduit comme un singe) vont arriver d'une minute à l'autre.

Jules finit par se décider à frapper à la porte de la chambre, discrètement d'abord, puis avec insistance.

N'obtenant aucune réponse, Jules prend son élan, l'épaule en avant il court vers la porte, la percute, l'arrache de ses gonds.

Alexandrine Zola gît sur le lit, les yeux clos, les narines pincées, les lèvres entrouvertes sur une respiration sifflante. Emile Zola, tombé de sa chaise, est immobile sur le tapis, au milieu de ses vomissures.

Appelé au secours par un Jules Delahalle ravagé, dévasté, le docteur Lenormand, aidé du docteur Bermann arrivé en renfort, parvient à ranimer Alexandrine qui, inconsciente, est transportée dans une maison de santé de Neuilly. Si l'épouse de Zola a survécu, c'est probablement parce qu'elle était couchée sur le lit ; or les lits de cette époque sont surélevés, et le CO_2 a tendance à stagner au plus près du sol – ce qui fut fatal à Zola.

Malgré tous leurs efforts, une heure de respiration artificielle et de tractions de la langue, les deux médecins ne réussiront pas à ramener Zola à la vie.

Si *La Libre Parole*, le journal d'Edouard Drumont, antisémite primaire et outrancier, jubile et ose titrer : « Un fait divers naturaliste : Zola asphyxié », innombrables sont les hommes et les femmes de France à éprouver un sentiment de profonde tristesse. Et à vouloir connaître les circonstances exactes de la mort de l'auteur du formidable *J'Accuse !*

Car dès les premières heures qui suivent l'annonce du décès de Zola, la rumeur court selon laquelle il a probablement été assassiné. Ce même 29 septembre, d'ailleurs, une instruction judiciaire est ouverte par le juge Joseph Bourrouillou.

Le résultat de l'autopsie effectuée dès le 30 septembre n'a rien de surprenant : la mort de l'écrivain est due à une asphyxie par l'oxyde de carbone. C'est la thèse qui sera validée par le juge Bourrouillou, même si des expériences faites à sa demande dans la chambre mortuaire ne démontrent pas aussi clairement que du CO_2 ait pu se répandre et intoxiquer Emile et Alexandrine : à deux reprises, des petits animaux (canaris et cochons de Guinée) sélectionnés comme cobayes et enfermés dans la pièce seront retrouvés vivants, à l'exception de deux oiseaux. Mais le juge passe cette expérience par profits et pertes : elle contredit par trop les conclusions auxquelles il est *déjà* arrivé.

Ah, c'est un homme pressé que ce juge Bourrouillou ! – mais il est vrai que personne ne tient à ce que l'enquête s'éternise au risque de faire naître de nouveaux déchirements : tout le monde, semble-t-il, a eu son compte de polémiques avec l'affaire Dreyfus…

Le juge valide l'hypothèse (à mon avis passablement fantaisiste) selon laquelle la cheminée, qui tirait magnifiquement en juin, se serait bouchée au cours de l'été suite « *aux trépidations de la rue pavée en bois dues aux hippomobiles* ».

Et le 13 janvier 1903, il clôt le dossier avec le frustrant « Circulez, y a rien à voir ! »

Mais cinquante ans plus tard, *Libération* publie une série d'articles aussi passionnants que bien documentés, intitulés : « Zola a-t-il été assassiné ? »

On y apprend entre autres, par le journaliste Jean Bedel, qu'un certain Pierre Hacquin, pharmacien de son état, aurait rencontré dans un train l'assassin (présumé !) d'Emile Zola. Le bonhomme, un fumiste du nom d'Henri Buronfosse, membre de la Ligue des patriotes créée par Déroulède, nationaliste convaincu et antidreyfusard virulent, aurait profité du fait qu'il travaillait sur le toit voisin pour boucher le conduit de cheminée de la chambre du romancier ; et le lendemain à l'aube, ni vu ni connu, il aurait fait disparaître le bouchon.

Si c'est en réalité le pharmacien Hacquin que Buronfosse a « enfumé », reconnaissons que son histoire était rudement bien troussée. A défaut d'être l'auteur d'un crime parfait, il aurait pu devenir un maître romancier. Avec une imagination pareille, Emile Zola lui-même l'aurait adoubé. A défaut de lui pardonner.

Orientations bibliographiques

La presse est évidemment la plus productive, et souvent la plus régalante, des mines d'or pour le passionné de faits divers. Je n'ai pas hésité à y puiser à pleines mains. Mais il serait fastidieux d'énumérer tous les titres, français et étrangers, qui ont enrichi ce *Dictionnaire amoureux.*

Le lecteur intéressé par telle ou telle entrée pourra en savoir davantage en se reportant aux principaux ouvrages qui ont accompagné mes recherches :

Abélard, mon frère, Essai d'interprétation par R. Oberson, L'Age d'Homme, 2001.

Affaire Leo Frank, Dreyfus en Amérique (*L'*), par Victor Kuperminc, L'Harmattan, Paris, 2008.

Albert Camus, par Herbert R. Lottman, Seuil, Paris, 1985.

Albert Londres, l'aventure du grand reportage, par Paul Mousset, Grasset, Paris, 1972.

Albert Londres, terminus Gardafui, par Bernard Cahier, Arléa, Paris, 2012.

Amour criminel (L'). Mémoires du chef de la Sûreté de Paris à la Belle Epoque, par Marie-François Goron, André Versaille éditeur, 2010, Bruxelles.

Anatole Deibler, profession bourreau, par François Foucart, Plon, Paris, 1992.
Anges maudits de Tourlaville (Les), par Yves Jacob, Presses de la Cité, Paris, 2004.
Assassin et son bourreau (L'), Jean Genet et l'affaire Pilorge, par François Sentein, Editions de la Différence, Paris, 1999.

Bal tragique à la Santé : 34 morts, par Christian Carlier, rédacteur en chef de la revue *Histoire Pénitentiaire, Criminocorpus*, revue hypermédia, 2012.
Bouge… au Conservatoire (Du), par Louis Peguri et Jean Mag, World Press, Paris, 1950.
Boulevard du crime (Le), par Mario Proth, Imprimerie Balitout-Questroy & Cie, Paris, 1872.
Bourreaux en France (Les) : Du Moyen Age à l'abolition de la peine de mort, par Frédéric Armand, Perrin, Paris, 2012.
Buried Dreams, par Tim Cahill, Bantam Books, New York, 1986.

Case of Mary Bell (The) : A Portrait of a Child Who Murdered, par Gitta Sereny, Pimlico, Londres, 1995.
Causes célèbres et intéressantes avec les jugements qui les ont décidés ; rédigées de nouveau par François Richer, Michel Rhey, Amsterdam, 1772-1788.
Chéri magnifique (Le), par Viviane Janouin-Benanti, Chemi-nements, 2002.
Colette journaliste, texte établi, présenté et annoté par Gérard Bonal et Frédéric Maget, Seuil, Paris, 2010.
Comptes généraux tome I, Comptes particuliers et comptes spéciaux ou extraordinaires tome II, publiés par R. Fawtier et F. Maillard, Paris 1953 et 1954.
Course à l'abîme (La), par Dominique Fernandez, Grasset, Paris, 2003.

Curiosités judiciaires et historiques du Moyen Age. Procès contre les animaux, par Emile Agnel, Paris, 1858.

Curiosités des traditions, des mœurs et des légendes, par Ludovic Lalanne, Paulin Editeur, Paris, 1847.

Cries Unheard : Why Children Kill : The Story of Mary Bell, par Gitta Sereny, Macmillan, New York, 1999.

Crimes à l'antique, par Jean-Yves Boriaud, Arléa, Paris, 2012.

Crime entre horreur et fascination (Le), par Bernard Oudin, Découvertes Gallimard, Paris, 2010.

Crimes et les Peines dans l'Antiquité et dans les Temps modernes (Les), par Jules Loiseleur, Hachette, Paris 1863.

Crimes, faits divers, cinématographe et premiers interdits français en 1899 et 1909, par Albert Montagne, Criminocorpus.org/

Criminocorpus, Plateforme d'histoire de la justice, des crimes et des peines, http://criminocorpus/

Dans la main de l'ange, par Dominique Fernandez, Grasset, Paris, 1982.

De la domesticité chez les peuples anciens et modernes, par Henri Grégoire, Edition A. Egron, Paris, 1814.

De mon propre aveu, par Jacques Vergès, Pierre Guillaume de Roux, Paris, 2013.

Détraquées de Paris (Les), par René Schwaeblé, Daragon, libraire-éditeur, Paris, 1910.

De l'assassinat considéré comme un des Beaux-Arts, par Thomas De Quincey, traduit de l'anglais et préfacé par Pierre Leyris, Gallimard, Paris, 1995.

Dictionnaire de l'argot français et de ses origines, Larousse, Paris 1999.

Dictionnaire de la danse, historique, théorique, pratique et bibliographique depuis l'origine de la danse jusqu'à nos jours, par Gustave Desrat, Imprimeries Réunies, Paris, 1895.

Domestiques et maîtres : à propos de quelques crimes récents, par P.-G.-M. Bouniceau-Gesmon, E. Dentu, Paris, 1885.

Facts and Fallacies, par Robert Dolezal, Reader's Digest, 1988.
The Fatal Gift of Beauty, par Nina Burleigh, Broadway Books, 2012.

Grand-Guignol, Le théâtre des peurs de la Belle Epoque (Le), Robert Laffont, coll. « Bouquins », 1995.
Grand mystère judiciaire : l'affaire Fualdès (Un), par B. Combes de Patris, Emile Paul Frères, Paris, 1914.
« "Grand Tour" de Léonie d'Aunet (Le) », par Alessandra Grillo, in *Itinérances Féminines*, Centre de Recherche sur la Littérature des Voyages, Clermont-Ferrand, 2008.
Guide du Paris des faits divers du Moyen Age à nos jours, par Serge Garde, Valérie Mauro et Rémi Gardebled, Le Cherche Midi, Paris, 2004.

Histoire véridique de la séquestrée de Poitiers (L'), par Jean-Marie Augustin, Fayard, Paris, 2001.
Holmes-Pitezel Case : A History of the Greatest Crime of the Century (The), par Frank Geyer, Publisher's Union, Salem, MA, 1896.
Hygiène pénitentiaire. Bains-douches de propreté avec application dans les prisons cellulaires, par le docteur François Delabost, Bulletin de la Société générale des Prisons, Melun, 1888.

Indicateur du fait divers, 150 ans de crimes et forfaits en chemin de fer, par Rolande Girard, Jean-Jacques Pauvert, Paris, 1981.

James Dean, par Bertrand Meyer-Stabley, Payot, Paris, 2005.
Julien et Marguerite de Ravalet 1582-1603, par Tancrède Martel, Alphonse Lemerre, Paris, 1920.
Jo Attia mon père, par Nicole Attia, Gallimard, Paris, 1974.

Karla Faye Tucker Set Free, par Linda Strom, WaterBrook Press, Colorado Springs, 2006.

Lindbergh, par A. Scott Berg, Putnam Publishin Group, New York, 1998.
Lindbergh : The Crime, par Noel Behn, NAL-Dutton, New York, 1994.

Mauvaises fréquentations de Guillaume (Les), Criminocorpus [en ligne] publiée le 25 mai 2010 URL : https ://criminocorpus.org/expositions/272/
Moby-Duck, par Donovan Hohn, Viking Adult, 2011.
Murder in Italy, par Candace Dempsey, Berkley, USA, 2010.
Murder in Parisian Streets : Manufacturing Crime and Justice in the Popular Press, 1830-1900, par Thomas Cragin, Bucknell University Press, Lewisburg P.A., 2006.
Murder of Little Mary Phagan (The), par Mary Phagan (petite-nièce de la victime), New Horizon Press, Far Hills, New Jersey.

Nuits blanches du grand-guignol (Les), par Agnès Pierron, Seuil, Paris, 2002.

Paname, par Francis Carco, Delamain, Boutelleau et Cie, Paris, 1922.
Paris gangster, par Claude Dubois, Parigramme, Paris, 2004.
Paris qui souffre. La basse geôle du grand Châtelet et les morgues modernes, par Adolphe Guillot, Pierre Rouquette, Paris, 1887.
Pèlerinage au pays de Madame Bovary (Un), par Georgette Leblanc, E. Sansot, Paris, 1913.
Petits récits des désordres ordinaires : Les faits divers dans la presse française des débuts de la IIIe République à la Grande Guerre, par Anne-Claude Ambroise-Rendu, Seli Arslan, coll. « Histoire, cultures et sociétés », Paris, 2004.

Poète incarcéré : reconstitution (Le), https ://criminocorpus.org/musee/273/

Poètes et névrosés. Hoffmann. Quincey. Edgar Poe. G. de Nerval, par Arvède Barine, Hachette & Cie, Paris, 1908.

La Prison sous Vichy, par Pierre Pédron, Editions Ouvrières/Editions de l'Atelier, Paris, 1993.

42, Rue de la santé : Une prison politique, par Pierre Montagnon, Pygmalion, Paris, 1996.

Rumeur de Rodez (La), par Pierre Darmon, Albin Michel, Paris, 1991.

South Carolina Killers : Crimes of Passion, par Mark R. Jones, The History Press, 2007.

Souvenirs sur Guy De Maupassant, par Francois, son Valet De Chambre (1883-1893), par François Tassart, Plon & Nourrit, Paris, 1911.

Splendeurs et misères du fait divers, par Louis Chevalier, Perrin, Paris, 2004.

Sur la mort d'Albert Londres, par Régis Debray, Arléa, Paris, 2008.

Tchikatilo, camarade serial killer, par Iryna Piliptchuk, Edition Anne Carrière, Paris, 2006.

Têtes de Maures, par Didier Daeninckx, L'Archipel, Paris, 2013.

Théâtres parisiens disparus (Les), par Philippe Chauveau, Editions de l'Amandier-Théâtre, Paris, 1999.

Trains du mystère, 150 ans de trains et de polars, par Michel Chlastacz, L'Harmattan, Paris, 2009.

Traité de l'Adultère considéré dans l'ordre judiciaire, par Jean-François Fournel, Chez Jean-François Bastien, libraire rue du Petit-Lion, Faubourg Saint-Germain, Paris, 1778.

Traversée des jours (La), par François Bott, Le Cherche Midi, Paris, 2011.

Tuer sans remords, une histoire de la peine de mort en Californie de la fin du XIXe siècle à nos jours, thèse de M. Simon Grivet, Ecole des hautes études en sciences sociales, 2011.
Tueur du Paris-Mulhouse (Le), par Viviane Janouin-Benanti, Apart éditions, Maine-et-Loire, 2010.

Vie quotidienne des domestiques en France au XIXe siècle (La), par Pierre Guiral et Guy Thuillier, Hachette, Paris, 1978.
Vie et mort des esclaves dans la Rome antique, par Joël Schmidt, Albin Michel, Paris, 2003.
Voyage d'une femme au Spitzberg (Le), par Léonie d'Aunet, Hachette, Paris, 1875.
Vue de la terre promise, par Georges Duhamel, Mercure de France, Paris, 1934.

Zola, par Henri Mitterand, Fayard, Paris, 1999-2002.
Zola assassiné, par Jean Bedel, Flammarion, Paris, 2002.

Table

Avec préméditation… 9

Abe (Sada) 17
Adultère 29
Affaires 39
Animaux (Procès d') 47
Aokigahara 57
Apaches 61
Assassins (Amoureuses des) 63
Assises (Cour d') 65

Bal(s) tragique(s) 77
Bath (Massacre de) 85
Bazar de la Charité 90
Bell (Mary Flora) 96
Bertrand (Affaire Philippe) 107
Bloody saturday 121
Boulevard du crime 128
Bourreau (Mort d'un) 133
Bovary (Emma) 140

Caïn 149
Camus (Albert) 153
Canard 157

Cannibalisme 164
Capote (Truman) 173
Casque d'or 182
Chessman (Caryl) 189
Cinéma (Censure au) 203
Clown 206
Colette 213
Corse (Bandit) 219
Crime (Arme du) 229
Crime ne paie pas (Le) 237

Dean (James) 243
Deauville (Mort à) 252
Détective (journal) 256
Détresse (Demoiselle en) 262
Dickens (Charles) 267
Di Marco (Angelo) 274
Domestiques 278
Douche 291

Encre rouge (Mort à l') 295
Experts (Les) 299

Fait divers (Définition[s] du) 313
Fait-diversier 319
Faux-monnayeurs 323
Fénéon (Félix) 326
Ferguson (Arthur) 332
Fog 337
Fréhel 345
Fualdès (Affaire) 356

Garnier (Opéra) 369
Gazette des tribunaux (La) 375
Gégauff (Paul) 378
Gévaudan (Bête du) 381

Gillet (Hélène) 391
Ginger 402
Goulue (La) 405
Guillaume (Marie-Jeanne) 411
Guillotine 416
Grand-Guignol 424

Hearst (Patricia) 437
Hernani (Les 45 jours d') 451
Hollywood 457
Holmes (L'autre) 468

Jabirowska (Princesse) 479
Joconde (Vol de *La*) 487

Kiss (Bela) 497
Knox (Amanda) 503

Léger (Lucien) 517
Lépine (Louis) 525
Lindbergh (Bébé) 529
Londres (Albert) 539

Mackle (Barbara Jane) 551
Maupassant (Guy de) 560
Mayerling 564
Mélasse (Dans la) 570
Menottes 574
Milieu 577
Malles sanglantes 581

Noyée (L'adorable) 595
Nozière (Violette) 601
Nuit (Trains de) 609

Odorologie 621
Orient-Express 627

Panama (Scandale de) 639
Pendaison (L'impossible) 643
Perroquet 646
Phagan (Mary) 651
Pier Paolo Pasolini (La dernière nuit de) 664
Poe (Edgar Allan) 669
Pranzini (La peau de) 675
Proust (Marcel) 681

Quincey (Thomas de) 693

Ravalet (Les) 701
Rues (Chanteur des) 710

Sánchez (Omayra) 717
Schild (L'enlèvement des) 725
Sequestrée de Poitiers (La) 730
Stinney (George) 735
Suicides (Virgin) 741

Tourgueniev et Troppmann 749
Tucker (Karla Faye) 753

Uruffe (Curé d') 767

Vitriolage 781
Vulović (Vesna) 784

Wahrol (Andy) 793

Zola (Mais qui a tué) ? 803

Orientations bibliographiques 809

Du même auteur

Romans

Le Procès à l'amour, bourse Del Duca, Seuil, 1966.
La Mise au monde, Seuil, 1967.
Laurence, Seuil, 1969.
Elisabeth ou Dieu seul le sait, prix des Quatre Jurys, Seuil, 1971.
Abraham de Brooklyn, prix des Libraires, Seuil, 1972 ; Points, 2010.
Ceux qui vont s'aimer, Seuil, 1973.
Un policeman, Seuil, 1975.
John l'Enfer, prix Goncourt, Seuil, 1977.
La Dernière Nuit, Balland, 1978.
L'Enfant de la Mer de Chine, Seuil, 1981.
Les Trois Vies de Babe Ozouf, Seuil, 1983 ; Points, 2014.
Autopsie d'une étoile, Seuil, 1987.
Meurtre à l'anglaise, Mercure de France, 1988.
La Femme de chambre du Titanic, Seuil, 1991.
Docile, Seuil, 1994.
La Promeneuse d'oiseaux, Seuil, 1996.
La Route de l'aéroport, Fayard, 1997.
Louise, Seuil, 1998.
Madame Seyerling, Seuil, 2002.
Est-ce ainsi que les femmes meurent ?, Grasset, 2009 ; Le Livre de poche, 2010.
Une Anglaise à bicyclette, Stock, 2011 ; Le Livre de poche, 2012.
Je vois des jardins partout, Lattès, 2012.
La Pendue de Londres, Grasset, 2013 ; Le Livre de poche, 2014.

Ouvrages de spiritualité

Il fait Dieu, Julliard 1975 et Fayard 1997.
La Bible illustrée par les enfants, Calmann-Lévy, 1980.
La Sainte Vierge a les yeux bleus, Seuil, 1984.
L'Enfant de Nazareth (avec Marie-Hélène About), Nouvelle Cité, 1989.
Elisabeth Catez ou l'obsession de Dieu, prix de Littérature religieuse, Balland, 1991 et Cerf, 2003.
Sentinelles de lumière (photographies de Jean-Marc Coudour), DDB, 1997.
Jésus le Dieu qui riait, Stock / Fayard, 1999 ; Le Livre de poche, 2009.
Sentinelles de lumière (texte seul), DDB, 2009.
Célébration de l'inespéré (avec Eliane Gondinet-Wallstein), Albin Michel, 2003.

Essais

Trois Milliards de voyages, Seuil, 1975.
Il était une joie... Andersen, Ramsay, 1982.
Béatrice en enfer, Lieu Commun, 1984.
La Hague (photographies de Natacha Hochman), Isoète, 1991.
Cherbourg (photographies de Natacha Hochman), Isoète, 1992.
Lewis et Alice, Laffont, 1992.
Presqu'île de lumière (photographies de Patrick Courault), Isoète, 1996.
L'Archipel anglo-normand (photographies de Patrick Courault), Isoète, 2000.
La Hague (peintures de Jean-Loup Eve), Aquarelles, 2004.
Chroniques maritimes, Larivière éditions, 2004.
Avec vue sur la mer, prix Henri Queffélec, prix littéraire du Cotentin, Nil éditions, 2005.
Henri ou Henry, prix littéraire du Festival du Cinéma américain de Deauville, Stock, 2006.
Dictionnaire amoureux de la Bible, Plon, 2009.

DANS LA MÊME COLLECTION

Ouvrages parus

Philippe ALEXANDRE
Dictionnaire amoureux de la politique

Claude ALLÈGRE
Dictionnaire amoureux de la science

Jacques ATTALI
Dictionnaire amoureux du judaïsme

Alain BARATON
Dictionnaire amoureux des jardins

Alain BAUER
Dictionnaire amoureux de la franc-maçonnerie
Dictionnaire amoureux du crime

Olivier BELLAMY
Dictionnaire amoureux du piano

Yves BERGER
Dictionnaire amoureux de l'Amérique (épuisé)

Jean-Claude CARRIÈRE
Dictionnaire amoureux de l'Inde
Dictionnaire amoureux du Mexique

Jean DES CARS
Dictionnaire amoureux des trains

Michel DEL CASTILLO
Dictionnaire amoureux de l'Espagne

Antoine DE CAUNES
Dictionnaire amoureux du rock

Patrick CAUVIN
Dictionnaire amoureux des héros (épuisé)

Jacques CHANCEL
Dictionnaire amoureux de la télévision

Malek CHEBEL
Dictionnaire amoureux de l'Algérie
Dictionnaire amoureux de l'islam
Dictionnaire amoureux des Mille et Une Nuits

Jean-Loup CHIFLET
Dictionnaire amoureux de l'humour
Dictionnaire amoureux de la langue française

Catherine CLÉMENT
Dictionnaire amoureux des dieux et des déesses

Xavier DARCOS
Dictionnaire amoureux de la Rome antique

Bernard DEBRÉ
Dictionnaire amoureux de la médecine

Alain DECAUX
Dictionnaire amoureux d'Alexandre Dumas

Didier DECOIN
Dictionnaire amoureux de la Bible

Jean-François DENIAU
Dictionnaire amoureux de la mer et de l'aventure

Alain DUAULT
Dictionnaire amoureux de l'Opéra

Alain DUCASSE
Dictionnaire amoureux de la cuisine

Jean-Paul et Raphaël ENTHOVEN
Dictionnaire amoureux de Marcel Proust

Dominique FERNANDEZ
Dictionnaire amoureux de la Russie
Dictionnaire amoureux de l'Italie (deux volumes sous coffret)
Dictionnaire amoureux de Stendhal

Franck FERRAND
Dictionnaire amoureux de Versailles

José FRÊCHES
Dictionnaire amoureux de la Chine

Max GALLO
Dictionnaire amoureux de l'histoire de France

Claude HAGÈGE
Dictionnaire amoureux des langues

Daniel HERRERO
Dictionnaire amoureux du rugby

HOMERIC
Dictionnaire amoureux du cheval

Christian LABORDE
Dictionnaire amoureux du Tour de France

Jacques LACARRIÈRE
Dictionnaire amoureux de la Grèce
Dictionnaire amoureux de la mythologie (épuisé)

André-Jean LAFAURIE
Dictionnaire amoureux du golf

Gilles LAPOUGE
Dictionnaire amoureux du Brésil

Michel LE BRIS
Dictionnaire amoureux des explorateurs

Jean-Yves LELOUP
Dictionnaire amoureux de Jérusalem

Paul LOMBARD
Dictionnaire amoureux de Marseille

Peter MAYLE
Dictionnaire amoureux de la Provence

Christian MILLAU
Dictionnaire amoureux de la gastronomie

Pierre NAHON
Dictionnaire amoureux de l'art moderne et contemporain

Henri PENA-RUIZ
Dictionnaire amoureux de la laïcité

Gilles PERRAULT
Dictionnaire amoureux de la Résistance

Bernard PIVOT
Dictionnaire amoureux du vin

Gilles Pudlowski
Dictionnaire amoureux de l'Alsace

Yann Queffélec
Dictionnaire amoureux de la Bretagne

Alain Rey
Dictionnaire amoureux des dictionnaires
Dictionnaire amoureux du diable

Pierre Rosenberg
Dictionnaire amoureux du Louvre

Danièle Sallenave
Dictionnaire amoureux de la Loire

Elias Sanbar
Dictionnaire amoureux de la Palestine

Jérôme Savary
Dictionnaire amoureux du spectacle (épuisé)

Jean-Noël Schifano
Dictionnaire amoureux de Naples

Alain Schifres
Dictionnaire amoureux des menus plaisirs (épuisé)
Dictionnaire amoureux du bonheur

Robert Solé
Dictionnaire amoureux de l'Égypte

Philippe Sollers
Dictionnaire amoureux de Venise

Michel Tauriac
Dictionnaire amoureux de De Gaulle

Denis Tillinac
Dictionnaire amoureux de la France
Dictionnaire amoureux du catholicisme

Trinh Xuan Thuan
Dictionnaire amoureux du ciel et des étoiles

André Tubeuf
Dictionnaire amoureux de la musique

Jean TULARD
Dictionnaire amoureux du cinéma
Dictionnaire amoureux de Napoléon

Mario VARGAS LLOSA
Dictionnaire amoureux de l'Amérique latine

Dominique VENNER
Dictionnaire amoureux de la chasse

Jacques VERGÈS
Dictionnaire amoureux de la justice

Pascal VERNUS
Dictionnaire amoureux de l'Égypte pharaonique

Frédéric VITOUX
Dictionnaire amoureux des chats

A paraître

Denise BOMBARDIER
Dictionnaire amoureux du Québec

Serge JULY
Dictionnaire amoureux du journalisme

Richard MILLET
Dictionnaire amoureux de la Méditerranée

Alexandre NAJJAR
Dictionnaire amoureux du Liban

Achevé d'imprimer en mars 2022
par l'Imprimerie Maury S.A.S. à Millau (12)
pour le compte des Éditions PLON
92 Avenue de France, 75013 Paris

P21206E/09
Dépôt légal : novembre 2014
N° d'impression : B22/70823D